KB162004

버트란드 러셀(1872~1970)

런던 기자회견 1955년 7월 9일 러셀은 '핵무기 없는 세계와 평화적 분쟁해결을 호소하는 선언문'을 발표했다.

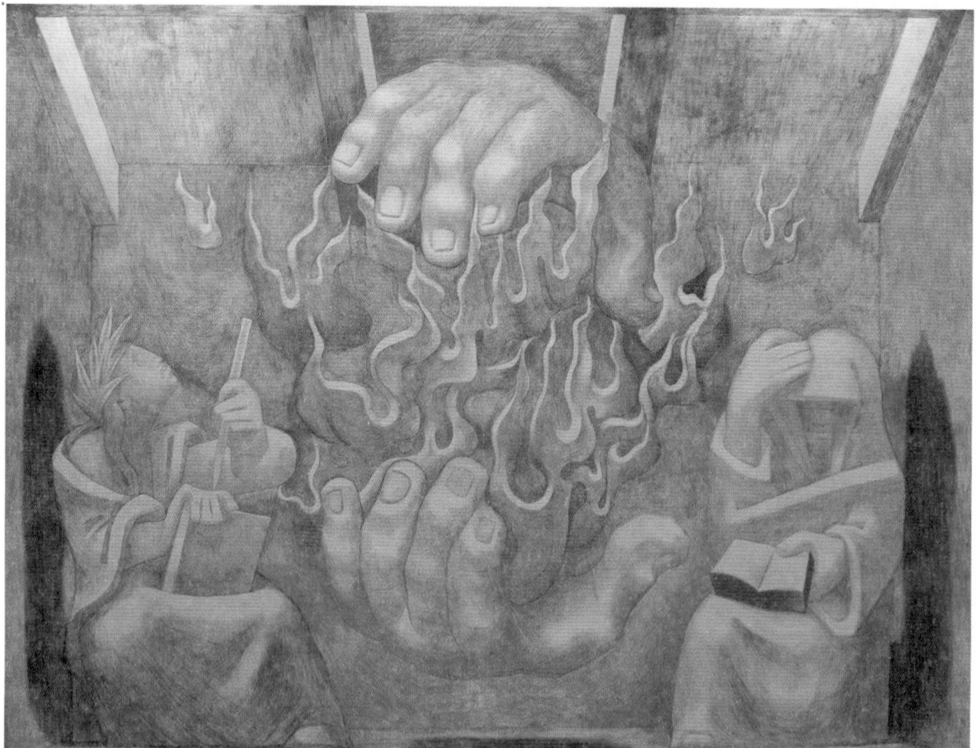

〈서양의 지혜〉 진 샬럿. 1967. 호놀룰루 동서센터 제퍼슨 홀에 있는 프레스코 벽화

핵무기 반대 연설　러셀은 1961년 트라팔가 광장에서 자유와 주체성 회복을 위한 폭력과 분쟁, 핵무기를 반대하고, 전쟁을 종식하기 위한 방법으로 모든 군사력을 통제할 국제기관을 만들 것을 제안했다.

이소스 전투　알렉산더는 다리우스 3세와의 싸움에서 승리하여 그리스 문화는 인더스에서 나일 강까지 확장되었다. 나폴리 국립 고고학박물관

델포이　아폴론 신을 숭배하는 중심지로 이 신은 빛과 이성의 힘을 대표한다. 신전은 파르나소스 산의 중턱에 걸쳐 있으며, 이곳을 옴팔로스라고 하여 세계의 중심이라고 여겼다. 유네스코 세계문화유산

〈소크라테스의 죽음〉　자크 루이 다비드. 1787. 메트로폴리탄 미술관
소크라테스는 신을 부정하고 젊은이들을 타락시켰다는 죄목으로 아테네 정부로부터 고소당했다. 자신의 사상과 죽음의 갈림길에서 소크라테스는 사상을 선택, 독이 든 잔을 받아 마셨다.

▲티투스 개선문 부조
로마군의 승리를 기념하기 위해 건립되었으며, 이 조각은 유대인 포로와 예루살렘 성전 전리품들을 약탈하여 운반하고 있는 장면이다.

▶〈교회의 승리〉 프레스코화. 안드레아 디 보나이우토. 산타 마리아 노벨라 성당. 1366. 토마스 아퀴나스의 신학설은 로마 가톨릭 교회의 공인된 교리가 되었으며, 대학에서나 다른 학교에서 모두 신학설을 가르쳤다.

〈기도하는 성 베네딕토〉 메스키르히 마이스터. 1540년 경. 스토가르도 국립미술관
베네딕토가 세운 몬테카시노 대수도원은 서방 수도원의 발생지이며, 베네딕도회 총본부이다. 베네딕도회는 빈곤과 복종, 순결의 맹서를 요구하는 교파의 회칙을 만들어 그 계율(베네딕도 규칙서)을 따르는 수도원 연합이다.

클뤼니 수도원 수도원 개혁이 시작된 중심지로 조직화의 새 원칙이 여기에서 처음 실시되었으며 교황에 대해서만 직접적인 책임을 지고, 극단적인 사치와 금욕을 피하려고 노력했다.

〈데카르트를 초청한 스웨덴 크리스티나 여왕〉 피에르 루이 뒤메닐. 1884. 나시오날 드 베르사유 박물관
데카르트는 근대 철학의 아버지로 불리며 근대 철학의 기둥인 합리론과 경험론 가운데 합리론의 핵심 인물이다.

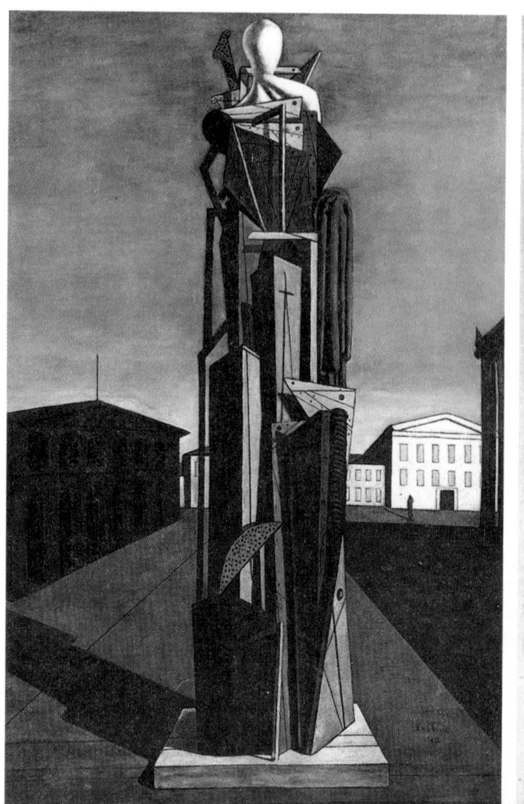

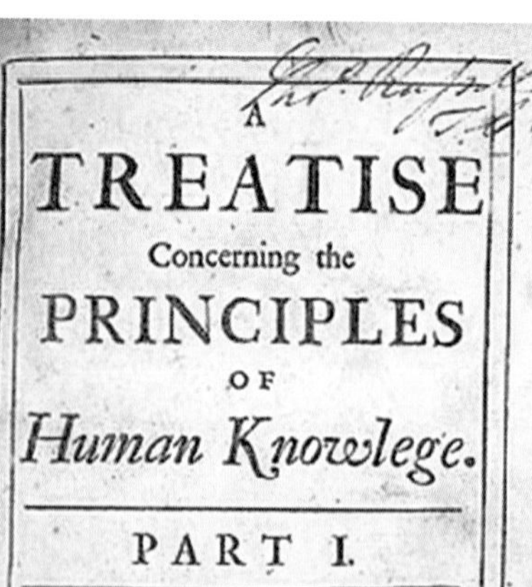

A
# TREATISE
Concerning the
# PRINCIPLES
OF
*Human Knowlege.*

PART I.

Wherein the chief Causes of Error and Difficulty in the *Sciences*, with the Grounds of *Scepticism*, *Atheism*, and *Irreligion*, are inquir'd into.

By George Berkeley, M. A. Fellow of *Trinity-College, Dublin.*

*DUBLIN:*

Printed by AARON RHAMES, for JEREMY PEPYAT, Bookseller in *Skinner-Row*, 1710.

위 왼쪽 〈위대한 형이상학자〉 조르조 데 키리코, 1917.
형이상학은 경험의 세계에서 변동하는 것을 초월하여 존재하는 것에 대한 궁극적인 원인을 연구한다. 그러나 과학적 철학자들은 '형이상학'을 얕잡아 부르기도 했다.

위 오른쪽 《인간지식의 원리에 관한 논문》(1710) 속표지
버클리의 철학은 우리가 지각하는 것만이 실체이며, 지각하지 못하는 것의 실체는 없다는, '존재하는 것은 지각되는 것이다'라는 명제로 요약할 수 있다.

◀찰스 다윈(1809~1882)
진화론의 주창자로 전 자연계에 한 종류밖에 없는 원시적 유기체로부터의 자연 도태에 따른 종의 기원을 설명했다.

세계사상전집098

Bertrand Arthur William Russell

WISDOM OF THE WEST

# 서양의 지혜

B.A.W. 러셀/정광섭 옮김

동서문화사

# 서양의 지혜

차례

머리말 … 13
프롤로그 … 16
제1장 소크라테스 이전 … 19
제2장 아테네 … 89
제3장 헬레니즘 … 189
제4장 초기 그리스도교 … 223
제5장 스콜라 철학 … 257
제6장 근대 철학의 융성 … 313
제7장 영국 경험론 … 389
제8장 계몽주의와 낭만주의 … 425
제9장 공리주의 이후 … 481
제10장 현대 철학 … 527
맺는말 … 577

러셀, 그 지혜의 등불을 찾아서 … 584
러셀 연보 … 599

# 머리말

알렉산드리아 시기의 시인 칼리마코스는 '큰 책은 큰 재앙이다'라고 말했다. 나도 이 말에 귀를 기울이지 않는 것은 아니다. 그러나 내가 감히 이 책을 세상에 내놓으려고 한 것은, 일반적으로 재앙이라고 일컬어지는 것에 비추어 볼 때 이 책이 그런 재앙을 끼칠 만한 일들을 쓴 것이 아니기 때문이다. 그럼에도 이 책에 대해서는 특별히 설명이 필요하다. 나는 얼마 전 같은 제목으로 책 하나를 썼다. 두말할 필요 없이 《서양 철학사》가 먼저 나오지 않았다면, 《서양의 지혜》는 절대로 그 모습을 드러내지 못했겠지만, 이 책은 온전히 새로 집필되었다.

이 책의 목적은 탈레스에서 비트겐슈타인에 이르는 서양 철학의 개설과 아울러 이야기가 진행되는 동안에 역사적 상황을 상기시켜 주는 몇 가지 일들을 말하고자 하는 데 있다. 이 설명에 대해 도움을 얻기 위해서 인물과 장소와 문서의 삽화를 모아서 실었는데, 가능한 한 이에 해당하는 시대의 자료에서 고른 것이다. 또 설명에 도움이 될 만한 한 가지 시도를 했는데, 알맞다고 여겨지는 경우에는 언제나 흔히 말로 표현할 수밖에 없는 '철학 사상'이라는 것을 번역해서 도형으로 만들고, 기하학적인 은유를 사용해서 전달하려고 했다. 의지할 만한 것들이 적어서 이 점에 대한 결과가 반드시 잘 되었다고는 말할 수 없다. 그러나 이와 같은 설명법은 여러 가지로 해볼 만한 가치가 있어 보인다. 도형에 따른 설명은 잘할 수만 있다면 특수한 언어에 얽매이지 않는 이점을 가지기 때문이다.

이미 철학사를 세상에 내놓았으면서 또 철학사를 저술하는 까닭은 강력히 주장할 만한 두 가지 근거가 있다. 첫째, 간결함과 동시에 폭넓은 기술은 거의 없었다는 점이다. 실제로 철학사에서 하나하나의 항목을 훨씬 더 자세하게 논한 책은 많이 있다. 물론 이와 같은 저서와 이 책의 어깨를 나란히 하려고 하는 것은 아니다. 문제에 대한 흥미가 깊어지면 이와 같은 철학사를 펼쳐보기도 할 것이고, 어쩌면 원저를 살펴보기도 할 것이다. 둘째, 전문화가 깊어져 가는 현대의 경향을 볼 때, 사람들이 자칫 지적인 면에서 조상의 은혜를 잊고 있다는 점이다. 이 책의 목적은 그런 건망증을 거스르는 데 있다. 서양 철학은 모두가 그리스 철학이다. 과거의 위대한 사상가와 우리를 맺어주는 유대를 끊으면서 철학 사상을 즐긴다는 것은 말도 안 된다. 옛 사람들은 마땅히 철학자는 무엇이든지 알고 있다고 여겼다. 아무래도 이것은 잘못된 일일 테지만 말이다. 철학은 모든 지식을 자기 영역으로 주장했다. 비록 그랬다 하더라도, 철학자는 무엇이든지 다 알 필요가 없다고 생각하는 것도 잘못된 일이다. 진정한 철학이 1921년에 시작되었다거나 그 조금 전에 시작되었다고 생각하는 사람들은 오늘날 철학의 문제가 느닷없이 무(無)에서 생긴 것이 아니라는 점을 놓치고 있다. 따라서 그리스 철학을 꽤 넉넉하게 논한 데 대해서는 새삼 변명하고 싶지는 않다.

철학사를 서술하는 방법에는 두 가지가 있다고 해도 좋을 것이다. 하나는 철학사가 완전히 해설적이어서, 이 사람이 무엇을 말하고 저 사람이 어떤 영향을 받았는가를 제시하는 것이다. 다른 하나는 해설에 어느 정도의 비판을 더해서, 철학상의 논의가 어떻게 나아갔는가를 보여주는 것이다. 이 책에서는 두 번째 방법을 택했다. 여기서 주의할 점은 이와 같은 방법 때문에 독자가 한 사상가의 견해를 오해하고 단지 못마땅하다는 이유만으로, 곧 그 사상가를 잊어버려서는 안 된다는 것이다. 칸트는 논박되는 것보다 오해받는 것이 더 무섭다고 말했다. 우리는 한 사람의 철학자를 무시하기 전에 그 사람이 무엇을 말하려 하는가를 이해하도록 노력해야 한다. 그러나 이 점에서 노력하기는 했지만, 그 노력과 통찰의 투철함이 균형을 이루지 못하는 것처럼 보인다는 점을 고백할 수밖에 없다. 결국 이 점은 모든 사람이 스스로 해결해야 하는 판단의 문제이다.

이 책의 주제 범위와 취급 방법은 앞서 쓴 책의 경우와는 다르다. 이 책에서 처음으로 사용한 재료는 편집자 폴 포크스 박사의 힘에 많이 의존했으며, 박사는 본문을 써 주었을 뿐만 아니라 많은 삽화를 고르고 도형의 대부분을 고안해 주었다. 철학자가 논하는 몇 가지 주요 문제를 한눈에 볼 수 있게 하는 데 주안점을 두었다. 이 책을 통해 독자가 문제를 더 추구하고 싶은 생각이 생긴다면, 이 책이 노린 효과는 이미 이루어진 것으로 보아도 좋으리라.

Bertrand Russell

# 프롤로그

철학자들은 어떤 일을 하는가? 이는 참으로 이상한 질문이지만, 우리는 그들이 하지 않는 것을 처음 밝힘으로써 그 해답을 찾는 것이 좋겠다. 우리를 둘러싼 세상에는 너무나 잘 이해되는 많은 것들이 있다. 예를 들면 증기기관의 작용은 기계학과 열역학에 속한다. 또 우리는 인체가 어떻게 이루어지고 작용하는지 잘 안다. 이는 해부학과 생리학에서 연구하는 문제이다. 마지막으로 우리가 아주 잘 아는 별의 운동을 생각해 보라. 이것은 천문학에서 다루는 문제이다. 이렇게 잘 정의된 모든 지식은 과학의 이런저런 분야에 속한다.

그러나 이 모든 분야의 지식은 잘 알려지지 않은 주변 분야에 인접해 있다. 우리가 그 접경지역에 이르고 이곳을 벗어날 때, 우리는 과학을 지나쳐 사색의 세계에 이르게 된다. 이 사색적 활동은 하나의 탐험이며, 다른 것들 사이에서는 철학적 성격을 띤다. 이런 의미에서 모든 다양한 과학 분야는 철학적 탐구에서 시작된다. 이에 대한 것은 나중에 살펴보게 될 것이다. 먼저 견고한 기반이 다져지면, 과학은 곧 경계선상에 있는 방법의 문제와 의문을 제쳐놓고 독자적으로 나아간다. 그러나 어떤 의미에서 철학의 탐구 과정 자체는 진보하지 않으며, 단순히 탐구 작용만을 하며 새로운 활용법을 찾을 뿐이다.

그러나 우리는 철학과 다른 종류의 사색을 구별해야 한다. 철학 자체는 우리의 문제를 해결하지도 못하고, 우리의 영혼을 구하지도 못한다. 그리스인들의 주장처럼 철학은 그 자체를 위한 하나의 관광여행이다. 따라서 철학에는 원칙적으로 교리의 문제나 종교의식이나 어떤 종류의 신성한 존재 같은 것이 없다. 물론 철학자들이 개인적으로 자신의 교리를 주장하기는 하지만 말이다. 실제로 미지의 세계를 알기 위해서는 두 가지 방법이 있다. 하나는 책을 바탕으로 신비적이거나 다른 근원적인 영감을 알고 있는 사람들의 견해를 받아들이는 것이다. 다른 하나는 물러나서 스스로를 보는 것이다. 바로 이것이 과학적, 사색적 방법이다.

끝으로 우리는 철학의 한 가지 특징에 주목할 필요가 있다. 누군가 수학이 무엇이냐고 묻는다면, 우리는 그 사람에게 논증을 위해 수의 과학이라고 사전적인 정의를 내려줄 수 있다. 이것이 어느 정도 논란의 여지가 없는 진술이라면, 질문자가 만일 수학을 모른다고 해도 그 사람은 쉽게 이 진술을 이해할 수 있을 것이다. 어떤 형태의 명확한 지식이 존재한다면 어떤 분야에서든지 이런 식으로 정의를 내릴 수 있다. 그러나 철학은 정의 내릴 수 없다. 어떤 정의라도 논란의 여지가 있으며 이미 철학적인 사고방식으로 나타난다. 철학이 무엇인지 알아내는 유일한 방법은 철학을 하는 것이다. 옛 사람들이 어떻게 철학을 했는지 보여주는 것이 이 책의 주된 목적이다.

생각하는 사람들은 언젠가는 자신에게 질문을 던진다. 그러나 과학은 어떤 해답을 주지 못한다. 스스로 생각하려는 사람들은 점쟁이가 이미 준비한 말을 믿으려 하지 않을 것이다. 이런 문제를 탐구하고 때때로 해결하는 것이 바로 철학의 과업이다.

그러므로 실제로 삶이 무슨 의미가 있다면, 우리는 삶의 의미에 대해 자신에게 물을 수 있을 것이다. 세상이 목적을 가지고 있는가, 펼쳐지지 않은 역사가 어딘가로 이어지는가, 아니면 이런 질문은 아무런 의미가 없는가.

실제로 법칙이 자연을 지배하는지에 대한 질문에 문제가 있는가. 그렇지 않으면 우리가 사물을 질서 있게 보고 싶어서 단순히 그렇다고 생각하는 것인가. 또 세계가 정신과 물질 이 두 부류로 나누어지는가. 그렇다면 어떻게 그것들이 함께 연결되는가. 이런 일반적인 질문도 있다.

그리고 우리는 인간에 대해 뭐라고 말할 수 있겠는가. 천문학자들이 아는 것처럼, 인간은 작고 중요하지 않은 행성에서 의지할 데 없이 떠돌아다니는 한 점의 먼지란 말인가. 아니면 화학자들의 주장처럼, 인간은 어떤 교묘한 방법으로 하나로 뭉쳐진 화학 덩어리인가. 그렇지 않으면 햄릿이 생각했듯이, 인간은 고귀한 이성적인 존재이며, 무한한 재능을 가진 존재인가. 인간은 어쩌면 동시에 이 모든 것에 속해 있지 않은가.

이것은 선악에 대한 윤리적 문제가 함께 따라온다. 선하게 살아가는 방식과 악하게 살아가는 방식이 있는가, 그렇지 않다면 다른 방식으로 살아가는가. 선한 삶이 있다면, 그것은 무엇인가, 그렇다면 그렇게 살아가는 방법을 어떻게 배울 수 있는가. 이른바 지혜라는 것이 있는가, 그렇지 않다면 지혜란 단지 무의미한 광기란 말인가.

이 모든 것들은 곤혹스러운 질문이다. 우리는 이 문제를 실험실에서 실험하여 해결할 수는 없다. 독립적인 정신에 대한 문제들은 일반적인 특효약을 조제해 주는 약제사의 말에 의존할 수 없다. 이와 같은 질문에 철학자가 해답을 줄 수 있다. 이렇게 어려운 문제를 연구할 때, 우리는 다른 시대에 살던 사람들은 이런 문제를 어떻게 생각했는지 배우게 된다. 그리고 우리는 그 문제들을 더 잘 이해하게 된다. 그들이 철학을 다루는 방법이 그들의 삶의 방식에서 중요한 위치를 차지했기 때문이다. 결국 철학이 우리에게 어떻게 살아가야 할지 방법을 제시해 주는 것이다.

과학은 알려진 사실들을 취급하고,
철학은 사색을 취급한다.

제1장

# 소크라테스 이전

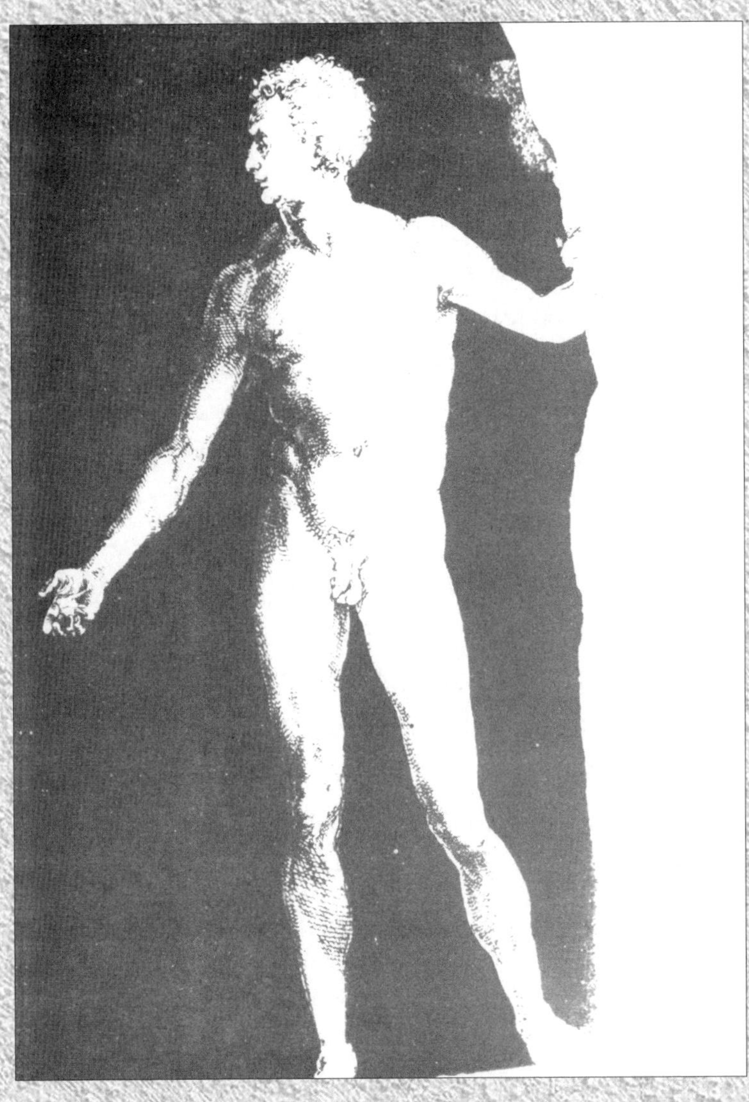

철학은 누군가가 하나의 총괄적 의문을 갖는 데서 시작된다. 과학의 경우도 마찬가지이다. 맨 처음 이와 같은 호기심을 뚜렷이 나타낸 국민은 그리스인이었다. 오늘날의 철학과 과학은 그리스인이 발명한 것이다. 둑이 터진 것 같은 이 지적 활동을 낳은 어머니, 곧 그리스 문명의 발흥이야말로 역사상 가장 눈부신 사건 가운데 하나이다. 이와 같은 일은 전무후무한 일이었다. 고작 200년이라는 짧은 기간에 그리스인들은 예술·문학·과학 및 철학 분야에서 서양 문명의 총체적 기준을 정하는 갖가지 걸작들을 놀라울 만큼 잇달아 탄생시켜 나갔다.

철학과 과학은 기원전 6세기에 밀레토스의 탈레스에서 시작되었다. 그 이전에 어떤 사건이 흘러왔기에 그리스인의 천재가 이렇게까지 갑작스럽게 꽃을 피웠는가. 우리는 가능한 한 이에 대한 해답을 찾기 위해 노력해야 한다. 현세기에 접어든 이래 크게 발전을 거듭한 고고학이라는 학문의 힘을 빌려서, 우리는 그리스 세계의 발전에 대해 모두 공정한 이야기를 종합할 수가 있다.

크노소스성 크레타 섬 소재.
그리스 문화의 전신(前身)

세계의 문명 중 그리스 문명은 뒤늦게 나타난 편이다. 이집트와 메소포타미아의 문명은 그리스 문명보다도 수천 년이나 오래되었다. 큰 강가에서 생긴 이들 농업 사회는, 신이 사람의 모습으로 세상에 나타났다고 여겨진 국왕과 군인·귀족 계급 그리고 복잡한 다신교적 제도를 통괄하는 세력자인 사제 계급의 지배를 받았다. 대부분의 주민들은 농노로서 땅을 경작했다.

그리스인은 이집트와 바빌로니아의 지식을 나중에 인계받았다. 그러나 양쪽 모두 과학과 철학은 쓸모가 없었다. 타고난 재능이 없기 때문인지 사회적 조건 때문인지 여기서는 중요한 문제가 아니다. 두 가지가 모두 나름대로의 역할을 다했던 것으로 보인다. 중요한 것은 종교의 기능이 지적 모험심을 자극하는 데 쓸모가 없었다는 점이다.

이집트에서 종교는 죽은 뒤의 생명과 밀접하게 연관되어 있었다. 피라미드는 장례의 기념비이다. 천문학에 대한 약간의 지식이 나일 강의 범람을 효과적으로 예언하는 데 필요했고, 위정자로서 사제가 어느 형태의 회화기록법도 사용하고 있었다. 그러나 다른 분야에서는 발전시킬 만한 훌륭한 방책은 하나도 남아 있지 않았다.

**사자문**(門) 미케네 소재. 이곳은 크레타 섬 문명의 영향이 뿌리를 내렸다.

메소포타미아에서는 셈족의 대제국이 수메르인들을 몰아내고 들어앉았는데, 셈족은 이들에게서 설형문자를 배웠다. 종교 면에서는 이 세상에서의 복지에 더 큰 관심을 갖고 있었다. 별의 움직임을 기록하는 일도, 이와 관련이 있는 마법이나 점술의 풍습도 이런 목적을 위한 것들이었다.

얼마 뒤에는 교역 사회가 발전하는데, 그 선두에는 크레타 섬의 주민들이 있다. 그 문명은 최근에 와서야 다시 밝혀지고 있다. 크레타 섬 주민들은 아마 소아시아 연해 지방에서 온 것 같은데, 그들은 에게해의 여러 섬에서 빠르게 두각을 나타내기 시작했다. 기원전 3000년 중엽에 새로운 이 이민의 물결이 밀어닥쳐, 크레타 문화는 급속한 발전을 이루었다. 장대한 궁전이 크노소스와 파에스토스에 세워졌고, 크레타의 선박들은 지중해를 누비고 돌아다녔다.

기원전 1700년 이후에 자주 일어난 지진과 화산 폭발 때문에 크레타 섬 주민들은 인접한 그리스와 소아시아로 이주하기 시작했다. 크레타인의 기예로 본토 사람들의 문화는 크게 바뀌었다. 그리스에서 이것을 잘 나타내는 가장 유명한 유적은, 아가멤논의 고향이라고 전해지는 아르골리스 지방의 미케네이다. 호머가 여러 가지 추억을 기록하고 있는 것도 바로 이 미케네 시대이다. 기원전 1400년 무렵에 크레타 섬에서 무서운 지진이 일어나 크레타인의 패권은 갑자기 종지부를 찍고 말았다.

그리스 본토는 그때까지 두 번에 걸친 계속적인 침략을 겪었다. 처음 침략자는 이오니아인이었는데, 그들은 기원전 2000년경 북방에서 몰려와 차츰 토착민과 합쳐진 것으로 보인다. 그로부터 300년 뒤에 아카이아족의 침범이 있었는데, 이번에는 그들이 지배 계급이 되었다. 미케네의 지배자들도 호머가 노래한 보통의 그리스인들도 이 지배 계급의 일원이었다.

크레타인과 아카이아인은 지중해에서 폭넓은 교역 관계를 가지고 있었다. 기원전 1400년, 크레타인은 파국을 맞았으나, 그것도 이를 방해하지는 못했다. 기원전 1200년경 이집트를 위협한 '바다의 민족들' 중에는 크레타인도 섞여 있었는데, 이집트인은 그들을 페리세트라고 불렀다. 이 크레타인이야말로 본디의 필리스틴인으로, 이들이 정착한 땅 이름인 팔레스타인은 필리스틴에서 따온 것이다.

최초로 알려진 그리스의 새김문자
에게해 남부 테라 섬의 8세기 돌

기원전 1100년 무렵에 또 새로운 침입이 있었는데, 자연의 타격이 할 수 없는 일을 해냈다. 그리스의 모든 지역과

에게해는 도리아인의 침입으로 충격을 받아, 파죽지세로 승리를 자랑하는 미개 유목민의 손에 들어가고 말았다. 아카이아인은 기원전 12세기에 트로이전쟁으로 지쳐 있었기 때문에 이 맹공을 막아내지 못했다. 해상권도 페니키아인들의 손에 넘어가고, 그리스인은 페니키아인의 지배를 받게 된다. 그리스인들이 페니키아의 상인들로부터 셈족의 알파벳을 배워서 모음을 추가하여 이를 완성한 것도 이 무렵의 일이다.

제우스 신전

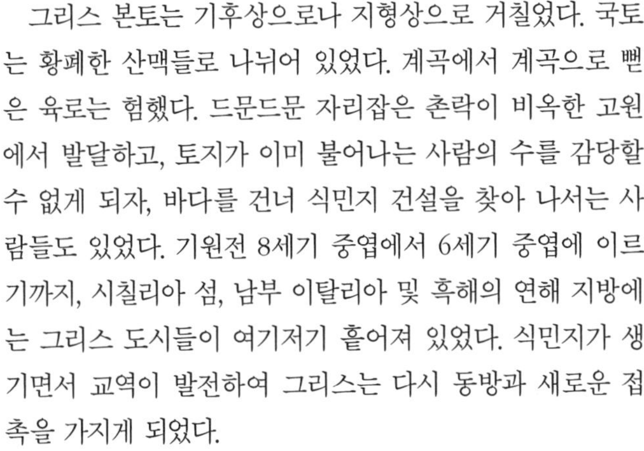

그리스 본토는 기후상으로나 지형상으로 거칠었다. 국토는 황폐한 산맥들로 나뉘어 있었다. 계곡에서 계곡으로 뻗은 육로는 험했다. 드문드문 자리잡은 촌락이 비옥한 고원에서 발달하고, 토지가 이미 불어나는 사람의 수를 감당할 수 없게 되자, 바다를 건너 식민지 건설을 찾아 나서는 사람들도 있었다. 기원전 8세기 중엽에서 6세기 중엽에 이르기까지, 시칠리아 섬, 남부 이탈리아 및 흑해의 연해 지방에는 그리스 도시들이 여기저기 흩어져 있었다. 식민지가 생기면서 교역이 발전하여 그리스는 다시 동방과 새로운 접촉을 가지게 되었다.

정치적으로 보면, 도리아인 이후의 그리스는 왕권이 시작되는 변화를 차례로 겪었다. 권력은 서서히 귀족 계급의 손에 들어가게 되었고, 이에 이어 비세습적인 군주 또는 참주가 나타났다. 결국 정치적 권력은 시민이 차지하게 되었는데, 이는 문자 그대로 '민주주의'를 뜻했다. 그 뒤에 참주정치와 민주정치가 번갈아 나타나는데, 순수한 민주정치가 행해지는 것은 모든 시민이 시장에 모일 수 있을 때만의 이야기였다. 오늘날 이것은 스위스의 꽤 작은 소수의 주에서만 찾아볼 수 있다.

그리스 세계의 문학상의 기념비로서 가장 오래되고 무엇보다 위대한 것은 호머의 작품이다. 그에 대해서 우리는 명확하게 아는 것이 없다. 어떤 사람은 한 가계에 시인들이 있었는데, 이들을 뒷날 호머라고 부르게 되었다고 생각하기도 했다. 여하튼 호머의 두 서사시 《일리아드》와 《오디세이》는 기원전 800년경까지는 완성되던 것으로 보인다. 이 서사시들이 다루고 있는 트로이 전쟁은 기원전 1200년이 조금 지난 뒤에 일어났다. 따라서 도리아인의 이전 사건이 도리아인 이후에 기술되었기 때문에, 거기에는 어느 정도의 모순이 있다. 현재 우리가 가지고 있는 것은, 기원전 6세기의 아테네 전제 군주인 페이시스트라토스(?B.C. 600~?B.C. 527)의 교정본까지 거슬러 올라간다. 호머에서는 몇 가지 흔적만 남아 있지만, 그 옛날의 만행은 누그러져 있다. 실제로 이 서사시들은 지배 계급의 태도가 합리적이었다는 것을 반영한다. 시체는 화장되어, 미케네 시대의 것으로 알려진 것과 같은 매장의 형태를 취하지 않는다. 올림푸스의 80만의 신들도 괴로운 생활을 하고 있는 시끄러운 지배자들이었다. 종교는 없는 것과 마찬가지이면서도, 남을 환대하는 낡은 풍습은 뿌리가 깊었다. 의식에 따라 죄수를 죽여서 신에게 제물로 바치는 원시적 요소는 가끔 찾아볼 수 있으나 꽤 드물다. 전체적인 흐름은 통제가 잘 되어 있다.

디오니소스 트라키아의 신. 신비와 폭력의 상징

어떤 의미에서 보면, 이것은 그리스 정신의 긴장 상태를 상징한다. 한편에는 질서 바르고 합리적이 면이 있고, 다른 한편에는 제어할 수 없는 본능적인 면이 있다. 전자는 철학·과학·예술을 낳았고, 후자는 풍년 기원과 결합된 자못 원시적인 종교 속에 나타난다. 이 요소가 호머에서는 잘 제어되던 모양이다. 그러나 훗날, 특히 동방과 새로운 접촉을 하게 되자, 이 요소는 다시 겉으로 나타난다. 이것은 본디 트라키아*[1]의 신이었던 디오니소스의 숭배와 연결되어 있다. 이 소박한 만행을 새삼 달리 보게 하는 힘은 오르페우스라는 전설적인 인물에게서 나오는데, 그는 술에 취한 바쿠스 신도들에 의해 사지가 찢겼다고 전해지는 인물이다. 이 오르페우스의 교리는 금욕주의의 경향을 띠고 있으며, 정신적인 무아지경을 강조한다. 그는 이에 따라서 '종교적 열광', 즉 신과의 교신을 얻을 수 있다고 여기고, 이렇게 해서 다른 방법으로는 가질 수 없는 신비적 지식을 얻을 수 있다고 생각했다. 이런 복잡한 형태로, 오르페우스의 교리는 그리스 철학에 크게 영향을 끼쳤다. 이 영향은 피타고라스에게서 처음으로 나타났는데, 그는 이것을 자기의 신비주의에 맞는 형태로 만들었다. 거기에서 이들 몇 가지 요소가 플라톤으로 흘러들어갔고, 다시 다른 많은 그리스 철학으로 흘러들어갔다. 그러나 모두 과학적인 철학과는 무관했다.

그러나 비교적 원시적인 요소는 오르페우스의 전통에도 남아 있었다. 그것이 바로 그리스 비극의 원천이었다. 그리스 비극에서는 강력한 정감과 열정에 뒤흔들리는 사람들에게 늘 동정이 갔다. 아리스토텔레스가 비극을 하나의 카타르시스, 즉 정서의 세척이라고 한 말은 옳다. 결국 그리스인의 성격에 두 가지 면, 즉 질서 바르고 합리적인 면과 제어할 수 없는 본능적인 면이 있었기 때문에 과감하게 세계를 변혁시킬 수가 있었다. 니체는 이 두 요소를 아폴로적인 것과 디오니소스적인 것이라고 불렀다. 어느 것이나 그 가운데 한 가지만으로는, 그리스 문화가 뛰어나게 발전할 수 없었을 것이다. 동방에서는 신비적인 요소가 최고의 지배력을 가지고 있었다. 그리스인들이 이와 같은 신비적 요소의 매

**아폴로** 올림포스의 신. 빛과 이성의 상징

*1 에게해 북동 해안 지방.

력에 사로잡히지 않은 이유는 과학적인 이오니아학파(=밀레토스학파)가 일어났기 때문이었다. 맑은 심정만으로는, 신비주의와 마찬가지로 지적 혁명을 일으킬 수가 없다. 필요한 것은 진리와 미에 대한 열정적인 탐구이다. 오르페우스의 영향은 바로 이런 개념을 제공해주는 듯하다. 소크라테스에게는 철학이 삶의 한 방도였다. 그리스어로 '사색'이라는 말이 처음에는 무엇인가 '보고 돌아다닌다'는 뜻을 가지고 있었다는 것은 기억해둘 만하다. 헤로도토스도 이 말을 그런 뜻으로 사용하고 있다. 열정적이지만 냉정한 호기심, 즉 탐구에 쏟은 강한 호기심이야말로 고대 그리스인에게 사상 유례 없는 지위를 부여했던 것이다.

철학자들은 사물의 질서에 대하여 일반적 질문을 제기한다.

서양의 문명은 그리스에서 나왔지만, 2500년 전 밀레토스에서 시작된 철학적·과학적 전통에 그 근원을 두고 있다. 이 점에서 서양 문명은 다른 위대한 몇몇 문명들과는 다르다. 그리스 철학의 바탕에 있는 근본 사상은 로고스이다. 이것은 특히 '말'과 '규칙'을 뜻한다. 이와 같이 철학적 추론과 과학적 탐구가 밀접하게 결부되어 있다. 이 결부에서 나오는 윤리의 가르침은 지식을 선으로 보지만, 이때 지식은 사심이 없는 탐구의 결과이다.

총괄적인 의문의 제기가 철학과 과학의 시작이라고 이미 말했다. 그렇다면 그와 같은 의문의 형식은 어떻게 되는가? 가장 넓은 뜻으로 말하자면, 이런 의문은 무심코 보는 사람이 일련의 우연한 일로밖에 여기지 않는 일에서 하나의 질서를 찾는 일과 같다. 질서의 관념은 처음에 어디에서 나오는가. 이것은 흥미있는 일이다. 아리스토텔레스는 "인간은 정치적인 동물이다" 말한다. 인간은 자기 자신 속에 사는 것이 아니고 사회 속에서 산다는 의미이다. 가장 원시적인 수준에서도 그 어떤 조직이 따르는데, 여기에서 질서의 관념이 나온다. 질서는 무엇보다도 먼저 사회적인 질서이다. 예를 들어 낮 뒤에 밤이 오듯이 자연의 운행과 사계절의 이동은 물론 훨씬 옛날에 발견되었다. 그러나 이와 같은 변화가 처음으로 파악된 것은 실로 그 어떤 해석에 비추어보고 나서의 일이다. 천체는 신이며, 신은 자연적인 영혼의 힘으로 인간이 자기 모습을 본떠서 만든 것이다.

살아남는다는 문제는 인간이 자연의 힘을 자기 자신의 의지에 따르도록 해야 한다는 것을 뜻한다.

살아남는다고 하는 문제는, 첫째로 인간이 자연의 힘을 자기 자신의 의지에 따르도록 해야 한다는 것을 뜻한다. 오늘날 우리가 과학적이라고 말할 수 있기 전에는 마법을 사용했다. 그 바탕에 있는 일반 개념은 두 가지 경우 모두 같다. 마법이란 일정하게 정해진 약간의 의식을 바탕으로 특이한 결과를 얻으려는 시도이기 때문이다. 그것은 선행 조건이 같으면 결과도 같으리라는 인과성을 바탕으로 한다. 이와 같이 마법은 원시 과학이다. 반면, 종교는 이와는 다른 근원에서 나온다. 종교는 규칙적으로 잇달아 일어나는 것을 거슬러, 또는 규칙적으로 잇달아 일어나는 중에도 결과를 얻으려 한다. 그것은 인과성의 폐기를 수반하는 기적적인 영역에서 기능을 발휘한다. 이들 두 가지 생각은 원시적인 사고에서 가끔 혼동되는 일이 있기는 하지만, 이와 같이 완전히 다른 것이다.

여러 집단이 참여하는 공동 활동에서 이른바 우리가 언어라고 말하는 전달 수단이 생겨난다. 그 기본적인 목표는 인간에게 자신을 하나의 공통된 목적에 적용할 수 있게 하는 데 있다. 이때의 근본 개념은 일치이다. 마찬가지로 이것은 논리의 출발점이라고 생각해도 좋을 것이다. 이 일치의 개념은 사람들이 의견을 전달할 때 결국 의견 일치를 보게 된다는 사실에서 나온다. 비록 사람들이 서로의 견해 차이를 인정하여 다투지 않기로 할 뿐이지만 말이다. 이러한 막

다른 골목에 이르렀을 때, 우리의 선조는 이 문제를 힘으로 해결했다. 일단 말 상대를 해치우면 이러쿵저러쿵 말이 없다. 때때로 그 대안은 토의로 문제를 진행하는 것이다. 이것이 과학과 철학의 길이다. 독자는 우리가 이 점에서 유사 이전부터 어느 정도의 진보를 해 왔는가를 스스로 판단해 보면 좋을 것이다.

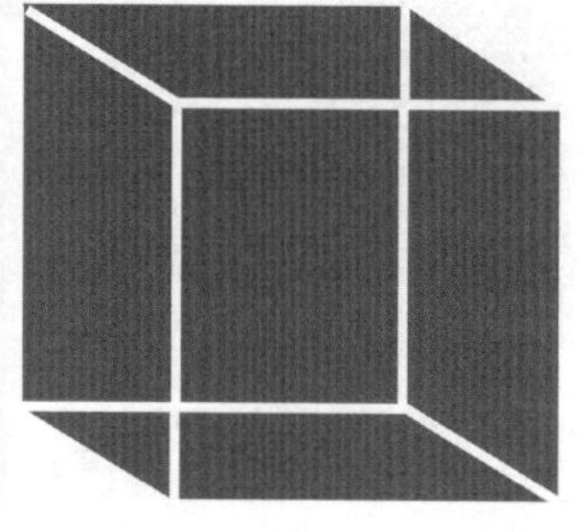

보편적으로 단순성인가, 복합성인가? 질서인가, 혼돈인가?

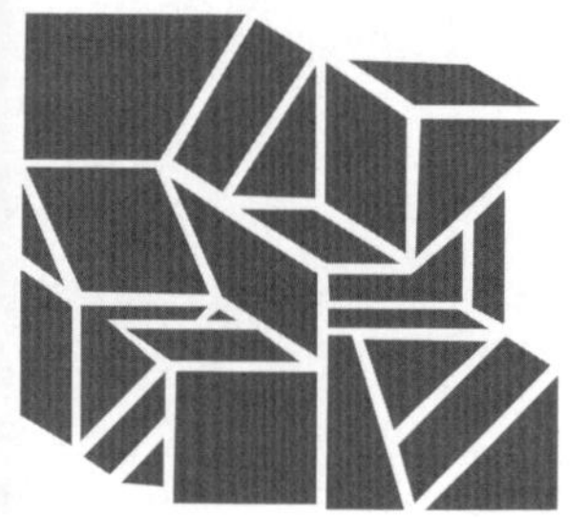

그리스 철학은 여러 발전 단계를 거쳐 내려오는 동안, 이원론의 영향을 많이 받은 흔적을 보여준다. 이원론은 그 어떤 형태로든 철학자들의 저서나 논쟁의 대상이 되었다. 이들 이원론의 모든 바탕에는 진위의 구별이 가로놓여 있다. 그리스 사상에서 이와 같은 구별과 밀접하게 관련되고 있는 것은, 선악의 이원론과, 조화와 부조화의 이원론이다. 그리고 오늘날에도 매우 생생한 가상과 실재의 이원론이 있다. 이와 더불어 정신과 물질의 문제가 있고, 자유와 필연의 문제가 있다. 게다가 사물이 하나냐 많으냐, 단일이냐 복합이냐에 대한 우주론적 문제가 있고, 마지막으로 혼돈과 질서, 무한과 유한의 이원론이 있다.

초기 철학자들이 이 문제를 어떻게 다루었는가 하는 점은 보여주는 바가 크다. 갑이란 학파는 어떤 이원론의 갑의 면을 공격한다. 그런가 하면 을이란 학파는 이를 비판하고 반대의 견해를 취한다. 마지막으로 병이라는 학파가 나타나서 그 어떤 타협을 하여 처음 두 가지 견해를 대체한다. 소크라테스 이전의 철학자들 사이에서 찾아볼 수 있는 상반되는 학설간의 엎치락뒤치락하는 양상을 잘 관찰하여, 헤겔은 처음으로 변증법이라는 관념을 이끌어냈다.

이들 여러 가지 이원론은 몇 가지 점에서 서로 관련되어 있다. 그러나 손쉬운 방법으로 우리는 이들 이원론을 서로 떼어놓아 철학이 다루어 온 온갖 형태의 의문이 무엇이었던가를 보여줄 수가 있을 것이다. 진위는 논리로 논할 수 있다. 선과 악, 조화와 불화는 언뜻 보기에 윤리학에 속하는 문제들이다. 가상과 실재, 정신과 물질의 문제는 지식의 이론, 즉 전통적인 인식론의 문제라고 볼 수 있다. 나머지 몇 개의 이원론은 정도의 차이는 있지만 본체론, 즉 존재의 이론에 속한다. 물론 이와 같이 나누는 명쾌한 기준은 전혀 없다. 사실 그리스 철학의 독특한 특징 가운데 몇 가지는 이들의 경계가 어떻게 타파될 수 있는가였다.

최초의 과학적 철학자들이 밀레토스에서 생겨났다. 이오니아 해안에 있는 이 도시는 상업의 교차점으로서 융성했다. 동남쪽으로는 사이프러스와 페니키아, 그리고 이집트가 있었고, 북쪽으로는 에게해와 흑해, 서쪽의 에게해 맞은편에는 그리스 본토와 크레타 섬이 있었다. 동쪽에서는 밀레토스가 리디아와 친밀하게 접촉하고 있었고, 리디아를 거쳐서 메소포타미아의 여러 제국과도 가깝게 사이를 유지했다. 리디아 사람들로부터 밀레토스 사람들은 금화를 주조하는 일을 배웠다. 밀레토스 항은 많은 나라에서 온 범선들로 가득했고, 항구의 창고는 세계 각지에서 온 상품들로 가득 차 있었다. 물건을 저장하고 갑의 상품과 을의 상품을 교환하는 데 금전을 보편적으로 사용한 것을 보면, 밀레토스의 철학자들이 모든 것들이 무엇으로 만들어져 있는가에 대해서 의문을 제기한 것은 놀라운 일이 아니다.

**밀레토스의 탈레스**
논리적인 진보 지식이 아일랜드의 물질주의에 전해진다. 탈레스는, 모든 사물은 물로 이루어져 있다고 말했으나 어떻게 이루어져 있는지는 설명하지 못했다.

밀레토스의 탈레스는 '만물은 물로 이루어졌다'라고 말했다. 이렇게 철학과 과학이 시작되었다. 그리스의 전통은 탈레스를 7인의 현자 중의 한 사람으로 여긴다. 헤로도토스의 주장을 미루어 보건대 탈레스가 일식을 예언한 것으로 보인다. 천문학자들은 이 일식이 기원전 585년 무렵, 그러니까 탈레스가 활약했던 시대로 여겨지는 무렵에 일어났다고 산정한다. 탈레스가 일식에 대한 이론을 가지고 있었던 같지는 않으나, 그가 이 현상에 대한 바빌로니아의 기록에 정통했기 때문에 일식이 언제 일어날 것인가를 알아맞힐 수 있었던 모양이다. 다행히도 이때의 일식은 밀레토스에서 볼 수 있었기 때문에, 연표를 기록하는 데도 매우 도움이 되었다. 그 자신의 명성을 위해서도 아주 좋은 일이었음은 두말할 필요가 없을 것이다. 이와는 달리, 그가 기하학에서 삼각형의 닮은꼴에 대한 정리를 세웠는가의 여부는 매우 의심스럽다. 그러나 탈레스가 피라미드의 높이를 재는 데 사용하는 이집트식 경험법을, 바다 위의 선박의 거리나 그 밖의 접근할 수 없는 대상의 거리를 재는 데 썼다는 것은 확실하다. 이런 일들로 볼 때 그는 기하학의 규칙이 일반적으로 무엇에든지 적용할 수 있는 범위를 가지고 있다는 것을 알고 있었다. 이 보편성에 대한 관념은 독창적이며 그리스적이다.

탈레스는 자석이 쇠를 움직일 수 있으므로 영혼을 가지고 있다고 말한 것으로 알려진다. 또 만물에는 신이 충만해 있다고 말한 것으로도 전해지는데, 이것은 더욱 의심스러운 말이다. 아마도 앞에서 한 말을 바탕으로 이 말을 탈레스가 했을 것으로 생각했는지 모르나, 그 때문에 앞에 한 말이 불필요한 것처럼 보인다. 자석에 영혼이 있다는 말은 다른 물건에는 영혼이 없다는 것을 뜻한다.

탈레스는 이집트의 경험적·실용적 지식을 바탕으로 최초의 기하학을 확립하였다.

여러 이야기가 탈레스와 결부되기에 이르렀는데, 그 가운데 어떤 것은 진짜일지도 모른다. 어느 때, 탈레스는 실제로 할 수만 있다면 해보라고 해서, 올리브유 시장을 매점하여 자기의 실천적인 재능을 보여준 적이 있다고 한다.

그는 기상학을 이해했으므로, 수확이 잘 되고 못 됨을 미리 알 수 있었다. 그래서 자신의 손이 미칠 수 있었던 모든 착유기를 전세해 두었다가, 시기가 오자 자기 마음대로 값을 붙여서 이를 빌려주었다. 이렇게 해서 그는 많은 돈을 벌어서, 그를 놀린 사람들에게 철학자들도 바라기만 한다면 돈을 벌 수 있음을 보여주었다.

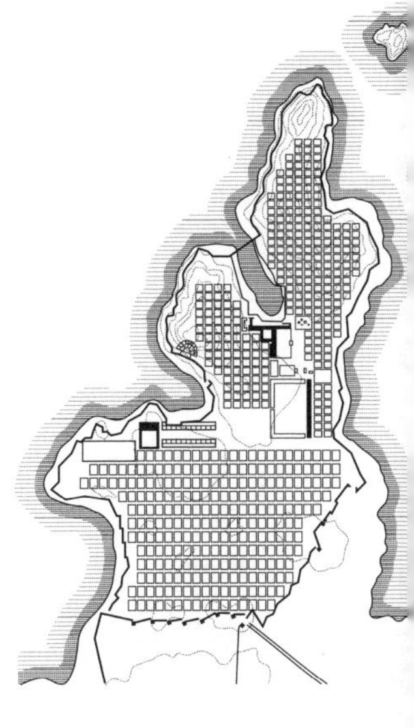

탈레스의 견해 중에서 가장 중요한 것은 세계가 물로 이루어졌다는 것이다. 이 견해는 얼핏 보기에 억지로 만들어 낸 이야기도 아니고, 관찰과는 상관없는 상상력의 순수한 허구도 아니다. 물을 이루는 물질인 수소는 오늘날 모든 원소를 종합할 수 있는 화학 원소로 여겨진다. 모든 물질이 같은 원소로 이루어졌다는 견해는 아주 훌륭한 하나의 과학적 가정이다. 바다가 가깝기 때문에 태양이 물을 증발시키고, 안개가 지표면에서 올라가 구름이 되었다가, 다시 비가 된다는 사실을 관찰을 통해 안다는 것은 매우 마땅한 일이었을 것이다. 이와 같은 관점에서 보자면, 대지도 또한 하나의 물이 응결된 것이다. 자세히 보면 마치 공상처럼 보일지 모르나, 하나의 물질이 여러 가지 집합 상태에서도 여전히 같다는 사실을 발견했다는 것은 훌륭한 업적이다.

밀레토스의 철학자 중에서 다음으로 손꼽을 수 있는 사람은 아낙시만드로스이다. 그는 기원전 610년경에 태어난 것으로 추정된다. 그도 탈레스처럼 발명가이자 실무적인 인물이었다. 그는 최초로 지도를 만들었고, 또 흑해 연안의 밀레토스 식민지의 지도자이기도 했다.

아낙시만드로스는 그의 선배인 탈레스의 우주론을 비판했다. 도대체 물을 택한 이유는 무엇인가? 물질을 이루는 근원적이고 일차적인 물질이 물이라는 물질의 특별한 형태

가운데 하나일 리가 없다. 따라서 일차적인 물질은 이런 모든 것과는 다른 그 무엇, 더 근본적인 그 무엇이 되어야 한다. 여러 가지 형식의 물질이 끊임없이 서로, 예를 들면 열은 추위와, 습기는 건조와 싸우고 있기 때문이다. 이것들은 서로 침범하거나 균형을 이루지 못하고 있다. 그리스어에서 말하는 '부정(不正)'을 저지르고 있는 것이다. 만약 이 형태 중의 어느 하나가 기본 물질이라면, 이는 오래 전에 다른 것들을 압도하고 말았을 것이다. 원초의 물질이란 아리스토텔레스가 말하는 질료이다. 아낙시만드로스는 질료를 '무한한 것', 곧 여기저기로 퍼지는 무한의 물질이라고 부르고 있다. 거기에서 세계가 생기고 마침내 그 속으로 되돌아간다는 것이다.

아낙시만드로스는 모든 사물이 어떻게 만들어지는가를 설명하려 했다. '무한성'이 그 원천이며, 그 안에서 어떤 긴장이 일어나면서 습함과 건조함이 생겨나고, 뜨거움과 차가움이 생겨나 서로 분리된다. 그 혼합에 의해 모든 사물이 형성되며, 반대 물질과의 불화합은 변화를 거친다.

아낙시만드로스는 지구는 자유롭게 떠 있는 하나의 원통이며, 인간은 그 한쪽 면에 있다고 생각했다. 게다가 우리의 세상은 무수히 많은 다른 세계에 의해 둘러싸여 있다고 여겼다. 여기서 말하는 하나의 세계란, 오늘날 우리가 은하라고 부르는 것이다. 각 세계의 내부 기능은 소용돌이 운동에 지배되어 있으며, 이 운동이 지구를 중심으로 끌어당기고 있다는 것이다. 천체는 불의 고리로, 한 지점 이외는 공기로 가려져 있다. 우리는 천체를 밸브가 보이는 자전거의 튜브라고 생각해도 좋을 것이다. 물론 우리는 그 무렵의 그리스인들이, 공기는 사물을 보이지 않게 할 수 있는 그 무엇이라고 생각했다는 것을 잊어서는 안 된다.

인간의 기원에 대해서 아낙시만드로스는 극단적으로 '근대적인' 견해를 가지고 있었다. 그는 사람의 아이가 오랜 시간의 보육이 필요하다는 것을 보고, 만약 인간이 예나 지금이나 변하지 않았다면, 살아남을 수 없었을 것이라는 결론을 내렸다. 따라서 본디의 인간은 오늘날의 인간과 달랐을 것이며, 좀더 민첩하게 자신을 보호할 수 있던 동물에서 진화했음이 틀림없다고 보았다. 이와 같은 논의를 '귀류법'이라고 한다. 우리는 일정한 가정에서 인간은 살아남지 않았다는 분명히 잘못된 결론을 추론하게 된다. 따라서 이 가정은 폐기되어야 한다. 만약 이 논의가 옳다면, 즉 인간은 예나 오늘이나 변하지 않았다고 가정한다면 인간이 살아남을 리가 없다는 것이 된다. 논의는 그 어떤 진화의 과정이 정말로 이루어지고 있었다는 것을 그 이상의 수고를 하지 않아도 확증해 준다. 그러나 아낙시만드로스는 이와 같은 논증에 만족하지 않았다. 그는 더 나아가서, 인간이 바다의 어류에서 파생되었다고 주장했으며, 물고기의 화석을 관찰하고 상어가 그 새끼들을 기르는 방법을 관찰하여 이를 지지했다. 아낙시만드로스가 우리에게 물고기를 먹지 말라고 말한 것은 바로 이런 이유에서이다. 우리의 어족들이 우리와 같은 섬세한 감정을 가지고 있는지의 여부에 대해서는 아무런 기록도 없다.

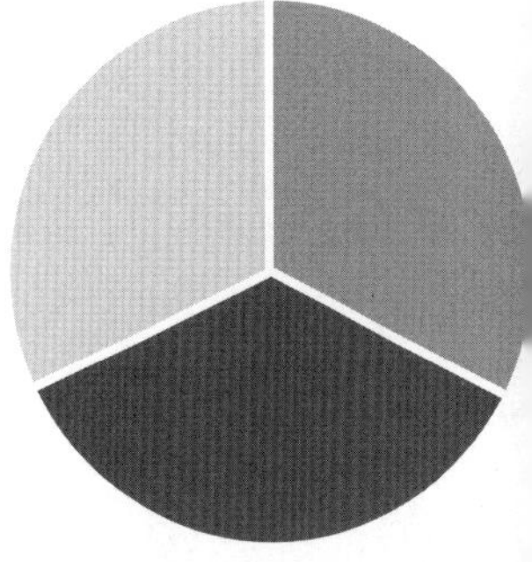

아낙시메네스는 변화란 것을, 물질의 농후화와 희박화를 추진하는 외적 힘의 작용 과정이라고 보았다.

밀레토스의 유명한 사상가 가운데 셋째로 손꼽을 만한 사람은, 아낙시메네스이다. 그가 세 사람의 사상가 중에서 가장 젊었다는 사실을 제외하고는, 우리는 그가 태어난 해와 죽은 해에 대해서 아무것도 아는 바가 없다. 그의 이론은 몇 가지 점에서 그의 선구자들보다 한 걸음 후퇴한 것이었다. 그의 사고 방식에서 대담한 주장을 찾아볼 수 없지만, 그 견해는 전체적으로 영속성이 있다. 아낙시만드로스처럼 그도 하나의 기본적 실체가 있다고 생각했는데, 그는 이것을 공기라는 특이한 실체로 본다. 우리 주변의 여러 가지 모양의 물건들은 농후화와 희박화의 과정을 거쳐 공기에서 생겨난다. 이것은 곧 모든 물체의 차이가 양적 차이라는 것을 뜻하므로, 어떤 특정한 물질을 기본적인 것이라고 생각하는 것은 옳은 일이다. 영혼이 이루어진 근원도 공기이고, 공기가 우리의 생명을 유지시키는 것처럼, 세계를 살리는 것도 공기라는 것이다. 이것은 나중에 피타고라스학파가 채택한 견해이다. 아낙시메네스의 우주론은 잘못된 궤도를 달리고 있었다. 다행히 피타고라스학파는 이 점에서 아낙시만드로스를 신봉했다. 그 밖의 점에서도 피타고라스학파는 아낙시메네스로부터 많은 것을 빌려왔는데, 어떤 의미에서 보자면 이것은 옳은 일이다. 아낙시메네스는 이 학파를 대표하는 사람으로는 마지막 학자로서, 이 학파의 전통을 송두리째 이어받고 있었다. 게다가 그의 농후화와 희박화의 이론이야말로 실로 밀레토스학파의 세계관을 진정으로 완성한 것이었다.

밀레토스의 철학자들은 오늘날 전문가라는 이름으로 불리는 사람들과는 다른 기질을 가지고 있었다. 그들은 밀레토스 시에서 실제적인 일에 종사했고, 또 모든 종류의 긴급사태에 대응할 수 있는 사람들이었다. 아낙시만드로스의 이론은 넓은 의미의 지리학에 대한 논문으로 세워졌다고 한다. 오늘날 찾아볼 수 없는 초기 논문들 중에 남아 있는 제목은 '사물의 물리적 성질에 대한 설명'이 있다. 이와 같이 문제의 범위는 폭넓었고, 아마도 그 취급 방법도 그리 깊지는 못했을 것이다. 뒤에 헤라클레이토스는 이런 종류의 '많은 사물에 대한 지식'에 이의를 제기한다.

아낙시만드로스

철학에서 중요한 것은 주어진 해답이 아니라 제기된 문제이다. 이런 의미에서 밀레토스학파는 그 명성을 떨칠 만하다. 호머를 낳은 이오니아 또한 과학과 철학의 요람이었던 것은 조금도 놀라운 일이 아니다. 우리가 이미 살펴보아서 알고 있듯이, 호머의 종교는 그 성격상 올림푸스의 신들과 관계가 있었고, 또 줄곧 그러했다. 신비주의의 무게가 사회를 조금도 압박하지 않을 경우, 과학적 사변은 진보한다.

그런데 그 뒤의 여러 그리스 철학파는 다소 신비주의 쪽으로 나아갔으나, 그들이 모두 밀레토스학파의 은혜를 입었다는 것을 늘 잊어서는 안 된다.

밀레토스에 있는 항구 건축물

밀레토스학파는 어떠한 종교 운동과도 전혀 결부되어 있지 않았다. 실제로 소크라테스 이전의 철학자들이 모두 그 무렵 널리 퍼졌던 종교적 전통과는 거리가 멀었던 것은 그들의 두드러진 특징 가운데 하나이다. 이것은 피타고라스학파뿐만 아니라 본디 종교에 반대하고 있지 않던 학파도 해당된다. 그리스인들의 종교적 습관은 전체적으로 보아, 잡다한 도시 국가의 기성 관습과 연결되어 있었다. 철학자들이 그들 자신의 길을 걸어갈 때, 그들이 살던 도시의 국가 종교와 충돌하게 된 것은 놀라운 일이 아니다. 그와 같은 운명은 동서고금을 가리지 않고 독립적인 정신을 갖는 사람에게 닥치기 쉬운 일이기 때문이다.

이오니아 연안에서 얼마 떨어지지 않은 곳에 사모스 섬이 있다. 그러나 지리적으로 가까움에도, 섬의 전통은 몇 가지 중요한 점에서 본토 도시보다도 더 보수적이었다. 여기에는 과거 에게 문명과 더 큰 연관이 있는 것으로 보이며, 앞으로도 이 차이점을 염두에 두는 것이 좋을 것이다. 이오니아의 호머와 초기 밀레토스학파가 전체적으로 종교를 진지하게 생각하지 않으려 했던 반면, 이 도시 세계가 처음부터 오르페우스교(敎)의 영향을 받아들이기 쉬웠던 까닭은 오르페우스교가 크레타 시대와 아카이아 시대부터 남아 있던 신앙에 접목되었기 때문이다.

올림푸스의 신들에 대한 숭배는 엄격한 종교적 교리를 따르지 않는 대규모의 국가적 행사였다. 한편, 오르페우스교는 성전(聖典)을 가지고 있었고, 공통된 신앙의 유대로 신봉자들을 두고 있었다. 이런 의미에서 철학은 하나의 생활 방식이 되었는데, 이와 같은 견해는 뒤에 소크라테스가 채용했다.

철학상에서 이 새로운 정신의 선구자는 사모스 태생의 피타고라스였다. 그의 연대와 상세한 생애에 대해서는 거의 알려지지 않았다. 그는 기원전 532년, 즉 폴리크라테스의 전제 군주시대에 한창 활약했다고만 알려져 있다. 사모스라는 도시는 밀레토스와 다른 본토의 여러 도시들과 좋은 맞수였으나, 이들 도시는 기원전 544년에 페르시아인이 사르디스*[2]를 빼앗은 뒤 침입해 와서, 그들의 손에 들어가고 말았다. 사모스의 선박은 지중해 전체에 걸쳐 오가고 있었다. 폴리크라테스는 한때 이집트의 왕 아마시스와 밀접한 동맹을 맺고 있었다. 피타고라스가 이집트 여행에서 그의 수학적 지식을 얻었다고 하는 이야기의 근거는 여기서 나왔다. 어쨌든 그는 폴리크라테스의 압제를 견딜 수가 없어서 사모스를 떠났다. 그는 남부 이탈리아의 그리스 도시이던 크로톤에 정착했다. 거기에서 그는 자기의 학파를 세웠다. 기원전 510년까지 20년간을 그는 크로톤에서 살았다. 그의 학파에 반기를 드는 사람이 나타나자 메타폰티온으로 물러나 죽을 때까지 거기서 머물렀다.

아테네의 4세기 동전에 새겨진 피타고라스. 뒷면에는 지혜와 아테네의 상징인 부엉이가 있다.

우리가 이미 살펴보았듯이, 밀레토스의 사람들에게 철학은 매우 실천적이었으며, 철학자는 행동하는 사람일 수 있었고 또 실제로 행동하는 사람이었다. 그런데 피타고라스의 전통 내부에서 이와는 반대되는 개념이 새롭게 나타났다. 여기에서 철학은 세계에 대한 초연한 관조였다. 이는 피타고라스의 생활 태도에서 구체화된 오르페우스교의 영향과

*2 터키 서부 지역의 고대 도시.

관련이 있다. 올림픽 경기를 보러오는 사람에는 세 부류가 있듯이 사회인에도 세 유형이 있다. 최하위층에는 물건을 매매하는 사람들이 있고, 그 다음은 경기에 참가하는 사람들, 마지막에는 경기를 구경하러 오는 사람들, 즉 문자 그대로의 이론가들이 있다. 이 마지막 층의 인간이 철학자에 해당한다. 철학적인 생활 방식이야말로 존재의 우연성을 넘어서는 어떤 희망을 주는 것으로, 혈통의 우연에서 도피하는 길을 제공한다. 피타고라스학파에 따르면 영혼은 일련의 윤회에 따르는 것이기 때문이다.

피타고라스

이와 같은 전통은 수많은 원시적 금기와 금욕의 규율과 결부되어 있다. 생활 방식을 셋으로 나누는 것은, 플라톤의 《공화국》에서 다시 다루게 되겠지만, 이것은 실제로 피타고라스 학설과 소크라테스 이전의 다른 학파들의 것과 거의 비슷하다. 폴라톤은 초기 철학자들의 교의상의 갈등을 종합했다고 말할 수 있다.

한편 피타고라스학파는 과학적인, 그중에서도 특히 수학적인 전통을 낳았다. 피타고라스 이론의 진정한 계승자들은 수학자들이었다. 오르페우스의 부활에서 생기는 신비적 요소에도, 피타고라스학파의 이러한 과학적 측면은 실로 종교적 관념 때문에 그다지 왜곡되지는 않았다. 과학 자체는 종교적 성격을 띨 수 없다. 비록 과학적인 생활 방식을 추구하는 일이 종교적 가치를 가지고 있다고 해도 말이다.

이런 생활 방식에서 정화의 역할을 강력히 수행하는 것은 음악이다. 피타고라스학파의 음악에 대한 관심은 아마도 다음과 같은 영향에서 나왔을 것이다. 피타고라스는 이른바 음정의 단순한 수적 관계를 발견했다. 현을 조율하

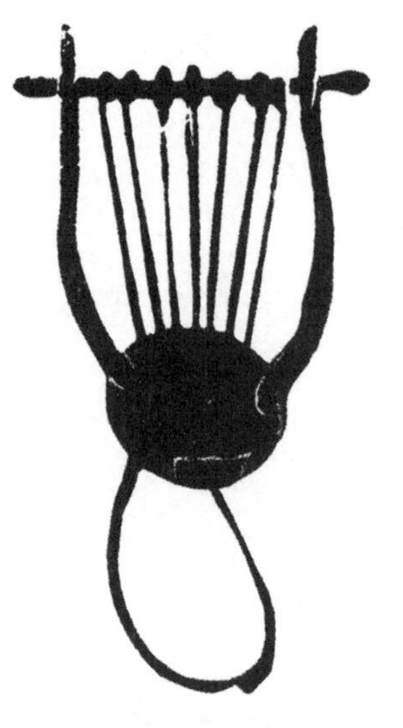

완전한 줄은 으뜸음을 낸다. 3/4의 죄임줄은 1/4만큼 더 고음을 내며, 이 죄어진 줄이 2/3로 다시 죄여지면 역시 1/5만큼 더 높은 음을 낸다. 지금 이 줄은 처음 본래의 줄 길이의 1/2로서, 처음 것보다 1옥타브 높은 음을 낸다.

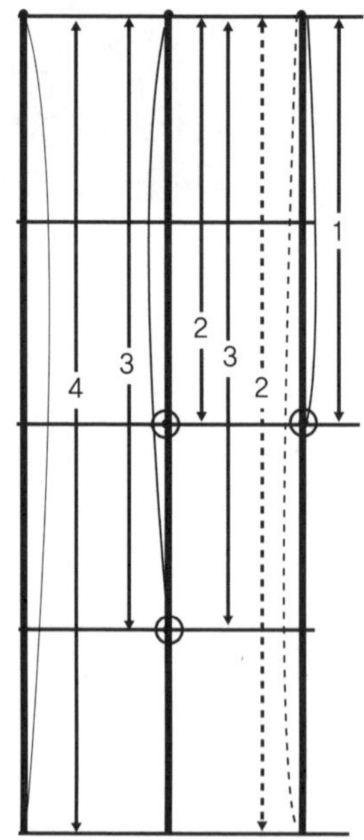


여 그 길이를 반으로 줄이면, 1옥타브가 높은 음이 난다. 마찬가지로 길이를 3/4으로 줄이면 제4도의 음이 나오고, 2/3로 줄이면 제5도의 음이 나온다. 제4도의 음과 제5도의 음은 하나가 되어 1옥타브, 다시 말하면 $4/3\times3/2=2/1$가 된다. 이리하여 이들 음정은 2∶4/3∶1에 해당한다. 이 조율된 현의 세 음정은 세 가지 생활 방식에 비교할 수 있다. 여기까지는 여전히 사변(思辨)에 머물러 있는 것이지만, 조율된 현이 그 뒤 그리스 철학 사상에서 중심적 역할을 했다는 것은 사실이다. 균형의 의미에서 조화의 관념, 대립하는 높낮이의 조율, 윤리학상의 중용 또는 중도의 개념, 네 가지 기질설, 이 모든 것은 결국 피타고라스의 발견까지 거슬러 올라간다. 이상의 대부분은 플라톤에서 찾아볼 수 있다.

음악상의 발견이 '모든 것은 수'라는 관념과 서로 통했다는 것은 얼마든지 있을 수 있다. 이와 같이 우리 주변의 세계를 이해하기 위해서는 사물에서 수를 찾아내야 한다. 일단 수적 구조만 파악하면, 우리는 이 세상을 지배하게 된다. 이는 참으로 중요한 개념이다. 그 가치는 헬레니즘 시대 이후, 한때 흐려진 적이 있지만 문예 부흥에 따라서 고대 자료에 대한 관심이 새로워지자 다시 인정받게 되었다. 이것은 근대적 과학 개념의 유력한 하나의 특징이다. 피타고라스에게 이런 개념은 본디 실제적인 필요성에서 생긴 것이 아니라 수학에 대한 관심에서 처음으로 나타나게 되었다. 이집트인에게도 수학적 지식은 있었지만, 그것은 피라미드를 세우거나 토지를 측량하는 데 필요한 지식 이상을 벗어나지 못했다. 그리스인들은 이와 같은 일을, 헤로도토스의 말을 빌리자면 '탐구를 위해' 배우기 시작했고, 피타고라스는 그중에서 가장 앞장섰다.

그는 점이나 자갈을 나열하여 수를 나타내는 방법을 고안해 냈다. 이것은 실제로 오랫동안 쓰이는 하나의 계산법이다. 라틴어로 '계산'이란 말은 '자갈을 다루는 법'이란 뜻이다.

이와 관련된 것이 산수 급수의 연구이다. 우리가 1에서 출발하여 처음 것보다 하나 더 많은 자갈을 순차적으로 나열한다고 하면, '삼각형을 이루는' 수를 얻을 수 있다. 피타고라스는 4열로 이루어진 테트라크티스, 즉 '1+2+3+4=10'을 나타내는 것에 특별한 의의를 부여한다. 마찬가지로 연속하는 홀수의 합은 '정사각형'의 수를 낳고, 연속하는 짝수의 합은 '직사각형'의 수를 낳는다.

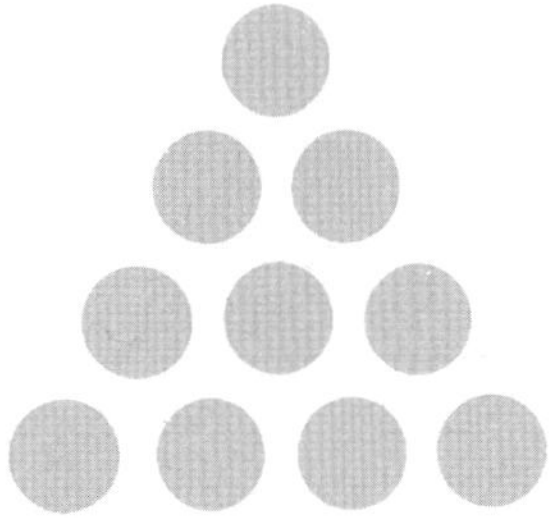
테트라크티스, 즉 '4열로 된 삼각형' 수. 피타고라스가 증명한 상징수이다.

기하학에서 피타고라스는 '직각삼각형의 빗변의 제곱은 다른 두 변의 제곱의 합과 같다'는 유명한 정리를 발견했다. 그렇지만 그가 이것을 어떻게 증명했는지 우리는 모른다. 여기에서 우리는 대충 처리하는 경험법과는 반대되는 일반적인 방법과 증명의 한 예를 볼 수 있다. 그러나 이 정리의 발견은 그 학파에 커다란 물의를 일으켰다. 결과적으로 정사각형의 대각선의 제곱은 한 변의 제곱의 2배와 같기 때문이다. 그러나 무릇 '정사각형'의 수는 이를 나누어서 두 개의 동등한 '정사각형'의 수로는 만들 수가 없다. 그러므로 이 문제는 이른바 유리수를 사용해서 풀 수가 없다. 대각선은 변과 비례하지 않는다. 이 문제를 해결하자면, 후기 피타고라스학파가 세운 무리수의 이론이 필요하다. 이런 뜻에서 '무리'라는 명칭은 분명히 수학적 물의를 일으킨 초기 사건까지 거슬러 올라간다. 전하는 바에 따르면, 이 학파의 한 학자가 이 비밀을 폭로했기 때문에 바다에 빠져 죽었다고 한다.

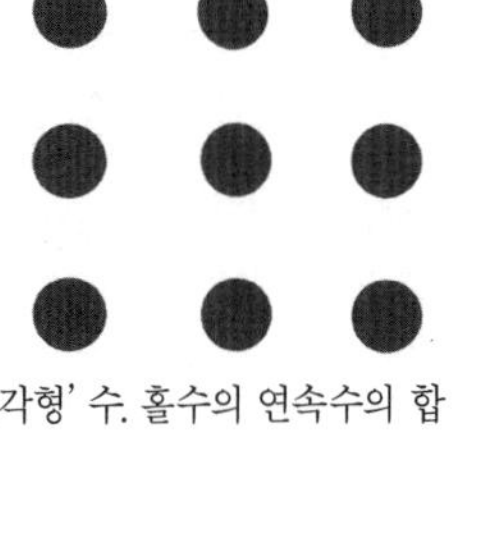
'4각형' 수. 홀수의 연속수의 합

'직사각형' 수. 짝수의 연속의 합

$C^2=(a-b)^2+4\times\frac{1}{2}ab$
$=a^2+b^2$
피타고라스의 유명한 정리. 그가 한 증명의 논거는 미상

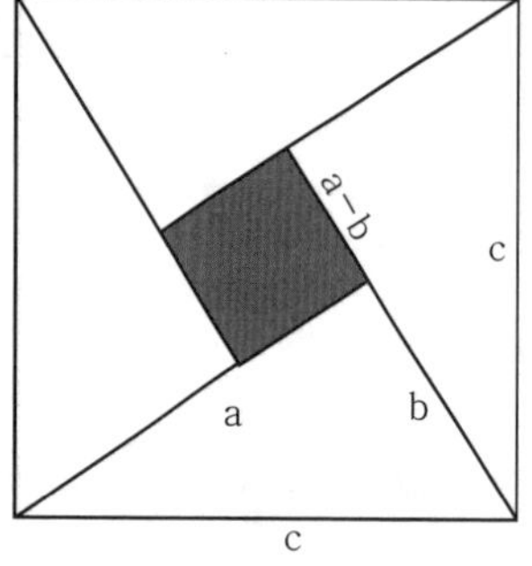


변 1의 이등변직각삼각형의 빗변은 유리수로 나타낼 수 없다.

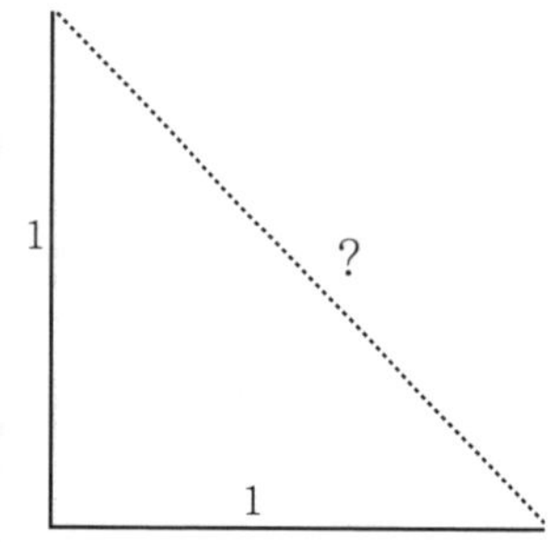


세계의 이론상, 피타고라스는 밀레토스학파의 이론에 직접 바탕을 두고 있고, 또 이것과 수에 대한 자신의 이론을 결부시키고 있다. 앞에서 언급한 배열상의 수는 '경계석(境界石)'이라고 불리는데, 이 개념이 논밭의 측량이나 문자 그대로 '측지학(測地學)'을 뜻하기 때문이다. 우리가 사용하는 라틴어의 '경계'(term)라는 말도 문자 그대로의 뜻은 같다. 피타고라스에 따르면, 무한한 공기는 단위를 명확히 해두어야 할 대상이며, 단위는 무한한 것에 규칙을 부여한다고 한다. 더욱이 무한은 암흑과 같고, 한계는 불과 같은 것으로 여긴다. 이는 분명히 하늘과 별에서 나온 개념이다. 밀레토스학파와 마찬가지로 피타고라스도 우주에는 많은 세계가 있다고 생각했다. 단, 수에 대한 그의 관점에서 보면, 그가 이 세계를 무수한 것으로 생각한 것 같지는 않다. 피타고라스는 아낙시만드로스의 견해를 발전시켜서 이 지구가 하나의 구체라고 생각하고, 밀레토스학파의 소용돌이설을 버렸다. 그러나 이 이론은 나중에 사모스에서 태어난 다른 학자가 위임받아 태양중심설로 주장하게 되었다.

우리가 앞으로 이데아의 이론으로, 또는 보편적 이론으로 만나게 되는 것도, 피타고라스학파가 이와 같이 수학에 열중했기 때문이다. 수학자가 삼각형에 대한 정리를 증명할 때, 그가 말하는 것은 어딘가에 그린 그 어떤 도형에 대해서가 아니라, 그가 마음의 눈으로 보는 도형이다. 그래서 생각할 수 있는 것과 느낄 수 있는 것 사이에 구별이 생기게 된다. 그리고 여기서 확립된 정리는 무조건적이어서 어느 때나 들어맞는다. 생각할 수 있는 것만이 실재이고, 완전하고 영원하며, 이에 반하여 감각으로 느껴지는 것은 겉치레뿐이고 불완전하고 순간적이라고 보는 관점까지 거의 다 다랐다. 이것이야말로 피타고라스 학설의 직접적인 결과로, 그 뒤 이런 생각이 줄곧 신학은 물론 철학 사상까지도 지

배했다.

피타고라스학파의 신념에는 오르페우스교적 요소가 있었지만, 그들이 믿는 최대의 신은 아폴로였다는 사실을 잊어서는 안 된다. 실제로 이 아폴로적 성격이 유럽의 합리주의 신학과 동양의 신비주의를 구별해 주기 때문이다.

*

초기 피타고라스학파의 영향을 받은 오래된 올림푸스의 종교는 이제 배척되고, 그 대신에 새로운 종교적 개념이 발전했다. 전통적인 여러 신을 향하여 계속 악의적인 공격을 가한 사람은 크세노파네스였다. 기원전 565년에 이오니아에서 태어난 그는 540년에 페르시아가 침입하자, 시칠리아 섬으로 도망쳤다. 그의 주목적은 올림푸스의 판테온 신전과 함께 인간 형상의 신들을 뿌리째 뽑는 일인 듯하다. 그와 동시에 그는 오르페우스 부활의 신비주의에 반대하고 피타고라스도 조롱했다. 그의 철학적 전통을 이은 사람은 이오니아인 에페소스의 헤라클레이토스이다. 그는 기원전 6세기의 전환기 무렵에 활약했다. 그의 생애에 대해서는 그가 귀족 계급에 속했다는 사실 말고는 아무것도 알 수가 없다. 그의 저서 중에 단편적으로 남아 있을 뿐이다. 이 저서들을 살펴보면, 그가 왜 모호한 존재로 여겨졌던가를 쉽게 알 수 있다. 그의 발언은 예언적 색조를 띠고 있다. 이 단편들은 간결하고 명쾌하며 생생한 은유로 가득하다. 삶과 죽음의 영원한 윤회를 그는 "시간은 장기 놀이하는 어린아이이고, 왕자의 권력도 어린아이의 것과 같다"라고 말했다. 그는 무분별한 자를 향해 다음과 같은 날카로운 어구로 경멸감을 표현했다. "들어도 듣지 못하는 바보들은 귀머거리와 같다. 있으나 없으나 마찬가지라는 말이 그들의 산 증거이다." "귀와 눈이 있어도 사람들의 말을 이해하지 못

**바다를 건너는 디오니소스**
오르페우스교는 디오니소스 숭배에서 비롯되었다.

한다면 쓸모없는 증인이다."

헤라클레이토스는 가치 있는 성과는 많은 노동과 노력을 필요로 한다는 것을 우리에게 상기시키기 위해 "금을 찾는 사람들은 많은 땅을 파헤치지만, 금은 조금밖에 얻지 못한다"라고 말한다. 그는 이것을 너무 어려운 과제라고 생각하는 사람들을 "당나귀들은 금보다도 짚을 바라는 법이다"는 말로 격하시킨다. 그렇지만 그는 나중에 '우리가 알고 있는 것을 너무 자랑해서는 못쓴다' 한 소크라테스의 유명한 말 속에 내포된 사상을 시사한다. "신은 어른이 어린아이를 부르듯이 인간을 아기라고 부른다."

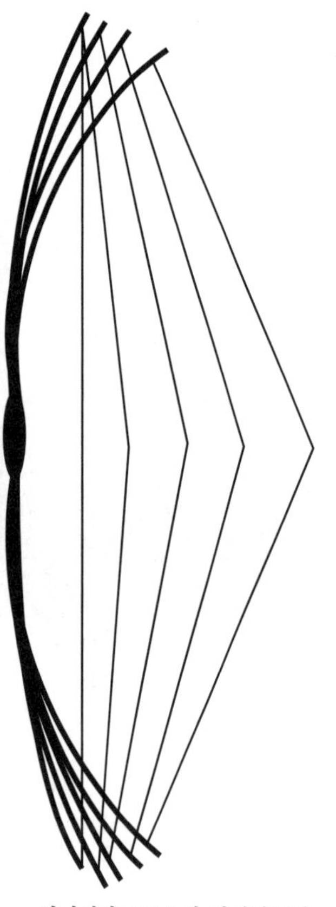

아낙시만드로스의 반대자들과 피타고라스의 반대자들은 헤라클레이토스의 관점에 맞추어 줄의 음조를 맞추었다. 활의 줄처럼 반대쪽 긴장도에 따른 것.

헤라클레이토스의 이론을 보다 더 자세히 살펴보면, 그의 말들을 잘 이해하는 데 도움이 된다. 비록 헤라클레이토스가 이오니아의 선배 학자들에 대한 과학적 관심을 가지고 있지는 않았지만, 그의 이론 구조는 이오니아학파*3와 피타고라스학파 양쪽의 가르침에 바탕을 두고 있다. 아낙시만드로스는 일찍이 말하기를, 서로 다투는 대립물들은 무한한 것으로 돌아가 서로 침범하던 것을 보상한다고 했다. 피타고라스는 조화의 관념을 낳았다. 헤라클레이토스는 조화의 요소에서 새로운 이론을 펼쳤는데, 이것이야말로 주목할 만한 발견이며, 철학에 대한 공헌이다. 실제 세계는 대립하는 경향을 조절해서 평형을 회복한다. 대립물끼리의 다툼의 배후에는 규칙에 따라 겉으로 나타나지 않은 하나의 조화가 있는데, 이것이 곧 세계이다.

이 보편적인 관념은 그다지 명확하지 못한데, 그 이유는 '자연은 숨는 것을 좋아하기' 때문이다. 실제로 그는 어떤

*3 밀레토스학파.

의미에서 조화는 눈에 띄는 것이 아닌 그 무엇임에 틀림없다고 생각한 모양이다. '겉으로 나타나지 않는 조화는 겉으로 나타난 조화보다 뛰어나다.' 사실 조화로운 존재가 간과되는 것이 보통이다. '인간은 서로 어긋난 것이 어떻게 자신과 일치하는지를 모른다. 그것은 활이나 현악기처럼 반대로 작용하는 장력이 서로 조화된 것이다.'

이와 같이 다툼이야말로 세계를 움직이는 추진 원리이다. "다툼이 신과 인간 사이에서 사라지면 좋겠다"는 호머의 말은 잘못이다. 그는 자기의 기도가 우주의 멸망을 기원한다는 것을 알지 못했다. 만약 그의 기도가 이루어진다면 만물은 죽기 때문이다" 헤라클레이토스의 "전쟁은 만물의 아버지이다"라는 말을 이와 같은 논리적인 뜻에서 해석해야지, 군사적인 격언으로 해석해서는 안 된다. 이 견해에는 활동의 중요성을 강조하는 하나의 새로운 근본적인 물질이 필요하다. 헤라클레이토스는 밀레토스학파를 깊게 신봉한 것은 아니지만, 원리로서 믿으면서 '불'을 골랐다. "만물은 불의 교환물이며 불은 만물의 교환물이다. 이는 물건이 황금의 교환물이고, 황금이 물건의 교환물인 것과 완전히 같다" 상인이나 사용할 것 같은 이 비유는 그 이론의 요점을 나타낸다. 석유 램프의 불꽃은 어떤 고정된 대상처럼 보인다. 그러나 그동안에 기름이 올라와서 연료는 불꽃으로 변하고, 그을음은 불꽃에서 생겨난다. 이 세상에서 일어나는 모든 것은 이런 교환 과정을 거치지 않은 것이 없다. 그 무엇도 같지 않다. "자네는 두 번 다시 똑같은 강물에 뛰어들 수 없다. 새로운 물이 끊임없이 흘러오고 있기 때문이다" 후세의 논자들이 "만물은 유전한다"라는 유명한 말을, 헤라클레이토스가 했다고 여기는 것도 이런 실례 때문이다. 소크라테스는 헤라클레이토스학파를 '유전파(流轉派)'라는 별명으로 부른다.

에페소스의 4세기 동전에 새겨진 헤라클레이토스 에페소스는 그의 출생지이다.

"우리는 똑같은 강에 들어가는 것이기도 하며, 들어가는 것이 아니기도 하다. 우리는 존재하는 것이기도 하고, 존재하지 않는 것이기도 하다"라는 헤라클레이토스의 또 다른 말을 생각해 볼 필요가 있다. 얼핏 보기에 이 말은 앞에서 말한 것과 양립할 수 없는 것처럼 보인다. 그러나 이 말은 이 이론의 다른 일면에 속한다. 요점은 이 말의 후반부에 있다. 우리는 존재하기도 하고 존재하지 않기도 한다는 말은, 우리의 존재의 단일성이 끊임없이 변화한다는 말이다. 나중에 플라톤의 말에 따르면, 우리의 존재는 하나의 끊임없는 생성이라는 것을 내포한다는 것이다. 강물의 예도 마찬가지이다. 내가 오늘 템스 강에 들어갔고 내일 다시 들어간다면, 내가 들어간 강은 같은 강이지만 물은 같지가 않다. 요점은 분명하다. 나는 독자 여러분에게 실제로 템스 강에 들어가보라고 권할 마음은 없다. '올라가는 길과 내려가는 길은 같다'라는 말에서 비슷한 의미를 찾아볼 수 있다. 우리는 이미 이것을 불꽃의 예에서 관찰했다. 석유가 올라가고 그을음이 떨어지는 것은 양쪽이 연소라는 과정의 일부를 이루고 있다는 의미이다. 이 말은 아마도 문자 그대로 받아들여야 할 것이다. 언덕길은 어느 방향으로 가느냐에 따라 오르막일 수도 있고 내리막일 수도 있다. 헤라클레이토스의 이론으로써 우리는 대립하는 모습으로 보이는 것이 실은 한 상태에 있는 서로 다른 본질이라는 것을 상기하게 된다. 이런 의미를 내포하는 말 가운데 가장 놀랄 만한 것은 '선과 악은 하나이다'라는 말이다. 그런데 이것은 틀림없이 선악은 하나요, 같다는 것을 의미하는 것은 아니다. 오히려 내리막길이 없는 오르막길은 생각할 수 없는 것과 마찬가지로, 악의 관념을 이해하지 않고서는 선의 관념을 이해할 수 없다는 의미이다. 예를 들어 산 중턱을 어딘가 다른 곳으로 옮겨 오르막길을 없애면 내리막길 또한 없어진다. 선과 악의 경우도 마찬가지이다.

오르막길과 내리막길은 같다. 한 길을 없애면, 나머지 한 길도 없어진다.

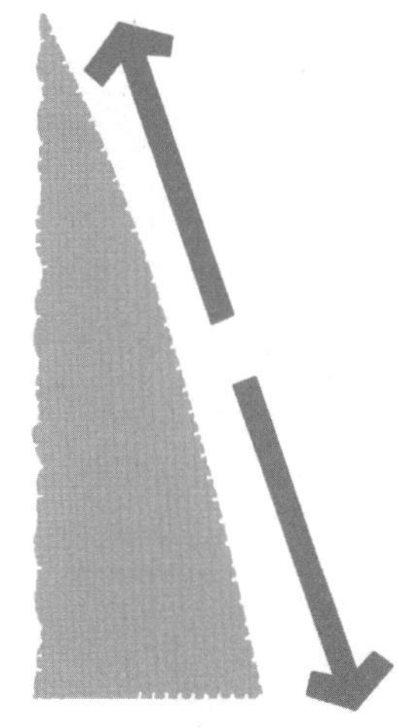

모든 사물은 유동적이다는 이론은 완전히 새롭다고는 말할 수 없다. 아낙시만드로스도 바로 이와 비슷한 견해를 가지고 있었다. 그런데도 사물이, 여전히 같은 이유에 대한 설명은 밀레토스학파에서 좀더 발전한 것이다. 규칙이라는 주요 관념은 피타고라스에게서 나왔다. 영원한 변화가 사물을 있는 그대로의 모습으로 유지하는 것도 올바른 규칙을 잃지 않기 때문이다. 이는 세계나 인간에 대해서도 마찬가지이다.

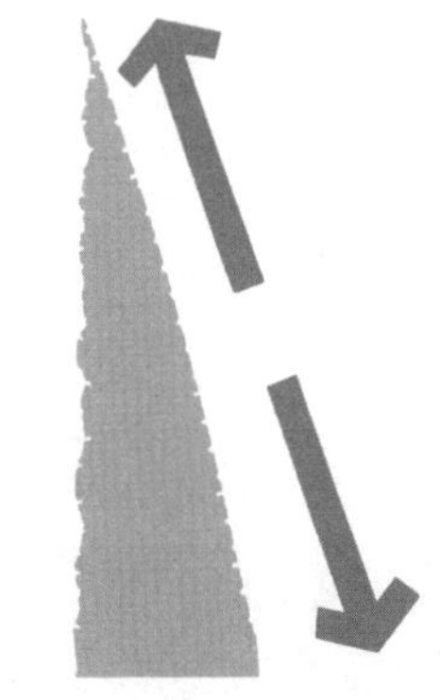

자연계에서 사물은 여러 가지 규칙에 따라 변형되는데, 인간의 영혼이 마른 것과 젖은 것 사이에서 변화하는 경우도 마찬가지이다. 젖은 영혼은 시드는데, 이것을 불에 말리지 않으면 분해의 위험에 처한다. 술취한 사람을 관찰해 볼 경우에도 이것은 어느 정도 들어맞는다고 할 수 있다. 반면에 '건조한 영혼은 더없이 지혜가 넘치고 더없이 뛰어나다' 우리는 어느 쪽이 뛰어난가에 대해서 잘못 판단해서도 안된다. 그것은 불이 지나가면서 무턱대고 습기를 없애는 것처럼 영혼을 죽여버리기 때문이다. 그러나 불에 의한 절멸 쪽이 결국에는 고귀한 것으로 여겨지는 듯하다. '훌륭한 죽음일수록 신이 주는 운명도 위대하기' 때문이다. 그 이유는 아마도 불이 영원한 실재라는 데 있을 것이다" 이 세상은 모든 사람에게 같지만, 신이나 인간의 그 누구도 불을 만든 것이 아니다. 그것은 영원한 생명을 가진 '불'로서, 정해진 것만큼 타고 정해진 것만큼 꺼지면서 언제나 있었고, 오늘도 있고 앞으로도 있을 것이다.

모든 자연의 운행은 그 규칙에 따른다. 아낙시만드로스가 생각한 것처럼, 부정(不正)은 대립물끼리의 다툼에서 찾을 것이 아니라, 규칙을 무시하는 데서 찾아야 한다. '태양은 그 자체의 규칙을 넘는 일이 없다. 규칙을 넘으면 에레니에스, 즉 정의의 여신이 그를 발견할 것이다' 그러나 규칙은 한계를 넘지만 않는다면, 절대적으로 엄격하지 않다. 규칙은 약간의 범위내에서 흔들리는 일이 있는데, 이것은 자연의 밤과 낮, 인간의 각성과 수면과 같은 변화의 정기적 현상들을 설명한다. 정해진 일이 흔들린다는 관념과 피타고라스가 생각한 연분수에 의한 무리수의 구성과 같이, 점근법이 교대로 올바른 값을 넘거나 미치지 못하는 것을 결부시키는 일에는 우리의 마음을 끄는 그 무엇이 있다. 그러나 초기 피타고라스학파가 과연 이 방법을 발전시켰는지의 여부는 알 수 없고, 플라톤 시대에 이르기까지 이 방법이 잘 알려지기는 했지만, 우리는 이 지식을 헤라클레이토스의 것이었다고 확신할 수 없다.

크세노파네스처럼 헤라클레이토스도 그 무렵의 종교가 올림피아적인 형태건 오르페우스적인 형태건 상관없이 이를 멸시했다. 사람들이 의례나 제물의 힘을 빌려 선으로 향하는 것은 아니다. 그는 의식 관행의 성격이 천박하고 원시적이라는 것을 분명히 인정했다. "그들은 스스로를 피로 더럽히고, 그것으로 몸을 깨끗하게 하려고 하지만, 그것은 헛된 일이다. 마치 진흙 속에 빠져든 사람이 그 속에서 발을 씻으려고 하는 것과 같다. 누구든지 이와 같은 꼴을 보면 그를 미쳤다고 생각할 것이다" 이런 식으로는 어떤 선도 나올 수가 없다.

규칙은 한계를 넘지만 않는다면 절대로 엄격하지 않다.

지혜를 쟁취할 수 있는 단 하나의 길은 사물의 기본 원리를 파악하는 것이다. 이 공식은 대립물의 조화를 뜻하며, 사람들은 이것이 여기저기에 나타나고 있는데도 그것을 인정하지 않는다. "내가 말하는 것처럼, 사람들은 이 공식을 듣기 전이나 일단 들은 뒤에도 파악할 수가 없다. 만물은 이 공식에 따라 일어나고 있는데도 사람들은 이를 이해하지 못한다. 내가 이 공식이 어떤 것인지 종류에 따라 하나하나씩 제시하고 설명할 때도 이를 이해하지 못하며, 또한 내가 제시한 말이나 행동을 그들이 경험해도 마치 경험한 일이 없는 것처럼 여긴다. 만약 우리가 이 공식을 인정하지 않는다면, 그때는 그 어떤 학문을 쌓아도 그것은 아무 쓸모가 없을 것이다. '많은 것을 배워도 이해하는 법을 배우는 것은 아니다' 이것은 헤겔에게서 볼 수 있는 관점으로, 그 원천은 헤라클레이토스이다."

지혜를 쟁취할 수 있는 단 하나의 길은 사물의 기본 원리를 파악하는 것이다.

따라서 지혜란 만물에 공통된 이 기본 공식을 파악하는 데 있다. 오히려 우리는 마치 도시가 그들의 법률에 따르는 것처럼 이 공식을 따라야 한다. 오히려 더 엄중하게 따르지 않으면 안 된다. 이 공통된 공식은 도시가 달라지고 그 법률이 달라져도 보편적이기 때문이다. 이와 같이 헤라클레이토스는 서로 다른 민족의 여러 풍속을 비교하여 그즈음에 나온 상대주의의 관념에 대해, 절대적인 공통성을 주장한다. 헤라클레이토스의 이론은 나중에 프로타고라스가 '인간은 만물의 척도다'라는 말로 표현한다. 소피스트의 실용적 견해와 대립된다.

그러나 이 보편적인 공식, 즉 로고스는 어디에서나 찾아볼 수 있지만, 많은 사람들은 이에 눈이 어둡고 마치 저마다가 자신들이 지혜를 가지고 있는 것처럼 행동한다. 이와 같이 이 공통된 공식은 여론과는 인연이 멀다. 헤라클레이토스는 맹목적이라는 이유로 군중을 멸시한다. 그는 문자 그대로 귀족, 즉 가장 뛰어난 사람들의 권력을 시인하는 사람이다. "에페소스인의 성인들은 모두 스스로 목을 매고, 풋내기들에게 도시를 맡기는 편이 좋을 것이다. 그들은 자기들 중 가장 뛰어난 인물인 헤르모도루스를 추방하고는 '우리에게는 뛰어난 인물이 없다. 그와 같은 사람이 한 사람이

에페소스 전경

라도 있으면, 다른 사람들 사이에서, 그렇게 하게 하는 것이 좋다'고 헤라클레이토스는 말했다."

헤라클레이토스는 스스로를 매우 높게 평가했던 듯하나, 이 점은 용서해도 좋다. 이와 같은 개인적인 버릇을 제쳐놓는다면, 그는 강력한 사상가로서 전 시대 사상가들의 유력한 개념을 모아 플라톤에게 큰 영향을 끼쳤다.

헤라클레이토스의 유전설(流轉說)은 만물이 그 어떤 운동과 관련되어 있다는 사실에 주의를 환기시킨다. 그리스 철학의 다음 단계에서는 이와 정반대되는 주장이 나와 운동을 완전히 부인하게 된다.

*

이제까지 살펴본 여러 가지 이론의 공통된 특징은 어느 경우나 하나의 원리만으로 세계를 설명하려고 한다는 점이다. 개개의 해결책은 각 학파에 따라 다르지만, 그 하나하나는 만물이 무엇으로 만들어졌는가에 대한 하나의 기본적 원리를 제시한다. 그러나 이제까지 그 누구도 이 전반적인 관점을 비판적으로 검토한 사람은 없었다. 이 과업을 시도한 비평가는 파르메니데스였다.

핼리 혜성
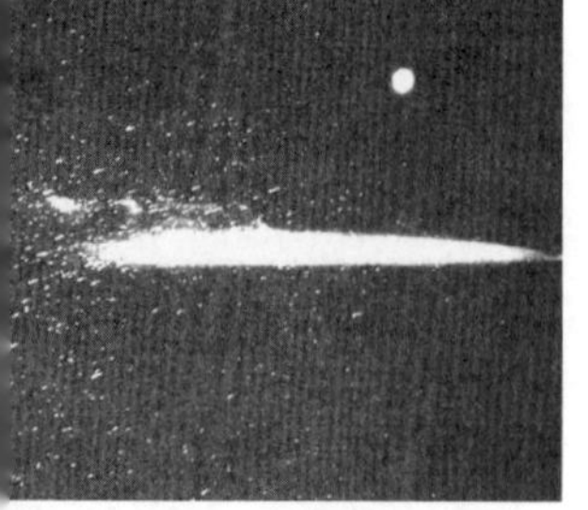

다른 많은 철학자처럼 파르메니데스의 생애도 우리의 흥미를 끌지 못한다. 그는 남부 이탈리아의 엘레아에서 태어났는데, 고향의 이름을 따서 엘레아학파를 창시했다. 그는 기원전 5세기의 전반기에 활약한 인물로, 우리가 플라톤이 쓴 것을 믿을 수 있다면, 기원전 450년경에 그는 제자 제논과 함께 아테네를 방문하여 소크라테스를 만났다. 전체 그리스의 철학자 중에서 파르메니데스와 엠페도클레스만이 시 형식을 빌려 자신의 이론을 표현했다. 파르메니데스의 시는 〈자연에 관해서〉라는 제목을 달고 있는데, 이 제목은 그의 선배 철학자들이 집필한 대부분 저작물의 제목과 같다. 이 시는 2부로 나뉘어 있는데, 제1부 '진리의 길'에는 크게 흥미를 끄는 그의 논리설이 들어 있다. 제2부 '사상의 길'에서는 본질적으로 피타고라스적인 우주론을 말하고 있는데, 그는 아주 분명하게 우리가 이상에서 보는 것을 착각으로 보아야 한다고 말한다. 그는 피타고라스의 이론을 신봉하는 사람이었으나, 그의 전반적인 비판을 공식화하게 되었을 때 이를 포기했다. 이 시의 제2부는 그가 탈피한 몇 가지 잘못을 목록에 게재하려고 쓴 것이었다.

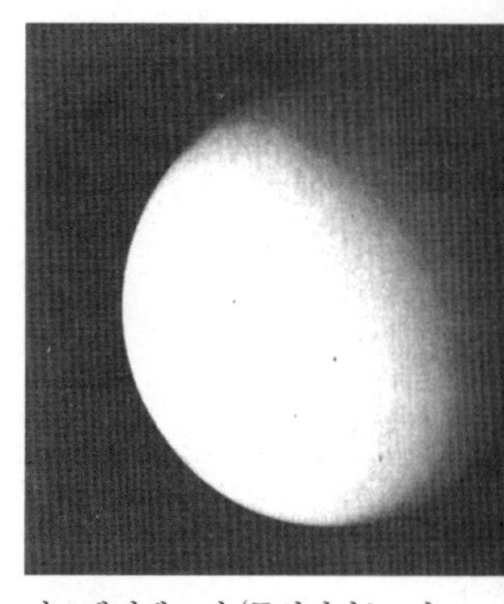
파르메니데스의 '무엇이라는 것은 존재한다'라는 말은, 입체구형 세계로의 입문이다. 그의 이 입체구형은 단단하고 균등하며 부동의 상태이다.

파르메니데스의 비평은 그의 선배 사상가들의 이론에 공통되는 약점을 비판하는 데서 시작한다. 그는 모든 사물은 그 어떤 기본 물질로 이루어졌으며 동시에 텅 빈 공간이라고 운운하는 견해에서 모순을 발견했다. 우리는 물질적인 것에 대해 '그것은 존재한다' 말할 수 있고, 아무것도 없는 공간에 대해 '그것은 존재하지 않는다' 표현할 수 있다. 그런데 이전의 모든 철학자들은 존재하지 않는 것을 존재하는 것처럼 이야기하는 과오를 저질렀다. 헤라클레이토스는 그것은 존재함과 동시에 존재하지 않는다고 말했다고 할 수 있을 것이다. 이 모든 것에 반해서 파르메니데스는 단순히 '그것은 존재한다'고 주장한다. 요점은 존재하지 않는 것은 생각할 수가 없다는 것이다. 생각할 수 없는 것은 존재할 수 없고, 따라서 존재할 수 있는 것은 생각할 수 있다. 이상이 파르메니데스의 논의의 전반적인 경향이다.

몇 가지 결과들은 동시에 나타난다. '그것은 존재한다'는 말은 이 세상 어디에나 물질로 넘쳐난다는 것을 뜻한다. 텅 빈 공간은 세계 안에도 세계 밖에도 존재하지 않는다. 게다가 어떤 장소에는 다른 장소에 있는 것과 같은 양의 물질이 있어야 한다. 만약 그렇지 않다면, 우리는 밀도가 작은 장소에 대해서 그것은 존재하지 않는다고 말해야 하는데, 사실상 이런 일은 불가능하다. '그것'은 똑같이 여기저기에 있어야 하지만 무한에 이를 수는 없다. 왜냐하면 이런 일은 그것이 불완전한 존재라는 것을 뜻하기 때문이다. 그것은 창조되지 않고 존재하며 영원하다. 그것은 무에서 생길 수도 무로 사라질 수도 없고, 어떤 존재에서 생겨날 수도 없다. 그것과 함께 있는 것은 아무것도 없기 때문이다. 그래서 우리는 시간도 운동도 변화도 없는 하나의 고체, 즉 유한하며, 변함없는 물질 형태의 구체(球體)인 세계상(世界像)에 이르게 된다. 이것은 상식에 어긋나지만, 철저한 물적 일원론을 설명하는 논리적 결론이다. 만약 이것이 우리의 오관을 해친다면, 그만큼 우리의 오관은 해롭다. 그렇다면 우리는 감각 경험을 착각으로 생각하여 없애버려야 한다. 이야말로 파르메니데스가 하고 있는 일이다. 그가 일원론을 끝까지 주장했기 때문에, 그 뒤에 나타난 사상가들은 싫으나 좋으나 새로운 출발을 해야 했다. 파르메니데스의 구체는 '다툼이 끝나면 그와 동시에 세계도 끝날 것이다'라는 헤라클레이토스의 말과 서로 통한다.

**엘레아의 유적** 6세기 포카이아의 식민지. 파르메니데스의 출생지

파르메니데스의 비판이 헤라클레이토스의 이론에 언급되지 않고 있다는 점에 유의할 필요가 있다. 사물이 불로 만들어져 있다는 견해는 그의 이론에 꼭 필요한 것이 아니

기 때문이다. 이 견해는 '모든 것은 정지하지 않는다', '만물은 과정이다'라는 중요한 관념을 선명하게 예증한다는 점에서 은유적이다. 헤라클레이토스의 '그것은 존재하고, 존재하지 않는다'라는 말을 어떻게 해석해야 하는지는 이미 설명했다. 사실 그의 가르침에는 이미 파르메니데스의 언어학적 형이상학에 대한 함축적인 비판이 들어 있다.

생각이나 이야기의 대상은 언제나 존재해야 한다.

파르메니데스 이론의 언어학적 형식을 요약하면 다음과 같다. 생각하거나 이야기하는 것은 무엇인가에 대해서 생각하거나 이야기하는 것을 말한다. 마땅히 거기에는 생각하거나 이야기할 독립된 외적 사물이 있어야 한다. 이와 같은 일을 할 수 있는 기회는 얼마든지 있고, 따라서 생각이나 이야기의 대상은 늘 존재해야 한다. 이런 대상이 언제나 존재할 수 없다면, 변화는 불가능할 것이다. 파르메니데스는 그의 견해로 아무것도 부정할 수 없다는 것을 간과했다. 이 때문에 그는 없는 것까지 말해야 했다. 그러나 이 견해대로라면, 그는 절대로 아무것도 주장할 수 없게 되어 모든 추론, 모든 이야기, 모든 생각은 불가능하게 된다. '그것은 존재한다' 외에 남은 것이라고는 아무것도 없으며, 이것은 본질을 잃은 빈 공식일 뿐이다.

그런데도 이 이론은, 만약 우리가 어떤 말을 알기 쉽게 쓸 수가 있다면 그것은 반드시 어떤 의미를 가져야 하고, 그 말이 뜻하는 것도 그 어떤 의미에서 존재해야 한다는 중요한 점을 분명히 나타내고 있다. 헤라클레이토스를 떠올린다면, 이 역설은 제거된다. 물질이 충분하게 분명해지면, 아무도 그것이 없다고는 말할 수 없고, 오히려 그것은 다른 종류의 것이 아니라고 말할 수 있을 뿐이다. 내가 '풀은 붉지 않다'고 말한다면, 그것은 풀이 존재하지 않는다는 것이 아니라 오히려 다른 것이 속해 있는 어떤 종류의 것이 아니라는 것을 말하는 것이다. 나는 다른 붉은 것, 즉 버스로 예를 들지 않는다면 나는 도저히 이렇게 말할 수 없을 것이다. 헤라클레이토스의 요점은 현재 붉은 것이 내일 푸르게 될지도 모르며, 붉은 버스에 푸른 빛깔을 입히게 될지도 모른다는 것이다.

여기에서 말이 의미를 갖게 되는 조건이 무엇인가 하는 전반적인 의문이 생기는데, 이것은 너무나 큰 문제이기 때문에 여기서 논할 수가 없다. 그러나 파르메니데스가 변화를 부정한 사실은 그 뒤의 모든 유물론의 바탕이 된다. 그가 존재를 귀속시킨 '그것'은 나중에 실체라고 불리게 되었다. 유물론자들에 따르면, 이 실체는 모든 사물을 구성하는 불변이며 파괴할 수 없는 물질이라는 것이다.

파르메니데스와 헤라클레이토스는 소크라테스 이전의 사상가들 사이의 양극을 이룬다. 플라톤 외에도 원자론자들이 이들의 상반되는 두 견해를 종합했다는 것은 눈여겨볼만하다. 그들은 파르메니데스에게서 불변의 소립자를 빌려온 반면, 헤라클레이토스에게서는 끊임없는 운동에 대한 관념을 가져온다. 이것은 헤겔의 변증법을 시사하는 고전적인 실례 중 하나이다. 지적 진보는 확실히 극단적인 입장을 이처럼 주저하지 않고 종합해야 이룰 수 있다.

**헤라클레이토스**
'사람의 성격이 그 사람의 운명을 결정한다' 이 날카로운 통찰은 2000년 후에 프로이트에 의해 증명되었다.

*

파르메니데스의 비판으로 인해 세계는 무엇으로 만들어졌는가의 문제에 대한 새로운 접근 방식이 요구되었다. 새로운 접근 방식을 보여준 예로 아크라가스의 엠페도클레스를 들 수 있다. 그의 생애에 대해서도 우리는 그다지 아는 것이 없다. 그는 기원전 5세기 전반기에 활약했다. 정치적으로 그는 다수의 편이었다. 전하는 바에 따르면, 그는 민주주의적 지도자였다고 한다. 동시에 그에게는 신비적 경향이 있었는데, 이것은 피타고라스학파의 오르페우스적 영향과 결부되어 있다. 파르메니데스와 마찬가지로, 그도 피타고라스의 이론에 매료되었던 것 같으나, 나중에는 그처럼 여기에서 탈피했다. 그에 대해서는 몇 가지 기적 같은 이야기가 남아 있다. 전하는 이야기에 따르면, 그는 날씨를 좌우할 수 있었다고 한다. 이것은 그의 의학적인 수완 덕분일 것이다. 그는 셀리누스에 퍼진 말라리아의 전염병을 잘 막을 수가 있었다. 이 사건은 나중에 이 도시에서 주조된 화폐에 감사의 마음을 담아 기념되었다. 그는 자신을 신으로 생각했다고 전해지는데, 그가 죽었을 때 높은 곳을 떠돌고 있었다고 사람들은 생각했다. 그중에는 그가 에트나 화산에 뛰어들었다고 말하는 사람도 있다. 그러나 이것은 믿을 수 없는 이야기이다. 한 사람의 온전한 정치가가 화산에 뛰어든다는 것은 있을 수 없는 일이기 때문이다.

**셀리누스의 동전** 엠페도클레스의 질병 치료를 기념하고 있다.

엘레아학파의 학설과 오관의 일반적인 증거 사이에 타협을 찾아내기 위해 엠페도클레스는 그때까지 기본적인 것이라고 생각되던 세 가지 물질을 모두 채택하고, 거기에 제4의 물질을 첨가했다. 그는 이 물질들을 사물의 '뿌리'라고 불렀는데, 아리스토텔레스는 나중에 이들을 원소라고 했다. 이것은 물·공기·불·흙으로 구성된 유명한 4원소 이론인데, 이는 약 2000년 동안 화학을 지배했다. 오늘날에도 우리가 자연의 맹위를 이야기할 때 쓰는 일상어에는 이 이론의 흔적이 남아 있다. 실로 이 이론은 두 개의 상반된 물질, 즉 습기와 건조 및 열기와 냉기의 바탕이 된다.

파르메니데스의 비판에 응하고자 한다면, 기본적이라고 여겨지는 여러 실체를 늘리는 것만으로는 충분하지가 않다. 거기에는 기본적인 물질들을 여러 방법으로 혼합시키는 어떤 것이 있을 것이다. 이것은 엠페도클레스의 사랑과 갈등이라는 두 가지 적극적인 원리에서 알 수 있다. 이 원리의 오직 한 기능은 결합하고 분리하는 것이다. 그러나 비실체적인 힘이라는 관념은 그때 아직 나오지 않았으므로, 이들 원리는 실체라고 해석해야 했다. 따라서 이 두 원리 자체는 물질적 또는 실체적인 것이라고 여겨졌고, 다른 네 개와 합해져서 여섯으로 헤아려졌다. 따라서 네 개의 실체가 서로 분리되면 갈등이 이들 사이의 공간을 메꾸고, 그에 반하여 결합되면 사랑이 이들을 결부시킨다. 여기서 한 가지 덧붙이자면, 한 가지 힘이 물질적이라는 관점에 어떤 정당한 이유가 있다는 것을 말해둔다. 이 관념은 이제까지 자세히 논의되었지만, 하나의 힘이 어디에서 작용하느냐는 아직까지 논의되지 않았다. 그 힘이 어딘가에 실질적 근원을 틀림없이 가지고 있으리라는 것이 근대 과학의 견해이다.

무슨 근거에서 그랬는지는 모르지만, 아낙시메네스는 이미 공기를 실체적인 것이라고 생각했다. 엠페도클레스는 다른 근거를 바탕으로 공기를 물질로 생각했다. 그는 이것을 물시계를 실험하면서 알아냈다. 그는 이전의 철학자들이 공기라고 부른 것을 에테르라고 불렀다. 두 단어가 모두 그리스어라는 사실에 주목할 필요가 있다. 에테르 이론은 19세기 후반기에 전자기 이론이 파동의 전파를 제시하기 위해 어떤 매개를 요구했을 때, 다시 새로운 과학적 지위를 얻었다.

**만물을 이루는 네 가지 원소**
세계는 '흙·물·공기·불'로 이루어졌다는 엠페도클레스의 설은, 그로부터 2000년 후에 그려진 중세의 회화에 표현되었다.

이와 같은 혁신을 이룩하면서도, 엠페도클레스는 엘레아학파의 이론을 상당히 받아들이고 있었다. 기본적인 실체는 영원불변하며, 그 자체는 그 이상 설명할 수 없다는 것이었다. 이것은 또한 과학적 설명의 원리로서 명확히 언급할 수는 없지만 나름대로 중요한 의미를 지닌다. 흔한 예를 들어 본다면, 화학적 사실을 원자에 의해서 설명할 때 이들 원자 자체는 설명하지 않은 채 내버려두어야 한다. 원자를 설명하기 위해서는 이것이 다시 더 작은 조각으로 구성되어 있다고 생각해야 하고, 그렇게 되면 이 작은 조각을 설명할 수 없기 때문이다.

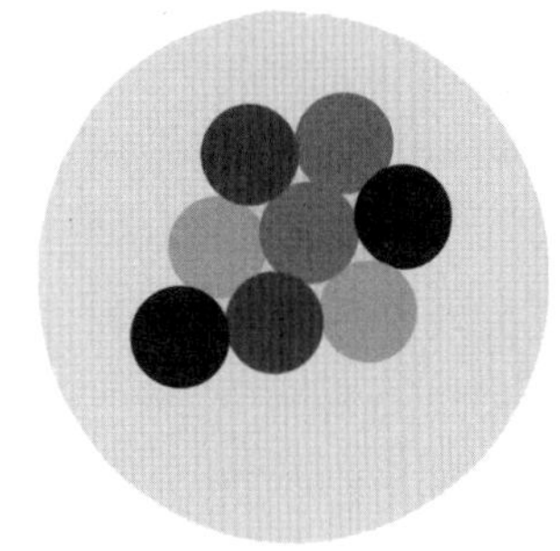

그래서 전과 같이 존재하는 것은 존재하고, 존재하지 않는 것에서는 아무것도 생겨날 수 없으며, 아무것도 존재하지 않는 것으로 옮아가는 일은 없다. 이상이 완전한 엘레아학파의 유물론이다. 이 유물론을 엠페도클레스가 수정했지만, 파르메니데스의 비판 가운데 응할 수 없었던 일반적인 의견이 하나 있었다. 그것은 인간이 변화를 인정하자마자 공간도 인정해야 한다는 것이다. 변화가 가능하다면, 원칙적으로 일정한 공간에 있는 물질의 양은 아무것도 남지 않을 때까지 줄어들 수도 있기 때문이다. 단순히 실체의 수를 늘리는 것만으로는 소용없다. 이와 같이 파르메니데스가 일단 아무것도 없는 공간의 가능성을 부인하고, 변화의 가능성도 부정했다는 점에서 모두 옳으며, 엠페도클레스는 실제로 이 어려움을 극복하는 데 도움이 되지 않는다. 우리는 원자론자들이 이 문제를 어떻게 해결했는지를 나중에 살펴볼 수 있다.

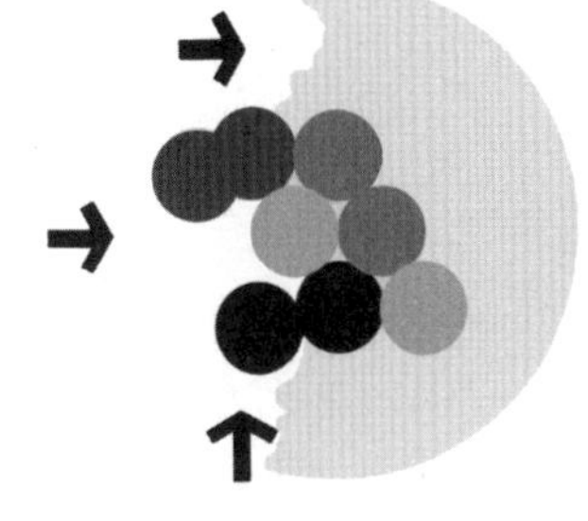

엠페도클레스는 빛이 진행하는 데 시간이 걸린다는 것과 달빛이 간접적이라는 것을 알고 있었다. 그가 어디에서 이런 지식을 끌어냈는지 우리는 모른다. 그의 우주론은 일련의 주기에 바탕을 두고 있으며, 이것은 외부에 갈등, 내부에 사랑을 가진 구체의 세계를 움직여 다른 요소를 결부시킨다. 그때 다툼은 사랑을 밀어내고, 각종 요소는 완전히 여기저기로 흩어져 사랑이 바깥쪽으로 나가게 된다. 이어 그 반대 현상이 일어나서 우리는 다시 출발점으로 되돌아간다. 그의 생명론은 이 주기와 연관되어 있다. 이 주기의 최종 단계에서 사랑이 구체 안으로 침입하면, 동물의 각 부분이 따로따로 형성된다. 다음에 갈등이 다시 완전히 바깥으로 나가 있을 때, 적자 생존의 원리에 따른 우연의 결합이 이루어진다. 갈등이 또다시 들어오기 시작하면 하나의 분화 과정이 생긴다. 우리의 세계는 이 과정의 발전된 단계이며, 그것은 다시 적자 생존의 진화 원리에 지배된다.

마지막으로, 우리는 의학과 생명에 대한 엠페도클레스의 관심에 대해서 특별히 말해둘 필요가 있다. 엠페도클레스는 피타고라스학파의 추종자인 크로톤의 의사 알크마이온에게서, 건강은 상반되는 구성 요소의 올바른 평형 상태며, 질병은 그 가운데 어느 하나가 우세해질 때 생긴다는 이론을 이어받았다. 동시에 그는 육체 전체가 기공 또는 통로에 의해서 호흡한다는 이론을 채택했다. 우리가 감각기관을 가질 수 있는 것은 이 기공이 있기 때문이다. 특히 그의 시각론은 오랫동안 지배적이었는데, 눈에 비치는 대상에서 나오는 것과 눈에서 나오는 한 줄기의 빛이 한 점에서 만나는 것으로 보고 있다.

**황도십이궁** 천체를 신으로 생각하고 그것이 인간의 운명을 지배한다는 견해로 점성술에 이용되었다.

오르페우스적 전통을 이어받은 그의 종교관은 그의 철학과는 전적으로 동떨어져 있으므로 여기서 논할 것까지는 없다. 그러나 종교적 저서에서 그가 세계에 대한 그의 이론과 화해할 수 없는 견해를 밝혀둔 것은 조금 흥미롭다. 이와 같은 착오는 꽤 흔한 일이며, 자기 신념을 비판적으로 검토하지 않으려는 사람들 사이에서 특히 그렇다. 하기야 서로 충돌하는 견해를 한꺼번에 품는다는 것은 불가능하지만 말이다. 그러나 사람들은 오늘은 이런 의견, 내일은 그와 반대되는 저런 의견을 기꺼이 믿으면서도, 거기에 모순이 있다고는 의심해 보지 않는다.

*

이제 우리의 이야기는 기원전 5세기에 이르렀다. 소크라테스 이전의 철학이라는 제목 아래 논의하는 대상의 대부분은 사실상 소크라테스와 같은 시대 사람에 대한 것이다. 그렇기 때문에 어느 정도의 중복은 피할 수 없다. 관련된 이야기를 하기 위해서는 가끔 연대의 한계를 벗어나야만 한다. 이것이야말로 모든 역사 연구를 둘러싼 어려움이다. 역사는 연대학자들의 편의에 조금도 주의하지 않는다.

조금 더 지나서 우리는 더 구체적으로 아테네를 살펴볼 것이다. 이제는 기원전 5세기의 그리스의 사회적·정치적 상황을 전체적으로 간략하게 훑어보겠다.

**용사의 흉상** 스파르타 출토. 군사적 분위기의 압력으로 실용성에 맞추어져 있다.

페르시아 전쟁의 결과로 그리스인들은 자기들의 언어·문화 및 민족성의 공통된 유대를 더 깊이 이해하게 되었지만, 도시 국가는 여전히 중심적인 관심사로 남아 있었다. 헬라스의 언어를 사용하던 모든 사람의 전통을 뛰어넘어 각 도시 국가의 풍습은 생생한 독자적인 생명을 유지하며 정체성을 잃지 않았다. 그러나 호머는 공통된 유산일지 모르나, 스파르타와 아테네는 감옥과 운동장만큼 달랐고, 어느 쪽이든 코린트나 테베와도 또 달랐다.

스파르타의 발전은 독특한 변화를 이루었다. 인구 증가로 스파르타인들은 싫으나 좋으나 인근의 메세니아를 정복해야 했고, 메세니아족은 노예 인종으로 전락했다. 그 결과 스파르타인는 군대 병영으로 변해버렸다.

스파르타 정부는 민중회의를 열어 원로원 의원을 선출하

여 민선 장관 또는 감독관 2명을 임명했다. 거기에는 국왕도 둘이 있고 모두가 귀족 출신이었으나, 실권은 민선장관의 손 안에 있었다. 모든 교육의 목표는 훈련된 병사를 키우는 데 있었다. 스파르타의 장갑 보병은 그리스 전역에 그 명성을 날렸고, 실제로 가공할 세력을 보여주었다. 레오니다스와 300명에 이르는 부하가 테르모필레에서 크세르크세스의 페르시아군에게 저항한 일은 역사상 기념할 만한 위업 중 하나로 손꼽힌다. 스파르타인은 병적으로, 감상적인 백성이 아니었다. 훈련은 엄했고 개인 감정은 억제되었다. 기형아는 민족의 용맹성에 손상을 입히지 않기 위해 내다버렸다. 젊은이들은 어릴 때부터 부모를 떠나서 군대 병사(兵舍)와 비슷한 훈련소에서 양육되었다. 여자들도 거의 남자들과 똑같이 취급되었고, 여성의 사회적 지위는 대체로 남성과 동등했다. 플라톤의 이상국가는 스파르타를 본뜬 것이다.

코린트는 지협[*4]에 자리하여 무역과 상업의 지배적 지위를 유지했다. 도시는 하나의 과두정치의 지배를 받았고, 스파르타의 지도권 아래에 있는 펠로폰네소스 동맹에 가입해 있었다. 코린트 사람들은 페르시아 전쟁 때 분견대를 보냈으나 아무런 지도권도 없었다. 그들의 관심은 주로 상업에 있었고 코린트는 정치가나 사상가들의 고향이라기보다도 오히려 수많은 유흥장으로 유명했다. 코린트는 또한 모든 그리스 식민지 중에서 가장 큰 수도 가운데 하나이며 시칠리아섬에 있는 시라쿠사의 중심지이기도 했다. 이들 두 도시 사이와 남부 이탈리아의 그리스 식민지 전역에는 코린트 지협의 안전한 항로를 따라 활발한 교역이 이루어졌다.

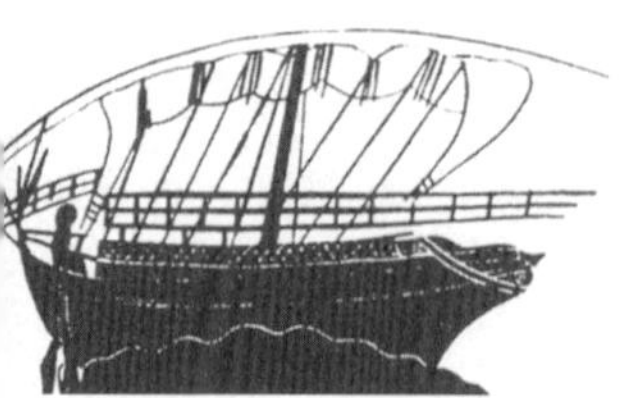

**상선** 코린트 출토. 무역에 희망을 걸었음을 말해 준다.

*4 두 개의 육지를 연결하는 좁고 잘록한 땅.

시칠리아 섬에서 그리스인들은 카르타고의 강력한 페니키아의 도시와 인접해 있었다. 카르타고인들도 크세르크세스 대왕의 그리스 침입에 호응하여 기원전 480년에 이 섬을 유린하려고 한 일이 있었다. 그러나 시라쿠사의 광대한 자원과 전제 군주 게라의 지휘권은 이 시도를 영원히 좌절시켰는데, 본토 그리스인들이 페르시아 대왕에게 정복당할 위험을 영원히 막은 것과 같았다.

올리브 열매 그리스의 주요 수출품

기원전 5세기 동안에 아테네인이 코린트를 차츰 잠식한 것이 분명히 펠로폰네소스 전쟁의 발화점이 되었지만, 아테네를 항복시킨 것은 처참한 시라쿠사 전투였다.

아테네 서북 지역의 보이오티아 평원에 유명한 오이디푸스의 전설과 관련되어 있는 고대 도시 테베가 있다. 기원전 5세기 동안에 테베도 귀족적인 과두정치의 지배를 받고 있었다. 페르시아 전쟁 때 테베의 역할은 반드시 칭찬할 만한 것은 아니었다. 테베의 한 분견대는 레오니다스와 함께 전멸된 일도 있었으나, 크세르크세스가 이 나라를 침략한 뒤 테베인들은 플라타이아에서 페르시아와 한편이 되어 싸웠다. 이 배신 행위 때문에 아테네는 테베로부터 보에티아 지방에서의 지도적인 지위를 박탈했다. 그 뒤 테베인들은 아테네인들에게 가벼운 멸시의 눈총을 받았다. 그러나 아테네의 세력이 강해지자, 스파르타는 테베와 동맹하여 아테네의 융성을 견제하려고 했다. 펠로폰네소스 전쟁에서 테베는 주변 지방이 침략되었는데도 끝까지 아테네에 항거했다. 그러나 스파르타인이 승리를 거두자, 테베인들은 스파르타와 손을 놓고 아테네를 지원했다.

도시 국가들이 각기 바로 인근에 있는 영토를 관할하고 있었다. 지방에 사는 사람들은 땅을 갈 수만 있으면 좋았고, 정부의 힘은 도시에 집중되어 있었다. 민주국가처럼 할 수만 있다면, 공공 문제의 경영에 참여하는 것이 시민의 권리였다. 정치에 관심을 가지지 않은 사람들은 대중들로부터 눈총을 받았고 '바보'라고 불렸는데, 이 말은 그리스어로 '자기 일에만 열중하는 사람'이란 뜻이다.

그리스의 토양은 대규모 경작을 하기에 좋지 않다. 그래서 인구가 팽창하자 외부에서 곡물을 수입해야 했다. 곡물의 주요 공급처는 흑해 연안 땅이었는데, 이곳에는 수세기에 걸쳐 많은 그리스 식민지가 수립되어 있었다. 그리스는 올리브유와 도기를 수출했다.

그리스인들의 강렬한 개인주의적 색채는 법률에 대한 그들의 태도에서 드러난다. 그리스인들은 완전히 자신의 의지로 움직이기 때문에 같은 시대의 아시아인들과는 전혀 달랐다. 아시아에서 신으로 여겨지는 법률이 지배자의 권리를 뒷받침하고 있는 데에 반하여, 그리스인들은 법이 인간에 의해, 인간을 위하여, 만들어지는 것이라고 생각했다. 만약 어떤 법률이 시대에 부합되지 않으면, 대중의 합의로 이를 개정할 수가 있었다. 그러나 법률이 대중의 지지를 받고 있는 한, 사람들은 법률에 복종해야 했다. 이 준법 정신의 고전적인 예는, 소크라테스가 아테네 법정의 사형 선고를 받고 도망갈 것을 제의받았을 때, 이를 거절한 데서 여실히 드러난다.

낙소스의 스핑크스 대리석상

그러나 이는 도시에 따라 법률이 다르고, 그러므로 도시 간의 분쟁을 평화적인 방법으로 해결할 수 있는 권위가 하나도 없었다는 것을 뜻했다.

따라서 그리스는 내부의 질투와 분열적 개인주의 때문에

완전히 분열되어 국민적 안정은 어림도 없는 일이 되었다. 그래서 그리스는 알렉산더 대왕과 나중에는 로마에 정복당했다. 그러나 그리스에는 공통된 제도와 이상이 있어서 하나의 문화 단위로 살아남게 되었다. 그리스의 국민적 서사시에 대해서는 이미 살펴보았다. 그러나 거기에는 그 밖의 유대도 몇 가지 있었다. 모든 그리스인들은 코린트 만 북방의 언덕 위에 솟아 있는 신전을 숭상하고, 어느 정도까지 델포이의 신탁도 존중했다.

아테나의 성 델포이, 신탁의 집. 범그리스적 영묘

델포이는 아폴로신을 숭배하는 중심지였는데, 이 신은 빛과 이성의 힘을 대표한다. 고대 전설에 따르면, 아폴로는 암흑을 상징하는 신화적 파행 동물 피톤을 퇴치했는데, 사람들은 그의 공적을 기념하여 델포이에 신전을 세웠다고 한다. 여기서 아폴로는 그리스 정신이 성취한 위업을 수호했다. 이와 함께 아폴로의 숭배에는 정화 의식과 결부된 윤리적 요소가 포함되어 있다. 아폴로신은 피톤에 승리할 때의 독기(毒氣)를 씻어야 했고, 이제 신은 피로 더럽혀진 인간들에게도 희망을 약속했다. 그러나 여기에 하나의 예외가 있었다. 어머니를 살해하는 죄만큼은 용서할 수 없었다. 아이스킬로스의 비극에서 오레스테스가 아테네 여신과 약간 시대착오적인 아레오파고스의 배심원 덕분에 바로 이 죄를 면하게 되는 대목 등은, 아테네인들이 마침내 자기 신념을 가지기 시작했다는 증후라는 점에서 주목을 끈다. 아폴로의 또 다른 주요 신전은 이오니아인의 종교적 중심이었던 델로스 섬 위에 서 있었는데, 한때 델로스 동맹 자본의 본거지였다.

또 하나의 위대한 범그리스의 제도는 서부의 펠로폰네소스 반도의 올림피아 경기이다. 이 경기는 4년마다 열렸는데, 전쟁을 포함하여 다른 어떤 일보다도 앞섰다.

**올림피아의 전경** 4년마다 열리는 범그리스 제전의 장소

올림피아에서 승리의 영광만큼 빛나는 위대한 영예는 없었다. 우승자에게는 월계관을 씌워주었으며, 우승을 기념하기 위해 올림피아 신전에 우승자의 상을 세웠다. 이 경기는 기원전 776년에 처음으로 개최되었으며, 그 이후 그리스인들은 올림피아기*5로 기간을 정했다.

올림픽 경기는 그리스인들이 육체에 가치를 부여한 살아 있는 표시였다. 이것은 조화를 강조하는 특징을 나타낸다. 인간은 정신뿐만 아니라 육체도 지녔는데, 이 두 가지는 모두 훈련시켜야 한다는 것이다. 그리스의 사상가들은 현대 세계가 중세의 스콜라 철학적 전통에서 이어받은 것과 같은 상아탑적 지식인은 아니었다.

마지막으로 노예 제도에 대해 한마디 해야겠다. 그리스인들은 실험자로서는 실패한 사람들이었다. 실험은 손을 더럽히는 일이며, 이와 같은 여흥은 노예들에게만 어울리는 것이라고 그리스인들은 흔히 생각했다. 이러한 요약적 결론만큼 오해를 사는 일은 없을 것이다. 증거는 분명히 반대 방향을 보여주는 법이다. 그들의 과학적 업적의 기록을 보나 그들의 조각이나 건축 유물을 보아도 알 수 있다. 어쨌든

---

*5 4년을 단위로 한 고대 그리스의 기년법.

노예의 중요성을 지나치게 생각해서는 안 된다. 비록 신사란 자기 손을 사용하지 않는다는 강한 속물적 마음이 있다고 해도 말이다. 라우리온 은산에서 채굴에 종사한 사람들은 비인간적인 운명을 견디고 있었다.

그러나 전체적으로 도시 노예들이 냉대를 받았던 것은 아니다. 노예들은 특히 어떤 기술에 뛰어날 때 더없이 귀한 존재였다. 많은 노예들은 결국 자유인이 되었다. 대규모적인 노예 제도는 기원전 5세기 이후의 시대에 속한다.

기원전 5세기의 가장 놀라운 사건은 지적인 실험과 발명이 둑이 터진 것처럼 갑자기 쏟아졌다는 점이다. 철학은 물론이고, 예술에서도 마찬가지였다. 이전 세기의 조각에는 여전히 이집트 원형의 딱딱한 형식주의가 남아 있었는데, 이제 그것은 생생하게 살아 있는 것으로 변했다. 문학에서는 옛날의 형식주의적인 의식이 완전히 달라져서 한결 유연한 형식의 아티카 비극이 되었다. 모든 것은 확대되어 갔고, 인간의 손이 미치지 않는 목표는 없는 것처럼 보였다. 이 놀라운 자신감이 가장 잘 표현된 것은 소포클레스의 《안티고네》의 유명한 코러스(합창)에 나오는 '불가사의한 것은 많이 있으나, 인간 이상의 불가사의는 없을 것이다'라는 대목이다. 이런 정감은 후세에 이르면 없어지지만, 근대의 르네상스에 다시 살아난다. 이탈리아의 인문주의자 알베르티의 저서에 인간의 지위에 대한 거의 비슷한 견해가 나온다. 이와 같이 활력에 찬 시대는 자기를 따지지 않는다. 그러나 자기 신념에 대해서는 자칫 오만해지기가 쉽다. 사람들에게 선의 형상을 상기시킨 사람은 이 세기 끝 무렵에 출현한 소크라테스였다.

**원반던지기 선수 동상**
신전에 세워진 올림픽 경기 우승자 상

바로 이런 면에서 그리스 문명이 타의 추종을 불허할 만큼의 높이까지 도달했다. 조화의 원리에 따른 그리스 문명은 내분으로 여기저기로 흩어졌지만, 이것도 따지고 보면 그리스 문명의 위대성을 높이는 결과가 되었는지도 모른다. 그리스 문명은 전국에 걸쳐 참다운 헬레니즘 문화를 이루지 못했으나, 헬라스의 땅을 정복한 모든 민족을 정복했고 오늘날까지 서양 문명의 뼈대가 되어 남아 있다.

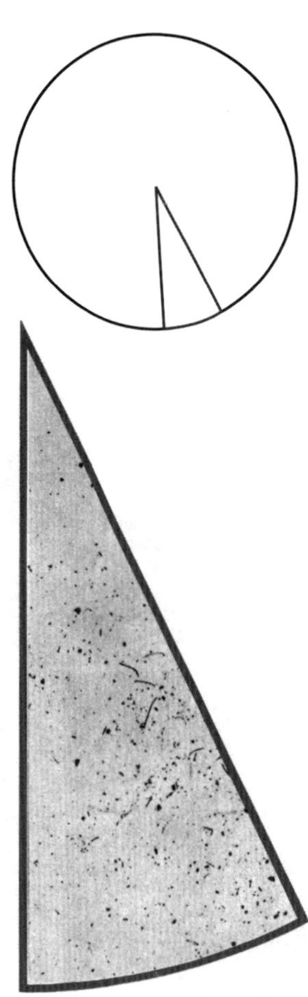

모든 사물은 모든 사물의 성분을 포함한다. 하얗게 보이는 것은 가까이 보면 그 안에 검은 요소가 포함되어 있다.

*

최초의 아테네 철학자는 아낙사고라스이다. 그는 페르시아전쟁이 끝난 뒤부터 6세기 중엽에 이르기까지 약 30여 년 동안 아테네에서 살았다. 그는 클라조메네에서 태어난 이오니아인이었고 자신의 관심사에 따라 밀레토스의 이오니아학파의 후계자가 되었다. 그는 자기 고향이 이오니아 반란 무렵 페르시아인들에 의해 점령되자, 페르시아군을 따라 아테네에 온 것으로 보인다. 기록에 따르면, 그는 페리클레스의 스승이자 친구였다. 어떤 사람들은 유리피데스도 한때는 그의 제자 중 한 사람이었다고 한다.

아낙사고라스는 주로 과학과 우주론의 문제에 관심을 가지고 있었다. 우리는 그가 날카로운 관찰자였다는 증거를 가지고 있다. 기원전 468~67년에 걸쳐, 꽤 큰 운석 덩어리가 아이고스포타모스 강에 떨어졌는데, 아낙사고라스는 이 운석에 의거하여 별이 작열하는 암석으로 되어 있다는 견해를 내놓았다.

아테네에는 큰 세력을 가진 사람이 몇 있었다. 그중 아낙사고라스는 비교적 편협한 아테네의 보수적 경향의 악의를 불러일으켰다. 제아무리 좋은 시대라도, 유아독존으로 남의 비위에 거슬리는 사고방식을 갖는다는 것은 위험한 일이다. 자기가 잘 알고 있다고 생각하는 사람들의 선의의 편견과 충돌했을 때, 이 사고방식은 정통적인 가르침을 신봉하지 않는 사람에게는 매우 위험할 수 있다. 젊은 시절에 아낙사고라스가 페르시아의 동조자였다는 사실은 사태를 복잡하게 했다. 이런 예는 과거 2500년 동안 그다지 변하지 않은 것처럼 보인다. 여하튼 아낙사고라스는 불경죄로 재판을 받았다. 어떤 벌이 내려졌으며, 또 그가 어떻게 이 벌을 피했는가 하는 것은 뚜렷하지 않다. 그의 친구 페리클레스가, 아마도 그를 감옥에서 빼내어 도망치게 한 것으로 보인다. 그는 뒷날 람프사코스에 가서 살면서 죽을 때까지 제자들을 가르쳤다. 매우 훌륭하게도 그 도시의 사람들은, 그의 활동을 비교적 열린 눈으로 보고 있었다. 철학자의 죽음을 기념하여 해마다 휴일로 지킨 예는 역사상 아낙사고라스밖에 없을 것이다. 아낙사고라스의 가르침은 책 한 권으로 기록되었는데, 이것은 다른 자료에도 몇 개의 단편으로 남아 있다. 그와 비슷하게 불경죄로 재판을 받게 된 소크라테스는, 자기가 관습에 어긋나는 생각을 했다고 해서 소송을 당했지만, 그것은 사실 아낙사고라스의 견해이며, 그의 저서는 드라크마 은화 한 닢만 내면 누구든지 살 수 있다고 재판관에게 말했다.

**아낙사고라스** 그의 출생지인 이오니아의 클라조메나이에서 출토된 동전

·

아낙사고라스의 이론은 그의 선배인 엠페도클레스의 이론과 마찬가지로, 파르메니데스의 비판을 정리하려는 새로운 시도였다. 엠페도클레스는 두 개씩 짝을 이루는 대립물, 즉 추위와 더위, 건조와 습기의 각 부분의 하나하나를 기본적인 것으로 생각한 데 반해, 아낙사고라스는 이들 하나하나가 비율은 저마다 다르지만, 제아무리 작아도 모든 물질에 포함되어 있다고 생각한다. 그는 자기 주장이 옳다는 것을 증명하기 위해 물질을 무한히 미세하게 나눌 수 있다고 보았다. 그는 물건을 잘라서 작은 조각으로 만드는 것만으로는 다른 그 무엇에 이르지는 못한다고 곧잘 말했다. 파르메니데스가 보여주듯이, 존재하는 것은 아무래도 존재해야

하고, 존재하지 않는 것이 될 수가 없기 때문이다. 물질을 무한히 분해할 수 있다는 가설은 흥미있는 일이다. 이 가설이 주장된 것은 이때가 처음이었다. 이 가설이 잘못되었다는 점은 여기서 그다지 중요한 일이 아니다. 이것은 공간에 맞게 무한히 분할한다는 관념으로 우리의 주의를 끈다. 아무것도 없는 공간이라는 관념은, 나중에 원자론자들에 의해 제기되는데, 그 출발점은 바로 여기에 있다고 할 수 있다. 여하튼 우리가 이 가설을 인정한다면 엠페도클레스를 비판하는 아낙사고라스의 이론은 그만큼 더 옳다.

여러 사물 간의 차이는 대립물 가운데 어느 하나가 우세하기 때문에 생긴다. 즉 눈은 어느 정도 검지만, 흰색이 우세하기 때문에 하얗게 보인다고 말하고 싶었을 것이다. 어떤 의미에서 보면, 여기에는 헤라클레이토스적인 사상이 깃들어 있다. 대립물이 서로 결합하면, 모든 것은 다른 형태로 변할 수 있다. 아낙사고라스는 "세계에 존재하는 것은 분할된 것이 아니며, 손도끼로 서로 절단한 것도 아니다"고 말하며 "모든 사물에는 '누스(nous)' 이외의 모든 것의 일부가 들어 있고, 일부에는 '누스'를 가진 것도 몇 개가 있다"고 말하고 있다.

기체나 액체의 흐름 속에 물체를 놓으면 소용돌이나 난류가 일어난다.

여기서 '누스', 즉 지성이란 엠페도클레스의 사랑과 갈등에 대체되는 적극적 원리이다. 그것은 매우 드물고 미묘하지만, 그래도 하나의 실체로 여겨진다. '누스'는 섞인 것이 없는 순수한 상태에 있다는 점에서, 다른 실체와는 다르다. 사물을 움직이는 것은 '누스'이며, '누스'를 가지고 있느냐의 여부에 따라 생물과 무생물로 나뉜다.

태초에 대해 그는 최근의 생각과 어떤 면에서 비슷한 견해를 꺼냈다. '누스'는 어딘가에서 소용돌이 운동을 일으키고, 이것이 가속됨에 따라 각양각색의 물체는 얼마만큼 덩어리 모양을 이루냐에 따라 분리되어 간다. 무거운 바위 덩어리는 지구의 자전에 의해 내던져져서 다른 물체보다 더 멀리 간다. 이 덩어리는 매우 빨리 움직이기 때문에 열을 발산하는데, 이것으로 별의 본성을 설명할 수 있다. 이오니아학파와 마찬가지로 그도 세계가 많이 존재한다고 생각했다.

지각작용에 대해서 아낙사고라스는 감각이 대립물에 의해 좌우된다는 생물학적 원리를 내놓았다. 시각이란 빛이 반대의 어둠에 침입하는 일이며, 매우 강렬한 감각은 고통과 불쾌감을 일으킨다는 것이다. 이런 견해는 오늘날도 생리학에서 통용되고 있다.

혜성

다음 몇 가지 점에서 아낙사고라스는 그의 선구자들보다 훨씬 더 엄밀한 이론을 내놓았다. 거기에서 적어도 그가 아무것도 없는 공간이라는 개념에 도달하려고 했던 몇 가지 흔적을 볼 수 있다. 때로는 마치 그가 '누스'를 비실체적인 힘으로 만들고자 하는 것처럼 보이는 경우도 있지만, 반드시 그렇다고는 말할 수 없다. 따라서 엠페도클레스의 경우와 마찬가지로 파르메니데스의 근본적인 비판은 나오지 않았다. 그러나 그 반면에 무한한 분할 가능성은 세계가 어떻게 이루어졌는가를 설명하는 데 새로운 진전을 보였다. 거기에는 여전히 분할 가능성이 공간에 속한다는 사실을 인정하는 단계가 해결되지 않은 문제로 남아 있고, 원자론이 나올 발판이 마련되어 있다.

아낙사고라스가 무신론자였다고 생각하는 것은 잘못일 것이다. 그러나 신에 대한 그의 개념은 철학적이었기 때문에 아테네의 국가 종교와 일치하지 않았다. 그가 불경의 죄목을 받은 것도 그의 비정통적인 견해 때문이었다. 그는 신을 '누스'라는 모든 운동의 근원이 되는 원리와 똑같다고 생각했다. 이런 견해는 필연적으로 정부로부터 좋지 않은 눈총을 받을 수밖에 없었다. 그 견해는 자연적으로 기성 의식의 가치에 대한 회의를 일으키게 되었는데, 그런 범위 내에서 국가의 권위에 거슬리기 때문이었다.

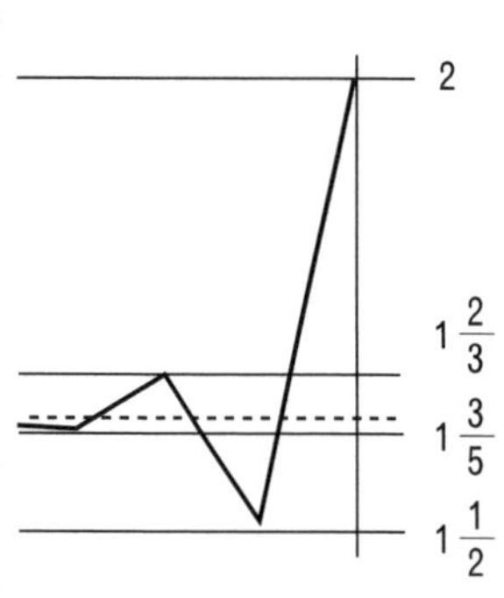


$$1+\frac{1}{1}=2$$

$$1+\frac{1}{1+\frac{1}{1}}=1\frac{1}{2}$$

$$1+\frac{1}{1+\frac{1}{1+\frac{1}{1}}}=1\frac{2}{3}$$

$$1+\frac{1}{1+\frac{1}{1+\frac{1}{1+\frac{1}{1}}}}=1\frac{3}{5}$$

$$1+\frac{1}{1+\frac{1}{1+\frac{1}{1+\frac{1}{1+\cdots}}}}=\frac{1+\sqrt{5}}{2}$$

*

우리는 피타고라스와 그의 학파가, 기원전 510년에 크로톤에서 추방된 까닭을 영원히 알 수 없을 것이다. 그러나 그 학파가 정직한 시민들과 어떤 부분에서 충돌했을까 하는 점을 알기란 그리 어렵지 않다. 피타고라스도 그리스 철학자들이 으레 그랬던 것처럼 정치에 간섭했기 때문이다. 철학자는 거의 다른 사람들에게 정치에 무관심한 것으로 비쳤지만, 그들이 비판적인 의견을 말했을 경우, 직업 정치의 어두운 수면을 휘젓는 데 성공을 거두고 있었다. 정치의 중요한 임무를 맡고 있는 사람들에게, 자신들은 결국 자기가 생각하고 있듯이 현명하지 않을지도 모른다는 암시를 받는 것 만큼 괴로운 일은 없을 것이다. 크로톤 사람들이 피타고라스학파를 태워죽인 것도 바로 이런 근거에서였다. 그러나 학파나 사람들을 그와 같은 일로 태워죽인다는 것은 비정통파의 의견을 모조리 없애버린다는 점에서 언제나 이상하리만큼 효과가 없다는 것이 밝혀졌다. 그들을 습격한 불행의 한 결과로, 그리스 동쪽으로 되돌아온 살아남은 단원들의 활동을 통해서 이 견해는 이전보다도 더 널리 알려지게 되었다.

엘레아학파의 창시자가 처음에는 피타고라스의 한 문하생이었다는 사실은 우리가 이미 살펴보았다. 얼마 뒤가 되면, 엘레아학파의 철학자 제논으로부터 피타고라스의 수의 이론은 심한 공격을 받게 된다. 따라서 이 이론이 어떤 의미를 가지고 있는지를 파악한다는 것은 꼭 필요하다.

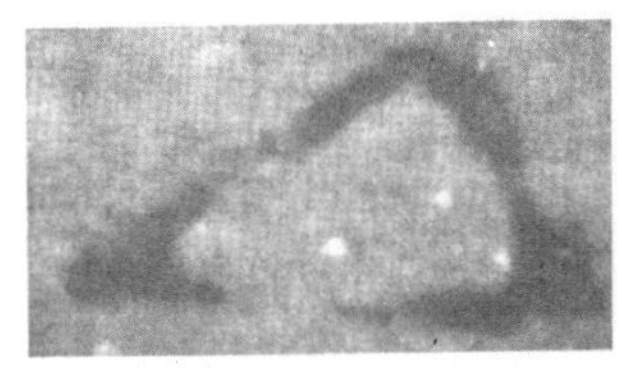

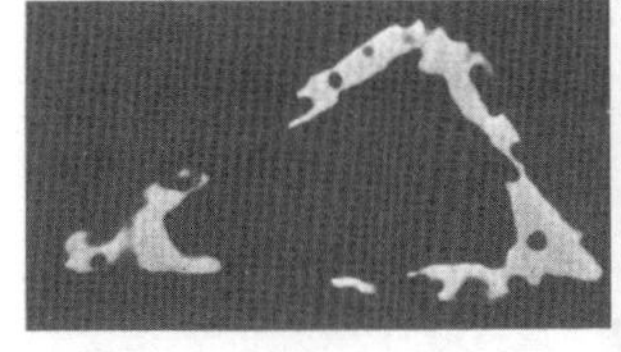

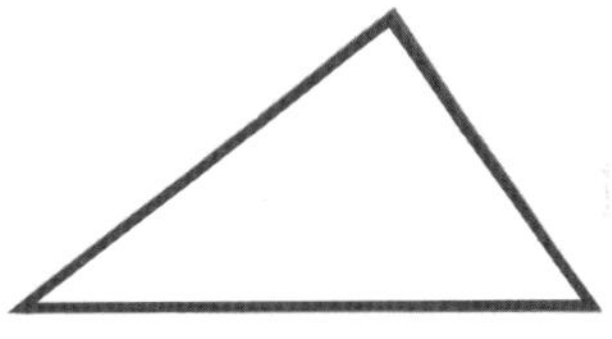

완전한 삼각형이란 그려질 수 없다. 그것은 마음의 눈으로 보이는 것이다.

수는 단위로 이루어지는 것으로 생각되었고, 단위는 점으로 표시되어 공간적 차원을 갖는 것으로 여겨졌다. 이 견해에 따르면, 점은 위치를 갖는 단위이다. 다시 말하면 점에는 그 어떤 차원이 있다. 비록 그 차원이 무엇이 되었든 간에 말이다. 이런 수 이론은 유리수를 다루는 데 아주 적절하다. 하나의 유리수를 단위로 고를 때, 그 어떤 수의 유리수로도 그 단위의 정수배(整數倍)가 되게 할 수 있다. 그러나 이 설명은 무리수를 만나면 딴판이 된다. 무리수는 이런 방법으로 측량할 수가 없다. 그리스어에서 번역된 무리수의 '무리'라는 말이, 피타고라스에게는 이성을 빼앗긴, 아니 측정할 수 없다는 뜻이었다는 것은 주목할 만하다. 이 어려움을 극복하기 위해, 피타고라스학파는 이 겉잡을 수 없는 수를 일련의 근사치로 찾아내는 방법을 발명했다. 이것이 앞에서도 말한 연분수의 구성이다. 이와 같은 일련의 수에서는 차례로 나오는 단계가 언제나 감소되는 양에 의해 교대로 표준을 넘어가기도 하고 표준에 이르지 못하기도 한다. 그러나 이 과정은 본질적으로는 무한하다. 목표로 하는 무리수는 이 과정에서 극한점이 된다. 이 문제의 요점은 우리가 원하는 만큼 극한점에 가까운 유리수의 근사치에 다다를 수 있다는 것이다. 실제로 이 이론은 근대의 극한점의 개념에 포함되어 있는 것과 같다.

위와 같은 선에 따라 수의 이론을 세울 수가 있다. 그런데도 단위의 개념에는 분리수와 연속양 사이의 근본적인 혼란이 숨어 있다. 이것은 피타고라스의 이론이 기하학에 적용될 때 명백해진다. 그 문제점이 무엇인가는 제논의 비판을 논의할 때 살펴보기로 한다.

피타고라스 수학의 또 하나의 커다란 유산은 소크라테스가 수용하여 더욱 발전시킨 이데아 이론이다. 플라톤에 따르면, 이 이론은 엘레아학파에 의해 많은 비판을 받았다고 한다. 우리는 이미 이 이론의 수학적 기원을 암시한 바 있다. 예를 들어 피타고라스의 정리를 보자. 직각삼각형과 그 변 위에 정사각형을 매우 정확하게 그려 그 넓이를 측정하려 한다면, 그것은 아무런 소용이 없을 것이다. 이 도형이 제아무리 정확해도, 그것은 완전히 정확하다고 말할 수 없다. 실제로 완전히 정확한 것은 있을 수 없으리라. 이 정리를 증명하는 것은 이와 같은 도형이 아니다. 이를 위해서는 완전한 도형이 필요하다. 상상은 할 수 있어도 정확한 도형은 그릴 수 없다. 현실의 그 어떤 도형도 마음속 이미지의 충실한 모사일 뿐이다. 이것이 후기 피타고라스학파의 이론 가운데 하나인 그 유명한 이데아 이론의 요지이다.

나선은하

피타고라스가 현을 조율하여 어떻게 조화의 원리를 발전시켰던가는 우리가 이미 살펴보았다. 이 원리에서 건강을 서로 대립하는 것들 사이의 균형으로 보는 의학 이론이 나왔다. 후기 피타고라스학파는 여기서 한 걸음 더 나아가 영혼에도 조화의 개념을 적용했다. 이 견해에 따르면, 영혼은 육체의 하나의 조화이며, 영혼은 육체의 잘 정돈된 상태의 함수이다. 육체의 조직이 무너지면 육체는 분해되고 영혼도 분해된다. 우리는 영혼을 악기의 현으로 보고, 육체를 현이 감겨 있는 악기의 몸통으로 생각해도 좋을 것이다. 만일 몸통이 부서지면, 현은 느슨해지고 조율된 음을 잃는다. 이 견해는 이 문제에 대한 초기 피타고라스학파의 관념과 전적으로 모순된다. 피타고라스는 영혼의 윤회를 믿었던 반면, 후기 피타고라스학파는 육체가 죽으면 동시에 영혼도 틀림없이 죽는다고 보았다.

천문학 분야에서, 후기 피타고라스학파는 매우 대담한 가설을 내놓았다. 그 가설에 따르면, 우주의 중심은 지구가 아니라 중심을 이루고 있는 불이다. 지구는 그 불 주위를 회전하는 행성인데, 지구가 언제나 그 중심을 벗어난 쪽을 향하고 있기 때문에 우리는 불을 볼 수가 없다. 태양 또한 행성으로 간주하여, 중심의 불에서 나오는 빛을 받는 것으로 보았다. 이것은 나중에 아리스타르코스가 말한 태양 중심의 가설에 크게 접근한다. 그러나 피타고라스학파가 내놓은 이론 형태로는 많은 문제점이 남아 있었기 때문에, 아리스토텔레스가 지구평면설을 다시 부활시켰다. 다른 문제에도 그의 권위가 너무 크게 미쳤기 때문에, 올바른 관점이 제시되었는데도 후대에 자료가 잊혀지면서 지구 평면설이 유행하게 되었다.

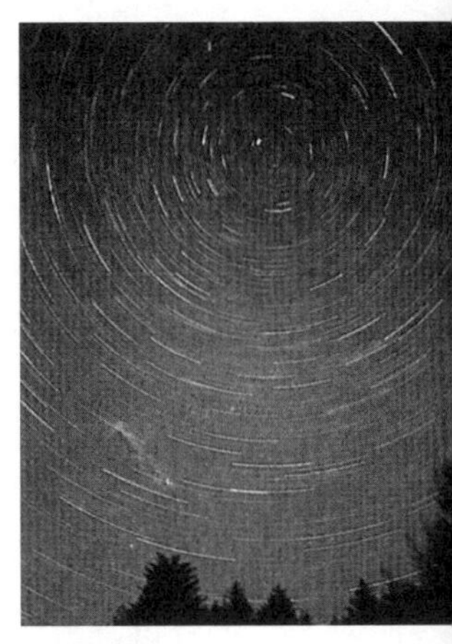
별의 일주 운동

물체의 구조에 관한 이론에 대해서, 피타고라스 학설은 초기의 많은 사상가들이 못 보거나 오해하던 특색을 하나 인정한다. 그것은 진공에 대한 관념이다. 진공이 없이는 운동에 대해 만족스럽게 설명할 수 없다. 이 점에서도 아리스토텔레스의 이론은 나중에 '자연은 진공을 혐오한다'는 뒤처진 견해로 돌아가게 되었다. 우리는 이들 원자론자가 물리학적 이론이 제대로 발전할 수 있도록 틀을 잡아놓았다는 것을 인정해야 한다.

한편 피타고라스학파는 엠페도클레스가 발전시킨 이론을 정리하려고 했다. 물론 그들의 수학적 관점에서 볼 때, 그런 원소들을 궁극적인 것으로 수용할 수는 없었다. 그 대신 그들은 물질의 구조에 대한 수학적 이론을 바탕에 두는 타협을 제시했다. 즉 기본 요소는 정육면체 모양의 분자로 이루어져 있다고 여겼다. 이 이론은 플라톤의 《티마이오스》에서 더욱 발전된다. '원소'란 말 자체도 이들 후기 피타고라

하나의 도형은 무한대로 나뉜다. 궁극의 단위에 다다를 수 없다. 마지막 크기도, 크기의 비율도 존재할 수 없다.

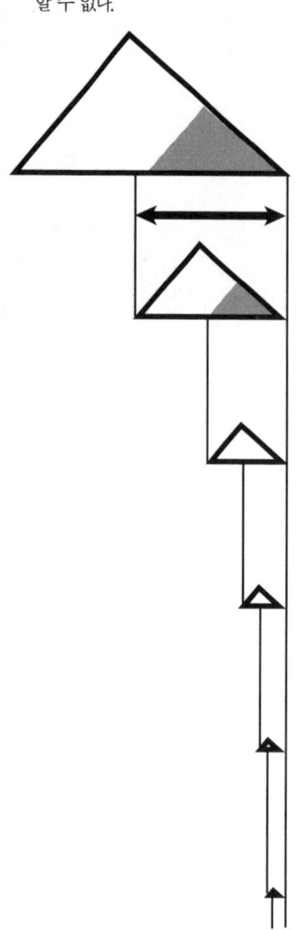

스학파의 사상가들이 만든 것으로 보인다.

*

여기까지 살펴본 바로는, 파르메니데스의 비판에 응하려고 한 유물론자들의 시도 중에서 나무랄 데가 없다고 여길 만한 것은 하나도 없다. 엘레아학파의 이론 자체의 약점이 무엇이건, 사실상 기본적인 실체를 단지 늘리는 것만으로는 해결할 수가 없다. 이 점은 파르메니데스의 제자들이 제시한 일련의 논증에 따라서 실로 강하게 주장되었다. 이와 같은 사람들의 선두주자는 엘레아의 제논이었다. 그는 파르메니데스와 같은 고향 사람이며, 사랑하는 제자이기도 했다. 제논은 기원전 490년 무렵에 태어났다. 그가 정치적인 일에 관심을 가졌다는 것 이외에, 우리가 그에 대해서 알고 있는 가장 중요한 사실 하나는 그와 파르메니데스가 아테네에서 소크라테스를 만난 적이 있다는 것이다. 이것은 플라톤이 한 말인데, 그를 의심할 만한 이유는 전혀 없다.

앞에서도 살펴보았듯이, 엘레아학파의 학설은 참으로 놀랄 만한 결론에 도달해 있었다. 이러한 이유로 유물론을 어떻게든 억누르려는 많은 시도가 있었다. 제논이 보여주고자 한 것은, 엘레아학파의 이론이 상식적으로는 받아들이기가 어렵다면 이 이론의 문제점을 극복한 이론이 한결 이유를 알 수 없는 문제에 빠져 들어간다는 사실이었다. 따라서 제논은 파르메니데스를 직접 변호하려는 대신에, 반대파 관점에서 문제를 다루면서 반대파와 대결했다. 즉 어느 반대자의 가정에서 출발하여 연역적 방법으로 논증했으며, 반대 이론에서는 불가능한 결과가 나온다는 것을 보이려고 했다. 따라서 맨 처음의 가정은 받아들여지지 않게 되어, 사실상 반대파의 이론은 실패하게 되었다.

이런 논법은 아낙시만드로스의 진화론을 논의할 때 언급한 귀류법에 가깝다. 그러나 거기에는 중요한 차이가 하나 있다. 보통의 귀류법에서는 결론이 사실상 잘못되어 있으므로, 전제 가운데 하나도 그릇되어 있다는 식으로 논의되는 것이다.

한편 제논은 어떤 한 가정에서 모순된 두 가지 결론을 끌어낼 수 있다는 것을 제시하려고 한다. 이는 이 두 결론이 사실상 옳지 않을 뿐만 아니라 불가능하다는 것을 뜻한다. 따라서 결론이 나오는 원천적인 가정도 그 자체가 불가능하다고 그는 논한다. 이런 논증은 결론과 사실 사이의 아무런 비교도 없이 진행된다. 이런 뜻에서 그것은 순전히 변증법적이다. 즉 질문과 대답만으로 논증을 펼친다. 변증법적 논증을 처음 체계적으로 사용한 사람은 제논이다. 변증법적 논증은 철학에서 매우 중요한 역할을 한다. 소크라테스와 플라톤은 엘레아학파에서 그것을 받아들여 독자적으로 발전시켰고, 그것은 그 뒤 줄곧 철학사에서 중요한 위치를 차지했다.

아낙시만드로스

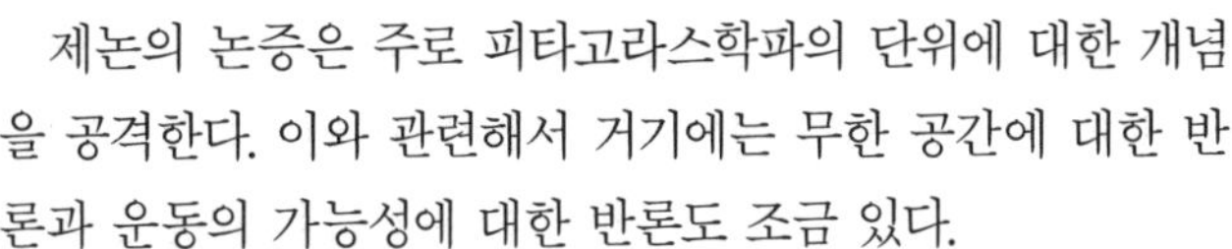
제논의 논증은 주로 피타고라스학파의 단위에 대한 개념을 공격한다. 이와 관련해서 거기에는 무한 공간에 대한 반론과 운동의 가능성에 대한 반론도 조금 있다.

첫째로, 단위의 관념이 옳지 않다는 것을 나타내는 논증을 생각해 보자. 제논이 생각하기에 존재하는 것은 무엇이나 어떤 크기를 가져야 한다. 아무런 크기도 가지지 않는다면, 그것은 존재하지 않는 것이다. 여기까지 인정할 수 있다면, 하나하나의 부분에 대해서도 같은 주장을 할 수 있다. 하나하나의 부분도 어떤 크기를 갖는다. 한 번 말하는 것과 언제나 말하는 것은 모두 같다고 그는 말하고 있다. 이것은 무한한 분할 가능성을 끌어들이는 간단한 방법이다. 그 어떤 부분도 가장 작다고는 말할 수 없다. 만일 사물이 많다면, 그것들은 동시에 크거나 작아야 할 것이다. 실제로 그것들은 크기가 없을 만큼 작아야만 한다. 왜냐하면 무한한 분할 가능성은 부분들의 수가 무한이고 이를 위해서는 크기가 없는 단위가 필요하며, 따라서 크기가 없는 단위는 어떻게 합해 보아도 크기를 갖지 않기 때문이다. 그러나 단위는 어떤 크기를 가져야 하므로 사물은 무한히 커진다.

이 논증은 피타고라스의 수이론이 기하학에서는 쓸모가 없음을 나타낸다는 점에서 중요하다. 피타고라스에 따르면, 우리가 하나의 선을 생각할 때 우리는 그 선에 단위가 몇 개 있는가를 말할 수 있어야 한다. 확실히 우리가 무한한 분할 가능성을 가정하면, 그때 단위의 이론은 곧 무너진다. 그러나 이것이 피타고라스가 잘못되었다는 것을 증명하지 못한다는 점을 이해해야 한다. 그것이 사실상 증명하는 것은 단위와 무한한 분할 가능성의 이론을 함께 받아들일 수 없다는 점이다. 바꾸어 말하면 이들이 양립할 수 없다는 것이다. 따라서 어느 한쪽을 포기하지 않으면 안 된다. 수학은 무한한 분할 가능성이 필요했기 때문에 피타고라스학파의 단위는 버려야만 한다. 더욱 주목할 만한 점은 귀류법 자체에 대한 것이다. 의미를 갖는 명제는 양립하지 않는 직접적인 결과를 가질 수 없다. 다른 명제가 이것과 결부되었을 때 비로소 모순이 생길 수 있다. 즉 두 개의 서로 다른 논증에서 갑의 논증의 추가된 명제가 을의 논증의 추가된 명제와 양립할 수 없는 경우의 일이다. 이와 같이 현재의 경우, 논증은 두 가지가 있다. 하나는 사물이 많이 있고 단위는 아무런 크기를 지니고 있지 않으므로 사물은 아무런 크기도 갖지 않는다는 것이다. 다른 하나는 사물

제논은 무한대의 공간을 부정했다. 왜냐하면 만일 지구가 우주 공간 안에 있다면, 이번에는 우주 공간은 무엇 안에 있을까?

은 많이 있고 단위에 크기가 있으니 사물은 무한히 크다는 논증이다. 양립할 수 없는 추가된 두 가지 전제는 단위에 아무런 크기를 갖지 않는다는 것과, 단위에 그 어떤 크기를 가진다는 것을 말한다. 어느 쪽이든, 결론은 분명히 부조리하다. 당연히 각 논증의 전제 어딘지가 잘못되어 있다. 잘못된 것은 바로 피타고라스학파의 단위에 대한 개념이다.

기하학의 원리는 올림피아의 제우스 신전에 있는 돌기둥에도 응용되었고, 일찍이 없었던 조화와 균형을 겸비한 건축물이 탄생했다.

무한 공간에 반대하는 파르메니데스의 입장을 옹호하기 위해 제논은 새로운 논증을 하나 제시했다. 공간이 존재한다면, 그것은 무엇인가에 포함되어야 하고, 다시 이 공간은 더 큰 공간에 포함되어야 한다. 이와 같이 그것은 무한히 계속된다. 이 후퇴를 받아들이고 싶지 않아서, 제논은 공간이 없다고 결론을 내린다. 이것이 실제로 어떤 결과를 자아내는 것일까. 이 논증은 공간이란 비어 있는 용기라는 견해를 부정하게 된다. 이와 같이 제논의 견해에 따르면, 우리는 하나의 물체와 이 물체를 담고 있는 공간을 구별해서는 안 된다. 따라서 용기설이 파르메니데스의 구체에 맞설 수 있다는 것을 우리는 곧 알 수 있다. 세계가 한정된 구체라고 한다면, 이 경우에 그것은 아무것도 없는 공간에 있다는 뜻이 되기 때문이다. 제논은 여기서 스승의 학설을 지키려 하고 있지만, 그러나 바로 그렇게 한계가 있는 구체 너머에 아무것도 없다고 본다면, 이것이 이치에 맞는 말인지 의심스럽다.

계속해서 되풀이될 수 있는 이런 논증은, 무한의 후퇴라고 일컬어진다. 그것은 반드시 모순으로 끝난다고는 말할 수 없다. 실제로 오늘날 누구나 어떤 공간이 더 큰 공간의 일부라는 견해를 반대하는 사람은 없을 것이다. 제논의 경우 '존재하는 것'은 유한하다는 것을 마땅한 일로 삼고 있기 때문에 모순이 생긴다. 따라서 그는 이른바 잘못된 무한의 후퇴에 직면한 것이다.

잘못된 형태의 후퇴적 논증은 사실 귀류법의 한 형식이다. 이와 같은 논증은 그 논증의 바탕이 이미 참이라고 정한 어떤 다른 명제와 나란히 할 수 없다는 사실을 보여준다.

제논의 논증 중에서 운동에 대한 네 가지 역설이 가장 유명한데, 그중에서도 가장 유명한 것은 아킬레우스와 거북의 이야기이다. 여기에서도 파르메니데스 이론을 간접적으로 옹호한다. 피타고라스학파는 자기 이론으로는 운동을 설명할 수 없기 때문에, 무엇인가 더 좋은 것을 제시할 책임이 있었다. 이 논증은 아킬레우스와 거북이 불리한 조건이 주어진 경주를 할 경우, 아킬레우스는 결코 경쟁자를 따라잡을 수 없다는 것이다. 거북이 경주로의 조금 앞에서 출발했다고 하면, 그 뒤 아킬레우스가 거북의 출발점까지 달려가도 거북은 그보다 조금 앞으로 가 있다. 아킬레우스가 이 새로운 지점까지 다시 뛰어갔을 때 거북도 또 조금 앞선 지점에 있을 것이다. 아킬레우스가 거북이 있었던 위치에 다다를 때마다 느림보 거북은 앞으로 가 버린다. 물론 아킬레우스는 점점 거북에게 접근하기는 하지만, 거북을 결코 따라 잡을 수는 없을 것이다.

아킬레우스와 거북

우리는 이 논증이 피타고라스학파를 공격하기 위한 것이라는 사실을 잊어서는 안 된다. 이처럼 제논은 피타고라스학파의 가정을 채택하여, 하나의 선은 단위 또는 점으로 이루어진 것이라고 여기고 있다. 따라서 거북이 제아무리 느리게 전진하더라도, 거북은 경주가 끝나기 전에 무한한 거리를 가지 않으면 안 된다는 것이다. 그렇다면 이것은 사물의 크기가 무한이어야 한다는 논증의 다른 형태로 볼 수 있다.

제논 고대 그리스 철학자

이 결론의 어딘가에 문제가 있다는 것을 제시하기란 어렵지 않지만, 이 논증이 피타고라스학파의 단위에 대한 학설을 반대하는 이론으로써 아무런 결함이 없다는 점은 분명히 인정해야 한다. 우리가 단위에 대한 이와 같은 관점을 포기할 때 비로소 이 결론의 어디가 잘못되어 있는가를 제시하는 무한급수의 이론을 펼칠 수 있다. 예를 들어 하나의 급수가 경주의 순서적인 단계의 길이와 마찬가지로, 일정한 비율로 감소하는 항으로 이루어져 있다면, 그때 우리는 아킬레우스가 어디에서 거북을 따라잡을 수 있는가를 산출해 낼 수 있다. 이와 같은 급수의 합계는 어떤 수의 항의 합이 제아무리 커도 절대로 초과하는 일은 없으나, 충분히 큰 수의 항의 합계가 우리가 원하는 만큼 어떤 수에 접근할 수 있다. 일정한 급수에 이와 같은 수가 하나 있고, 더욱이 하나밖에 없다는 것을 여기서 증명하지 않겠다. 경주에 포함되는 급수는 기하급수라고 불린다. 오늘날 초등 수학을 배운 사람이면 누구나 이것을 처리할 수 있다. 이들 합계가 현재 우리에게는 어린애 장난처럼 보이지만, 이것에 기초를 부여한 연속량의 이론을 전개해 준 것은, 바로 제논의 비판적 업적이었음을 잊지 말도록 하자.

경주로로 불리는 또 하나의 역설이 있는데, 이는 변증법적 공격의 나머지 반을 뚜렷이 보여준다. 이 논증은 경주로 한쪽에서 다른 쪽으로 절대로 건너갈 수가 없다는 것이다. 왜냐하면 우리가 유한한 시간으로 무한한 수의 점을 지나가야 한다는 것을 의미하기 때문이다. 더 정확하게 말하자면, 어떠한 점에 이르기 위해서는 그 반이 되는 곳에 도달해야 하고, 또 이 반이 되는 점에 다다르기 위해서는 반의 반점에 도달해야 한다. 이와 같은 과정이 무한으로 계속된다. 따라서 우리는 전혀 운동을 시작할 수 없게 된다. 이것은 아킬레우스와 거북의 역설과 함께, 일단 출발한 이상 정지할 수 없다는 것을 나타내는 것으로 하나의 선이 무한히 많은 단위로 이루어져 있다는 가설을 뒤엎는 것이다.

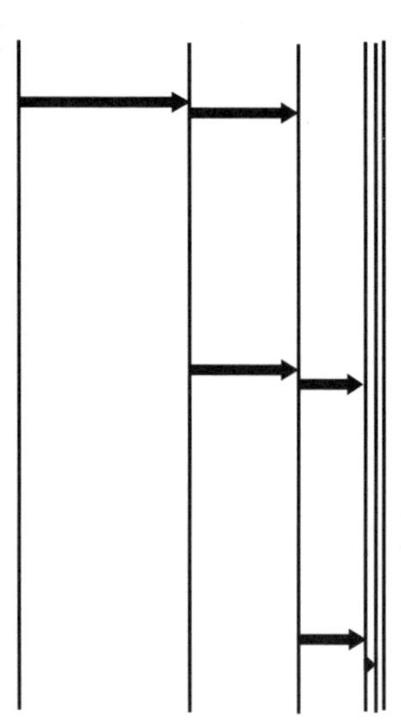

아킬레우스가 불리한 조건의 경주를 하는 동안, 거북이 얼마간 앞섰고, 또 그런 경기가 계속 되었다.

제논은 다시 두 가지 역설을 제시했는데, 하나의 선에 유한한 수의 단위밖에 없다고 가정한다면, 문제를 해결할 수 없다는 것이다. 우선 똑같은 유한한 수의 단위로 이루어져 있는 서로 같은 세 개의 평행 선분을 살펴보기로 하자. 그중에서 하나를 정지시키고 나머지 두 개는 서로 반대 방향으로 움직이고 있는데, 이 움직이는 선분이 정지하고 있는 선분을 통과할 때, 세 개가 서로 나란히 되게 해 보자. 움직이는 두 선분의 상대적 속도는 이들 하나하나와 정지하고 있는 선분의 상대적 속도의 2배이다. 이 논증은 공간의 단위는 물론 시간의 단위도 있다는 가정에 의거하고 있다. 이때 속도는 일정한 수의 순간에 일정한 점을 지나는 점의 수로 측정된다. 움직이고 있는 선 하나가 정지하고 있는 선 길이의 1/2을 통과하는 사이에 그것은 움직이고 있는 또 하나의 전체 선을 통과한다. 따라서 후자의 시간은 전자의 시간의 2배이다. 그러나 그들이 서로 나란히 있는 지점에 다다르면, 움직이는 두 개의 선은 같은 시간이 걸린다. 이와 같이 움직이는 선은 실제보다 2배 빠르게 움직이고 있는 것처럼 보인다. 보통 이 논증은 우리가 거리에 걸리는 순간적 시간을 생각하지 않기 때문에 조금 복잡해진다. 그러나 이것은 단위 이론에 대한 비판으로는 모두 옳은 것이다.

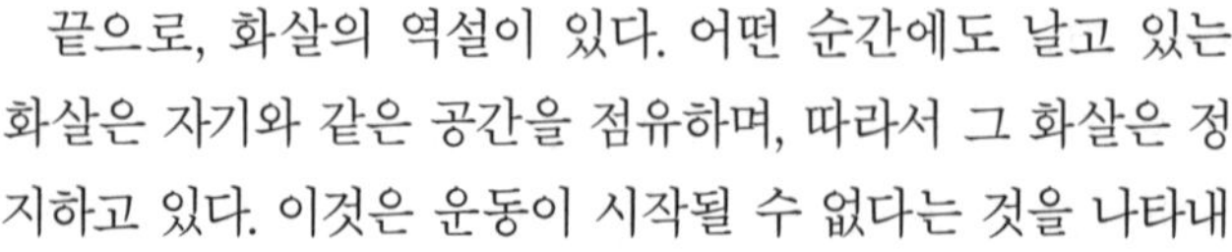

끝으로, 화살의 역설이 있다. 어떤 순간에도 날고 있는 화살은 자기와 같은 공간을 점유하며, 따라서 그 화살은 정지하고 있다. 이것은 운동이 시작될 수 없다는 것을 나타내고 있는 데 반해, 이 앞의 역설은 운동이 언제나 실제보다 더 빠르다는 것을 나타낸다. 이와 같이 제논은 피타고라스의 불연속량의 이론을 타파하고, 연속 이론의 기초를 세웠다. 이것이 바로 파르메니데스의 연속하는 구체 이론을 옹호하는 데 필요한 것이다.

*

저명한 또 한 사람의 엘레아학파 철학자는 사모스의 멜리소스로, 제논과 같은 시대 사람이었다. 그의 생애에 대해서 아는 것이라고는, 그가 사모스의 반란 때 장군이었으며, 기원전 441년에 아테네 함대를 격파했다는 사실뿐이다. 멜리소스는 중요한 한 가지 점에서 파르메니데스의 이론을 고쳤다. 우리가 이미 살펴본 것처럼, 제논은 무한 공간을 다시 부정해야만 했다. 그러나 그때는 존재하는 것을 유한의 구체라고 단정한다는 것은 불가능했다. 그렇게 되면 구체 밖에 아무것도 없는 공간이 있다는 것이기 때문이다. 무한 공간이 제외되면, 우리는 싫으나 좋으나 물질적 우주를 여기저기 무한한 것으로 볼 수밖에 없다. 이것이 멜리소스의 결론이다.

만일 거리와 시간이 여러 단위들로 구성된다면, 평균열은 같은 시간에 두 가지 속도로 움직이는 것이다.

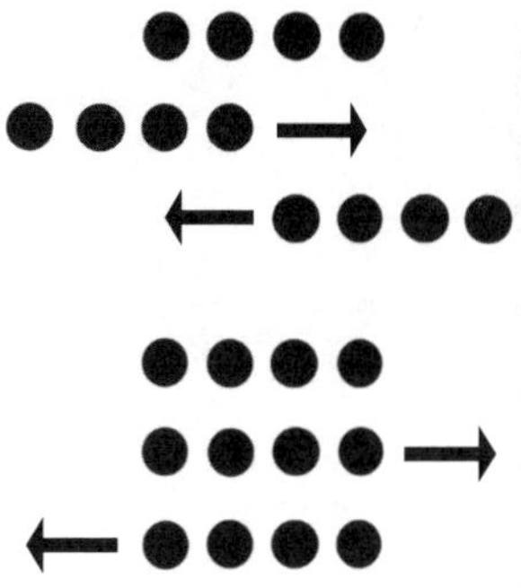

멜리소스는 엘레아학파의 '일자(一者)'를 옹호하여 원자론을 제시하기에까지 이르렀다. 사물이 많다고 가정한다면, 이들 하나하나는 파르메니데스의 '일자'와 같은 것이 되어야 한다고 그는 주장한다. 아무것도 만들어질 수도 없고, 없어질 수도 없기 때문이다. 이와 같이 사물이 많이 존재한다고 주장할 수 있는 학설은 유일하게 파르메니데스의 구체를 들 수 있는데, 이 구체를 작은 구체로 분해하면 더욱 확실해진다. 이것이야말로 원자론자들이 계속 해 나갔던 일이다.

제논의 변증법은 주로 피타고라스학파의 관점에 대한 파괴적인 공격이었다. 동시에 그것은 소크라테스의 변증법을 바탕에 두며, 특히 우리가 나중에 만나는 가설의 방법을 뒷받침해 준다. 게다가 여기에는 처음으로 특이한 한 가지 문제에 대해 면밀한 논증이 체계적으로 사용되고 있다. 엘레아학파는 아마도 피타고라스학파의 수학에 정통하고 있었을 것이다. 바로 이 분야에서 바로 이 절차를 적용해 볼 수 있을 것이다. 그리스 수학자들이 실제로 어떻게 해석했는가에 대해서는 공교롭게도 알려진 바가 거의 없다. 그러나 기원전 5세기 후반기에 논증의 기준이 어느 정도 틀이 잡히면서 수학이 급진적으로 발전하게 되었다는 것은 분명하다.

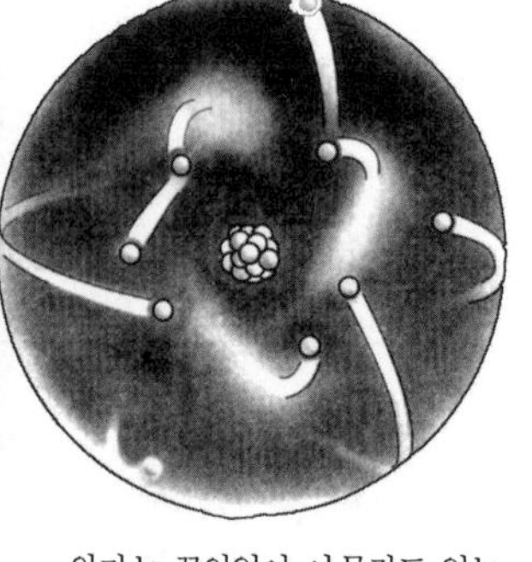
원자는 끊임없이 아무것도 없는 공간 속을 움직이고 있다.

*

우리 주위의 변화하는 세계를 도대체 어떻게 설명할 수 있을까? 분명히 그 근거 자체는 변하지 않아야 한다는 것이 그 설명의 본질이다. 이 질문은 초기 밀레토스학파가 가장 먼저 했다. 그 이후의 학파가 차츰 이 문제의 모양을 어떻게 바꾸고, 어떻게 다듬어 왔는가는 우리가 이미 살펴본 대로이다. 결국 이 의문에 마지막 해답을 준 인물은 밀레토스학파의 사상가 레우키포스였다. 그에 대해서는 원자론의 아버지였다는 사실 말고는 알려진 것이 거의 없다. 원자론은 엘레아학파가 거둔 직접적인 결과이다. 멜리소스도 원자론을 거의 완성해 가고 있었다.

이 이론은 일자(一者)와 다자(多者)의 타협이다. 레우키포스는 무수한 구성 분자라는 개념을 도입했는데, 그 하나하나는 파르메니데스의 구체와 마찬가지로 움직이지 않고, 단단하고, 분할할 수 없는 특징을 가지고 있다. 이것이 '원자', 곧 자를 수 없는 것이었다. 원자는 끊임없이 아무것도 없는 공간 속을 움직이고 있다. 원자는 모두 같은 구조를 가진 것으로 여겨졌으나 모양은 다를 수 있다. '원자적'이라고 하는 것은 물리적으로 둘로 나눌 수 없다는 것을 뜻한다. 물론 수학적으로는 이들이 점유하는 공간을 무한히 나눌 수 있다. 원자가 보통 보이지 않는 이유는 그것이 매우 작기 때문이다. 이제 그 생성 또는 변화를 설명할 수 있다. 세계가 언제나 변화하고 있는 것은 원자의 재배열 때문이다.

변하지 않고 남아 있는 원자들의 재구성과 같은 변화

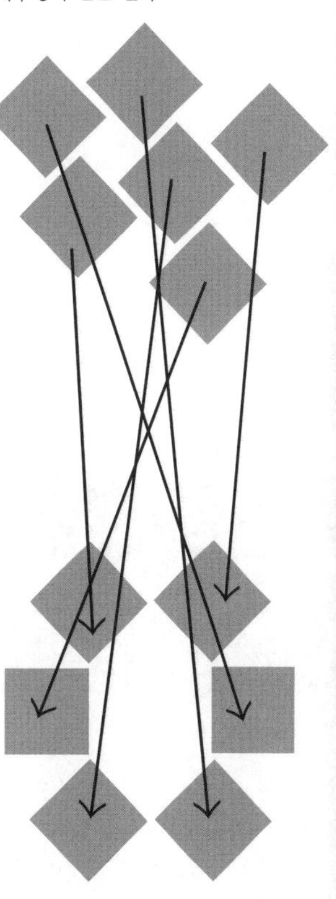

파르메니데스의 말을 빌리자면, 원자론자들은 존재하지 않는 것도 존재하는 것과 동일하게 '실재'라고 말해야 할 것이다. 바꾸어 말하면, 공간이라는 것이 있는데, 이것이 무엇인가 하는 것은 말로 표현하기가 어렵다. 이 점에서는 우리가 오늘날 옛날 그리스 사람들보다도 더 나아졌다고는 생각하지 않는다. 아무것도 없는 공간은 어떤 의미에서는 기하학을 적용할 수 있는 공간이다. 정말로 확신을 가지고 말할 수 있는 것은 이뿐이다. 유물론의 초기 문제점은 모든 것이 형태가 있어야 한다는 주장에서 생겼다. 무한 공간이란 무엇인지에 대해 명확한 관념을 가지고 있던 사람은 파르메니데스뿐이다. 그는 물론 그 존재를 부정했다. 그러나 존재하지 않는 것이 존재한다고 말해도 그리스어에서는 언어의 모순이 되지 않는다는 것에 주목할 필요가 있다. '아니다'라는 말은 그리스어에서 두 가지 뜻이 있다. 하나는 정언적인 것으로, '나는 X를 좋아하지 않는다'라고 말할 때이다. 또 하나는 가언적인 것으로, 명령이나 희망 등에 사용된다. 엘레아학파가 사용한 '존재하지 않는 것'이나 '비존재'라는 말에 나타나는 것은 이 가언적인 '아니다'이다. 정언적인 '아니다'가 '존재하지 않는 것은 존재한다'로 쓰였다면 그것은 당찮은 일이다. 영어에서는 이 구별이 없기 때문에 이 여담은 생략할 수가 없다.

그리스인의 원자론이 관찰에 따른 것인지, 그렇지 않으면 철학적인 추리 외에 아무런 근거도 없이 우연한 행운에 지나지 않은 것인지 하는 문제가 이따금씩 제기된다. 이 문제에 대한 해답은 의외로 그렇게 간단한 것이 아니다. 그러나 앞에서 본 것처럼, 원자론은 상식과 엘레아 학설의 진정한 타협이었다는 것이 확실하다. 엘레아학파의 이론은 초기 유물론에 대한 논리적인 비판이었다. 한편 레우키포스는 밀레토스 사람으로 그의 위대한 고향 사람들과 선구자들의 이론에 정통했다. 그의 우주론이 이것을 입증하고 있다. 그가 피타고라스학파를 신봉하지 않고, 아낙시만드로스의 초기 견해로 되돌아갔기 때문이다.

농후화와 희박화라는 아낙시메네스의 이론은 분명히 평평한 지표에 안개가 진하게 끼는 것 같은 현상을 관찰한 사실에 어느 정도 근거를 둔다. 이와 같이 이 문제는 엘레아학파의 비판을 받아들여 분자의 이론으로 삼는다. 원자가 영원히 운동을 한다는 생각은 평평한 지표에 안개가 진하게 끼는 현상과 마찬가지로 햇빛 속에 날아다니는 먼지를 관찰하면서 암시받았을 것이다. 어쨌든 아낙시메네스의 이론은 우리가 조밀하게 채워진 분자 덩어리를 생각하지 않는다면, 실제로 통하지 않는다. 이와 같이 그리스의 원자론이 단순히 뜻밖의 행운이라고 보는 것은 분명히 옳지 않다. 근대에 와서 돌턴이 원자론을 부활시켰을 때, 그는 이 문제에 대한 그리스인들의 견해를 잘 알고 있었으며, 화학 물질이 일정한 비율로 결합한다는 자신의 관찰을 원자론이 설명해 준다는 것을 알았다.

안개를 관찰함으로써 원자이론을 이끌어 냈다.

그러나 원자론이 우연한 발견이 아니었다는 더 확실한 이유가 있다. 이것은 설명 자체의 논리적인 구조와 결부되어 있다. 무엇인가 설명을 붙인다는 것은 무엇을 의미하는가? 그것은 어떻게 사물의 배열이 변화하는지 그 결과를 제시해준다. 이와 같이 우리가 물질적 대상의 변화를 설명하자면, 설명되지 않은 채 남아 있는 가설적 구성 요소의 배열 변화와 관련해서 이것을 설명해야 한다. 원자의 설명적인 힘은 원자 자체가 탐구되지 않는 동안에는 손가락 하나 건드리지 않는 상태로 있다. 그러나 원자를 탐구하기 시작하면, 곧 원자는 경험적 탐구의 대상이 되고 설명적 실체는 준원자적 분자가 된다. 하지만 이것 또한 설명되지 않은 채로 남는다. 원자론의 이런 특징은 프랑스의 철학자 E. 메이에르송이 매우 세밀하게 논했다. 이와 같이 원자론 자체는 인과율적 설명의 구조에 따른다.

아브데라의 데모크리토스

원자론을 한결 더 발전시킨 사람은 기원전 420년 무렵에 활약한 아브데라 태생의 데모크리토스이다. 특히 그는 계속해서 사물의 실상과 가상을 구별했다. 이와 같이 원자적 관점에 서면, 우리 주위의 세계는 정말로 운동하는 원자만으로 구성되어 있는데, 우리는 그것을 여러 가지로 경험한다. 훨씬 뒤에 이르러서는 제1성질과 제2성질 사이에 구별이 생긴다. 제1성질에는 형태와 크기와 물질이 있고, 제2성질에는 빛깔이나 소리와 맛 등이 있다. 제2성질은 제1성질로 설명되는데, 제1성질은 원자 자체에 속한다.

원자론은 이 책에서 앞으로 여러 번 만나게 된다. 그 한계가 무엇인가는 적당한 곳에서 논의될 것이다. 여기에서는 원자론이 제멋대로 한 사색의 결과가 아니라, 150년 동안이나 해결되지 않던 밀레토스학파의 의문에 대한 진지한 해답이라는 사실에 주목하기로 한다.

원자론은 자연 과학 분야에서 중요한 역할을 했을 뿐 아니라 영혼의 새로운 이론을 낳았다. 다른 모든 사물과 마찬가지로 영혼도 원자로 구성되어 있다는 것이다. 이 영혼 구성 요소는 다른 원자보다 훨씬 정교하고 육체의 모든 부분에 배분되어 있다. 이런 견해에 따르면, 죽음이란 해체를 의미하며 개인의 불멸성은 존재하지 않는다. 이와 같은 견해를 나중에 에피쿠로스와 그의 제자들이 받아들였다. 삶의 목적인 행복은 영혼의 균형된 상태에 있다.

*

기원전 5세기 무렵에 여러 철학파들이 발전하면서, 어떤 의미에서 철학의 주변에 있다고 할 수 있는 한 무리의 사람들이 생겨났다. 그들 중에는 일반적으로 궤변론자라고 불리는 사람들이 있었다. 소크라테스가 경멸하면서 대단한 녀석들도 아닌데 대단해 보이려는 녀석들이 있다고 말한 것은 그들을 가리켜서 한 말이다. 이 운동이 어떻게 해서 생겨났는가, 그리스 사회에서 그들은 어떤 역할을 했는가를 이해하는 것은 매우 중요하다.

그리스의 궤변학 교사 실용적 성공법을 교수한 대가로 상당한 수업료를 받았다.

철학적 논쟁의 무대가 끊임없이 변하기 때문에 진리는 과연 어느 편에 있는지를 알아내기란 곤란하다. 일하는 사람이 시간적인 여유가 없어 하지 못하는 일이 하나 있다고 한다면, 그것은 미결정의 문제로 남게 될 것이다. 단순히 활동적이기 위해서 일을 수행하려는 사람들에게 미결 문제는 저주이다. 이것이 전반적으로 궤변론자들이 처해 있던 곤경이었다. 철학자들끼리 서로 충돌하는 이론은 지식을 얻을 수 있다는 희망을 갖지 못하게 했다. 게다가 다른 국민과의 교류가 넓어짐에 따라 여러 국민의 풍습 사이에는 넘을 수 없는 고랑이 있다는 것을 알게 되었다. 헤로도토스는 이에 대한 일화를 한 가지 우리에게 전하고 있다. 대왕의 궁정에 페르시아 제국의 각 지방 종족들이 파견한 사절단이 대기하고 있었다. 그들은 서로 다른 민족의 장례 풍습을 알고 공포에 떨었다. 어떤 종족은 죽은 자를 태워서 재로 만들었고, 다른 종족은 죽은 자를 뜯어 먹었다. 헤로도토스는 핀다로스의 시를 인용하여 결론 내렸다. 풍습이 만물의 '왕'이다.

토론하는 두 철학자

궤변론자들은 지식을 가질 수 없다고 느꼈기 때문에 지식은 시시한 것이라고 선언했다. 중요한 것은 쓸모 있는 의견이었다. 여기에는 물론 그 어떤 진리가 있다. 실제적인 문제를 처리할 때, 먼저 고려해야 할 것은 성공이다. 그러나 여기에서도 소크라테스의 견해는 정반대이다. 궤변론자들이 견실한 습관에 관심을 가지고 있는 데 반해, 소크라테스는 그것만으로는 충분치 못하며, 자기 성찰이 없는 인생은 살 가치가 없다고 주장했다.

그리스에 체계적인 교육이 거의 없던 무렵에, 궤변론자들은 바로 이 교육의 소임을 다했다. 그들은 직업적인 기반 위에서 강의나 수업을 하는 순회 교사였다. 소크라테스가 그들을 싫어한 이유 가운데 하나는 그들이 보수를 받는다는 것이었다. 이 점에서 어떤 사람들이 소크라테스가 조금 옳지 못하다고 느끼는 것은 마땅하다. 제아무리 공론가라 할지라도 먹어야 살기 때문이다. 따라서 교수들에게 물질적인 문제를 잊도록 하기 위해 고용의 대가로 봉급을 지급하는 것이 대학의 전통이라는 사실에 주목할 필요가 있다.

궤변론자들은 가르칠 때 여러 문제를 강조했다. 그들의 활동 중에서 가장 훌륭한 것은 문학 교육을 했다는 점이다. 그러나 훨씬 더 직접적이고 실제적인 주제를 가르친 사람들도 있었다. 기원전 5세기 민주정치가 보급되면서 연설하는 능력이 필요하게 되었다. 그 필요성을 채워준 것이 수사학 교사들이었다. 또한 집회에서 문제를 다루는 방법을 가르치는 정치학 교수도 있었다. 끝으로 불리한 주장을 유리해 보이게 할 수 있는 논쟁술을 가르치는 사람들도 있다. 이 기술은 피고가 자기 변호를 해야 했기 때문에 마땅히 법정에서 도움이 되었는데, 이 교사들은 논점을 왜곡하는 법, 역설하는 방법을 가르쳤다.

논쟁술과 변증법을 구별하는 것은 중요하다. 논쟁을 일삼는 사람은 이기려고 기를 쓰는 반면, 변증가는 진리를 발견하려고 한다. 바로 이런 이유 때문에 논쟁과 토론의 차이가 생긴다.

교육 분야에서 궤변론자들이 이와 같이 귀중한 과제를 수행하는 반면, 그들의 철학적인 사고방식은 탐구에는 어울리지 않았다. 그들의 견해는 절망적인 회의론이었고, 지식 문제에 대해 부정적인 태도를 취했기 때문이다. 이 입장의 요점은 다음과 같은 프로타고라스의 유명한 말에서 알 수 있다. "인간은 만물의 척도이다. 존재하는 것에는 존재하는 것의 척도이며, 존재하지 않는 것에는 존재하지 않는 것의 척도이다." 이와 같이 저마다의 의견은 그 자신에게는 진리이며, 서로 다른 의견은 진리에서 결정할 수 없다. 그렇다면 궤변론자 트라시마코스가 정의란 강자의 이익이라고 규정한 것은 이상한 일이 아니다.

아테네의 아카데미
소크라테스와 플라톤이 보인다.

따라서 프로타고라스는 진리의 추구를 포기하는 한편, 실용주의적인 의미에서, 하나의 의견이 다른 의견보다 더 뛰어날 수 있다는 것을 인정한 것으로 볼 수 있다. 단 이 입장은 실용주의에 대한 전체적인 논리적 비판을 면치 못한다. 두 가지 의견 가운데 어느 것이 뛰어나냐고 묻는다면, 우리는 곧 절대적 진리라는 관념으로 되돌아가야 하기 때문이다. 아무튼 프로타고라스는 실용주의의 창시자이다.

소피스트들이 어떻게 여겨졌는가를 보여주는 재미있는 이야기가 있다. 프로타고라스는 그의 가르침을 바보라도 알 수 있을 것이라고 믿고, 가난한 제자에게 이렇게 말했다. "네가 처음으로 재판 사건을 다루면 그 수입에서 수강료를 지불해라." 이 제자는 일단 교육을 다 마친 뒤에도 변호사 개업을 하려고 하지 않았다. 프로타고라스는 자기 보수를 받기 위해 고소하여, 법정에서 학생은 수강료를 내야 한다고 주장했다. 피고가 재판에 이기면 협정에 따라서, 지면 평결에 의해서 수강료를 내라고 했다. 피고는 원고의 주장 못지않게 그럴듯한 변론을 했다. 즉 이기면 평결에 따라서, 지면 협정에 의해서 지불금은 몰수 처분할 것이라고 그는 선언했다.

소크라테스는 형식을 갖추지 않고, 학생이 스스로 깨우치도록 유도했다.

'소피스트'라는 말 자체는 지혜로운 사람과 같은 뜻을 가지고 있다. 소크라테스도 교사였기 때문에, 분별 없는 사람들이 그 무렵에 그를 궤변론자라고 불렀다는 것도 놀라운 일이 아니다. 내가 이미 제시한 대로 이런 분류는 잘못되었다. 그러나 플라톤 시대에 와서야 비로소 그 구분이 올바르게 인정되었다. 물론 어떤 의미에서는 철학자든 궤변론자든 대중에게 같은 반응을 불러일으키는 법이다.

철학적 사고를 하지 않는 사람들은 예부터 철학 일반에 대해 이상하게 여기면서 일관성 없는 태도를 보였다. 사람들은 온화하고 너그러워 보이는 철학자들을 해롭지 않은 바보, 또는 꿈을 꾸듯 걸어다니면서 엉뚱한 질문을 던지는 괴짜로 취급하거나, 사람들의 현실 문제라든지 분별 있는 시민들이 신경 써야 할 문제에 관심 없는 특이한 사람으로 취급하는 경향이 있다. 그러나 다른 한편으로 철학적 사고는 기존 습관이나 관습에 심각한 영향을 미칠 수 있다. 오늘날 철학자는 전통과 인습을 뒤집고, 다른 모든 사람들이 충분히 그럴 만한 가치가 있다고 생각하는 습관과 견해에 무조건 동의하지 않는 비타협자로서 차가운 눈초리를 받고 있다. 이런 처사에 익숙지 않은 사람들은 자기들이 소중하게 품고 있는 신념이 의심받으면, 불안을 느끼고 증오와 적의를 갖고 반발하게 마련이다. 이와 같이 소크라테스도 일반적으로는 소피스트처럼 특별하게는 논쟁하는 교사들로 여겨져, 파괴적으로 가르쳤다는 죄목으로 피소된 적이 있었다.

**로댕의 〈생각하는 사람〉**
사색에 잠긴 고독한 인물의 모습이 나체인 까닭은, 인간이 내성적이며 자의식을 가진 동물이라는 것, 그리고 그것이 인간 본연의 모습임을 암시한다.

# 제2장
# 아테네

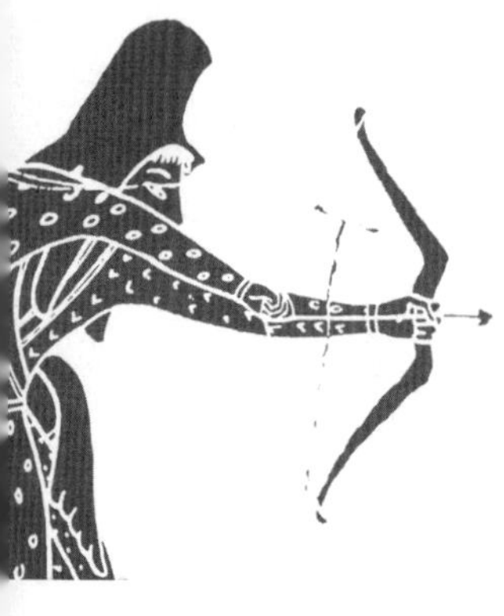

그리스 철학에서 가장 위대한 세 사람은 모두 아테네와 연관되어 있다. 소크라테스와 플라톤은 그곳에서 태어났으며, 아리스토텔레스는 그곳에서 배우고 가르쳤다. 그들의 저작을 논하기에 앞서 그들이 살던 고을을 살펴본다면 유익할 것이다. 다리우스가 이끄는 이방 민족들은 기원전 490년 마라톤 평원에서 아테네인들만의 손으로 타파되었다. 10년 뒤, 그리스인은 일치단결해서 크세르크세스의 육해 양군을 쳐부수었다. 테르모필레에서 스파르타의 후예는 페르시아인에게 많은 사상자를 내었고, 나중에 살라미스에서 그리스 함대는 아테네의 지도권하에 적의 해군에게 치명상을 입혔다. 플라타이아이에서 페르시아인이 마지막 결정타를 입은 것은 그 이듬해였다.

사모스 해전

그러나 아테네는 황폐했다. 시민들은 모두 흩어지고, 페르시아인들은 거리와 사원을 불태워 버렸다. 일대 재건이 이때 시작되었다. 아테네는 전쟁의 정면에 섰다. 아테네는 페르시아 전쟁 중 지도자 역할을 수행했다. 위험이 사라진 아테네는 평상시의 지도자가 되었다. 본토인 그리스가 위험을 벗어난 다음에 취해야 할 일은 에게해 제도를 해방하는 일이었다. 여기에서 스파르타의 육군은 거의 쓸모가 없었다. 그래서 페르시아 대왕이 가까이 오지 못하도록 하는 일이 해군 도시 아테네의 운명이 되었다. 이렇게 해서 아테네는 에게해를 지배하게 되었다. 본디 델로스 섬을 중심으로 하는 델로스 동맹으로 시작된 것이 마침내 아테네 제국이 되어 자금도 델로스에서 아테네로 옮겨졌다.

아테네는 공동 전선에서 손해를 입었다. 그래서 아테네는 신전을 공동 기금으로 재건하는 것이 매우 마땅한 일이라고 느꼈다. 이렇게 '산정의 도시'인 새 아크로폴리스가 파르테논과 그 밖의 건조물과 함께 솟아오르게 되었고, 그 유적은 아직도 남아 있다. 아테네는 그리스에서 가장 장려한 도시가 되어 해운과 무역의 중심은 물론, 예술가와 사상가들이 모이는 곳이 되기도 했다. 조각가 페이디아스는 새로운 신전의 조상을 제작했는데, 특히 아크로폴리스를 다스리면서 현관과 계단을 내려다보고 있는 아테네 여신의 거상을 제작했다. 역사가 헤로도토스는 이오니아의 할리카르나소스 출신인데, 아테네에서 살면서 자기 나름대로 페르시아 전쟁의 역사를 썼다. 그리스 비극은 살라미스 해전에 참가한 아이스킬로스 덕분에 면목을 세웠다. 그가 크세르크세스의 패배를 말하고 있는《페르시아인》은 드물게도 호머에 유래하지 않은 주제를 다루고 있다. 비극 작가 소포클레스와 에우리피데스는 자신들이 본 아테네의 몰락을 작품에 그렸고, 마찬가지로 같은 시대 사람이던 시인 아리스토파네스는 신랄하게 풍자하여 타의 추종을 불허했다. 스파르타와 아테네의 대전의 기록자가 된 투기디데스는 최초의 과학적 역사가였다. 아테네의 정치와 문화는 페르시아 전쟁과 펠로폰네소스 전쟁 사이의 수십 년 동안 절정에 이르렀다. 이 시대가 기억하는 사람은 페리클레스이다.

페리클레스는 귀족 태생이었다. 그의 어머니는 개혁자 클레이스테네스의 조카딸이었고, 클레이스테네스는 아테네의 헌법을 민주화하는 데 주력한 개혁가였다. 아낙사고라스는 페리클레스의 스승 가운데 한 사람이었는데, 청년 귀족 페리클레스는 이 철학자한테서 기계적 우주론을 배웠다. 페리클레스는 성장해서 그즈음의 통속적 미신에 신경을 쓰지 않았고, 성격은 신중하고 온화했으며, 민중을 멸시하는 성향이 조금 있었다. 그러나 그의 영향력 아래에서 아테네의 민주주의가 완전히 꽃피었다. 이미 일종의 상원이던 아레오파고스 회의는 권력의 대부분을 잃고 있었다. 살인범의 심리를 제외한 그 모든 기능은 500인 회의라고 하는 의회 겸 법정에 인계되었다. 이곳의 모든 구성원은 모두 추첨으로 선출되는 유급 관리원들이었다. 새로운 사회 봉사 제도는 예부터 내려오는 전통적인 덕목을 조금 변화시켰다.

**페리클레스** 아테네의 실제 지도자. 그러나 정식 권리를 갖지는 않았다.

그러나 페리클레스는 지도자가 될 자질이 있었다. 기원전 443년, 투키디데스를 추방한 뒤 페리클레스는 해마다 장군의 한 사람으로 선출되었다. 사람들이 그를 좋아했고, 그가 웅변가로서도 힘차고 정치가로서도 유능하고 동료들보다 훨씬 뛰어났기 때문에 거의 독재자처럼 지배했다. 투키디데스는 뒷날 페리클레스 시대의 아테네에 대해서 말로는 민주정치였으나, 실제는 제1급 시민의 치세였다고 쓰고 있다. 이윽고 펠로폰네소스 전쟁 직전이 되어서야 비로소 민주 정당도 권력을 요구하기 시작했다. 기원전 441년부터 그 무렵까지 같은 아테네 사람이라도 부모가 아테네인인 사람에게만 시민권을 제한한 좋지 않은 결과가 일어났고, 사치스러운 건축 계획에 따른 재정 압박이 느껴지기 시작했다. 스파르타가 아테네의 제국주의를 시샘해서 일으킨 전쟁은 기원전 431년부터 404년까지 계속되었고, 아테네의 완패로 끝났다. 페리클레스도 429년 초에 목숨을 잃었는데, 전해에 이 도시에 타격을 준 질병 때문이었다. 그러나 아테네는 정치적으로 무너진 이후에도 문화의 중심지로 살아남았다. 오늘날까지 아테네는 인간의 노력 속에서 찾아볼 수 있는 위대하고 아름다운 모든 것들의 상징으로 남아 있다.

*

이제 아테네 사람이던 소크라테스의 이야기를 하고자 한다. 그는 이름만은 모르는 사람이 없을 만큼 유명한 철학자 가운데 한 사람이지만 그의 생애에 대해서 우리는 그다지 아는 것이 없다. 그는 기원전 470년 무렵에 태어났다. 아테네의 시민인 그는 돈이 거의 없었는데도 애써 돈을 벌려고 하지 않았다. 실제로 그의 즐거움은 친구들이나 남들과 함께 토론하는 것이었고, 아테네 청년들에게 철학을 가르치는 일이었다. 그러나 소피스트와는 달리 그 대가로 돈을 받지는 않았다. 희극 작가 아리스토파네스가 《구름》에서 소크라테스를 야유한 것을 보면, 그는 고을의 명물이었던 모양이다. 기원전 399년, 그는 아테네에 반하는 활동을 했다고 기소되어 독살당했다.

소크라테스

다른 부분에 대해서 알고 싶다면, 그의 수많은 제자들 중에서 장군 크세노폰과 철학자 플라톤이 쓴 것에 의존하는 수밖에 없다. 이들 가운데 플라톤 쪽이 더 중요하다. 플라톤은 그의 대화편의 대부분에서 소크라테스의 생활 태도와 말솜씨를 생생하게 보여준다. 우리는 《향연》에서 소크라테스가 곧잘 멍한 상태에 빠져 있었다는 것을 알게 된다. 그는 갑자기 아무데서 멈추어 서고, 때로는 계속해서 몇 시간이고 사색에 잠겼다. 동시에 그는 몸이 튼튼했다. 군대시절부터 그 누구보다도 더위와 추위를 잘 견뎠고, 그 누구보다도 마시거나 먹지 않고 견딜 수 있었다고 한다. 우리는 또한 그가 싸움터에서 용감했다는 사실을 알고 있다. 위험을 무릅쓰고, 친구 알키비아데스가 위험에 처했을 때 목숨을 구했는데, 그때 알키비아데스는 상처를 입고 땅에 쓰러져 있었다. 전쟁 때나 평상시에나 소크라테스는 두려움을 몰랐고, 죽는 순간까지도 그랬다. 그는 남들이 보기에 흉한 꼴을 하고 있었고, 몸을 꾸미는 일에는 거의 신경을 쓰지 않았다. 저고리는 너덜너덜하고, 구겨지고, 늘 맨발이었다. 무엇을 하든지, 그는 절제했고, 육체에 대한 놀랄 만한 억제력을 가지고 있었다. 술은 거의 마시지 않았지만, 막상 마시게 되면 동료들이 모두 취해서 쓰러져도 그만은 비틀거리지 않고 마실 수가 있었다.

소크라테스는 후기 그리스 철학 중 스토아학파와 키니코스학파의 선구자이다. 키니코스학파처럼 그도 세속적인 재물에는 눈도 주지 않았고, 스토아학파처럼 덕에 관심을 기울여 그것을 최대의 선으로 삼았다. 청년 시대를 제외한다면, 소크라테스는 과학적 사고를 그다지 좋아하지 않았다. 그의 가장 큰 관심은 '선'이었다. 플라톤의 초기 대화에서는 소크라테스가 가장 눈에 잘 띄는데, 우리는 거기서도 그가 윤리 용어를 정의하는 데 고심했음을 알 수 있다. 《카르미데스》에서는 중용이란 무엇인가, 《리시스》에서는 우정이란 무엇인가, 《라케스》에서는 용기란 무엇인가를 주제로 다루고 있다. 이들 의문에 대한 궁극적인 해답은 주어지지 않았으나, 이들 의문을 던진다는 것 자체가 중요하다는 것을 우리는 깨닫게 된다.

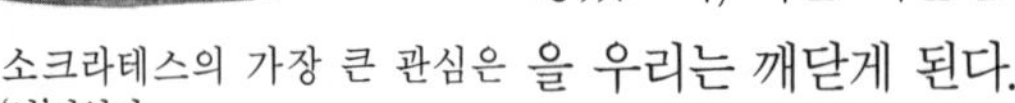

소크라테스의 가장 큰 관심은 '선'이었다.

이것은 소크라테스의 주요한 사상의 경향을 나타낸다. 자기는 아무것도 모른다고 그는 늘 말하고 있지만, 지식이 닿지 않는 곳에 있다고는 생각하지 않는다. 중요한 것은 바로 지식을 구하려는 일이다. 사람이 죄를 짓게 되는 것은 지식이 없기 때문이라고 그는 주장한다. 알고만 있으면 죄를 짓지 않는다는 것이다. 악을 저지르는 원인은 단 한 가지 무지에 있다. 그러므로 '선'에 이르기 위해서 우리는 지식을 가져야 한다. 따라서 '선'은 지식이다. '선'과 지식의 연관성은 줄곧 그리스 사상의 특징이었다. 기독교 윤리는 이와는 정반대이다. 기독교 윤리에서 중요한 것은 순수한 마음인데, 이것은 무지한 사람들 사이에서도 비교적 쉽게 찾아볼 수 있다.

소크라테스는 이 윤리 문제를 토론 형식을 취해 명확히 하려고 했다. 질의응답으로 사물을 발견해내는 이와 같은 방법은 '변증법'이라고 불리는데, 소크라테스가 이 방법을 쓴 최초의 사람은 아니지만, 이 방법의 대가였다. 플라톤의 대화편 《파르메니데스》에는 소크라테스가 청년이었을 때 제논과 파르메니데스를 만나 그가 나중에 다른 사람에게 사용했던, 변증법적 공격을 받았다는 기록이 있다. 플라톤의 대화편은 소크라테스가 매우 선명한 유머와 통렬한 위트를 가지고 있었음을 나타낸다. 그는 아이러니(반어법)로 유명했고, 그것을 남들이 무서워하고 있었다. '아이러니(irony)'라는 말은 본디 그리스어인데, 문자 그대로의 뜻은 영어에서의 '삼가서 하는 말(under statement)'이라는 뜻에 가깝다. 따라서 소크라테스가 자기는 아무것도 모른다고 말하고 있는 것은 아이러니하다. 그러나 여느 때와 마찬가지로 그 뒤에는 심각한 뜻이 숨어 있다. 소크라테스는 확실히 그리스의 사상가·작가·예술가의 모든 업적에 정통했다. 그러나 우리가 아는 것은 거의 없으며, 아는 것은 무한한 세계에 비하면 아무것도 아니다. 일단 우리가 이런 점을 깨닫게 되면 우리는 마음속에서 우러나 아무것도 모른다고 말할 수 있다.

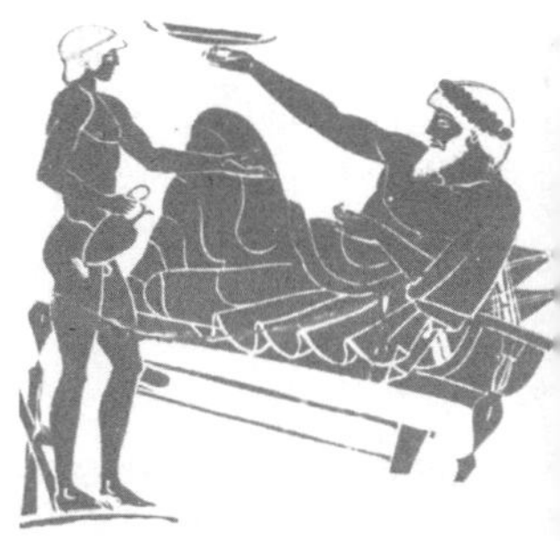

**술잔** '심포지움', 즉 토론회는 그리스의 '술 파티'였다.

행동하는 소크라테스를 가장 잘 그려낸 것은 《소크라테스의 변명》이다. 이 작품은 우리에게 그의 심리를 잘 보여준다. 그것은 소크라테스가 한 자기 변명의 연설이라기보다는 오히려 플라톤이 나중에 소크라테스가 한 말이라고 회상한 것이다. 소크라테스가 한 말을 그대로 기록한 것이 아니라, 소크라테스가 말했으리라고 생각되는 것을 기록한 것에 불과하다. 이와 같은 '보고서'는 드문 일이 아니었다. 역사가 투키디데스도 이런 방법을 공공연하게 사용한다. 따라서 《소크라테스의 변명》은 하나의 역사적 저술로 볼 수 있다.

소크라테스는 국가 종교를 신봉하지 않고 청년들을 가르쳐 타락시킨다는 죄목으로 고발되었다. 이것은 엉터리 고발에 지나지 않았다. 정부가 그와 충돌한 이유는 그가 귀족 정당과 연결되어 있었고, 이 정당에 그의 친구나 제자 거의가 속해 있기 때문이었다. 그러나 그에게 귀족들의 사면 신청이 있었기 때문에, 법정도 이 기소 내용을 강요할 수가 없었다. 그래서 국가는 형식상의 고발자로 민주주의 정치가 아니토스, 비극 시인 멜레토스, 그리고 수사학 선생 리콘을 내세웠다.

처음부터 소크라테스는 주특기인 아이러니를 마음껏 구사했다. 자신을 고발한 자는 웅변에 결함을 가지고 있어서, 잘 꾸며댄 연설을 한다고 소크라테스는 말한다. 자기 자신은 나이가 이미 70세에 달했고, 이제껏 한 번도 법정에 나서본 적이 없으니, 불경한 화법을 쓰더라도 용서해 달라고 재판관에게 부탁한다. 이어 소크라테스는 나이가 더 많고, 잘 피해서 말하기 때문에 더욱 위험한 고발자 무리들에 대해 이야기한다. 소크라테스는 이들에 대해 "현인으로서 천상의 일에 대해 사색을 하고, 아래로는 지상에 대한 탐구를 했으며, 하찮은 주장을 대단한 것으로 보이게 하는 인물들이다" 이렇게 말한다. 그의 대답은 자기는 과학자가 아니며, 소피스트와 같이 돈을 받고 가르치지도 않았으며, 소피스트가 알고 있는 것을 자기는 모른다고 했다.

호머, 헤시오도스, 오르페우스, 무사이오스. 소크라테스는 죽어야 이들과 마주할 수 있을 것이다.

그렇다면 사람들이 그를 현자라고 부르는 까닭은 무엇인

가? 그 이유는 '델포이의 신탁'이 언젠가 소크라테스보다 더 현명한 사람은 없다고 말했기 때문이다. 그는 이 신탁이 잘못되었다는 것을 보여주려고 했다. 그는 현명하다고 생각되는 사람들을 찾아내어 그들에게 질문을 했다. 그는 질문을 받은 정치가, 시인, 장인 가운데 아무도 자기네가 무엇을 하고 있는가에 대해 설명할 수가 없자, 현명한 사람은 한 사람도 없다는 것을 알았다. 그들의 무지를 폭로하면서 그는 많은 적을 만들었다. 결국 그는 신탁의 뜻을 이해했다. 신만이 현명하며, 사람의 지혜는 쓸모없는 것이며, 자기처럼 자신의 지혜가 아무런 가치가 없다는 것을 아는 사람이야말로 사람들 중에서 가장 현명하다는 사실을 깨달았다. 그래서 그는 지혜자인 체하는 사람들의 정체를 폭로하는 데 시간을 들였다. 이 때문에 그는 가난한 사람이 되었지만, 그는 신탁에 부끄럽지 않은 생활을 하려 애썼다.

소크라테스

소크라테스는 고발자 멜레토스에게 질문을 하며 그에게 소크라테스 자신 이외의 나라 안의 모든 사람들이 청년들을 향상시키고 있다는 것을 인정하게 한다. 그러나 악한 사람들보다는 오히려 선한 사람들 사이에서 사는 것이 더 나은 법이다. 소크라테스는 사실을 알면서 아테네 사람들을 타락하게 하기는 싫었을 터이고, 만일 그가 모르고 그런 일을 한다면, 멜레토스는 그를 고발할 것이 아니라 올바르게 시정해 주어야 한다. 멜레토스는 고발장에 소크라테스가 자신의 새로운 신을 수립했다고 썼으면서, 그를 무신론자라고 비난했다. 이것은 명백한 모순이라고 주장한다.

이제 소크라테스는 법정을 향해서 자기의 의무는 국가와 충돌하는 위험을 저지르는 한이 있더라도 자기와 다른 사람들을 탐구하라는 신의 명령을 실현하는 일이라고 말한다. 소크라테스의 이 태도는 우리에게 분열된 충성의 문제가 그리스 비극의 커다란 주제 중의 하나라는 것을 상기시켜준다. 그는 계속해서 자기는 국가의 등에(gadfly)라고 말하고, 언제나 자기를 이끄는 마음속의 소리에 대해 언급한다. 이 내면의 소리는 어떤 일을 하지 말라고 금지는 해도 어떤 일을 하라고 명령하지는 않는다. 이 소리를 듣고 그는 정계에 들어가지 않았다. 정계에서는 그 누구도 오랫동안 계속 정직하지 못하기 때문이다. 검찰 당국은 그의 이전 제자들 가운데 한 사람도 법정에 출두시키지 않았다. 그는 울고 있는 자기 아이들을 데리고 와서 자비를 구할 생각은 없었다. 그는 재판관을 이해시키려 했지, 호의를 구걸하지 않았다.

유죄 판결이 났을 때, 소크라테스는 통렬하게 사람 마음을 찌르는 연설을 하고 30므나의 벌금을 내겠다고 제의했다. 이것은 거부될 수밖에 없었다. 사형은 확정되었다. 최종 연설에서 소크라테스는 자기에게 죄를 선고한 자들에게 이번에는 자신들의 이 잘못된 행동 때문에 벌을 받게 되리라고 경고했다. 그러고 나서 친구들을 향하여 이제까지 일어난 일은 악이 아니라고 말한다. 죽음은 두려워할 일은 아니다. 그것은 꿈을 꾸지 않는 잠이거나, 그렇지 않으면 내세의 삶으로, 거기에서는 그 누구의 방해도 받지 않고 오르페우스나 무사이오스나 헤시오도스나 호머와 이야기를 나눌 수 있으며, 그들은 질문을 했다고 해서 결코 사람을 죽이거나 하지 않는다는 것이다.

**심문받는 소크라테스**
희곡 〈구름〉(기원전 423) 속에서 작자 아리스토텔레스는 소크라테스의 새로운 학문 방법을 풍자하였다. 이 장면은 바구니를 탄 소크라테스가 사람들의 머리 위에 나타나 심문받고 있는 장면이다.

소크라테스는 독배를 들기 전에 옥중에서 한 달을 보냈다. 나라의 배가 해마다 델로스로 참배 여행을 떠나는데, 도중에 폭풍 때문에 늦어져서 배가 돌아올 때까지 아무도 처형을 할 수 없었다. 그는 그래도 도주를 거부했는데, 《파이돈》은 그가 마지막 몇 시간을 친구나 제자들과 함께 '불멸'을 논하며 시간을 보냈다고 전한다.

*

플라톤

독자는 이 책을 읽어 나가면서, 그 어떤 철학자도 플라톤이나 아리스토텔레스만큼 지면을 차지한 사람이 없다는 사실을 알게 될 것이다. 그 이유는 그들의 지위가 철학 역사상 독자적이기 때문이다. 첫째, 그들은 소크라테스 이전의 여러 학파의 후계자 겸 체계자로 등장하여, 그들에게까지 전해진 것을 발전시키고, 옛날 철학자들이 완전히 파악하지 못한 것을 명확히 했다. 둘째, 그들은 각 시대를 통해 사람들의 상상력에 매우 큰 영향을 끼쳤다. 서양에서 사변적인 추리가 번창했던 곳에서는 어디서나 플라톤과 아리스토텔레스의 그림자가 배경에서 어른거렸다. 마지막으로, 철학사에 대한 그들의 공헌은 아마도 고금의 그 어떤 사상가보다도 실질적이었다. 그들의 가치와 관련해서 말하지 않았던 철학적 문제는 거의 없고, 오늘날 아테네 철학을 무시하면서 독창적인 일을 하려는 사람이라면, 누구나 자기 자신의 위험을 무릅쓰고 탐구해야 한다.

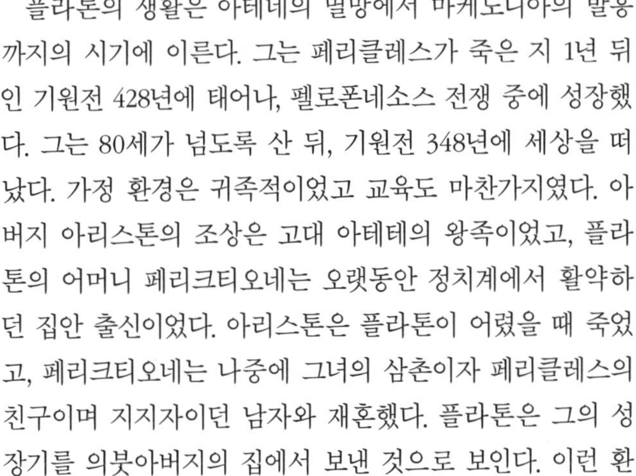

플라톤의 생활은 아테네의 멸망에서 마케도니아의 발흥까지의 시기에 이른다. 그는 페리클레스가 죽은 지 1년 뒤인 기원전 428년에 태어나, 펠로폰네소스 전쟁 중에 성장했다. 그는 80세가 넘도록 산 뒤, 기원전 348년에 세상을 떠났다. 가정 환경은 귀족적이었고 교육도 마찬가지였다. 아버지 아리스톤의 조상은 고대 아테테의 왕족이었고, 플라톤의 어머니 페리크티오네는 오랫동안 정치계에서 활약하던 집안 출신이었다. 아리스톤은 플라톤이 어렸을 때 죽었고, 페리크티오네는 나중에 그녀의 삼촌이자 페리클레스의 친구이며 지지자이던 남자와 재혼했다. 플라톤은 그의 성장기를 의붓아버지의 집에서 보낸 것으로 보인다. 이런 환경이었다고 한다면, 그가 시민의 정치적인 의무에 대해서 분명한 견해를 갖고 있었다는 것은 그다지 놀라운 일이 아니다. 그는 특히 《국가론》에서 이 견해를 주장했을 뿐만 아니라 그 자신이 몸소 이를 실천했다. 젊은 시절에는 시인으로서 촉망받았고, 이런 그가 정치 분야에서 활동할 것이라는 기대도 있었다. 그러나 이 기대는 소크라테스가 사형 선고를 받았을 때 갑자기 꺾이고 말았다. 이 무서운 정치적 음모와 원한은 이 젊은이의 마음에 지울 수 없는 인상을 남겼다. 그 어떤 사람이라도 정당 정치의 틀 안에서는 자신의 독립심과 성실함을 오래 유지해 나갈 수 없다. 그 뒤 플라톤은 마침내 철학에 헌신하게 된다.

소크라테스가 플라톤 집안의 오랜 친구였기 때문에, 플라톤은 그를 어린 시절부터 알고 있었다. 소크라테스가 처형된 뒤, 그는 몇몇 소크라테스 제자들과 함께 메가라로 피신하여, 반감이 사라질 때까지 거기에서 머물렀다. 그 뒤 플라톤은 몇 년 동안 여행을 하고 다녔던 것으로 보인다. 시칠리아, 남부 이탈리아, 어쩌면 이집트까지 그의 여정에 올라 있었던 듯하지만, 이 시기에 대해서 우리는 거의 알지 못한다. 어쨌든 그는 기원전 387년에 아테네로 돌아와 학원의 기반을 닦았다. 이 학술 터전은 아테네 서북 조금 떨어진 숲 속에 건립되었다. 이 땅은 전설의 영웅 아카데모스의 이름과 관련이 있어서 이 학원을 아키데미라고 부르게 되었다. 조직은 남 이탈리아의 피타고라스학파를 본떠 만들었는데, 그것은 플라톤이 그의 여행 중에 이 학파와 교제를 하고 있었기 때문이었다. 아카데미는 중세 이후에 발달한 대학의 시초이다. 아카데미는 학교로서 900년 이상이나 유지되었다. 이것은 옛날이나 오늘이나 가리지 않고, 이런 종류의 그 어떤 학원보다도 오래되었다. 서기 529년, 유스티니아누스 황제가 이 아카데미를 끝내 폐쇄했는데, 그

아카데모스 숲. 플라톤의 아카데미가 있었던 곳. 마을에서 1마일 거리이다.

이유는 그리스도교 교리가 고전적 전통의 부활로 위기를 맞을 것을 염려했기 때문이다.

**플라톤이 창립한 아카데미**
스승의 가르침을 그대로 암기하지 않고, 학생들 스스로 생각하고, 토론하고, 필요하면 이의를 제기하는 것이 장려되었다.

아카데미의 과목은 피타고라스학파의 전통적 과목과 비슷했다. 수학, 2차원 및 3차원 쌍방의 기하학, 천문학, 음향 또는 화성학이 기본 교과 과정이었다. 피타고라스학파와 깊이 관련되어 있으므로 마땅히 수학이 크게 강조되었다. 학교 입구에는 이 과목이 싫은 사람은 누구나 입학을 삼가라는 글이 걸려 있었다고 한다. 이들 과정의 교육에는 10년이 걸렸다.

이 교육 과정의 목적은 사람들의 생각을 경험 세계의 현상에서 배후에 가로놓인 불변의 틀로, 플라톤의 말을 빌리자면 생성에서 존재로 향하게 하는 것이었다.

그러나 이 과정 중 어느 하나도 자율적인 것이 없다. 이 교과 과정에는 변증법의 규범이 포함되어 있는데, 이들 규범의 연구야말로 교육을 교육 이외의 것과 구별하는 참다운 특징이 된다.

매우 실질적인 면에서 변증법의 규범은 여전히 오늘날에도 참교육의 대상이 된다. 대학의 기능은 학생의 머리에 주입할 수 있는 데까지 사실을 최대한으로 주입하는 것이 아니다. 올바른 과제는 학생에게 비판적으로 검토하는 습관을 붙이게 해서 모든 문제와 관련된 규범과 기준을 이해시키는 일이다.

아카데미의 세부적인 면은 알 수가 없다. 그러나 여러 학문적 문서를 검토해 볼 때, 많은 점에서 근대의 고등 학술 연구소와 비슷했음이 틀림없다. 아카데미는 과학적 설비와

도서관을 갖추고 강의와 세미나를 실시했다.

이와 같은 학원에 교육의 장이 설치되었기 때문에 소피스트 운동은 빠르게 쇠퇴해 갔다. 이 학원의 강좌에 출석한 사람들은 학원을 유지시키기 위해 무엇인가를 기부했음이 틀림없다. 하지만 사실 금전 문제는 중요하지 않았다. 그것은 플라톤이 유복하여 금전 문제를 무시할 수 있었다 해도 말이다. 중요한 것은 사람들의 정신을 이성의 빛에 비추어, 혼자서 사물을 생각할 수 있도록 단련하는 일이었다. 직접적인 실용적 목표는 무엇 하나 찾아볼 수 없었다. 이런 점에서 실용적인 사항에 숙달하는 것 외에는 아무것도 구하지 않던 소피스트와 뚜렷하게 대조된다.

초기 아카데미에서 배출한 학생 중 가장 유명한 인물은 아리스토텔레스이다. 젊은 아리스토텔레스는 아테네로 가서 거의 플라톤이 죽을 때까지 20년 동안 아카데미에 출석했다. 아리스토텔레스가 말한 바에 따르면, 선생은 노트를 준비하지 않고 강의했다고 한다. 세미나나 토론 그룹에서 학생이 풀도록 문제만을 제시하는 것이 상례였다는 것을 우리는 알고 있다. 대화편은 문학적인 색채를 띤 철학서로, 학생을 대상으로 하기보다는 널리 교육을 받은 일반 대중을 대상으로 삼았다. 플라톤은 한 번도 교과서를 쓰지 않았고, 언제나 자기 철학을 하나의 체계로 규정하는 것을 거부했다. 그는 일반적으로 세계는 너무 복잡해서 이것을 짜맞추어 미리 생각한 학문적 틀에 끼워넣을 수가 없다고 생각했던 것으로 보인다.

**아리스토텔레스** 초기 아카데미의 학생

아카데미는 플라톤이 다시 국외에 나간 20년 동안에도 계속되었다. 기원전 367년, 시라쿠사의 지배자 디오니시오스 1세가 죽었다. 아들이자 상속인이던 디오니시오스 2세가 뒤를 이었는데, 그는 조금 경험이 모자란 30세의 청년으로 시라쿠사와 같이 중요한 국가의 운명을 지배할 만한 사람이 못 되었다. 실권은 청년 디오니시오스의 매형인 디온이 쥐고 있었는데, 그는 플라톤의 친구며 추종자이기도 했다. 디온은 플라톤을 시라쿠사로 초청하여 디오니시오스의 기량을 시험하고 그를 박식한 사람으로 양성하려고 했다. 이와 같은 모험에 성공을 거둘 승산은 가장 잘된 경우라 할지라도 자신있게 말할 수는 없지만, 플라톤은 해보겠다고 동의했다. 그 이유는 한편으로는 분명히 디온에 대한 우정 때문이었고, 다른 한편으로는 이것이 아카데미의 평판에 대한 도전이기도 했기 때문이다. 실제로 이는 플라톤이 지배자의 교육에 대한 자기 이론을 시험해 볼 좋은 기회였다. 과학적 교육이 정치가 정치 문제에서 사색할 수 있는 사람을 만들 수 있는가의 여부는 처음부터 의심스러운 일이지만, 플라톤은 분명히 가능한 일이라고 생각했다. 서부 그리스가 성장하는 카르타고의 세력에 반항하여 자체의 힘을 유지하려면, 시칠리아 섬에 유능한 정치가가 필요했다. 그리고 만약 수학 교육이 디오니시오스를 이런 유능한 사람으로 만든다면, 이것은 큰 득이 될 터였다. 또한 이에 실패한다고 하더라도 손해볼 것이야 없었다. 처음에는 진척이 조금 더뎠으나, 오래 계속되지는 않았다. 디오니시오스는 오랜 시간 동안 교육에 견딜 수 있는 정신력을 지니고 있지 않았고, 게다가 부모를 닮아 계책을 꾸미는 데 능했다. 그는 매형이 시라쿠사에서 세력을 잡고 있다는 것과 플라톤과 사이가 좋다는 점을 시기하여, 강제로 매형을 추방했다. 플라톤은 이제 더 이상 머물러도 아무것도 할 수 없었기 때문에 아테네와 아카데미로 돌아왔다. 그는 멀리에서 사태를 될 수 있는 한 개선하려고 했으나, 아무런 보람도 없었다. 기원전 361년, 그는 사태를 정상적으로 되돌리기 위해 다시 시라쿠사로 가서 마지막으로 노력을 기울였다. 카

**운동 경기장 입구** 시라쿠사 소재. 플라톤의 정치 연구의 산실

르타고의 위험을 앞에 두고 1년 가까이 걸려서 시라쿠사의 그리스인을 통합하는 실제적 조치를 찾으려 했다. 결국 보수당의 악의가 넘을 수 없는 장애라는 것을 깨달았다. 처음에는 자기 생명에 위험을 자초하는 일도 있었으나, 플라톤은 기원전 360년에 결국 겨우 아테네를 향해 그 땅을 떠났다. 디온은 그 결과 힘으로 지위를 되찾았으나, 플라톤의 충고를 무시한 그는 형편없는 지배자로 낙인 찍혀 곧 학살되고 말았다. 그래도 플라톤은 디온의 부하들에게 이전부터의 정책을 계속하라고 권고했다. 그러나 그들도 디온처럼 그의 조언을 거들떠보지 않았다. 결국 시라쿠사의 운명은 플라톤의 예언대로 외세에 정복당하고 말았다.

플라톤은 기원전 360년에 돌아가서 마지막까지 제자를 가르치며 저술 활동을 계속했다. 모든 고대 철학자들 가운데 플라톤만이 완벽에 가까운 저서를 우리에게 남겼다. 이미 언급한 것처럼 대화편은 철학상의 논제에 대한 형식적·전문적 논문이라고 생각해서는 안 된다. 플라톤은 이런 연구를 하면서 겪게 되는 곤란을 너무나도 잘 알고 있었기 때문에, 많은 철학자들이 그 뒤에 한 것처럼 하나의 체계를 세우려는 거창한 마음을 가질 수가 없었다. 대사상가였을 뿐만 아니라 대작가이기도 했던 점에서 그는 철학자 사이에서 그 유례를 찾아볼 수가 없다. 플라톤은 그의 저서로 말미암아 세계 문학의 걸출한 인물의 한 사람으로 두드러지게 되었다. 이 영예야말로 철학에서는 이례적인 일이다. 거창하고, 단조롭고, 호언장담하는 철학서들은 많다. 실제로 철학적인 저서가 깊이가 있기 위해서는 문체가 난해하고 서툴어야 한다는, 거의 전통에 가까운 생각이 여기저기에 깔려 있다. 이것은 유감스러운 일이다. 이렇게 되면, 철학을 재미있다고 생각하는 사람들까지도 뒤로 물러나게 되기 때문이다. 물론 플라톤 시대에 교육받은 아테네인이 대

플라톤

화편을 읽을 수 있었고 그 철학적 중요성을 한눈으로 알았다고 생각해서도 안 된다. 그보다는 수학을 모르는 문외한이 미분기하학 책을 가지고 있는 것만으로 수학을 잘할 수 있다고 생각하는 편이 더 나을 것이다. 어쨌든 우리는 대부분의 철학자들이 쓴 어려운 철학서를 읽을 수 있다고는 장담할 수 없지만 플라톤의 저서는 읽을 수 있다.

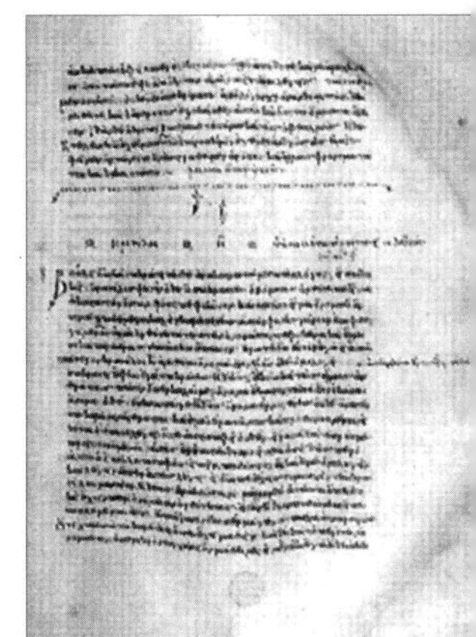

클럭의 《플라톤》 사본
인쇄술이 발명되기 이전 저작물은 필사본뿐이었다. 1801년 클럭이 발견한 《플라톤》 사본도 이렇게 하여 만들어졌다.

대화편 말고도 플라톤이 쓴 것이 있는데, 이것은 주로 시라쿠사의 친구에게 보낸 편지이다. 이것은 역사적 문서로는 귀중하지만, 그 밖에 특별한 철학적 흥미는 없다.

여기서 소크라테스가 대화편에서 하고 있는 역할에 대해 얼마쯤 언급해야겠다. 소크라테스 자신은 정작 자신의 철학에 대해 아무것도 쓰지 않았기 때문에 그의 철학은 주로 플라톤의 저서를 통해서 우리에게 전해 내려올 수 있었다. 그러나 플라톤은 자신의 후기 저서에서는 자기 이론을 전개했다. 따라서 대화편 중에서 플라톤의 것이 어느 것인지 소크라테스 것이 어느 것인지 구별을 잘 해야 한다. 이것은 조금 다루기 힘든 과제이지만, 불가능한 일은 아니다. 우리가 이 대화편에서 두 철학자의 견해를 구분할 만한 독자적인 근거를 찾을 수 있기 때문이다. 즉 후기의 대화편이라고 판단할 수 있는 것에서 플라톤은 소크라테스가 말한 초기의 이론 몇 가지를 비판한다. 옛날에는 대화편의 소크라테스는 단순히 플라톤의 대변자에 지나지 않았으며, 플라톤은 이 문학적인 방법을 취해 그즈음 그의 마음속에 일어났던 사상을 모두 말한 것으로 여겨졌다. 그러나 이 평가는 사실을 왜곡한 것으로 오늘날에는 통용되지 않는다.

철학에 끼친 플라톤의 영향은 아마도 다른 그 누구의 영향보다도 위대할 것이다. 소크라테스와 소크라테스 이전 철학자의 후계자이자, 아카데미의 창립자이며, 아리스토텔레스의 스승이던 플라톤은 철학 사상의 중심에 자리잡고 있다. 프랑스의 논리학자 E. 고블로가 플라톤의 철학은 하나의 형이상학이 아니라 유일한 형이상학이라고 한 것도 분명히 이 때문이다. 우리가 소크라테스와 플라톤의 구별을 잊지만 않는다면, 플라톤적 소크라테스가 철학에 크게 영향을 미친 것이라고 말하는 편이 좋을 것이다. 플라톤이 독자적인 권위로 부활한 것은 훨씬 뒤인 최근에 이르러서의 일이다. 과학 분야에서는 플라톤의 부활이 17세기 초까지 거슬러 올라가는 데 반해, 철학에서는 현대에 속한다.

플라톤을 연구할 때, 수학의 중심적 역할을 잊지 않도록 하는 것이 중요하다. 이것은 플라톤과 소크라테스를 구별하는 특징 가운데 하나로, 소크라테스의 관심은 일찍부터 과학과 수학에서 벗어났다. 다음의 몇 시대는 플라톤의 이론을 파악할 수 있을 만큼 치밀하지 않았으며, 그가 정성을 들여 연구한 것을 수의 신비에 열중했을 뿐이라고 여겼으나, 불행히도 이와 같은 잘못된 생각은 우리가 생각하는 만큼 그리 진기한 일이 아니다. 수학은, 물론 논리학자에게는 특별히 흥미있는 분야이다. 우리는 이제 대화편에서 다루는 문제 몇 가지를 검토할 필요가 있다. 이들 저서의 문학적 가치는 간단히 설명할 수 없으며, 우리의 큰 관심사도 아니다. 그러나 번역으로도, 충분히 그 문학적 색채가 남아 있고, 철학이 의미심장하다고 읽기가 어려운 것은 아니라는 점을 보여주고 있다.

**수학·철학·법학의 3현인**
로마 수도원에 소장되어 있는 16세기의 이 벽화에서 플라톤과 수학자인 피타고라스, 그리고 아테네의 정치개혁자·입법자인 솔론과 함께 그려졌다.

*

플라톤이라는 이름을 들으면 곧 이데아론이 생각난다. 그것은 몇 가지 대화편에서 소크라테스가 한 말이다. 이것은 플라톤보다도 오히려 소크라테스에게서 나온 것이 아니냐는 문제로 오랫동안 논쟁의 대상이 되었다. 《파르메니데스》는 후기의 대화편인데도 소크라테스가 젊었고 플라톤이 아직 태어나지 않을 무렵의 정경을 그리고 있는데, 여기에서 소크라테스는 제논과 파르메니데스에 대항해서 이데아론을 지지했다. 다른 곳에서 소크라테스는 어떤 사람들이 이 이론을 잘 알고 있으리라 넘겨짚고 그들에게 말을 걸고 있다. 이데아 이론은 본디 피타고라스의 것이다. 《국가론》에 나오는 이데아론의 설명을 살펴보기로 하자.

철학 없이는, 우리는 그림자와 같다. 선(善)의 모습은 세상에 총천연색으로 나타난다.

철학자는 무엇인가라고 하는 물음부터 시작하기로 하자. 이 말의 문자 그대로의 뜻은 '지혜를 사랑하는 자'이다. 그러나 알고 싶어하는 사람들이 모두 철학자는 아니다. 이 정의는 좀더 좁은 뜻으로 해석해야 한다. 철학자란 진리의 모습을 사랑하는 사람이다. 미술 수집가는 아름다운 것을 사랑하지만, 그렇다고 해서 철학자라 할 수 없다. 철학자는 미 자체를 사랑한다. 아름다움을 사랑하는 사람은 꿈을 꾸고 있으므로, 아름다움을 사랑하는 사람은 눈이 깨어 있다. 미술 애호가가 의견만을 갖는 대신, 미 자체를 사랑하는 사람은 지식을 가지고 있다. 지식에는 대상이 있어야 하므로, 그것은 존재하는 무엇이어야 한다. 그렇지 않으면 그것은 파르메니데스의 말대로 무(無)이다. 지식은 고정되고 확실한 것, 즉 오류가 없는 진리이다. 한편 의견은 여러 가지일 수 있다. 그러나 의견은 존재하는 것에 대한 지식도 아니고 무도 아니다. 그러므로 의견은 헤라클레이토스의 말대로 존재하는 것과 존재하지 않는 것, 둘 다에 해당된다.

따라서 특수한 사물은, 우리의 오관을 통해서 파악되는데, 모두 상반되는 특징을 가진다고 소크라테스는 생각한다. 하나의 특수한 조각은 아름다워도 흉한 면이 몇 가지 있다. 어느 견지에서 보면 커다란 하나의 특수한 사물도 다른 관점에서 보자면 작다. 이 모든 것은 의견의 대상이다. 그러나 미 자체와 크기 자체는 우리의 오관을 통해서 우리에게 전달되는 것이 아니다. 그것은 영원한 것이며, 그것은 지식의 대상이다. 소크라테스는 파르메니데스와 헤라클레이토스를 함께 해석해서 자기의 '이데아' 또는 '형상'의 이론을 만들어 냈는데, 이 이론은 초기의 두 사상가 중 어느 쪽에도 속하지 않는 새로운 것이다. 그리스어의 '이데아'는 '그림'이나 '형상'이라는 뜻이다.

이 이론에는 논리학적 측면과 형이상학적인 측면이 있다. 논리학적 측면에서는 그 어떤 특수한 대상과 이것을 부르는 일반적인 말이 구별된다. 따라서 일반적인 말로써의 말(馬)은 이 말이나 저 말을 가리키는 것이 아니라 모든 말을 가리킨다. 그 뜻은 특수한 말과 이들 말이 어떻게 된다는 것과는 무관하다. 그것은 공간과 시간 속에 있는 것이 아니라 영원한 것이다. 형이상학적 측면에서는 어딘가에 '이상적인' 말, 즉 말 자체는 변하지 않고 존재한다는 뜻이야말로 일반적인 말(言)로서의 말을 가리킨다는 것이다. 특수한 말(馬) '이상적인' 말의 부류에 들어가든가 '이상적인' 말에 해당되는 경우에만 한정된다. 이데아, 즉 '이상적인 말'은 완전하고 실재하며, 특수한 말은 결함을 가지며 가상에 지나지 않는다.

그리스어의 '이데아'는 '그림'이나 '형상'이라는 뜻이다.

소크라테스는 이데아론을 이해하는 데 도움을 주기 위해 유명한 동굴의 비유를 들고 있다. 철학 없이 사는 사람들은 동굴 안에 잡혀 있는 사람과 같다. 그들은 사슬에 얽매어 있기 때문에 몸을 돌릴 수가 없다. 그들의 뒤에는 불이 있고, 그들 앞에는 밋밋한 벽이 가로막고 있다. 그들은 영화관의 스크린처럼 이 벽면에 비치는 자기 그림자와 그들과 불 사이에 있는 물체의 그림자를 본다. 그들에게는 달리 아무것도 보이지 않으므로, 이 그림자가 실재하는 사물이라고 생각한다. 드디어 한 사람이 족쇄를 벗어던지고 동굴 입구 쪽으로 더듬어간다. 거기서 비로소 그는 햇빛이 현실 세계의 생생한 물체 위에 빛나고 있는 것을 본다. 그는 동굴 안으로 돌아가서 친구들에게 자기가 본 것을 가르치는데, 우리가 보는 것은 현실의 칙칙한 모습, 즉 단순히 그림자의 세계뿐이라는 것을 그들에게 이해시키려고 한다. 그러나 햇빛을 보았기 때문에 그의 시야는 그 빛의 영향으로 희미해져서 이번에는 그림자를 보기가 이전보다 더 어렵다. 그는 햇빛이 있는 곳으로 가는 길을 그들에게 제시하려고 하지만, 그들에게는 그가 이전보다도 더 바보처럼 보여 그들을 이해시키는 일이 쉽지 않다. 우리가 철학을 모른다면, 우리는 동굴에 갇힌 죄수와 같을 것이다. 우리에게는 그림자, 즉 사물의 가상밖에 보이지 않는다. 그러나 우리가 철학자라면, 이성과 진리라는 햇빛에 비치는 바깥쪽의 물체를 보게 된다. 이것이 실재이다. 우리에게 진리와 아는 힘을 주는 이 빛은 '선'의 이데아를 의미한다.

철학 없이 사는 사람들은 동굴 안에 잡혀 있는 사람과도 같다.

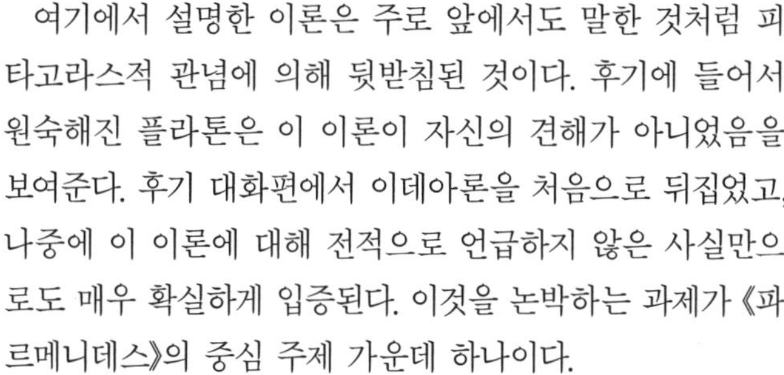

여기에서 설명한 이론은 주로 앞에서도 말한 것처럼 피타고라스적 관념에 의해 뒷받침된 것이다. 후기에 들어서 원숙해진 플라톤은 이 이론이 자신의 견해가 아니었음을 보여준다. 후기 대화편에서 이데아론을 처음으로 뒤집었고, 나중에 이 이론에 대해 전적으로 언급하지 않은 사실만으로도 매우 확실하게 입증된다. 이것을 논박하는 과제가 《파르메니데스》의 중심 주제 가운데 하나이다.

파르메니데스와 제논이 소크라테스를 만났다는 사실은 역사적으로 해석해도 좋을 것이다. 그러나 그때 한 말이 그대로 대화편에 나와 있지는 않았을 것이다. 그래도 이 세 사람 모두 실제 인물과 일치하며, 그들은 다른 독립된 자료에서 나오는 내용과 맞아떨어지는 견해를 말하고 있다. 우리는 파르메니데스가, 아직 젊었을 무렵 피타고라스학파의 영향을 받았지만, 나중에 이 학파와 결별했다는 사실을 기억하게 된다. 따라서 이데아론은 그에게 새로운 것이 아니었으며, 그는 청년 소크라테스가 이것을 공식화하자 곧바로 이를 비판한다.

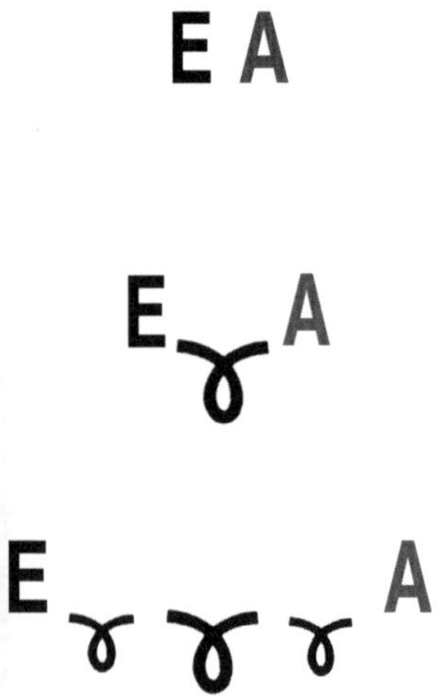

처음에 파르메니데스는 소크라테스가 수학적 대상과 선과 미와 같은 관념에 형상을 인정하면서, 기본 요소와 비교적 시시한 사물에도 이를 거부할 충분한 이유가 없음을 지적한다. 이것은 다시 더 심각한 문제에 이르게 된다. 소크라테스의 형상 이론은 형상과 특수한 사물 사이의 연관성을 설명하는 데 어려움이 따른다. 형상은 하나이고 특수한 사물은 많기 때문이다. 소크라테스는 공유 개념을 빌려 이들의 연관성을 설명하는데, 특수한 사물이 어떻게 해서 형상을 공유할 수 있는가는 이해하기 어렵다. 분명히 형상 전체는 하나하나의 특수한 사물 속에는 존재할 수 없다. 그렇게 되면 그것은 하나의 형상이 되지 않기 때문이다. 이에 대한 대안은 하나하나의 특수한 사물에 형상의 일부가 있다고 해야 하는데, 그렇게 되면 형상은 아무것도 설명할 수 없게 된다.



단지 형태로서의 (E)는 개별 조목 (E)에 연관될 수 없다. 이런 시도는 시도한 만큼 두 개의 격차를 더 낳을 뿐이다.

그런데 문제는 더욱 어려워진다. 형상과 형상에 지배되는 특수한 사물과의 관련을 설명하기 위해 소크라테스는 공유 개념을 도입했는데, 이 공유는 많은 경우에 예증된 것처럼 그 자체가 하나의 형상이다. 그렇게 되면 곧 이 공유한 형상이 한쪽에서는 원래의 형상과 연관되고, 다른 쪽에서는 특수한 사물과 연관되는 것이 어떻게 가능한가를 물을 필요가 있다. 이 물음을 설명하기 위해서는 두 개의 형상이 필요한데, 그렇다면 무한 후퇴의 오류에 빠진다. 한 개의 형상에 틈을 메우려고 할 때마다, 다시 두 개의 틈이 생긴다. 이와 같이 틈새에 다리를 놓는다는 것은 너무나 어려운 일이다. 이것이 유명한 '제3인간 논법'인데, 문제의 형상이 특별하게 인간일 경우에 이렇게 불린다. 소크라테스는 이 문제를 회피하기 위해, 형상은 유형이며, 특수한 사물은 이 유형을 닮는다고 말한다. 그러나 이것 또한 '제3인간 논법'의 먹이가 된다. 이와 같이 소크라테스는 형상이 특수한 사물과 관련되는가에 대해서 전혀 설명하지 못한다. 그러나 이 문제는 해명될 수 있다. 형상은 느낄 수 있는 것이 아니라 사고되는 것이라고 가정되어 왔기 때문이다. 자기 영역 내에서, 형상은 형상끼리만 결부할 수 있다. 특수한 사물에 대해서도 마찬가지이다. 이와 같이 형상은 알 수 없는 것처럼 보인다. 형상이 알 수 없는 것이라고 한다면, 물론 그것은 불필요하며, 아무것도 설명할 수 없다. 우리는 이 문제를 다른 말로 다음과 같이 말해도 좋으리라. 형상이 혼자 있고 우리 세계와 관계가 없는 것이라면 공허할 것이다. 한편 형상이 우리 세계와 관계를 가지고 있다면, 형상은 자기 세계에 속할 수 없어서 형이상학적 이론은 지지받을 수 없다.

플라톤 자신은 보편적 문제를 어떻게 다루었는가? 이것은 나중에 설명하기로 하겠다. 여기서 소크라테스의 이론은 정밀한 검토를 견디지 못한다는 것을 말해 두겠다. 《파르메니데스》에서 이 문제는 그 이상 조금도 거론되지 않고 있다. 파르메니데스는 다른 문제로 전환하여 소크라테스의 형상의 영역 내에서도 모든 일이 반드시 잘되어 가지 않는다는 것을 제시한다. 제논을 닮은 꼼꼼한 변증법은 형상이 모두 서로 독립적이라는 소크라테스의 논점이 처음부터 잘못되었다는 것을 제시하고, 플라톤이 소크라테스 이론의

불균등은 하나의 형태이다. 더욱이 감각의 세계에서 보이는 것이다.

문제점을 해결할 수 있도록 기반을 닦고 있다.

그러나 거기에는 또 다른 문제가 있는데, 이데아론이 피티고라스에서 나왔다고 하는 문제까지 거슬러 올라가야 한다. 우리는 앞에서 이 이론이 수학에서 대상을 증명하기 위해 나왔다는 것을 알았다. 수학자는 삼각형에 대해 정리를 확립할 때, 실제로 어떤 도형을 종이 위에 그릴지는 신경쓰지 않았다는 것이 분명하다. 이와 같은 도형은 어느 것이나 수학적 고찰을 벗어나는 불완전한 점을 가지고 있기 때문이다. 제아무리 열심히 정확한 직선을 그리려 해도, 그것은 완전히 정확하지는 않다. 이런 점에서 완전한 직선은 다른 세계에 속한다는 결론이 나온다. 따라서 우리는 형상이 느낄 수 있는 대상의 질서와는 다른 존재의 질서에 속한다고 이해하게 된다.

4인의 위대한 철학자
르네상스 시대에 숭배된 4인의 철학자. 아리스토텔레스(좌상), 플라톤(우상), 세네카(우하), 소크라테스(좌하)

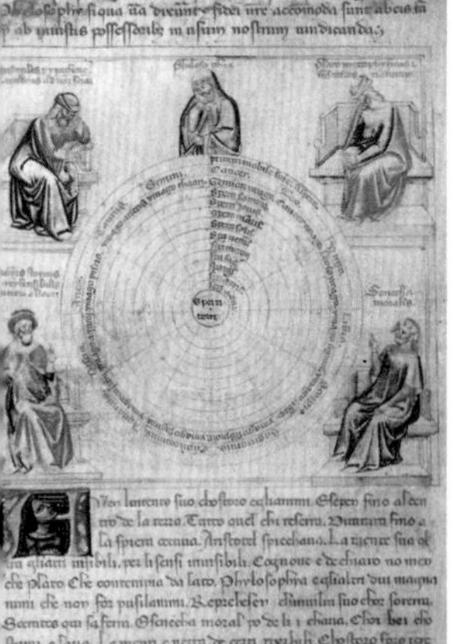

언뜻 보기에 이 견해는 그럴듯하다. 예를 들어 느낄 수 있는 두 가지 대상이 완전히 같다고 말할 수는 없지만 비슷하고, 이들 대상이 서로 같아지려는 경향을 가지고 있어도 절대로 그렇게 될 수 없다고 주장하는 것은 있을 법한 일이기 때문이다. 어쨌든 이들 대상이 완전히 같다고 결정하는 것이 가능하다고 해도, 꽤 곤란한 일이다. 한편 서로 같지 않은 두 개로 예를 들어 보자. 여기에서, 곧 이 두 가지 것이 서로 같지 않다는 것을 알 수 있고, 따라서 서로 같지 않은 형상은 느낄 수 있는 세계에서 실로 뚜렷이 나타나는 것처럼 보인다. 이것을, 형상의 용어로 공식화하는 대신에 우리가 일반적으로 어떻게 말하고 있는가를 보기로 하자. 우리는 자연스럽게 두 개의 물건이 거의 비슷하나 아주 같다고는 말할 수 없다고 말한다. 그러나 두 가지 물건이 거의 같지 않다거나 그다지 같지 않다고 하는 말은 이치에 맞지 않다. 이 비평은 형상 이론의 정체를 직접 폭로하는 것이다.

델포이 신전 유적

이데아론이 엘레아학파에 의해, 이토록 따가운 비평을 받았다면, 소크라테스가 그것을 그대로 계속 주장한 이유는 무엇인가 하고 묻는 사람이 있을지도 모른다. 이 공격이 얼마나 거셌는지는 그도 틀림없이 느꼈을 것이기 때문이다. 그러나 이 문제는 역으로 보는 편이 좋을 것 같다. 소크라테스가 그 지적 관심을 윤리학과 미학의 문제로 돌린 것도 바로 이 문제 때문이다. 예를 들어 인간의 선함은 머리카락의 빛을 보듯 눈으로 볼 수는 없다. 그러나 이 분야에서도 소크라테스는 결국 공유 이론에 조금 불만을 가지게 되었다. 그런데도 그는 절대로 그 밖의 것은 주장하지 않고, 그 해결방안은 사물에서 찾지 말고 우리가 사물에 대해서 말할 수 있는 것, 즉 논증에서 찾아야 한다는 암시를 주고 있다. 플라톤도 바로 이런 방법을 써서 보편적 문제를 풀려고 노력했다.

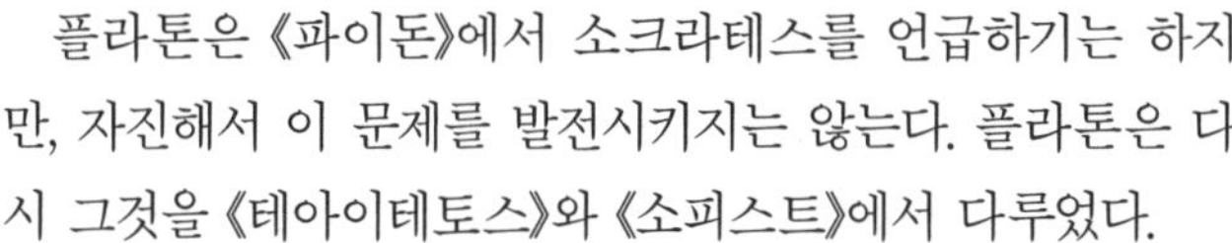
플라톤은 《파이돈》에서 소크라테스를 언급하기는 하지만, 자진해서 이 문제를 발전시키지는 않는다. 플라톤은 다시 그것을 《테아이테토스》와 《소피스트》에서 다루었다.

*

《국가론》은 아마도 플라톤의 대화편 중에서 가장 유명할 것이다. 이것은 오늘날에 이르기까지 많은 사상가들이 여러 방면에서 연구한 주제들을 담고 있다. 이 대화편에서 이상국가의 수립을 논하고 있기 때문에, '국가론'이란 이름이 붙었다. 우리가 이제 제시하려는 정치체제가 바로 이 이상국가이다. 우리가 알고 있는 바와 같이, 그리스인은 국가를 하나의 도시라고 생각했다. '폴리테이아(Πολιτεία)'라는 그리스어가 이를 잘 나타내 준다. 이 말은 '거주지'를 뜻하며, 그 속에는 거주지의 운영이 잘 되었을 때 형성되는 사회 기구 전체의 뜻이 담겨 있다. 이 말은 이 대화편의 그리스어 제목이다. 영어의 '폴리티컬(political)'이라는 말도 여기서 나왔다.

플라톤은 이상 국가의 시민을 관리자, 병사, 서민의 세 계급으로 나눈다. 정치 권력을 휘두르는 소수의 엘리트 국가가 처음으로 설립되면, 입법자는 관리자를 임명하고 그 후에는 관리자의 혈통이 뒤를 잇는다. 그러나 하층 계급 출신이라도 뛰어난 자라면 지배 계급으로 올라갈 수 있고, 관리자 자손이라도 무가치하면 병사나 하층 계급으로 내려갈 수 있다. 관리자의 임무는 입법자의 의지가 실시되는가를 지켜보는 것이다. 플라톤은 관리자가 이를 확실하게 수행할 수 있도록 그들이 어떻게 교육받아야 하고, 어떻게 정신과 육체 생활을 해야 하는가에 대해 여러 가지 계획을 세운다. 그들은 정신과 육체 교육을 모두 받는다. 정신 건강을 위해서는 음악, 즉 뮤즈신이 지키는 예술을 가르쳐야 한다. 육체 건강을 위해서는 '체조', 즉 팀이 필요 없는 운동을 가르쳐야 한다. 음악 교육 또는 교양 교육을 하는 이유는, 신사를 만들기 위해서이다. 영국에서 이해하고 있는 신사의 개념은 플라톤에게서 비롯된 것이다. 청년은 위엄 있고 우아하고 용기 있게 행동하라고 가르침을 받아야 한다. 이를 위해 책은 엄격하게 검열된다. 시인은 추방되어야 한다. 호머와 헤시오도스가 싸움을 좋아하고 예의에 벗어난 사람들처럼 행동하는 신을 그려냈기 때문에, 이들이 지은 시가 청년에게 나쁜 영향을 끼친다는 것이다. 신은 온 세계의 창조자로서가 아니라, 사악하지 않은 것들의 창조자로서만 제시되어야 한다. 또 시에는 죽음의 공포나 난폭한 행동에 대해 찬미하는 구절과 악인이 번창하고 선인이 고생할 수 있다는 의심을 자아낼 것 같은 구절이 있다. 이런 것은 금지되어야 한다. 음악도 오늘날의 좁은 뜻의 음악이라

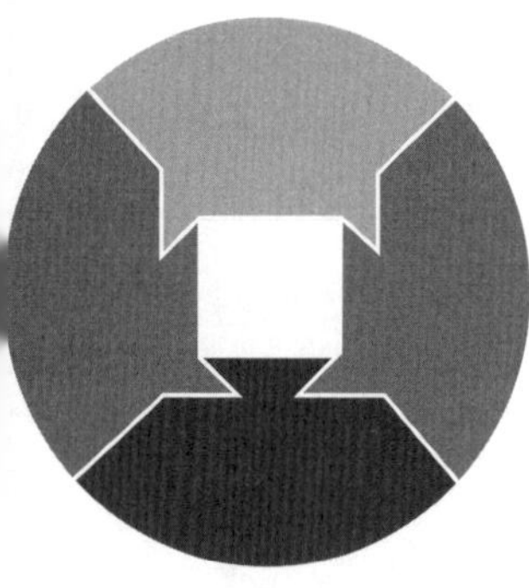

**이상적인 상태** 각 부분은 각자 적당한 역할을 한다.

면 검열받는다. 오로지 용기와 절제를 촉진하는 선율과 리듬만큼은 허용된다. 조촐한 식사를 해야 한다. 그러면 의사가 필요 없을 것이다. 젊었을 때는 불결한 것을 피해야 하지만, 일정한 연령이 되면 무서운 일이나 유혹에 맞서야 한다. 이들 두 가지를 물리친 뒤에야 비로소 그들은 관리자가 될 자격이 있다.

관리자의 사회경제적 생활은 엄중한 공산주의여야 한다. 그들은 작은 집을 가지며 자기가 살아가는 데 필요한 것을 겨우 소유할 뿐이다. 그들은 집단으로 식사를 하고, 검소한 음식에 만족한다. 남성과 여성은 완전히 평등하고, 모든 여성은 모든 남자가 공유하는 아내이다. 그 가르침을 유지하기 위해 어떤 축제에서 지배자를 추첨으로 고른다고 하는데, 현실적으로는 선출된 적당한 무리의 남녀를 짝지워 건전한 자손을 낳게 하려는 것이다. 아이는 태어나자마자 데려가서 그를 낳은 부모가 누군지 모르게 하고, 집단적으로 교육을 실시한다. 내연 관계에서 태어난 아이는 사생아로 처리되고 불구자나 천한 혈통은 없앤다. 이와 같이 하면 개인 감정은 약해지고 공공 정신이 강해진다. 가장 뛰어난 사람은 철학 교육을 받는다. 이것을 습득한 자는 마침내 지배할 만한 자격을 갖게 된다.

이상적인 상태의 세 가지 국면
관리자, 병사, 서민

정부는 세상 사람들의 이익을 위해 필요하다면 거짓말을 할 권리가 있다고 플라톤은 생각했다. 특히 정부는 이 멋진 새로운 세계를 신이 주신 것이라고 존엄한 거짓말을 주입시킨다. 두 세대가 지나면 적어도 민중들은 이것을 군소리 없이 믿게 될 것이다.

마지막에는 정의(正義)에 대한 정의(定義)가 나오는데, 그 이유는 플라톤이 먼저 대규모적으로 정의를 논한 뒤에 이상국가를 설명하는 편이 쉽겠다고 판단했기 때문이다. 모든 사람이 자기가 맡은 일을 열심히 하면, 정의를 이루게 된다. 저마다 남의 일에 쓸데없는 참견을 하지 않고, 자기의 지위에 어울리는 일을 해야 한다. 그러면 국가는 평화롭게 능률적으로 기능을 영위한다. 그리스어 뜻에서 본 정의는 조화의 개념, 즉 각 부분이 올바른 기능을 발휘해야만 전체가 원활하게 작용한다는 개념과 연결된다.

실제로 우리는 여기에서 하나의 국가 기구 안에서 개인으로서의 인간이 거의 사라져 버리고 마는 무서운 그림을 본다. 《국가론》에 그려진 유토피아는 올더스 헉슬리의 《신세계》까지 길게 이어지는 환상의 효시를 이룬다. 분명히 이 유토피아는 고통을 겪는 사람들을 돌보지 않고 커다란 사회 변혁을 가져오는 주권자들에게 영감이 되었다. 사람이란 이미 고안된 제도에 자신을 맞추게 마련이라는 생각이 뿌리 깊게 자리잡은 곳에서라면 이런 상황이 될 수밖에 없다. 시민이 국가의 노예가 아니라 오히려 국가가 시민의 노예가 된다는 견해는 오늘날에도 어떤 국가에서는 이단으로 취급당한다. 어디쯤에 균형이 있는가는 여기에서는 다룰 수 없는 복잡한 문제이다. 아무튼 《국가론》의 이상 국가 원리에 반대하는 많은 사람들은 플라톤에게 여러 악의적인 꼬리표를 붙여 왔다. 따라서 우리는 《국가론》이 제시하는 정치 이론의 요지가 과연 무엇인가를 검토할 필요가 있다.

**초상화**
인쇄술이 발명되기 이전의 필사본(손으로 베껴 쓴)에는 삽화가 그려지는 일이 많았다. 이 그림은 고대 철학자를 그린 초상자료 중 가장 귀중한 것이다. 상단 왼쪽이 플라톤이지만 본인을 닮았는지는 판단할 자료가 없다.

먼저 정치 문제에서 플라톤 후기 이론이 그때까지와는 전혀 다른 방향을 취했다는 것을 기억해 두기로 하자. 이 점은 조금 뒤에 검토하기로 한다. 《국가론》의 이상국가는 플라톤적이라기보다는 소크라테스적이고, 피타고라스가 시도한 이상사회에 의해 영향을 받은 것처럼 보인다. 이런 점에서 우리는 저절로 이 문제의 가장 중요한 점에 다다른다.

이상국가는 사실상 국가 경영의 올바른 방법에 대해 과학자가 시도할 만한 견해이다. 과학자는 하나의 본보기로써, 사회 지도자에게 자기는 과학적이라고 터무니 없는 신념을 심어주어 대변혁을 일으킬지도 모른다. 기술자에게 자기가 생각한 대로 일을 해보라고 한다면, 바로 이런 일을 할 것이다. 동시에 이런 생각을 하면, 이상국가라는 개념이 주는 매력은 사라지게 된다. 이러쿵 저러쿵 말해도, 이상국가는 약간의 문제를 논의하고 밝히기 위한 하나의 모델에 지나지 않기 때문이다. 소크라테스가 그것을 주장한 것도 분명히 이와 같은 의도에서이다. 이것은 지상의 낙원으로서는 비교적 극단적인 대책이 아닌가 하고 여겨질 만하다. 게다가 어느 정도의 아이러니도 고려할 필요가 있다. 예를 들어 정말로 시인을 추방하고 싶다고 생각하는 사람은 없다. 또 철저한 공산주의를 도입하려고 진지하게 생각하는 사람도 없다. 이상국가의 특징 중에는 물론 실제 스파르타의 상황을 관찰한 데서 온 것도 있다. 그래도 모형은 모형일 뿐이다. 그것은 현실의 도시를 세우기 위한 실제적 계획안으로 내놓은 것이 아니다. 플라톤은 나중에, 시라쿠사의 정치에 관계를 가지게 되었는데, 이 모형을 따서 이상 국가를 건설하려는 것은 아니었다. 우리가 살펴본 것처럼, 그 목적은 철 없는 군주를, 이미 움직이기 시작한 중요한 도시의 문제를 관리하기에 어울리는 실제적인 사람으로 기르는 데 있었다. 플라톤이 성공을 거두지 못한 것은 또 다른 문제이다. 그것은 교육이 의외로 만능약이 되지 못한다는 것을 나타내 줄 뿐이다.

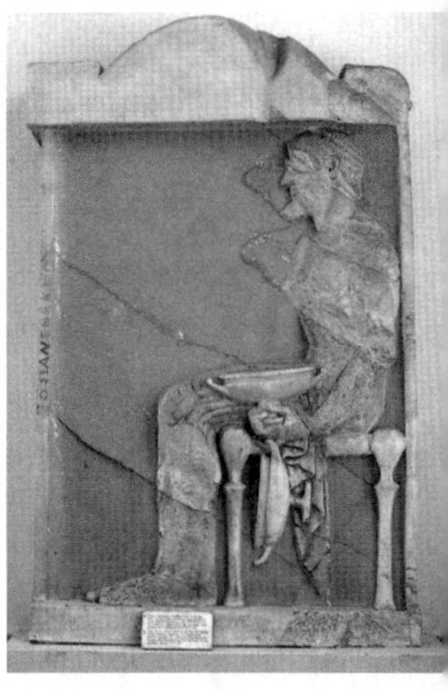
《국가론》의 '이상국가'는 플라톤적이기보다는 소크라테스적이다. 피타고라스가 시도한 '이상사회'에 의해 영향받은 것처럼 보인다.

후기 대화편에서 플라톤은 다시 정치 문제를 두 차례 논의한다. 《정치가》에는 도시에 있을 것 같은 각종 정치 조직에 대한 설명이 나온다. 지배자의 수와 지배 방법에 따라서 여러 조직이 생긴다. 군주정치도 있고, 과두정치도 있고, 민주정치도 있다. 이들 가운데 그 어느 것이든지, 법적 원리에 따라 또는 법적 원리 없이 모두 6가지의 서로 다른 조합을 이루게 된다. 법의 지배가 없다면, 다수의 손 안에 있는 권력이 흩어지고 목적이 통일되지 않기 때문에 최소의 악밖에 낳지 않을 것이라고 한다. 한편 법의 지배가 있다면, 민주정치는 최악의 정치체제가 된다는 것이다. 무엇인가를 이룩하려고 생각하면, 공통의 목적이 필요하기 때문이다. 그러므로 어느 쪽이 바람직하냐고 묻는다면, 군주 정치일 것이다.

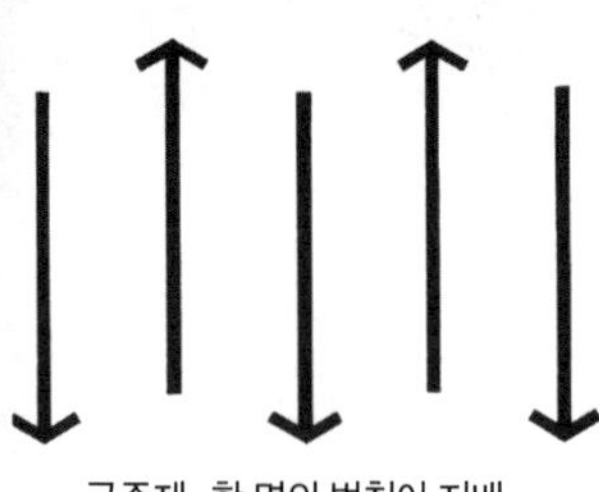
군주제, 한 명의 법칙이 지배
법의 규칙에 따라 지배가 선호되었다.

거기에는 6가지의 단일 정치체제 요소 중 몇 가지를 취한 혼합 정치체제가 생길 수 있다. 플라톤의 마지막 저서 《법률》은 결국 철인왕을 발견할 수 없을 것 같은 이 세계에서 우리가 할 수 있는 최선은 법의 통제 아래서 한 사람의 지배체제와 다수의 지배체제를 결합하는 일이라고 제시한다. 《법률》은 이런 제도를 조직하기 위해서는 어떻게 할 것인가, 관리를 고르기 위해서는 어떻게 할 것인가를 매우 자상하게 가르치고 있다. 교육 문제와 관련해서도 오늘날의 중등 교육에 해당하는 교육의 시행 시기와 내용을 자세히 언급하고 있다. 헬레니즘 시대의 중등 학교는 청년을 교육하기 위한 확립된 단계였다. 이런 교육 제도의 기초가 《법률》에 규정되어 있다.

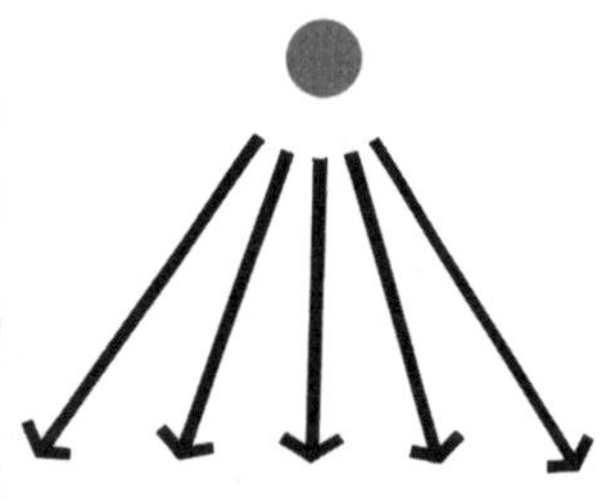
민주주의, 다수자의 지배
법의 부재하에서의 최소한의 악을 추구했다.

《국가론》의 정치 사상은 우리가 본 것처럼 번역해서 사실로 실현할 수 있는 권고의 말은 아니다. 이 정치 사상은 후기 플라톤의 사상과는 전혀 다르다. 그가 보여주는 정치와 교육은 매우 실제적이고 세속적이다. 그 가운데 대부분은 후대에 이르러 평화시에 채택되었지만, 그 원전은 곧 잊히고 말았다. 《국가론》의 제도의 경우는 그렇지가 않다. 하나의 제도로써 그것은 일반적으로 오해를 받아왔지만, 그 놀라울 만한 시책은 여러 번 열렬한 지지자를 얻어 결과를 경험한 실험용 인간에게 커다란 손해를 끼쳤다. 따라서 플라톤은 처음에는 그를 이해하지 못하다가 나중에는 그 영향으로 잘못된 사람들의 선구자라고 때때로 일컬어지기도 한다.

그러므로 플라톤까지도 그 정치적 고찰에 어떤 편협함을 보이고 있음을 인정해야 한다. 이런 점에서 그도 보통의 그리스인과 마찬가지로 단순히 이방인에 대한 거리감을 가지고 있을 뿐이다. 이것이 자의식적 우월감이었는지, 그렇지 않으면 그리스 문화의 의심받지 않는 탁월성에서 생기는 당연한 생각인지는 결정하기 힘든 일일 것이다. 어쨌든 《법률》에서 플라톤은 대화편을 구실로 일부러 다음과 같은 내용을 만들어냈다. 그는 신도시를 세울 때 바다 너머 먼 장소에서 상업 교류를 하거나 이방인과 접촉해서 오는 나쁜 영향을 피해야 한다고 주장한다. 이것은 물론 어느 정도의 무역 활동이 이루어져야 하는 이상은 어려운 문제이다. 자립력이 없는 사람들로서는 어떻게 해서든 생계를 꾸려 나갈 필요가 있다. 《법률》의 특징을 잘 나타내고 있는 이야기이지만, 그가 제안한 중등 학교 교사에 대해서 플라톤은 교사에게는 월급을 지불해야 하므로, 교사는 이방인이어야 할 것이라고 말한다.

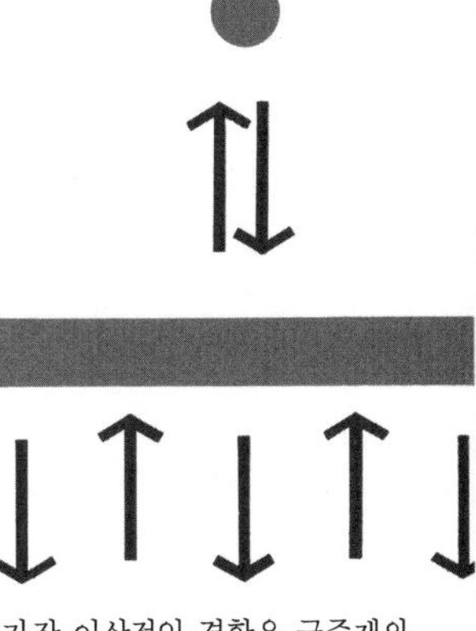
가장 이상적인 결합은 군주제와 민주주의의 결합이다.

정치 문제에서 이와 같은 고립적인 태도를 취했기 때문에 결국 그리스 세계는 더 넓은 참다운 조직체를 이룰 수가 없었다. 그들이 마음속에 그리고 있었던 정치 생활은 정적(靜的)이었던 데에 비해, 그들 주위의 세계는 빠르게 변화하고 있었다. 이것이 그리스 정치 사상의 최대 약점이었다. 결국 로마 제국이 세계 국가를 수립하게 되었다. 로마인은 그리스인만큼 독창성은 갖추고 있지 못했으나, 도시 국가의 지나친 개인주의는 없었다.

*

정치 이론에서는 소크라테스의 이론과 나중에 플라톤이 발전시킨 이론이 구별되지만, 사회 이론에서는 두 사람에게 공통된 특징이 있다. 교육의 본질에 대한 그들의 견해는 이렇다. 실제로 그들의 방식은 그리스적 탐구 정신을 명백히 보여준다. 우리는 과학과 철학에 대한 탐구가 가르치는 자와 배우는 자와의 밀접한 협력이 이루어지는 학교나 사회에서나 가능했다는 것을 기억한다. 처음부터 그리스인은 주요한 진리를 적어도 암암리에 이해했는데, 그들은 학문이 지식을 잘라 파는 것이 아니라고 생각하고 있었다. 물론 이와 같은 것도 조금은 있었을 것이다. 그러나 그것은 교사의 유일한 기능도 아니고, 가장 중요한 기능도 아니다. 실제로 이것은 옛날보다도 오늘날에 더 명백하다. 옛날에는 오늘날보다도 기록된 문서가 드물어서 구하기가 힘들었기 때문이다. 우리의 경우, 글자를 읽을 수 있는 사람이라면 누구나 도서관에서 지식을 모을 수 있다는 것은 마땅한 이치이다. 옛날에 비하면 교사가 단순히 지식만을 주어야 할 필요는 적다. 그리스의 철학자가 참다운 교육은 어떻게 추구해야 하는가를 파악하고 있었다는 것은 그만큼 그들에게 명예로운 일이다. 교사의 역할은 학생이 자기 눈으로 사물을 볼 수 있도록 이끌어 주는 일이다.

교사의 역할은 학생이 자기 눈으로 사물을 볼 수 있도록 안내해 주는 일이다.

그러나 스스로 생각할 수 있는 방법을 배우는 일은 누구에게나 있는 능력이 아니다. 능력은 개인의 노력과 이들 노력에 방향을 제시할 수 있는 좋은 지도자의 도움으로 얻어야 한다. 이것이 오늘날 우리의 대학에서 볼 수 있듯, 학생이 교수의 지도를 받으면서 학문을 연구하는 방법이다. 대학은 독립적인 정신 습관을 길러 주고, 시대의 편견이나 선입견을 갖지 않는 탐구 정신을 키워 주어야 한다. 독립정신과 탐구정신을 어느 정도까지 갖추고 있는가에 따라서, 그 올바른 기능을 어느 만큼 수행할 수 있느냐가 판가름 난다. 대학이 이 과제를 수행하지 못하면 주입식으로 교육하는 수준으로 떨어진다. 동시에 이와 같은 실패는 한결 더 심각한 결과를 불러온다. 용기가 없든 훈련을 받지 못하든, 독립적인 사고방식이 사라진 곳에는 선전과 권위주의의 독초가 멈출 줄 모르고 널리 퍼지기 때문이다. 그러므로 비판을 억누르는 것은 많은 사람들이 실감하는 것보다 더 심각하다. 사회가 통합해서 공동의 목적을 이루기는커녕 국가에 맥 빠지고 깨지기 쉬운 획일성을 강요한다. 권력과 책임의 자리에 있는 사람들이 이를 알아차리지 못한다는 것은 유감스럽다.

따라서 교육이란 교사의 인도를 받으면서 혼자 힘으로 생각하는 것이다. 이것은 사실 이오니아학파가 처음부터 실행하던 방법이며, 명백하게 이것을 인정한 것은 피타고라스학파였다. 실제로 프랑스의 철학자 G. 소렐은 철학이란 본디 지혜를 사랑하는 일이 아니라 '친구의 지혜'를 사랑하는 일이라고 말했는데, 여기에서 물론 피티고라스학파를 가리킨다. 이것이 과연 그렇든 그렇지 않든, 이 말은 과학과 철학이 고립된 개개의 노력에 의해서가 아니라, 전통에 따라서 발전한다는 것을 적어도 강조하는 것이다. 동시에 우리는 소크라테스와 플라톤이 소피스트에 대해서 그토록 심하게 반대한 이유를 알 수 있다. 소피스트들은 단지 쓸모있는 지식의 전달자에 지나지 않고, 그들의 가르침이 과연 가르침이라고 할 수 있을지 모르지만, 그 가르침은 천박했기 때문이다. 그들은 한 인간이 각종 사태에 부딪혔을 때 알맞게 반응하도록 가르칠 수 있었을지는 모르지만, 이런 식으로 쌓아올린 지식은 근거가 없는 것, 즉 검토되지 않은 것이다. 이렇게 말했다고 해서, 참다운 교사는 절망적인 학생을 만나는 일이 없다고 말하는 것은 물론 아니다. 실

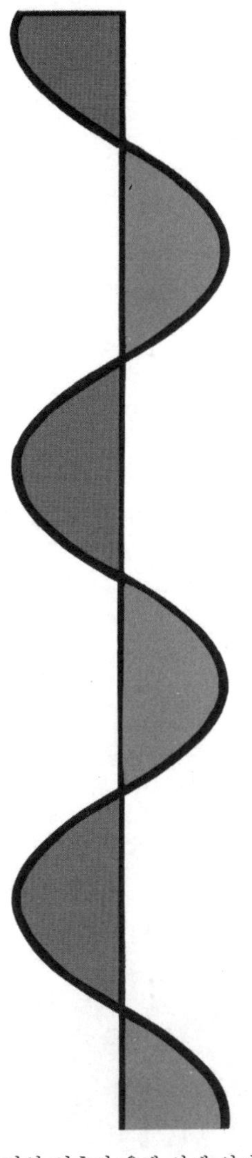

만일 영혼이 육체 안에 있기도 하고, 육체 없이 존재하기도 한다면, 배우는 지식은 기억이라고 할 수 있다. 그러므로 문답식의 논법이 중요하다.

제로 교사와 학생 모두 노력을 기울여야 한다는 것이 교육 과정에서 볼 수 있는 특징이다.

소크라테스의 경우 이 교육 이론은 초기 피타고라스학파의 또 다른 관념과 결부되어 있다. 《메논》에서는 학습 과정이란 이전의 세상에서 외우고 있다가 그 뒤 잊어 버린 뒤에 이를 생각해 내는 것이라고 한다. 앞에서 말한 공동의 노력이 필요한 이유도 이 때문이다. 상기하는 일 또는 아남네시스(anamnesis)의 관념은 영혼이 육체에 싸여 있는 상태와 육체를 벗어난 상태를 번갈아 경험한다는 견해에 근거를 두고 있는데, 이 견해는 피타고라스가 품었던 윤회의 이론과 분명히 연관되어 있다. 육체를 이탈한 영혼은 잠들어 있는 것과 같고, 그렇기 때문에 그것이 눈을 뜨고 있는 상태, 즉 육체에 싸여 있는 상태로 있을 때는 전생에서 배운 것도 기억나게 된다는 것이다. 소크라테스는 여기서 메논의 한 노예 소년에게 질문을 하여, 이것을 제시하려 한다. 일반적인 그리스어에 대한 지식 외에는 소년은 전혀 교육을 받지 못했다. 그러나 소크라테스는 간단한 질문을 하는 것만으로 이 소년에게서 일정한 정사각형 넓이의 두 배가 되는 정사각형을 그리게 하는 데 성공한다. 그러나 이 설명이 완전히 아남네시스 이론을 증명한다고 볼 수는 없다. 소년이 헷갈릴 때마다 모래에 도형을 그려서 소년에게 자기의 잘못을 알아내게 하는 것이 소크라테스이기 때문이다. 한편 여기에는 교육 상황이 매우 정확하게 기술되어 있다. 참다운 학습을 낳는 것은, 이 예에서 보는 바와 같은 학생과 교사의 상호 작용이다. 이런 뜻에서 학습은 하나의 변증법적 과정이라고 말할 수 있을 것이다. 변증법적 과정은 본래 그리스어의 뜻을 가지고 있다.

**숭배되는 고대의 영웅**
로마의 어느 저택에 벽화로 그려진 1세기 무렵의 것으로, 로마제국의 지식인 사회에서 소크라테스가 영웅시되고 있었다.

여기서 말한 교육 이론은 학습이나 철학과는 달리 보통

회화에 그 흔적을 남겼다. 우리는 하나의 문제에 대한 관심이 생기면 눈이 뜨였다거나 환기되었다고 보통 말하기 때문이다. 이것은 관용어가 발달하면서 볼 수 있는 일반적 현상의 한 예이다. 보통의 언어는 과거부터 내려온 단편적인 철학적 사고가 고인 곳이다. 보통의 구어를 신처럼 받들어 마치 무슨 연구 기준을 넘은 것처럼 다루는 사람들이 때때로 이것을 상기해 준다면, 다행스러운 일일 것이다.

아남네시스 이론은 영혼의 불멸을 증명하려고 소크라테스가 사용한 것이었다. 이것은 《파이돈》에 기술되어 있지만 이 경우는 잘 되었다고 말할 수 없을 것이다. 여하튼 윤회의 이론이 후기 피타고라스학파에 의해 파기되었다고 하는 것은 기억할 만하다. 우리도 앞에서 본 것처럼, 그들은 조화의 관념에 입각한 하나의 견해를 채택했는데, 이것은 사실상 영혼이 죽어야 한다는 반대의 결과에 이르게 된다. 기억 작용을 가르치는 교육에 대해서 말하자면 정신분석 요법이 과거의 기억을 생각나게 한다는 이 관념에 바탕을 두고 있음을 주목해도 좋을 것이다. 정신분석은 비교적 신비적인 요소가 포함되어 있는데도, 흄에 입각한 연상심리학보다도 교육과 치료와 더 연관되어 있다. 소크라테스에게 교육이란 넓은 뜻에서 영혼의 치료였다.

소년이 헷갈릴 때마다 모래에 도형을 그려, 소년에게 자기 잘못을 알아내게 하는 것이 소크라테스의 참다운 교육이었다.

교육은 지식에 이르는 과정이며, 따라서 '선'에 이르는 과정이기도 하다. 이와 같이 자유로운 삶의 방식이 지식과 통찰력으로써 얻어진다면, 무지는 자유를 방해하는 것으로 여겨도 무방하다. 이와 비슷한 견해를 헤겔의 철학에서도 찾아볼 수 있다. 헤겔은 자유란 사람이 필연적인 작용을 이해하는 것이라 여긴다.

*

《메논》에서는 더욱 중요한 문제가 논의된다. 그러나 《에우티프론》에서의 논의 쪽이 더 흥미롭다. 이것은 정의라는 논리적인 문제를 다룬다. 《에우티프론》에서 제기된 의문은 신성한 것이란 무엇인가이며, 대화편에서는 그것을 정의하려는 에우티프론의 노력이 제시되고 있다. 그의 노력이 결국 헛되었다는 것은 중요하지 않다. 이 논의를 하는 동안에 소크라테스는 하나의 정의를 세우기 위해 무엇이 필요한가를 그에게 보이고, 이른바 유개념(類槪念)과 종(種)의 차이를 들어 정의의 형식논리적 성격을 명백히 보여준다.

오늘날의 독자에게는, 이와 같은 논법은 조금 이상하게 보인다. 사람들은 오늘날 아리스토텔레스식의 무미건조하고 둔감한 교과적 설명에 익숙해져 있다. 플라톤이 철학적 대화를 기록하는 법을 발명해 많은 모방자가 생겼으나, 이제는 없어지고 말았다. 그것은 참으로 유감스러운 일이다. 오늘날의 철학적 저술의 문체는 옛날과는 매우 다르기 때문이다. 대화 방식은 다른 그 어떤 형태의 저술보다도 문학적인 훈련을 저자에게 요구한다. 이런 점에서 플라톤의 초기 대화편보다 더 나은 것은 없다. 우리가 다루고 있는 작품이, 플라톤 자신의 사상이 아직 덜 형성되고 있었고, 극예술가로서의 능력이 절정에 있던 소크라테스가 죽은 지 얼마 안 되어 쓴 것이라는 사실을 우리는 잊어서는 안 된다. 따라서 이들 대화편은 후기의 대화편보다 문학적으로 읽기는 쉽지만, 그 철학적 내용은 파악하기가 어렵다.

유개념과 종의 차이에 의한 정의
X는 YZ로 설명된다.

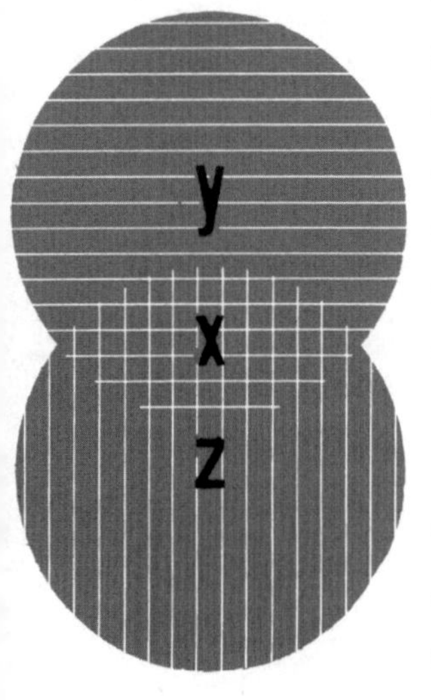


초기 대화편 몇 가지에서 우리는 대화자가 어떤 용어에 대한 정의를 하라는 명령을 받았을 경우, 흔히 초보적인 잘못을 저지르는 것을 보게 된다. 그들은 정의를 내리는 대신에 그 용어의 예를 든다. 신성한 것이란 무엇이냐는 물음에 에우티프론처럼 대답하는 것은 소용없다. 에우티프론은 신성한 것이란 종교에 위반하는 자를 고발하는 일이라고 말한다. 그러나 이것은 사실 조금도 정의가 되어 있지 않다. 이 말은 단순히 위반자를 고발하는 것이 신성한 행위라는 의미에 지나지 않는다. 그 밖에도 몇 가지 더 있을지 모른다. 신성이란 무엇인가에 대해서 우리는 이제까지와 마찬가지로 알지 못한다. 에우티프론의 대답은 마치 누군가가 철학자란 무엇인가라는 질문을 받고 소크라테스는 철학자라고 대답하는 것과 마찬가지이다. 대화의 배경을 생각해 보면, 이런 사태는 뭐라고 말할 수 없을 만큼 아이러니하다. 소크라테스는 자기가 고발된 이유를 알기 위해 법정으로 가는 길에, 법적 용무로 가고 있는 에우티프론을 만난다. 그는 아버지가 노예를 내버려 그가 죽게 되자 자신의 손으로 아버지를 고발하러 가는 길이었다. 에우티프론은 사회의 올바른 의식과 종교적 풍습에 따라 훌륭하게 행동하고 있지만 무비판적으로 동의하는 사람들에게 흔히 볼 수 있는 자만심과 자신감을 나타내고 있다. 그래서 소크라테스는 그를 전문가로 치켜 세워, 이와 같은 문제에는 권위자임에 틀림없을 것이므로 윤리적 조언을 들려 달라고 부탁하는 것처럼 가장한다.

에우프티론은, 신성한 것이란 종교를 위반하는 자를 고발하는 것이라고 말한다.

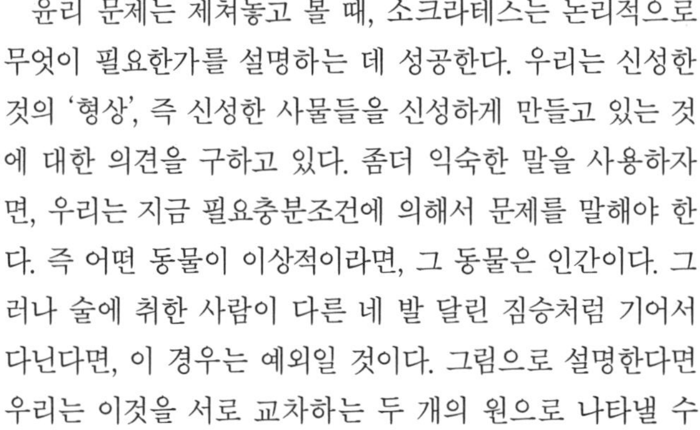

윤리 문제는 제쳐놓고 볼 때, 소크라테스는 논리적으로 무엇이 필요한가를 설명하는 데 성공한다. 우리는 신성한 것의 '형상', 즉 신성한 사물들을 신성하게 만들고 있는 것에 대한 의견을 구하고 있다. 좀더 익숙한 말을 사용하자면, 우리는 지금 필요충분조건에 의해서 문제를 말해야 한다. 즉 어떤 동물이 이상적이라면, 그 동물은 인간이다. 그러나 술에 취한 사람이 다른 네 발 달린 짐승처럼 기어서 다닌다면, 이 경우는 예외일 것이다. 그림으로 설명한다면 우리는 이것을 서로 교차하는 두 개의 원으로 나타낼 수 있다. 인간을 정의하자면, 이성적인 것과 동물적인 것을 각각 의미하는 원이 교차되는 부분이 인간을 뜻한다. 어떻게 해서 이와 같은 정의에 이르는가? 그것은 두 개의 명사(名辭) 가운데 하나, 즉 동물적인 것을 취하여, 이것을 제2의 명사인 이성적인 것으로 제한하는 것이다. 제1은 유개념(類槪念)이라고 하는 것이고 제2는 종차(種差)라고 하는데, 이것은 동물 중에서 인간이라는 종개념을 끌어낸다. 말하자면 인간은 하나의 차이를 가진, 즉 이성을 가진 동물이다. 적어도 교과서는 이와 같이 보여주는 듯하다. 자세히 생각해 보면, 이 정의는 형식적으로는 옳으나 실질적으로는 옳지 않으며, 실현될 가망성이 없다.

윤리적 측면에서 이 대화편은 아테네의 국가 종교와 소크라테스의 윤리가 어떻게 이것과 달랐는가에 대해 어떤 해결의 빛을 던져준다. 그것은 권위주의 윤리와 기본주의 윤리의 차이이다. 소크라테스는 에우티프론에게 그의 말대로 신들을 신성한 것이라고 이구동성으로 시인한다면, 그 정의에 대해 어떻게든 설명해 달라고 요구하여 이 문제에 초점을 맞춘다. 소크라테스는 하나의 사물이 신성한 것은 신들이 이를 시인하기 때문인지, 그렇지 않으면 하나의 사물이 신성한 것이기 때문에 신들이 이것을 시인하는 것인지 알고 싶어한다. 이 질문에는 에우티프론의 이 문제에 대한 태도가 분명히 무엇인지 뚜렷하게는 나타나 있지 않지만, 사실은 비판의 의미가 담겨 있다. 그에게 중요한 것은 신들이 무엇인가를 하라고 명령을 내려야 한다는 것뿐이다. 아테네에 국가 종교가 실시되고 있었다는 전후 관계로 보면, 이것은 사실상 교회의 포고가 국가의 법령에 따라야 한다는 것을 뜻하고 있었다. 묘한 이야기지만 소크라테스 자신도 이것을 정치적 실천 문제로 인정했다. 그러나 동시에 그는 국가 활동 자체에 대한 윤리적 의문을 내놓아

이성적인 원과 동물적인 원이 교차하는 부분이 인간을 의미한다.

야 한다는 것을 느끼고 있었다. 이와 같은 조치는 이 세상의 에우티프론 같은 사람들에게는 뜻하지 않은 일이었다. 그리고 이런 점에서 우리는 앞에서 주목한 바와 같이 그리스 극의 위대한 주제의 하나이자 고대부터 전해오는 분열된 충성심이라는 딜레마에 곧 도달하게 된다. 이것이 결코 잊힌 문제라고 할 수 없는 것은 우리가 언제나 법과 정의 문제와 결부되었다는 사실을 보면 명백해진다. 이 두 가지 관계는 무엇인가? 우리는 부정하다고 생각하는 법에 따르라는 요구를 받았을 때, 어떻게 할 것인가? 이는 과거 어느 때보다 오늘날 더욱 생생하게 느낄 수 있는 문제이다. 왜냐하면 오늘날 우리가 정치 지배자에게 맹목적으로 복종하여 세계가 재기불능의 전멸상태에 빠질 염려가 있기 때문이다.

우리는 부정하다고 생각하는 법에 따르라는 요구를 받았을 때 어떻게 할 것인가?

에우티프론과 소크라테스의 차이는 결국 에우티프론이 법을 정적인 것으로 생각하는 데 반해 소크라테스는 법을 바꿀 수 있다고 보았다는 점이다. 소크라테스는 이것을 숨김없이 말하고 있지는 않지만, 그가 사회 이론의 경험자로서 자신의 생각을 나타낸다. 그래서 누가 명령자이건, 그의 행위가 좋은가 나쁜가를 조사하는 것이 그의 의무가 되었다. 이 때문에 그가 국가의 악의 섞인 박해를 받으리라는 것은 그도 틀림없이 알고 있었을 것이다. 실제로 이것은 정통 신앙의 바탕을 찌르는 이단 사상가의 진기한 운명은 아닐 것이다. 비록 그가 순수하게 사심을 떠난 동기에서 남에게 가해지는 악을 바로잡으려는 행동을 한다 해도, 그들에게는 변함없이 적의를 표시하는 것으로 비칠 것이다.

아테네의 법률에 대한 소크라테스의 태도는 《크리톤》에 기술되어 있는데, 여기에서 그는 도망쳐서 사형 선고를 피하는 것을 떳떳한 일로 생각하지 않고 있음을 나타낸다. 법률은 비록 부정하다 해도, 법의 지배체제가 악평을 듣지 않도록 복종해야 한다. 여기서 그는 이런 일이 오히려 부정 때문에 일어날 수 있다는 것을 간과하고 있다.

권위에 대한 문제에서 그의 태도가 모순되기 때문에 소크라테스는 회피라는 손쉬운 해결책을 돌아보지도 않았다. 타협을 거부했기 때문에 그는 박해를 받고 자유 사상의 순교자가 되었다. 그의 최후는 서양 문학의 걸작 가운데 하나인 《파이돈》에 그려져 있다. 대화편에 나오는 논의는 영혼이 불멸이라는 것을 증명하려는 시도에 집중한다. 우리는 여기서 이 논증을 상세히 살펴볼 필요는 없다. 그것은 심신의 문제에 대해서 흥미로운 논점을 꺼내고 있지만, 논증으로서는 그리 옳지가 않다. 대화편 마지막 부분에서 논의는 누구 하나 그 이상 이론을 제기할 기분이 없어지게 된다. 그 자리에 있던 피타고라스학파로서는 어려운 문제를 새롭게 내면 낼 수 있다는 것을 모르지는 않았을 것이다. 그러나 사건의 불길한 성격이 연민과 동정과 한데 섞여서 소크라테스의 친구들도 그의 결론에 대한 궁극적인 의문을 던질 수가 없었던 것으로 보인다. 대화편 중에서 아마도 철학적으로 가장 중요한 부분은 모든 과학적 논증의 틀을 이루는 가설과 연역의 방법에 대한 기술일 것이다.

**소크라테스의 죽음**
고대 아테네에서는 사형선고 받은 자는 독을 마시든가, 처형당하든가 어느 한쪽을 택해야 했다. 프랑스 화가 다비드가 1787년에 완성한 이 그림에는 소크라테스가 음독하기 직전 마지막 목적지인 하늘을 가리키고 있다.

소크라테스는 풀기 어려운 문제들이 논증 속에 포함되어 있어서 그 자리에 있던 사람들이 어딘지 당혹해하는 기분이 돌고 있는 것을 보고, 문제를 설명한다. 그는 친구들에게 이론을 싫어한다든지, 일반적인 논증을 불신하거나 거부하지 않도록 경고하고, 얼마 뒤에 자기 방법의 형식적 요점을 계속 말한다.

우리는 어떤 가정이나 가설에서 시작해야 한다. 이 두 단어는 같은 의미로, 무엇인가를 아래에 놓는다는 뜻을 갖는다. 요점은 우리가 논증을 세울 수 있는 기초를 닦아야 한다는 것이다. 우리는 가설에서 나오는 결과를 연역하여, 이것이 사실과 일치하는지의 여부를 조사한다. 가설은 '현상을 만족하게 설명하다'는 뜻이다. 가설의 결과가 사실을 공평하게 다루고 있으면, 하나의 가설은 현상, 즉 우리 주위에 있는 사물 그대로의 모습을 올바르게 설명해 준다. 이 관념은 먼저 후기 피타고라스학파의 천문학, 더 명확하게 말하면 떠돌이별, 즉 행성의 관념과 결부되어 있다. 행성의 움직임은 보기에, 불규칙하며, 이 특징은 단순성을 구하는 형이상학적 요구와 조화되지 않는다. 여기에서 현상을 만족스럽게 설명해 주는 단순한 가설이 필요하다.

사실이 가설의 결과와 일치하지 않으면, 그 가설은 타파되고 무엇인가 다른 가설을 시도해야 한다. 유의해야 할 것은 가설 자체가 여전히 증명되지 않고 있다는 점이다. 그렇다고 아무렇게나 출발해도 괜찮다는 뜻이 아니다. 그 뜻은 어디까지나 논증을 할 때 확신은 아니라 해도 적어도 논증을 위해 참가자 모두가 인정하는 무엇인가에서 시작해야 한다는 것이다. 가설을 증명한다는 것은 전혀 다른 문제이다. 여기에서 우리는 문제의 가설이 결과로 보일지도 모르는 더 높은 출발점에서 출발해야 한다. 이것은 바로 소크라테스가 생각하는 변증법의 과제이다. 우리는 각종 과학의 특별한 가설을 특별한 것으로 처리한다는 뜻에서 타파해야 한다. 결국 변증법의 목표는 최고의 출발점, 즉 '선'의 형상에 이른다. 이것은 물론 우리에게는 조금 헛된 바람으로 여겨질지도 모른다. 그러나 이론과학은 언제나 보다 넓은 범위에 있는 보편성과 처음에는 전혀 공통점이 없을 것 같은 여러 분야를 차츰 통일해 가면서 움직인다. 특히, 수학적 철학자의 마음속에 있었던 것은 산술과 기하학의 통일

A B C

H

↙↓↘

A B X

X

H2

↙↓↘

A B C

**가설을 세우는 방법** A, B, C는 의미 있는 것으로서 소생되어야 할 형태들이다. 그런데 H는 C를 구하지 못하고, X는 H를 파괴한다. 따라서 $H_2$는 형태들을 구하는 가설이다.

이었는데, 이 문제는 약 2000년 뒤, 데카르트가 참으로 명쾌하게 해결했다.

우리가 이미 살펴본 것처럼 소크라테스는 처음으로 가설을 들어 논증을 펼친 사람이 아니다. 엘레아학파도 이미 사물이 많다고 주장한 사람들을 논박하기 위해 이 절차를 밟고 있었다. 그러나 엘레아학파의 방식은 전체적으로 파괴하는 것이 목적이었다. 이 방식은 새롭게 가설을 세워 올바르게 설명한다는 관념이 내포되어 있다. 바꾸어 말하면, 이것은 우리가 관찰하는 사실을 명확하게 설명한다는 법칙, 즉 로고스를 뜻한다. 설명을 한다는 것은 가설로써 사실을 밝히는 일이다. 이 방식에는 설명된 사실이 설명되지 않은 사실보다 낫다는 윤리 관념이 숨겨져 있다. 바로 이점에 유의할 필요가 있다. 우리는 소크라테스가 검토하지 않는 삶의 방식은 살아갈 가치가 없다고 주장한 사실을 떠올릴 수 있다. 결국 이 모든 것은 탐구 자체가 선이라고 주장하는 피타고라스의 윤리와 관련되어 있다. 게다가 모든 것이 차츰 통일해 가면서 마침내는 '선'의 형상으로 포섭된다는 경향은 어느 정도 엘레아학파의 실질적 내용을 암시한다. '선'의 형상과 엘레아학파의 단일성 관념은 이론과학이 이들 관념이 암시하는 방식으로 작용한다는 점에서 공통점을 갖는다.

변증법의 목표는 최고의 출발점인 '선'의 형상에 이른다.

가설과 연역 방법은 그 어느 곳보다도 《파이돈》에 가장 잘 기술되어 있다. 그런데 묘하게도 소크라테스는 이것과 지식 및 의견에 대한 자기 이론과의 이상한 모순을 꿰뚫어 보고 있지 않다. 분명히 가설을 세워 다다른 연역 이론에는 현상이 올바르게 설명되어야 하기 때문이다. 그렇지 않으면, 현상과 가설의 결과는 비교할 수 없을 것이다. 한편, 현상은 오감을 통해 감지할 수 있는데, 잘못된 의견을 낳기 쉽다고 여겨진다. 따라서 가상과 연역의 이론을 진지하게 해석해야 한다면, 지식과 의견의 이론을 버려야 한다. 이것은 이데아론이 지식과 의견을 구별하기 위해 수립되어 있기 때문에 간접적으로 이 이데아론을 무너뜨리는 것이다. 이것이야말로 경험론이 한 일이다.

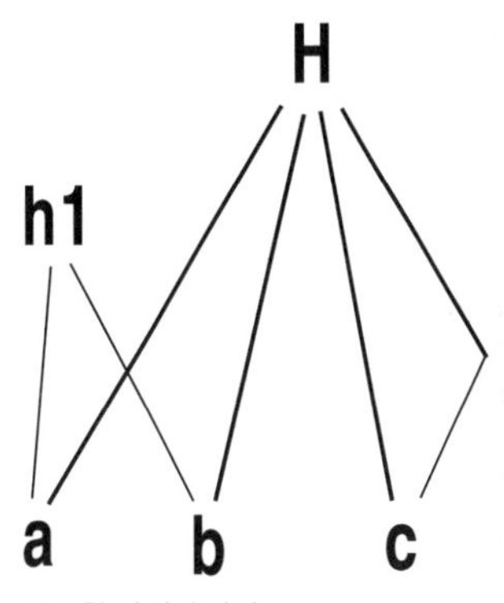


특수한 가설의 파괴
H는 $h_1$을 파괴한다. 즉, 이제까지 이질적이었던 것과의 결합을 파괴한다.

이제까지 조금도 언급하지 않았던 의문은 맨 처음 가설을 어떻게 세우느냐 하는 것이다. 이에 대해 우리는 전반적인 아무런 해답을 줄 수가 없다. 거기에는 연구의 성공을 약속해 주는 형식적인 규정은 하나도 없다. 소크라테스가 이 의문을 내놓지 않은 이유는 아마도 그의 식견 때문일 것이다. 그의 가설에는 논리적인 발견 같은 것은 찾아볼 수 없다.

《파이돈》은 분명히 《변명》과 같은 뜻에서 생각할 때 역사적인 문서이다. 그것은 소크라테스가 그의 생활 태도를 마지막까지 유지해 가는 모습을 표현하고 있다. 그는 남에 대한 배려가 깊고, 자기도 모르게 긍지가 높고, 대담하고 침착했다. 정감을 지나치게 나타내는 것은 품위 없는 일이라며 독약을 가져오기 전의 마지막 몇 분의 긴장을 견디지 못하고 울음을 터뜨리는 친구를 나무란다. 태연한 태도로 그는 독배를 들고 누워서 죽음을 기다렸다. 그의 마지막 소원은 죽음, 즉 육체로부터의 영혼의 해방이 마치 하나의 치료법이나 되는 것처럼, 친구 크리톤에게 말하기를 아스클레피우스에게 장닭 한 마리를 제물로 바쳐달라는 것이었다.

우리는 소크라테스의 이데아론을 파르메니데스가 같은 이름의 대화편에서 비판한 것을 이미 검토했다. 《파르메니데스》와 동시에 쓰인 것으로 보이는 《테아이테토스》라는 대화편에서 분명히, 소크라테스의 이론에서 멀어져 가고 있으며, 플라톤의 견해가 마침내 모양을 갖추기 시작하고 있다. 소크라테스에게 지식은 형상에 대한 것임에 반하여, 오감은 단순히 의견을 낳는 데 지나지 않는다는 것을 우리는 상기할 필요가 있다. 이 견해는 수학적 지식과 감각적 경험과의 차이를 정확하게 강조하지만, 일반적 지식 이론으로서 밝힌 것은 결코 아니다. 실제로 《파르메니데스》는 그것을 입증할 수 없었다는 것을 나타내고 있다. 《테아이테토스》에서는 새롭게 이 문제를 처리하려 한다.

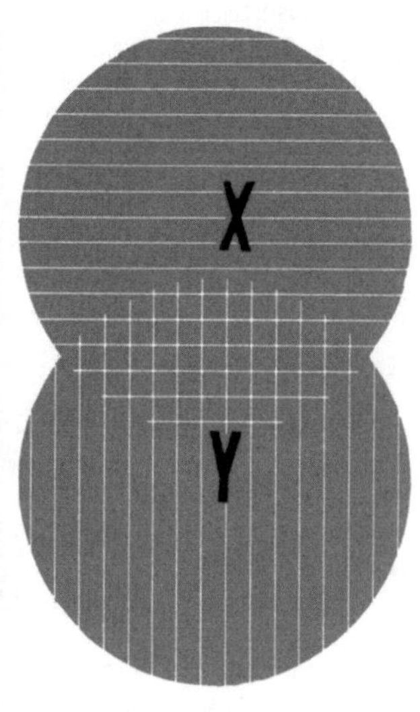

진실과 거짓은 판단에 달려 있다. 'X와 Y가 겹쳐진다면 X의 일부분은 Y이다'라는 말은 진실이다.

소크라테스는 여전히 이 대화편의 중심 인물로 나타난다. 여기서 우리는 《국가론》에 암시된 지식 이론에 대한 비판을 찾을 수 있으므로, 소크라테스가 이것을 직접 검토해야 한다는 것은 마땅하다. 그러나 이미 소크라테스의 견해는 이제 지배적 지위에 있지는 않다. 플라톤은 원숙한 견해에 도달한 자신의 대화편에서 새로운 인물을 소개하여 자신의 이론을 제시한다. 이로써 소크라테스는 이 대화편에서 자취를 감추게 된다.

이 대화편의 제목이 된 테아이테토스는 산술과 기하학 두 분야에 뛰어난 사람이다. 그는 2차 방정식을 산출하는 일반적 방법을 발명하여 정육면체의 이론을 완성했다. 대화편에서 그는 소크라테스가 사형받기 조금 전에 있던 전도 유망한 젊은이였다. 이 대화편은 기원전 369년의 코린트 전쟁 이후에 부상과 질병의 희생자가 된 테아이테토스를 기리기 위해 바쳐졌다.

머리말에서 농담조로 시작하여 차츰 향해 가는 문제는 지식이란 무엇인가이다. 테아이테토스는 먼저 정의를 내리는 대신에 예를 드는 흔한 잘못을 범하지만, 곧 잘못을 알아차리고 최초의 정의를 내린다. 지식이란 '아이스테시스(αι σθησις)'라고 그는 말한다. 이것은 어떤 지각을 뜻하는 보통의 그리스어이다. 영어의 마취제(anesthetic)라는 말은 요컨대 지각을 없애버린다는 것을 뜻한다. 더 구체적으로 말하면 감관지각(感官知覺)과 관계가 있다. 지식을 감관지각이라고 보는 관점은 전적으로 인간은 만물의 척도라고 하는 피타고라스의 공식과 같다. 감관지각에서는 사물이 있는 그대로의 모습으로 보이므로 우리는 잘못을 저지를 리 없다. 이어지는 논의에서 이와 같은 지식의 정의가 적절하지 않다는 것이 명백해진다. 우선 '사물은 있는 그대로의 모습으로 보인다'는 말은 옳지 않다. 왜냐하면 사물은 헤라클레이토스의 말처럼 늘 생성 상태에 있어서 아무것도 실제 그대로의 모습으로 보이지 않기 때문이다. 감관지각은 사실 지각하는 자와 지각되는 사물의 상호 작용이다. 피타고라스 자신도 무엇인가 결단해야 하는 문제에서 갑이라는 사람의 의견이 을이라는 사람과 같지 않고, 전문가가 비전문가보다도 판정자로서 뛰어나다는 사실은 인정했을 것이다. 게다가 철학 사상에 물들지 않은 사람은, 먼저 이 공식에 동의를 하지 않을 것이다. 따라서 피타고라스도 자기 자신의 주장으로 볼 때, 이와 같은 사람에게 이 이론은 옳지 않다는 것을 인정해야 했다. 이 논의의 결론은 다음과 같다. 만일 지식을 헤라클레이토스의 유전설에 따라서 말하려고 한다면, 아무 말도 할 수 없다는 것을 알 수 있다.

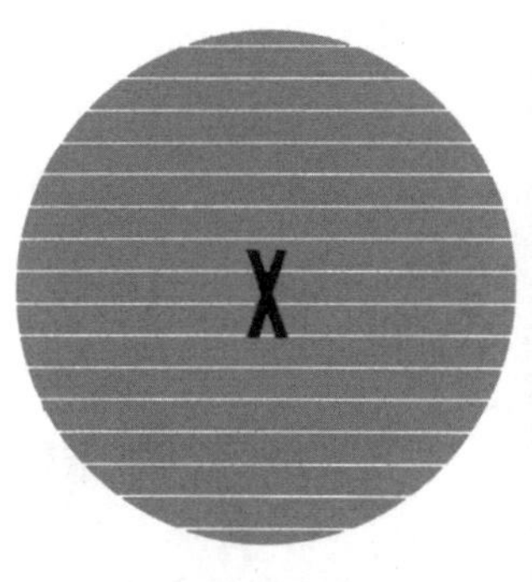


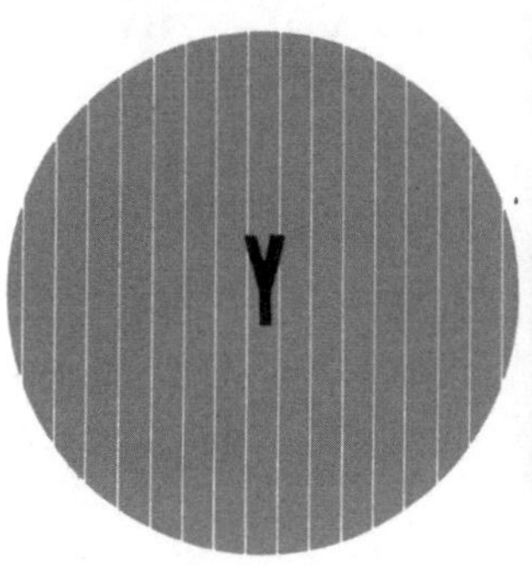


만일, 이들 둘의 겹쳐진 부분이 없다면, 'X의 일부분은 Y이다'라는 말은 거짓이다.

무엇이든 한 마디로 설명되기 전에, 그것은 다른 것으로 녹아 들어가기 때문이다. 따라서 우리는 지식이란 무엇인가라는 의문에 대답하는 길을 다른 곳에서 찾아야 한다.

오관 하나하나에는 그 고유의 대상이 있는데, 서로 다른 기관에 연결되어 지각하는 것에는 전체적인 감각의 작용이 필요하다는 사실을 생각해 보기로 한다. 이것은 영혼 또는 정신으로, 플라톤에서는 이 두 가지가 뚜렷하게 구별되어 있지 않다. 영혼은 윤리학과 예술의 일반적 술어뿐 아니라 동일성, 차이, 존재, 수와 같은 일반적 술어도 이해한다. 따라서 지식을 단순히 감관 지각이라고 정의할 수는 없다. 그렇다면 영혼의 정의를 찾을 수 있을지 조사해 보기로 하자. 영혼의 작용은 영혼 자체와 대화하는 일이다. 한 문제가 결론에 이를 때, 우리는 판단이 내려졌다고 말한다. 우리는 이제 지식을 참다운 판단이라고 정의해도 좋은지, 검토할 필요가 있다. 조사해 보면, 이 이론에 입각하는 한 옳지 않은 판단, 즉 오류를 만족하게 설명한다는 것은 불가능하다는 것을 알 수 있다. 그 오류는 분명히 모든 사람들이 인정한다. 진리와 오류의 구별은 이 단계에서는 해결되지 않는다. 플라톤은 단순히 문제의 기반만 닦았을 뿐이어서 그즈음에는 이 문제에 대한 자신의 판단을 아마도 충분히 전개하지 못했을 것이다.

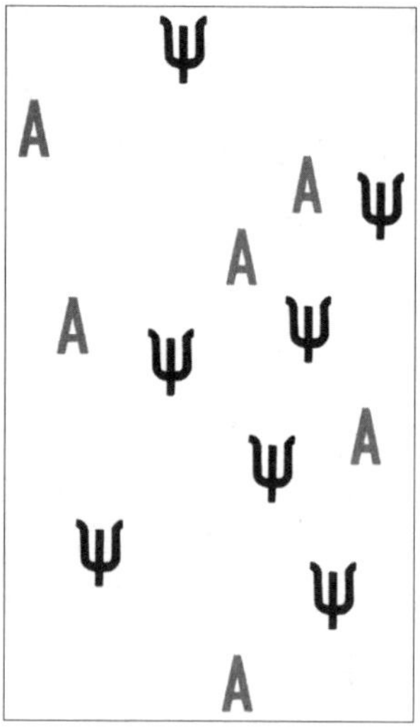

그러나 판단이 영혼만의 활동이라면, 올바르게 판단할 수 있다. 우리는 정신이란 기억의 인상과 같은 것이라고 생각해도 좋을 것이다. 그때 오류는 현재의 감각을 그릇된 인상과 결부시켜서 생기는지도 모른다. 그러나 이것은 산술과 같이 감각을 가질 수 없는 데서는 통용되지 않는다. 만약 마음을 하나의 새장에 비유하여, 그 속에 갇힌 새를 지식의 조각이라고 가정한다면, 우리는 나쁜 새를, 즉 오류를 골라낼 수 있을 것이다. 그렇지만 오류를 범한다는 것은 엉뚱한 진리를 말하는 것과는 다르다. 그러므로 우리는 새장 속의 새 몇 마리를 오류의 조각이라고 가정해야 한다. 우리가 이들 가운데 하나를 잡으면 이것은 잡히자마자 하나의 오류가 된다는 것을 안다. 그렇기 때문에 우리는 오류 속에 빠질 수가 없다. 여기에서 우리는 이 논증이 무언가 간과하고 있다는 것에 유의해야 한다. 만일 우리가 오류의 조각을 빼내는 것이 아니라 넣는다면, 그때는 어떻게 설명할 수 있을까? 이처럼 이 논증은 순환논법이 되어 이야기 전체를 그릇되게 이끈다.

더 나아가 사람은 우연히 또는 어쩌다가 사실상 올바른 견해를 갖고 싶어서 올바른 판단을 말하는 일도 있을지도 모른다. 마지막 정의는 다음과 같은 것이 될지도 모른다. 지식이란 논증에 의해 지지된 올바른 판단이다. 논증이 없는 곳에 지식은 없다. 우리는 읽을 수는 있지만 뜻이 없는 글자와 이 글자를 연결시켜 음절을 만든 뒤 이 음절을 분석하면, 지식의 대상이 되는 단어를 생각할 수가 있다. 그러나 음절이 그 글자의 집합이라면 음절도 글자와 마찬가지로 알 수 없고, 여기에 무언가 덧붙여 집합 이상이 된다면 그때 이 음절을 알 수 있다고 상상하는 것으로, 이에 대한 진술은 공허하다. 그러면 여기에서의 논증이란 무엇인가. 분명히 그것은 어떤 사물이 어떻게 해서 다른 사물과 다를 수 있는가에 대한 설명이다. 이것은 진전된 판단이든가, 차이에 대한 지식이든가, 그 어느 한쪽이다. 첫째는 후퇴를 뜻하고, 둘째는 정의상의 순환논법을 의미한다. 우리의 문제에 대한 해결책은 없으나, 전체의 분위기로 보아 조금의 잘못된 개념이 제거된다. 감관지각이나 추론은 독립적으로 지식을 설명할 수 없다.

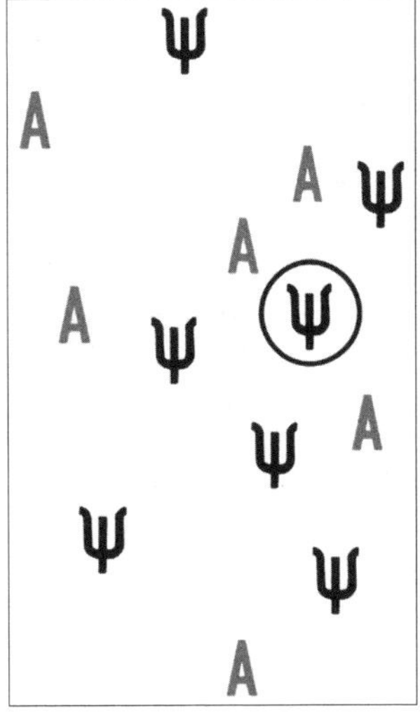

만일 지식이 순전히 정신적인 것이라면, 오류를 구체적으로 설명할 길이 없다. 새장의 비유는 옳지 않다. 새를 잡았다고 생각한 순간, 오류임이, 즉, 새를 잡은 것이 아님이 즉시 밝혀진다.

지식의 문제와 오류의 문제는 분명히 같은 질문에서 생기는 양면이다. 어느 쪽도 현재의 논의에서는 해결되지 않으므로 새로 출발해야 한다. 이제 이 점에 우리는 주의를 돌리기로 하자.

*

우리는 이제 《테아이테토스》에 이어서 나왔다고 하는 대화편을 다루기로 한다. 《소피스트》라는 이 대화편은 문체론적 근거로 보아 《테아이테토스》보다 훨씬 뒤의 것으로 추정된다. 그 자리에 모인 사람들은 같지만, 여기에 엘레아학파의 새로운 얼굴이 한 사람 등장한다. 대화편의 중심에 이 새 얼굴이 서 있는 데 반해서, 소크라테스는 매우 작은 역할밖에 하고 있지 않다. 겉으로 보면 《소피스트》는 정의의 문제와 관련되어 있다. 문제는 소피스트란 무엇인가를 정의하여 소피스트와 철학자를 구별하는 일이다. 여기에 감추어진 적개심은 주로 메가라의 소크라테스학파에 향하고 있는 것처럼 보인다. 이 학파는 일방적으로 파괴적인 양식의 엘레아학파의 논리를 펼쳤다. 엘레아학파의 새로운 얼굴은 플라톤의 목소리를 내는 사나이인데, 여러 가지 논점을 한결 진지하게 파악하여, 오류 문제의 명쾌한 해법을 제시한다. 플라톤은 이 새로운 얼굴을 대변자로 이용하여 자신이 철학적 발전의 참다운 전통 위에 서 있는 데 반해, 메가라 궤변학파의 싸구려 역설가는 길을 잘못 들었다는 것을 우리에게 들려준다.

《소피스트》에서 다루고 있는 실제 문제는 '비존재'에 대한 파르메니데스의 수수께끼이다. 파르메니데스에게 이것은 물론 주로 유형 세계에 대한 문제였다. 그의 제자들은 그것을 논리로 확대했으며, 여기에서 검토되는 것도 이 문제이다. 대화편의 중심 문제로 들어가기 전에, 우리는 구분 방법에 대해서 두서너 가지 비평을 덧붙이겠다. 특히 아카데미에서 사용한 것이 분류적 절차였기 때문이다. 동물의 분류에 대한 아리스토텔레스의 저서는 아카데미 시대의 것이다. 그 방법은 우리에게 명사에 대한 자세한 정의를 주고 있는데, 유개념에서 시작하여 몇 쌍의 선택적 차이를 들어 한 단계마다 유개념을 두 개로 나눈다. 《소피스트》에서는 이 절차를 설명하기 위해 예비적인 예를 하나 들고 있다. 정의되어야 할 명사는 '낚시'이다. 먼저 낚시는 하나의 기술이며, 따라서 이 기술은 제1의 유개념을 구성한다. 우리는 이것을 생산의 기술과 획득의 기술로 나눌 수 있는데, 낚시는 분명히 후자에 속한다. 획득은 이제 그 대상이 승낙을 하는 경우와 대상이 포획되는 경우로 나뉜다. 다시 포획은 공개적인 것과 은밀한 것으로 나뉘고, 낚시는 후자에 속한다. 잡히는 물건은 무생물이나 생물이다. 낚시는 생물에 관계된다. 문제의 동물은 육지나 물에 서식하고, 다시 정의되어야 할 명사는 제2의 부류에 속한다. 물에 서식하는 것은 새나 물고기이고, 물고기는 그물이나 바늘에 잡을 수 있고, 밤이나 낮에 바늘에 걸리게 할 수 있다. 낚시는 낮 동안에 이루어진다. 우리는 위에나 아래에서 바늘에 걸리게 하는데, 낚시는 아래에서 걸리게 한다. 우리는 계층을 본디대로 환원하여 모든 차이를 모은다. 그러면 낚시는 남몰래 수중에 서식하는 동물을 낮에 아래에서 바늘로 걸리게 하는 기술이라고 정의된다. 이 예를 너무 진지하게 해석할 필요는 없다. 그 사냥감을 사람들의 영혼이라고 예를 들게 된 이유는 그 소피스트를 낚시꾼으로 여길 만하기 때문이다. 그 소피스트의 여러 정의는 이어서 나타나는데, 이 문제를 고심할 것까지는 없다.

**X=ΓADE**

**구분에 의한 정의** 분류의 기반이 된다. 각 단계에서 종의 부류가 둘로 분할된다.

그 대신, 엘레아학파의 문제에 대한 논의에 들어가기로 하자. '비존재'에 대한 어려움은 철학자들이 존재란 무엇을 뜻하는지 올바르게 이해하지 못했기 때문에 일어난다. 이런 상황에서 철학자들이 '비존재'를 논한다는 것은 마치 무지한 사람이 아주 예리하게 이 이론을 펼치는 것과 같다. 《테아이테토스》로 돌아가서 우리는 지식이 상호 작용, 즉 '운동'을 필요로 한다는 것을 떠올릴지도 모른다. 그러나 그것은 또 '정지'를 필요로 한다. 그렇지 않으면, 이야기할 것이 아무것도 없게 되기 때문이다. 사물이 연구의 대상이 되어야 한다면, 어느 의미에서 정지하고 있어야 한다. 이것은 우리에게 이 문제를 풀어나갈 암시를 제공해 준다. '운동'과 '정지'는 확실히 둘다 존재하지만, 이들은 대립되기 때문에 결합할 수 없다. 단, 결합의 가능성은 세 가지 있다. 만물은 완전히 분리된 채 존재한다. 이 경우 '운동'과 '정지'는 '존재'의 일부분일 수가 없다. 그렇지 않으면, 만물은 융합할 수가 있다. 이 경우 '운동'과 '정지'가 하나가 될 수 있을 텐데, 이것은 분명히 불가능하다. 따라서 사물 중에는 결합할 수 있는 것도 있고, 결합할 수 없는 것도 있다고 하는 일이 남는다. 우리의 문제에 대한 해결책은 '존재'와 '비존재'는 그것만으로는 무의미한 표현이라는 것을 인정하는 데 있다. 이것은 판단할 때만 의미를 갖는다. '운동', '정지', '존재'와 같은 '형상' 또는 종류는 이미 《테아이테토스》에서 살펴본 전반적 학술어이다. 그것들은 분명히 소크라테스의 형상과는 전혀 다르다. 이 플라톤적 형상론은 나중에 범주론으로 발전하는 사상의 출발점이다.

변증법의 기능은 이들 형상 또는 '최고의 종류' 중 어느 것이 결합되고 어느 것이 결합되지 않는지를 연구하는 일이다. '운동'과 '정지'는 우리가 이미 살펴본 것처럼, 서로 결합되지 않고 그 각각은 '존재'와 결합되며 저마다 존재한다. 또 '운동'은 그 자체와는 같지만, '정지'와는 다른 것이다. 같다는 동일성과 다르다는 차이는 '존재'와 같이 모든 것에 해당된다. 하나하나는 그 자신과 같고, 다른 모든 것과는 다르기 때문이다.

우리는 이제 '비존재'가 가지고 있는 의미를 알 수 있다. '운동'은 '존재한다' 또는 '존재하지 않는다'고 말해도 좋을 것이다. 그것이 '운동'이지 '정지'는 아니기 때문이다. 이런 뜻에서 '비존재'는 '존재'와 같은 수준에 있다. 그러나 여기에 전개된 '비존재'를 완전히 추상적으로 해석해서는 안 된다. 그것은 이러이러한 '비존재'이며, 이러이러한 것이 아닌 '존재'이다. 이와 같이 플라톤은 이 어려움의 근원을 명백히 제시했다. 현대의 전문 용어로 말하자면, 우리는 '존재한다'라는 실존주의적 용법과 이 명제에 붙는 연결사적 용법을 구별해야 한다. 이 가운데 논리적으로 중요한 것은 실존주의적 용법이다.

이런 바탕에 서서 우리는 이제 오류를 간단히 설명할 수 있다. 올바르게 판단한다는 것은 사물을 있는 그대로의 모습으로 판단한다는 것이다. 우리가 사물을 있는 그대로의 모습이 아니라고 판단하면, 우리는 잘못 판단하여 오류를 범한다. 오류를 범하는 이 결과가 바로 앞의 결과처럼 감당할 수 없거나 불가사의하므로 독자는 깜짝 놀랄지도 모른다. 그러나 일단 해결법을 알면 이 정도의 문제는 이해할 수 있다.

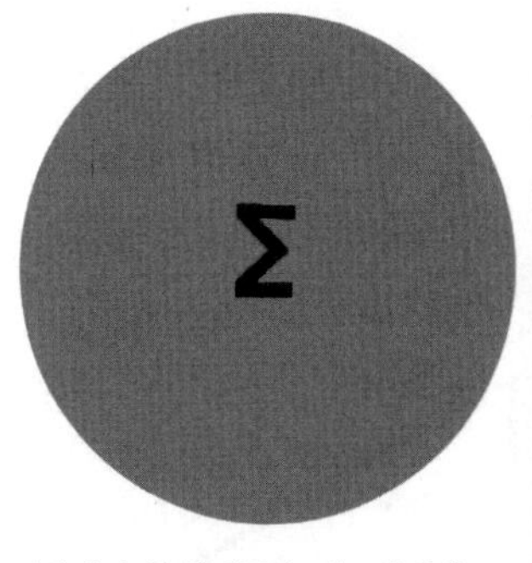

'관념적인' 형태들은 파르메니데스 설에 쓸모가 있다. 파르메니데스는 '어떤 상태이다'이거나 '어떤 상태의 나머지 상태가 있다' 중 하나라고 했다. 그러나 운동(K)는 '운동 상태이다'와 '운동 상태의 나머지 상태가 아니다'라는 두 명제를 동시에 만족한다. 여기서 나머지 상태 Rest(Σ)는 나머지일 뿐, '운동(K)=나머지(Σ)'는 아니다.

결론적으로 우리는 《테아이테토스》의 문제 또한 우연히 처리되었다는 것에 주목할 필요가 있다. 어떤 면에서 그것은 적절한 문제가 아니다. 우리는 판단을 고집해야 하고, 이 판단은 이제 우리도 알 수 있는 것처럼 옳기도 하고 그렇지 않기도 하다. 그러나 우리는 일정한 판단이 옳은지, 옳지 않은지 어떻게 아는가? 답은 사물이 그렇다면 옳고, 그렇지 않으면 옳지 않다는 것뿐이다. 거기에는 오류에 빠지지 않도록 우리를 보증해 주는 형식적 기준은 아무것도 없다.

*

이제까지 살펴본 '비존재'에 대한 설명으로 우리는 앞으로 변화의 문제를 처리할 수가 있다. 그것은 헤라클레이토스의 이론을 명백히 하고, 거기에서 분명한 역설의 분위기를 제거해 준다. 그러나 플라톤 철학에는 우리가 오늘날 알고 있는 원자론과 수학적 물리학 양쪽에 직접 연결되는 변화의 이론을 찾아볼 수 있다. 이 이론은《티마이오스》에 기술되어 있는데, 이 대화편은 플라톤 사상의 마지막 원숙기에 속한다. 이 대화편에 나와 있는 우주론을 설명하려고 하면, 우리는 너무나 동떨어진 곳을 가게 되므로, 여기서는 우주론에 고급의 피타고라스 학설이 다분히 있고, 아울러 유성의 운동에 대한 올바른 설명에 대한 암시가 몇 가지 있다는 것을 주시하는 데 그치기로 한다. 태양중심설은 아카데미가 발견한 것으로 보인다. 그 밖에도 매우 많은 과학적 문제가 이 대화론에 언급되어 있는데, 우리는 이것을 제쳐두겠다. 그 대신 바로 플라톤의 기하학적 또는 수학적 원자론으로 이야기를 돌리기로 하자. 이 견해에 따르면, 우리는 감각의 세계를 형상, 기본적 물질, 실체 물체, 이 세 가지로 구분해야 한다고 한다. 여기서의 기본적 물질은 단순히 아무것도 없는 공간에 지나지 않는다. 감각으로 느낄 수 있는 실재는 형상과 형상이 흔적을 남기고 있는 공간과, 양자의 혼합의 결과이다. 이 바탕에 서서 이제 물리학적·생물학적 물질 세계를 네 가지 기본 요소로 설명하겠다. 그러나 네 가지 기본 요소는 그것대로, 정삼각형의 1/2과 정사각형의 1/2인 직각삼각형의 두 가지 기본적 삼각형으로 구성된 기하학적 물체라고 생각할 수 있다. 이들 삼각형에서 우리는 5개의 정육면체 중 네 개를 조립할 수 있다. 사면체는 불의 기본적 분자, 정육면체는 땅의 기본적 분자, 정팔면체는 공기의 기본적 분자, 정이십면체는 물의 기본적 분자이다. 이들 분자를 해체해서 그 구성 요소를 삼각형으로 만들고 다시 배열하면 그것으로 우리는 기본 요소 간의 변형을 만들어 낼 수 있다. 다시 불의 분자는 날카로운 끝을 가지고 있으므로, 다른 물체를 뚫는다. 물은 훨씬 매끈한

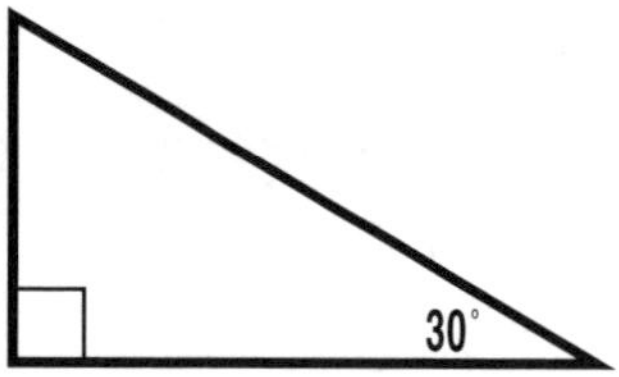

30°

분자로 이루어져 있다. 따라서 액체는 미끄러지듯이 움직인다.

여기에 제시된 변형 이론은 사실상 현대 물리학 이론의 뛰어난 선구자이다. 실제로 플라톤은 데모크리토스의 유물론적 원자론보다도 훨씬 앞선다. 기본적 삼각형은 분명히 현대 물리학에서 핵분자나 소분자의 한 조각이다. 그것은 기본적 분자의 구성 요소이다. 우리는 이들 분자가 원자라고 불리지 않는 점에 주목할 필요가 있다. 이 이론은 그리스인에게 최악의 위반일 것이고, 실제로 그 사실은 여전히 변함이 없다. 원자라는 말은 문자 그대로 분할할 수 없는 물질을 뜻한다. 다른 물질로 구성된 사물은 엄밀하게 말하면 원자라고 불러서는 안 된다.

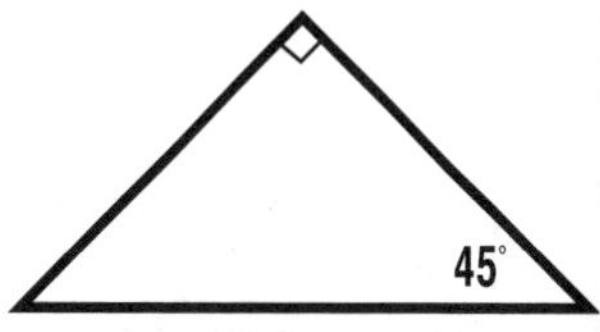

두 개의 기본형 삼각형
플라톤은 이 기본삼각형들이 모든 구성의 원소라고 생각했다. 즉 기하학적인 핵논리이다.

여기에서 플라톤은 현대 과학 최대의 전통적 선구자로 나타난다. 모든 물체를 기하학에 환원할 수 있다는 견해를 뚜렷하게 밝힌 인물은 데카르트이고, 그 방법은 다르지만 아인슈타인도 그랬다. 플라톤이 사물을 네 가지 기본 원소에 국한시켰다는 것은 물론 어떤 의미에서 보면 하나의 규제이다. 이와 같은 선택을 한 이유는 그즈음에 이런 사상이 유행했기 때문이다. 플라톤이 하려고 한 것은 현상을 만족스럽게 설명하기 위해 이 관점에 대한 '로고스', 즉 설명을 덧붙이는 것이었는데, 그가 사용한 가설은 수학적이다. 우리도 살펴본 것처럼, 세계는 궁극적으로 수에 의해 사고할 수 있다는 것이 플라톤이 받아들인 피타고라스 학설의 일부였다. 이와 같이 우리는 물리적 설명을 위한 수학적 모형을 갖게 된다. 방법상 이것이야말로 오늘날 수학적 물리학의 목표이다.

좀 더 구체적으로 말하면, 이 이론이 정육면체의 이론과 연결되어 있다는 것은 아마도 피타고라스의 신비주의 이론과 일맥상통할 것이다. 실례로 이 조립에 입각하면, 12면체를 받아들일 여지는 전혀 남지 않는다. 5개의 육면체 중 이것만이 두 개의 기본적 삼각형으로 이루어지지 않고 정오각형으로 이루어진 면을 가지고 있다. 우리가 살펴본 대로 오각형은 피타고라스학파의 신비적 상징의 하나였으며, 그 구성은 후기 피타고라스학파가 제시한 무리수를 뜻한다. 게다가 20면체는 다른 4개의 어떤 육면체보다도 둥글게 보인다. 따라서 플라톤은 그것을 세계의 대표적 이론으로 만들었다. 이 사고는 수학적 표본의 옳고 그름에 영향을 주지는 않는다.

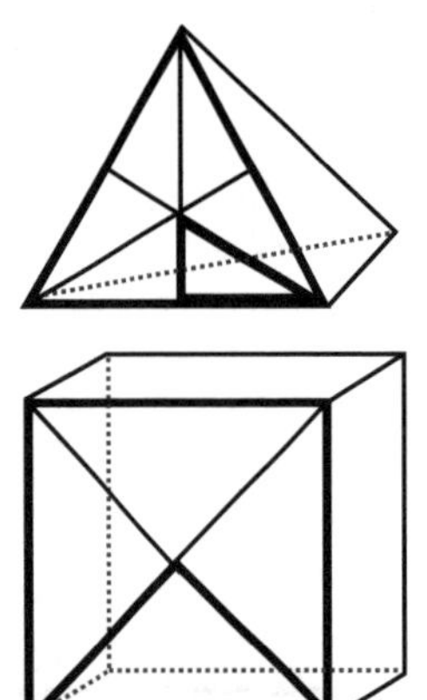

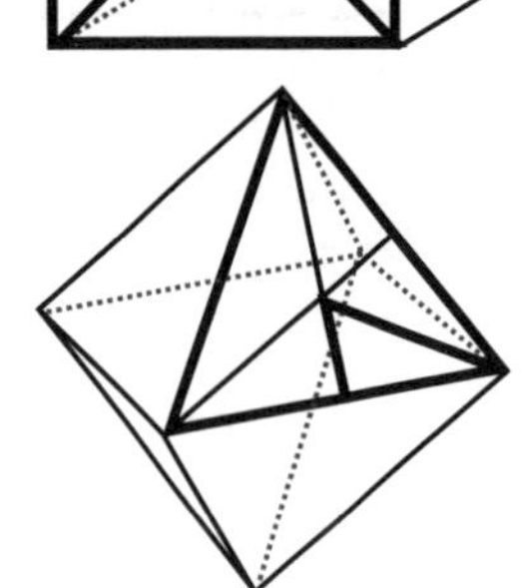

**우주의 원소들** 즉 4면체의 불, 6면체의 땅, 8면체의 공기, 20면체의 물

수학에 대한 플라톤의 이론은 여기서 충분히 논할 여유가 없다. 그것은 아리스토텔레스의 대화와 진술에 나오는 얼마 안 되는 암시에서 종합해야 한다. 그러나 두 가지 항목에 유의해야 한다는 것은 중요하다. 첫째, 플라톤이나 아카데미는 엘레아학파의 이에 대한 비판에서 벗어나기 위해 수에 대한 피타고라스의 이론을 고쳤다. 거기에서 다시 매우 근대적인 견해가 제시된다. 수열의 처음은 1이 아니라 0이라는 단위가 인정되고 있다. 따라서 무리수의 일반 이론을 전개하는 것이 가능해졌지만, 현학적인 사람들이라면 이 무리수를 더 이상 무리하다고 하지는 않을 것이다. 마찬가지로 기하학에서는 오늘날 선을 하나의 점이 운동해서 생기는 것이라고 여기는데, 이 견해는 뉴턴의 유분법(流分法)에서 중심적 역할을 한다. 이 유분법은 미분법의 초기 형태였다. 우리는 이와 같은 발전이 변증법식으로 산술과 기하학을 합치는 데 어떻게 쓸모가 있는가를 분명히 이해하게 된다.

둘째로 중요한 점은 수는 더할 수가 없다고 플라톤이 말했다는 아리스토텔레스의 진술이다. 다소 기념비적인 이 발언에는 사실상 수에 대한 매우 근대적인 견해의 싹이 깃들어 있다. 피타고라스를 따라서 플라톤도 수를 형상으로 보았다. 형상은 분명히 합할 수가 없다. 예를 들어 우리가 덧셈을 할 때 자갈 같은 물건을 모은다고 생각하면 될 것이다. 그러나 수학자의 말을 들어보면, 수는 형상이나 자갈과는 다르다. 그것은 두 개의 거의 중간의 것이다. 수학자가 합하는 것은 더해지는 것이 모두 같기만 하면, 특정하지 않은 한 종류의 물건, 즉 어떤 종류의 것이라도 좋다. 이 모든 것은, 프레게와 나중에 화이트헤드와 내가 내린 수학의 정의로써 매우 분명하게 드러난다. 예를 들어 3이라는 수는 세 개가 한 짝을 이룬 것을 말한다. 이 짝은 사물의 한 종류이다. 다른 기수에 대해서도 마찬가지이다. 2라는 수는 두 개가 한 쌍을 이룬 것으로 두 짝은 한 종류의 사물이다. 한 종류의 세 짝과 두 짝은 더할 수 있지만, 3이라는 수와 2라는 수는 더할 수가 없다.

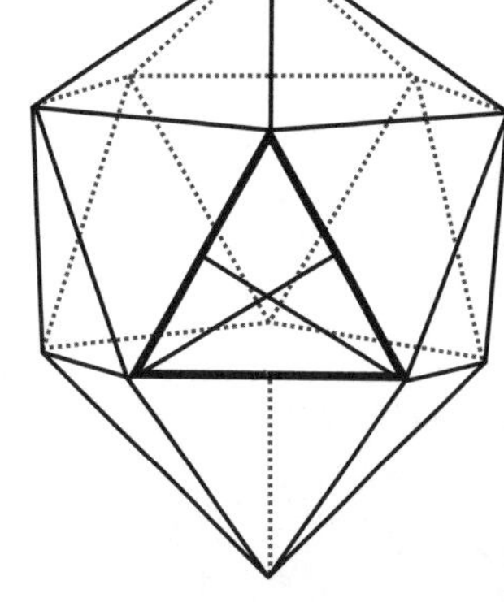

이제까지 플라톤의 비교적 중요한 몇 가지 이론을 살펴보았다. 철학자로서 플라톤만큼의 넓이와 깊이에 이른 사람은 없고, 그와 비교할 만한 사람도 전혀 없다. 철학 연구에 열중하려고 하는 사람이 그를 무시한다면 그는 바보이다.

*

아리스토텔레스는 아테네에서 살면서 가르치기도 한 3대 사상가 가운데 맨 나중 사람인데, 아마도 최초의 전문 철학자일 것이다. 그와 함께 고전시대의 정점은 이제 지나가고 있었다. 정치적으로 아테네는 그리스도 이전과 같이 덜 중요하게 되었다. 소년 시절에 아리스토텔레스의 학생이던 마케도니아의 알렉산더는 헬레니즘의 세계가 번영하도록 제국의 기초를 닦았다. 이 점에 대해서는 나중에 살펴보기로 한다.

아리스토텔레스는 소크라테스나 플라톤과 달리 아테네에서는 타국 사람이었다. 그는 기원전 384년 무렵, 트라키아의 스타기라에서 태어났다. 아버지는 마케도니아 왕의 궁정 의사였다. 18세 때, 아버지는 아리스토텔레스를 아카데미에 있는 플라톤 밑에서 공부하도록 아테네로 보냈다. 그는 플라톤이 죽을 때까지, 기원전 384년에서 347년에 걸쳐 약 20년쯤 아카데미의 일원이었다. 아카데미의 새 교장 스페우시포스는 플라톤의 수학적 경향에 강한 공감을 가지고 있었는데, 아리스토텔레스는 이 수학 이론을 가장 이해하기 힘들어했고 가장 싫어했다. 따라서 그는 아테네를 떠나 다음 12년 동안은 몇몇 장소에서 일을 했다. 아리스토텔레스는 이전의 학우이자 소아시아 연안의 미시아의 통치자이기도 한 헤르메이아스의 초청에 응하여 그 밖의 아카데미의 모임에 가담했고, 헤르메이아스의 조카와 결혼했다. 3년 뒤, 그는 레스보스 섬의 미틸레네로 갔다.

아리스토텔레스

우리도 이미 살펴본 것처럼, 동물의 분류에 대한 그의 저서는 아카데미 시대의 것이다. 에게해 제도에 머물고 있었을 무렵, 그는 해양 생물학을 연구했음이 틀림없다. 이 분야에서의 그의 공헌도는 19세기까지 그 이상의 이론이 하나도 나오지 않을 정도로 매우 컸다. 기원전 343년 그는 필립 2세의 마케도니아 궁정에 영입되었는데, 그것은 왕이 아들 알렉산더의 선생을 찾고 있었기 때문이었다. 3년 동안 아리스토텔레스는 궁정교사로 있었으나, 이 시대에 대해서는 믿을 만한 역사적 자료가 없다. 이것은 참으로 안타까운 일이다. 이 현명한 철학자가 방종한 왕자를 어떻게 길들였을까 하는 궁금증을 무시할 수 없기 때문이다. 그러나 이 두 사람이 일치했을 것이라고 여길 만한 것은 아무것도 없다고 말할 수 있을 것이다. 아리스토텔레스의 정치적 견해는 그리스의 도시 국가에 근거를 두고 있었으나, 그것도 거의 옛날의 흔적을 남기고 있지 않는 것이었다. 이 대왕이 이룩한 중앙 집권 체제의 제국은 실제로 모든 그리스인과 마찬가지로 아리스토텔레스에게도 야만족이 발명한 것으로 보였을 것이다. 이 점에서도 그리스인들은 일반적인 문화 문제에서처럼 자기의 우월성에 대한 확고한 자신을 가지고 있었다. 그러나 시대는 변하여 도시 국가는 쇠퇴하고, 헬레니즘 제국이 눈앞에 다가오고 있었다. 알렉산더가 아테네의 문화를 칭찬했던 것은 틀림없는 사실이지만, 그즈음에 누구나 칭찬했으므로 아리스토텔레스 때문에 칭찬한 것은 아니었다.

**아리스토텔레스와 알렉산더**
아리스토텔레스가 가르친 알렉산더는 나중에 대왕이 된다.

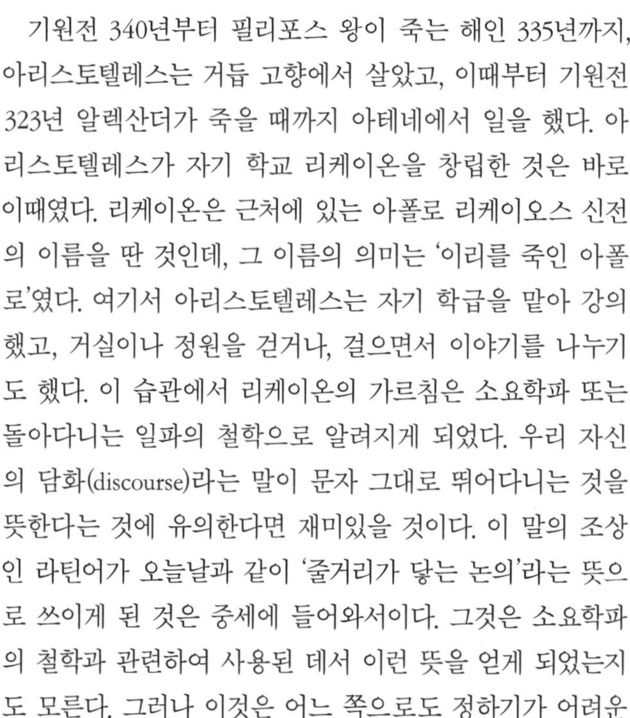
기원전 340년부터 필리포스 왕이 죽는 해인 335년까지, 아리스토텔레스는 거듭 고향에서 살았고, 이때부터 기원전 323년 알렉산더가 죽을 때까지 아테네에서 일을 했다. 아리스토텔레스가 자기 학교 리케이온을 창립한 것은 바로 이때였다. 리케이온은 근처에 있는 아폴로 리케이오스 신전의 이름을 딴 것인데, 그 이름의 의미는 '이리를 죽인 아폴로'였다. 여기서 아리스토텔레스는 자기 학급을 맡아 강의했고, 거실이나 정원을 걷거나, 걸으면서 이야기를 나누기도 했다. 이 습관에서 리케이온의 가르침은 소요학파 또는 돌아다니는 일파의 철학으로 알려지게 되었다. 우리 자신의 담화(discourse)라는 말이 문자 그대로 뛰어다니는 것을 뜻한다는 것에 유의한다면 재미있을 것이다. 이 말의 조상인 라틴어가 오늘날과 같이 '줄거리가 닿는 논의'라는 뜻으로 쓰이게 된 것은 중세에 들어와서이다. 그것은 소요학파의 철학과 관련하여 사용된 데서 이런 뜻을 얻게 되었는지도 모른다. 그러나 이것은 어느 쪽으로도 정하기가 어려운 문제이다.

알렉산더가 죽은 뒤, 아테네 사람은 마케도니아의 통치에 반기를 들었다. 아리스토텔레스는 마땅히 마케도니아 편이 아닌가 하는 의심을 받아 불경죄로 몰렸다. 소크라테스의 사건이 나타내는 바와 같이, 이와 같은 법의 행사는 때로는 약간 불쾌한 결과로 끝날 수도 있었다. 아리스토텔레스는 소크라테스가 아니라서 아테네인이 또다시 철학에 대한 죄를 짓지 않도록 애국자들의 음모를 피하기로 결정했다. 그는 리케이온의 경영을 테오프라스토스에 위임하고, 칼키스로 물러나 322년에 이 땅에서 죽었다.

우리에게 전해진 아리스토텔레스 저술의 대부분은 아테네 제2기의 것이다. 이들 모두가 실제로 서적의 체재를 갖춘 것은 아니었다. 아리스토텔레스 전집 가운데 강의를 메모한 것도 있다는 사실은 의심할 여지가 없을 것이다. 따라서 아리스토텔레스는 처음으로 교과서를 쓴 사람이 된 셈이었다. 저서 중에는 학생이 필기한 것으로 여길 만한 것도 있다. 아리스토텔레스의 문체는 지루하고 평범하다. 그러나 그도 플라톤식 대화를 썼다고 알려지고 있다. 이들 대화 가운데 오늘날까지 남아 있는 것은 하나도 없지만, 그 밖의 것으로 보아 아리스토텔레스가 플라톤만한 문호가 아니었다는 것만은 분명하다. 플라톤이 연극상의 최대 걸작을 썼는 데 반해, 아리스토텔레스는 무미건조한 교과서를 만들었다. 플라톤이 어수선한 대화편을 쓴 데 반해, 아리스토텔레스는 체계적 논문을 완성했다.

알렉산더 대왕

아리스토텔레스를 이해하기 위해서는 그가 플라톤을 비판한 최초의 사람이라는 것을 상기할 필요가 있다. 그러나 아리스토텔레스의 비판은 반드시 언제나 확실하다고는 말

할 수 없다. 아리스토텔레스가 플라톤 학설을 말하고 있는 대목은 우선 믿어도 좋으나, 더 나아가 플라톤 학설의 의의를 설명하는 대목은 신뢰할 수가 없다. 아리스토텔레스가 그 무렵의 수학을 알고 있다고 미리 짐작을 해도 상관은 없다. 그가 아카데미의 일원이었던 사실이 이것을 보증할 것이기 때문이다. 그러나 동시에 분명한 것은 그가 플라톤의 수학적 철학에 공감하지는 않았다는 것이다. 실제로 그는 한 번도 이것을 이해한 적이 없었다. 아리스토텔레스가 소크라테스 이전의 철학자를 비평하고 있는 경우도 마찬가지 조건을 달아야 한다. 확실한 기록이 있는 경우에는 이에 의존할 수 있으나, 그 기록 모두는 축소 해석해야 한다.

플라톤이 어수선한 대화편을 쓴 데 반해, 아리스토텔레스는 체계적인 논문을 완성했다.

아리스토텔레스가 조금 독특한 잘못을 몇 가지 저지르고 있다는 점을 고려해도, 그는 역시 이름 높은 생물학자였다. 반면 물리학과 천문학에 대한 견해는 손을 댈 수 없을 만큼 혼란스러웠다. 플라톤은 밀레토스학파와 피타고라스학파의 전통을 겸했고, 아리스타르코스나 에라토스테네스와 같은 그 뒤의 헬레니즘 시대 과학자들도 마찬가지였다. 아리스토텔레스가 체계적 사상에 가장 크게 공헌한 것은 아마도 논리학일 것이다. 그 대부분은 플라톤에게서 빌린 것인데, 플라톤의 경우에는 논리학 이론이 다른 많은 소재 사이에 흩어져 있는 데 비해, 아리스토텔레스의 경우는 그것이 모아져서 오늘날까지 거의 그대로 남아 있다. 역사적으로 볼 때 아리스토텔레스의 영향은 오히려 방해가 되었다. 그것은 주로 그의 많은 제자들이 맹목적으로 비굴하게 독단주의를 휘둘렀기 때문이다. 물론 우리는 아리스토텔레스에게 책임을 지우는 것이 아니다. 르네상스 시대의 과학의 부활은 아리스토텔레스로부터의 이탈과 플라톤에의 복귀로 나타난다. 아테네는 아리스토텔레스가 태어나기 전에 이미 쇠퇴하고 있었지만, 사물을 보는 방법에서 그는 여전히 고전 시대의 아들이었다. 그는 그의 생애에 일어난 정치적 변혁의 의의를 전혀 이해하지 못했다. 고전 시대는 훨씬 이전부터 그 한계에 와 있었다.

*

아리스토텔레스의 형이상학은 검토하기가 힘들다. 이유는 그것이 그의 저서 여기저기에 흩어져 있으며, 뚜렷한 증거가 조금 부족하기 때문이다. 오늘날의 이른바 형이상학은 아리스토텔레스 시대에는 형이상학이라는 이름으로 통용되지 않았다는 것에 처음부터 유의할 필요가 있다. '형이상학(metaphysics)'이란 문자 그대로는 '물리학의 뒤'라는 뜻일 뿐이다. 본편이 이와 같은 제명을 얻은 것은 초기 편찬자가 저서들을 배열할 때, 이것을 '물리학' 뒤에 놓았기 때문이었다. 그러나 물리학 앞에 놓는 편이 한결 적절했을 것이다. 편찬자가 아리스토텔레스였다면, '제1철학'이라고 불렀을 것이다. 연구의 일반적 전제 조건에 대한 토의라는 뜻에서 말이다. 그러나 형이상학이라 그 이름은 통용되고 있었다.

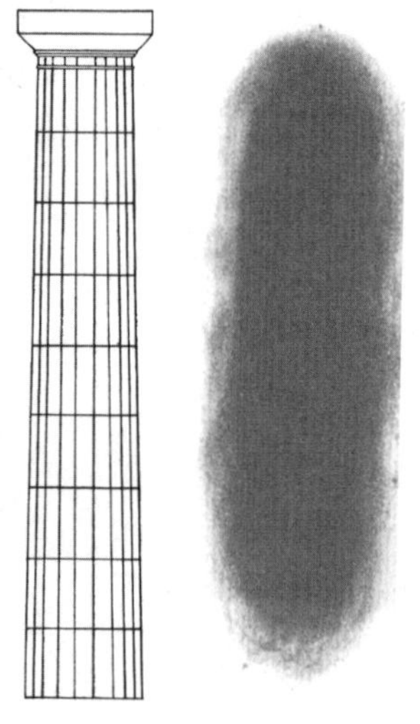

물질과 형태 각각은 추상물들이다. 구체적 물질은 물질과 형태, 두 가지를 모두 가지고 있다.

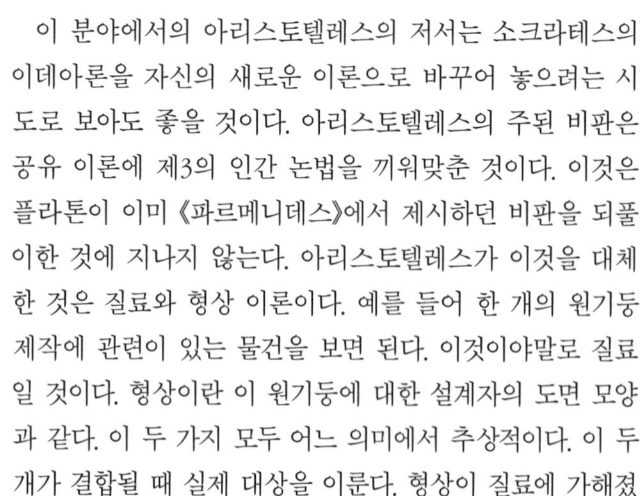

이 분야에서의 아리스토텔레스의 저서는 소크라테스의 이데아론을 자신의 새로운 이론으로 바꾸어 놓으려는 시도로 보아도 좋을 것이다. 아리스토텔레스의 주된 비판은 공유 이론에 제3의 인간 논법을 끼워맞춘 것이다. 이것은 플라톤이 이미 《파르메니데스》에서 제시하던 비판을 되풀이한 것에 지나지 않는다. 아리스토텔레스가 이것을 대체한 것은 질료와 형상 이론이다. 예를 들어 한 개의 원기둥 제작에 관련이 있는 물건을 보면 된다. 이것이야말로 질료일 것이다. 형상이란 이 원기둥에 대한 설계자의 도면 모양과 같다. 이 두 가지 모두 어느 의미에서 추상적이다. 이 두 개가 결합될 때 실제 대상을 이룬다. 형상이 질료에 가해졌을 때 질료가 질료의 구실을 한다고 아리스토텔레스는 말할 것이다. 형상은 질료에 갖가지 특징을 주어, 사실상 이것을 한 개의 실체로 바꾼다. 우리가 아리스토텔레스를 올바르게 이해하려고 한다면, 질료와 실체를 혼동하지 않는 것이 중요하다. 실체란 아리스토텔레스가 그리스어에서 문자 그대로를 번역한 것으로, 단순히 하층에 있는 물건이란 뜻이다. 그것은 성질을 지니고 있는 것으로 불변한다. 우리가 실체를 질료와 같게 보기 쉬운 것은 아무래도 어떤 종류의 원자론으로 사물을 생각하려는 경향이 있기 때문이다. 원자는 그 기능이 성질을 간직하고 변화를 설명한다는 뜻에서 실체적 존재이다. 이것은 우리가 이미 원자론자와의 관련에서 언급했다.

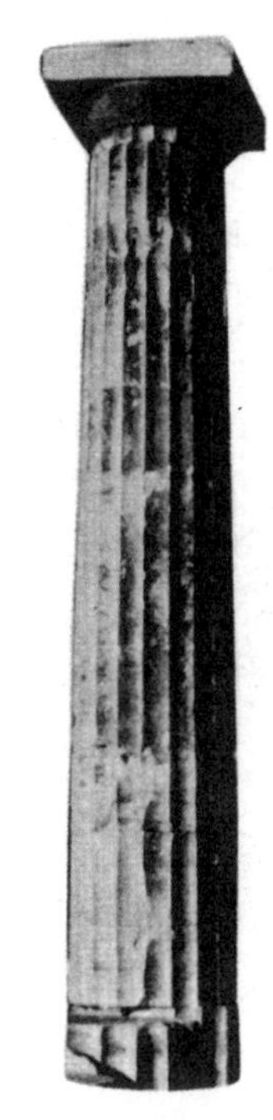
형상이란 이 원기둥에 대한 설계자의 도면 모양과 같다.

아리스토텔레스의 이론에서는 형상이 결국 질료보다 더 중요하다. 창조적인 것은 형상이기 때문이다. 물론 질료도 필요하지만 이것은 단순히 소재에 지나지 않기 때문이다. 형상은 문자 그대로 실체적이라고 말할 수 있다. 이 설명에서 형상이 실재 세계 과정의 기반이 되는 영원불멸의 존재임을 우리는 알 수 있다. 이와 같이 형상은 결국 소크라테스의 이데아 또는 형상과 그다지 다르지 않다. 형상이 실체적이라고 하는 것은 형상이 특정 물건과 관계없이 존재한다는 것을 의미한다. 이들 실체는 어떻게 존재하는가.

그것은 결코 분명히 설명되지 않는다. 여하튼 형상에 형상 자체의 세계를 주려는 시도는 전혀 없는 것처럼 보인다. 아리스토텔레스가 그 형상을 보편물과 전혀 다른 것으로 생각한다는 것에 주의할 필요가 있다. 이데아론의 비판은 사실 단순한 언어 문제와 결부되어 있다. 보통의 말 속에는 사물을 나타내는 말과 이들 사물의 성질을 나타내는 말이 있다. 전자가 명사이고, 후자가 형용사이다. 전문적인 말로 명사는 때에 따라 실사라고 불린다. 이것은 헬레니즘 시대까지 거슬러 올라가는 학술어로, 아리스토텔레스의 이론이 문법학자에게 미친 영향이 얼마나 컸던가를 나타내고 있다. 그래서 명사는 실체어임에 반해, 형용사는 성질어이다. 그러나 이와 같은 점에서 형용사라는 보편적 개념을 독립적으로 존재한다고 추론한다면 잘못이다. 보편에 대한 아리스토텔레스의 견해는 생물학자에게서 기대할 수 있는 것처럼 유기적이다. 보편적 개념은 사물이 탄생할 때 나타나지만, 자신의 그림자와 같은 세계에 존재하는 것이 아니다. 아리스토텔레스가 질료와 형상에 대한 그 이론을 보편적 개념과 대체하려는 의도가 없는데도 이 이론은 문제가 되었고, 우리가 살펴본 것처럼 이데아론에서 벗어나는
$\Pi_1$ 데 정말로는 성공하지 못하고 있다. 아리스토텔레스의 이론에 입각하면, 비물질적인 실체라고 말해도 조금도 우습지 않다는 것을 상기하는 것이 중요하다. 이 한 예가 영혼으로, 이것은 육체에 형상을 부여하는 실체지만, 물질적이지는 않다.

보편의 문제와 함께 변화를 설명하는, 영원한 문제가 나
$\Pi_2$ 온다. 이 문제는 매우 어려운 데다 파르메니데스처럼 완전히 부정하는 사람도 있을 정도이다. 어떤 사람들은 복잡한 엘레아 학설을 채택해서 원자적 설명에 의존하고, 어떤 사람들은 아직도 보편에 대한 그 어떤 이론을 이용한다. 이상은 우리가 이미 언급한 일이다. 아리스토텔레스는 원자론보다 보편에 가까운 현실성과 가능성을 가진 이론을 지향하고 있다.

가능성의 이론을 논할 때 우리는 그것에서 가치 없는 하나의 형태를 제거해야 한다. 같은 화법이라도, 가능성을 가졌다는 말은 일을 끝낸 뒤에 제 기능을 정확히 나타내지 않는 경우와 같다. 기름 플라스크가 타기 시작하면, 이것

은 전부터 그럴 만한 기능성이 있었기 때문이라고 우리는 말할지 모른다. 그러나 이것은 전혀 설명이라고 할 수 없다. 실제로 이런 이유로, 철학 학파 중에는 이 문제에 대해서 알맹이가 있는 일은 아무것도 말할 수 없다고 부정하는 사람도 있었다. 나중에 알게 되겠지만, 메가라의 안티스테네스도 이런 사람 가운데 한 사람이었다. 이 관점에 따르면, 하나의 사물은 갑이냐 아니냐이지, 그 이상의 그 무엇도 무의미하다. 그러나 분명히 우리는 '기름은 타기 쉽다'와 같이 말하는데, 그러면 의미가 잘 통한다. 아리스토텔레스의 분석은 올바른 해답을 준다. 어떤 사물이 A라고 하는 가능성을 지닌다면, 약간의 조건 아래에서 그것은 현실적으로 꼭 그렇게 될 것임을 뜻한다.

기름이 타기 쉽다고 한다면, 어떤 분명한 환경을 줄 때 그것은 탈 것이라는 사실을 인정하는 것이다. 이와 같이 온도가 알맞고 기름의 표면을 향해 성냥을 그었다면 불이 붙는다. 문제의 조건은 물론 그것이 나타날 수가 있거나 현실적인 것이 될 수 있어야 한다. 이런 뜻에서 현실적인 것은 가능적인 것보다도 논리적으로 먼저이다. 변화는 실체에 의해 설명할 수 있다. 이 실체는 차례로 현실이 되어 가는 일련의 성질을 잠재적으로 품고 있다. 이와 같은 설명은 실제로 그 어떤 결함을 가지고 있다 해도, 가능성에 대한 아리스토텔레스의 분석을 상기하면, 원리적으로 적어도 별것 아니라고는 말할 수 없다.

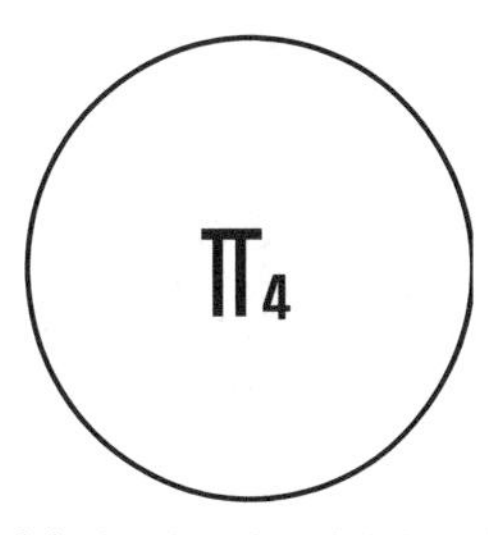


**변화** 잠재적 본질은 차례대로, 실질적으로 작용하게 된다.

이와 같은 방식은 분명히 원자론자보다 소크라테스와 플라톤을 생각나게 한다. 아리스토텔레스의 견해는 일부 생물학에 대한 과학적 관심의 영향을 받으며, 생물학에서는 가능성의 관념이 특히 유용하다. 여기서 하는 설명은 중요한 한 가지 점에서 불완전하다. 그것은 어떻게 그리고 왜 그런 변화가 일어나는가에 대해 언급하지 않는다. 이에 대해 아리스토텔레스는 매우 자상한 해답을 주고 있는데, 이것은 우리가 인과성에 대한 그의 이론을 말할 때 고찰해보기로 한다. 우주론과 신을 제1원인 또는 움직이지 않는 발동자라고 하는 견해에 대해서도 뒤로 미루기도 한다. 그러나 우리는 아리스토텔레스의 신학을 오늘의 이른바 형이상학의 일부라고 그들이 여기고 있다는 것을 상기해야 할 것이다.

*

이제 아리스토텔레스의 논리학을 살펴보기로 하자. 앞에서도 말했지만, 그리스의 과학과 철학의 분명한 한 가지 특징은 증명의 관념이다. 동방의 천문학자는 현상을 기록하는 일에 만족한 반면, 그리스의 사상가는 현상을 만족하게 설명하려고 했다. 하나의 명제를 증명하는 과정에는 논증의 구성이 포함되어 있다. 이것은 본디 아리스토텔레스보다 훨씬 이전에 이루어졌던 일이었다. 그러나 우리가 알고 있는 한, 누구 하나 논증이 취할 형식에 대해서 자상하게 전반적인 설명을 해 주지 않았다. 그러나 아리스토텔레스의 저서는 더욱이 그것은 그와 칸트가 완전하다고 생각될 만큼 하나의 표본을 제시해 준다. 이 점에서 그가 크게 잘못하고 있다는 것은 그다지 중요한 일이 아니다. 중요한 것은 형식 논리를 전반적으로 설명하는 가능성을 보았다는 점이다. 형식을 갖지 않는 논리란 없다는 것을 바로 강조하는 것이 가장 좋을 것이다. 의미하는 것은 논증의 일반 형식이며, 이것이야말로 논리 분야의 연구이다. 아리스토텔레스의 논리학은 그의 형이상학과 결부된 많은 가정에 의존한다.

①모든 M은 P이고, 모든 S는 M이다. 따라서 모든 S는 P이다. 맨처음 도형의 연역은 여인의 이름인 '바르바라'라고 불린다. 수학자 오일러의 원주를 사용한 것이다.

첫째, 모든 명제는 주어—술어 형식이라고 마땅히 생각했다. 일반적인 이야기에 나오는 많은 명제는, 이런 타입이고, 이것이 실체와 성질에 대한 형이상학의 근원 중에 하나가 된다. 주어—술어 형식은 물론 이미 플라톤이 《테아이테토스》에서 꺼낸 것이며, 아마 아리스토텔레스도 거기에서 맨 먼저 이것을 끌어왔을 것이다. 보편의 문제도 이 전후관계에서 일어난다. 명제는 보편적인 것과, 개별적인 것으로 나뉜다. 전자의 경우에는 보편의 범위 전체를 둘러싸는데, 전칭명제라고 불린다. 예를 들어 '모든 사람은 죽어야 한다'는 식이다. 이와는 다른 경우에는 진술이 보편의 일부에만 걸치는 것으로, 특칭명제라고 불린다. 예를 들면 '몇몇 사람들은 현명하다'는 식이다. 단칭명제의 경우는 예를 들어 '소크라테스는 인간이다'와 같은 명제이다. 우리가 하나의 논증 중에 여러 명제를 결합할 단계가 되면, 개별적인 물건은 하나의 전칭명제로 취급되어야 한다. 명제는 무엇인가 그 주어가 긍정되느냐 부정되느냐에 따라, 긍정적이기도 하고 부정적이기도 한다.

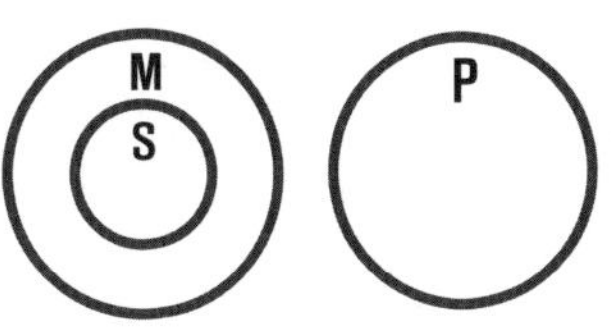


②M이 아닌 것은 P이고, 모든 S는 M이다. 따라서 S가 아닌 것은 P이다. 거짓을 통한 맨처음 도형의 연역인 이 방식은 '셀라렌토'라고 불린다.

이 분류를 바탕으로 우리는 이제 논증이란 어떤 것인가를 고찰할 수 있다. 전제라고 불리는 명제 중 하나 또는 그 이상에서 출발하여, 우리는 마땅히 이들 전제에서 나오거나 또는 이들 전제의 결과인 다른 명제를 연역한다. 아리스토텔레스에 따르면, 모든 논증의 기본형은 삼단논법이라 한다. 삼단논법이란 하나의 명사(名辭)를 공유하는 주어—술어 관계로 전제하는 논증이다. 이 중간의 공통되는 명사는 결론에서 소실된다. 예를 들면 '모든 인간은 이성적이다. 유아도 인간이다. 따라서 유아도 이성적이다'이다. 이 경우에 결론은 전제에서 나오므로 이 논증은 옳다. 전제가 옳은가 그른가는 본디 모두 다른 문제이다. 실제로 잘못된 전제에서 올바른 결론을 이끌어 내는 것도 가능하다. 그러나 중요한 것은 전제가 옳으면, 옳게 이끌어낸 그 어떤 결론도 옳다는 것이다. 따라서 어느 삼단논법적 논증이 옳고, 어느 것이 옳지 않는가를 발견하는 것이 중요하다. 아리스토텔레스는 옳은 삼단논법을 체계적으로 설명한다. 논증은 처음에 그 격에 따라 분류되며, 격은 명사의 배열에 따라 정해진다. 아리스토텔레스는 서로 다른 세 가지 배치를 인정했는데, 의사 갈레노스가 나중에 네 번째 배치를 발견했다. 어느 격에서나 몇 가지 논증은 옳고 몇 가지는 옳지 않다. 삼단논법적 논증을 시험하는 기이한 방법을 18세기의 스위스인 수학자 오일러(1707~1783)가 발견했다. 명사의 범위를 원으로 나타내, 이것으로 논증이 옳은가의 여부를 쉽게 알아볼 수 있다. 따라서 우리가 앞에서 든 예도 바로 옳다는 것을 알 수 있다. 이것은 스콜라 철학자가 바르바라라는 전문적인 이름을 붙인 제1격 삼단논법이다. 이와 비슷한 예를 들자면, '포유동물은 날 수 없다. 모든 돼지는 포유동물이다. 따라서 돼지는 날 수 없다.' 그러므로 돼지는 날 수 없다는 제1격 논증으로 옳다. 이 형식은 '셀라렌토'라 불린다. 이 특수한 예에서 전제 가운데 하나가 잘못되어 있는데도, 결론은 옳다는 것에 주의할 필요가 있다. 박쥐는 포유동물로서 날 수 있기 때문이다.

L. 오일러 스위스 수학자
명사의 범위를 원으로 나타내어 삼단논법의 논증을 증명하였다.

아리스토텔레스가 후세에 떨친 권위의 결과로, 약 2000년 동안 논리학자가 인정하는 논증의 형식은 삼단논법밖에 없었다. 여기에 쏟아진 비판 중에는 아리스토텔레스 자신이 미리 예시한 것도 몇 가지 있었다. '모든 사람은 죽어야 한다. 소크라테스는 인간이다. 따라서 소크라테스는 죽어야 한다'와 같은 논증의 경우, 제1전제를 알기 위해서는 결론을 이미 알고 있어야 한다. 때문에 이 논증은 논점을 옳은 것으로 가정해 놓고 논해야 한다. 이것은 '모든 A는 B이다'와 같은 진술을 우리가 어떻게 알게 되는지에 대한 오해에 바탕을 둔다. 각 A를 차례로 살펴보고, 그것이 B라는 것을 이해한다는 것은 필요한 일도 아니고 흔한 일도 못 된다. 오히려 이 관계를 이해하기 위해 표본 하나만 보면 그것으로 충분한 경우가 많다. 이것은 기하학에서도 확실히 그렇다. 모든 삼각형의 세 각의 합은 두 직각의 합과 같다. 제대로 된 기하학자라면, 보편적 진술을 하기에 앞서 자신의 마음을 만족시키기 위해 삼각형을 구멍이 뚫어지도록 보는 일은 없을 것이다.

간단하지만 이것이 삼단논법 이론의 요점이다. 아리스토텔레스는 양식 명제로 이루어진 삼단논법, 즉 '~이다' 대신에 '~일지도 모른다'나 '~이어야 한다'를 포함하는 진술도 다루었다. 양식 논리는 현대의 기호논리학적인 면에서 다시 눈에 띄기 시작한다. 삼단논법 이론은 비교적 최근의 발전에 비추어 볼 때, 옛날처럼 중요한 것은 아니다. 과학에서 삼단논법을 다루어도, 전제는 증명되지 않은 채로 남아 있다. 이 때문에 출발점에 문제가 생긴다. 아리스토텔레스에 따르면, 과학은 증명을 필요로 하지 않는 진술에서 시작해야 한다. 그는 그것을 공리라고 불렀다. 공리는 설명되자마자 명확하게 이해되기만 하면, 반드시 경험을 거칠 필요는 없다. 이것은 과학적 탐구의 과정보다도 오히려 일련의 과학적 사실의 진술과 관련이 있다. 아마 이런 지적은 헛되지 않을 것이다. 해설적 질서는 언제나 발견의 질서를 숨긴다. 탐구를 실제로 수행할 때, 안개처럼 분명하지 않은 문제가 명확하게 해결되는 경우는 많다.

M – P
S – M
S – P

P – M
S – M
S – P

M – P
M – S
S – P

아리스토텔레스적 형태의 세 가지 연역법

아리스토텔레스가 공리에 대해 이야기했을 때 마음에 두었으리라고 여겨지는 것은 기하학이다. 이것은 그가 살았던 무렵에 체계적인 모습으로 나타나기 시작했다. 아리스토텔레스와 유클리드 사이에 놓인 세월은 고작 수십 년에 지나지 않는다. 그즈음에 기하학만큼 내세울 수 있는 단계에 이르던 과학은 전혀 없었다. 여러 가지 과학을 그 어떤 계층 질서로 배열할 수 있다는 사상은 마땅히 이런 사실에서 나온 것으로 보인다. 이런 점에서 수학은 최고의 위치에 있다. 천문학은 수학 다음이다. 천문학이 관찰하는 운동을 밝히기 위해서는 수학이 필요하기 때문이다. 이 방면에서 아리스토텔레스는 후세에 나타날 저서, 특히 프랑스의 실증주의자 콩트의 과학 분류법을 예시한다.

아리스토텔레스에게는 언어 연구가 중요한 철학적 탐구이다. 그러나 그 단서를 연 것은 《테아이테토스》와 《소피스트》에서의 플라톤이었다. 실제로 그리스 철학 최대의 관념 중 하나는 '로고스'라는 개념으로, 이 말을 우리가 처음 접하게 되는 것은 피타고라스와 헤라클레이토스의 철학에서이다. 여기에는 말, 척도, 공식, 논증, 증명 등 여러 가지 뜻이 있다. 그리스 철학의 정신을 파악하려고 한다면, 이 폭넓은 의의를 유의해 두어야 한다. '논리학'이라는 말은 분명히 여기서 나왔다. 논리학이란 로고스의 과학이다.

그러나 논리학은 독특한 지위를 갖는다. 그것은 일반적으로 말하는 과학과 같은 종류라고는 말할 수 없다. 아리스토텔레스는 과학 하나하나가 성취하는 주요 목적에 따라서 그 유형을 셋으로 분류했다. 이론 과학은 지식을 준다. 이때의 지식은 의견과 상반되는 뜻을 갖는다. 수학은 이런 점에서 가장 명확한 예이다. 단, 아리스토텔레스는 여기에 물리학과 형이상학을 포함시키고 있다. 아리스토텔레스가 뜻하는 물리학은 우리가 오늘날 이해하는 것과는 다르다. 그것은 오히려 공간과 시간과 인과성의 전반적 연구로, 그 중의 어떤 것은 형이상학이나 어쩌면 논리학의 항목에서 고찰해야 할 것이다.

그리스 철학의 최대 관념 중 하나는 '로고스'라는 개념이다.

다음에는 사회에서의 인간 행위를 억제하는 데 할당된 윤리학과 같은 실용적 과학이 있다. 마지막으로 생산적 과학이 있는데, 이것은 실용 또는 예술적인 명상을 위한 대상

을 제작할 때, 지침을 주는 것을 그 기능으로 한다. 논리학은 이들 중 그 어디에도 포함되지 않는 것으로 보인다. 따라서 그것은 보통의 의미인 과학이 아니라, 오히려 과학에 없어서는 안 될 사물을 일반적으로 다루는 방법을 말한다. 그것은 구별과 증명의 기준을 주고, 과학적 탐구로 향하는 도구 또는 기구로 간주되어야 한다. 이것은 아리스토텔레스가 논리학을 이야기할 때 사용한 그리스어 '오르가논(organon)'의 의미이다. 논리라는 말 자체는 나중에 스토아학파가 만들어낸 것이다. 아리스토텔레스는 논증 형식의 연구를 분석론이라고 불렀는데, 이 말은 문자 그대로 해방시킨다는 뜻이다. 이와 같이 검사를 위해 풀어헤치는 것이 논증의 구조이다.

아리스토텔레스와 플라톤

그런데 논리학은 언어와 관계되어야 하는데, 아리스토텔레스에게는 단순히 언어에만 관련되는 것이 아니다. 대부분의 언어는 비언어적인 사물을 나타내는, 다소 우연적으로 발생한 표시이기 때문이다. 따라서 논리학은 문법 학문에 영향을 미칠지는 모르지만, 문법과는 다르다. 게다가 논리학은 형이상학과도 같지 않다. 논리학은 존재하는 것을 연구하는 학문이라기보다는 오히려 존재하는 것을 아는 방법을 연구하는 학문이기 때문이다. 아리스토텔레스가 이데아론을 거부한 것이 중요하다는 것도 바로 이런 이유 때문이다. 이데아 이론을 가지고 있는 사람은 우리가 연구하고 있는, 한정된 뜻의 논리학을 형이상학과 같다고 여길 수도 있다. 그러나 아리스토텔레스는 형이상학을 논리학과 명확히 구별하여 생각했다. 그는 우리의 세계 이외에는 존재하지 않는 이른바 개념이라는 것의 도움을 받아 보편적인 문제를 풀려고 한다. 마지막으로 논리학은 심리학과도 같지 않다. 이는 수학의 경우에 특히 두드러진다. 유클리드의 '기하학 원리'의 연역적 순서와, 이 지식을 세상에 내놓은 수학적 탐구에 까다로운 정신적 고민이 수반되었다는 것은 모두 또 다른 문제이다. 과학의 논리적 구조와 과학적으로 탐구하는 심리는 명확하게 구별되는 별개의 것이다. 미학에서도 마찬가지로 예술 작품의 좋고 나쁨은 제작의 심리와는 아무런 관계가 없다.

미리 하는 말이지만 논리학을 개관하려면, 언어의 구조와 이것으로 무엇을 말할 수 있는가를 정해야 한다. 아리스토텔레스의 오르가논은 《범주론》이라는 저서에서 다루고 있다. 여기에서도 우리가 《소피스트》를 논했을 때 살펴본 것처럼 발단은 플라톤에게 있다. 그러나 아리스토텔레스의 논의 쪽이 훨씬 철저하며, 언어의 사실과 밀접하게 연관되어 있다. 그것은 추론에서 볼 수 있는 서로 다른 일반적 항목 10개, 즉 실체·성질·양·관계·장소·시간·위치·상태·행동·감정을 구별한다. 첫 번째 실체는 어떤 진술에나 연관되어 있다. 나머지 범주는 하나의 실체를 이루는 여러 진술 전반에 해당된다. 소크라테스에 대해 이런 식으로 말해본다고 하면, 그에게는 어떤 성질이 있다. 즉 우리는 그를 철학자라고 말한다. 크기가 어느 정도가 되든, 그에게는 일정한 부피가 들어 있다. 이것이 양에 해당한다. 그는 다른 사물과 어떤 관계에 있고, 공간과 시간 속에 위치하며, 어떤 일을 하기도 하고 당하기도 하면서 자기 주위와 서로 영향을 주고받는다. 범주론에는 우리가 나중에 살펴보겠지만 이것을 계승하는 유명한 이론이 많이 나왔다. 단, 대부분의 경우에 이 범주론은 아리스토텔레스의 언어 연구 이상으로 형이상학적으로 오염되어 있었다. 특히 칸트와 헤겔의 경우가 그렇다.

아리스토텔레스는 형이상학과 논리학을 명확히 구별하여 생각했다.

범주는 본디 추상적이다. 그것은 어떤 사물에 대한 가장 일반적인 의문에 답한다. 아리스토텔레스는 범주란 말이 독립적으로 의미한다고 생각한다. 말의 의미는 판단의 취지와는 다른 뜻에서 지식의 대상이다. 말의 의미일 경우는 직접 이해할 수 있다고 아리스토텔레스는 말할 것이다. 근대 언어학에서 이것은 '……에 대한 개념을 갖는 일'이라고 때때로 표현된다. 올바른 판단을 할 때의 지식이 어떤 것인가는 이것과는 별개이다. 이때 개념은 서로 결부해서 하나의 상태를 의미한다.

아테네의 아카데미에서 아리스토텔레스가 서 있다.

아리스토텔레스의 논리학은, 처음으로 언어와 논증의 일반적 형식을 체계적으로 설명하려 했다. 그 대부분은 플라톤에게 그 근원을 둔 것이지만, 그렇다고 해서 그 가치가 줄어드는 것은 아니다. 플라톤 철학에서는 논리학에 대한 논점이 대화편 전체의 여기저기에서 제기되어 어느 특수한 논점을 다루기도 하고, 그때그때의 기분에 따라 다시 파기되기도 한다. 어떤 의미에서 아리스토텔레스가 논리학을 위해 한 일은 유클리드가 얼마 뒤 기하학을 위해 하려고 했던 일과 같다. 아리스토텔레스 논리학은 19세기까지 절정에 있었다. 아리스토텔레스의 다른 대부분의 업적도 그랬지만, 논리학도 아리스토텔레스의 권위적 위압에 감히 맞서려 하지 않는 사람들이 화석 상태로 계승하기에 이르렀다. 르네상스 시대에 대부분 근대 철학자의 특징은 학계의 아리스토텔레스주의자들에게 모두가 불만이 있었다는 점이다. 이 때문에 아리스토텔레스의 이름과 결부된 모든 것을 반대하는 운동이 생겼다. 이것은 그에게서 귀중한 것을 많이 배울 수 있는 기회를 외면했다는 점에서 불운한 사건이었다. 그러나 아리스토텔레스의 논리학은 중대한 결점을 하나 지니고 있었다. 그것은 수학에서 특히 중요한 관계적 논증에 관심을 두지 않았다는 점이다.

예를 들면 'A는 B보다 크다. B는 C보다 크다. 따라서 A는 C보다 크다'와 같은 경우이다. 여기에서 중요한 것은 '~보다 크다'는 관계의 이행적 성격이다. 조금만 연구하면, 이 논증은 억지로 삼단논법의 틀 속에 밀어넣을 수 있으나, 더 복잡한 경우에는 불가능하다. 그렇다 치더라도 이 논증의 관계적 성격은 상실되고 만다.

*

우리는 이제 자연과학의 항목 아래에서 논의해도 이상할 것이 없는 몇 가지 전반적 문제로 옮아가야겠다. 그것은 이들 문제를 주로 논하고 있는 책 제목이다. 그리스어로 물리학이 자연을 뜻한다는 것은 상기해 볼 만한 일이다. 아리스토텔레스는 글을 쓸 때, 긴 열을 이루어 자기보다도 먼저 《자연에 대해서》라는 제목을 단 저서를 세상에 내놓은 선구자들을 회상할 수 있었다. 탈레스 시대부터 누구나 자기는 세계의 참다운 움직임을 마침내 발견했다고 생각했으며, 이와 같은 기분으로 글을 쓰지 않은 사람은 없었다. 오늘날의 물리학은 오히려 좀더 특이한 것을 뜻한다. 그러나 그리 머지않은 옛날까지 그것은 자연철학이라고 불리고 있었는데, 스코틀랜드의 대학에서는 오늘날도 이 말을 사용하고 있다. 이것은 독일 관념론자의 자연철학과 혼동해서는 안 된다. 독일 관념론자의 자연철학은 물리학상의 하나의 형이상학적 착오에서 비롯된 것이다. 이에 대해서는 좀더 뒤에서 살펴보기로 한다.

아리스토텔레스의 《자연학 강의》
자연학이란 학문명은 아리스토텔레스의 작품에서 유래한다.

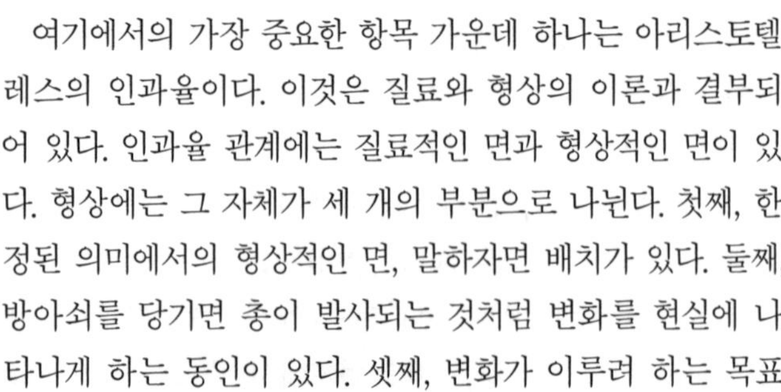
여기에서의 가장 중요한 항목 가운데 하나는 아리스토텔레스의 인과율이다. 이것은 질료와 형상의 이론과 결부되어 있다. 인과율 관계에는 질료적인 면과 형상적인 면이 있다. 형상에는 그 자체가 세 개의 부분으로 나뉜다. 첫째, 한정된 의미에서의 형상적인 면, 말하자면 배치가 있다. 둘째, 방아쇠를 당기면 총이 발사되는 것처럼 변화를 현실에 나타나게 하는 동인이 있다. 셋째, 변화가 이루려 하는 목표

또는 목적이 있다. 이들 네 개의 면은 각기 질량인(質量因), 형상인(形相因), 동력인(動力因), 목적인(目的因)이라고 불린다. 간단히 예를 들어보면 이것은 분명해진다. 돌 하나가 계단 가장자리에서 흔들리고 있다고 생각해 보자. 이 돌은 가장자리에서 밀려서 곧 떨어질 것 같은 상태에 있다. 이 상태에서 질료인은 돌 자체이다. 형상인은 전반적인 땅의 모양, 즉 계단과 그 위의 돌의 위치이다. 동력인은 '민다'는 동작이라면 무엇이든지 좋다. 목적인은 돌이 될 수 있는 대로 낮은 면을 찾으려는 욕구, 즉 인력이다.

질료인과 형상인에 대해서는 거의 아무 말도 할 필요가 없다. 우리는 이제 이것을 원인이라고는 말하지 않는다. 그것은 어떤 일이 일어나기 위해서는 무엇인가가 어딘가에 있어야 한다는 뜻에서 인과관계의 필요조건이다. 동력인과 목적인에 대해서는 모두 그 어떤 주석을 달 가치가 있다. 동력인은 현대의 말투를 빌리자면, 단순히 원인이라고 할 수 있다. 돌이 계단에서 떨어지는 것은 누군가가 또는 무언가가 밀기 때문이다. 물리학에서 인과율로 인정되는 것은 이것뿐이다. 전체적으로 과학의 목적은 동력인에 따른 설명을 확립하려고 하는 데 있다. 목적인이라는 관념은 목적론의 흔적이 그 말투에 남아 있지만, 오늘날 물리학에 끼어들 수는 없다. 중심을 찾는 등의 인력과 척력과 같은 말은 목적론적 관념의 흔적이며, 아리스토텔레스의 인과론 이론이 약 350년 전까지는 반대할 여지가 없었다는 사실을 우리에게 상기시켜 준다. 목적 인과성의 문제점은 우리가 이전에 논한 가능성이라는 관념을 사용할 때 초래하는 위험과 매우 닮았다. 돌은 떨어지는 경향을 가지고 있으므로 떨어진다고 하는 것은 사실상 아무런 설명도 못 된다. 그러나 여기에서도 다시 최종 목적이란 말을 빌려서 합리적인 목적을 충족시키는 경우가 몇 가지 있다.

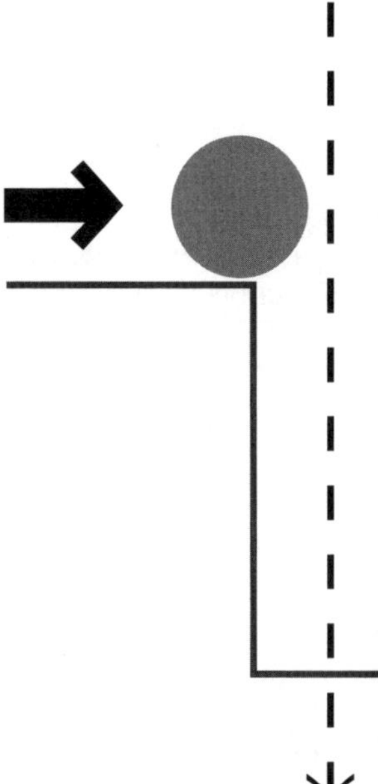

구형 물체가 어떤 방식으로 놓여 있고, 계단 아래로 밀려 떨어지면, 계속해서 더 낮은 장소를 찾는다. 아리스토텔레스의 4가지 인과율 중의 하나이다.

예를 들어 윤리학 분야에서 어떤 행위나 행동의 원인으로의 목표를 암시한다는 것은 쓸데없는 일이라고는 말할 수 없다. 인간의 일반적 활동 분야에도 마찬가지이다. 현시점에서 미래에 일어날 일에 거는 희망이 우리 행동의 동기가 된다. 이것은 동물에도 해당되고, 식물까지도 해당되는 경우가 몇 가지 있다. 이때 분명히 합목적성은 생물학적, 사회적인 문제를 생각하면 시시한 것은 아니다. 아리스토텔레스가 목적인을 생각하게 된 것도 그의 생물학적 관심 때문이다. 이 전후 관계로 볼 때, 가능성과 합목적성이 균형을 이룬다는 것은 분명해진다. 생물학자는 어떻게 해서 하나의 씨가 식물이나 동물로 성장하는지의 의문에 직면해 있다. 아리스토텔레스의 용어를 빌리자면, 도토리는 도토리나무가 될 가능성이 있으며, 도토리를 하나의 나무로 변하게 하는 것은 자기 실현의 경향일 것이다. 이와 같은 논법은 이들 관념을 시시하게 사용하는 한 예이다. 일반적으로 하나의 과학이 발달함에 따라, 목적론적인 설명은 동력인을 사용하는 설명으로 대체된다. 심리학조차도 이런 경향을 따른다. 정신분석학도 그 장단점이 무엇이건 행동을 설명할 때, 앞으로 일어날지도 모르는 것보다는 오히려 이미 일어난 것을 설명하려고 한다.

**형상과 목적**
미켈란젤로의 미완성 조각 〈눈을 뜨는 노예〉(1525~30)로 애매한 형태의 돌에서 사람의 모습이 서서히 나타난다.

목적론적인 관점은 결국 우리의 자연 환경이 어떤 질서를 나타내고 있는 것처럼 보인다는 사실에서 힘을 얻는다. 동력적 인과성과 결부된 인과적 필연성은 맹목적인 힘처럼 보이며, 이 힘의 작용은 이 질서를 설명해 주지 못한다. 한편, 목적론은 마치 앞을 내다보는 힘으로 움직이는 것 같이 보인다. 이 점에서 생물학적 질서가 목적론적인 견지를 뒷받침해 주려는 성향을 지닌다고 볼 수 있다. 그러나 어쨌든 아리스토텔레스는 필연성과 합목적성 양쪽의 작용을 인정한다. 분명히 이와 같은 바탕에서 자연과학은 번창할 수 없었을 것이다. 특히 물리학은 중대한 방해를 받았는데, 이것이 처음으로 시정된 것은 갈릴레이가 출현하고 방법론에서 플라톤으로 복귀했을 때였다. 수학자에게 합목적성이라는 관념은 생물학자만큼 마음에 떠오를 것 같지 않으며, 플라톤에게 이것이 없다고 해서 놀랄 일은 아니다. 목적론은 신인동형론적(神人同形論的) 또는 신학적이라는 점에서 결국은 잘못된 것이다. 목표를 가지고 목적을 추구하는 것은 사람들이다. 따라서 합목적성은 이 분야에서 의미를 갖게 된다. 그러나 나무나 돌이 아무런 목표를 갖지 않는데, 그것이 마치 목표를 가지고 있는 것처럼 이야기한다면, 이 이야기에서 어떤 이익을 얻어낼 수가 없다. 적당한 조건을 붙인다면, 우리는 물론 우리가 본 것과 같은 가능성을 지닌 성향의 관념을 사용해도 좋을 것이다.

필연성은 장님과 같다. 대조적으로 합목적성은 선견지명을 가지는 것과 같다.

돌에 낙하하는 성향이 있다고 말하는 것은 어떤 조건이 주어지면 돌이 낙하할 것이라는 의미이다. 그러나 아리스토텔레스가 생각했던 것은 이런 것이 아니었다. 그에게 합목적성은 목표와 결부된 것으로, 그는 이것을 목적을 제시해 주는 질서의 존재에서 추론한다. 이와 같은 원리에 서면, 분명히 물리학의 연구는 꽃을 피우지 못할 것이다. 탐구자의 호기심을 거짓 설명으로 해결한다면, 자연 현상을 올바르게 설명할 수 없기 때문이다. 아리스토텔레스는 특히 천문학 분야에 중대한 해를 끼쳤다. 그는 모든 것에 나름대로의 장소를 할당하는 합목적성의 이론을 바탕으로 하계와 달 저편에 가로놓인 천계 사이를 구별했다. 그는 두 부분이 서로 다른 원리의 지배를 받는다고 주장한다. 이 완전히 공상적인 사고는 아카데미의 고등 천문학과 비교했을 때, 완전히 미친 짓이었다. 그러나 진짜 해는, 아리스토텔레스의 잘못을 거부하는 대신 그를 통째로 받아들이고 그를 나쁜 평판에 빠뜨리지 않으려고 그를 비판하지 않는 사람

아리스토텔레스는 필연성과 합목적성 양쪽의 과정을 인정한다.

들이 끼쳤다.

*

자연철학에서 논의되는 또 다른 전반적 논제는 공간, 시간 및 운동이다. 이들 가운데 운동은 이미 변화와 관련해서 언급했다. 여기에서 아리스토텔레스의 절차에 주목할 필요가 있다. 엘레아학파가 운동을 설명해 내려고 생각했을 때, 어쩔 수 없는 어려움을 몇 가지 찾아낸 데 반해, 아리스토텔레스는 다른 면에서 이 문제에 들어갔다. 운동은 실제로 일어나므로 이것을 우리의 출발점으로 삼아야 한다. 운동을 당연한 것으로 보면서 이것을 설명해야 한다. 여기에 근대적인 구별 기준을 적용하면, 엘레아학파는 합리주의자이며 아리스토텔레스는 경험주의자이다. 이 점은 사람들이 특히 경험론적인 절차에 무엇인가 믿을 수 없는 데가 있다거나 느슨한 데가 있다고 잘못 믿기 때문에, 더욱 중요하다. 예를 들어 운동의 경우에 아리스토텔레스는 연속성이 있다는 견해를 지지하는데, 이것은 아주 옳은 생각이다. 이때 더 나아가 이 연속성이 무엇을 의미하는가를 찾아내는 일은 가능하지만, 비연속인 것에서 연속성을 만들어 내는 것은 불가능하다. 이 점은 피타고라스 시대부터 무(無)에서 수학적 세계를 수립하기를 원하던 수학자들에게 자주 간과되었다. 분석적 연속성 이론을 순전히 논리적으로 만들 수 있는 데 반해, 그것을 기하학에 적용하려고 하면 연속성의 가정이 필요하다.

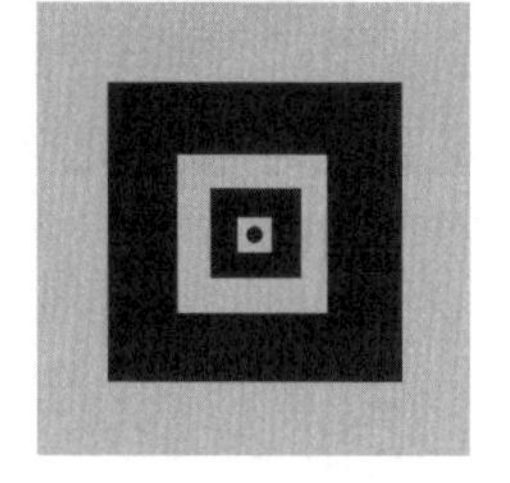

장소와 시간을 아리스토텔레스는 비슷한 방식으로 취급한다.

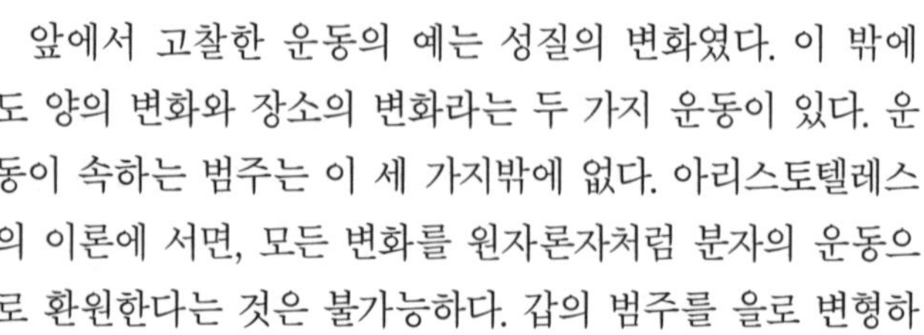

앞에서 고찰한 운동의 예는 성질의 변화였다. 이 밖에도 양의 변화와 장소의 변화라는 두 가지 운동이 있다. 운동이 속하는 범주는 이 세 가지밖에 없다. 아리스토텔레스의 이론에 서면, 모든 변화를 원자론자처럼 분자의 운동으로 환원한다는 것은 불가능하다. 갑의 범주를 을로 변형하는 것이 불가능하기 때문이다. 이 점에서도 다시 아리스토텔레스의 견해는 경험론 쪽에 붙는 데 반해, 우리가 살펴본 것처럼 원자론자는 엘레아학파의 전통적 후계자답게 약분(約分)이라는 합리주의적 원리로 사물을 생각한다.

공간과 시간에 대한 아리스토텔레스의 이론에는 현대의 관점과 공통된 점이 다분하다. 아리스토텔레스는 서로 다른 대상이 서로 다른 시간에 같은 공간을 차지하는 일이 있다는 사실에서 공간과 시간에 위치와 같은 것이 있다고 추론한다. 따라서 공간과 공간 안에 있는 것은 구별해야 한다. 어떤 대상의 소재를 결정하기 위해 우리는 그것이 있는 지역을 명백히 가리킬 수 있고, 그 지역을 차츰 축소시키면 마침내 올바른 장소에 다다르게 된다. 이렇게 앞으로 나아가면서 아리스토텔레스는 한 물체의 장소를 그 물체의 경계로 한정한다. 언뜻 보기에 이것은 실로 다루기 힘들다고 여길 수 있는 문제치고는 결론이 빈약하다. 그러나 이런 문제를 분석할 때 놀라울 만큼 간단하고 현실적인 경우가 많다. 게다가 이와 같은 해결은 독이나 약도 되지 않는 것처럼 보이지만 언제나 흥미있는 결과가 몇 가지 따르는 법이다. 이 경우에는 어떤 대상이나 어디에 있는가를 묻는다는 것은 의미가 있으나, 세계가 어디에 있느냐고 묻는 것은 무의미하다는 결론을 내리게 된다. 바꾸어 말하면, 만물은 공간 안에 있지만 우주는 그렇지 않다. 우주는 의자나 탁자처럼 물건이 아니기 때문에, 그 어떤 것에도 포함되지 않는다.

즉 모든 장소는 또다른 장소 안에 있으며, 모든 시간은 또 다른 시간 안에 있다고 생각한다.

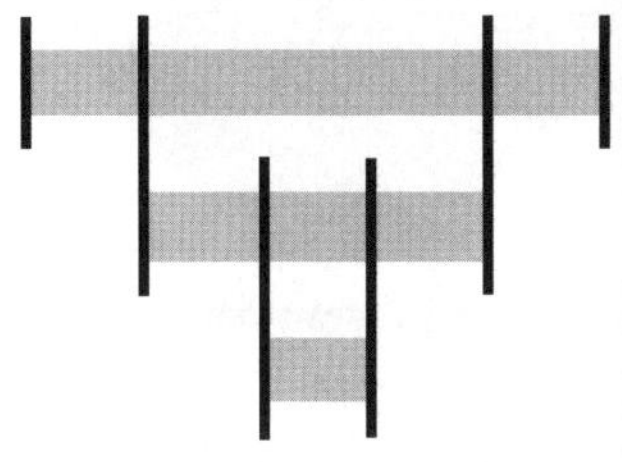

이와 같이 우리는 누구나 세계 끝까지 여행을 하고 싶다는 사람에게, 당신은 어림도 없는 생각을 하고 있다고 자신만만하게 이야기할 수가 있다. 장소 또는 소재에 대한 아리스토텔레스의 분석이 수학자나 물리학자가 말하는 것처럼

공간의 이론을 제공하지는 않는다는 것을 언급해 두어야겠다. 그가 하고 있는 일은 언어학적 분석에 가깝다. 그러나 이 두 해석이 전혀 관계가 없는 것은 아니다. 우리가 소재의 뜻을 분석할 수 있다면, 이것은 공간에 대한 진술을 이해하는 데 분명히 도움이 될 것이다.

원자론과는 반대로 아리스토텔레스는 무한 공간은 없다고 주장한다. 이 견해에 따라서 그는 수많은 논증을 제시하는데, 이들 모두는 옳지 않다. 이들 가운데 가장 흥미있는 것은 매체 안에서 물체의 속도가 그 매체의 밀도와 중량에 따라 변화한다는 사실에서 출발한 귀류법이다. 여기에서 그는 먼저 무한 공간 안에서 물체는 무한한 속도로 움직여야 한다고 결론을 내리는데, 이것은 옳지 않다. 모든 운동에는 시간이 걸린다. 다음에 무거운 쪽 물건은 가벼운 쪽보다도 빨리 움직여야 한다고 하는데, 무한 공간에서는 이렇게 될 이유가 없다. 이들 두 가지 이유에 입각해서 그는 진공이 불가능하다고 선언한다. 그러나 이 결론은 이들 전제에서는 나오지 않는다. 비교적 가벼운 매체 안에서 물체가 빨리 움직인다고 하여 진공 상태에서 무한한 속도를 갖는 것은 아니다. 물체는 무한히 빨리 움직일 것이라는 결론은 나오지 않는다. 또 다른 결론은 관찰이 나타내는 바와 같이 진공 공간에서는 가벼운 물체도, 무거운 물체와 같은 속도로 낙하한다. 무한 공간에 대한 아리스토텔레스의 오해가 뚜렷하게 드러난 것은 약 2000년이 지난 뒤였다. 그러나 오늘날에도 과학자가 무한 공간에 대해 불안을 느꼈다는 것을 인정해야 할 것이다. 그들은 무한 공간을 에테르와 같은 독특한 물체로 채웠거나, 그렇지 않으면 좀더 최근에 이르러서는 에너지의 분포로 채웠다.

청동제 레베이스
기원전 480년 경 제작되어진 것으로, 측면에는 장례경기 장면과 헤라클레스가 산적 카쿠스에게 소를 되찾아오는 장면이 희미하게 그려져 있다. 위의 가운데는 남녀가 있고 바깥으로 말 탄 궁수들이 돌고 있다.

시간에 대한 아리스토텔레스의 논의는 장소에 대한 그

의 분석과 매우 비슷하다. 사건은 마치 대상이 일련의 장소 안에 있는 것처럼, 일련의 시간 속에 있다. 한 대상에 고유한 장소가 하나 있는 것처럼, 한 사건에도 고유한 시간이 있다. 아리스토텔레스는 사물을 세 가지 방법으로 나열하여 연속성을 설명한다. 첫째, 사물은 계속적일 수 있다. 즉 하나가 다음의 뒤를 잇고 또 그 뒤에 다른 것이 뒤를 이으면 연속으로 이어지는 중간중간의 간격은 전혀 고려하지 않는다. 다음은 계속적인 항이 인접할 때와 같이 사물이 접촉해 있을 경우이며, 마지막은 순서가 연속적인 사물이 실제로 그 경계를 공유하고 있을 때의 일이다. 두 개의 사물이 서로 연속되어 있다면, 그것은 또한 접속하는 것이며, 그 반대는 나오지 않는다. 마찬가지로 접속하고 있는 두 사물은 계속적이기도 하지만, 그 반대는 성립되지 않는다.

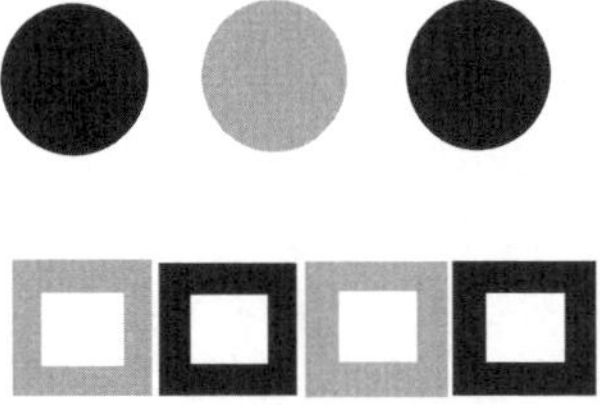

사물은, 1)구성적이거나
2)인접해 있거나
3)연속성이 있다.
만일 2)의 경우라면 1)이지만, 그 반대는 성립하지 않는다.
만일 3)의 경우라면 2)이지만, 그 반대는 성립하지 않는다.

앞의 내용에서 우리는 나눌 수 없는 요소로는 연속적인 양을 만들 수 없다는 것을 알 수 있다. 분명히 나눌 수 없는 것은 경계를 가질 수 없고, 그렇지 않다면 이것은 다시 분리할 수 있다. 한편 나눌 수 없는 것에 크기가 없다면, 그것을 계속적이라거나, 인접하고 있다거나, 연속적이라고 말하는 것은 무의미하다. 예를 들어 하나의 선의 어느 두 점 사이에는 또 다른 점이 있고, 마찬가지로 하나의 시간의 어느 두 순간 사이에도 또 다른 순간이 있다. 이와 같이 공간과 시간은 연속적이며 무한히 분할할 수 있다. 이 전후 관계로 아리스토텔레스는 더 나아가 제논의 역설을 설명한다. 그가 한 해석은 사실 옳지만, 제논의 논증의 요점을 간과하고 있다. 우리가 살펴본 것처럼, 제논은 자기의 분명한 이론을 제시한 것이 아니라, 오히려 피타고라스의 단위 이론에서 모든 것이 옳은 것은 아니라는 것을 밝히려고 제시한 것이다. 피타고라스에 대한 그의 엘레아학파적 선입견을 잠시 제쳐두었다면, 그는 아마도 아리스토텔레스에 동의했을 것이다.

*

아리스토텔레스의 과학 이론의 상세한 점은 여기에서 논할 필요가 없다. 그는 특히 생물학에서 좋은 일을 했지만, 그의 기록은 소크라테스 이전의 철학자라도 이마를 찌푸릴 것 같은 엉뚱한 생각으로 손상되어 있다.

우리가 앞에서 살펴본 것처럼 목적인은 윤리학에서 구하면 과연 그렇구나 하고 여길 만한 점이 있다. 목적론이 처음으로 나오는 것도 이 분야이다. 선이란 아리스토텔레스에게는 만물이 노력하는 목표이다. 그는 이데아론을 거부하므로, 우리는 물론 그에게서 선의 형상을 찾을 수는 없다. 그는 선이라는 말에 여러 가지 서로 다른 사용법이 있어서, 그것을 모두 하나의 항목에 넣을 수 없다는 사실에 주목한다. 그런데도 선은 무엇이든지 결국 신의 선함에서 나온다. 이와 같이 그것은 언뜻 보았을 때처럼, 이데아론과 다르지도 않고 동떨어진 것도 아니다. 이런 식의 동요는 아리스토텔레스의 철학 전체에서 볼 수 있다. 그는 한쪽에서는 아카데미와 결별하고, 다른 쪽에서는 아카데미로 되돌아가는 것처럼 보인다.

오늘날처럼 몇 가지 경우는 두 가지 측면으로 분리하여, 한쪽 측면을 옳고 그름에 따라서 살펴볼 수 있다. 선이라는 말의 사용법을 분석하면, 때때로 간과되는 귀중한 차이점이 더러 있다는 것을 알 수 있다. 이것은 재미있지만 그다지 쓸모는 없다. 단 현대의 언어 분석학자라면, 이 점 말고는 나무랄 데가 없다고 말하는 사람도 있을 것이다. 그러나 아직은 시기상조일 것이다. 그들에게는 몇 가지 무의미한 일이 널리 유포되고 있는 것을 어찌할 수 없기 때문이다. 진리는 결국 다수결의 문제가 아니다. 신의 형이상학적

**사실과 직관**
아리스토텔레스의 가장 가치 있는 공헌은 생물학과 생리학. 4세기에 제작된 이 벽화는 아리스토텔레스가 제자들에게 해부학 강의를 하는 모습이다.

지위는 전혀 관심거리가 될 수 없다. 신은 스스로 움직이는 일이 없고, 세계에 그 근원인 추진력을 주는 제1의 발동자이다. 이 과제가 수행되면, 신은 세계에 적극적인 관심을 갖지 않게 되고, 틀림없이 인류의 소행을 지켜봐 주지 않을 것이다. 그것은 인과율의 부속물인 특색 없는 철학자의 신이다.

영혼은 합리성, 민감성, 그리고 자양분이라는 재능을 지녔다. 사람은 이 재능들 중 셋을, 동물은 둘을, 식물은 하나를 지닌다.

아리스토텔레스의 윤리학의 취지를 파악하기 위해서 우리는, 영혼에 대한 그의 이론에 대해서 몇 마디 할 필요가 있다. 그는 플라톤에게서 삼분설(三分說)을 빌려온다. 그는 식물적 영혼, 감각적 영혼, 이성적 영혼에 대해 말한다. 그 중 식물적 영혼은 모든 생물에 속하며, 모든 생물에는 신진대사가 있다. 감성은 동물과 인간에 속해 있고 식물에는 속해 있지 않은 반면, 이성은 특별히 인간에게 속한다. 이성적 수준에 서야 비로소 윤리학이 나타난다. 식물은 단순히 식물다운 생활을 할 뿐이며, 동물은 단순히 동물답게 살아갈 뿐이다. 육체에 단일성을 주는 영혼은 육체라는 질료의 형상이다. 영혼은 육체적인 죽음이 올 때 존재하지 않는다. 단, 이성 자체는 불멸한다.

윤리적 문제는 우리가 인간 삶의 목적은 무엇인가 물을 때 생긴다. 아리스토텔레스는 그 목적을 이성적 영혼의 행복에 두고, 이것 또한 이것대로 연속적으로 덕에 의해 움직이는 자주적 이성 활동의 삶을 암시해 준다고 보았다. 아리스토텔레스의 이론에 따르면, 덕은 이와 같이 목적을 위한 수단이다. 이 목적은 물론 모든 사람이 같은 정도로 이루는 것은 아니지만, 한 사람의 인간이 도달할 수 있는 목표로는 최고의 것이다. 소크라테스처럼 사색적 삶이 최상이다.

아리스토텔레스 시대의 그리스인에게는, 사색적 삶이 세상으로부터 은둔하여 세상사에서 눈을 돌리는 일을 의미하지 않았다. 이 점을 충분히 이해하는 것이 중요하다. 첫째, 윤리적 생활에는 활동이 따른다. 즉 윤리적 생활을 위해서는 욕심을 버려야 한다. 이와 같이 사색적 삶 때문에 실험적 방법을 쓰지 않게 된 것이 아니다. 단 아리스토텔레스는 새로운 발견보다도 오히려 이미 모아진 진리를 관상적으로 회고하는 데 역점을 둔다. 이 때문에 그가 지나친 어려운 문제가 생긴다. 무언가 평가하기 위해서는 처음부터 지적 노력을 해야 한다. 나름대로의 노력이 언제 끝났는지를 말할 수 있는 사람은 아무도 없기 때문이다. 이 문제의 진상은 탐구를 이런 식으로 제한해서는 안 된다는 것이다. 둘째, 선량한 시민은 시민으로서의 의무를 수행하고, 전시나 평시를 떠나서 여러 봉사를 해야 한다. 상아탑적인 철학 개념은 스토아학파에서 비롯된다. 그들이 감각 세계에서 얼굴을 돌렸기 때문에 과학 운동이 중단된 것이다.

**이상적인 교육**
고대 그리스인은 후에 유럽 전역에서 이상적으로 여긴 '전인교육'의 이념을 발달시켰다.

도덕적 덕목, 또는 인격의 덕과 관련해서 아리스토텔레스는 중용의 덕을 주장한다. 우리의 행동은 부족하거나 지나치거나 해서, 어느 편이든 옳은 방향으로 향하지 못한다. 덕은 이들 극단의 중간 어디쯤인가에 있다. 따라서 참다운 용기는 성급한 시비조도 아니고, 겁먹은 태도도 아니다. 중용의 이론은 피타고라스와 헤라클레이토스에게서 유래된 조화 이론에 자극을 받은 것이다. 아리스토텔레스는 더 나아가 모든 덕을 갖춘, 위대한 영혼을 가진 사람을 그린다. 이것은 우리에게 그즈음에 일반적으로 어떤 시민의 태도를 훌륭하게 여겼는가를 올바르게 보여준다. 결과적으로 거짓 없는 겸양은 산뜻한 인상을 주기는 하지만, 어느 정도 압도적이다. 사람은 자신의 가치를 과대평가해서는 안 되지만, 동시에 자신을 얕잡아 봐서도 안 된다. 그러나 결국 인격이

고결한 사람이 된다는 것은 많은 사람들이 이들 모든 덕목을 행할 기회를 전혀 가질 수 없다는 사실 때문만으로도 매우 드물 것이다. 소크라테스나 플라톤의 경우와 마찬가지로, 자칫 윤리적 정화가 강조되기가 쉽다. 중용의 가르침은 반드시 잘 되어가고 있다고는 말할 수 없다. 예를 들어 정직을 어떻게 정의할 것인가? 우리는 정직이라는 것이 새빨간 거짓말을 하는 것과, 쓸데없는 거짓말을 하는 것의 중간이라고 말할 수는 없는 법이다. 어떤 면에서는 이와 같은 관점이 인기가 있을지 의심할 정도이다. 아무튼 이와 같은 정의는 지적인 덕에는 해당되지 않는다.

사람들이 행하는 선악에 대해서, 아리스토텔레스는 그 행동에 강제나 무지가 개입되는 경우를 제외하고는 자발적이라고 주장한다. 소크라테스의 견해와는 반대로 그는 고의로 좋지 않은 행동을 하는 일이 있다는 것을 인정한다. 이와 함께 그는 선택의 의미를 분석하는데, 이 문제는 누구나 일부러 죄를 범하지는 않는다고 주장하는 이론에서는 일어날 수 없는 문제이다.

정의에 대한 아리스토텔레스의 이론은 분배의 원리를 채택하는데, 이것은 《국가론》에 있는 소크라테스의 정의에도 나타난다. 모든 사람이 공정한 몫을 받는다면 정의는 이루어진다. 이와 같은 견해에 내포된 문제는 공정함이란 무엇인가를 결정하기 위한 근거를 제시할 수 없다는 것이다. 무엇이 기준이 되는가? 소크라테스는 적당하게 객관적이라고 여길 수 있는 기준, 즉 교육 정도를 적어도 기준으로 삼아야 한다고 주장한다. 이것은 오늘날 우리의 경우에도 주로 통용되는 견해이다. 그러나 중세에는 그렇지 못했다. 정의의 이론을 적용하려고 하면, 공정함이란 무엇인가를 결정하는 문제를 분명히 어떻게 해서든지 해결해야 했다.

미덕은 두 극단 사이의 한 가지 수단이고, 냉정성은 공격성과 복종성 사이의 수단이다.

마지막으로, 우정에 대한 아리스토텔레스의 견해를 언급해야겠다. 선한 삶을 살기 위해서는, 필요에 따라 상담도 하고 의지할 친구가 있어야 한다. 아리스토텔레스에게 우정이란 자존심을 남에게까지 연장하는 일이다. 자기가 형제를 자기처럼 사랑해야 하는 것은 스스로를 위해서이다. 여기서도 일반적인 경우와 마찬가지로, 아리스토텔레스의 윤리학은 얼마쯤 독선적이고 자기 중심적인 면이 있다.

*

우리가 아리스토텔레스의 정치 이론을 연구하기 시작할 때, 처음부터 우리의 주의를 끄는 것이 두 가지가 있다. 첫째, 정치에서는 논증이 필연적으로 목적론적이어야 하며, 아리스토텔레스가 이것을 충분히 알고서 행하고 있다는 점이다. 둘째, 거의 다른 것을 돌아보지 못할 만큼 도시 국가가 강조되어 있다는 점이다. 후자에 대해서 아리스토텔레스는 그리스의 도시 국가 시대가 자기의 일생 동안에 이미 끝나가고 있다는 사실을 전혀 이해하지 못하고 있었다. 마케도니아는 그리스의 지도권을 계속 인계하여 알렉산더 아래에서 제국을 하나로 정복했지만, 이와 같은 조직체의 정치 문제는 아리스토텔레스에게는 흥미없는 일이었다. 분명히 페르시아 대왕과 이집트와 바빌로니아에 대해 몇 마디 언급한 것은 있으나, 이와 같이 시시하게 이민족 이야기로 빠지는 것이 오히려 국가 간의 대조를 분명히 보여주고 있을 뿐이다. 그리스의 도시 국가는 아리스토텔레스에게 정치 생활의 최고의 형식을 나타내는 것으로, 나라 밖에서 일어나고 있는 일은 야만으로밖에 보이지 않았다.

목적론 방식은 우리가 다른 곳에서 살펴보았지만, 처음부터 사용되고 있었다. 어떤 목적을 추구하기 위해 유대가 맺어진다. 국가는 이들 중에서도 가장 크고 가장 포괄적이

**인물평의 그늘**
아리스토텔레스의 세계관을 비판한 1616년에 발행된 이 책에서는 인간의 성격을 몇 개의 타입으로 분류, 아리스토텔레스와 같은 사고를 갖는 사람을 당나귀로 비유하고 있다.

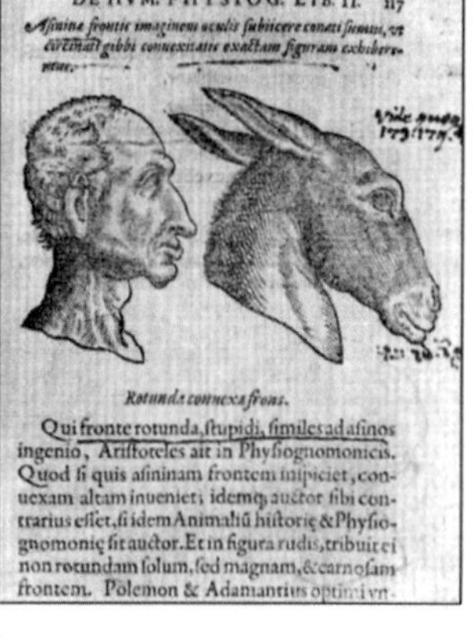
DE HVM. PHYSIOG. LIB. II. 117

*Aſinine frontis imaginem oculis ſubiicere conati ſumus, vt [illegible] gibbi connexitatis exactam figuram exhiberemus.*

*Rotunda connexa frons.*

Qui fronte rotunda, ſtupidi, ſimiles ad aſinos ingenio, Ariſtoteles ait in Phyſiognomonicis. Quod ſi quis aſininam frontem inſpiciet, conuexam altam inueniet; idemq; auctor ſibi contrarius eſſet, ſi idem Animaliũ hiſtoriç & Phyſiognomoniç ſit auctor. Et in figura rudis, tribuit ei non rotundam ſolum, ſed magnam, & carnoſam frontem. Polemon & Adamantius optimi vn-

며, 최대의 목적을 추구해야 한다. 이것은 물론 니코마코스 윤리학의 선한 삶이며, 작은 집단의 단결로써 이루어진 어떤 크기의 공동체, 즉 도시 국가에서 달성된다. 또 이 작은 집단은 그들 나름대로 집이나 가족에 바탕을 두어 목적을 이룬다. 인간은 선한 삶을 위해 노력하므로, 정치적 동물로 사는 것은 자연스러운 일이다. 보통 인간으로서 혼자서 살아갈 수 있을 만큼 자족하는 사람은 없다. 아리스토텔레스는 계속 노예 문제를 논하여, 자연에는 우등한 자와 열등한 자의 이원 대립이 있다고 본다. 마음과 육체, 사람과 동물의 예가 그렇다. 이와 같은 상황에서 지배자와 피지배자가 있다는 것은 양쪽에게 무엇보다도 좋은 일이다. 그리스인은 태어나면서부터 이민족보다 뛰어나므로, 그리스인과 달리 이방인이 노예가 되는 것은 규칙에 합당한 일이다. 어떤 뜻에서 이것은 노예 제도가 결국 정당화될 수 없다는 것을 이미 인정한 것이다. 모든 민족은 분명히 자기를 우등하게 보고, 이 문제를 자기 관점에서 다루게 된다. 실제로 마케도니아 출신의 반(半)미개 민족들은 그 무렵에 그렇게 했다.

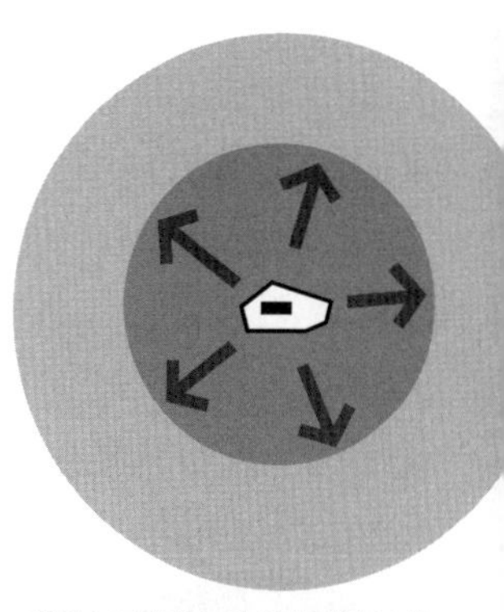
아리스토텔레스의 이상적인 상태
이 상태는 작은 언덕에서 바라본 광경에 한정되어야 한다.

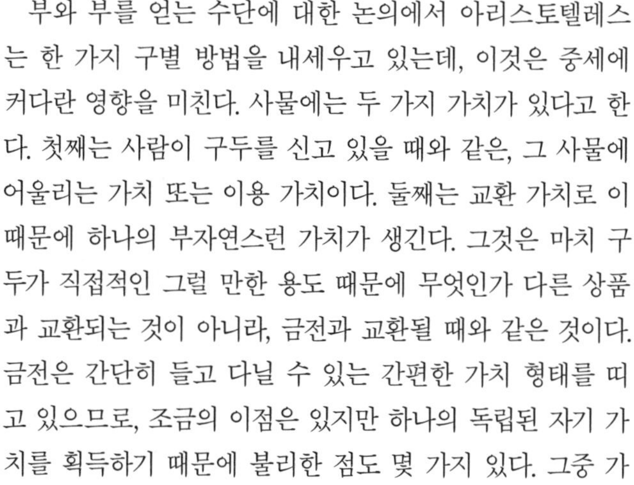

부와 부를 얻는 수단에 대한 논의에서 아리스토텔레스는 한 가지 구별 방법을 내세우고 있는데, 이것은 중세에 커다란 영향을 미친다. 사물에는 두 가지 가치가 있다고 한다. 첫째는 사람이 구두를 신고 있을 때와 같은, 그 사물에 어울리는 가치 또는 이용 가치이다. 둘째는 교환 가치로 이 때문에 하나의 부자연스런 가치가 생긴다. 그것은 마치 구두가 직접적인 그럴 만한 용도 때문에 무엇인가 다른 상품과 교환되는 것이 아니라, 금전과 교환될 때와 같은 것이다. 금전은 간단히 들고 다닐 수 있는 간편한 가치 형태를 띠고 있으므로, 조금의 이점은 있지만 하나의 독립된 자기 가치를 획득하기 때문에 불리한 점도 몇 가지 있다. 그중 가장 나쁜 예는 금전을 어떤 이율로 빌려주는 경우이다. 아리스토텔레스가 제기한 이의 가운데 대부분은 경제적, 사회적 편견에 따른 것이다. 신사라는 사람이 선한 삶을 몸에 익히지 않고 돈벌이에 열중하는 것은 좋지 않다. 아리스토텔레스는 다소의 재력이 없으면 앞에서 말한 목표를 추구하는 일이 불가능하다는 것을 놓치고 있다. 돈을 빌려주는 일에 대한 그의 이의는 자본의 기능에 대한 좁은 견해에 근거를 두고 있다. 하기야 자유인이 빈곤에 쫓겨 불행할 때, 대금업자의 도움을 받아 잘못해서 노예 신분으로 전락할지도 모르고, 그렇기 때문에 이런 일에 반대한다는 것은 정당하다고 할 수 있다. 그러나 자본을 사용하는 방법 중에는 상업상 투자하는 건설적인 것도 있다. 이런 대금업은 아리스토텔레스에게 좋은 인상을 주지 못했을지 모르지만, 그것은 특히 이방인과의 대규모 통상을 불가피한 불행으로 여겼기 때문이다.

기원전 5~6세기에 사용된 주화로, 포세이돈이 새겨져 있다.

이상국가의 논의로 이야기를 옮겨보면, 그 시책은 《국가론》에 있는 시책에 비해 원숙하다. 특히 아리스토텔레스는 가족 단위의 중요성을 강조한다. 참다운 애정을 키우기 위해서는 애정이 작용하는 범위가 제한되어야 한다는 것이다. 적절한 양육을 위해 어린아이는 부모 아래 있어야 한다는 것이다. 이 영역을 모두 공동 책임으로 해 버리면, 소홀히 될 염려가 있다. 《국가론》의 이상국가는 전체적으로 보아 너무나도 평면적이다. 조금의 범위 내에서이기는 하지만, 국가도 서로 다른 많은 이해관계를 가진 공동체라는 사실이 간과되어 있다. 말이 난 김에 덧붙이자면, 복수의 이해를 인정하면, 국왕이 거짓말할 필요성이 없어진다는 사실에 주의할 필요가 있다. 토지 소유권에 대해서 아리스토텔레스는 토지를 개인의 소유로 정하기는 하지만, 거기에서 나오는 것은 모든 사람들의 소유로 할 것을 권하고 있다. 이것은 하나의 열린 사유 재산권과 같으며, 소유자는 그 재물을 모든 사람들의 이익을 위해 쓴다. 이런 책임감을 만들어내는 것이 교육이다.

시민권에 대한 아리스토텔레스의 개념은 오히려 좁은 관점을 채택하고 있다. 한 표를 던지는 마음가짐뿐만 아니라 국가를 다스리는 과정에 직접 자진해서 참가할 마음을 가진 사람이 아니라면 시민이라고 할 수 없다. 이 때문에 대다수의 농민이나 노동자와 같이 정치적 직분을 다하는 데 알맞지 않다고 여겨지는 사람은 제외된다. 대의정치의 가능성은 아마도 그 무렵에 그 누구의 마음에도 떠오르지 않았을 것이다.

서로 다른 여러 모습의 정치체제에 대해서, 아리스토텔레스는 《정치가》에 있는 플라톤의 생각을 주로 따르고 있다. 그러나 그는 부(富)와 수(數)를 대조해서 부의 중요성을 강조한다. 소수가 지배하는가, 다수가 지배하는가가 문제가 아니라, 경제력을 좌우하고 있는가가 문제이다. 권력에 대한 당연한 요구에 대해서 아리스토텔레스는 저마다 모두 같은 정의의 원칙에 호소하여, 자기를 위해 권력을 요구할 것을 인정하고 있다. 대등한 자가 대등한 몫을 가져야 하고, 대등하지 않은 자는 여기에 참여할 수 없다는 것이다. 여기서 곤란한 문제가 생기는데, 대등한 자와 대등하지 않은 자를 정하는 방법이다. 한 분야에서 뛰어난 사람은 모든 일에서 자기는 뛰어난 사람이라고 생각하는 경우가 많다. 결국, 이 막다른 골목에서 탈출하는 길은 윤리 원칙을 승인하는 것이다. 대등한가 아닌가는 선의 기준으로 판단해야 한다. 그러므로 권력을 가지는 자는 선해야 한다.

**북유럽과 동유럽의 미개인** 중세 그리스의 조각상. 오직 그리스인들만이 억센 북유럽인과 기지에 찬 동유럽인을 결합한 인간상을 추구했다.

여러 형태의 정치체제를 오랫동안 살펴본 뒤, 아리스토텔

레스는 최상의 국가 통치 형태란 부가 지나치게 많지도 않고 너무 없지도 않아야 한다는 결론에 이른다. 이와 같이 우세한 중류 계급을 갖는 국가가 가장 좋으며 가장 안정되어 있다. 다음에는 혁명의 원인과 이 원인의 예방책이 논의의 대상이다. 기본적 원인은 정의의 원리를 잘못 생각한 데 있다. 사람들이 몇 가지 점에서 대등하다거나 대등하지 않다고 해서, 모든 점에서 그렇다는 것은 아니다. 마지막으로 이상국가의 설명이 나온다. 그 주민은 올바른 기술을 가진 올바른 규모여야 한다. 이상국가는 산꼭대기에서 한눈으로 내려다 볼 수 있어야 하며, 시민은 그리스인이어야 한다. 북방의 활력과 동방의 지성을 아울러 갖춘 것은 그리스인뿐이기 때문이다.

*

끝으로 규모는 빈약하지만, 특히 극문학 분야에서 예술비평사에 큰 영향을 끼친 저서를 언급하겠다. 바로 아리스토텔레스의 《시학》으로, 주로 비극과 서사시를 논한 것이다. 시학이라는 말은 문자 그대로 사물을 만드는 과정을 뜻하는데, 이 뜻에 유의할 필요가 있다.

따라서 일반적으로 이 말은 생산 활동이라면 어떤 활동에도 쓸 수 있었지만, 현재의 앞뒤 관계로 보자면, 예술 제작에 한정되어 있다. 시인이란 오늘날의 운문 작가를 말한다.

**아리스토텔레스를 숭배한 단테**
중세 후기를 대표하는 시인 단테는 그리스도교 교의가 다루지 않는 사항에 대해서는 아리스토텔레스를 최고의 권위로 추앙했다.

아리스토텔레스에 따르면 모든 예술은 모방이다. 그의 분류는 먼저 음악과 무용과 현대적 의미에서의 시를 한 묶음으로 놓고, 그 밖의 것에 그림과 조각을 분리한다. 모방이 여러 가지로 나타나는 방식에 따라서 온갖 형태의 시가 서로 구별된다. 모방이란 무엇인가는 한 번도 설명되어 있지 않다. 이 관념은 물론 이데아론 이래 귀에 익은 것으로,

거기에서는 특수한 것이 보편적인 것을 모방한다고 한다. 아리스토텔레스 이론에서는 모방은 인위적인 수단으로써 진짜 같은 감정을 일으키는 것을 뜻하고 있는 것 같다. 논의 전체는 극예술을 목적으로 꾸며진 것으로 보이는데, 이 분야에서 바로 모방의 원리가 자연스럽게 적용되기 때문이다. 이것은 아리스토텔레스가 계속 인간 행동의 모방을 이야기할 때 한결 명백해진다. 사람의 행동은 세 가지로 표현할 수 있다. 우리는 그들을 온전히 있는 그대로 나타낼 수가 있거나, 그렇지 않으면 보통의 행위 기준 이상 또는 이하의 그 무엇인가를 모방하는 것을 지향한다. 이 수단으로써 비극과 희극을 구별할 수 있다. 비극에서 사람은 실제보다도 위대하게 표현된다. 그 사람의 사건에 동정적 관심을 품을 수 없게 될 정도로 멀리 동떨어져 있지는 않다. 한편, 희극은 사람을 실제보다도 과장해서 그린다. 희극이 인생의 우스운 측면을 강조하기 때문이다. 인간의 성격에 내포된 희극적인 요소는 특별히 해롭지는 않지만, 하나의 결함이라고 여겨지고 있다. 우리는 여기에 예술적 가치와 윤리적 가치가 어느 정도 섞여 있음을 알 수 있다. 이것은《국가론》에서 오는 하나의 편견으로, 거기에서는 예술적 평가가 사회적·윤리적 기준과 밀접하게 연결되어 있다. 아주 흉한 것은 미적 기준으로 절대 귀중한 것이 될 수 없었지만, 이와 같은 제한은 근대의 문예 기준으로는 인정하지 않는다.

고대 그리스 극장의 좌석

다음에 아리스토텔레스는 이야기를 하는 시와 사건을 말하는 시를 구별한다. 이것은 서사시와 극시로 나누는 일이다. 극예술의 기원은 종교 의식과 관련된 낭송에서 찾아볼 수 있다. 그리스 비극이 오르페우스 신앙 의식에서 외우는 조금의 주문에서 시작되었다는 것은 분명하다. 비극이라는 말은 오르페우스를 상징하는 동물인 염소의 노래를 뜻하는 그리스어 트라고도스(τραγῳδός, tragodos)에서 왔다. 염소를 뜻하는 그리스어 트라고스(τράγος, tragos)와 노래를 부르는 사람을 뜻하는 그리스어 아오이도스(ἀοιδός, aoidos)에서 온 것으로 비극적 의식의 가장 초기 형식에는 운문을 읊는 지도자와 화답하는 군중이 있었으나, 그것은 거의 오늘날 종교 의식의 경우와 같다. 아리스토텔레스가 지적하듯이 여기에서 제1배우와 합창대가 나온다. 한편 희극이라는 말은 제사를 뜻하는 그리스어 코모스(κῶμος, komos)와 노래를 부르는 사람을 뜻하는 그리스어 아오이도스에서 온 데서도 알 수 있듯이, 그리스 신화에 나오는 술의 신 디오니소스의 환락에서 나왔다.

서사시는 전편을 통해서 같은 운율을 사용하는 데 반해, 비극은 여러 부분에서 저마다 다른 운율을 사용한다. 그러나 보다 더 중요한 것은 비극이 그 배경의 절차상 한층 제한받고 있다는 점이다. 아리스토텔레스는 장소·때·시간의 삼일치라는 명확한 이론을 내놓고 있지는 않다. 그것은 앞에서 말한 두 가지 작시법에 포함된 실제적인 한계가 문제된다. 극은 한정된 공간의 틀 안에서 단숨에 연기되어야 하는 데 반해서, 서사시는 원하는 만큼 길어도 좋고 무대 대신에 상상력을 빌린다. 아리스토텔레스는 비극을 인간 사건의 모방이라고 정의한다. 비극은 선량하고, 완전하고, 알맞은 규모여야 하고, 관객에게 공포와 연민의 정을 불러 일으켜 영혼으로부터 감정을 정화해야 한다.

술의 신 디오니소스(바쿠스)

아리스토텔레스는 비극이 완전하기 위해서는 처음과 중간과 끝이 있어야 한다고 주장한다. 언뜻 이것은 그다지 유익한 발언으로는 여겨지지 않는다. 그러나 그 뜻은 실로 음미할 만하다. 비극은 보는 사람을 수긍하게 할 만한 출발점을 갖추어야 하고, 합리적으로 발전해서 결정적인 결말에 이르지 않으면 안 된다. 그것은 필요한 것을 모두 갖추었다는 뜻으로 완전해야 한다. 길이도 중요하다. 작품이 지나치게 길면 정신이 둔해지고, 너무 짧으면 아무것도 남지 않기 때문이다.

마이나스
디오니소스 여사제가 음악에 맞추어 미친듯이 춤추고 있다.

비극의 궁극적인 목적은 정감을 세탁해서 영혼을 깨끗하게 하는 데 있다. 이것은 그리스어로 '카타르시스'를 뜻하는데, 자기 공포와 연민의 감정을 대리 경험하면 영혼은 이 무거운 짐을 내려놓을 수 있다. 이와 같이 비극에는 치료적인 의도가 있다. 이 용어는 의학에서 빌려왔다. 아리스토텔레스의 견해는 피부병 자체의 치료, 즉 하나의 정신병리학적 예방 접종을 암시한다는 점에서 독창적이라 할 수 있다. 이와 같이 비극의 목적을 설명하기 위해서는 공포와 연민이 언제나 우리를 따라다녀야 한다는 것이 기정사실처럼 되어야 하는데, 이는 아마도 옳은 말일 것이다.

아리스토텔레스는 계속해서 비극 작품의 여러 면을 검토한다. 이들 중 가장 중요한 것은 구성이다. 구성이 없으면 연극은 있을 수 없다. 인물은 구성을 통해서만 자신을 표현할 수 있으며, 이런 의미에서 인물이 구성에 속해 있다고 할 수 있다. 가능한 인물이 구성 안에서 현실이 되는 것이다. 사건에 대해서는 두 가지 유형의 사건이 특히 중요하다. 첫째는 운명의 급반전이며, 둘째는 구성과 관련된 뜻하지 않는 사태이다. 이들 사건은 어떤 덕도 눈에 띄지 않는 인물에게 들이닥치고, 그들은 악덕이 아니라 판단 부족으로 실패하게 된다. 그 때문에 그는 높은 지위와 권세에서 끌려내려와 버림받은 인간이 된다. 그리스 연극에는 이런 실례가 많이 있다.

인물을 다룰 때, 아리스토텔레스는 유형에 충실해야 한

다는 것을 먼저 요구한다. 구성의 경우와 마찬가지로, 인물은 실감나게 표현되어야 한다. 아리스토텔레스가 다른 곳에서 말한 시는 보편적인 장면을 다루는 데 반해서, 역사는 특수한 것을 그린다는 뜻으로 이해해야 된다. 비극에서는 인간 생활의 일반적 특징이 작품의 주제가 된다. 아리스토텔레스는 무대 연출도 언급하는데, 그는 그것을 그리 중요하지 않게 보고 있다는 점에 주목할 필요가 있다. 결과적으로 거의 작품의 문학적인 질에 역점을 두게 된다. 그가 비극을 무대 상연처럼 읽기에 알맞다고 생각한 것은 마땅하다. 《시학》은 예술과 미의 이론으로서는 원숙한 것을 주지 못한다. 그러나 그것은 후세의 문예 비평에 큰 영향을 끼칠 많은 기준을 명확하게 제시하고 있다. 특히 저자의 기분이나 의도에 대해서는 아무 말도 하지 않고, 오직 작품 그 자체에 집중한다는 점은 흥미롭다.

*

그리스 철학이 순수이론과학과 때를 함께 하여 나온 것은 우리가 살펴본 대로이다. 철학 문제가 과학적 탐구를 하면서 나오는 것은 필연적이다. 특히 수학이 그렇다. 피타고라스 시대부터 산술과 기하학은 그리스 철학에서 중요한 역할을 했다. 이 점에서 수학이 특히 중요시된 이유는 몇 가지가 있다.

**고대 그리스의 극장 유적**
시칠리아 섬의 타오르미나에 있는 고대 그리스 극장 유적으로, 당시는 이런 야외 극장에서 극을 공연하였다. 객석은 부채꼴로 펴져 있으며 등급 구별은 없었다.

먼저 수학 문제는 단순 명확하다. 그렇다고 해서 그것이 늘 풀기 쉽다는 이야기는 아니다. 이런 뜻으로 볼 때는 수학이 단순하다고 할 수 없다. 그러나 수학의 일반적인 문제는, 예를 들어 생리학 문제 같은 것과 비교하면 단순하다. 둘째, 입증 절차가 확립되어 있다. 물론 누군가가 처음에 이것을 발견해야만 했다는 사실을 잊어서는 안 된다. 일반적 성격의 증명과 입증이야말로 바로 그리스인이 발명한 것이다. 수학에서는, 비록 수학적 논증이 실제로 논쟁의 표적이 되는 일이 많고 오해받는 일이 흔히 있다고 해도, 증명의 기능은 다른 과학에 비해 분명히 뛰어나다. 셋째, 수학적 논증의 결론은 일단 올바르게 이해되면 의문의 여지가 없다. 이것은 전제가 받아들일 만큼 올바른 논증이라면 어떠한 결론에 대해서도 물론 해당된다. 수학의 요점이 전제를 받아들이는 것이 절차의 일부임에 반해, 다른 분야에서는 전제의 하나가 잘못되어 있는 것이 아닌가 하는 두려움에서 늘 결론이 사실과 비교된다. 수학은 수 이외의 사실로 비교할 필요는 없다. 이 확실성 때문에 모든 시대의 철학자는 수학이 어느 분야에서도 얻을 수 없을 정도로 의지가 될 만한 뛰어난 지식을 준다고 일반적으로 인정하고 있다. 많은 사람들은 수학이야말로 지식이라고 말하고, 이 말을 다른 그 어떤 지식에 사용하기를 거부했다. 《국가론》의 말을 빌리자면, 수학은 형상의 영역에 속해서 지식을 낳지만, 다른 분야는 기껏해야 의견을 얻을 수 있을 정도이다. 이데아론이 처음 나오게 된 것도 피타고라스학파의 수학 덕분이다. 소크라테스에 이르러서 수학이 보편적인 일반 이론으로 발전한 데 반해, 플라톤의 경우에는 또다시 수학 분야에 국한되고 만다.

철학 문제가 과학적 탐구를 하면서 나오는 것은 필연적이다.

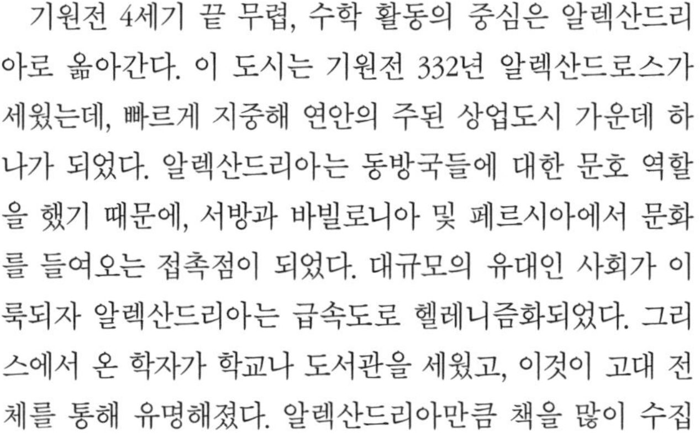

기원전 4세기 끝 무렵, 수학 활동의 중심은 알렉산드리아로 옮아간다. 이 도시는 기원전 332년 알렉산드로스가 세웠는데, 빠르게 지중해 연안의 주된 상업도시 가운데 하나가 되었다. 알렉산드리아는 동방국들에 대한 문호 역할을 했기 때문에, 서방과 바빌로니아 및 페르시아에서 문화를 들여오는 접촉점이 되었다. 대규모의 유대인 사회가 이룩되자 알렉산드리아는 급속도로 헬레니즘화되었다. 그리스에서 온 학자가 학교나 도서관을 세웠고, 이것이 고대 전체를 통해 유명해졌다. 알렉산드리아만큼 책을 많이 수집

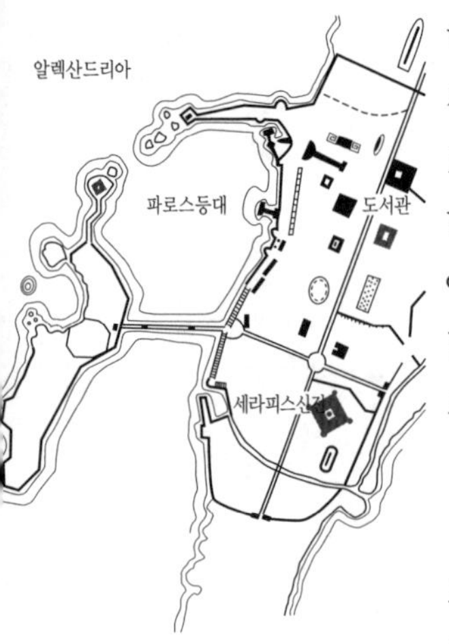

알렉산드리아만큼 책을 많이 수집한 곳은 어디에도 없었다.

한 곳은 어디에도 없었다. 불행히도 고대 과학과 철학을 발전시킨 둘도 없는 이 중심 도서관은 줄리어스 시저의 군대가 기원전 47년, 이 도시를 점령했을 때 불타버리고 말았다. 실로 이때 고전 시대의 대작가에 대한 많은 자료가 돌이킬 수 없을 정도로 소실되었다. 아마도 가치가 덜한 것도 많이 함께 사라져버렸을 것이다. 도서관이 타버렸을 때 이와 같은 생각을 하면, 어느 정도 위안이 될 것이다.

알렉산드리아의 수학자 중 가장 유명한 사람은 유클리드인데, 그는 기원전 300년 무렵 교편을 잡고 있었다. 그의 《기하학 원리》는 그리스 최대의 기념비 가운데 하나이다. 여기에는 그즈음의 기하학적 지식이 연역적으로 제시되어 있다. 유클리드 이론 중 대부분은 그 자신이 생각해 낸 것이 아니다. 그러나 이 주제를 체계적으로 제시한 사람은 유클리드이다. 《기하학 원리》는 각 시대에 걸쳐 많은 사람들이 도달하려고 했던 모범적 사례였다. 스피노자가 '기하학 식으로' 그의 윤리학을 말했을 때 표본이 된 것도 유클리드였고, 뉴턴의 《자연 철학의 수학적 원리》에도 유클리드 이론이 표본이 되었다.

알렉산드리아의 수학자 중 가장 유명한 사람은 유클리드였다. 그의 《기하학 원리》는 그리스 최대의 기념비 중 하나이다.

우리가 살펴본 것처럼, 후기 피타고라스학파가 다룬 문제 가운데 하나는 몇 개의 연분수의 값을 제한하여 무리수를 구성하는 것이었다. 그러나 이 문제에 대한 산술적인 이론은 한 번도 공식화된 일이 없었다. 이 결과, 비례의 설명은 산술적 표현으로는 어찌할 수도 없었다. 무리수, 즉 측정이 불가능한 수에 수로 나타낸 이름을 붙인다는 것 또한 불가능했기 때문이다. 길이의 경우 문제는 달라진다. 실제로 이 문제점이 처음으로 발견된 것은 길이를 1로 하는 두 변을 갖는 직각삼각형의 빗변에 수를 부여하려고 했을 때였다. 따라서 제대로 된 비례 이론이 나타난 것은 기하학에서였다. 발명자는 플라톤과 한 시대 사람인 에우독소스였던 것으로 보인다.

우리에게 전해 내려오는 이 이론의 형식은 유클리드가 발견하여 매우 분명하고 엄정하게 기술한 것이다. 기하학은 약 2000년 뒤에 해석기하학이 발명되면서 산술로 되돌아갔다. 데카르트가 기하학을 대수(代數)로 다룰 수 있다고 가정한 것은 사실상 소크라테스적 변증법의 과학적 이상을 추구하는 것이었다. 그는 기하학의 특별한 가설을 타파하면서 기하학의 기초가 된 일반적인 원리를 찾아냈다. 이것이야말로 바로 아카데미 수학자들이 추구했던 것으로 그 성공의 정도는 알 길이 없다.

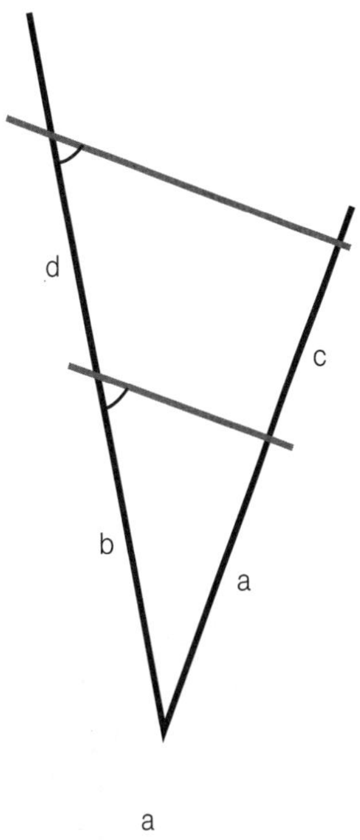

**비율이론** 알렉산드리아의 유클리드가 설명한 것이다.

유클리드의 《기하학 원리》는 근대적인 뜻에서 순수 수학이다. 알렉산드리아의 수학자들은 아카데미 전통에 따라서 이 문제에 흥미를 가지고 있었기 때문에 연구를 계속해 갔다. 그중 유클리드가 이 문제를 뚜렷하게 다루었다. 유클리드는 기하학이 쓸모가 있을지도 모른다는 말은 단 한 마디도 하지 않았다. 게다가 이와 같은 주제에 정통하기까지 오랜 노력이 필요했다. 유클리드는 이집트 왕한테서 기하학을 알기 쉽게 몇 시간 가르쳐달라는 요청을 받았을 때, 수학에는 지름길이 없다는 유명한 말로 응답했다. 그러나 수학이 실제로 조금도 이용된 일이 없다고 생각하는 것은 잘못된 일일 것이다. 마찬가지로, 수학의 문제가 실제 문제에서 나오는 일은 그다지 없을 것이라고 생각하는 것도 잘못된 일일 것이다. 그러나 무엇인가 특수한 이론의 시작을 파내려간다는 것과, 이 이론을 그 자신의 진가에 입각해서 다룬다는 것은 별개의 문제이다. 이 두 가지 사항은 잘 구별되지 않는다. 유클리드가 수학상의 발견의 사회적 의미에 거의 주의를 기울이지 않고 있다고 해서, 그의 결점을 비난한다는 것은 무의미하다. 그것은 그가 흥미를 느끼지 않고 있다는 것에 지나지 않는다. 그는 수학적 지식을 어느 정도 갖고 있으면, 그것이 어떻게 해서 나왔든 자진해서 그것을 다루었고, 엄정하게 연역적으로 정리했다. 이것은 국민의 상태나 그 밖의 어떤 것에도 의존하지 않고 타당성을 증명하는 과학적 과제였다. 이것과 같은 말은 실제로 철학 자체에도 해당된다. 시대의 정세에 따라 사람들이 그 앞뒤 시대보다도 오히려 현재의 어떤 문제에 주목한다는 말은 분명히 옳다. 그러나 그렇다고 그 문제에 대한 대답으로 제시된 이론의 공로와 잘못은 결코 바뀌지 않는다.

에우독소스의 발명이라고 여겨지고 있는 또 하나의 것은 이른바 오늘날의 구분구적법에 해당하는 '끝까지 잘라내는 방법(method of exhaustion)'이다. 이것은 곡선으로 한정된 면적을 계산하는 데 사용하는 절차이다. 그 목적은 주어진 공간의 면적을 쉽게 알 수 있는, 보다 단순한 도형으로 모두 채우는 일이다. 원칙적으로 보면 이것은 미분학의 경우와 정확히 같으며, 이 방법은 실로 미분학의 선구자이다. 이 계산 방법을 사용한 사람 중에서 가장 유명한 수학자는 아르키메데스였는데, 그는 뛰어난 수학자였으며, 동시에 위대한 물리학자요, 훌륭한 기사였다. 그는 시라쿠사에서 살았는데, 플루타르크에 따르면 그가 기술상의 수완을 발휘해 적군의 공격으로부터 시라쿠사를 보호하는 데 여러 번 도움을 주었다고 한다. 그러나 결국 로마인들은 시칠리아 섬을 모두 정복하고, 그와 함께 시라쿠사도 정복했다. 이 도시가 기원전 212년에 함락되어 약탈이 한창일 때, 아르키메데스는 살해되었다. 전설에 따르면, 그가 자기 집 모래 위에서 어떤 기하학 문제에 몰두하고 있었을 때, 이름 없는 로마 병사의 손에 찔려 죽었다고 한다.

아르키메데스(기원전 287~212)
발명가·수학자. 아리스토텔레스 후계자 중에서 뛰어난 인물로 수학의 발달에 특히 공헌했다. '지렛대의 원리'를 발견하였으며, 물체의 체적은 물체를 물에 넣었을 때 넘쳐나는 물의 양으로 측정할 수 있다는 '아르키메데스의 원리'를 규명했다.

아르키메데스는 포물선과 원의 면적을 구하기 위해 구분구적법을 사용했다. 포물선에 무한히 연속해서 차츰 작아지는 삼각형을 내접시켜, 수에 의한 엄밀한 공식을 냈다. 원의 경우, 해답은 원둘레의 직경에 대한 비를 나타내는 수 $\pi$에 의해 정해진다. 이것은 유리수가 아니므로, 극한의 방법을 써서 그 근사치를 구한다. 변의 수가 증가하는 정다각형을 내접 또는 외접시켜, 그것으로 우리는 원둘레에 더욱더 가까이 갈 수가 있다. 내접 다각형은 늘 원둘레보다 주변이 작고, 외접 다각형은 언제나 크지만, 그 차이는 변의 수가 많아짐에 따라서 더욱더 작아진다.

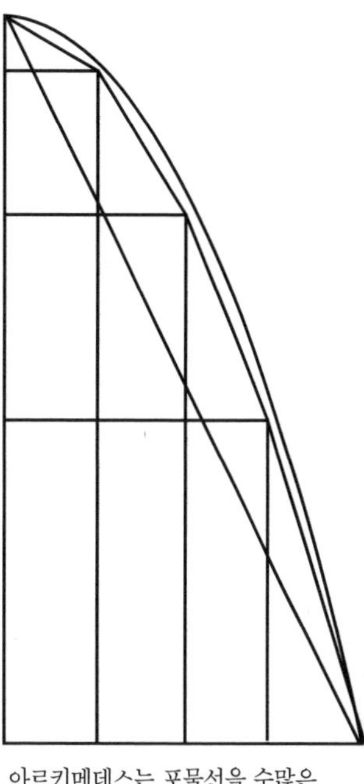
아르키메데스는 포물선을 수많은 사각형으로 나누어 배출하는 이론을 사용했다. 이것이 적분학의 전형(前形)이다.

3세기의 수학자로서 위대한 또 한 명의 인물은 알레산드리아의 아폴로니우스로, 그는 원뿔곡선(원추곡선)의 이론을 발명했다. 이 이론에도 특별한 가설이 붕괴된 명확한 한 예가 있다. 한 쌍의 직선, 하나의 포물선, 타원, 쌍곡선 및 원둘레는 모두 이제 동일한 것, 즉 한 원뿔곡선의 특별한 경우로 보였기 때문이다.

다른 과학 분야에서 그리스인이 거둔 가장 눈부신 성공은 아마도 천문학일 것이다. 이들 업적 중에는 우리가 여러 철학자를 논할 때, 이미 언급했다. 이 시기의 성과로서 무엇보다 놀라운 것은, 태양중심설의 발견이다. 유클리드, 아폴로니우스와 같은 시대 사람인 사모스 섬의 아리스타르코스가 처음으로 이 견해를 완전히 세부적으로 설명한 사람이었던 것으로 보인다. 단 기원전 4세기 끝 무렵, 아카데미에서 이 견해가 고려되었다고 할 만하다. 어쨌든 아르키메데스는 아리스타르코스가 이 이론을 품고 있었다는 믿을 만한 증언을 한다. 플르타르코스도 이 점을 몇 마디 언급했다. 이 이론의 요점은 지구와 행성이 태양 주위를 돌고, 태양은 별들과 함께 고정된 채로 있고, 지구가 그 궤도를 달리면서 자전한다는 사실이었다. 지구가 하루에 한 번 자전한다는 것은 이미 기원전 4세기 플라톤학파의 헤라클레이데스는 알고 있었으나, 황도의 경사는 5세기에 발견되었다. 아리스타르코스의 이론은 이와 같이 결코 매우 신기한 것은 아니었다. 그런데도 이와 같이 대담하게 그때의 상식적인 관점을 떠났다는 것에 반대도 있었고, 적의까지 있었다. 철학자 중에서도 이에 반대하는 사람이 있었다는 사실을 고백할 수밖에 없지만, 이것은 아마도 주로 윤리적인 이유에서였을 것이다. 지구를 만물의 중심에서 멀리 한다는 것은 도덕 기준을 깨뜨리는 것이 틀림없기 때문이다. 스토아학파의 철학자 클레안테스는, 그리스인은 마땅히 아리스타르코스를 불경죄로 고발해야 한다고까지 요구했다. 태양, 달, 별에 대한 극단적인 의견은 정치상의 비정통적 의견과 모두 같아서 때로는 위험했다. 이 폭탄 선언 이후 아리스타르코스는, 자기 의견을 말할 때 이전보다 조금은 기가 죽은 태도를 보였다.

지구는 움직인다는 견해가 종교 감정을 혼란시킨 것은 그 뒤에 한 차례 갈릴레이가 코페르니쿠스의 이론을 시인한 저 유명한 때였다. 코페르니쿠스도 사실상 사모스 출신 천문학자의 이론을 단순히 부활시키거나 재발견한 데 지나지 않았음을 지적해도 좋을 것이다. 이것은 코페르니쿠스가 쓴 수기의 한 여백에 아리스타르코스의 이름이 기입된 것으로 보아 의심할 여지가 없다. 태양계 안에서의 상대적인 크기와 거리는 반드시 모두 잘 계산된 것은 아니었다.

코페르니쿠스가 주장한 태양 중심 우주 체계

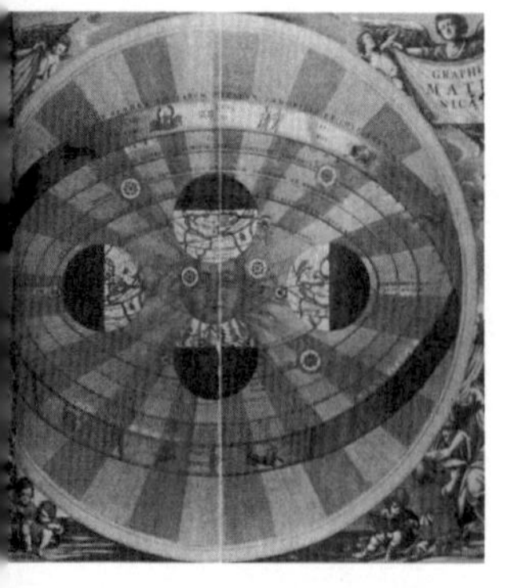

지구에서 태양까지의 거리를 어림잡아 계산해서 가장 잘 되었다는 것도 실제 거리의 반 정도이다. 달까지의 거리는 매우 정확하게 계산되었다. 지구의 직경은 정확한 숫자에서 80킬로미터의 범위까지 육박한 것이 나왔다. 에라토스테네스가 이 공적을 이루었는데, 그는 알렉산드리아의 도서관 사서였으며, 과학상의 관찰자로 유명했다. 지구의 원둘레를 결정하기 위해, 그는 같은 자오선상에 거의 가깝게 놓인 관찰점을 두 개 골랐다. 그 하나가 북회귀선상의 시에네로, 여기에서는 정오에 태양이 맨 꼭대기에 있다. 그는 이것을 깊은 우물에 태양이 비치는 것으로 관찰했다. 640킬로미터 떨어진 북쪽의 알렉산드리아에서는 태양의 각도만 재면 되었고, 이것은 오벨리스크의 그림자가 가장 짧아졌을 때 손쉽게 측정할 수가 있었다. 이 지식으로 지구의 원둘레나 직경을 간단히 유도할 수가 있다.

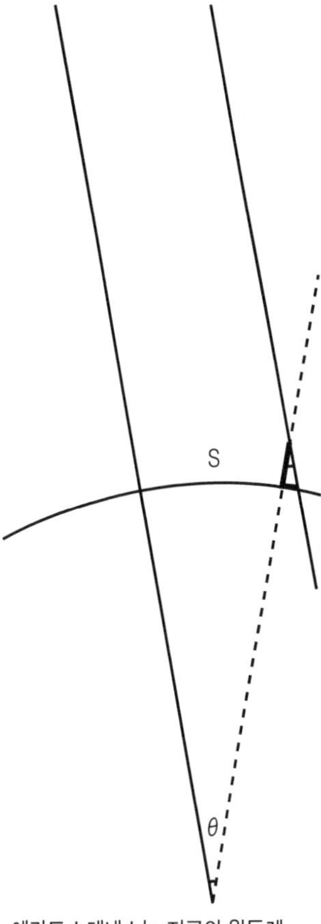

**에라토스테네스는 지구의 원둘레를 알아냈다** 천정의 태양이 같은 자오선 위의 다른 지점에 대해 표준적으로 이루는 각도에 의해 그 답을 구한다.

이 지식 가운데 거의가 그 무렵의 종교적 편견과 충돌해서 곧 잊혀졌다. 이 점에서 철학자까지 잘못을 저질렀다는 것을 잘 알 수 있다. 이 새로운 천문학이 스토아학파의 윤리 이론을 뒤엎을 염려가 있었기 때문이었다. 그동안의 사정을 공평하게 관찰한 사람은 스토아 학설이 가르침으로는 좋지 않으며, 따라서 뒤엎을 필요가 있다고 말하고 싶은 심정이었다. 그러나 이것은 실행이 곤란한 이상적인 안이었고, 이와 같은 비난을 받는 견해를 가진 자가 싸움 한 번 하지 않고, 그 입장을 포기하는 것은 있을 수 없는 일이다. 하나의 견해에 확신을 갖고, 동시에 초연한 태도를 품을 수 있다는 것은 좀처럼 볼 수 없는 천부적인 재능이다. 철학자와 과학자는 다른 사람들 이상으로 이럴 수 있도록 자기 자신을 단련하려 한다. 그러나 결국 그들도 보통 사람과 마찬가지로 잘 되지 않는 것이 통례이다. 수학은 이런 태도를 양성하는 데 놀라울 만큼 알맞은 학문이다. 많은 위대한 철학자가 수학자였다는 것은 결코 우연이 아니다.

결론적으로, 수학이 문제의 단순성과 구조의 분명성 외에도 미를 창조하기 위한 그 어떤 여지를 준다는 것은 아마도 강조할 만한 가치가 있는 일일 것이다. 실제로 그리스인

은 언어상으로 시대착오를 감히 저지른다고 해도, 날카로운 심미안을 가지고 있었다. 오늘날 사용되는 미학이라는 말은 18세기 독일의 철학자 바움가르텐이 처음 만들어 냈다. 키츠가 진리는 미라고 하는 말로 표현한 정감은 철두철미한 그리스적인 개념이다. 이것이야말로 바로 그리스 항아리의 기하학적인 조화를 관조할 때, 플라톤주의자라면 아마도 느낄 수 있는 감정일 것이다. 마찬가지로 수학의 증명 구조 자체에도 같은 말을 할 수 있다. 이 분야에서 세밀함이나 자제심 같은 관념은 성격상 미적인 것이다.

고대 그리스의 항아리(기원전 6~7세기)

## 제3장
# 헬레니즘

기원전 5세기 초에 그리스인은 페르시아의 침입에 맞서 싸웠고, 기원전 4세기 초에 페르시아 대왕의 제국은 이미 덩치만 크고 쓸모가 없는 거목에 지나지 않다는 것을 볼 수 있었다. 실제로 크세노폰은 훌륭한 지도와 훈련을 받은 그리스인 병사들의 한 소대가 페르시아 영토 안에서도 그 무력에 대항해서 한 발자국도 물러나지 않았다는 것을 입증하지 않았던가.

알렉산더 대왕이 지배하기 시작하면서 그리스 세계는 공세로 전환했다. 기원전 334년부터 324년까지 고작 10년 동

**이소스 전투** 알렉산더 대왕이 다리우스 3세 대군을 무찌른다. 나라가 번성함에 따라 그리스 문화가 나일에서 인더스까지 펼쳐진다.

철학자이며 과학자—알렉산더 대왕
알렉산더는 뛰어난 전술가였을 뿐 아니라 그리스 문화 확산에도 공헌했다. 유리로 만든 잠수정에 들어가 해저 조사를 하고 있는 모습이 그려져 있다.

안, 페르시아 제국은 마케도니아의 젊은 정복자 손에 넘어갔다.

그리스에서 박트리아까지, 나일 강에서 인더스 강까지 세계는 눈 깜짝할 사이에 알렉산더 한 사람의 지배 아래 들어갔다. 그는 그리스인에게 한낱 마케도니아의 군주에 지나지 않았지만, 스스로를 그리스 문명을 짊어질 사람으로 보았다. 실제로 대왕은 실력을 보였다. 그는 일개 정복자가 아니라 개척자이기도 했다. 대왕이 군대를 이끌고 간 곳은 어디에서나 그리스 도시를 세우고, 그리스 방식으로 경영했다. 이들 그리스적 삶의 중심에서 본래의 그리스나 마케도니아의 식민자들이 그 땅의 사람들과 융합해 갔다. 알렉산더는 마케도니아인에게 아시아 여인과의 결혼을 권고하고, 자기도 주저하지 않고 실천했다. 그는 페르시아 왕녀를 둘이나 아내로 삼았다.

국가로서의 알렉산더 제국은 허망했다. 그가 죽은 뒤, 장

세 명의 그리스 문명권 왕들

프톨레마이오스 1세(이집트)

드미트리우스 폴리오르케테스(마케도니아)

셀레우코스 1세(시리아)

군들은 결국 영토를 셋으로 나누었다. 유럽 또는 안티고노스의 제국은 100년도 채 못 되어 로마인의 손에 들어갔다. 아시아 또는 셀레우코스의 왕국은 분열해서 서방 로마인과 동방의 파르타인과 다른 민족에게 넘어갔다. 프톨레마이오스 왕조의 이집트는 아우구스투스 황제하의 로마령이 되었다. 그러나 마케도니아인의 정복은 그리스의 영향의 전파자로서 한결 성공을 거두었다. 그리스 문명은 넉넉히 아시아로 스며들었다. 그리스어는 여기저기에서 교육받은 사람들의 언어가 되었고, 빠르게 발달하여 교역과 상업의 공통된 용어가 되었다. 그것은 최근 수십 년의 영어의 위치와 거의 같다. 기원전 200년 무렵, 지브롤터 해협에서 갠지스 강까지 그리스어로 의사가 소통되었다.

**야누스상의 로마 동전** 그 시대의 그리스풍 동전보다 야만적이다.

따라서 그리스인의 과학과 철학, 특히 예술은 오래된 동방의 문명에 영향을 미치기 시작했다. 화폐, 꽃병, 건축과 조각 유물은 수준이 조금 떨어지지만, 문학에 이르기까지 이 문화의 침입 흔적을 여실히 나타내고 있다. 마찬가지로 동방도 새로운 영향을 서방에 미쳤다. 그러나 이것은 한결음 후퇴에 가까운 것이었다. 그 무렵 무엇보다도 그리스인의 기호에 맞은 것은 바빌로니아의 점성술이었기 때문이다. 이와 같이 과학은 발달했는데도, 헬레니즘 시대는 고전 시대보다도 훨씬 미신적이었다. 마찬가지의 일이 우리 눈앞에서도 다시 일어나고 있다. 내가 청년이었을 무렵 점성술 같은 것은 조금 이상한 극히 소수의 별난 사람의 소유물이었다. 오늘날 이 병이 매우 깊어서, 대중 신문을 좌지우지하는 사람들까지도 별자리 이야기를 기사로 실을 마음이 들 정도이다. 아마도 이것은 이상한 일이 아닐 것이다. 로마인이 지배할 때까지 헬레니즘 시대 전체가 안정되지 않고 불안정했기 때문이다. 그리스는 서로 싸우는 당파의 용병대가 이따금 지방의 주민을 괴롭혔다. 정치적으로 보았을 때, 알렉산더의 새로운 도시에는 대수도와 전통적으로 결부된 오래된 식민지의 안정이 결여되어 있었다. 그즈음의 전반적인 시대 사조도 안정감이 결여되어 있었다. 강대국이 연이어 와해하고, 뒤를 잇는 나라들도 지배권을 다투고 있었다. 세상의 허무함이 새삼스럽게 사람들의 심금을 울렸다.

바람의 정령 탑

문화적으로는 전문화 경향이 더욱더 확대되어 갔다. 고전 시대의 위인들은 시민 국가의 구성원으로서 필요하다면 많은 일에 손을 댈 수 있었다. 헬레니즘 세계의 탐구자는 특수한 한 가지 분야에만 힘을 다했다. 과학적 연구의 중심지는 아테네에서 알렉산드리아로 옮겨졌다. 알렉산드리아는 알렉산더 대왕의 새로운 도시 중에서 가장 빛나는 도시이면서 전세계의 학자와 저술가가 만나는 곳이었기 때문이다. 지리학자 에라토스테네스도 얼마 동안은 대도서관의 사서 주임이었다. 유클리드도 수학을 가르쳤고, 아폴로니오스도 마찬가지였고, 아르키메데스도 이곳에서 배웠다. 사회적으로는 안정된 삶의 기반이 노예 인구의 증대에 따라 무너져 가고 있었다. 노예가 익숙한 분야에서는 자유인도 쉽사리 솜씨를 자랑할 수가 없었다. 할 수 있는 일이란 떠돌이가 되어 무엇인가 돈벌이가 될 만한 일에 가담하는 정도였다. 그리스의 영향이 널리 미치면 미칠수록 사람들은 도시 국가의 이상보다 더 넓은 이상을 교육받았으나, 알렉산더 대왕의 산산조각이 난 잔해를 다시 모을 만한 강력한 인물도, 주장도 나오지 않았다.

끝을 모르는 불안은 사회 문제에 대한 관심의 결여와 지적, 도덕적 쇠퇴를 가져왔다. 고대 그리스인은 그 시대의 정치 문제에 대결할 수 없었고, 헬레니즘 시대의 사람들도 마찬가지였다. 결국, 혼돈에서 질서를 잡고 그리스인의 문명을 후세에 전하는 일은 로마의 조직화된 능력에 맡길 수밖에 없었다.

*

도시 국가의 황금시대가 지나가면서 그리스 세계에 발랄한 기운이 전반적으로 쇠퇴하게 되었다. 아테네의 대철학자 모두가 공통적으로 가지고 있던 특징으로 눈에 띄는 것이 하나 있었다고 하면, 그것은 대담할 정도로 밝은 생활 태도였다. 세계는 그렇게 나쁜 곳은 아니었다. 국가는 구석구석까지 한눈으로 바라볼 수 있었다. 아리스토텔레스는 우리가 살펴본 대로 이것을 이상도시의 특징으로 삼았다.

마케도니아의 세력이 확대된 결과, 이 충만한 생각은 일시에 분쇄되고 말았다. 그즈음의 철학 경향에는 이런 현상이 전면적인 비관론과 불안감으로 반영되었기 때문이다. 이미 플라톤과 같은 귀족적 시민의 자신감은 찾아보려야 찾아볼 수가 없었다.

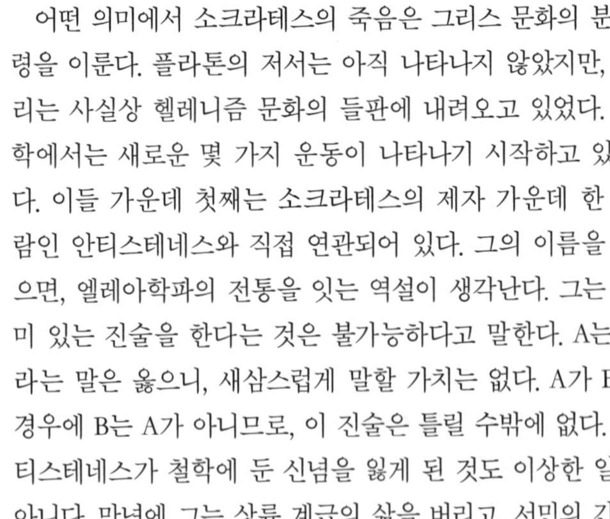
어떤 의미에서 소크라테스의 죽음은 그리스 문화의 분수령을 이룬다. 플라톤의 저서는 아직 나타나지 않았지만, 우리는 사실상 헬레니즘 문화의 들판에 내려오고 있었다. 철학에서는 새로운 몇 가지 운동이 나타나기 시작하고 있었다. 이들 가운데 첫째는 소크라테스의 제자 가운데 한 사람인 안티스테네스와 직접 연관되어 있다. 그의 이름을 들으면, 엘레아학파의 전통을 잇는 역설이 생각난다. 그는 의미 있는 진술을 한다는 것은 불가능하다고 말한다. A는 A라는 말은 옳으니, 새삼스럽게 말할 가치는 없다. A가 B인 경우에 B는 A가 아니므로, 이 진술은 틀릴 수밖에 없다. 안티스테네스가 철학에 둔 신념을 잃게 된 것도 이상한 일은 아니다. 만년에 그는 상류 계급의 삶을 버리고, 서민의 간소

**안티스테네스** 메가라의 논리학자

한 삶을 살았다. 그는 시대의 풍습에 역행하여, 조직 국가의 인습과 제약의 구속을 받지 않는 원시적 삶으로 되돌아가기를 원했다.

디오게네스 냉소주의자

안티스테네스의 제자 가운데 한 사람이 흑해의 그리스 식민지인 시노페에서 태어난 디오게네스였다. 그로부터 새로운 운동이 시작되었다. 디오게네스는 개와 같은 원시적인 삶을 보냈기 때문에 '개와 같다'는 뜻의 '키닉'이라는 별명을 얻었다. 전설에 따르면, 그는 통 속에서 살고 있었으며, 한번은 알렉산더도 이 유명한 사람을 찾아갔다. 마케도니아 청년 알렉산더는 디오게네스에게 원하는 것을 말하면 들어주겠다고 했다. "햇볕이 가리지 않게 거기서 물러나 주시오"가 그의 대답이었다. 알렉산더는 뼈저리게 깨달아 이렇게 대답했다. "내가 알렉산더가 아니었다면, 디오게네스가 되었으리라."

키니코스학파의 가르침의 요지는 세속의 재물을 돌아보지 말고 덕에 집중하라는 것이고, 미덕만이 가치 있는 재물이라 했다. 이것은 틀림없이 소크라테스의 가르침과 일맥상통하는 것이다. 세상의 사건에 대한 반응으로 따지자면 조금 소극적인 태도다. 하기야 유대감이 약하면 약할수록 상처를 입고 실망하는 가능성도 적어진다. 그러나 이와 같은 데서는 그 이상의 깊은 힘은 기대할 수 없다. 키니코스학파의 이 가르침은 이윽고 넓고 유력한 전통이 되었다. 기원전 3세기에 그것은 헬레니즘 세계로부터 민중의 큰 지지를 얻었다. 이것은 물론 키니코스학파의 가르침을 저속하게 만든 하나의 형태가 어쩌다 시대의 윤리적 조건을 반영했다는 것을 뜻하는 데 지나지 않는다. 그것은 하나의 기회주의적인 생활 태도로, 취할 일이 있으면 양손을 벌리고 취하지만 기회가 사라졌다고 해도 불평하지 않고, 즐길 때는 즐기지만, 운명의 장난은 냉소적으로 받아들인다. 이 가르침이 이와 같이 발전해서, '시니컬(cynical)'이라는 말이 저 불명예스러운 의미를 띠게 된 것이다. 그러나 하나의 운동으로서 키니코스 철학은 영원히 계속될 만큼 그렇게 뜻이 있는 것은 아니었다. 그 윤리 내용은 스토아학파에 흡수되기에 이르렀으나, 이에 대해서는 나중에 말하기로 한다.

또 다른 철학적 쇠퇴기의 소산은 냉소주의와 조금 다른 회의주의의 움직임이었다. 문자대로 해석하자면, 회의하는 사람이란 의심하는 사람에 지나지 않지만, 철학으로서 회의주의는 의심을 교의로 삼을 만큼 중요하게 생각한다. 그것은 무엇인가를 확실히 알 수 있는 자가 있다는 것을 부정한다. 문제는 철학적 회의자가 이 지식을 어디에서 생각해 냈는지 사람들이 알고 싶어한다는 점이다. 그들은 자신들의 관점에서 지식의 가능성을 분명히 부정하면 이렇게 된다는 것을 어떻게 아는 것일까. 이것은 저마다의 의견에 대한 의심이 풀리고 하나의 원리가 세워질 때 실제로 응용할 수 있는 비판이다. 조심하는 것 이상 좋은 일은 없다고 건전하게 생각하면, 회의주의는 아무런 문제없다.

알렉산더 대왕의 방문을 받은 디오게네스
세계의 정복자와 세속적인 가치관을 거부하고 개처럼 살기를 바란 철학자는 두 개의 서로 대립하는 가치관으로 얼굴을 마주했다.

최초의 철학적 회의론자는 엘리스의 시민 피론이었다. 그는 알렉산더의 군대와 함께 세상 구경을 하던 사람이었다. 회의주의의 가르침은 새로운 것은 아니었다. 우리가 앞에서 살펴본 것처럼 피타고라스학파나 엘레아학파가 오관의 신뢰에 의심을 던진 데 반해, 소피스트는 이에 가까운 관념을 자기들의 사회적, 윤리적 상대주의의 기초로 도입하고 있었기 때문이었다. 그러나 이들 사상가 중 그 누구도 의심 그 자체를 중심적 논점으로 삼은 사람은 없었다.

17세기와 18세기의 논자들이 피론학파 철학자를 평할 때,

그들이 논하는 철학자들은 이런 회의주의자들이었다. 피론에 대해서는 알려진 것이 아무것도 없으나, 그의 제자인 티몬은 연역의 제1원리가 성립한다는 것을 부정한 사람으로 보인다. 과학적 논증에 대한 아리스토텔레스학파의 설명은 제1원리에 따른 것이므로 이것은 아리스토텔레스의 제자에 대한 심상치 않는 공격이었다. 그랬기 때문에 스콜라학파의 성격이 강한 중세는 피론 철학에 대단한 적의를 품고 있었다. 가설과 연역의 방법에 대한 소크라테스학파의 설명은 회의주의 공격의 영향을 받지 않았다. 철학적으로 볼 때 17세기의 문예 부흥은 아리스토텔레스를 탈피하여 플라톤으로 되돌갔다.

ΣΕΞΤΟΥ ΕΜΠΕΙΡΙΚΟΥ
ΠΥΡΡΩΝΕΙΩΝ ΥΠΟΤΥ-
SEXTI EMPIRICI
PYRRHONIARVM
Liber primus.

《피론철학의 개요》
섹스토스 엠페이리코스의 작품으로, 회의주의 창시자 피론의 업적을 담고 있다.

기원전 235년에 티몬이 죽은 이후, 회의주의도 독립적인 학파가 되지 못했다. 그것은 아카데미에 흡수되었고, 이 아카데미는 200년 가까이 회의주의적 경향을 지속했다. 이것은 물론 플라톤 전통을 왜곡한 것이었다. 우리는 플라톤 문맥을 전후 관계를 무시하고 볼 때, 그가 건설적인 사고를 하려는 시도를 모두 포기했다고밖에 볼 수 없는 몇 구절을 찾을 수 있다. 《파르메니데스》의 변증법적 난문이 바로 그렇다. 그러나 변증법은 플라톤의 경우 결코 본래의 목적은 아니었다. 그것이 이와 같이 오해되지 않는다면 회의주의적인 뜻은 잘못 이해될 리가 없었다. 그러나 미신 속으로 가라앉아 가고 있던 시대에 회의론자가 폭로가로서의 귀중한 역할을 다한 것도 사실이었다. 그러나 또 그들은 몇 가지 미신적 의식을 속으로는 조금도 믿지 않고, 겉으로 믿는 시늉만 하리라고 결심한 듯하다. 회의주의는 이 완전히 부정적인 세계관 때문에, 신봉자 사이에서 견실하게 자리 잡기는커녕 오히려 잔재주가 많은 어설픈 냉소자를 낳는 경향이 있었다.

기원전 1세기에 회의주의는 다시 독립적인 전통이 되었다. 서기 2세기의 풍자가인 루키아노스와 저서가 현재까지 남아 있는 섹스토스 엠페이리코스는 후기 회의주의에 속한다. 그러나 시대의 분위기는 결국 명확하고, 안정된 신념의 체계를 요구하고 있었다. 독단적인 사물의 관점이 나와서 차츰 회의주의 철학의 뿌리를 빼앗아 갔다.

헬레니즘 시대의 철학적 사고를 아테네의 위대한 전통과 이에 앞선 여러 전통적인 철학적 사고와 비교해 보며, 퇴폐한 세상의 창백하고 피곤한 인상을 강하게 받는다. 고대의 사상가에게 철학은 하나의 모험으로, 개척자의 기민함과 용기를 필요로 한다. 후기 철학도 이에 종사하는 사람들의 용기에 의존했었다고 말할 수 있을지 모르나, 그것은 이제 오히려 체념과 인내의 용기지 탐험가의 강인한 용맹심은 아니다. 낡은 사회의 뼈대가 붕괴해 버린 시대에 사람들은 평안을 구했고, 평화가 손쉽게 손에 들어오지 않자 피할 수 없는 곤란을 어떻게든 견디고 나서는 마치 훌륭한 일을 한 것 같은 시늉을 했다. 이 점은 에피쿠로스학파에서 가장 두드러지게 나타난다.

지적인 전형을 타락시키는 것에 따르는 휴식을 디자인한 모습

기원전 342년, 아테네인 부모 아래에서 태어난 에피쿠로스는 18세 때 사모스에서 아테네로 나왔고, 그 뒤에 곧 소아시아로 건너가 거기에서 데모크리토스의 철학에 매료되었다. 30세가 조금 지났을 무렵 그는 학원을 세웠으며, 이것이 기원전 307년부터 기원전 270년 그가 죽을 때까지 아테네에서 계속되었다. 이 학원은 그가 가옥 부지 내에서 공동생활을 영위하기 위해 될 수 있는 대로 바깥의 복잡한 세계와의 충돌로부터 고립하려고 했다. 평생 에피쿠로스는 가벼운 병이 따라다녔으나, 이에 지지 않고 몸을 단련시켰다. 그의 가르침의 중심적인 요점은 조용하고 편안한 상태에

이르는 것이었다.

에피쿠로스에게 최선의 선은 쾌락이었다. 이것이 없으면, 선한 삶은 불가능하다. 문제의 쾌락에는 정신적 쾌락은 물론 육체적 쾌락도 들어간다. 정신적 쾌락은 육체적 쾌락을 관조하는 것이며, 그 어떤 것도 그 이상 중요하다고는 말할 수 없다. 그러나 우리의 정신적 삶은 이것을 어느 방향으로 향한다 해도 자유다. 우리는 어느 정도 우리의 관조의 대상을 선택할 수 있는 데 반해서, 육체적 삶은 거의 우리에게 강요되는 것이다. 여기에 정신적 쾌락의 유일한 이점이 있다. 이와 같은 견지에 서서 덕이 있는 사람은 쾌락을 추구하는 데 신중하다.

**에피쿠로스** 그의 영혼의 원자론은 영원성에 대한 믿음을 대신한다.

이 일반적 이론에서 소크라테스나 플라톤의 선한 삶의 개념과는 완전히 다른 것이 생겨난다. 전체적 경향은 활동과 책임을 벗어나려고 하는 것이다. 물론 소크라테스는 사색적 삶을 무엇보다도 최선으로 생각했다. 그러나 그렇다고 해서 그것은 완전한 초탈과 고고함을 뜻하는 것은 아니었다. 오히려 엘리트의 의무 가운데 하나는 바로 공공적인 일의 운영에 자진해서 참가하는 것이다. 플라톤 또한 이 의무감에 깊이 감동한 사람이다. 동굴을 나온 철학자는 되돌아가서 그다지 견식을 가지고 있지 않은 사람을 해방시켜 주어야 한다. 이 확신이 있었기 때문에 그는 시칠리아 섬까지 모험을 무릅쓰고 갔다. 에피쿠로스에게는 살아갈 활력이 하나도 남아 있지 않았다. 그는 적극적 쾌락과 소극적 쾌락을 구별하는데, 소극적 쾌락에 우위를 두고 있다. 적극적 쾌락은 결여된 사물을 요구하는 원동력이며, 즐거운 목적을 향해 노력할 때 경험한다. 일단 그 목표에 다다르면, 이미 그 이상의 요구가 없어지는 곳에서 소극적 쾌락이 얻어진다. 그것은 포만 상태에 빠진 뒤의 무감각이다.

이런 세심한 윤리가 세상의 운명에 싫증이 난 시대의 기호에 알맞는 것을 우리는 잘 알 수 있다. 그러나 '선'을 설명할 때 그것은 참으로 일방적이다. 그것은 특히 욕망이나 감정의 결여가 적극적으로 탐구하게 하는 특징이라는 사실을 간과한다. 소크라테스는 지식을 하나의 '선'이라고 주장한 점에서 근본적으로 옳았다. 사심을 떠나서 이해를 위해 노력하면 비로소 우리는 에피쿠로스가 구하던 것처럼 자기의식을 떠난 마음의 충만함을 얻을 수 있다.

그러나 에피쿠로스는 인간으로서의 기질 때문에 조금 엄격한 그의 의견과는 달리 일관성을 잃게 된다. 그는 우정을 무엇보다도 존중했기 때문에 소극적 쾌락에 포함시켰다. 에피쿠로스학파라는 말이 사치스러운 삶의 대명사가 된 것은 에피쿠로스가 같은 시대의 스토아학파나 그 후계자에게서 욕을 많이 얻어 먹었기 때문이다. 스토아학파는 에피쿠로스학파의 가르침을 심한 유물론적인 관점이라 해서 멸시하고 있었다. 이 점은 에피쿠로스학파 사람들이 실제로는 검소한 삶을 보내고 있었던 만큼 매우 큰 오해라 할 수 있다.

**《사물의 본성에 대해서》**
이 장식사본의 삽화는 에피크로스파의 시인 루크레티우스의 모습이다. 문장은 제1권 머리말 부분으로 미와 사랑의 여신 비너스에 대한 찬가이다.

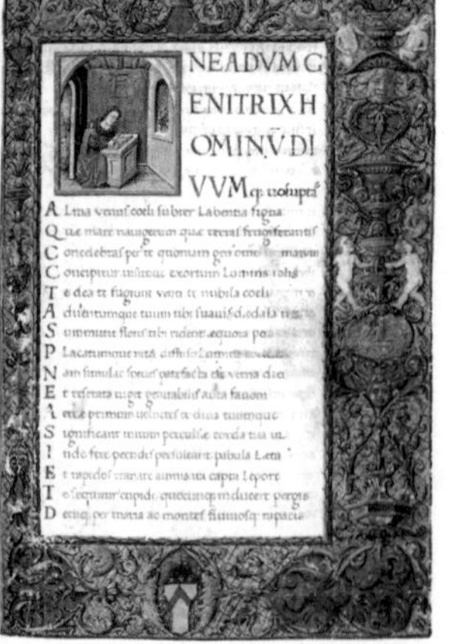


데모크리토스의 원자론을 신봉했다는 점에서 보면, 에피쿠로스는 유물론자였다. 그러나 그는 원자의 운동이 법칙에 엄격하게 지배된다는 견해를 채택하지는 않았다. 우리가 앞에서 지적한 대로, 법의 개념은 먼저 사회적 영역에서 생겼다가 나중에 마침내 물질계의 사건에도 적용된 것이다. 마찬가지로 종교도 사회 현상이며, 필요 관념에서 종교와 사회의 사상 계열이 교차하게 된다. 궁극적으로 입법자는 신이다. 에피쿠로스는 종교를 거부했기 때문에 필연의 철칙까지 버릴 수밖에 없었다. 따라서 에피쿠로스의 원자는 어느 정도 방만한 자유가 허용된다. 그러나 어느 과정이 일단 진행되면, 그 앞의 과정은 데모크리토스의 경우와 마찬가지로 법칙에 따르도록 되어 있었다.

영혼도 하나의 특별한 물질이며, 그 분자는 육체의 구성 원자와 섞여 있었다. 감각이란 대상에서 나온 것이 영혼의 원자와 서로 충돌한 것이라고 설명되고 있다. 죽음이 일어나면, 영혼의 원자는 육체와의 연관을 잃고 산산히 흩어져 원자로 살아남기는 하지만, 이미 감각 능력은 없다. 이와 같이 해서 에피쿠로스는 죽음의 공포가 비합리적라는 사실을 증명하고 있는데, 그 이유는 죽음 자체가 우리가 경험할 수 있는 것이 아니기 때문이다. 에피쿠로스는 종교를 크게 반대했지만, 신의 존재는 인정했다. 그러나, 우리는 신이 존재한다고 해서 좋게 되는 것도 나쁘게 되는 것도 아니다. 신은 에피쿠로스학파의 최고의 실천자로서 사람들의 문제에 아무런 관심을 가지지 않는다.

에피크로스스는, 종교는 크게 반대했지만 신의 존재는 인정했다.

신은 상벌 어느 것도 내리지는 않는다. 요컨대 우리는 쾌락 중에서도 최고의 '선', 즉 흩어지지 않는 평형 상태에 이르기 위해 사려와 절제의 길을 걸어가야 한다.

다른 학파와 달리 에피쿠로스학파는 과학적 전통을 낳지 않았다. 그 자유 사상적 태도와 미신적 풍습 타파의 태도는 초기 로마 제국의 상층 계급 중에서도 특히 소수의 선택된 사람들에게 줄곧 존중되었다. 가장 윤리적인 측면까지도 그것은 차츰 스토아주의로 대체되어 갔다. 이 에피쿠로스학파의 전통을 잇는 뛰어난 사람이 나타나는데, 그는 기원전 99년에서 55년까지 살던 로마의 시인 루크레티우스다. 《사물의 본성에 대해서》에 실린 유명한 시에서 그는 에피쿠로스의 가르침을 말한다.

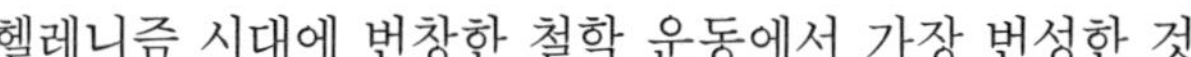
헬레니즘 시대에 번창한 철학 운동에서 가장 번성한 것

은 스토아학파이다. 스토아학파는 아테네의 몇몇 위대한 학파에 비하면 모국 그리스의 토양에 그다지 묶여 있었던 것은 아니었으므로, 동방에서, 나중에는 서로마제국에서 가장 유명한 대표 중에 몇 사람을 끌어들였다. 이 운동의 창시자는 키프로스 섬 태생의 페니키아인으로, 그의 이름은 제논이었다. 그가 태어난 연대는 확실하지 않지만, 기원전 4세기 끝 무렵으로 추정된다. 생가의 장사 때문에 처음으로 아테네에 간 청년은 철학에 대한 관심을 갖기 시작했다. 그는 장사를 버리고, 마침내는 자기 학원을 만들어 스토아 포이킬레라는 곳에서 강의를 했다. 이는 여러 가지 색을 칠한, 지붕이 있는 회랑이라는 뜻이다. 이 가르침이 스토아학파라고 불린 것도 이 건물에서 유래되었다.

스토아 철학은 약 5세기 동안 이어진다. 그 사이에 그 가르침은 상당한 변화를 받았다. 그러나 이 운동을 결속시켰던 것은 그 윤리상의 가르침이 줄곧 일관되었기 때문이다. 스토아학파의 이런 면은 소크라테스의 생활 태도에 그 근원을 둔다. 위험과 고뇌를 아랑곳하지 않는 용기와 물질적 환경에 대한 무관심이 스토아 철학자가 존중한 덕목이었다. 스토아라는 말에 근대적 의미를 부여한 것도 인내와 초연함을 강조했기 때문이다.

**제논** 스토아 철학의 창시자 제논은 명저 《국가》에서 법률에 대한 지배와 정치제도의 정통성을 주장했다.

스토아학파의 학설은 윤리설로서 고전 시대의 여러 학설과 대비하면, 엄격하기만 하고 조금 특색이 없는 규율이다. 그러나 가르침으로서는 플라톤이나 아리스토텔레스의 가르침보다는 널리 신봉되었다. 행동하는 지식을 최고의 선으로 강조하는 플라톤 학설이 아마도 그다지 마음에 들지 않았던 모양이다. 어쨌든 스토아학파의 가르침은 헬레니즘 시대의 국왕이나 지배자의 상상력을 사로잡고 놓지 않았던 것으로 보인다. 그러나 철학자는 국왕이 되어야 하고, 국왕은 철학자가 되어야 한다는 말처럼 소크라테스가 자신이 희망하고 있던 결과를 거둘 만했는지 어떤지, 그것은 처음부터 매우 의심스럽다.

생보다 죽음을 택한다
스토아학파에서 자살은 금기가 아니었다. 오히려 자기의 생사는 스스로 결정할 권리를 가졌다.

초기 스토아 철학자의 저서로, 단편적인 것 외에는 오늘날 남아 있는 것이 거의 없다. 단, 이들을 서로 연결해서 그들의 가르침을 적당히 설명하는 것은 가능하다. 제논의 큰 관심은 주로 윤리적인 것이었던 모양이다. 스토아 철학자의 철학 전체를 통해서 중심적 관심을 이루고 있던 가장 중요한 논점 가운데 하나는 결정론과 자유 의지의 문제이다. 이 철학의 문제는 여러 시대를 지나 오늘에 이르기까지 철학자의 주의를 끌기에 충분했다. 제논은 엄연히 법칙이 자연을 지배한다고 보았다. 그의 우주론은 주로 소크라테스 이전의 견해에서 영향을 받은 것으로 보인다. 제논에 따르면 근원이 되는 실체는 헤라클레이토스의 경우와 마찬가지로 불이다. 여기에서 다른 기본 요소가 분리되는데, 그 방법은 아낙사고라스의 이론과 조금 가깝다. 결국 거기에는 대규모적인 횃불이 나타나 모든 것이 이 원시의 불로 돌아가 엠페도클레스의 회귀 이론처럼 새로 시작된다. 세계가 그 궤도를 달릴 때 적용되는 법칙은 역사의 모든 세밀한 부분까지 지배하는 어떤 최고의 권위에서 나온다. 모든 것은 미리 정해진 방법으로 어떤 목적 때문에 일어난다. 최고의 힘이나 성스러운 힘은 세계의 밖에 있는 것이 아니라, 모래에 스며드는 수분과 같이 세계에 고루 스며드는 것으로 여기고 있다. 이와 같이 신은 내재하는 힘이며, 그 일부가 인간 한 사람 한 사람의 내부에 살아 있다. 이런 견해는 근대에 들어와서 스토아학파의 전통에 영향을 받은 스피노자의 철학적 저술로써 유명해졌다.

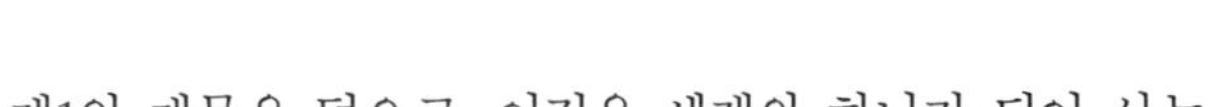

제1의 재물은 덕으로, 이것은 세계와 하나가 되어 사는

데 있다. 그러나 이것은 단순히 존재하는 모든 것이 세계와 하나다라는 말로 해석해서는 안 된다. 그것은 오히려 개인의 의지를 자연과 대립하는 것이 아니라 자연과 융합하는 것이라 가르친다. 세속적인 재물은 그다지 중요하지 않은 것으로 여기고 있다. 폭군은 개인이 소유하는 외적인 모든 것, 생명까지도 빼앗아 갈지 모르나, 남에게 양보할 수 없는 내적인 소유물, 즉 미덕만은 빼앗을 수 없다. 따라서 외적인 재물의 거짓된 요구를 물리치면, 인간은 완전히 자유롭게 된다는 결론에 다다른다. 왜냐하면 인간에게만 중요한 미덕을 외부의 압력으로는 어떻게 할 수 없기 때문이다.

**그리스 건축의 회랑** 제논은 아테네의 이런 집 거실에서 가르쳤다. 스토아 철학이 자란 곳이다.

이들 권고 가운데에는 고귀한 생활 방식의 계율로써 훌륭한 것도 있을지 모르나, 이 가르침을 윤리설로 볼 경우에는 중대한 결함이 몇 가지 있다. 세계가 법에 지배되어 있다면, 덕의 우월성을 말해 보아도 그리 쓸모가 없기 때문이다. 덕이 있는 사람들은 덕이 필요하기 때문에 덕이 있는 것이며, 악덕이 있는 사람들도 이 점에서는 마찬가지일 것이다. 그렇다면, 악을 예정하는 '신'을 우리는 어떻게 생각해야 할 것인가. 플라톤은 《국가론》에서 신은 세계의 선한 것만 창조했다고 암시했는데, 이런 주장은 분명히 여기에서는 쓸모가 없다. 이와 매우 비슷한 어려움에 부딪친 스피노자와 라이프니츠는 인간 정신은 전체적인 사물의 필연성을 파악할 수 없지만, 이 세상의 만물은 최선의 것으로 준비되어 있다고 주장하면서 이 어려움을 비켜가려 한다. 그러나 이 이론의 여러 논리적 어려움은 모두 별도로 하고라도, 거기에는 사실상 명백한 잘못이 있는 것처럼 보인다. 전체적으로 보아, 이 세상의 비참함이 덕을 높이고 영혼을 고귀하게 하는 데 쓸모가 없을까봐 염려하는 대목이 많다. 게다가 오늘날과 같이 진보된 시대에서 발견할 수 있는 재미 없는 사실 가운데 하나는 제아무리 튼튼한 기골이 있는 사람이라도 매장해 버리는 일이 아마도 가능할 거라는 것이다. 그러나 스토아 학설에서 핵심적인 요점은 어떤 의미에서 덕의 내적인 선이야말로 다른 그 무엇보다도 중요하다는 인식이다. 물질적 소유물을 잃는 것은 언제나 어느 정도까지 보상할 수 있으나, 자존심을 잃으면 인간 이하로 전락하고 만다.

크리시포스

스토아학파의 학설을 체계적으로 설명한 최초의 인물은 크리시포스(기원전 280~207년)이다. 그러나 오늘날까지 남아 있는 그의 저서는 없다. 스토아학파가 논리와 언어에 깊은 관심을 갖기 시작한 것도 이 단계에서이다. 그들은 가언(假言)적인 삼단논법과 선언(選言)적인 삼단논법 이론을 공식화하고, 현대어로 말하자면, 이른바 실질적 관련이라고 하는 논리상의 중요한 관계를 발견했다. 이것은 두 개의 명제 중 1은 옳고 2가 틀렸다고 말할 수 없는 경우에서 볼 수 있는 양자의 관계이다. '청우계(晴雨計)가 내려가면, 비가 올 것이다'라는 말을 보기로 하자. '청우계가 내려간다'와 '비가 올 것이다'의 관계는 실질적 관련의 관계이다. 스토아학파도 처음으로 하나의 체계적 연구 분야가 된 문법 용어를 발명했다. 문법상의 격(格)의 명칭도 스토아학파가 발명했다. 이들 이름의 라틴어 말은 그리스어의 명사를 오역한 '목적격'이라는 말까지 포함해서 로마의 문법학자로부터 오늘날까지 전해져 지금도 사용되고 있다.

스토아학파의 가르침은 키케로의 문학 활동을 통해서 로마에 보급되었는데, 그는 스토아학파의 철학자 포시도니우스 아래에서 배운 사람이었다. 시리아 출신인 이 그리스인은 여행 경험도 풍부하고 많은 분야에 공헌했다. 그의 천문학 연구에 대해서는 앞에서 살펴보았다. 역사가로서 그는 폴리비오스의 일을 계승했다. 그의 철학적 관점에는 상당한 정도의 전기 아카데미의 전통이 들어가 있었는데, 우리도 이미 살펴본 것처럼 그것은 아카데미 자체가 회의주의의 영향 아래 들어가 버린 무렵의 전통이었다.

철학적으로 볼 때 스토아학파의 후기 주창자들은 그다지 중요하지는 않지만, 세 사람의 저술이 실로 완전한 형태로 보존되어, 그 생애에 대해서 꽤 많은 것이 알려지고 있다. 그들의 사회적 지위는 저마다 달랐지만, 그 철학은 거의 비슷했다. 에스파냐 출신의 로마 원로원 의원 세네카, 황제 네로의 치하에서 자유를 얻은 프리지아인 노예 에픽테토스, 서기 2세기의 황제 마르쿠스 아우렐리우스, 이들 모두는 스토아 학설이 담긴 윤리 관계의 시론을 썼다.

세네카 로마의 평의원이자 스토아주의자(금욕주의자)

세네카는 기원전 4년 무렵의 태생으로, 로마에서 사는 에스파냐계의 부유한 집안 사람이었다. 그는 정계로 들어가 출세해서 장관이 되었다. 그 운명은 클라우디우스 아래에서 한때 좌절되었다. 그것은 이 어정쩡한 황제가 황후의 요구에 응하여 41년, 세네카를 추방했기 때문이었다. 이 원로 의원은 조금 자유가 지나칠 정도로 황후의 방종한 삶을 비판한 모양이다. 어쨌든 황후는 수년 뒤 실제로 뜻하지 않은 죽음을 맞이했다. 클라우디우스의 두 번째 부인은 네로의 어머니 아그리피나이다. 48년, 세네카는 황제의 지위를 이을 사람의 교육을 당담하기 위해 코르시카의 은둔처에서 불려갔다. 로마의 왕자는 이 스토아 철학자가 교육적 노력을 기울이기에는 믿음직하지는 않았다. 그러나 세네카 자신도 스토아학파의 논리를 말하는 사람으로서 마땅한 삶을 보냈다고는 도저히 말할 수가 없었다. 그는 주로 브리타니아의 주민에게 매우 비싼 이율로 돈을 빌려주어 막대한 재산을 벌었다. 이것이 불만의 씨가 되어 브리튼족이 영토 내에서 반란을 일으켰는지도 모른다. 다행히도, 영국 사람의 기분을 자극해서 혁명적 분위기로 만들기 위해서는 고액의 이율 이상의 것이 필요하다. 네로가 독재적이 되어 광기가 더해 가자, 세네카는 다시 총애를 잃었다. 결국, 그는 위배하면 사형에 처한다는 말을 듣고 자살을 하지 않을 수 없는 처지에 몰렸다. 그는 그즈음의 관습에 따라 혈관을 깊이 잘라 자살했다. 그의 일생은 전체적으로 성격상 스토아적이라고 할 수 있는 것은 아니었지만, 죽은 방법은 그의 철학에 충실했다.

세네카는 황제 네로의 교육을 담당했다.

에픽테토스는 프리지아 사람으로, 아마도 60년 태생일 것이다. 우리는 이름만 듣고도 그가 노예였다는 사실을 알 수 있다. 에픽테토스란 나중에 이름을 붙였다는 뜻이기 때문이다. 그는 젊었을 무렵, 노예의 신분이었을 때 받은 학대로 절름발이가 되어 몸이 전체적으로 쇠약해 있었다. 자유의 몸이 되자, 에픽테토스는 90년까지 로마에서 가르쳤는데, 이때 도미티아누스 황제가 그를 다른 스토아학파의 학자들과 함께 추방했다. 그들은 황제의 폭정에 비판적이었고, 황제에 대립하는 말 없는 힘이었기 때문이었다. 그는 만년을 그리스 북서부에 있는 니코폴리스에서 보내고, 100년경에 그곳에서 죽었다. 그의 제자 아리아누스 덕분에 그의 담화 몇 가지가 보존되어 있다. 그중에서 스토아 윤리는 거의 앞에서 말한 대로 명백히 기술되어 있다.

에픽테토스가 태어나면서 노예였다면, 스토아학파의 대작가의 마지막을 장식한 사람은 반대로 황제였다. 마르쿠스 아우렐리우스는 121년에서 180년까지 살았다. 그는 실제 그 별명처럼, 역대의 로마 황제 중에서도 가장 개방적이었던 숙부 안토니누스 피우스의 양자가 되었다. 마르쿠스 아우렐리우스는 161년에 제위를 이어받아 여생을 제국을 위해 보냈다. 시대는 자연 및 군사상의 불안에 싸여 있었으나, 황제는 제국 국경으로 침입해 오는 야만족이 로마의 패권을 위협하는 것을 억제하는 데 끊임없이 노력하고 있었다. 직무의 책임은 컸지만, 그는 이를 유지하는 것을 의무라고 생각했다. 국가는 내외적으로 똑같이 위험에 처해 있었기 때문에, 그는 질서 유지의 도움이 될 만한 조치를 찾았다. 그는 그리스도 교도를 박해했지만, 그것은 악의에서가 아니라, 그들의 국교 거부가 귀찮은 불화의 근원이 되었기 때문이었다. 이 점에서는 아마도 옳았을 것이다. 그러나 박해는 늘 박해자의 약점을 드러내게 마련이다. 사회가 확립되면, 이단자를 박해할 필요는 없다. 그리스어로 씌어진 마르쿠스 아우렐리우스의 《명상록》은 에픽테토스의 담화와 마찬가지로 완전한 형태로 오늘날까지 전해온다. 그것은 시간이 나는 대로 군무나 공무 때 잠깐의 틈을 타서 철학적 명상을 날마다 기록한 것이다. 마르쿠스 아우렐리우스는 '선'의 전반적인 면에서는 스토아학파 이론에 따르고 있었지만 공공의 의무에 대해서는 플라톤과 같은 관점을 가지고 있었다는 것은 주목할 만하다. 인간은 사회적 동물이므로, 국가 안에서 역할을 다할 의무가 있다. 이 때문에, 윤리면에서 우리가 앞에서 언급한 자유 의지와 결정론에 대한 어려움이 강조된다. 전반적인 스토아학파의 관점에 서면, 사람의 덕이나 악덕은 남에게 아무런 영향을 미치지 않는 사적인 문제라는 것은 우리가 살펴본 대로이다. 그러나 사회적 인간관에 서면, 저마다의 윤리적 성질은 다른 모든 사람에게 매우 분명하게 영향을 끼칠 수가 있다. 황제가 자신의 직무에 대해 더 느슨한 관점을 갖고 있었다면, 실제보다도 훨씬 다툼이 많았으리라는 것은 의심의 여지가 없다. 스토아학파는 이 문제의 해결책을 제시하지 못했다.

마르쿠스 아우렐리우스 황제이면서 스토아학자였다.

스토아학파는 플라톤과 아리스토텔레스 시대부터 남겨진 제1원리의 문제에 대해서 연역 절차에서 출발하는 명확

하고 자명한 본유 관념(생득 관념)의 이론을 내놓았다. 이 관념은 중세 철학을 지배했고, 몇 사람의 근대 합리주의자에게도 채택되었다. 그것은 데카르트 방법의 형이상학적 기초기도 했다. 스토아학파의 가르침은 인간에 대한 개념상 고전시대의 이론보다 너그러웠다. 아리스토텔레스가 적어도 그리스인은 그리스 동포의 노예가 되어서는 안 된다고 한 것을 우리는 상기할 수가 있다. 알렉산더 황제의 실행에서 본보기를 삼은 스토아학파는 비록 제국 시대에 노예 제도가 이전보다 대규모로 존재했다고 해도, 어떤 뜻에서 만인은 평등하다고 주장했다. 이런 생각에 따라서, 스토아학파는 자연법과 국법 사이의 구별을 제시했다. 여기에서의 생득권이란 인간이 바로 그 인간성 때문에 특정한 물건을 가질 자격이 있다는 뜻이다. 본유관념은 완전한 사회적 지위를 빼앗기던 사람들의 운명의 무거운 짐을 조금이라도 가볍게 했다는 점에서 로마의 입법에 유익한 영향을 끼쳤다. 그것은 후기 르네상스 시대에도 마찬가지 이유로 왕권신수설의 개념에 대한 반대 개념으로 부활되었다.

마르쿠스 아우렐리우스의 돋을새김

*

그리스는 세계의 지적 작업장이었으나, 자유 독립 국가로서는 살아남지 못했다. 한편, 그리스의 문화 전통은 멀리, 그리고 널리 전해져서 영원히 지워지지 않는 흔적을 서양 문명에 남겼다. 중동은 알렉산더의 영향으로 헬레니즘화되었고, 서방에서는 로마가 그리스 유산의 전수자가 되었다.

그리스와 로마의 접촉은 처음에 남이탈리아의 그리스 식민지를 통해 이루어졌다. 정치적으로는 알렉산더의 원정도 그리스 서쪽의 여러 나라를 교란하지는 않았다. 헬레니즘 시대 초기에 이 지역의 중요한 강대국은 시라쿠사와 카르타고였다. 둘 다 제1차, 제2차 포에니 전쟁의 결과로 3세기 중에 로마의 손에 들어갔다. 에스파냐도 이들 작전 중에 병합되었다. 2세기에는 그리스와 마케도니아가 정복되었다. 제3차 포에니 전쟁은 146년 카르타고 시의 완전한 붕괴로 끝났다. 같은 해에 코린트도 로마군에게 완전히 정복당했다. 이와 같이 폭정만큼이나 가차 없는 파괴 행위는 이례적이어서 그 무렵에도 후세와 마찬가지로 비판의 대상이 되었다. 이렇게 그 시대는 빠르게 야만 상태로 되돌아갔다.

공화국 시대의 집정관

기원전 1세기에 소아시아와 시리아, 이집트, 갈리아가 로마 영토에 편입되었고, 브리타니아도 1세기에 함락되었다. 연이은 이들 정복은 단순한 모험심의 결과는 아니었다. 이들 정복을 지령한 것은 외부의 적대 종족들의 침략에 대비해서 그다지 고생을 하지 않아도 지탱할 수 있는 자연적인 국경을 구하려는 생각에서였다. 제국의 초기에 이 목표는 이루어졌다. 북쪽의 로마 국토는 라인 강과 다뉴브 강을 경계로 하고 있었다. 동쪽은 유프라테스 강과 아라비아 사막이 가로놓여 있었고, 남쪽에는 사하라 사막, 서쪽에는 대양이 있었다. 이와 같은 지리적 배경으로, 로마 제국은 2세기까지 비교적 평화롭고 안정되어 있었다.

정치면에서 보면, 로마는 많은 점에서 그리스와 비슷한 도시 국가로 시작했다. 에트루리아의 국왕 치하의 전설시대에 이어 나타난 것은 공화국이었는데, 이것은 원로원을 장악했던 귀족 계급이 지배하고 있었다. 국가가 커지고 세력을 잡음에 따라, 마땅히 민주주의로 향하는 헌법상의 변혁도 이루어졌다. 원로원은 상당한 권력을 보유했으나, 국사에 발언권을 갖는 호민관이 민중 의회를 대표하게 되었다. 집정관의 자리 또한 결국 귀족 이외의 출신자가 차지할 수 있게 되었다. 그러나 정복과 발전의 결과, 지배자 일족이 막대한 재산을 얻은 데 반해, 소규모 자유 소유권 보유자는 농토를 잃고 말았다. 그것은 부재 지주가 소유하는 대규모 보유지에서 노예 노동이 이루어졌기 때문이었다. 이렇게 해서 원로원은 최고의 지배 기관이 되었다. 기원전 2세기 끝 무렵, 그라쿠스 형제가 이끈 대중 민주주의 운동은 성공을 보지 못했고, 일련의 내란이 일어나 결국 제정의 확립을 보게 되었다. 줄리어스 시저의 양자인 옥타비아누스가 마지막으로 질서를 되찾아 아우구스투스라는 칭호를 받고 황제가 되어 지배했다. 그러나 형식적으로는 민주적 제도가 유지되었다.

아우구스투스 시저

41년에 아우구스투스 황제가 죽은 뒤 약 200년에 걸쳐서, 로마 제국은 전체적으로 평화로웠다. 그동안 국내의 분쟁도 있었고 박해도 있었지만, 제정을 뒤집을 만큼 크지는 않았다. 국경에서는 여전히 전쟁이 있었지만, 로마는 조용하고 정돈된 생활을 보내고 있었다.

결국 군대까지도 권력을 이용하기 시작하여 자기가 지지한 대가로 황금을 얻기 위해 권력을 휘둘렀다. 황제는 군대의 뒷받침을 받고 제위에 올랐으나, 그 지지가 철회되자 명예를 실추하고 말았다. 한때 디오클레티아누스 황제(286~305)와 콘스탄티누스 황제(312~337)의 정력적인 노력 덕분에 상황이 조금 나아지기는 했으나 긴급 조치로 취해진 것들 중 몇 가지는 쇠망을 촉진했을 뿐이었다. 많은 게르만인 용병이 제국 편을 들어 싸웠는데, 이것이 결국 제국이 무너진 이유가 되었다. 로마 군단에 가담하여 전쟁 기술의 훈련을 받은 미개민족의 왕들은 새로 얻은 이 군사 기술을 이왕 사용할 바에는 로마의 주인을 위해서보다는 오히려 자기 자신을 위해 사용하는 편이 좋지 않을까 하고 생각하기에 이르렀다. 그로부터 고작 100년 뒤, 로마 시는 고트족의 손으로 들어갔다. 그러나 과거 문화 유산의 몇 가지는 살아

남았다. 그것은 콘스탄티누스 황제 치하에 정식 국교로 승격했던 그리스도교의 영향 때문이었다. 침입자가 개종자가 되어 교회는 어느 정도 그리스 문명의 지식을 간직할 수 있었다. 동로마제국은 이와는 다른 운명이었다. 거기에서는 침입 회교도가 자기들의 종교를 강요하고, 그들의 문화를 통해서 그리스의 전통을 서쪽으로 전했다.

문화적으로 로마는 거의 차용 문화였다. 로마 세계의 기술, 미술, 건축, 문학, 철학은 매우 솜씨 있게 그리스의 훌륭한 표본을 모방했다. 그러나 거기에는 로마인은 성공했지만 그리스와 알렉산더 대왕은 실패한 분야가 한 가지 있다. 그것은 대규모적인 정치와 법률과 행정 분야다. 여기에서 로마는 그리스 사상에 영향을 미쳤다. 우리가 앞에서 살펴본 것처럼, 정치 문제에서 고전 시대의 그리스인은 도시국가의 이상을 초월할 수가 없었다. 한편, 로마는 더 큰 꿈을 가지고 있었는데, 이것은 역사가 폴리비오스를 감동시켰다. 그는 기원전 200년 무렵에 태어난 그리스인으로 로마의 포로였다. 스토아학파 파나이티오스와 마찬가지로 그도 소(小)스키피오 주위에 모여 있던 문학자들 가운데 한 사람이었다.

갈리아인들을 쓰러뜨리는 로마의 기병대

이와 같은 정치적 영향 이외에는, 로마는 그리스 사상가들에게 새로운 사상을 불어넣을 만한 것이 하나도 없었다. 그리스는 그리스대로 국가는 멸망했지만, 문화 영역에서는 로마인 정복자를 정복했다. 최근까지 교육받은 유럽인이 프랑스어를 사용한 것과 같이 교육을 받은 로마인은 그리스어로 말했다. 아테네의 아카데미는 로마 귀족의 자제들을 끌어들였다. 키케로도 그곳의 학생이었다. 모든 분야에서 그리스가 모범이 되어 갔는데, 많은 점에서 로마의 성과는 표본으로서의 그리스를 겨우 이해할 수 있을 정도로 베낀 것에 지나지 않았다. 특히, 로마의 철학은 독창적인 사상이 없다는 점에서 그 유례를 찾아볼 수 없다.

디오니소스와 신녀들

그리스 전통 중 불경하고 기이한 성격은 헬레니즘 시대의 타락과 결부되어 고대 로마의 미덕을 떨어뜨리는 데 다소의 역할을 했다. 특히, 해외 발전의 도래와 함께 많은 재물이 로마에 흘러들어오자 그것은 더욱 심해졌다. 순수한 그리스 영향은 힘을 잃어 특히 로마 시의 귀족 계급에 속하는 소수의 개인에게 집중되었다. 한편, 헬레니즘 문화의 비(非)그리스적 요소는 시간과 함께 강해져 갔다. 우리가 앞에서 언급한 것처럼 동방은 신비주의 요소를 가지고 들어왔으나, 이것은 전체적으로 보아 그리스 문명에서는 그다지 중요시하지 않았다. 이와 같이 해서, 메소포타미아와 멀리 떨어진 곳에서 서방으로 스며든 종교적 영향은 커다란 통합적 기운을 낳았고, 그중에서도 그리스도교가 결국 최고의 것으로 나타나게 되었다. 이와 동시에 신비적 특색이 여러 미신적 신앙과 풍습을 보급했다. 사람들이 이 세상의 운명에 충분히 만족하지 않고, 자기의 힘에 자신을 잃게 됨에 따라, 비합리적인 힘은 우세를 나타냈다. 제국은 2세기에 걸친 평화를 즐겼지만, '로마의 평화'는 건설적인 지적 노력의 시대는 아니었다.

철학의 영향력은 약했으나, 그 성격은 스토아적이었다. 정치면에서 이것은 고전시대의 대사상가의 지방적 성질보다는 좀 더 발전한 것이었다. 스토아학파가 인간의 사해동포성을 말했기 때문이다. 로마가 수세기 동안 그 무렵의 세계를 지배하고 있었기 때문에, 이 스토아적 관념은 실질적으로 중요한 것이 되었다. 본디 제국은 독자적으로 제국 국경 밖의 세계를 그리스의 도시 국가가 그랬던 것처럼 마음속으로 얕잡아 보면서, 겉으로는 공손한 태도를 보이고 있었다. 극동과의 접촉도 있기는 했지만, 그것은 로마 시민에게 자기들 이외에도 위대한 문명이 몇 있어서, 이를 미개민족으로 여겨 배척할 수 없다는 인상을 줄 만큼 충분한 것은 아니었다. 이와 같이 로마는 세계관의 폭을 넓혔지만, 문화적 조상인 그리스인과 같은 자만심에 빠져 있었다. 이런 견해는 교회에도 인계되어, 동방에도 적어도 그리스도교만큼 진보된 종교가 있었는데도 스스로를 가톨릭, 즉 전세계라고 자칭했다. 사람들은 아직도 전세계적인 정치와 문명을 꿈꾸고 있었다.

로마가 해낸 최고의 역할은 자기 문화보다 오래되고 뛰어난 문화를 전달하는 것이었다. 이것은 로마 행정관의 조직력과 제국의 사회적 단결력이 있었기 때문에 비로소 이루어졌다. 로마의 영토 전반을 연결하는 광대한 도로망의 흔적을 보면, 이 계획적 대사업이 새삼스럽게 실감이 난다. 로마가 영토를 확장하고 발전하면서, 유럽의 대부분은 국가적 차이와 후세의 불화에도 불구하고 거의 한 문화적 단위로서 작용을 계속할 수가 있었다. 야만족의 침입조차도 이 문화적 기반을 파괴해서 다시 세울 수 있었다. 동방에서는 로마의 영향이 그리 오래 계속되지 못했다. 그 이유는 정복자로서의 회교 아라비아인의 위대한 활력 때문이었다. 서방에서는 침입자도 로마의 신세를 다분히 지고 있는 전통 속에 흡수되기에 이르렀지만, 중동은 정복자의 종교에 거의 완전히 개종하게 되었다. 그러나 서방에서는 아리비아인 덕분에, 그리스인에 대한 지식의 대부분을 얻었고, 이것을 특히 에스파냐를 통해 회교 사상가들이 유럽에 전달했다.

가이우스 옥타비아누스
고대 로마 초대 황제

브리타니아는 3세기 동안 로마 영토였지만, 앵글로색슨족의 침입 때문에 로마의 전통은 완전히 단절된 것으로 보인다. 이런 결과로 로마가 지배한 서방 도처에 살아남아 있는, 로마의 위대한 법적 전통이 브리타니아에서는 발판을 잡을

수가 없었다. 영국의 관습법은 오늘날에도 여전히 앵글로색슨의 성격이 강하다. 철학적으로 이것은 눈여겨 볼 만한 흥미 있는 결과를 낳았다. 중세의 스콜라 철학은 법률과 밀접하게 결부되어 철학상의 결의론(決疑論)도 고대 로마 전통의 형식적 운용에 맞설 만한 엄격함을 가지고 있었다. 영국은 앵글로색슨족의 법적 전통이 이루어지고 있었기 때문에, 철학은 스콜라 철학의 최전성기에도 대체로 경험적인 기분을 띠고 있었다.

*

제국 아래에서 종교 분야에 작용한 통합적 경향은 철학에서도 마찬가지의 움직임을 띠었다. 대충 말해서, 초기 제국의 주류는 스토아주의였고, 플라톤이나 아리스토텔레스의 밝은 가르침이 이에 조금 가미되었다. 그러나 3세기까지는 낡은 윤리학을 스토아학파의 가르침에 비추어서 새로 해석하는 방식이 눈에 띄었다. 이 움직임은 시대의 전반적 정세와 충분히 일치하는 것이었다. 이와 같이 여러 이론

시리아의 바알베크에 있는 유피테르 신전

이 섞인 것이 신플라톤주의라고 불렸고, 그리스도교 신학에 커다란 영향을 미치기에 이르렀다. 이는 어떤 뜻에서 고대와 중세를 연결하는 다리 역할을 했다. 이리하여 고대 철학은 종말을 고하고 중세 철학이 출발하게 된다.

신플라톤주의는 동방과 서방의 만남의 장인 알렉산드리아에서 일어났다. 여기서는 페르시아와 바빌론의 종교가 영향을 미쳤고 이집트 의식이 잔재했으며, 자기 종교를 실천하는 강대한 유대인 사회와 그리스도교 각 파들이 자리잡았는가 하면 헬레니즘 문화의 전반적 배경이 눈에 띄었다. 신플라톤학파는 암모니오스 사카스가 창시했다고 하는데, 이 사람에 대해서는 아무것도 알려진 것이 없다. 그의 제자 가운데 가장 중요한 인물은 플로티노스(204~270년)로, 그는 신플라톤학파 철학자 중에서도 누구보다 위대했다. 이집트 태생인 플로티노스는 알렉산드리아에서 배우고, 243년까지 이 땅에서 살았다.

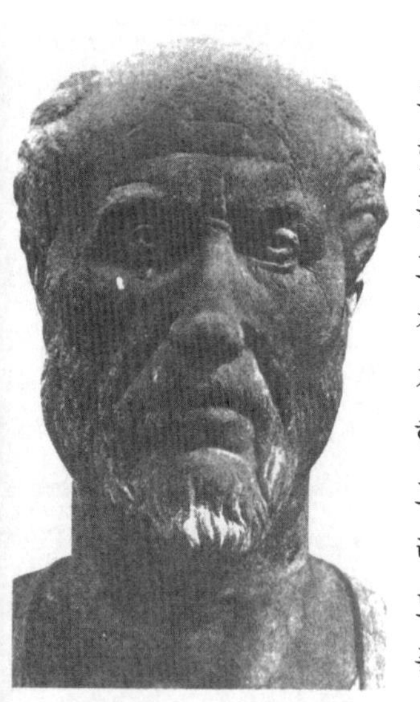
**플로티노스** 신플라톤주의자

동방의 종교와 신비주의에 흥미를 가지고 있었기 때문에, 그는 황제 고르디아누스 3세를 따라 페르시아 전쟁에 가담했다. 그러나 그의 웅대한 뜻은 성공을 거두지 못했다. 황제는 젊고 경험이 부족한 데다 이유도 없이 부하의 불만을 사고 있었다. 이와 같은 다툼은 그 무렵에 재빨리 해결되었다. 청년 황제는 자기가 지휘해야 할 부하들의 손에 의해 뜻하지 않은 최후를 맞았다. 그래서 244년, 플로티노스는 살해 현장인 메소포타미아를 벗어나 로마에 거처를 정하여 머물고 죽을 때까지 제자를 가르쳤다. 그의 저술은 약간 피타고라스학파적인 그의 제자 폴필리오스가 그가 만년에 강의한 노트를 정리해서 엮은 것이다. 결과적으로 오늘날 전하는 플로티노스의 저서는 편집자 탓인지는 몰라도 어느 정도 신비주의를 띠고 있다.

현재 남아 있는 9권으로 이루어진 저서는 《엔네아데스 *Enneades*》라는 제목으로 통한다. 그 전반적 의미는 플라톤적이다. 그러나 이 저서는 플라톤 저서의 광대함과 색채 모두가 결여되었고, 이데아론과 피타고라스학파의 몇 가지 신화에 한정되어 있다. 그의 저서는 현실 세계에서 어느 정도 벗어나 있다. 이것은 제국의 상태를 생각하면 놀라운 일이 아니다. 시대의 무질서를 앞에 두고, 밝고 침착성을 유지한다는 것은 아주 어리석거나 더할 나위 없는 강인한 사람이어야 가능하다. 감각 세계와 그 비참함을 비실재로 보는 이데아론은 사람들에게 자기 운명을 체념하게 하는 데는 안성맞춤이다.

플로티노스의 형이상학의 중심적 가르침은 삼위일체론이다. 이것은, '일자(一者)'와 '누스'와 '영혼'으로 이루어져 있으며, 이 세 가지는 우선과 의존의 이 순서로 나열된다. 이를 논함에 앞서 이 이론이 신학에 영향을 미쳤지만, 그리스도교적이 아니라 신플라톤적이라는 데 유의할 필요가 있다. 오리게네스는 플로티노스와 같은 시대 사람으로 같은 스승한테서 배웠는데, 그 또한 그리스도 교도로서 삼위일체론을 주장했다. 그도 세 부분을 서로 다른 단계에 놓았기 때문에, 나중에 이단이라고 비난을 받았다. 플로티노스는 국외자로서 이와 같은 비난의 대상은 되지 않았으며, 아마도 이 이유 때문인지 콘스탄티누스 황제가 제위할 때까지 커다란 영향을 미쳤다.

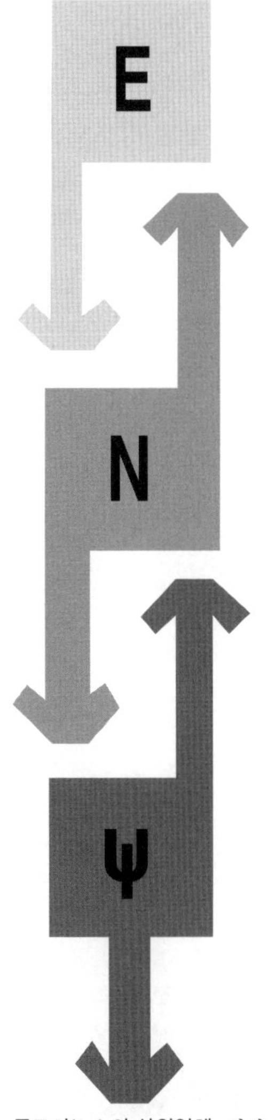

**플로티노스의 삼위일체** 절대자(E), 철학적 정신 또는 '마음', 그리고 끝으로 영혼(Ψ). 그리스도교의 이론은 이 삼위일체 이론의 영향을 많이 받았다.

플로티노스의 삼위일체의 '일자'는 파르메니데스의 구체(球體)에 가까운 것으로, 이에 대해서 우리는 기껏해야 '존재한다'고 말할 수밖에 없다. 이것을 다른 말로 표현한다는 것은 이보다 더 위대한 것이 있을지도 모른다는 것을 뜻하게 된다. 플로티노스는 가끔 이것을 신이라고 했고, 때로는 또 《국가론》식으로 최고의 '선'이라고도 했다. 그러나 그것은 '존재'보다 위대하고, 널리 존재하며 아무데나 없고, 한정할 수도 없는 것이다. 이에 대해서는 무엇인가 말하는 것보다는 침묵하는 편이 낫다. 여기에서 분명히 신비주의의 영향을 볼 수 있다. 신비주의도 침묵과 서로 이야기할 수 없는 장벽 뒤로 도피하기 때문이다. 로고스의 중심적 역할을 인식했다는 것이 그리스 철학의 위대함이다. 따라서 그리스인의 사고방식은 신비적인 요소를 가지고 있는데도, 본질적으로 신비주의에 반하는 것이다.

플로티노스는 삼위일체의 요소 중 제2의 것을 '누스'라고 부른다. 이 말의 번역으로 적당한 것을 고른다는 것은 불가능한 듯하다. '누스'는 신비적인 것이 아니라 지적인 것을 의미하며, 정신과 같다. '누스'와 '일자'의 관계는 유추에 의해서 가장 잘 설명된다. '일자'는 자기의 빛을 내는 태양과 같은 것이다. 이때의 빛은 '누스'이다. '일자'는 이 빛으로 자신을 본다. 이는 어떤 면에서 자의식과 비교해도 좋을 것이다. 우리 자신의 정신을 감각과 떨어진 방향으로 돌린다면 우리는 '누스'를 볼 수 있고 이를 통해서 '일자'를 볼 수 있으니 '누스'가 '일자'의 상이기 때문이다. 여기에는 《국가론》에 나오는 변증법의 관념과 비슷한 것이 있다. 《국가론》에서는 이와 비슷한 과정이 '선'의 형상을 눈앞에 보여준다고 말하고 있다.

사투루누스 신전 로마

삼위일체 중 세 번째는 이중 성질을 가진 '영혼'이다. 그 내적인 면은 위쪽, 즉 '누스'로 향하고, 그 외적인 표현은 아래쪽, 즉 '영혼'이 만들어 낸 감각 세계로 통한다. 스토아학파가 신과 세계를 동일하게 본 것과는 달리, 플로티노스는 범신론을 부정하고 소크라테스의 견해로 돌아간다. 그러나 자연을 '영혼'의 아래쪽에서 나온 것으로 보고 있지만, 그것은, 그노시스파가 가르친 바와 같이 사악하다고는 여기지 않는다. 오히려 플로티노스의 신비주의는 '자연'이 아름답고, 사물의 성질상 가장 좋은 것이라고 주저 없이 인정한다. 이 사물에 대한 관대한 견해는 후기의 신비주의자나 종교 지도자, 철학자까지도 가지고 있지 않았다. 그들의 세속적인 것에 초연한 품성은 미와 쾌락을 야비하고 사악한 것으로 저주했다. 이와 같이 가공할 만한 가르침을 정신의 평형을 잃은 광신자가 아니라면 어디까지 실천할 것인가. 그것은 근본적으로 매우 의심스럽다. 그런데도 이렇게 어긋난 해석을 예찬하는 일은 몇 세기가 지나도 기세를 잃지 않았다. 그리스도교는 정식으로 쾌락을 죄가 깊은 것으로 보는 기묘한 관념을 가지고 있다.

카스토르(폴룩스) 신전 로마

플로티노스는《파이돈》에 기술된 견해를 채택하여 불사의 문제를 설명한다. 인간의 영혼을 하나의 본질로 보고, 본질이 영원하므로 영혼도 영원하다고 한다. 이것은 소크라테스의 설명과 비슷하다. 소크라테스는 영혼을 형상이라고 말한다. 그러나 플로티노스의 이론에는 아리스토텔레스풍의 요소가 있다. 영혼은 영원하지만, 그것은 '누스'가 되는 경향이 있고, 따라서 영혼의 실체까지는 잃지 않아도 개성은 잃게 된다.

우리는 이것으로 '고대'의 철학 개관을 끝마쳤다. 탈레스 시대부터 플로티노스 시대까지 약 9세기를 살펴보았다. 이렇게 시대를 구분한다고 해서 이보다 뒤에 나오는 사상가가 '고대인'의 전통에 속하지 않는다고 해석하는 것은 아니다. 어떤 의미에서 보면 이것은 실제로 모든 철학에 해당되지만, 문화적 전통의 발전상 특정하게 구분할 수는 있는 일이다. 이와 같은 구분은 플로티노스가 출현하면서 생겨났다. 그 이후, 서방에서는 철학을 교회의 보호 아래 두었다. 보에티우스와 같은 예외적인 철학자가 있어도, 이는 그래도 사실이다. 이와 동시에 로마가 멸망했을 때, 동방에는 처음에 비잔티움 아래에서, 이어 회교도의 지배 아래에서, 종교적인 연관이 전혀 없는 철학적 전통이 계속 이어져왔다는 점을 염두에 둘 필요가 있다.

소크라테스 이전의 그리스의 사상가

사람들은 '고대' 세계의 철학적 노력의 흔적을 돌아보고, 그리스 정신이 총괄적 문제를 식별하는 데 대단한 힘이 있다는 것을 알고 놀란다. 철학의 시작은 어려운 문제에 머리를 갸웃거리는 일이라고 플라톤은 말했다. 놀라움을 느끼는 이 능력이야말로 초기 그리스인이 이상할 정도로 소유하고 있었던 것이다. 탐구와 조사라는 일반 개념도 서양 철학을 형성한 그리스인의 위대한 발명 가운데 하나이다. 서로 다른 문화를 비교한다는 것은 물론 언제나 힘든 일이지만, 서양 문명의 특징을 한 마디로 말한다면 그것은 본질적으로 그리스적인 정신적 윤리에 바탕을 둔다고 말해도 좋을 것이다. 그리스 철학의 중요한 특색 중 또 하나는 그것이 근본적으로 사람들에게 널리 알릴 목적이 있었다는 점이다. 그 진리는 대단한 것은 아니라 해도 입에 올려서는 안 되는 신성한 분위기를 주장하는 것은 아니다. 처음부터 언어와 의미 전달이 매우 강조되었다. 하기야 거기에는 신비적 요소도 몇 가지가 있고, 그것도 훨씬 초기에 있던 일이다. 피타고라스학파의 신비적 분위기는 '고대' 철학의 흐름 전체를 일관한다.

그러나 어떤 뜻에서 이 신비주의도 탐구 자체에 대해서는 사실상 외적인 것이다. 그것은 오히려 탐구자의 윤리를 크게 지배하는 경향이 있다. 쇠퇴가 시작했을 때가 아니면, 신비주의는 중요한 역할을 띠지 않는다. 우리가 플로티노스를 논할 때 말한 것처럼 신비주의는 그리스 철학의 정신에 어긋나는 것이다.

'고대'의 사상가들이 현대 철학자보다 훨씬 더 어렵게 부딪힌 근본적인 문제 가운데 하나는, 오늘날의 철학자는 과거의 전통에 의존할 수가 있는 데 반해, 고대 그리스 철학자에게는 의지할 만한 것이 없었다는 점이다. 고대 그리스 철학자는 이와 같은 상황에서 의지의 대상을 만들어 냈다. 우리는 보통 철학적, 과학적, 기술적 용어를 고전 자료에서 충분히 뜻을 새기지 않은 채 따온다. 그리스인 탐구자들은 모든 것을 처음부터 해야만 했다. 새로운 화법도 만들어 내야 했고, 전문 용어도 일상 회화의 재료에서 따와 만들어야 했다. 따라서 때로는 그들이 말하는 방식이 서툴다고 생각하더라도, 그들이 필요한 도구를 만들 때 그 도구에 맞는 표현을 먼저 더듬어 찾고 있었다는 것을 우리는 상기할 필요가 있다. 이와 같은 관점에서 생각하기 위해서는 어떤 정신적인 노력이 필요하다. 마치 우리가 그리스어나 라틴어와 인연을 끊은 고대 앵글로색슨 시대의 영어로 철학이나 과학을 다루어야 하는 것과 같다.

피타고라스학파의 신비적 분위기는 고대 철학의 흐름 전체를 일관하고 있다.

우리가 다른 시대에서 옛날의 자료로 되돌아가는 것을 바탕으로 한 문예 부흥과 근대 과학이 출현한 시대까지는 12세기쯤의 세월이 흐른다. 이와 같은 발전이 정지된 시기가 오게 된 이유는 무엇인지 묻는 것은 아마도 쓸데없는 질문일 것이다. 이 물음에 대답하려는 시도가 모두 무지를 범하게 되기 때문이다. 그러나 그리스와 로마의 사상가가 정치 이론으로서 적절한 것을 잘 전개시키지 못했다는 것만은 확실하다.

그리스인의 실패가 뛰어난 지력에서 생긴 어떤 자만심 때문이었다고 하면, 로마인은 상상력이 전혀 없었기 때문에 실패했다. 이런 둔한 정신은 여러 방식 중에서도 제정 시대의 기념비적 건축에 나타나 있다. 그리스 정신과 로마 정신의 차이는 그리스의 신전과 후기 로마의 바실리카 회당을 비교해 보면 알 수 있을 것이다. 로마인의 손에 들어오면, 그리스의 지적 유산도 그다지 섬세하고 우아한 것이 되지 못한다.

그리스인의 실패가 하나의 자만심 때문이었다고 한다면, 로마인은 상상력이 전혀 없었기 때문에 실패했다.

그리스의 철학 전통은 본질적으로 계몽과 해방의 운동이다. 정신을 무지의 속박에서 해방하는 것이 목적이었다. 그리스 철학은 알지 못한 것에 대한 공포를 없애기 위해서는 이성이 세계에 접근해야 한다고 제시했다. 그 수단은 로고스이며, 그 동경은 '선'의 형상 아래 지식을 추구하려고 한 일이다. 사심을 떠난 탐구 자체는 윤리적으로 선한 것이라 여기고, 종교적 신비보다도 오히려 이것을 통해서 선한 삶에 이른다는 것이다. 탐구의 전통과 함께 거기에는 감상적이 아닌 하나의 밝은 인생관이 있다. 소크라테스는 음미하지 않는 삶은 살 만한 가치가 없다고, 아리스토텔레스는 중요한 것은 오래 사는 것이 아니라 훌륭하게 사는 것이라고 주장한다. 그러나 이 신선미는 헬레니즘 시대와 로마시대에 들어서고, 조금은 자의식적인 스토아주의가 보급되면서 어느 정도 상실되었다. 그런데도 서양 문명의 지적 틀 속에서 가장 뛰어난 것은 모두 그리스 사상가의 전통에서 유래된 것이다.

제4장

# 초기 그리스도교

**콘스탄티누스 대제** 그리스도교 신앙을 국가의 종교로 삼았다.

그리스·로마시대에는 오늘날과 마찬가지로 철학은 보통 종교와는 관계가 없었다. 물론 철학자가 가지는 의문 중에는 종교와 관계가 있는 사람들에게도 관심을 가질 수 있을 만한 것들이 있었다. 그러나 사제 단체는 그즈음의 사상가에게 아무런 영향이나 권력도 미치고 있지 않았다. 로마의 멸망에서 중세 끝 무렵에 이르는 중간 시대는 이런 점에서 앞뒤 두 시대와는 다르다. 서방의 철학 활동은 교회의 지도와 보호 아래에서 번성했다. 여기에는 몇 가지 이유가 있다.

서로마제국이 해체되었을 때, 로마 황제의 기능은 이미 둘로 분열되었다.

그리스도교가 콘스탄티누스 치하의 국교가 된 뒤, 교회는 신과 종교에 대한 모든 문제를 담당했지만, 세속적인 문제의 감독은 황제가 하는 대로 내버려 두었다. 교회의 권위는 차츰 쇠퇴해 가고 있었지만, 원칙적으로는 이에 대항할 여지가 없었다. 그러나 비로소 종교 개혁이 인간과 신과 교섭하는 인간의 개인적 본성을 강조하여 교회의 지배력을 뒤엎었다. 그 뒤 교회는 신흥 민족국가의 앞잡이로 전락했다.

낡은 제국의 중앙부에는 세속적인 학문 전통이 얼마 동안 사라지지 않고 남아 있었지만, 이방인이 사는 북부에는 의지할 만한 것이 하나도 없었다. 읽고 쓰는 일은 거의 독점적으로 교회 사람이나 성직자의 특권이 되었다. 이것이 역사적으로 발전하여 그 흔적이 '서기(clerk)'라는 현대어에 그대로 남아 있다. 과거의 전통으로 살아남은 것은 교회의 손으로 보존되었고, 철학은 그리스도교와 그 수호자가 통치하는 것이 마땅하다는 것을 증명하기 위한 학문의 한 부문이 되었다. 전체적으로 교리가 받아들여진 한, 교회는 권력과 부의 지위를 손에 넣기도 하고, 그것을 유지하기도 했다. 그러나 그 밖에도 거기에는 패권을 노리는 전통이 몇 가지 더 있었다. 하나는 낡은 로마의 전통으로, 이것이 쇠퇴했기 때문에 교회는 처음으로 다른 것보다 앞설 수 있었다. 다른 또 하나는 새로운 게르만의 전통으로, 여기서 나온 봉건 귀족이 낡은 제국의 정치 조직에 대체되었다. 그러나 이들 가운데 어느 하나도 자기를 대표하는 올바른 사회 철학을 내세우지 않았고, 특히 이 때문에 그들은 교회의 권력에 쉽게 도전할 수 없었다. 로마의 전통은 14세기의 이탈리아 르네상스 이후에 다시 나타났고, 게르만의 전통은 16세기의 종교 개혁과 함께 모습을 드러냈다. 그러나 중세의 철학은 여전히 교회와 끊을 수 없는 관계에 있었다.

황제가 신의 대표자로서 교황, 황제의 두 권력으로 바뀜에 따라 이원적 대립 관계가 노출되었다.

황제가 한편으로는 신의 대표자로서의 교황, 다른 한편으로는 황제의 두 권력으로 바뀜에 따라서, 그 밖에도 숨은 이원적 대립 관계가 몇 가지 겉으로 나타났다. 먼저 라틴인과 튜튼인이 이원적 대립관계로 뚜렷하게 드러났다. 교회의 권력은 여전히 라틴계였지만, 제국은 침입 민족의 자손인 튜튼인의 손에 들어갔다. 이것은 나폴레옹의 공격으로 멸망할 때까지 게르만족의 신성 로마제국으로 통했다. 다음에 사람들은 사제직과 세속적인 평신도로 나뉘었다. 사제는 정통 신조의 수호자였으며, 서방에서는 교회가 여러 이단의 충격에 충분히 견뎠기 때문에 사제라는 지위는 크게 강화되었다. 그리스도교를 신봉한 초기 황제 중에는 아리우스파에 동정적인 사람도 있었으나, 결국은 정통 신앙이 승리를 거두었다. 그 다음에는 천국과 속세의 여러 왕국과의 대비가 있었다. 이 근원은 성서에서 찾아볼 수 있는데, 그것은 로마 멸망 이후에 더욱 직접적인 중요성을 얻는다. 비록 변방민족이 로마 시를 파괴해도, '신의 도시'는 약탈할 수 없었다. 마지막으로, 정신과 육체의 대립이 있었다. 이 기원은 훨씬 오래되어 소크라테스학파의 육체와 영혼의 이론까지 거슬러 올라간다. 이 관념의 신플라톤주의적인 형태가 바오로 판(版)의 새로운 종교에서 중심적인 것이 되었다. 초기 그리스도교의 금욕주의를 움직인 것은 이것이다.

이상은 윤곽에 지나지 않지만, 간단히 '가톨릭 철학'이라고 부를 만한 세계이다. 그것은 주로 플라톤의 영향을 받은 성아우구스티누스에 의해 처음으로 무르익어 성 토마스 아퀴나스에 이르러 절정에 달했다. 교회의 주인이던 호교론자는 줄곧 아리스토텔레스를 옹호하면서 그 기초 위에 교회를 세웠다. 이 철학은 교회와 밀접한 연관을 가지고 있었으므로 그 발전과 후세에 미친 영향을 설명하려고 하면, 역사상 그보다 더 큰 사건이 끼어들어 여기서 이것을 언급해도 좋을까 하는 의문이 생기게 된다. 그러나 이 시대 정신과 이 시대의 철학을 이해하기 위해서는 필요하다. 이들 사건을 어느 정도 설명할 필요가 있다.

로마의 시인 프루덴티우스의 원고에서 따 온, 신전에 앉아 있는 현자

*

서방을 지배하게 된 그리스도교는 그리스와 동방의 종교가 섞인 혼합종교를 어느 정도 포함한 유대에서 나왔다.

유대교와 마찬가지로 그리스도 교도 신은 백성을 선택한다는 견해를 가지고 있다. 그러나 두 종교에서 선택된 사람들은 서로 다르다. 두 종교는 모두 신의 천지 창조에서 시작하여 무엇인가 성스러운 종국으로 나아간다는 같은 사

관을 가지고 있다. 그러나 메시아는 누구고, 메시아는 무엇을 이룩할 것인가에 대해서는 의견 차이가 몇 가지 있었다. 유대인들은 구세주가 앞으로 그들에게 지상의 승리를 가져올 것이라고 여기고 있는 반면, 그리스도교는 나사렛의 예수를 구세주로 받들고 있었다. 다만, 그 왕국은 이 세상의 것은 아니었다. 또한 그리스도교는 유대인의 정의의 개념을 이어받아 이것을 이웃을 돕는 지도 원리로 삼는 동시에, 교리에 대한 주장까지 이어받았다. 후기 유대교나 그리스도교는 모두 본질적으로 신플라톤주의적인 내세의 관념에 동의하고 있다. 그러나 내세에 대한 그리스의 이론은 철학적이고 누구나가 간단히 이해할 수 없는 데 반해, 유대교와 그리스도교의 내세 관념은 모든 사람이 알 수 있었다. 이 관념은 의로운 사람은 천국으로 가고, 악인은 지옥의 불로 떨어진다며 그 속에 인과응보의 요소를 확실히 밝혔기 때문이다.

셈족의 여신

이 신앙이 어떻게 나오게 되었는가. 이것을 이해하기 위해서는 유대인의 '신'인 여호와는 처음에 셈족의 '신'으로서, '자신의' 종족을 지키는 수호신이었다는 사실을 떠올릴 필요가 있다. 거기에는 이 '신'과 함께 다른 종족을 통괄하는 신들도 있었다. 이 시대에는 내세라는 개념조차 없었다. 이스라엘의 하나님은 '자기' 종족의 지상 운명을 인도하는 존재였다. 그는 질투하는 신이어서 자기 종족이 자기 이외의 신들을 받드는 것을 허락하지 않는다. 옛날의 예언자는 정치 지도자로서, 여호와의 언짢은 심정을 사거나, 유대인의 사회적 단결을 위태롭게 하는 것을 두려워하여, 다른 신들의 숭배를 어떻게든 막으려고 많은 시간을 보냈다. 유대교의 이 국가주의적이고 종족적인 성격은 국민적 재해가 계속되었기 때문에 더욱 강화되었다. 기원전 722년, 북방의 왕국 이스라엘은 아시리아인의 손에 들어갔으며 아시리아인은 주민의 대부분을 추방했다. 기원전 606년, 바빌로니아인은 니네베를 공략하여 아시리아 제국을 전멸시켰다. 남방의 왕국 유다는 바빌로니아 왕 네부카드네자르의 손에 정복되었고, 이 왕은 기원전 586년, 예루살렘을 점령하여 여호와의 신전을 불사르고, 많은 유대인을 바빌론에 가두었다.

바빌로니아의 우상

페르시아 왕 키루스가 기원전 538년에 바빌론을 점령했고, 이듬해가 되어 처음으로 유대인은 팔레스타인으로 돌아가는 일을 허락받았다. 이 바빌론 유수(幽囚)로 인해 이 종교의 교리와 국민적 성격이 명확하게 굳었다. 신전이 파괴되었기 때문에 유대인은 희생 의식 없이 지내야 했다. 오늘날에 남아 있는 그들 종교의 전통 중 대부분은 이 시대까지 거슬러 올라간다.

유대인이 흩어지기 시작한 것도 이 시대부터이다. 모든 사람들이 반드시 고국으로 돌아간 것이 아니었기 때문이다. 돌아간 사람들은 비교적 시시한 신정정치 국가로서 살아 남았다. 알렉산더 이후, 셀레우코스 왕조의 아시아와 프톨레마이오스 왕조의 이집트의 싸움이 오래도록 계속되

바빌론에 잡혀 있는 유대인 포로들

'구역 내에 이교도 출입 금지. 죽음을 각오한다' 신전 근처에 있는 경고 팻말

었기 때문에 그 사이에 그럭저럭 면목을 유지했다. 알레산드리아의 유대인 인구는 무시할 수 없을 만큼 늘어나, 그들의 종교는 완전히 헬레니즘화되었다. 따라서 헤브라이어 성서도 그리스로 번역되어 구약성서의 원형인 셉투아긴타(Septuaginta)가 나왔다. 전하는 바에 따르면, 이것은 번역자 70명이 서로 관계 없이 번역한 것이 우연히 같았기 때문에 이렇게 불린 것이라 한다. 그러나 셀레우코스 왕조의 국왕 안티오코스 4세가 기원전 2세기 전반에 유대인을 억지로 헬레니즘화하려고 했을 때, 유대인은 마카베오 형제의 지도 아래 반기를 들었다. 유대인은 끈질기게 독자적으로 신을 예배할 권리를 얻으려고 싸웠다. 마침내 그들은 승리를 거두어 마카베오 가문이 '대사제'로서 지배하는 자리에 앉았다. 이 지배자 집안은 하스모네 왕조라고 불리어, 헤롯 시대까지 군림했다.

마카베오 가문에 의해 주조된 동전

마카베오 가문의 저항이 효과를 거두었기 때문에, 흩어진 유대인들이 빠르게 헬레니즘화되어 가던 무렵에 유대교

가 확실하게 부활했다. 이로써 그리스도교와 나중에 회교가 생기게 되는 조건이 생기게 되었다. 게다가 내세라는 관념이 차츰 유대교에 스며들게 된 것도 이 무렵의 일이다. 이 무렵에 일어난 반역 사건으로 이 세상에서는 가끔 가장 덕이 있는 사람에게 맨 먼저 불행이 닥친다는 사실을 알았기 때문이었다. 기원전 1세기, 정통파 외에도 헬레니즘의 영향을 받아 훨씬 세련된 운동이 나타났는데, 여기에서 예수의 윤리적 재평가를 보여주었다. 초기 그리스도교는 사실상 개혁된 유대교로, 그것은 마치 프로테스탄티즘이 처음에 교회 내부의 개혁 운동을 벌인 것과 같다.

마르쿠스 안토니우스 치하에서, '대사제'의 지배는 폐지되고, 유대인이었지만 철저하게 헬레니즘화된 헤롯이 왕에 임명되었다. 기원전 4년에 그가 죽은 뒤, 유대는 로마의 행정장관의 지배를 직접 받았다. 그러나 유대인은 로마 황제를 좋아하지 않았다. 물론 그리스도 교도도 마찬가지였다. 그러나 그리스도 교도처럼 적어도 원칙적으로 겸양의 습관을 들이는 것과는 달리, 유대 교도는 전체적으로 자존심이 강하고 거만했다. 이와 같은 점은 고전시대의 그리스인과 비슷했다. 그들은 단호히 자기들의 신 이외는 인정하려 하지 않았다. 황제의 것은 황제에게, 신의 것은 신에게 바치라는 예수의 조언은 유대인의 이런 고집의 전형적인 한 예이다. 언뜻 보면 타협처럼 보이지만, 이것은 신과 황제의 동일성을 인정하기를 거부하는 것이다. 66년, 유대인은 로마에 반기를 들었으나, 고전을 치른 뒤 70년에 예루살렘이 점령당하고 여호와의 신전이 다시 파괴되었다. 이 전쟁 기록은 헬레니즘에 동화된 유대인 역사가 요세푸스가 쓴 그리스어 문서에 남아 있다.

톨레도의 유대인 예배당(시나고그) 내에 있는 아라베스크 문양

이 사건으로 말미암아 유대인은 두 번째이자 마지막으로 흩어지게 되었다. 바빌론 유수 때와 마찬가지로, 정통 신앙

**티투스 개선문 부조 부분** 로마에서 티투스의 승리, 유대인 포로들과 신전 약탈

은 한결 엄격해졌다. 1세기 이후, 그리스도교와 유대교는 완전히 서로 다른 대립 종교로 대치하게 되었다. 서방에서 그리스도교는 유대인 배척 감정을 무섭게 불러일으켰고, 그 결과 유대인은 그때부터 사회의 변두리에 살면서 19세기 해방에 이를 때까지 박해와 착취를 당했다. 그들은 회교 제국 특히 에스파냐에서 번창했다. 무어인이 마지막으로 추방되었을 때, 주로 무어인 나라 에스파냐에 사는, 수개 국어를 아는 유대 사상가들은 고전의 전통을 아라비아인의 학문과 함께 성직자에게 전달해 주었다. 1948년, 유대인은 다시 '약속의 땅'을 차지했다. 그들이 자신들의 새로운 문화적 영향을 미치게 될 것인지의 여부는 아직 성급하게 결정할 수가 없다.

다른 종파와 달리 유대인의 종파로 초기 그리스도교를 구성했던 사람들은 처음에는 새로운 신조에 이방인을 복종시키는 생각은 하지 않았다. 이들 초기 그리스도 교도는 너무나 배타성이 강한 나머지, 오래된 전통을 굳게 지키고 있었다. 유대교는 한때 한 번도 이교도를 개종시키려고 하지 않았고, 그 무렵에 개종된 상태에서도 할례와 의식적 식사

**티투스 개선문**

제한을 강요하는 한, 새로운 신자를 끌어들일 수가 없었다. 그리스도교는 신자 한 사람이 자진해서 신도 수를 늘리지 않았다면, 비정통적 유대인의 한 종파로 끝났을지도 모른다. 헬레니즘화된 유대인이자 그리스도 교도였던 타르수스의 바울은 이런 외적 장애를 제거하여 그리스도교를 누구나 받아들이기 쉽게 만들었다.

그러나 헬레니즘화된 제국의 시민에게는, 그리스도를 유대신 여호와의 아들로 받아들이기에는 적절하지 않았다. 그노시스파가 이 오점을 회피했는데, 이것은 그리스도교와 동시에 일어난 하나의 절충 운동이었다. 그노시스파에 따르면, 감각할 수 있는 물질 세계는 여호와가 창조했는데, 이 신은 최고의 신과 사이가 틀어져, 그 뒤에는 나쁜 일만 해오던 작은 신에 불과하다는 것이다. 마침내 최고의 신의 아들이 구약 성서의 잘못된 가르침을 뒤엎기 위해 인간의 모습을 빌려 사람들 사이에서 살게 되었다. 이것이 플라톤 철학의 일부분을 포함시킨 그노시스설의 내용이다. 이것은 그리스의 전설과 오르페우스 신앙의 신비주의적인 각종 요소를 그리스도 교의와 동방 종교의 여러 영향을 혼합한 것으로, 대부분은 플라톤 철학과 금욕주의 철학을 임의대로 선택한 혼합물을 주워모은 것이었다. 마니교를 따르는 후기 그노시스파는 정신과 물질의 구별을 선악의 대립과 동일시하는 극단으로 치달았다. 그들은 물질적인 것을 경시하는 나머지, 스토아학파가 감히 엄두도 내지 않는 곳까지 갔다. 그들은 육식을 금하고 그 어떤 형태의 성(性)도 모두 죄라고 선언했다. 그들이 수세기밖에 살아남지 않았던 점을 보면, 이 엄격한 가르침이 완전히 잘 실천되지 않았다고 보는 것이 옳은 듯하다.

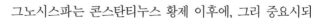

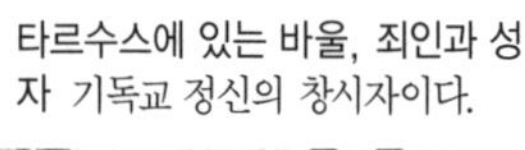
타르수스에 있는 바울, 죄인과 성자 기독교 정신의 창시자이다.

그노시스파는 콘스탄티누스 황제 이후에, 그리 중요시되

지 않았지만, 그래도 어떤 영향은 끼쳤다. 그리스도 환영설파는 십자가에 걸린 것은 예수가 아니라, 무엇인가 유령과 같은 가짜였다고 가르쳤다. 여기서 그리스 전설의 이피게네이아의 희생이 생각난다. 마호메트는 예수가 자기만큼 중요하지는 않지만 하나의 예언자라는 것을 인정했는데, 나중에 그리스도 환영설을 채택했다.

**디오니소스의 환락** 고대의 의식이 새로운 종교와 대조를 이룬다.

그리스도교가 마침내 확고해짐에 따라, 구약성서의 종교에 대한 그리스도교의 적의도 더욱더 격렬해졌다. 그리스도교는 유대인들이 고대의 예언자가 알려준 메시아를 인정하지 않았으니 틀림없이 그들은 사악하다고 주장했다. 콘스탄티누스 황제 때부터 유대교 배척주의는 그리스도교적 열정의 훌륭한 형태가 되었다. 이는 단순히 종교적 동기 때문만은 아니었다. 그러나 한때는 그리스도교 자체도 가공할 만한 박해를 받았으면서 일단 권력을 잡자, 완전히 같은 정도로 확고한 신념에 불탔던 소수파에게 광폭하게 대했다는 것은 신기한 일이다.

한 가지 점에서 새로운 종교는 새로 눈에 띄는 변화를 보였다. 유대인의 종교는 전체적으로 보아 매우 간단하고 비신학적이다. 이 단순함은, 공관 복음서에도 남아 있다. 그러나 요한복음서에 신학적 사고가 시작되어, 그리스도교 사상가들은 자신의 새로운 틀 안에서 그리스인의 형이상학을 조절하려 했다. 이에 따라 이 단순함이 착실하게 중요도를 더해 갔던 것이다. 우리는 이제 단순히 신인(神人) 그리스도, 즉 '기름부음을 받은 자'의 모습에 관심을 가질 뿐만 아니라, 신의 말씀으로써 그리스도의 신학적인 면에 관심을 갖게 되었다. 이와 같은 개념은 스토아학파와 플라톤을 거쳐 헤라클레이토스에까지 거슬러 올라간다. 이 신학적 전통은 185년부터 254년까지 알렉산드리아에 살던 오리게네스의 저서에 처음으로 체계적으로 표현되었다. 그는 플로티노스의 스승인 암모니오스 사카스에게 배웠고, 스승과 비슷한 점이 많다. 오리게네스에 따르면, 신만은 그 세 가지 면 모두가 무형(無形)이다. 그는 영혼이 육체 이전에 독립된 상태로 존재하고, 태어남과 동시에 육체로 들어간다는, 오래된 소크라테스의 이론을 신봉하고 있다. 결국 모두는 구원될 것이라는 견해 때문에 그는 뒤에 이단의 죄목을 받게 된다. 그러나 그는 생전에도 교회와 부딪혔다. 젊었을 때, 그는 무분별하게도 거세해서 육체가 약해지는 것을 막을 목적으로 극단적인 처방을 했는데, 이 치료는 교회가 인정하지 않는 것이었다. 이와 같은 일로 그의 평판은 땅에 떨어졌기 때문에, 사제로 선출될 자격을 잃고 말았다. 그런데 이 문제에 대해서는, 여러 의견으로 나뉘었던 모양이다.

오리게네스는 그의 저서 《켈수스에 대한 반론》에서 켈수스에게 자상한 답변을 하고 있는데, 켈수스의 그리스도 교도를 반박하는 저서는 오늘날 남아 있지 않다. 여기에서 처음으로 호교론적 논증 경향이 나타나는데, 그것은 성서의 본성이 성스러운 것에 움직인다는 것을 주장한다. 특히, 신앙이 그 지지자에게 사회적으로 귀중한 영향을 미친다는 사실은 이 신앙의 타당성을 보여주는 증거라고 할 수 있다. 이는 윌리엄 제임스와 같은 최근의 사상가가 내놓은 실용주의적 관점이다. 그러나 이와 같은 논증이 찬반양론의 무기라는 것을 곧 알 수 있다. 무엇을 귀중하게 여기느냐에 따라 어느 쪽으로든 결정되기 때문이다. 마르크스주의자는 제도적인 그리스도교에 동의하지 않고, 종교를 사람들의 아편이라 하며, 실용주의적 이유에서 이에 반대할 수 있는 완전한 자격을 갖추려 한다. 교회의 중앙화는 단계를 거쳐 서서히 진행되었다. 처음에는 교회 회원이 각 지방 단위로

연구실에서의 성 누가

주교를 뽑았다.

콘스탄티누스 황제 이후 처음으로 로마의 사제들의 권력은 강화되어 갔다. 교회는 가난한 사람을 도우면서 그 옛날 로마의 원로원 의원 일족이 해왔던 것과 거의 동일하게 다수의 예속 평민을 자기 편으로 끌어들였다. 콘스탄티누스 황제 시대는 제국 내에 많은 불안을 일으킨 교리적 다툼이 있던 때였다. 이들 문제의 몇 가지를 해결하려고 황제는 325년에 니케아 공의회의 소집에 힘을 썼다. 이것이 아리우스설에 대한 정통 신앙의 규준을 정했다. 이와 같은 방법으로 교회는 이후에 교의 발전상의 차질을 해결했다. 알렉산드리아 시대의 사제 아리우스파는 아버지이신 신이 아들보다 먼저이며 둘은 완전히 구별해야 한다고 주장했다. 정반대의 주장을 한 인물은 사벨리우스로, 그는 아버지와 아들이 동일 인격의 두 양상에 지나지 않는다고 주장했다. 결국 정통파의 견해가 승리를 거두어 아버지와 아들을 같은 수준에 놓고 사실상 같으나, 인격은 다르다고 주장했다. 그러나, 아리우스설은 계속해서 주창되었고 그 밖의 여러 이단도 나타났다. 정통파 진영의 최대의 주창자는 328년에서 373년까지 알렉산드리아의 주교로 있던 아타나시우스였다. 아리우스설은, 콘스탄티누스 황제의 후계자들의 후원을 받았는데, 이교도이던 배교자 율리아누스 황제만은 예외였다. 그러나 379년의 테오도시우스 황제가 나타나면서 정통 신앙은 제국의 지지까지 받게 되었다.

**라벤나의 아리우스파 예배당에 있는 성인들** 고딕식 건물로 아리우스파의 안전한 본거지였다.

*

서로마 제국 최후의 그리스도교 시대에 교회 권력의 강화에 노력한 중요한 세 성직자가 있다. 세 사람은 모두 후세에 성인의 칭호를 받았다. 암브로시우스, 히에로니무스, 아우구스티누스는 모두 4세기 중엽에 2~3년 차이로 태어났다. 대교황 그레고리우스는 6세기 사람이지만, 이 대교황과 함께 그들은 '교회의 박사'라고 불리게 되었다.

세 사람 가운데 마지막 사람인 아우구스티누스만이 철학자였다. 암브로시우스는 교회 권력의 대담한 주창자로, 국가와 교회 관계의 기초를 닦았으며, 이것이 중세기 내내 지속되었다. 히에로니무스는 처음으로 성서를 라틴어로 번역해 펴냈다. 아우구스티누스는 신학과 형이상학에 사고를 집중했다. 종교 개혁에 이르기까지의 가톨릭교의 신학적 뼈대는 거의 아우구스티누스가 만들었고, 개혁된 종교의 지도 원리도 아우구스티누스가 만들었다. 루터 자신도 아우구스티누스파의 수도 사제였다.

암브로시우스, 밀라노의 주교

암브로시우스는 340년 트리어에서 태어났다. 그는 로마에서 교육을 받고, 법률가의 길을 택했다. 30세 때, 이탈리아 남부의 리구리아와 에밀리아의 제독에 임명되어 이 지위에 4년 동안 있었다. 그 단계에서 이유는 알 수 없지만, 그는 세속적인 삶을 버렸다. 단, 정치 활동은 그만두지 않았다. 그는 밀라노의 주교로 뽑혔으나, 밀라노는 그 무렵 서로마 제국의 수도였다. 암브로시우스는 주교로서의 지위를 이용하여 교회의 정신적 지배권을 대담하게, 또 가끔은 강경하게 주장하며 광범위한 정치적 권력을 휘둘렀다.

처음부터 종교적 위치가 명확한, 그라티아누스와 같은 가톨릭 교도 황제가 다스리는 동안에는, 정통 신앙에 대한 위협 등은 있을 것 같지가 않았다. 그러나 그는 황제로서의 본분을 게을리하고, 마침내는 살해되어 후계자 문제로 혼란이 일어났다. 이탈리아를 제외한 서방제국 전체의 권력은 막시무스가 찬탈하는 지경이 되었다. 이탈리아만은 통치권이 정당하게 그라티아누스의 동생 발렌티니아누스

2세의 손으로 넘어갔다. 청년 황제는 미성년자여서 어머니인 유스티나가 사실상 통괄했다. 유스티나는 아리우스파였기 때문에, 아무래도 충돌이 일어날 수 밖에 없었다. 이교와 그리스도교가 가장 요란하게 충돌한 지점은 바로 로마 시 그 자체였다. 콘스탄티누스 치하 때, '승리의 상(像)'이 원로원의 건물에서 철거된 일이 있었다. 배교자 율리아누스 황제가 이것을 전대로 복귀시키자, 그라티아누스가 다시 상을 가지고 갔다.

참회를 하고 있는 다윗 이 그림은 주교 암브로시우스가 황제 테오도시우스에게 테살로니카 학살의 사후책임을 물은 사실을 예증한다.

그 뒤에 원로원 의원 몇 사람이 상을 되돌려주었으면 좋겠다고 청했다. 그러나 원로원에 있는 그리스도 교파는, 암브로시우스와 교황 다마소스의 도움을 받아 우세를 차지했다. 이교도는 그라티아누스를 해치우고, 발렌티니아누스 2세에게 청원서를 보내 384년 다시 지도적 입장을 취했다. 황제가 이교도 편으로 돌아가는 새로운 움직임을 막기 위해, 암브로시우스는 펜을 들었다. 황제는 신을 섬길 의무가 있으며, 그것은 시민이 병사로서 황제를 섬길 의무가 있는 것과 전혀 다를 바가 없다는 것을 새삼 황제에게 상기시키려고 했다. 넌지시 하는 말이었지만 이것은 신의 것은 신에게, 황제의 것은 황제에게 돌려 주라는 예수의 간절한 바람보다도 훨씬 강했다. 여기서 볼 수 있는 요구는 교회는 지상에서의 귀복(歸服)을 얻기 위한 매개물이므로, 국가보다도 우위에 있다고 주장하는 것이다. 어떤 의미에서 이것은 국가 권력이 그즈음에 얼마나 후퇴하고 있었던가를 그대로 나타내는 것이다. 교회는, 전세계적, 국제적 제도로서 제국이 정치적으로 해체되어도 계속 살아남아야 하는 것이었다. 주교가 이와 같은 일을 암시하면서도 무사했다는 것은 로마 제국의 쇠망의 증거였다. 그러나 '승리의 상'의 사건은 끝나지 않고 있었다. 후세의 찬탈자 에우게니우스 치하에서 그것은 복귀되었다. 단 에우게니우스가 394년에 테오도시우스에게 패배한 뒤로는 그리스도 교파가 결정적인 승리를 거두었다.

유스티나가 아리우스설을 신봉했기 때문에 암브로시우스는 유스티나와 충돌했다. 그녀는 아리우스파인 고트족 군단병을 위해 교회당을 밀라노에 세워 주었으면 좋겠다고 부탁했다. 이것을 주교는 허락하려 하지 않았고, 주교의 저항에 교구민도 편들었다. 바실리카 회당을 양보받기 위해 파견된 고트족 병사는 교구민과 공동 전선을 펴고 힘에 호소하기를 거부했다. 암브로시우스가 무장한 이방 민족 용병과 대결해서 한 발자국도 양보하지 않았는데, 참으로 용기 있는 행동이었다. 황제는 꺾이고, 암브로시우스는 교회 독립을 위한 싸움에 커다란 정신적 승리를 얻었다.

**높이 올려진 연설단상** 은둔자들의 주거지. 이 은둔자들은 금욕 생활의 선구자였다.

그러나 이 주교의 모든 행동이 칭찬할 만한 것은 아니었다. 테오도시우스 황제 시대에 황제가 지방의 어느 주교에게, 불타 버린 회관의 재건을 위한 돈을 지불하라고 명령했는데, 암브로시우스는 이에 반대했다. 그 화재는 그 성직자가 교사하여 일부러 낸 것으로, 황제로서는 이런 위협을 억제하기에 바빴다. 그러나 암브로시우스는 적어도 그리스도 교도라면 무슨 일이 있더라도, 이와 같은 손해를 책임을 질 일은 아니라고 주장했다. 이 위험한 가르침은 중세에 많은 박해를 보게 되는 결과가 되었다.

암브로시우스는 행정과 정치적 수완의 분야에서 커다란 장점을 가지고 있는 반면, 히에로니무스는 그즈음의 학자로서 걸출한 사람 중 한 사람이었다. 히에로니무스(제롬)는 달마티아의 국경과 가까운 스트리돈에서 345년에 태어났다. 18세에 그는 로마에 유학했다. 수년 동안 갈리아를 여행한 뒤, 그는 고향에 가까운 아퀼레이아에 정착했다. 어떤 분쟁이 있자, 그는 동쪽으로 가서 시리아 사막에서 은둔자로서 5년을 보냈다. 그 이후 그는 콘스탄티노플로 갔다가 로마로 돌아와 382년부터 385년까지 머물렀다. 교황 다마수스는 전년에 죽었고, 그 후계자는 걸핏하면 싸움을 거는 이 성직자를 좋아하지 않은 것 같았다. 다시 히에로니무스는 동방으로 여행을 떠났지만, 이번에는 독신과 금욕에 대한 그의 계율에 찬성하던 훌륭한 로마의 여인을 많이 거느리고 있었다. 그들은 386년에 마지막으로 베들레헴의 수도원 생활에 정착해서 420년에 죽었다. 그의 걸작은 라틴어 역본인 불가타(Vulgata) 성서인데, 이것은 성서 정통판으로 인정받게 되었다. 복음서는 그가 마지막으로 로마에 있는 동안에 그리스어 원전에서 번역했다. 구약성서를 번역하기 위해서 헤브라이어 자료까지 거슬러 올라갔지만, 이는 마지막 시기에 유대인 학자의 도움을 얻어 진행한 과업이었다.

마스트리히트 복음서 표장

히에로니무스는 그의 생활방식을 통해서 그 무렵 힘쓰고 있던 수도원 운동을 촉진하는 데 있어서 강한 힘이 되었다. 그를 따라서 베들레헴으로 간 로마인 제자는 거기에 수도원을 네 개나 지었다. 암브로시우스처럼 그도 훌륭한 문필가다. 그가 쓴 대부분의 편지는 젊은 여인들에게 보낸 것으로, 그녀들에게 덕과 순결의 길을 지킬 것을 권고하는 내용을 담았다. 로마가 410년에 고트족 침입자의 약탈을 받을 때, 그는 체념하는 듯했다. 그는 제국을 구하는 조치를 취하기보다도 정결의 가치를 찬양하는 데 열중했다.

아우구스티누스는 354년에 누미디아 지방에서 태어났다. 그는 철저한 로마식 교육을 받아 20세 때 애인과 어린아이를 데리고 로마로 갔다. 얼마 뒤 그는 밀라노에서 교사 생활을 하며 생계를 꾸려나갔다. 종교면에서 볼 때, 그는 이 시기 동안 마니 교도였다. 그러나 결국 계속되는 양심의 가

책과 어느 계획적인 여수도원장의 끈질긴 힘에 밀려, 그는 정통파 교회로 들어갔다. 387년, 그는 암브로시우스에게 세례를 받았다. 그는 아프리카로 돌아가서 396년에 히포 주교가 되어, 430년에 죽을 때까지 이 땅에 머물렀다.

그의 《고백록》에는 죄와의 싸움에 대한 많은 설명이 있다. 젊었을 때 사소한 하나의 사건이 평생 그의 마음에 걸렸다. 그것은 매우 경미한 일이었다. 소년 시절에 그는 순전히 장난으로 이웃집 마당에 있는 배나무를 못쓰게 만든 일이 있었다. 죄에 대한 그의 병적일 정도의 집착은 이 잘못된 행동을 확대시켰다. 그래서 그는 결코 자기를 용서할 수가 없었다. 함부로 과수에 손을 대는 것은 어느 시대나 위험한 일인 것처럼 보인다.

히포의 주교, 아우구스티누스
신학과 철학의 저술을 했다.

죄의식은 구약성서 초기에는 국민적 결함으로 여기고 있었지만, 차츰 개인의 오점으로 보게 되었다. 그리스도교 신학에서 이러한 역점의 변화는 중대했다. 제도로서의 교회는 잘못을 저지를 수 없었기 때문이다. 죄를 저지른 일이 있는 사람은 개개의 그리스도 교도였다. 개인적인 면을 강조한 점에서 아우구스티누스는 프로테스탄트 신학의 선구자다. 가톨릭교에서는 교회의 기능이 유일하고 중대한 생명선으로 여겨지기에 이렀다. 아우구스티누스에게는 양쪽이 다 같이 중대했다. 인간은 본질적으로 저주를 받은 죄 많은 존재로, 교회의 조정이 있어야만 구제된다. 그러나 종교 의식을 지켜도, 덕이 있는 삶을 보내도, 구원은 얻을 수가 없다. 신은 선하고 인간은 악하기 때문에 구원을 준다는 것은 호의지만, 주지 않는다고 해서 결코 비난할 수는 없다. 나중에 이 예정설의 가르침을 유연성 없는 신교파 신학이 채택했다. 한편, 마니 교도가 주장한 것처럼 악을 실질적 원리가 아니라, 나쁜 의지의 결과라고 보는 관점은 개혁된 종교가 이어받은 귀중한 가르침이었다. 그것은 프로테스탄트의 책임 개념의 바탕이 된다.

아우구스티누스
"당신들의 신은 어찌하여 이런 혼란스런 때에 세계를 만들었는가"라는 비그리스도 교도의 질문에 아우구스티누스는 "하지만, 시간도 세계도 함께 만들어진 것"이라고 대답했다.

아우구스티누스의 신학상의 저서는 주로 펠라기우스의 온건한 관점을 논박하는 데 있었다. 이 웨일스의 성직자는 그즈음에 있던 대부분의 성직자보다도 인간적인 성향을 가진 사람이었다. 그는 원죄설을 부정하고, 사람은 덕이 있는 생활을 할 마음만 있으면 자기의 노력으로 구원을 얻을 수 있다고 가르쳤다. 온건하고 개화된 이 이론은 많은 지지자, 특히 그리스 철학의 정신이 조금이라도 남아 있는 사람들에게서 찾아볼 수 있었다. 아우구스티누스로서는 비상한 열의를 가지고, 펠라기우스의 가르침과 싸웠기 때문에, 이 가르침이 결국 이단이라고 선언된 것도 그의 책임이 컸다. 그는 바울의 편지에서 예정설을 추론했지만, 바울이 이와 같은 무서운 명제가 자기의 가르침에서 연역된 것을 보면, 아마도 놀랐을 것이다. 이 이론은 뒤에 칼뱅이 채택했는데, 그때 교회는 현명하게도 이것을 뺐다.

아우구스티누스가 열중한 일은 주로 신학에 대한 것이었다. 철학 문제에 관계되어 있을 때도, 그의 목적은 무엇보다도 성서의 가르침과 플라톤학파의 철학적 유산을 화해시키는 데 있었다. 이런 점에서 그는 호교론적 전통의 선구자다. 그런데도 그의 철학적 사고는 그것대로 흥미있으며, 그가 치밀한 사상가라는 것을 나타낸다. 이것은 《고백》의 제11편에 잘 드러난다. 거기에는 세상적 이야기로는 가치가 전혀 없기 때문에 보통 통속판에서는 생략되어 있다.

아우구스티누스가 자신에게 부과한 문제는 창조를 하나의 사실로 가정해서, 이것이 창세기에 그려진 대로 일어났다는 사실과 신의 전능을 어떻게 화해시킬 수 있는가를 제

아우구스티누스의 저서 《신의 나라》

시하는 데 있었다. 먼저 유대인과 그리스도교와의 창조의 개념을 그리스 철학에서 찾아볼 수 있는 창조의 개념과 구별할 필요가 있었다. 언제나 그리스인에게는 세계가 무에서 만들어졌다는 사실은 터무니 없는 것으로 보였을 것이다. 신이 세계를 창조했다고 하면, 신은 뛰어난 건축가로서 이미 거기에 있는 소재를 사용해서 조립했다고 생각할 수 있다. 무에서 생길 수 있는 그 무엇인가가 있다는 것은 그리스 정신의 과학적 기분과는 인연이 없었다. 그러나 성서에서 신은 건조물을 세웠을 뿐만 아니라, 건축 재료까지 만들어 낸 것으로 생각해야 할 것이다. 그리스인의 관점은 당연히 범신론으로 끝난다. 이 범신론에 따르면, 신은 세계다. 이와 같은 사상의 경향은 어느 시대에서나 신비주의적 편향이 강한 사람들을 끌어당겼다. 이 견해를 가진 가장 유명한 대표적 철학자는 스피노자이다. 아우구스티누스는 구약성서의 창조주를 채택하지만, 이것은 이 세상 바깥쪽에 있는 신이다. 이 신은 시간을 초월한 영혼으로 인과율도, 역사적 발전도 필요로 하지 않는다. 신은 세계를 창조했을 때, 세계와 함께 시간도 창조했다. 우리는 그 이전에 무엇이 있었는지 물을 수 없다. 이와 같이 물을 수 있는 시간이 없기 때문이다.

주교의 망토와 왕관 위의 십자가

아우구스티누스에게 시간은 세 겹의 현재이다. 현재라고 부르기에 어울리는 현재는 진실로 있는 오직 하나뿐이다. 과거는 현재의 기억으로서 살아 있고, 미래는 현재의 기대로서 살아 있다. 이 이론에는 나름대로의 결점이 없는 것은 아니지만, 문제는 시간에 대한 주관적 성격을 인간의 정신적 경험의 일부로 강조하는 데에 있다. 인간은 창조된 존재로서 정신적 경험을 하기 때문이다. 따라서 이 관점에서면, 창조 이전에 있는 것은 무엇이냐고 묻는 것은 아무런 의미가 없다. 칸트도 이와 같이 시간을 주관적으로 해석했지만,

이것을 이해의 한 형식으로 본다. 이 주관적 방식에 의해 아우구스티누스는, 의심을 할 수 없는 것은 자신이 생각하고 있는 것뿐이라고 주장하는 데카르트의 생각을 예시하기에 이르렀다. 주관주의는 결국 논리적으로 지지할 수 있는 이론은 아니다. 그러나 아우구스티누스는 유능한 주관주의 해설자 중 한 사람이다.

아우구스티누스 시대는 서로마가 멸망한 시기로 특징지어진다. 아라리크가 이끄는 고트족은 410년에 로마를 점령했다. 여기에서 그리스도 교도는 자기들의 죄에 대한 마땅한 응징을 보았는지도 모른다. 이교도에게 사정은 달랐다. 낡은 신들은 버림받고, 유피테르도 당연히 자신의 보호를 거두고 말았다. 이 논의를 만족시키기 위해 아우구스티누스는 그리스도교의 관점으로 《신국론》을 썼는데, 이것은 그가 써내려가는 동안에 완전한 그리스도교적 역사 이론이 되었다. 오늘날에는 고고학적인 흥미거리밖에 되지 않지만, 교회를 국가로부터 독립시킨다는 중심 주제는 중세에는 매우 중요했으며 지금도 몇 곳에 남아 있다. 국가도 구원받기 위해 교회에 따라야 한다는 견해는 사실상 구약성서의 '유대인 국가'의 표본을 바탕으로 한 것이다.

그리스도교 사상은 철학적이라기보다 오히려 역사적인 성격을 가지고 있다. 5세기에 만들어진 이 모자이크화에 세례자 요한에게 세례를 받는 예수와 비둘기 모습을 한 성령, 그리고 예수를 신의 아들로서 선포하는 신의 소리가 그려져 있다.

테오도리크 황제의 치세에 주목할 만한 사상가 한 사람이 로마에 있었는데, 그의 삶과 저서는 그즈음 문명의 전반적 쇠퇴와 두드러진 대조를 이룬다. 보에티우스는 480년경에 로마에서 귀족의 외아들로 태어났는데, 원로원 의원 계급과 친척 관계에 있었다. 그는 고트족의 왕 테오도리크의 친구였다. 이 왕이 500년에 로마의 지배자가 되었기 때문에 보에티우스는 510년에 마침내 집정관에 임명되었다. 뒷날 그의 운명이 역전되어 고초를 겪었다. 524년, 그는 투옥되어 반역 혐의로 처형되기도 했다. 그를 유명하게 한 책 《철학의 위안》은 감옥에서 죽음을 기다리면서 쓴 것이다.

보에티우스 플라톤주의 철학자이자 로마의 귀족

살아 있을 때도 보에티우스는 지혜와 학식이 풍부한 사람이라는 평을 얻고 있었다. 아리스토텔레스의 논리학 관계의 저술을 처음으로 라틴어로 번역한 사람이 바로 그였다. 이와 함께 그는 아리스토텔레스 논리학에 주석을 달고 출처를 밝혔다. 음악, 산술, 기하학에 대한 그의 논문은 오랫동안 중세 고등 교육의 표준 작품으로 여겨졌다. 플라톤과 아리스토텔레스를 완역하려던 그의 계획은 불행히도 완성을 보지 못했다. 중세 사람들이 그를 고전 철학의 위대한 연구가로서 존경했을 뿐만 아니라, 그리스도 교도로서도 존경했다는 것은 이상한 일이다. 확실히 그는 신학 문제에 대해서 논문을 몇 편 발표했으며, 사람들이 이것들을 그가 직접 쓴 것으로 믿었다는 것도 사실이다. 그러나 그것은 진실일 것 같지는 않다. 《철학의 위안》에서 주장한 바에 따르면, 그 자신의 관점은 플라톤학파이다. 그가 그즈음의 대부분의 사람과 마찬가지로 그리스도 교도였다는 것은 물론 충분히 있을 수 있는 일이지만, 그렇다면 그의 그리스도교는 그의 생각에 관한 한 이름뿐인 것에 지나지 않았을 것이다. 플라톤 철학 쪽이 교부들의 신학적 사고보다 그에게 큰 영향을 미쳤기 때문이다. 그러나 사람들이 그를 틀림없는 정통파라고 여겼던 것은 아마도 이치에 맞을 것이다. 이와 같은 사정이 있었기 때문에 그의 플라톤 이론 중 대부분이 계속되는 몇 세기의 성직자에 의해서 아무런 문책도 없이 흡수될 수 있었다. 그 무렵 이단이란 오명을 썼다면 그의 저서들은 간단히 매장되었을 것이다.

《철학의 위안》에서 그리스도교 신학은 찾아볼 수 없다. 이 책에는 교대로 산문과 운문 구절이 나온다. 보에티우스 자신은 산문으로 이야기하고, 철학은 여성의 목소리를 빌려 운문으로 대답한다. 교의의 면에서 볼 때, 이 저서는 그 때의 교회 사람들을 시끄럽게 하고 있던 문제에서 아주 동떨어져 있다. 그것은 아테네의 세 철학자의 뛰어남을 재긍정하는 구절로 시작한다. 보에티우스는 선하게 살기 위한 방법으로 피타고라스학파의 전통을 따른다. 그의 윤리학에 대한 가르침은 주로 스토아적이고, 그의 형이상학은 곧장 플라톤까지 거슬러 올라간다. 각 구절의 어조에는 범신론적인 점이 있고, 따라서 그는 악을 비현실로 보는 이론을 펼치고 있다. 신은 선한 성질과 동일시되고, 그 어떤 악도 저지르지 않으며, 신은 전능하므로 악은 틀림없이 공허하다. 이 책의 대부분은 그리스도교 신학 및 윤리학과 모두 어긋나고 있는데, 어떻게 된 일인지 정통파 진영의 그 누구도 놀라지 않은 것으로 보인다. 이 책 전체의 정신은 플라톤을 연상시킨다. 그것은 플로티노스와 같은 신플라톤파 작가의 신비주의를 물리치고 있으며, 그 무렵에 유행하던 미신은 없다. 또한 이 시대의 그리스도교 사상가에게 무겁게 짓누르고 있던 격렬한 죄의식은 전혀 없다. 이 책의 특징으로 가장 주목할 만한 것은 투옥되어 죽음의 선고를 받은 한 인물이 직접 썼다는 사실일 것이다.

보에티우스가 감옥에서 죽음을 기다리며 《철학의 위안》을 쓰고 있다.

보에티우스를 시대의 실제 문제에서 멀리 떨어진 상아탑의 사상가로 생각한다면 잘못이다. 오히려 그는 거의 고대 철학자들과 마찬가지로 실제 문제의 한가운데에 서서, 유능하고 냉정한 위정자로서 고트족의 군주에게 충성을 다했다. 후세에 그는 아리우스파의 박해의 순교자로 여겨졌지만, 이 잘못 때문에 작가로서의 그의 인기가 올라가게 되었다. 그러나 광신주의에 무관심한 사상가로서 그는 성품(聖品)을 받지 못했지만, 키릴로스(이 사람에 대해서는 나중에 언급하게 된다)는 성자가 되었다.

보에티우스의 저서를 역사적 배경에 세워 보면, 거기에는 인간이 어느 정도까지 시대의 소산이 될 수 있는가 하는 영원한 문제가 제기된다. 보에티우스가 살던 세계는 공평하고 온당한 철학적 탐구에 적의를 나타낸 세계로, 미신이 날뛰고 견딜 수 없을 만큼 열광에 들뜬 시대였다. 그러나 그의 저서에는 이와 같은 외적 압력은 하나도 나타나 있는 것 같지 않고, 그가 제기한 문제도 결코 시대적인 문제가 되지 않았다. 물론 로마의 귀족 사회가 그 무렵의 일시적 유행이나 열광에 비교적 물들지 않은 것은 사실이다. 예부터의 덕목 중에서 제국이 없어진 뒤에도 이와 같은 상황 아래에서 오래 남은 것이 있었다는 것은 보에티우스의 윤리적 사고방식에 어느 정도 스토아적 경향이 있다는 것을 설명해 준다. 그러나 이번에는 외부로부터는 이방 민족이 침입하고 내부적으로는 광신주의가 요란했는데도 이와 같은 집단이 계속 존재했다는 사실이 설명되어야 할 것이다. 해답은 내가 생각하는 바로는 이중적이다. 인간이 전통의 소산이라는 것은 맞는 말이다. 우선 사람들은 그가 자랄 때의 주위 환경에 의해 형성되고, 나중에 그들의 생활 방식은 의식적으로나 맹종적으로 충실하게 지켜온 이 전통으로부터 지지받게 된다. 한편, 전통은 이런 식으로 시간에 묶인 것이 아니라, 자기의 생활 방식을 몸에 지니고 오랫동안 살아남는다. 말하자면 표면 아래에서 이글거리다 새로운 지지를 얻으면 다시 바람을 타서 타오르는 것이다. 어느 정도 고전시대의 전통은 이방 민족의 침입이라는 불안정한 상황에서 살아남았고, 이런 식으로 보에티우스와 같은 인물이 나타날 수 있었다. 그런데도 그는 자기와 같은 시대 사람을 갈라놓고 있던 골을 의식했을 것이다. 전통의 힘에 의지하면서 전통을 지지한다면 그에 맞는 불굴의 정신이 필요하므로, 보에티우스에게도 틀림없이 많은 용기가 필요했을 것이다.

보에티우스의 소품

우리는 이제 이에 관련된 또 하나의 의문에 대답할 수가 있다. 철학적인 문제 하나를 이해하기 위해서 철학사를 연구할 필요가 있는가? 한 시대의 철학을 이해하기 위해서 이 시대의 역사를 어느 정도 알아야 하는가? 분명히 앞에서 말한 견해대로라면, 사회적 전통과 철학적 전통에는 그 어떤 상호 작용이 있다. 미신적 전통은 미신을 가지지 않는 사상가를 내놓지 못할 것이다. 진취적 기상보다 금욕을 높이 평가하는 전통에서는 시대의 도전에 대응하는 건설적인 정치적 조치는 생겨나지 않을 것이다. 반면에 철학 문제는 그 배후에 있는 역사적 학식의 모든 재료가 없어도 아마 이해할 수 있을 것이다. 철학사를 보는 관점은 대부분의 의문이 이전에 제기되었고, 이에 대해 과거에 현명한 해답이 제시되었다는 것을 인식하는 데 있다.

*

로마의 위협은 침략과 투쟁의 시대가 온다는 것을 알렸고, 마침내 모든 영토를 거쳐 서로마제국의 몰락과 게르만 민족의 확립으로 끝났다. 북부에서는 브리타니아가 앵글족과 색슨족과 주트족에 의해 유린되고, 프랑크족은 갈리아로 흩어졌고, 반달족은 에스파냐, 남쪽과 북아프리카로 들어갔다. 나라와 지방의 이름은 이들 사건을 상기시키는 흔적으로서 남아서, 앵글족은 잉글랜드에, 프랑크족은 프랑스에, 반달족은 안달루시아에 그 이름을 남겼다.

야만족 침입자들

프랑스 남부는 서고트족이 점령했고, 이탈리아는 동고트족 침입자가 정복했는데, 동고트족은 이전에 동로마 제국을 분쇄하기 위해 나섰다가 패배한 일이 있었다. 3세기 말부터 고트족 용병은 로마인에게 고용되어 싸우면서 로마인의 전쟁 기술을 배웠다. 제국은 로마 멸망 뒤에도 수년 동안 명맥을 유지했으나, 오도아케르 왕이 이끄는 동고트족에 의해

476년에 결국 멸망되고 말았다. 이 왕은 493년까지 군림했으나, 같은 해에 테오도리크의 명령에 의해 살해되고, 테오도리크가 동고트족의 왕이 되어 526년에 죽을 때까지 이탈리아의 주권을 잡았다. 고트족 배후에서는 아틸라 왕의 인솔 아래 동방으로부터 훈족 중 몽고족이 서방으로 다가오고 있었다. 때로는 고트족과 이웃한 국가와 동맹을 맺은 일도 있었으나, 아틸라가 451년에 갈리아로 침입했을 때, 그들의 관계는 좋지 않았다. 고트족과 로마인의 합병군이 샬론에서 침입군을 막았다. 그 뒤 로마 점령의 기도는 교황 레오가 용기를 내어 정신적 압력을 걸었기 때문에 물거품으로 돌아갔다. 몽고 왕은 그 뒤 얼마 있다가 죽고, 그 부족은 지도자를 잃고 뿔뿔이 흩어진 상태가 되었다. 아시아인 기병 세력은 힘이 약해지고 말았다.

유스티아누스 1세는 서역 정복을 시도했다. 그리스 정교도로서, 그는 학술원을 폐쇄했다.

이런 동란이 교회 측의 그 어떤 과감한 반발을 불러 일으켰으리라고 생각할 수도 있다. 그러나 그들의 관심은 그리스도의 다위성(多位性)이라는 진기한 영역에 집중되어 사소한 교리에 급급했다. 그리스도는 두 가지 양상을 가진 하나의 인격이라고 주장하는 사람이 있었는데, 그의 견해가 마지막으로 승리를 거두었다. 그 주창자가 412년에서 444년까지 알렉산드리아의 대주교로 지내던 키릴로스였다. 그는 정통 신앙의 지지자로서 강직하고 편협해서, 알렉산드리아의 유대인 부락을 박해하여 자극하고 히파티아를 잔악하게 살해하기 위해 혈안이 되어 있었다. 히파티아는 수학 연대기에 이름을 떨치던 몇 안 되는 여성 중 한 사람이었다. 키릴로스는 순조롭게 성자의 반열에 올랐다.

다른 쪽에서는 콘스탄티노플 대주교인 네스토리우스의 추종자들이 인간 그리스도와 신의 아들 그리스도의 두 인격이 있다는 의견에 찬성했는데, 이 견해는 우리가 살펴본 것처럼 그노시스파의 전례를 따랐다. 네스토리우스파의 가르침은 주로 소아시아와 시리아에서 지지를 받았다. 이 신학상의 막다른 골목을 어떻게든 해결하려고, 431년에 에페소스에 회의가 소집되었다. 키릴로스의 편을 드는 당파는 회의장에 먼저 가서 반대 당에게 참가 자격을 주지 않고, 재빨리 자기들에게 이로운 결정을 내리고 말았다. 네스토리우스파는 그 뒤에 이단이라고 선언되었다. 인격은 하나밖에 없다는 관점이 우위에 섰다. 키릴로스가 죽은 뒤, 에페소스의 종교 회의는 449년에 다시 극단으로 흘러, 그리스도는 하나의 인격일 뿐만 아니라 단일한 성밖에 가지지 않는다고 선언했다. 이 가르침은 그리스도 단성론(單性論)으로 알려지게 되었다. 451년에 칼케돈 회의에서 이 이단론자들은 유죄 판결을 받았다. 키릴로스가 그토록 일찍 죽지 않았더라면, 성자의 자리에 오르기는커녕 그리스도 단성론자가 되었을 것이라는 것은 확실하다. 그러나 비록 가톨릭교 공의회가 정통 신앙의 기준을 정해도, 이단은 특히 동방에서는 여전히 없어지지 않았다. 회교의 힘이 후에 그토록 눈부신 성공을 거둔 것도 이단 교회에 대한 정통파 권력의 비타협적 태도 때문이기도 하다.

**테오도라** 그리스도 단성론주의자로서 유스티아누스 1세의 배우자였다.

이탈리아에서 고트족 침입자는 무턱대고 사회 기구를 파괴하지 않았다. 테오도리크는 526년에 죽을 때까지 주권을 잡고 있었는데, 낡은 국가정책을 계속 펼쳤다. 종교 문제에는 분명히 온건했다. 그는 아리우스파로, 특히 로마의 귀족 집안에 아직도 남아 있던 비그리스도교 분자에게 호의를 나타냈던 것으로 보인다. 신플라톤주의자 보에티우스는 테오도리크의 대신이었다. 그러나 황제 유스티누스는 식견이 좁았다. 523년, 그는 아리우스파의 이단자에게 법률상의 보호를 박탈했다. 테오도리크는 이 조치에 당황했다. 그의 이탈리아영(領)은 모두 가톨릭교의 것이었지만, 자신의 권력이 황제에 저항하기에는 모자랐기 때문이었다. 자기를 지지하는 사람들 사이에 음모가 일어나는 것을 두려워하여, 그는 보에티우스를 감옥에 넣고 524년에 처형했다. 테오도리크는 526년에 죽고, 유스티누스가 그 이듬해에 죽어 유스티니아누스가 뒤를 이었다. 그의 명령으로 로마법 요약서인 '로마법대전'과 '유스티니아 법전'이 편찬되었다. 유스티니아누스는 충실한 정통파 신앙인이었다. 그의 치세 초기인 529년, 그는 아테네의 아카데미를 폐쇄하라고 명령했는데, 그것은 아카데미가 고대 전통의 마지막 본거지로 살아남아 있었기 때문이었다. 그러나 그 무렵 아카데미의 가르침은 신플라톤주의적 신비주의에 의해 매우 약화되어 있었다. 532년, 콘스탄티노플의 성소피아 사원의 건축이 시작되었다. 그것은 1453년, 콘스탄티노플이 터키인의 손에 들어갈 때까지 비잔틴 교회의 중심이었다.

테오도라를 수행하는 귀부인들

황제는 종교에 대한 관심을 배우자였던 유명한 테오도라와 나누었다. 이 귀부인은 평범한 과거를 가진 여자로, 그리스도 단성론 신봉자였다. 유스티니아누스가 '제3조' 논쟁에 나선 것도 그녀 때문이었다. 칼케돈에서 네스토리우스파 경향의 교부 세 사람이 정통파라고 선언되었으나, 이 조항은 그리스도 단성론적 견해에는 불쾌한 것이었다. 유스티니아누스는 이 세 사람을 이단자라고 포고했는데, 이것이 교회의 논의의 씨앗으로 오랫동안 그 꼬리를 물었다. 결국, 그 자신도 이단으로 빠져, 그리스도의 육체는 썩지 않는다는 그리스도 수난불가능론의 견해를 채택했다. 이는 그리스도 단성론 계통의 교리였다.

유스티니아누스 황제 치하에, 서방 영토를 변방 민족 대군주의 손에서 빼앗으려는 최후의 움직임이 있었다. 이탈리아는 535년에 침입을 받아 국가는 약 18년간의 전쟁으로 분열 상태가 되었다. 아프리카도 다시 정복된 듯했으나, 비잔틴 제국의 치세는 전체적으로 달갑지 않은 것으로 판명되었다. 여하튼 교회가 황제 편을 들기는 했으나, 비잔틴 제국의 권력은 제국 전체를 회복하기에는 역부족이었다. 유스티니아누스는 565년에 죽고, 3년 뒤 이탈리아는 새로운 이민족의 맹공을 받았다. 롬바르디아인 침입자는 북부 지방을 영원히 빼앗았고, 이것이 롬바르디아라 불리게 되었다. 2세기 동안, 그들은 비잔틴 제국과 다투었으나, 비잔틴 제국은 남쪽에서 온 사라센 사람에 밀려 결국 퇴각했다. 라벤나는 이탈리아 비잔틴 제국의 마지막 요충지인데, 이것도 751년에 롬바르디아의 손에 들어가고 말았다.

*

오늘날 우리가 논하고 있는 이 시대에는, 보에티우스와 같은 인물은 매우 이례적이었다. 시대 사조는 철학적이지 않았다. 그러나 우리는 중세 철학에 중요한 영향을 미치게 되는 새로운 사실 두 가지를 언급해야겠다. 첫째는 서쪽에 수도원 제도가 생겼다는 것이고, 둘째는 로마 교황권의 권력과 권위가 커졌다는 것이다. 이러한 사실은 베네딕투스와 그레고리우스의 이름과 결부되어 있다. 수도원 제도는 4세기의 동로마 제국에서 시작되었다. 초기 단계에서 수도원은 교회와 연결되어 있지 않았다. 결국, 수도원 활동을 교회의 지배 아래 두게 처음으로 조치를 취한 사람은 아타나시우스였다. 히에로니무스는 우리도 살펴본 것처럼 수도생활 방식의 위대한 옹호자였다. 6세기에 수도원은 갈리아와 아일랜드에 세워지게 되었다. 그러나 서방의 수도원 제도에 결정적인 역할을 한 인물은 베네딕투스였으며, 그의 이름을 따서 베네딕트파 수도회의 이름이 생겼다. 그는 480년에 귀족 출신의 부모에게서 태어나, 로마 귀족 계급의 안일함과 사치 속에서 자랐다. 20세 청년이었을 때, 자신이 받은 교육의

라벤나에 있는 테오도라의 무덤

전통에 대한 심한 반발에 고통을 받아 3년 동안 동굴의 은둔자로 생활했다. 520년, 그는 몬테카시노에 수도원을 설립했다. 이곳이 베네딕트파의 중심지가 되었다. 설립자인 베네딕투스는 회원에게 빈곤과 복종과 순결의 맹서를 요구하는 교파의 회칙을 만들었다. 동방 교회 수도자의 지나친 금욕생활은 베네딕트의 마음에 들지 않았다. 그들의 전통은 육체를 죄로 보는 그리스도교의 견해를 문자 그대로 받아들였다. 그 때문에 그들은 육체적으로 무시받는 가장 낮은 상태에 이르려고 서로 경쟁했다. 이와 같이 불건전한 별난 행동을 베네딕트파 수도원의 회칙은 단호히 금했다. 권위와 권력은 종신 임명을 받은 대수도원장의 손에 있었다. 후세에 베네딕트파 수도회는 자신의 전통을 만들어갔지만, 그것은 설립자의 의도와는 조금 모순되었다. 많은 장서가 몬테카시노에 수집되었고, 베네딕트파 수도회의 학자는 고전학문의 불이 끊이지 않도록 여러 공헌을 했다.

**베네딕트** 몬테카시노 수도원의 설립자

베네딕투스는 543년에 죽을 때까지 몬테카시노에 머물렀다. 약 40년 뒤, 롬바르디아인이 이 수도원을 약탈하자, 수도회는 로마로 피했다. 오랜 역사를 거친 몬테카시노는 두 번 파괴당했는데, 첫 번째는 9세기에 사라센에 의한 것이고, 두 번째는 제2차 세계대전 때였다. 그 장서는 다행히 손상되지 않았고, 수도원은 오늘날 완전하게 재건되었다.

베네딕투스의 생애에 대한 자세한 설명은 그레고리우스의 대화편 제2편에 기록되어 있다. 대부분의 내용은 기적의 사건과 행적에 대한 이야기로 이루어졌는데, 이것은 그즈음의 교육받은 사람들의 전반적 정신 상태를 어느 정도 나타낸다. 그 무렵에 읽고 쓴다는 것은 매우 소수의 사람만이 소유하는 특권이었다는 사실을 기억해야 한다. 이들 저술은 오늘날의 슈퍼맨이나 SF의 졸작처럼 속기 쉬운 문맹자를 위해 씌어진 것은 아니다. 다른 점에서 말하자면, 이들 대화편은 베네딕투스에 대한 지식의 본원을 이룬다. 저자 그레고리우스 대교황은 서방 교회의 네 번째 '박사'로 여겨졌다. 그는 540년에 로마의 귀족으로 태어나, 부와 사치 속에서 자랐다. 그는 그리스어는 몰랐지만, 신분에 어울리는 교육을 받았다. 나중에 그는 궁정에서 6년 동안 살았지만, 끝내 그리스어를 배우지 않은 실수를 만회하지 못했다. 573년에 그는 로마 시장이 되었다. 그러나 그 뒤 곧 그는 하느님의 부르심을 느꼈던 모양이었다. 그는 시장직을 그만두고, 재산을 버리고, 베네딕트파 수도 사제가 되었다. 놀랄 만한 개종 후, 엄격하고 근검한 생활로 돌이킬 수 없을 만큼 건강을 해치게 되었다. 그러나 그의 삶은 그때까지 동경하던 명상의 삶까지는 되지 않았다. 그의 정치적 기량을 잊지 않았기 때문에, 교황 펠라기우스 2세는 그를 콘스탄티노플 궁정의 대사로 선임했다.

관 베네딕트의 것으로 짐작된다.

서로마 제국은 콘스탄티노플에 아직 이름뿐이었지만 충성심을 보냈다. 579년에서 585년까지 그레고리우스는 궁정에 머물러 있었으나, 황제를 부추겨서 롬바르디아의 싸움에 개입시키려는 일은 실패했다. 그러나 군사 개입 시대는 지나가고 있었다. 유스티니아누스 황제 치하에서 이런 종류의 마지막 시도가 한때 성공을 거두기도 했으나, 결국 수포로 돌아갔다. 그레고리우스는 로마로 돌아와서 옛 궁정 자리에 설립되어 있던 수도원에서 5년을 지냈다. 교황은 590년에 죽고, 그레고리우스는 수도 사제로 머무는 것을 더 좋아했겠지만, 교황으로 뽑혀 그의 뒤를 잇게 되었다.

서로마 제국의 붕괴로 인한 나라의 불안정한 시국을 타개하기 위해서, 그레고리우스는 정치가로서의 수완을 최대한도로 드러낼 필요가 있었다. 롬바르디아는 이탈리아를 약탈하려고 했고, 아프리카는 약체인 비잔티움 제국의 태수끼리 무어족에 포위되면서 다툼을 계속하고 있었고, 서

고트족과 프랑크족은 갈리아에서 전쟁을 하고 있었고, 브리타니아는 앵글로색슨족의 침입으로 비기독교화하여 이교 잉글랜드로 변하고 있었다. 이단의 가르침은 교회를 줄곧 괴롭혔고, 교회 기준의 전반적 쇠퇴 때문에, 성직자의 삶을 지배해야 할 그리스도교 원리는 상처를 입기 쉬웠다. 성직 매매의 폐습은 곳곳에서 나타나고, 실제로 약 500년 동안 이를 막을 수 없었다. 그레고리우스는 이 귀찮은 문제를 모두 끌어안고 어떻게든 겉으로 나타나지 않게 해결하려고 전력을 기울였다. 그러나 이와 같은 혼란이 서방 전체를 지배했기 때문에, 오히려 그는 교황권을 이제까지 없던 확고한 기초 위에 앉힐 수가 있었다. 그 무렵이 되어 비로소 로마의 주교도 그레고리우스처럼, 널리 권위를 펼칠 수 있게 되었고, 많은 성공을 거두었다.

**그레고리우스 교황** 교황의 권위를 증진시켰다.

이와 같은 일을 하기 위해 그는 주로 많은 편지를 성직자나 세속적인 지배자에게 썼는데, 그것은 그들이 당연한 의무를 이행하지 않거나 그들의 권위의 정당한 범위를 벗어나는 죄를 범하거나 했기 때문이었다. 《목회자회칙》을 내어 교회 문제 일반을 규제하는 로마 주권의 기초를 닦았다. 이 요약서는 중세 전반을 통해 매우 큰 존경을 받았고, 동방 교회에까지 들어가서 그리스어로 번역되어 사용되었다. 그의 신학상의 가르침은 순수하게 역사적인 내용을 무시한 채 상징적으로 해석하는 성서 연구에 영향을 미쳤다. 그런데 이것은 르네상스가 되고 나서야 세상의 주목을 끌었다.

로마 가톨릭교의 지위를 강화하는 데 그레고리우스는 불굴의 노력을 기울였지만, 그는 마음이 조금 좁았다. 정치적으로 그는 제국이 지나치는 면이 있어도, 그것이 자기 이익에 일치하거나, 이에 반대할 경우 위태롭다고 여겨지면 이를 눈감아주었다. 암브로시우스와 같은 사람에 비하면, 그

바티칸 돔

는 허울 좋은 기회주의자였다. 그는 베네딕트파 교리의 영향력을 지나치게 행사했는데, 이것이 나중에 수도원을 창설하는 데의 모범이 되었다. 그러나 그의 시대의 교회는 세속의 학문에는 거의 경의를 나타내지 않았고, 그레고리우스 또한 예외는 아니었다.

바티칸 시티

제5장
# 스콜라 철학

로마의 중앙 정권이 쇠퇴함에 따라, 서로마 제국의 여러 나라들도 미개 시대로 빠져 유럽은 전반적인 문화의 쇠퇴기로 들어갔다. 이른바 암흑 시대는 주로 600년에서 1000년까지로 계산된다. 이와 같이 역사를 분할해서 일정한 구획으로 끼워넣으려는 시도는 매우 인위적이다. 이와 같은 구분에는 그다지 의존할 것이 못 된다. 기껏해야 그것은 그 시대에 우세했던 전체적인 특징을 몇 가지 가르쳐 주는 정도이다. 따라서 7세기에 들어가자마자 유럽이 갑자기 암흑 속으로 던져졌다가, 4세기 뒤에 거기에서 빠져 나왔다고 생각해서는 안 된다. 과거의 고전적 전통의 영향은 비록 조금 불안정하고 한정된 것이었다 해도 어느 정도 살아 있었다. 몇몇 학문이 특히 아일랜드와 같이 멀리 떨어진 구석진 수도원에서 소중하게 육성되었다. 그러나 이와 같은 세기를 암흑이라고 부르는 것은 특히 이것을 앞뒤의 시대와 대조했을 경우에 적절하지 않다. 동시에 동로마 제국은 이 전반적 쇠퇴를 같은 정도로 경험하지 않았다는 것을 기억해야 한다. 비잔틴 제국의 지배력은 아직 잃어버리지 않았고, 따라서 문예는 서양에서 그 후의 몇 세기 동안, 세속적 색채를 잃지 않고 있었다. 마찬가지로 서양 문화가 쇠퇴한 데 반해, 젊고 힘찬 회교 문명이 인도의 대부분, 중동, 북아프리카, 에스파냐를 둘러싸면서 번성했다. 더 멀리에는 당나라 때의 중국 문명이 눈에 띄는 문예시대를 맞이하고 있었다.

**로마인과 이민족과의 전쟁**
4~5세기에 걸쳐 고트족·반달족 등 곤궁한 이민족이 신천지와 풍요로운 생활을 찾아 서로마제국에 침입해 왔다.

철학이 교회와 실로 밀접한 연관을 가지게 된 까닭은 무엇인가? 이를 이해하기 위해서 우리는 지금 연구하고 있는 시대에, 교황권과 세속의 권력이 나오게 된 그 주된 발전 추세를 대충 그려볼 필요가 있다. 교황이 서방에서 지배적인 지위를 차지할 수 있었던 이유는 주로 로마 제국의 몰락으로 정치 상황이 진공 상태에 빠졌기 때문이었다. 동방의 대주교들은 제국의 권위에 의해 귀찮은 제한을 받고 있었는 데다가 로마 사교들의 주장에 익숙하지 않았으므로, 결국 동방 교회는 독자적인 길을 걷게 되었다. 게다가 서방에서의 침입 종족이 야만적인 영향을 미쳐 읽고 쓰는 능력이 전반적으로 떨어졌으며, 이것이 로마 시대부터 제국 전체에 퍼져 있었다. 성직자들은 학문의 흔적을 겨우 유지했는데, 이와 같은 사정으로 읽고 쓸 수 있는 사람들이 특권 집단이 되었다. 수세기에 걸친 다툼 끝에, 유럽은 비교적 안정된 시대로 들어갔으며, 이때 성직자들이 학교를 세워 이를 경영했다. 스콜라 철학은 르네상스까지 아무런 경쟁 상대가 없었다.

유럽에서 7세기와 8세기의 교황권은 비잔틴 황제와 미개 민족의 왕이 서로 접전을 벌이고 있었기 때문에, 양자의 정치 세력의 중간에 서서 아슬아슬하게 앞으로 나아가고 있었다. 그리스와 손을 잡는 것이 침입자를 따르는 것보다 몇 가지 점에서 유리했다. 적어도 황제의 권위가 정당한 법적 근거에 따른 것인데 반해, 정복 종족의 지배자들은 힘으로 권력을 쥐고 있었다. 게다가 동로마 제국은 로마가 위대했던 그 옛날에 지배하던 문명의 기준을 유지하여, 미개 민족의 편협한 국가주의와는 뚜렷이 대조적으로 보편적인 사물의 관점을 잃지 않고 있었다. 게다가 고트족과 롬바르디아가 아리우스의 설을 충실하게 지키게 된 초기 상태였음에 비해, 비잔틴 제국 로마 교회의 권위에 머리를 숙이는 것만

로마는 410년에 아라리크 왕이 이끄는 서고트족군에 의해, 455년에는 반달족에 의해 거듭 침략당했다. 이리하여 서로마제국은 476년에 소멸되었고, 이탈리아는 이민족의 왕에 의해 지배당하게 된다.

은 거부했지만 적어도 정통 신앙을 지키고 있었다.

그러나 동로마 제국에는 이미 유럽에서 권위를 유지하기에 충분한 강한 힘은 없었다. 739년, 롬바르디아는 로마를 정복하려 했으나 실패로 끝났다. 롬바르디아의 위협을 견제하기 위해 교황 그레고리우스 3세는 프랑크족의 도움을 빌리려 했다. 메로빙거 왕조의 국왕으로 글로비스의 뒤를 이은 사람들은 그 무렵에 이르러 프랑크 왕국에서의 실권을 모두 잃고 있었다. 사실상의 지배자는 궁재(宮宰)였다. 8세기 초, 카를 마르텔이 이 자리에 있었는데, 그는 732년에 투르에서 여세를 모는 회교도의 세력을 저지했다. 카를과 그레고리우스는 모두 741년에 죽었다. 그들의 후계자인 피핀과 교황 스테파누스 3세는 서로 화해하여 양해가 성립되었다. 궁재는 교황에게 왕권의 정식 승인을 요구해 메로빙거 왕조를 밀어냈다. 피핀은 피핀대로 교황에게 라벤나의 도시를 주었지만, 이곳은 롬바르디아에 의해서 751년에, 파견 총독의 영토와 함께 공략되었다. 이것을 마지막으로 비잔틴 제국과의 연결은 끊어졌다.

**카를 마르텔** 투르에서 무어족 침입자를 물리쳤다.

정치 권력의 중심이 없었기 때문에, 교황권은 동방 교회가 자기 영역 안에서 강력한 존재로 있었던 것 이상으로 훨씬 강력해졌다. 본디 라벤나의 처분은 어떤 뜻에서 보아도 합법적인 처리는 아니었다. 이에 대해 무엇인가 좀더 그럴듯한 근거를 부여하기 위해 한 수도사가 어떤 문서를 위조했는데, 이것이 콘스탄티누스 황제의 '기부장'으로 알려지게 되었다. 이 문서는 콘스탄티누스 황제의 교령으로, 황제가 서로마에 속했던 모든 영토를 교환청에 양도한다는 내용이 담겨 있다. 이와 같이 해서 교회의 속세의 권력이 확립되어 중세 내내 유지되었다. 이 위조의 정체가 폭로된 롬바르디아는 프랑크족의 간섭에 저항하려고 했으나, 결국 피핀의 아들 샤를마뉴가 774년에 알프스를 넘어 롬바르디아군을 결정적으로 패퇴시켰다. 그는 롬바르디아인의 왕이란 칭호를 얻어 로마로 진군하여 거기에서 754년의 아버지의 기부장을 확인했다. 교황권은 그에게 호의적이었고, 그도 그리스도교를 색슨족의 영토까지 전파하는 데 많은 공헌을 했다. 그러나 그의 이교도 개종법은 설득보다도 칼에 호소하는 바가 컸다. 동방의 국경에서 그는 독일의 대부분을 정복했지만, 남부에서는 아라비아인을 에스파냐에서 내몰려는 노력도 그다지 효과를 거두지 못했다. 778년에 그의 후위대가 패배한 것이 유명한 롤랑 전설을 낳았다.

**샤를마뉴** 대제 800년에 로마에서, 카이사르에 이어 황제에 올랐다.

그러나 샤를마뉴는 국경 지방의 단순한 합병 정리 이상이 목적이었다. 그는 스스로를 서로마 제국의 참다운 후계자로 보았다. 800년의 크리스마스 때, 그는 로마에서 교황의 손으로부터 황제의 관을 받았다. 이것은 독일 국민의 신성 로마제국의 시작이었다. 비잔티움과의 단절은 사실상 피핀의 기부장 때문에 생긴 것인데, 그것은 이와 같이 새로운 서로마 황제의 출현으로 완료되었다. 이 조치를 취하기 위한 샤를마뉴의 구실은 조금 약한 면이 있었다. 비잔티움의 왕좌는 그 무렵에 여황제 이레네가 차지하고 있었다. 이것은 제국의 관습으로 보아 인정할 수 없는 일이므로 그 자리는 비어 있다고 그는 주장했다. 교황이 샤를마뉴에게 왕관을 주었으므로, 샤를마뉴는 로마 황제의 법적 후계자로서의 직분을 다할 수가 있었다. 그러나 교황권은 이 사건으로 제국의 권력과 서로 결부되었고, 그 뒤에 완고한 황제가 교황을 밀어내거나 임명하여 자기에게 편리한 조치를 취하기도 했다. 그러나 교황은 여전히 황제의 머리 위에 왕관을 얹는 권리를 누리면서 자신의 자리를 확고히 했다. 이와 같이, 속세의 권력과 종교의 권력은 숙명적인 상호의존의 관계를 맺기에 이르렀다. 충돌은 당연히 피할 수가 없어, 교황과 황제는 이기기도 하고 지기도 하면서 끊임없이 주도권 쟁탈이 이어졌다. 충돌의 주요 원인 가운데 하나는 주교를 임명하는 문제를 둘러싸고 일어났는데, 여기에 대해서는 뒤에 더 자세히 말할 기회가 있을 것이다. 13세기까지는 적도 아군도 이미 타협의 여지가 없다는 것을 알았다. 이어 일어난 투쟁은 교황권이 마지막 승리를 거두었지만, 그것도 초기 르네상스 교황들이 도덕적 기준이 낮아서 모처럼만의 우위를 잃는 결과가 되고 말았다. 이와 동시에 영국과 프랑스, 에스파냐의 국민 군주 정치제도의 대두로 신흥 세력이 생겨났고, 이것이 교회의 정신적 지도 아래 살아남아 있던 통일체제를 무너뜨리고 말았다. 제국은 나폴레옹의 유럽 정복까지 명맥을 유지했고, 교황권은 현대까지 이어진다. 단, 그 지배권은 종교 개혁으로써 무너졌다.

샤를마뉴 대제의 대관식 의자 엑스라샤펠 대성당

샤를마뉴는 살아 있는 동안에 기쁜 마음으로 교황들을 보호했고, 그들은 그들대로 황제의 목적에 거스르지 않으려고 신경을 쓰고 있었다. 그 자신은 문맹자로 경건한 마음 같은 건 가지고 있지 않았지만, 다른 사람들의 학문이나 경건한 생활 태도에 적의는 가지고 있지 않았다. 그는 문예 부흥을 조성하고 학자를 옹호했다. 그러나 그의 즐거움은 독서삼매와 같은 것은 아니었다. 그리스도 교도로서의 올바른 행위에 대해서는 신하에게는 유익할 것이라고 여기고 있었지만, 궁정 생활을 심하게 방해하는 것이어서는 안 되었다.

샤를마뉴의 후계자들 아래에서는 황제의 권력이 내리막길로 향했으며, 특히 경건왕 루이의 세 아들이 영토를 자기들끼리 나누었을 때가 심했다. 이 사건으로 틈이 생겼고, 후에 독일인과 프랑스인을 이간시키는 결과가 되었다. 그 사이 교황권은 속세의 분쟁에서 황제가 힘을 잃고 있었던 만큼 이와는 반대로 힘을 얻고 있었다. 이와 동시에 로마는 주교들에게 권위를 강요해야만 했다. 우리가 살펴보았듯이 그들은 특히 중앙 권력의 자리에서 어느 정도 떨어져 있을 경우, 자기 영지 내에서는 얼마쯤 독립적일 수가 있었기 때문이다. 교황 니콜라우스 1세(858~867)는 로마의 권위를 유지하는 데 전반적으로는 성공을 거두었다. 그러나 이 문제 전체는 세속의 권력뿐만 아니라 교회 그 자체의 내부에서도 조금 논쟁이 있었다. 현명하고 결단력을 가진 주교라면, 교황에게 이와 같은 성질이 결여되었을 경우에 이에 대해서 저항하는 것도 마땅한 일이었다. 결국 교황권은 니콜라우스가 죽자 또다시 내리막길로 향했다.

**다규르후의 시편** 샤를마뉴의 명으로 교황 하드리아누스 1세를 위해 만들어진 시편의 상아 표구판

10세기에 교황권은 로마의 지방 귀족 계급이 관리했다. 로마 시는 비잔틴 군과 롬바르디아군과 프랑스군 때문에 몇 번이고 일어났던 참해의 결과, 야만과 혼돈 상태에 빠져 있었다. 유럽 전역은 봉건 영주도 말릴 수 없는 독립 정신이 왕성한 가신 때문에 시끄러웠다. 황제도, 프랑스 국왕도, 감당하기 어려운 야만족들을 억누를 만한 대책을 실시할 수가 없었다. 마자르인 침입자들이 북부 이탈리아에 침입했는가 하면, 필사적인 바이킹들이 유럽 연안과 하천 지대 전체를 짓밟고 다녔다. 결국 노르만인은 프랑스에 가늘고 긴 땅을 하나 받고, 그대신 그리스도교를 받아들였다. 남쪽에서 올라온 사라센인의 지배 위협은 9세기에 고조되기 시작했는데, 동로마가 이 침입자를 915년에 나폴리 근교의 가리글리아노 강가에서 타파하자 떠나고 말았다. 그러나 제국의 힘은 너무나 약해서, 유스티니아누스 황제 때 시도했던 것처럼 서유럽에 다시 군림할 수는 없었다. 이 전반적인 혼란 중에 교황권은 방종한 로마 귀족의 변덕을 따를 수밖에 없었으며, 동방 교회의 문제에 대해 미쳤을지도 모르는 영향력을 흔적까지도 잃었을 뿐만 아니라, 서방 교회의 성직

자를 억제할 힘까지 차츰 줄어들어 지방의 주교들은 다시 독립을 주장하게 이르렀다. 그러나 이 점에서 그들은 성공을 거두지 못했다. 비록 로마와의 연결은 약화되어도, 지방의 세속 권력과의 결부는 오히려 강해져 있었기 때문이다. 이 시기의 성베드로의 주교 자리에 앉은 대대수 사람들의 인격도 도덕적, 사회적 해체의 추세를 저지할만 것은 못 되었다.

11세기와 함께 민족 대이동은 끝이 나고 있었다. 회교의 외적 위협도 가라앉고 있었다. 유럽은 공세로 전환했다.

그리스어의 지식은 거의 유럽에서 잊혀지고 있었는데, 멀리 떨어진 땅 아일랜드에는 남아 있었다. 유럽이 전체적으로 쇠퇴해 가고 있었을 때, 아일랜드의 문화는 번창했다. 결국, 데인족의 도래와 함께 이 고립된 문명 지대도 파괴되었다.

다규르후의 시편

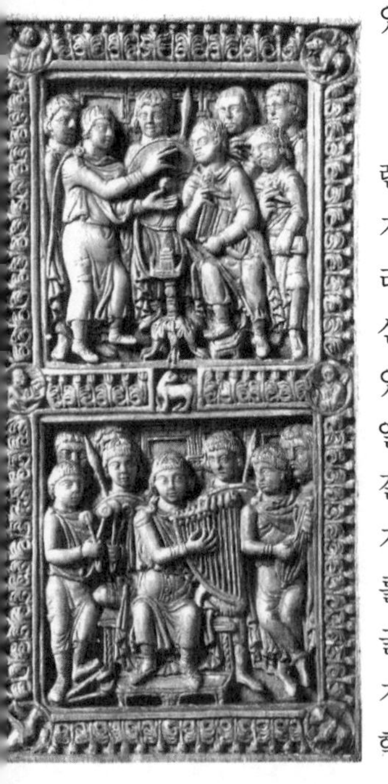

따라서 이 시대의 학자 가운데 가장 뛰어난 인물이 아일랜드 사람이라고 해서 놀라울 일은 아니다. 9세기의 철학자 요하네스 스코투스 에리우게나는 신플라톤주의자로 그리스어 학자였으며, 사물을 보는 방법은 펠라기우스주의고, 신학은 범신론이었다. 그는 비정통파의 의견을 가지고 있었지만 다행히도 박해를 면한 것으로 보인다. 그즈음의 아일랜드 문화가 활력을 띠게 된, 흥미 있는 상황 때문이었다. 갈리아가 야만족의 연이은 침입으로 고통을 받기 시작하자, 학자들은 유럽 중에서도 가장 서쪽으로 그 어떤 보호를 구하여 대거 이동해 갔다. 잉글랜드로 간 사람들은 앵글족이나 색슨족, 주트족과 같은 이교도 사이에서 편안한 지위를 얻을 수 없었다. 그러나 아일랜드는 안전하여 많은 학자들이 이 땅으로 피했다. 잉글랜드의 경우도 암흑시대를 보통과 조금 다르게 생각해야 한다. 그 무렵에 앵글로색슨족의 침입은 한때 중지되었으나, 알프레드 대왕 치하에서 다시 시작되었다. 이와 같이 암흑시대는 시작도 끝도 200년 빠르다. 9세기와 10세기의 데인족의 침입으로 잉글랜드는 발전이 멈추었고, 아일랜드는 영원히 퇴보하게 되었다. 이번에는 학자들이 이제까지와는 반대 방향으로 대거 나갔다. 그 사이 로마는 거리가 멀었기 때문에, 아일랜드 교회의 문제에는 참견할 수가 없었다. 주교의 권위도 위압적이지 않았고, 수도원의 학자도 교리의 다툼에 시간을 허비하는 일이 없었다. 아일랜드인 요하네스의 자유주의적인 사고방식도 다른 곳이었다면 바로 징계를 받겠지만, 여기에서는 가능했다.

프랑스의 왕 샤를 더 볼드
영국 왕 존 더 스콧의 후원자였다.

요하네스의 생애에 대해서는 그가 프랑스의 대머리왕 샤를의 궁정에 있던 시대 말고는 거의 알 수가 없다. 그는 800년에서 877년까지 살았던 모양인데, 연대 등은 확실하지가 않다. 843년, 그는 프랑스 궁정에 초청되어 궁정부속학교를 맡게 되었다. 여기서 그는 자유 의지 대 예정의 문제에 대한 논쟁에 휘말렸다. 요하네스는 자유 의지 쪽을 지지하여, 덕을 목표로 하는 노력이야말로 중요하다고 주장했다. 상대를 화나게 한 것은 매우 심한 그의 펠라기우스주의가 아니라, 오히려 문제를 논하는 방법이 단지 철학적이었다는 사실이었다. 그의 말에 따르자면, 이성과 계시는 진리의 독립된 근원으로, 겹치거나 모순되지 않는다. 그러나 일정한 경우에 충돌이 있는 것처럼 보인다고 한다면, 이성은 계시 이상으로 신뢰되어야 한다. 참다운 종교는 바로 참다운 철학이며, 반대로 참다운 철학은 참다운 종교다. 이런 관점은 왕실의 무기력한 성직자들에게 좋은 인상을 주지 못했으며, 이 문제에 대한 요하네스의 논문은 비난의 표적이 되었다. 다만 국왕만은 개인적 우정에서 그를 옹호하고 벌을 가하지 않았다. 샤를은 877년에 세상을 떠났고, 이 아일랜드인 학자도 같은 해에 세상을 떠났다.

요하네스는 그의 철학을 스콜라 철학의 언어적 의미로 볼 때 실재론자였다. 전문적 용어법인 이 문제를 명확하게 해 둔다는 것은 중요하다. 실재론은 플라톤이 전하는 소크라테스가 해명한 이데아론에서 나온 것으로, 보편적인 것이 사물이며 특수한 것 앞에 온다고 주장한다. 반대 진영은 아리스토텔레스의 개념론에 근거를 두고 있었다. 이 이론은 유명론이라고 일컬어졌으며, 보편적인 것은 이름에 지나지 않고, 특수한 것은 보편적인 것보다 앞선다고 주장한다. 보편의 문제에 관한 실재론자와 유명론자의 싸움은 중세 내내 격렬하게 벌어졌다. 그것은 과학과 수학에 오늘날까지 남아 있다. 스콜라 철학적 실재론은 이데아론과 연관이 있으므로, 근대에 들어와서는 관념론이라고도 불렸다. 이것은 후기 비(非)스콜라 철학적인 용어 사용법과는 구별해야 하는데, 이 점에 대해서는 적당한 곳에서 설명하겠다.

**철학에 의한 위로**
철학의 여신이 학생인 포에티우스에게 배후에 있는 여신(유혹의 여신)에게서 달아나도록 경고하고 있다. 운명의 여신이 바퀴를 돌리자 운명에 조종당하는 네 가지 모습이 올라갔다 내려갔다 한다.

요하네스의 실재론은 그의 주요 철학서 《자연의 구분에 대해서》에 뚜렷이 나와 있다. 그는 사물이 창조하느냐 아니냐, 또는 창조되느냐 아니냐에 따라서, '자연'의 사중적(四重的) 구별을 인정한다. 첫째는 창조하되 창조물이 아닌 것으로, 이것은 분명히 신이다. 둘째는 창조하고 창조되는 것으로 이 항목 아래에는 플라톤과 소크라테스의 의미로 이데아가 있고, 이것은 특수한 것을 창조하고 신에 의해 창조되며, 특수한 것은 신 안에 존재한다. 셋째는 공간과 시간에 있는 사물로, 창조되지만 창조하지 않는 것이다. 마지막은 창조하지 않고 창조되지 않는 것으로, 여기까지 오면 우리는 원을 한 바퀴 돌아 만물이 지향해야 하는 궁극적 목표로서의 신으로 되돌아간다. 이런 뜻에서, 신은 자신의 목적과 구별할 수 없는 존재로, 창조하는 것이 아니다.

존재하는 사물에 대해서는 여기까지 해 두기로 한다. 그러나 그는 존재하지 않는 사물도 자연 속에 포함시킨다. 이들 가운데 첫째는 신플라톤식으로 보통의 물질적 대상이며, 생각할 수 있는 세계에서 제외된다. 마찬가지로 죄는 신의 방식에서 어긋난 결점이나 결여로 여기며, 따라서 비존재의 영역에 속한다고 한다. 이는 결국 우리가 살펴본 것처럼 '선'을 지식과 같게 보는 플라톤의 이론까지 거슬러 올라가게 된다.

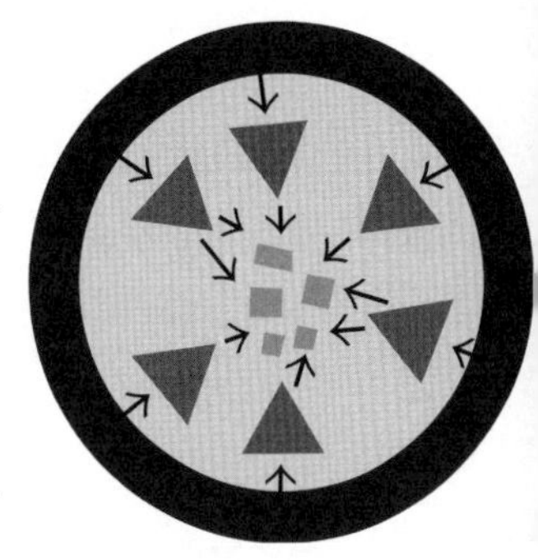

(1)신은 창조한다. (2)신의 마음 속에 있는 생각은 창조되는 것인 동시에 창조하는 것이다. (3)시공(時空)은 창조되는 것이다. (4)총체적 목적으로서의 신은 창조되지도, 창조하지도 않는다.

1

2

3

4

이 설명대로 신이 그 목적과 동일하다는 견해는 정통 신앙으로는 도저히 말할 수 없는 범신론적 신학으로 통한다. 신 자신의 본질은 사람들에게나, 신 자신에게나 인식할 수 없다. 그것은 신이 인식할 수 있는 대상이 아니기 때문이다. 요하네스는 이를 위한 논리적 이유를 말하고 있지 않지만, 신이 만물이기 때문에 인식자와 인식의 대상을 필요로 하는 인식 상태는 생길 수가 없다는 것이다. 그의 삼위일체론은, 플로티노스와 다르지 않다. 신의 존재는 사물의 존재에 나타나며, 신의 지혜는 사물의 질서에 나타나고, 신의 생명은 사물의 운동에 나타난다. 이들은 저마다 성부와 성자와 성령에 해당된다. 이데아를 말하자면, 이데아는 '로고스'를 만들어 성령이라는 매개를 통해 특수한 것을 만들어 내는데, 이것은 독립된 물적 존재를 가지지 않는다. 신은 무에서 사물을 만들어내며, 모든 인식을 초월한다. 따라서 신은 그 어떤 사물도 아닌 신 자신이라는 것이다. 이와 같이 요하네스는 특수하게 물적 존재를 인정하는 아리스토텔레스의 견해에 반대한다. 한편, 창조하고 창조된다는 기준의 처음 세 가지 구분은 움직이고 움직여진다는 아리스토텔레스의 비슷한 규준에서 나온다. 네 번째 구분은 디오니시우스의 신플라톤주의의 가르침에서 나온다. 성바울의 제자 아테네인 디오니시우스는 신플라톤주의와 그리스도교를 화해시키는 논문의 저자로 알려졌다. 요하네스는 이 저서를 그리스어로부터 번역했는데, 아마도 이런 식으로 몸을 지켰을 것이다. 왜냐하면, 디오니시우스의 위조문서는 성바울과 그와 연관되어 정통 신앙으로 잘못 여겨지고 있었기 때문이다.

*

11세기에 유럽은 마침내 재건의 시대로 접어들기 시작한다. 북쪽과 남쪽에서 받는 외적 위협은 노르만족이 저지했다. 노르만족의 잉글랜드 정복은 스칸디나비아족의 침입에 종지부를 찍었고, 그들의 시칠리아 섬 원정은 이 섬을 한번에 사라센족의 지배로부터 해방시켰다. 수도원 제도의 개혁도 진척되고, 교황 선거와 교회 조직의 원리도 검토되기 시작했다. 학문 수준도 교육의 개선에 따라, 성직자뿐만 아니라 어느 정도 귀족 계급으로도 오를 수 있게 되었다.

**십자가에 걸린 그리스도의 장식판**
켈트 수도원에서 초기 그리스도교 미술이 만들어짐과 동시에 예술활동이 장려되었다.

그 무렵의 교회를 둘러싼 큰 문제가 두 가지 있었는데, 성직 매매의 풍습과 독신의 문제였다. 둘 다 어떤 면에서 그동안에 발달해 온 사제직의 지위와 연관이 있다. 사제는 종교상의 기적과 권능을 다스리는 사람이었으므로, 차츰 세속적인 문제에서도 상당한 양향을 미치게 되었다. 이런 영향은 사람들이 그 권능을 진짜라고 믿는 한 효력이 있었다. 중세 전체를 통해서 이 신념은 마음속으로부터 우러나오는 것으로 널리 퍼져 있었다. 그러나 일단 권위의 맛을 알면, 일반적으로 좀처럼 그만둘 수 없다. 유리한 지위에 선 사람들에게 지침이 될 강력하고 유력한 도덕적 전통이 없으면, 그들은 딴 생각을 하여 남의 돈을 착복할 것이다. 이런 식으로 돈을 받고 교회의 공직을 주는 일은 이와 같이 특권을 누리는 사람들에게 재물과 권력을 주는 근원이 되었다. 이 습관은 결국 성직 임명 제도를 부패시키고, 이따금씩 이 폐해와 싸우려는 노력을 볼 수 있게 되었다. 한편, 성직자의 독신 문제의 논점은 그리 명확하지 않다. 이 문제의 도덕적인 면은 한 번도 최종적으로 해결된 일이 없었다. 동방 교회에서도, 나중에 유럽의 개혁 교회에서도, 독신은 한 번도 도덕적으로 귀중하다고 여겨진 일이 없었다. 말이 난 김에 덧붙이자면, 회교는 독신을 비난하기까지 했다. 그런데 정치적인 견지로 볼 때 그즈음에 그런 변화가 일어날 만한 합리적인 근거가 있었다. 사제는 결혼을 하면, 차츰 세습적인 제도로 발전하는 경향이 있다는 것이었다. 특히 재물을 축적하는 경제적 동기까지 더해지면, 더욱 그렇다. 게다가 사제는 다른 사람과 동일하면 안 된다. 독신은 속세인과의 거리를 알리는 것이었다.

프랑스의 클뤼니 수도원 개혁의 중심이었다.

수도원의 개혁이 시작된 중심지는 910년에 설립된 클뤼니 수도원이었다. 조직화의 새 원칙이 여기에서 처음으로 실시되었다. 이 수도원은 교황에 대해서만 직접적인 책임을 졌다. 수도원장은 수도원장대로 클뤼니 수도원을 본따서 생긴 다른 수도원에 권위를 휘둘렀다. 이 새로운 제도는 극단적인 사치와 금욕을 피하려고 노력했다. 다른 개혁자들도 선례를 따라서 새로운 수도회를 세웠다.

카말돌레제 수도회는 1012년까지 거슬러 올라갈 만큼 오래되었고, 카르투지오 수도회는 1084년까지, 베네딕트파의 회칙을 따르는 시토 수도회는 1098년까지 거슬러 올라간다. 교황권 그 자체를 볼 때 개혁은 원칙적으로 황제와 교황 사이의 패권을 둘러싼 투쟁의 결과였다. 그레고리우스 6세는 교황권을 개혁하기 위해 전임자인 베네딕투스 9세로부터 교황권을 샀다. 그러나 황제 헨리 3세(1039~56)

는, 그 자신이 발랄할 청년 개혁자로, 비록 그 동기가 제아무리 훌륭하다고 하더라도, 이와 같은 조치에는 호의를 보일 수 없었다. 1046년 22세 때, 헨리는 로마를 급습하여 그레고리우스를 퇴위시켰다. 이후에 헨리는 교황을 임명할 때 매우 신중했으며, 그들이 기대에 미치지 못하면 직무를 그만두게 했다. 헨리 4세는 1056년에서 1106년까지 통치했는데, 아직 미성년이었을 무렵에 교황권은 다시 독립된 지위를 어느 정도 회복했다. 교황 니콜라스 2세 아래에서, 교령(敎令)이 나가 교황 선거권은 사실상 추기경의 수중으로 들어갔으며, 황제는 전적으로 제외되었다. 니콜라스는 대주교에 대한 지배력도 강화했다. 1059년, 그는 페트루스 다미아니라는 카말돌레제 수도회의 학자를 밀라노에 보내, 교황의 권위를 주장함과 동시에 지방 개혁 운동을 지지하려고 했다. 다미아니는 신이 모순법의 속박을 받지 않으며 이미 행한 일을 되돌릴 수 있다는 가르침을 주창한 사람으로서 흥미로운 인물이다. 그러나 그의 견해는 나중에 아퀴나스에 의해 배척되었다. 다미아니에게는 철학이 신학의 시녀(侍女)였으며, 그는 변증법에 반대했다. 신이 모순율을 무시할 수 있다는 요구는 전능이라는 관념의 어려움을 암암리에 나타내는 것이다. 예를 들어, 신이 전능하다면, 돌을 무겁게 해서 신이 들어올릴 수 없게 하는 일이 있을 수 있을까? 더욱이 신이 정말로 전능하다면, 들어올릴 수 있어야 한다. 따라서 신은 무거운 돌을 들어올릴 수도 있고, 들어올릴 수도 없는 것처럼 보인다. 모순율을 포기하지 않는 한, 전능이라는 관념은 불가능한 관념이 된다. 이 마지막 조치를 취하면, 추론은 불가능하게 될 것이다. 이런 이유로 다미아니의 이론도 배척될 수밖에 없었다.

**파문당한 헨리 4세** 성직자 마틸다에게 중재를 청하고 있다.

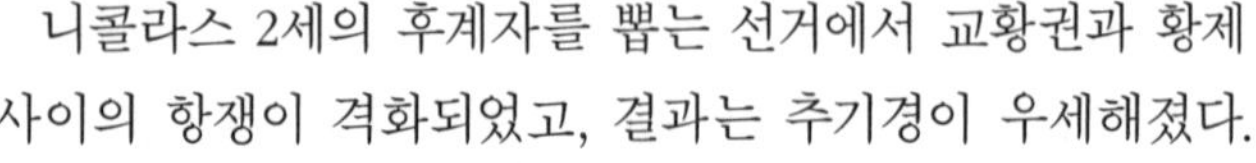

니콜라스 2세의 후계자를 뽑는 선거에서 교황권과 황제 사이의 항쟁이 격화되었고, 결과는 추기경이 우세해졌다.

그 뒤 1073년에 힐데브란트가 새 교황에 뽑혔고, 그는 그레고리우스 7세라는 이름을 사용했다. 그의 재임 기간 중 서임식 문제로 황제와의 대충돌이 일어났고, 이것은 수세기 동안 이어졌다. 새로 임명된 주교가 임무의 상징으로 착용하는 반지와 관장(官杖)은 이제까지는 세속의 지배자가 수여하고 있었다. 그레고리우스는 교황의 권위를 강화하기 위해 이 권리를 교황의 것이라고 했다. 1075년, 황제가 밀라노의 새 대주교를 임명하는 문제를 둘러싸고 문제가 악화되었다. 교황은 황제를 퇴위와 파문으로 위협했다. 그런데 황제는 자기야말로 최고 자리에 있다고 선언했고, 교황 쪽이 오히려 퇴위를 선언당했다. 그레고리우스는 그 보복으로 황제와 주교 몇 명을 파문했으며, 그들이야말로 퇴위당한 것이라고 반대로 선언했다. 처음에는 교황이 우위에 섰으며, 1077년 헨리 4세가 카노사에서 회개하게 되었다. 그러나 헨리의 회개는 정치적인 조치였다. 그의 적은 그 대신에 경쟁 상대를 한 사람 골라놓고 있었지만, 헨리는 결국 적을 이겼다.

교황 그레고리 7세의 죽음

1080년, 그레고리우스가 겨우 경쟁 상대인 루돌프 황제에 유리한 판결을 내렸을 때는 이미 늦었다. 헨리는 대립교황을 골라 그와 함께 1084년에 로마로 들어가 왕관을 수여하려고 했다. 그레고리우스는 시칠리아에서 노르만인의 도움을 얻어 억지로 헨리와 그 대립교황을 서둘러 물러나게 했으나, 헨리의 후원자들에게 붙잡혀 이듬해에 목숨을 잃었다. 그레고리우스는 성공하지 못했지만 그의 정책은 나중에 성공을 거두었다.

캔터베리 대주교(1093~1109) 안셀무스와 같은 사람들도 이윽고 그레고리우스의 본을 따라 세속의 권위에 싸움을 걸게 되었다. 안셀무스는 신의 존재의 존재론적 증명을 고안한 사람으로서 철학에서 중요한 인물이다. 신은 최대의 스콜라파 신학자 성 안셀무스의 저서 사본 그는 캔터베리의 대주교였다.

사고 대상이므로, 존재가 없어서는 안 된다는 것이다. 그렇지 않으면 최대가 되지 못할 것이라고 주장한다. 여기서 완전히 잘못된 점이 있는데, 존재를 하나의 성질로 보는 관점이다. 그러나 많은 철학자는 그 뒤에 이 논증을 다루었다.

*

서유럽이 그리스도교를 차용하게 된 미개민족의 침입을 받은 반면, 동로마 제국은 차츰 회교도의 맹공을 받게 되었으며, 회교도는 피정복 민족을 개종하려는 결의는 없었지만, 자기들의 종교에 가담하려는 사람들에게 공물을 면제해 주었다. 그래서 대다수 사람들은 이 특권을 이용했다. 회교 시대는 마호메트가 622년에 메카에서 메디나로 도망간 헤지라부터 계산된다. 632년에 그가 죽은 뒤, 아라비아인의 정복은 고작 1세기 만에 세계를 일변시켰다. 시리아는 634년에서 636년 사이에 함락되었고, 이집트는 642년, 인도는 664년, 카르타고는 697년, 에스파냐는 711년에서 712년 사이에 무너졌다. 732년의 투르 전쟁으로 형세는 바뀌어, 아라비아인은 에스파냐로 퇴각했다. 콘스탄티노플은 669년에 포위되었고, 다시 716년에서 717년에도 포위되었다. 비잔틴 제국은 영토의 축소에도 불구하고 지탱했으나, 마침내 오스만투르크인들이 1453년에 이 도시를 점령했다. 회교도의 생명력의 이 놀라운 폭발은 침략된 몇몇 제국이 전반적으로 피폐 상태에 있었기 때문에 가능했다. 게다가 많은 장소에서 침략자는 그 지역의 분쟁을 어부지리로 삼았다. 시리아와 이집트는 그중에서도 특히 정통 신앙이 아니기 때문에 고통을 겪었다.

이슬람 세계의 확장

마호메트가 선언한 새로운 종교는 몇 가지 점에서 신약 성서에 첨가된 신비주의를 떨쳐 버린 채 구약 성서의 엄격한 일신교로 돌아갔다. 유대교와 마찬가지로 그도 우상을 금했으나, 그들과 달리 포도주의 사용까지 금했다. 이슬람교의 금지령이 어느 만큼 효과가 있었는지는 의심스럽다. 유대교는 네스토리우스파 사람들의 우상 파괴 경향과 일치하고 있었다. 정복은 거의 종교적 의무에 가까웠다. 단, 성서의 백성은 상처를 입히지 않고 두어야 했다. 이것은 그리스도 교도에게도, 유대인에게도, 조로아스터 교도에게도 영향을 주어, 그들은 저마다 자기들의 성경을 굳게 지켜 양보하지 않았다.

아라비아인은 처음에 계획적으로 정복에 나선 것은 아니었다. 그들의 국토는 가난했으므로, 약탈을 위해 국경 침략을 하는 것이 예사였다. 그러나 저항은 미약해, 침략만 하면 정복할 수가 있었다. 많은 경우, 이들 새로운 국토의 관리는 새로운 지배자 아래에서, 손을 대지 않는 상태로 있었다. 아라비아 제국은 마호메트의 후계자기도 하고, 권력의 승계자기도 한 하리하라는 사람이 지배하고 있었다. 하리하의 자리는 처음에 선거로 뽑았지만, 이윽고 750년까지 지배하던 우마이야라는 가계 아래에서 왕조가 되었다. 이 지배 가계는 종교적 이유보다는 오히려 정치적 이유로, 마호메트의 가르침을 지키고 광신주의에 반대했다. 아라비아인은 전체적으로 조금도 종교적인 경향을 가지지 않았고, 그들의 정복의 동기도 처음과 마찬가지로 여전히 물질적인 이익에 머물러 있었다. 이와 같이 종교적 열정이 결여되어 있었기 때문에 오히려 그들은 수적으로는 약세였지만, 자기들보다도 더 문명화되고 신조가 이질적인 사람들이 사는 드넓은 지역을 지배할 수 있었다. 그러나 페르시아에서 마호메트의 가르침은 과거의 종교적이고 사고적인 전통으로 충분히 배양된 땅으로 흘러들어 가게 되었다. 마호메트의 사위 아리가 661년에 죽은 이후에 신자는 수니파와 시아파로 나뉘었다. 시아파는 아리에 충성을 바치는 소수파로, 우마

**페르시아의 예언자** 페르시아 기록 사본

이야 가문 사람은 한 사람도 받으려고 하지 않았다. 페르시아인은 이 소수파에 속하며, 그들의 영향력에 의해 왕조도 아바스 왕조에 밀려 대체되고, 이 왕조가 수도를 다마스쿠스에서 바그다드로 옮겼다. 이 새 왕조의 정책은 광신적 이슬람교 계급에게 무제한의 자유를 주었다. 그러나 그들은 에스파냐를 잃었고, 코르도바에서 우마이야 일족이 몰락하고도 한 집안이 살아남아 독립된 하리하를 세웠다. 아바스 왕조 치하에서 제국은 샤를마뉴 대제와 같은 시대 사람이면서 《아라비안 나이트》 전설로 유명한 히룬알시드와 함께 번영했다. 809년에 그가 죽은 뒤, 제국은 터키인 용병대를 대규모로 사용했기 때문에 어려워지기 시작했는데, 그것은 마치 로마가 이민족 병사를 사용해 고생한 것과 마찬가지였다. 아바스 왕조의 하리하는 1256년에 몽고인이 바그다드를 강탈함과 동시에 쇠약해져 멸망했다.

이슬람교 문화는 시리아에서 일어났지만, 이윽고 페르시아와 에스파냐에 집중하게 되었다. 시리아에서는 아라비아인이 네스토리우스파가 장려하는 아리스토텔레스학파의 전통을 이어받았으나, 그것은 정통의 가톨릭교가 신플라톤주의의 가르침을 굳게 지키던 무렵의 일이었다. 그러나 아리스토텔레스학파의 이론이 어떤 신플라톤주의적 영향과 섞이게 되었기 때문에 많은 혼란이 생겼다. 페르시아에서 이슬람교는 인도의 수학을 가까이 했고, 본디 인도의 것이라고 불려야 할 아라비아 숫자를 도입했다. 페르시아의 문명은 피르다우시와 같은 시인을 몇 사람 낳았고, 13세기 내내 몽고가 침입해 왔는데도 높은 예술 수준을 유지했다.

회교 사원

아라비아인이 페르시아에 퍼지게 되었다. 이때 처음으로 그리스의 학문을 접촉하여 네스토리우스의 전통이 초기 페르시아에 퍼지게 되었다. 이때가 비잔틴 황제 제논이

481년 에데사의 학원을 폐쇄한 뒤였다. 이슬람교 사상가들은 이들 양쪽 자료로부터 아리스토텔레스학파의 논리학과 철학을 고대인의 과학적 유산과 함께 배웠다. 페르시아 최대의 이슬람교 철학자는 아비케나(980~1037)였다. 그는 보하라 지방에서 태어나, 결국 이스파한에서 철학과 의학을 가르쳐, 마침내 테헤란에 거처를 정했다. 그는 선하게 사는 것을 좋아했고, 그 비정통적인 의견 때문에 신학자들의 적의를 샀다.

따라서 그의 저서는 라틴어 번역을 통해 서유럽에 커다란 영향을 미치게 되었다. 그의 커다란 철학적 관심 가운데 하나는 보편적 개념이라는 영원한 문제로, 이것은 나중에 스콜라 철학의 중심 문제가 되었다. 아비케나의 해결은 플라톤을 아리스토텔레스와 일치시켜려고 한다. 그는 형상의 일반성이 사상에 의해서 생겨난다는 말로 시작하고 있는데, 이 아리스토텔레스적 견해는 아베로에스와 아퀴나스의 스승 알베르투스 마그누스가 되풀이한 것이다. 그러나 아비케나는 이 견해를 계속해서 수정하려고 했다. 보편적 개념은 동시에 사물의 앞에도 안에도 뒤에도 있다. 사물 앞에는 신의 정신이 있고, 그것은 신이 사물을 하나의 틀에 따라 창조할 때다. 사물의 안에 있는 것은 사물이 외부세계에 속해 있을 때만의 일이다. 사물의 뒤에는 인간의 사고가 있으며, 인간의 사고는 경험을 통해 유형을 구별한다.

아라비아의 철학·의학자 아비케나의 저서 표지 17세기

에스파냐 또한 한 사람의 뛰어난 이슬람교 철학자 아베로에스(1126~98)를 낳았는데, 그는 코르도바의 하급 재판관 집안에서 태어났다. 그는 무엇보다도 먼저 법률을 배워 세비라에서, 뒤에는 코르도바에서 하급 재판관이 되었다. 1184년, 그는 궁정 의사가 되었다. 그러나 신앙만으로는 만족하지 않고 철학적 견해를 가졌다 해서, 결국은 모로코로 쫓겨났다. 그의 주요 공헌은 신플라톤주의의 왜곡적 영향으로부터 아리스토텔레스학파의 연구를 해방한 일이었다. 아퀴나스가 나중에 믿었던 것처럼, 그는 신의 존재를 합리적 근거로 증명할 수 있다고 믿었다. 영혼에 대해서는 아리스토텔레스와 마찬가지로 '누스'는 불멸이지만, 영혼은 불멸이 아니라고 생각했다. 이 추상적 지식은 일원론이므로, 그것이 살아남는다는 것은 개인의 불멸을 뜻하지 않는다. 그리스도교 철학자는 마땅히 이 견해를 물리쳤다. 라틴어 번역의 아베로에스는 단순히 스콜라 철학자에게 영향을 끼쳤을 뿐만 아니라, 일반 자유 사상가의 지지를 받았으며, 그들은 불멸을 거부해서 아베로에스주의자라고 일컬어지게 되었다.

아베로에스(이븐 루슈드)

1085년에 그레고리우스 7세가 죽자 그의 정책은 교황청이 제국의 정사에 대한 그 기능과 위세를 박탈해 버린 것처럼 보였다. 그러나 그 뒤에도 세속의 권력과 종교 권력의 결전은 조금도 끝나지 않았다. 실제로, 교황권은, 그 정치 생명의 절정에는 아직 이르지 않고 있었다. 그 사이에 신의 대리자는 롬바르디아의 신흥 도시의 지지를 받아 종교적인 일에서 그 권위를 찾아냈는데, 십자군도 처음에는 그의 위신을 높여주었다.

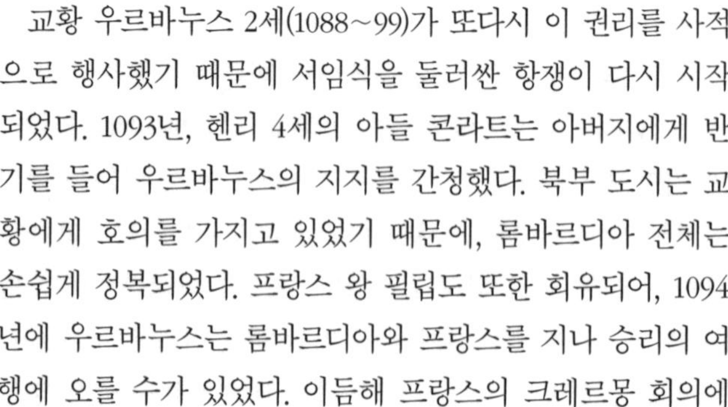

교황 우르바누스 2세(1088~99)가 또다시 이 권리를 사적으로 행사했기 때문에 서임식을 둘러싼 항쟁이 다시 시작되었다. 1093년, 헨리 4세의 아들 콘라트는 아버지에게 반기를 들어 우르바누스의 지지를 간청했다. 북부 도시는 교황에게 호의를 가지고 있었기 때문에, 롬바르디아 전체는 손쉽게 정복되었다. 프랑스 왕 필립도 또한 회유되어, 1094년에 우르바누스는 롬바르디아와 프랑스를 지나 승리의 여행에 오를 수가 있었다. 이듬해 프랑스의 크레르몽 회의에서 그는 제1차 십자군에게 설교했다.

우르바누스의 뒤를 이은 파스칼 2세는 서임식에 대한 교황 정치의 방침을 1106년에 헨리 4세가 죽을 때까지 성공적으로 이어 갔다. 이후, 적어도 게르만족의 땅에서는 새 황제 헨리 5세가 우세했다. 황제는 서임식에 간섭해서는 안 되고, 그 대신 성직자는 세속의 재산권을 포기해야 한다고 교황은 제안했다. 그러나 신을 섬기는 사람들은 이와 같은 경건한 제안보다는 이 세상에 든든하게 뿌리를 내리고 있었다. 이 제안의 조항이 알려지자, 게르만 성직자들은 크게 난동을 부렸다. 헨리는 당시 로마에 있었는데, 교황을 위협해서 굴복시켜 손수 제왕의 왕관을 썼다. 그러나 그의 승리도 삼일천하였다. 11년 뒤인 1122년, 교황 칼리스투스 2세는 보름스 협약에 의해 다시 서임식의 권한을 손에 넣었다.

프리드리히 바르바로사 황제

황제 프리드리히 바르바로사(1152~90)의 치세에 항쟁은 새로운 국면에 접어들었다. 1154년, 잉글랜드인 히드리아누스 4세가 교황에 선출되었다. 처음에 교황과 황제는 힘을 합하여, 이들을 두려워하지 않는 로마 시에 대항했다. 로마인의 독립 운동을 이끈 브레시아의 아놀드는 용맹한 이단자로 성직자의 세속적인 영화를 통렬히 비난했다. 그는 재산을 쥐고 있는 성직자는 천국에 발을 들여놓을 수 없다고 주장했다. 이 견해는 교회 인사들에게는 좋지 않게 여겨져, 아놀드는 이 이단설 때문에 거센 공격을 받았다. 이와 같은 분쟁은 전임 교황에서부터 시작되었지만, 절정에 달한 것은 하드리아누스가 선출되었을 때였다. 그는 소요죄로 로마 시민을 벌하고, 이것을 금지령 아래에 두었다. 결국 그들의 독립심은 무너지고, 이단 지도자의 추방을 그들은 승낙했다. 아놀드는 몸을 숨겼으나, 바르바로사의 군대에게 붙잡혔다. 그는 당연히 화형에 처해지고 1155년에 황제는 왕관을 썼는데, 이에 따라서 일어난 민중 시위 운동도 심한 탄압을 받을 수밖에 없었다. 그러나 2년 뒤, 교황은 황제와 결별했다.

두 권력 사이에는 20년에 이르는 싸움이 계속되었다. 롬바르디아 동맹은 교황 측에 서서 황제를 상대로 싸웠다. 전쟁운은 달라졌다. 밀라노는 1162년에 무너졌고 같은 해 후반에 들어가서, 바르바로사와 그 대립 황제에게는 불행이 닥쳐왔다. 그것은 로마로 가는 행진 도중, 군대가 질병으로 교란되었기 때문이었다. 교황권을 타파하려는 마지막 시도도 1176년의 레냐노 전투에서 바르바로사의 패배로 끝났다. 이어서 불안한 평화조약이 체결되었다. 황제는 제3차 십자군에 가담했다가, 1190년 아나톨리아에서 목숨을 잃었다.

히드라아누스 4세 유일한 영국인 교황

결국 교회와 제국의 항쟁은 어느 편의 이득도 되지 않았다. 신흥 세력이 나타나게 되었는데, 바로 북이탈리아의 도시 국가였다. 이들 도시 국가는 황제가 자기들의 독립을 위협하는 동안에 교황을 지지했다. 나중에 이 위협이 사라지자, 그들은 자기 이익을 좇아 교회의 문화와는 분명히 다른 세속 문화를 내세웠다. 명목적으로는 그리스도교를 고집했지만, 그들은 17세기 이후의 프로테스탄트 사회처럼 자유 사상으로 기운 사고방식을 내세웠다. 북이탈리아의 해양 도시는 십자군의 선박과 보급품의 공급원으로 매우 중요한 장소가 되었다. 종교적 열정이 십자군 운동에 공헌한 원동력이었는지는 모르나, 경제적 동기도 강력하게 작용했다. 동방은 약탈의 유망한 후보지를 제공했고, 더욱이 이것은 선량하고 숭고한 일을 위해 손에 들어오는 반면, 가까운 곳에서, 유럽의 유대인도 종교적 분노를 표출할 적당한 대상이었다. 이슬람교 세계에서 그리스도교 세계의 기사들이 자기들 문화보다도 한결 뛰어난 문화와 상대하고 있었다는 것은 처음 단계에서는 그들에게 분명치가 않았다.

스콜라 철학은 하나의 운동으로 결론이 사전에 제한을 받고 있다는 점에서 고전 철학과는 다르다. 그것은 정통 신앙의 궤도 내에서 작용해야 한다. 스콜라 철학이 고대인 중에서 수호신으로 받든 사람은 아리스토텔레스며, 그의 영향은 차츰 플라톤의 영향으로 대체된다. 방법적으로 스콜라 철학은 아리스토텔레스의 분류적 방식에 따르는 경향이 있으며, 변증법적 논증을 사실에는 거의 관련시키지 않고 사용했다. 가장 큰 이론적 문제 중 하나는 철학계를 분열시켜서 대립하는 진영을 만든 보편적 개념의 문제였다. 실재론자는 플라톤과 이데아론에 따라서 보편적인 것은 사물이라고 주장했다. 반대로 유명론자는 아리스토텔레스의 권위에 호소하여, 보편적인 것은 단순히 이름에 지나지 않는다고 주장했다. 스콜라 철학은 보통 아벨라르의 스승이던 프랑스인 성직자 로슬랭부터 시작되었다고 여겨지고 있다. 로슬랭에 대해서는 거의 아무것도 알려진 것이 없고, 그의 철학적 견해는 안셀무스와 아벨라르의 저서에 기록되어 있다. 안셀무스에 따르면 그는 유명론자로, 보편적인 개념은 언어의 단순한 속삭임에 지나지 않는다고 생각하고 있었다. 그는 보편의 실재성을 부정하는 것에서 더 나아가 한 개의 전체가 그 부분보다도 훨씬 실재라고 부정했는데, 이 견해는 엄밀한 논리적 원자론으로 도달하게 되는 견해였다. 삼위일체에 관련해서, 이 점은 마땅히 이단적 견해를 낳게 되어, 그는 1092년에 라임즈에서 이것을 철회해야 했다. 1079년 태생인 아벨라르는 사상가로서 더욱 중요한 인물이었다. 그는 파리에서 공부하고 가르치고 얼마 동안 신학을 배운 뒤, 1113년에 교직으로 되돌아갔다. 이 시기에 엘로이즈와의 연애사건이 일어났고, 엘로이즈의 큰아버지 캐논 퓔베르가 화가 나서 사랑에 눈이 먼 이 무분별

자를 거세하여, 두 사람을 서로 다른 수도원에 들어앉혔다. 아벨라르는 1142년까지 살아남아 교사로서 매우 큰 인기를 유지했다. 그 또한 유명론자였다. 로슬랭보다도 정확하게, 그는 우리가 사건으로 서술하는 것이 아니라, 뜻을 갖는 것으로 서술하는 것이라고 지적했다. 보편적 개념은 사물끼리의 유사성에서 생기는데, 유사성은 실재론이 잘못 가정하는 것처럼 그 자체가 하나의 사물이 아니다.

*

13세기에 스콜라 철학 운동은 최고조에 이르렀다. 마찬가지로, 교황과 황제의 항쟁도 한결 격렬한 국면으로 들어갔다. 많은 점에서 이 시기는 유럽 중세기의 절정을 이룬다. 그 후의 세기로 들어가면 신흥 세력이 모습을 나타내는데, 이때가 바로 15세기의 이탈리아 르네상스에서 17세기의 과학과 철학의 부흥에 이르기까지다.

정치적 교황 중에서 가장 위대한 사람은 인노켄티우스 3세(1198~1216)로, 그의 교황으로서의 높은 권위는 두 번 다시 없을 정도였다. 시칠리아는 바르바로사의 아들 헨리 6세가 정복했으나, 이 황제는 같은 섬의 노르만계 국왕의 계승권을 갖고 있는 집안의 왕녀 콘스탄스와 결혼했다. 헨리는 1197년에 죽고, 그의 아들 프리드리히는 두 살 때 국왕이 되었다. 그의 어머니는 인노켄티우스 3세의 즉위를 기다렸다가 그의 보호 아래 어린 황제를 두었다.

P. 아벨라르 제자 엘로이즈(왼쪽)와 아벨라르(가운데), 《장미이야기》에서

교황은 프리드리히의 권리를 중히 여기는 대신에, 자기 주권을 승인받을 수 있었다. 마찬가지로 그는 대부분의 유럽 지배자에게서 승인을 얻었다. 제4차 십자군 때, 그의 계획은 베네치아인의 방해를 받아, 싫어도 그들을 위해 콘스탄티노플을 점령할 수밖에 없었는데, 알비파 탄압의 과감한 대책 쪽은 완전한 성공을 보았다. 남프랑스에서 이단은

일소되고, 그 과정에서 전멸했다. 독일에서는 황제 오토가 퇴위를 강요당했고, 프리드리히 2세가 그때 성인이 되어 있었으므로 오토 황제 대신에 선출되었다. 그래서 인노켄티우스 3세는 황제와 국왕들을 지배하게 되었다. 교회의 내부에서는 다시 큰 권력이 로마 교황청을 위해 지위를 얻게 되었다. 그러나 어떤 면에서 교회가 속세 문제로 광범위하게 성공을 거둔 것이 오히려 이미 교황권의 쇠퇴를 나타냈다. 교회의 세속적 세력이 튼튼해질수록 내세 문제에 대한 권위가 반대로 시들어갔기 때문이다. 이런 사정이 나중에 종교개혁으로 이어지게 된 것이다.

교황 인노켄티우스 3세 교황 우월권을 주장했다.

프리드리히 2세는 교황의 주권을 약속하는 희생을 치르고, 교황의 지지를 받아 선출된 사람이었다. 청년 황제는 이 약속을 필요 이상으로는 지킬 생각이 없었다. 게르만인과 노르만인을 양친으로 가진 이 시칠리아 청년은 새로운 문화가 형성되는 사회에서 자랐다. 여기에서는 이슬람교와 비잔틴, 게르만인과 이탈리아인의 영향이 합해져 하나의 근대 문명을 이루게 되었고, 이것이 이탈리아 르네상스에 최초의 추진력을 주었다. 프리드리히는 이 모든 나라의 전통에 젖어 있었으므로, 동서로부터 똑같이 존경받을 수 있었다. 사물에 대한 사고방식에서는 시대를 몇 걸음 앞섰고, 정치 개혁상에서도 근대적이었던 프리드리히는 독립된 사상과 행동을 가진 사람이었다. 그는 강력하고 건설적인 정책을 펼쳐서 '세계의 경이'라는 별명을 얻었다.

2년이 못 되어 인노켄티우스 3세가 죽고, 프리드리히의 적수로서 패배하여 사라진 게르만인 오토도 죽었다. 교황권은 호노리우스 3세의 손으로 옮아갔지만, 이 교황과 청년 황제는 이윽고 사이가 갈라졌다. 프리드리히는 아라비아 문명과 친근했으므로, 십자군에 가담하도록 설득할 수 있을 것 같지가 않았다. 다음에 롬바르디아에도 어려운 문제가 몇 가지 있어서, 여기에서는 게르만인의 세력을 전체적으로 싫어했다. 이 때문에, 교황과의 사이에 더욱 마찰이 생겼다. 교황이 전반적으로 롬바르디아 도시의 지지를 받고 있었기 때문이었다. 1227년에 호노리우스 3세가 죽고, 후계자 그레고리우스 9세는 프리드리히가 십자군에 가담할 것을 게을리했다는 죄로, 바로 파문했다. 황제는 이 조치에 그리 동요하지 않았다. 그는 노르만계 예루살렘 왕의 딸과 결혼했기 때문에 1228년, 아직 그리스도 교회에서 추방된 몸이었는데도, 팔레스타인으로 가서 이슬람 교도와 서로 이야기하여 이 땅의 문제 몇 가지를 안정시켰다. 예루살렘은 군사적 가치가 그다지 없었지만, 그리스도 교도는 여기에 종교적인 애착을 가지고 있었다. 그래서 성도인 예루살렘은 조약에 의해 양도되어 프리드리히는 예루살렘의 왕위에 앉았다.

교황의 생각으로 보자면, 이것은 분규의 조정책으로서는 너무나도 마땅한 것이었지만, 성공을 눈앞에 두고 그는 1230년에 황제와 화해를 해야만 했다. 그 뒤를 이어 시칠리아 왕국에 근대적 행정과 새로운 법전을 가져다준 하나의 개혁 시대가 도래했다. 무역과 상업은 모든 내국 관세 장벽의 철폐에 의해서 장려되고, 교육은 나폴리 대학의 설립으로 촉진되었다. 1237년, 롬바르디아의 교전 상태는 다시 활발해져서, 프리드리히는 1250년에 세상을 떠날 때까지 역대 교황과의 끊임없는 싸움으로 바빴다. 항쟁은 나날이 심해지고, 치세의 초기 수년 동안은 개화시대에 오점을 남겼다.

사도상

이단의 근절은 철저하게 이루어졌지만, 전체적으로 완전히 성공을 거둘 수는 없었다. 남프랑스의 마니교 일파였던

알비파는 1209년의 근절 운동으로 완전히 진압되기는 했다. 그러나 다른 이단 운동은 남아 있었다. 1233년에 설립된 종교 재판소도 에스파냐와 포르투갈의 유대인을 완전히 없애지는 못했다. 종교개혁의 전조가 되는 12세기 후반의 운동을 펼친 발도파는 지도자 피터 발도를 따라 리옹에서 토리노의 서쪽 피에몬테의 알프스 계곡까지 유랑했다. 여기에는 오늘날까지도 프랑스어를 말하는 프로테스탄트 부락이 남아 있다. 이와 같은 사건에 비추어서 생각해 보면, 후세 사람들이 마녀 사냥적인 방법으로 사상을 간단히 탄압할 수 없다는 것을 과연 배웠을까 의심이 들 정도다. 역사는 후세 사람들이 이 교훈을 제대로 배우지 않았다는 사실을 보여주는 듯하다.

황제 프리드리히 2세
시칠리아 섬에 근대국가를 세웠다.

교회의 지위는 참으로 강력했지만, 13세기는 이와 같이, 순수하게 그리스도 교회의 범위 내에서도, 교회의 주도권이 미동도 하지 않았다고 말할 수 있는 시대는 아니었다. 그러나 기존의 교회가 전체적으로, 설립자의 교리를 따랐다고는 말할 수 없다고 해도, 수도회가 두 개 생겨나서, 이것이 처음 얼마 동안은 다소 평형을 되살려 주었다. 초기의 도미니크 수도회와 프란체스코 수도회는, 둘 다 설립자 도미니크(1170~1221)와 아시시의 성프란체스코(1181~1226)의 계율을 지키고 있었다. 그러나 이들 수도회는 본디 탁발을 규정하지만 청빈의 맹세는 그렇게 오래 그들에게 짐이 되지 않았다. 도미니크 교단이나 프란체스코 교단은 모두 종교 재판소의 일을 처리하면서 유명해졌다. 이 제도는 다행히 잉글랜드나 스칸디나비아까지 확대된 일은 없었다. 한때 고문은 오직 희생자의 이익을 위한 것 같았다. 그것은 지상에서 한때의 고통을 견디면 영혼이 영원한 지옥을 면할지도 모른다는 생각에 근거를 둔 것이었다. 그러나 때때로 고문이 재판관의 경건한 의도를 강화시켜 주기도 한다는 것이 실제 생각이었다. 잉글랜드인도 잔다르크가 이와 같이 처분되는 것을 눈앞에서 보고도 아무런 이의도 제기하지 않았다. 그러나 도미니크 수도회의와 프란체스코 수도회는 건설자의 희망에 반하여 학문 추구에 전념하게 되었다. 알베르투스 마그누스와 그 제자 아퀴나스는 도미니크 수도회의 수도사였으며, 로저 베이컨과 둔스 스코투스와 윌리엄 오컴은 프란체스코 수도회 소속이었다. 그들이 시대의 문화에 참으로 귀중한 공헌을 한 분야는 철학이었다.

그때까지 성직자가 철학적 영감을 주로 신플라톤주의에서 찾아냈다고 한다면, 13세기는 아리스토텔레스가 개가를 올린 세기였다. 토마스 아퀴나스(1225~1274)는 가톨릭의 가르침을 아리스토텔레스 철학 위에 확립하려고 했다. 이와 같은 시도가 순수하게 철학적인 방법으로 어느 정도 성공을 볼 수 있는가는 본디 의심스러운 일이다. 그 이유는 아리스토텔레스의 신학은 그리스도교가 긍정하는 신의 관념과 전혀 맞지 않기 때문이었다. 그러나 교회의 틀 안에서 아퀴나스의 아리스토텔레스주의가 철학적인 영향력으로서 완전하고 영속적인 지배력을 장악했다는 것은 의심할 여지가 없다. 토마스 아퀴나스의 신학설은 로마 가톨릭 교회의 공인된 교리가 되었으며, 대학에서나 다른 학교에서 모두 이를 가르치고 있었다. 오늘날 다른 철학에서 이 정도로 뚜렷한 지위를 차지하고, 이 정도로 강력한 배후를 가지고 있는 것은 공산주의의 공인된 원칙인 유물변증법을 제외하고는 전혀 없다. 물론 아퀴나스가 살았던 시대에 그의 철학은 바로 이와 같은 특권적 지위를 얻지는 못했다. 그러나 나중에 그의 권위가 엄격하게 확립되면서 철학의 주류도 차츰 다시 세속의 흐름 속으로 들어가, 고대인의 철학에 물들어 있는 독립 정신에 되돌아가게 되었다.

**독일의 철학자 알베르투스 마그누스**
그 시대의 아리스토텔레스주의의 선구자였으며, 아퀴나스를 가르쳤다.

토마스는 아키노 백작의 가문에 속해 있었는데, 그 저택은 몬테카시노에서 그리 멀지 않은 같은 이름의 마을에 있었다. 그는 여기에서 학문을 시작했다. 나폴리 대학에서 6년 동안 배운 뒤, 그는 1244년, 도미니크 수도회에 들어가, 그 무렵 최고의 도미니크파 교사였으며 아리스토텔레스 학자이기도 했던 알베르투스 마그누스의 지도 아래 쾰른에서 연구를 계속했다. 토마스는 쾰른과 파리에서 잠시 지낸 뒤, 1259년에 이탈리아로 돌아가, 다음 5년 동안을 《호교론대전》이라는 그의 가장 중요한 저서를 집필하며 보냈다. 1266년, 그는 또 하나의 주저 《신학대전》을 쓰기 시작했다. 이 사이 그는 대부분의 아리스토텔레스 저서에 주석을 썼는데, 그것은 친구 윌리엄 뫼어베크가 아리스토텔레스 그리스어판 저서를 직접 번역하여 그에게 주었기 때문에 가능했다. 1269년, 그는 다시 파리로 가서 3년 동안 머물렀다. 그즈음의 파리 대학은 도미니크 교단의 아리스토텔레스학파적인 가르침에 적의를 나타냈는데, 이유는 대학 내의 아베로에스파와 결부되어 있었기 때문이었다.

알베르투스 마그누스

영혼 불멸에 대한 아베로에스파의 견해는 우리가 살펴본 대로, 그리스도교의 가르침보다도 아리스토텔레스에 가까웠다. 이것은 아리스토텔레스에게는 나쁜 징조로, 토마스는 전력을 기울여 아베로에스주의적 의견을 근본적으로 몰아내려고 했다. 이 방면에서 그의 노력은 완전히 성공을 거두었다. 원전의 약간을 포기하게 되었지만, 이 승리 때문에 아리스토텔레스를 그리스도교 신학용으로 챙겨두는 데는 도움이 되었다. 토마스는 이탈리아로 돌아가 2년 뒤, 리옹 공의회로 가는 길에 세상을 떠났다.

이윽고 그의 철학 체계가 사람들의 눈에 띄었다. 1309년, 그것은 도미니크 수도회 공인의 가르침이라고 선언되어, 그 뒤 1323년에, 성스러운 책으로 인정받았다. 철학적으로 보면, 토마스 아퀴나스 신학의 체계는 그 역사적 영향만큼 중요하다고는 할 수 없을 것이다. 그것은 미리 그리스도교의 교리가 가차 없이 받아들였다는 사실 때문에 손해를 보았다. 거기에는 소크라테스나 플라톤과 같은 사심을 떠난 초연한 태도는 없다. 그들의 논증이 바로 우리를 그 논증이 원하는 곳으로 데리고 갈 수 있기 때문이다. 한편, 《신학대전》의 위대한 체계는 지적 노력의 기념비이다. 서로 다른 관점이 언제나 뚜렷하고 공정하게 기술되어 있다. 아리스토텔레스의 주석을 볼 때 토마스는 철저하고 지적인 아리스토텔레스의 모습을 보여주는데, 이 점은 스승을 포함해서 그 어떤 선배한테도 지지 않을 정도이다. 같은 시대 사람들은 그를 '천사 같은 박사'라고 불렀다. 토마스 아퀴나스는 로마 가톨릭 교회의 선구자이자 지도자이기도 했다.

토마스 아퀴나스 교회의 철학을 정식으로 공표했다.

초기의 플라톤파 신학자의 경우, 이성과 계시의 이원적 대립은 철학 체계와는 무관한 것이었다. 아퀴나스 학설은 신플라톤주의의 이론과는 반대되는 가르침을 나타냈다. 신플라톤주의에는 보편 개념과 특수 개념이라고 하는 존재 영역의 이원론이 있다. 더 정확히 말하자면, 아마도 거기에는 신에서 시작해서 이데아를 지나 가장 아래의 특수 존재에 이르기까지 여러 계층 조직이 있을 것이다. 보편 개념에서 특수 개념에 이를 때 생기는 틈은 로고스가 다리를 놓고 있는데, 더 실제적인 언어로 기술된 이 로고스는 매우 분별 있는 관점이다. 말에는 일반적인 뜻이 있지만, 특수한 것에 사용되는 일도 있기 때문이다. 우리에게는 존재의 이 이원론과 함께 인식 작용의 일원론이 있다. 거기에는 본질적으로 변증법적인 인식 방법을 갖는 지능 또는 이성이 있다. 그러나 아퀴나스의 관점은 정반대이다. 여기에서 존재는 아리스토텔레스식으로, 오직 특수적인 개념에서 볼 수 있고, 특수적인 관념에서 신의 존재가 추론된다. 특수적인 개념을 어느 정도까지 소재로 받아들이느냐에 따라서, 이 견해는 특수적인 개념을 연역하려는 합리적인 시도와는 대조를 이루어 경험적이다. 한편, 토마스주의 방식은 일원론적 존재관을 가지면서, 인식 작용의 영역에서는 이원론을 나타낸다. 여기서 두 가지 인식의 근원이 가정된다. 첫째는 여전히 우리에게 이성이 있고, 이것은 오관의 경험에서 사고의 양식을 얻어온다. 스콜라 철학의 유명한 공식에, 지능은 감각의 경험이 아닌 것이 하나도 없다는 것이 있다. 게다가 거기에는 지식의 독립된 근원으로서의 계시도 있다. 이성이 합리적인 지식을 낳는 데 반해서, 계시는 사람들에게 신앙을 준다. 사물 중에는, 완전히 이성 밖에 놓인 것도 있어서, 이들을 파악할 때는 계시의 힘을 빌려 파악해야 한다.

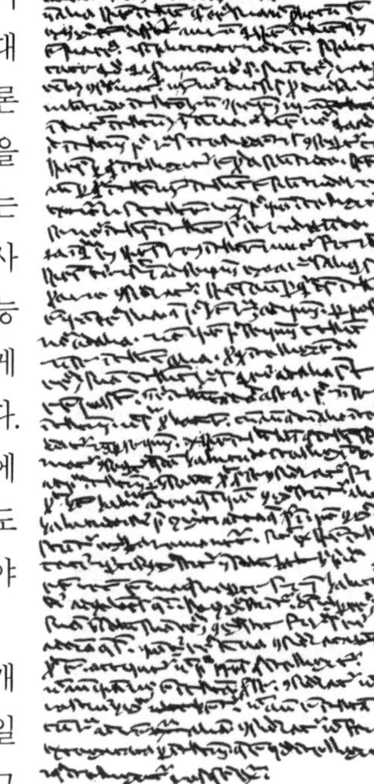
아퀴나스의 서한 사본의 한 페이지

예를 들면, 이 그룹에 속하는 것은 오성을 넘은 신앙 개조와 같은 종교적 교리라는 특이한 관점이다. 신의 삼위일체성이나 부활과 그리스도교 종말론은 이의 실례이다. 그러나 신의 존재는 계시를 통해서 자기를 맡기는 일이 있지만, 합리적 근거에 따라서 변증법적으로 확립되는 수도 있어서 여러 가지로 이 명제를 증명하려는 시도가 있었다. 그러므로 종교의 원리가 합리적 처리를 받는다면, 신앙을 가지지 않는 사람들과 논의하는 것도 가능하다. 그 밖의 점에서는, 계시야말로 그리스도교 귀의의 유일한 길이다. 결국 토마스주의는 지식의 근원 두 가지를 같은 관점에서 다루고 있지는 않다. 어쨌든 신앙은 합리적 지식을 추구하기 이전부터 필요한 것으로 보인다. 사람들은 추리할 수 있기 전부터 믿어야 한다. 이성의 진리는 자율적이지만, 이것을 추구하는 것은 계시의 문제기 때문이다. 그러나 이와 같이 말하는 방식에는 어떤 위험이 있다. 아퀴나스에게는 계시의 진리는 자의적이며, 이성과 계시 사이에 모순이나 충돌이 없고, 따라서 철학과 신학 사이에도 대립은 없지만, 사실상 한쪽이 다른 쪽에게 남몰래 상처를 입히고 있다. 이성이 사실을 처리할 수 있는 곳에서는 계시가 덤이며, 계시가 사실을 처리할 수 있는 곳에서는 이성이 덤이다.

신학에 대해서도 우리는 이것이 두 가지 부분으로 나뉜다는 것을 기억해야 한다. 첫째는 이른바 자연 신학인데, 이것은 제1원인이나 제1발동자 등과 같은 논제의 전후 관계에서 신을 논하는 것이다. 이것이 아리스토텔레스의 신학이다. 그것은 형이상학 쪽에 놓여도 지장이 없다. 그러나 아퀴나스는 그리스도 교도로서 교의 신학이라고 할 수 있는 것을 내놓았다. 이것은 계시를 통해서만 접근할 수 있는 문제를 논한다. 여기서 그는 초기 그리스도교의 저술가, 특히 아우구스티누스에게 의존한다. 아우구스티누스는 토마스 아퀴나스가 주로 인정하는 듯한 은총과 구원을 연구했다. 계시를 통한 문제들은 실제로 이성 너머에 있다. 교의 신학은 본디 고대 철학의 정신과는 전혀 관계가 없다. 이와 같은 것은 아리스토텔레스 철학에서 찾아볼 수 없다.

아퀴나스의 형이상학이 한 가지 중요한 점에서 아리스토텔레스를 뛰어넘는 것도 신학적 요소 때문이다. 아리스토텔레스는 신을 하나의 사심을 떠난 설계자라고 보고 있다. 존재를 특수한 사물에 주어야 한다고 보고 있지 않다. 특수한 사물은 단순히 거기에 있을 뿐이며, 이들 사물이 만들어진 소재 또한 그렇다. 그러나 아퀴나스에게 신은 모든 존재의 원천이다. 유한한 사물은 단지 우연히 존재할 뿐이라고 말한다. 그 존재는 필연적으로 존재하는 그 어떤 것에 직접 또는 간접으로 의존하며, 이 어떤 것이 바로 신이다. 스콜라 철학의 말을 빌리자면, 이것은 본질과 존재라는 말로 표현된다. 사물의 본질이란 그것의 성질, 즉 사물의 본

아서 왕의 전설
13세기의 전설로, 1485년 토마스 멜러리의 《아서 왕의 죽음》 간행 뒤 집대성되었다. 이 그림은 아서 왕이 호수 속에서 나온 손에 쥐어진 칼(엑스칼리버)을 받아드는 장면이다.

성이다. 존재는 사물이 있다는 사실을 지시하는 명사이다. 이들 명사는 본질도 존재도 독립적일 수 없다는 뜻에서 추상적이다. 구체적인 사물은 변하는 일이 없이 양쪽을 모두 가지고 있다. 그러나 이 점에서의 한 가지 구별을 나타내는 언어의 사실이 몇 가지 있다. 프레게가 의미와 관련을 구별하고 있는 것도 바로 이 점을 암시해 준다. 말의 뜻은 하나의 문제를 제기한다. 이 말이 해당되는 대상이 있는가 없는가는 전혀 별개의 문제이다. 이때 유한한 사물은 물론 분리할 수 없지만, 존재와 본질이라는 구별할 수 있는 특징을 갖는다. 신에게만은 본질과 존재 사이의 아무런 객관적 차이가 없다. 그런데 유한한 존재의 존재적 의존의 형이상학적 이론은 《신학개요》의 신에 대한 다섯 가지 논증 가운데 세 번째의 바탕이 된다. 우리는 사물이 생겼다가 사라진다고 하는 일반적인 경험의 사실에서 시작하지만, 이것은 사물의 존재가 전문적인 뜻에서 필연적이지 않다는 것을 뜻한다. 이런 사물은 때때로 존재하지 않을 수도 있다고 논증한다. 그러나 그렇다면, 아무것도 존재하지 않았던 때가 있고, 그렇기 때문에 유한한 사물이 자기 존재를 자신에게 부여할 수 없기 때문에, 현재도 아무것도 존재하지 않게 된다. 따라서 필연적 존재를 가지고 있는 무엇인가가 없어서는 안 된다. 이것이 이른바 신이다.

**귀부인과 유니콘**
'유니콘'과 같이 그 말의 실체가 존재하지 않는 경우, 말은 어떻게 의미를 갖게 되는 것일까, 지금까지도 철학자들을 괴롭히는 본질과 존재에 대한 근본적인 문제이다.

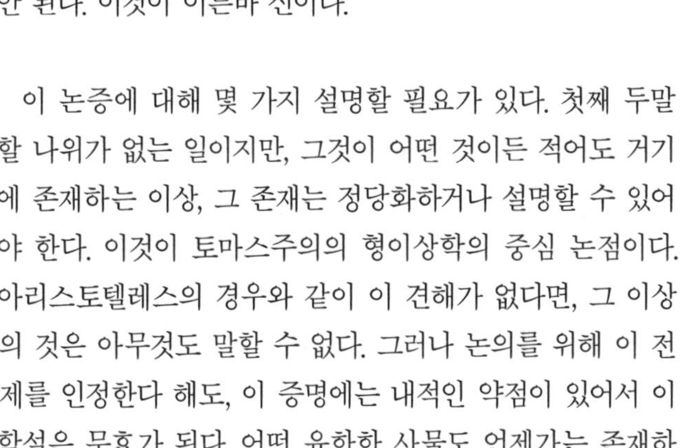

이 논증에 대해 몇 가지 설명할 필요가 있다. 첫째 두말할 나위가 없는 일이지만, 그것이 어떤 것이든 적어도 거기에 존재하는 이상, 그 존재는 정당화하거나 설명할 수 있어야 한다. 이것이 토마스주의의 형이상학의 중심 논점이다. 아리스토텔레스의 경우와 같이 이 견해가 없다면, 그 이상의 것은 아무것도 말할 수 없다. 그러나 논의를 위해 이 전제를 인정한다 해도, 이 증명에는 내적인 약점이 있어서 이 학설은 무효가 된다. 어떤 유한한 사물도 언젠가는 존재하지 않게 된다는 사실에서 그 어떤 것도 전혀 존재하지 않은 때가 있다는 귀결은 나오지 않는다.

아퀴나스의 본질과 존재라는 용어는 아리스토텔레스의 가능성과 현실성의 이론에 의해서 뒷받침된다. 본질이란 완전히 가능한 것이며, 존재란 모두 현실적이다. 이와 같이 유한한 사물에는 언제나 이들 두 가지가 섞여 있다. 존재한다는 것은 활동한다는 것을 말하며, 그런 활동은 유한한 대상이 어떤 것이 되었든지 간에 다른 그 무엇인가로부터 나와야 한다.

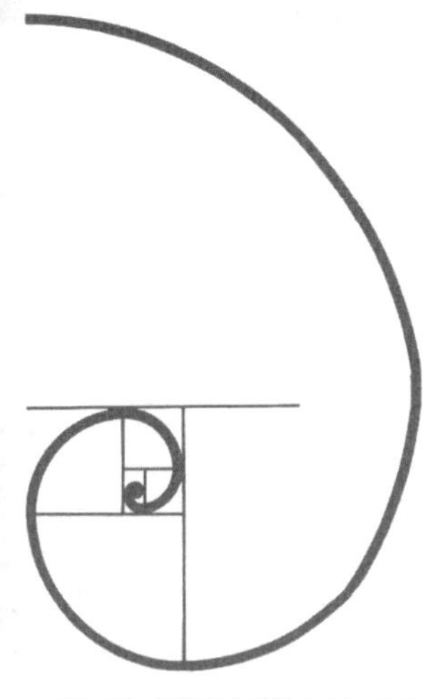

만물의 디자인에 대한 논쟁 자연의 질서는 어떤 설계가 있음을 암시한다. 그러므로 신은 존재한다.

신의 존재에 대한 제1과 제2의 증명은 사실상 그 성격이 아리스토텔레스적이다. 아퀴나스는 발동되지 않는 발동자와 야기되지 않는 원인을 논하면서, 발동자와 원인의 무한한 후퇴는 인정할 수 없다고 어느 경우에나 이와 같이 규정한다. 그러나 이것은 전적으로 논증의 전제를 파괴하는 것이다. 제2의 논증을 취하여 모든 원인이 그 이상의 원인을 갖는다고 한다면, 계속해서 거기에는 그 이상의 원인이 없는 원인이 있다고는 말할 수 없다. 이것은 모두 모순된 일이다.

그러나 아퀴나스가 시간상의 인과적 연쇄와는 관련짓지 않았다는 것을 언급해 두어야 할 것이다. 그것은 한쪽이 다른 쪽에게 의존하는 원인의 연속 문제로, 천장의 갈고리에 매단 사슬의 한 고리와 같다. 천장은 다른 그 무엇인가에 매달린 하나의 고리가 아닌 이상, 제1원인, 또는 원인이 없는 원인이라고 할 수 있다. 그러나 후퇴는 아무런 모순에도 이르지 않는다고만 하면, 이것을 거부할 정당한 이유는 없다. 0보다 크고, 1을 포함한 1까지의 유리 수열은 무한하지만 제1항은 없다. 운동의 경우에 후퇴의 문제는 생길 수 없다. 중력에 끌리는 분자 두 개가 태양과 유성과 같이 서로의 주위를 돌고 있을 때, 그것은 무기한으로 계속된다.

신의 존재 증명의 네 번째는 유한한 사물의 완전성의 정도가 저마다 다르다는 점을 인식하는 것에서 출발한다. 이것은 전적으로 완전한 어떤 존재를 전제로 한다. 마지막 다섯 번째 논증은 자연계의 무생물도 세계에 질서가 넘치고 있는 이상, 그 어떤 목적에 봉사하고 있을 것이라는 점을 든다. 이것은 무생물이 자신의 목적을 가지지 못하기 때문에 목적이 충족된 바깥쪽의 지적 존재를 가리키는 것으로 여겨진다. 이 논증은 목적론적 논증 또는 신학적 논증이라고 불리는데, 이 논증에서는 질서가 설명되어야 하는 것으로 가정된다. 그러나 이와 같은 가정을 허용하는 논리적 이유가 없다는 것은 확실하다. 우리는 마찬가지로 무질서도 설명이 필요하며, 그 논증은 다른 방향으로 돌아간다. 우리가 앞에서 언급한 성 안셀무스의 본체론적 논증은 이상한 일이지만, 아퀴나스가 논리적 근거보다는 오히려 실제적 근거를 들어 거부했다. 따라서 창조된 유한한 정신은 신의 본질을 파악할 수 없기 때문에 신의 존재를 이와 같이 연역한다는 것은 사실상 불가능하다.

신플라톤주의의 신이 어느 정도 세계와 공존적인 반면에, 아퀴나스의 신은 창조된 세계보다 훨씬 위에 있는 어떤 무형의 사제장이다. 따라서 신은 모든 적극적인 성질을 무한히 가지고 있으며, 이것은 신이 존재한다는, 있는 그대로의 사실에서 어떻게든 나온다고 생각된다. 유한한 정신은 긍정적 정의에는 도달할 수 없다.

아리스토텔레스가 르네상스까지 철학계를 지배하게 된 것은 아퀴나스의 번역 덕분이다. 그러나, 그때 배척된 것은 아리스토텔레스의 가르침이나 아퀴나스의 가르침이 아니라, 오히려 잘 알지도 못하고 형이상학적 사고를 사용했던 일부 습성이었다.

*

프란체스코 수도회 학자 집안 출신인 로저 베이컨은 형이상학적 사고와 대조되는 경험적 연구의 중요성을 강조했다. 그의 영향으로 중세풍의 사고방식은 해체되기 시작했다. 베이컨은 아퀴나스와 같은 시대 사람으로, 결코 신학에 반대했던 것은 아니었다. 나중에 근대적 연구 방향의 기초를 세우면서 그는 종교 문제에서 교회의 권위를 무너뜨리고자 하는 생각은 전혀 없었다. 이것은 일반적으로 13세기 후반과 14세기 전반의 프란체스코 수도회의 사상가에게 해당되는 이야기이다. 그러나 그들은 신앙과 이성의 문제에 접근하면서 중세의 붕괴를 촉진시켰다.

우리가 지금 살펴본 대로, 토마스주의의 이성과 계시는 일부 겹치는 부분이 있다. 프란체스코 수도회 학자들은 이 문제를 새롭게 다시 보고, 둘 사이를 한결 명확하게 구별했다. 그들은 지능 분야와 신앙 분야를 분명히 나누어, 신학 자체를 고전 철학의 의존으로부터 해방시킬 작정이었다. 동시에 철학은 신학적인 목적에 예속되었던 관계를 끊게 되었다. 철학적 사고를 자유롭게 하면서 함께 나타나는 것이 과학적 연구이다. 특히 프란체스코 교단은 새삼 신플라톤주의의 영향을 강조하여 수학 연구를 장려했다. 합리적 연구를 신앙의 영역으로부터 엄격하게 배제한 뒤, 과학과 철학은 신앙 개조의 흠을 들춰서는 안 되었다. 마찬가지로 신앙도 합리적인 과학과 철학이 훌륭하게 자기 입장을 유지할 수 있는 곳에서는 교의를 들먹여서는 안 되었다. 이 상황에 따라 과거 어느 때보다도 심한 충돌이 벌어졌다. 성직자들이 사실상 거짓말이라고 알고 있는 문제에 대해 포

**세계를 창조하는 신**
12세기 에스파냐에서 만들어진 벽걸이 융단으로, 만물의 창조주로서의 신이 그려져 있다.

고를 한다면, 결과적으로 그들은 손을 빼든가 그렇지 않으면 아무런 권리도 없는 처지에서 싸움을 해야 했기 때문이다. 계시는 변증법적 목록에 기재되지 않아야 자신의 독립성을 유지할 수 있다. 이와 같이 해서 사람들은 삶을 과학적 연구에 바치고, 동시에 신에 대한 각종 신념을 품을 수 있다. 토마스주의자들은 신의 존재에 대한 논증을 제대로 못했다는 것을 별도로 하고라도, 이와 같은 증명을 하려고 했다는 점에서 자신들의 신학적 입장을 약화시키고 있다. 종교적 신념 쪽에서 보면, 이것은 이성의 규준이 전혀 맞지 않는다는 것을 뜻하며, 어떤 점에서 영혼은 자기가 좋아하는 것에 자유롭게 충성을 다한다는 것을 의미한다.

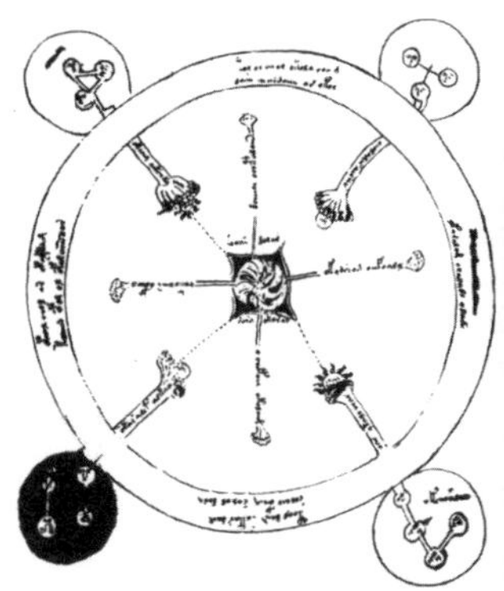

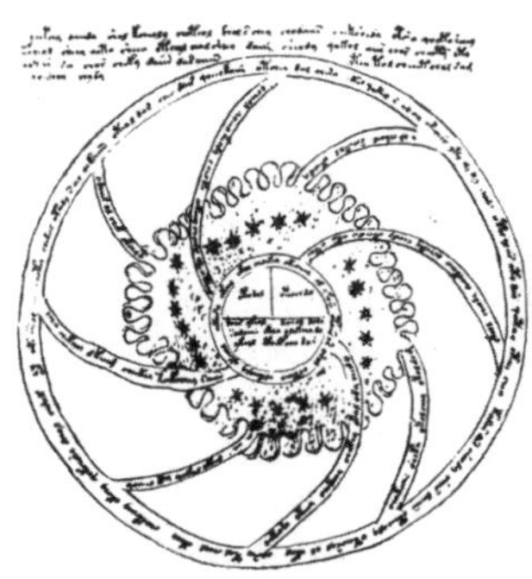

로저 베이컨 초기 저서 사본
해와 달의 움직임과 행성들에 대하여 설명했다.

로저 베이컨은 1214년부터 1294년까지 살았던 것으로 보이는 데, 이 두 연대는 조금 불확실하다. 그는 옥스퍼드와 파리에서 연구하여, 과거의 아라비아 철학자들처럼 모든 학문 분야에서 백과사전적 지식을 얻었다. 그는 토마스주의에 반대하면서 꾸밈없이 솔직히 말했다. 아퀴나스가 아리스토텔레스를 읽지도 못하는 주제에 아리스토텔레스에 대해 권위를 가지고 쓰고 있다는 것은 그에게는 이상하게 보였다. 번역은 불확실했고 믿을 수가 없었다. 게다가 아리스토텔레스는 분명히 중요하지만, 그 밖에도 똑같이 중요한 것은 여러 가지가 있다. 토마스주의자들은 특히 수학을 몰랐다. 새로운 지식을 얻기 위해서는 권위에 의존하기보다 실험에 의존해야 한다. 베이컨은 스콜라 철학의 변증법적 연역 방법을 비난하지는 않지만, 결론을 끌어내는 것만으로는 충분하지 않다고 주장한다. 사람을 설득하려면 실험이라는 시련을 견뎌야 한다.

이와 같은 새로운 관점은 정통 신앙의 비난을 살 수밖에 없었다. 1257년, 베이컨은 옥스퍼드에서 쫓겨나 파리로 추방되는 몸이 되었다. 이때 잉글랜드 교황 사절이었던 폴크스는 1265년에 교황 클레멘스 4세가 되었다. 그는 이 잉글랜드의 학자 베이컨에게 흥미를 가지고 있었기 때문에, 베이컨에게 그의 철학을 설명해 달라고 부탁했다. 1268년, 프란체스코 수도회의 금령에도 불구하고 베이컨은 이에 응했다. 베이컨의 가르침은 호응이 좋아 옥스퍼드에 복귀가 허락되었다. 그러나 교황이, 같은 해에 세상을 떠나, 베이컨은 그다지 자유롭게 행동할 수 없었다. 1277년, 대규모로 유죄 선고가 잇달았다. 베이컨도 다른 많은 사람들과 함께 자신의 견해를 밝히라고 요구받았다. 어떤 명확한 논점에서 그가 유죄가 되었는지는 알 수 없지만, 그는 감옥에서 15년을 보냈다. 1292년, 그는 석방되어 2년 뒤에 세상을 떠났다.

철학적으로 더 흥미로운 사람은 둔스 스코투스(1270~1308)인데, 그는 그 이름이 나타내듯이 스코틀랜드 사람이며 프란체스코 교단의 성직자였다. 그는 옥스퍼드에서 배우고, 23세에 그곳의 교사가 되었다. 나중에는 파리와 쾰른에서 가르쳤고, 쾰른에서 세상을 떠났다. 둔스 스코투스 때문에 신앙과 이성 사이의 간격은 더욱 명확해졌다. 여기에서 이성의 범위에 제한이 따르지만, 다른 한편에서는 신에게 완전한 자유와 독립이 회복된다. 신학은 신에 대한 것과 관계가 있는 이상 이미 합리적 학문이 아니라, 오히려 계시로 인도되는 신념이다. 이 정신으로 둔스는 신의 존재에 대한 토마스주의적 논증을 거부했는데, 그 이유는 토마스주의적 논증이 감각 경험에 의존하기 때문이었다.

**천상에서 내려오는 빛**
13세기 고딕 양식의 대성당 '암흑시대' 종결 상징. 파리에 있는 상트 샤펠 성당(1243~1248). 수직으로 솟은 샤프트와 끝이 뾰족한 아치는 보는 이의 눈을 천상으로 이끈다.

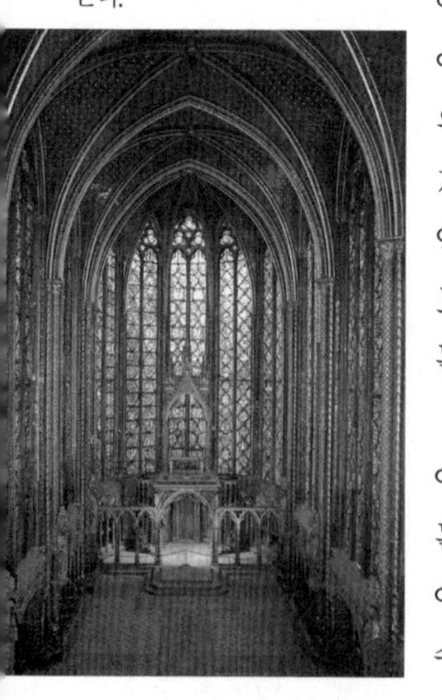

마찬가지로 그는 아우구스티누스의 논증도 거부했는데, 이 논증이 성스러운 계몽에 어느 정도 의존했기 때문이다. 논증과 증명은 철학에 속하고, 신학과 철학은 서로 배타적이기 때문에, 그는 아우구스티누스풍의 증명을 받아들일 수가 없었다. 반면에 그는 다소 아비케나풍으로, 원인 없는 제1의 존재라는 관념에 따른 개념적 증명을 반대하지는 않았다. 이것은 모두 안셀무스의 존재론적 논증을 변형한 것이다. 그러나 신에 대한 지식은 창조된 사물을 통해서는 불가능하다. 그 존재가 단순히 우연적이고, 신의 의지에 의존하기 때문이다. 사실 사물의 존재는 그 본질과 동일시된다. 아퀴나스에게는 이 동일시가 신을 정의하는 데 도움이 된다는 것을 상기해야 할 것이다. 지식은 본질적이고, 따라서 본질은 신의 정신에 있는 이데아와는 다르다. 우리는 신을 알 수 없기 때문이다. 본질과 존재는 일치하기 때문에 개체로 존재하게 만드는 것은 아퀴나스의 견해와는 달리, 질료일 수는 없고 형상이어야 한다. 형상은 둔스에게 실체적이지만, 그는 원숙된 플라톤적 실재론에 동의하지 않는다. 이와 같이 하나의 개체에는 각종 형상이 있을지 모르지만, 이들은 형상적으로만 다른 것과 구별된다. 따라서 형상이 독립적으로 존재하느냐의 여부에 대한 의문은 생기지 않는다.

철학자 둔스는, 의지(붉은색)가 이성을 지배한다고 생각했다. 플라톤은 그와는 반대 의견이었다.

최고의 힘이 신의 의지에 있는 것과 마찬가지로, 인간의 영혼 안에서는 지식을 지배하는 것이 의지라고 둔스는 주장한다. 의지의 힘이 사람들에게 자유를 주는 한편 지성은 지성이 주목하는 대상에 의해 제어된다. 결국 의지는 유한한 것밖에 파악하지 못한다. 무한한 존재는 필연적이며, 따라서 자유다. 필연과 대립되는 자유 원칙은 아우구스티누스의 전통과 일치한다. 프란체스코 수도회의 학자들 손에 따라서 자유 원칙은 회의론을 부추기는 강력한 영향력이 되었다. 신이 세계의 영원한 법칙에서 벗어나 있다면, 그때 신에 대해서 믿었던 일도 의심된다.

*

더욱 급진적인 경험론은 프란체스코 수도회의 가장 위대

한 학자 윌리엄 오컴의 저서에서 볼 수 있다. 그는 1280년과 1300년 사이에, 서리 주의 오컴에서 태어났다. 그는 옥스퍼드에서, 나중에는 파리에서 배우고 가르쳤다. 그의 가르침은 조금 비정통적이었기 때문에, 1324년, 아비뇽의 교황 앞으로 출두하라는 명령을 받았다. 4년 뒤, 그는 교황 요하네스 22세와 또다시 의견이 맞지 않았다. 프란체스코 수도회 중에서도 청빈의 맹세를 지성으로 여기던 과격파인 성령파가 교황의 심기를 불쾌하게 하는 원인이었다. 교황이 수도회 재산의 형식적인 소유권을 가진다는 타협책은 얼마 동안 유효했다. 이것이 이제 폐지되면서 많은 성직자들은 교황의 권위를 무시했다. 오컴, 파도바의 마르실리우스 수도회 회장 마카엘 세세나는 반역자 편에 서서 1328년에 파문되었다. 다행히도 그들은 아비뇽에서 도망칠 수 있었고, 뮌헨에 있는 루이 황제의 궁정에서 보호를 받았다.

이탈리아 아시지의 성 프란시스
프란체스코회 규범을 확립했다.

두 권력의 항쟁으로 교황은 루이 황제의 적수인 황제를 지지하고 루이 황제를 파문했지만, 황제는 황제대로 총회를 통해서 교황을 이단죄로 고발했다. 오컴은 황제로부터 보호를 받은 답례로, 시사를 다룬 작은 팸플릿의 설득력 있는 논자로서 활동했다. 그는 교황이 세속 문제에 관여한다는 것을 논점으로 삼아 교황에 대해 맹공격을 퍼붓는 글을 썼다. 루이 황제는 1338년에 세상을 떠났지만, 오컴은 1349년에 죽을 때까지 뮌헨에 머물렀다.

오컴의 친구이자 망명 동지인 파도바의 마르실리우스(1270~1342)는 교황에 반대하여 속세와 교회 양쪽의 권력 조직과 권한에 대해서 완전히 근대적인 주장을 내세웠다. 궁극적인 주권은 양쪽 모두 민중의 과반수에 귀속된다는 것이다. 총회는 민중의 선거로 구성되어야 한다. 이와 같은 총회가 비로소 파문의 권리를 가져야 하며, 그 경우에 세상의 승인이 있어야 한다. 총회만이 정통 신앙의 기준을 규정하되, 교회는 국사에 참견해서는 안 된다. 오컴의 정치 사상은 이 정도로 극단은 아니지만, 마르실리우스의 영향을 강하게 받는다.

**둔스 스코투스**
스코틀랜드 출신, 스콜라 철학

오컴의 철학은 다른 프란체스코 교단 중 그 누구보다도 훨씬 경험론에 접근한다. 둔스 스코투스는 신을 합리적 사고 영역에서 제외했지만, 여전히 조금이나마 전통적인 형이상학을 유지했다. 반면에 오컴은 완전히 반형이상학적이었다. 오컴에 따르면, 플라톤과 아리스토텔레스의 신봉자들에게서 볼 수 있는 일반적 존재론은 전혀 불가능하다. 실재는 단수인 개체 사물에 속하고, 이것만이 직접 확실한 지식을 낳는 경험의 대상이 될 수 있었다. 이것은 존재를 설명하기 위해서는 아리스토텔레스 형이상학의 정교한 기구가 넘쳐난다는 것을 뜻했다. '적은 것으로 많은 것을 한다는 것은 헛되다'라는 오컴의 말을 해석하지 않으면 안 되는 것도 이런 뜻에서다. '실재물을 필요 이상으로 과장해서는 안 된다' 또 다른 더욱 유명한 말의 근본도 이것과 같다. 이 격언은 그의 저서에는 없지만, '오컴의 면도날'이라고 알려지게 되었다. 문제의 실재물은 물론 형상이나 실체 등으로, 전통적 형이상학이 관련되어 온 것이다. 그러나 주로 과학적 방법의 문제에 관심을 두고 있는 후세의 사상가들은 이 공식을 엉뚱하게 왜곡시켰다. 여기에서 '오컴의 면도날'은 현상을 만족하게 설명하는 과정에서의 일반적인 경제 원칙이 된다. 간단한 설명으로 끝나는 것이라면, 복잡한 것을 구한다는 것은 무의미한 일이다. 이와 같이 오컴은 존재가 개체에 속한다고 주장하면서, 말을 다루는 논리학의 영역에는 의미에 대한 일반적인 지식이 있음을 인정했다. 이것은 개체의 경우와 같이, 직접 이해하는 문제가 아니라, 추상적인 문제다. 게다가 이와 같이 도달된 것이 하나의 사물로서 존재를 갖는다는 보증은 없다. 오컴은 이와 같이 철저한 유명론자다. 엄밀하게 아리스토텔레스적인 뜻으로 보면 논리학은 언어의 기계로 보아야 한다. 그것은 명사의 의미와 연관을 갖는다. 이 점에서 오컴은 11세기 초기 유명론자의 견해를 부연한다. 실제로 이미 보에티우스도 아리스토텔레스의 범주가 말에 대한 것이라고 주장하고 있다.

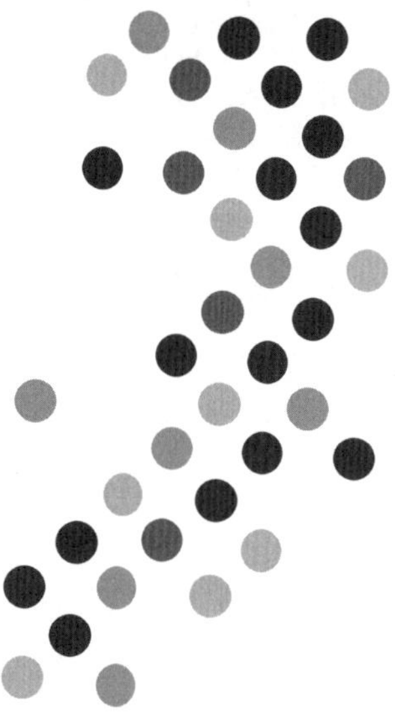

영국의 철학자 오컴의 소위 '오컴의 면도날'이라는 경제 원리를 설명한 그림이다. 즉, 가장 간단한 최소한의 가설을 사용하라고 그는 말한다.

추론에 사용되는 관념이나 용어는 온전히 정신의 소산이다. 이것은 말로 표현되지 않는 한, 인습적 부호인 말 자체와 대조를 이루어, 자연적 보편 개념 또는 부호라고 불린다. 부조리를 피하기 위해, 우리는 사물에 대한 기술과 언어에 대한 기술을 혼동하지 않도록 주의해야 한다. 과학의 경우처럼 우리가 사물에 대해서 이야기할 때 사용하는 용어는 직접적이다. 한편, 논리학의 경우와 같이 우리가 말에 대해 운운한다면, 명사는 간접적이다. 논증에 쓰이는 모든 명사가 같은 의미를 갖는다는 사실을 보증하는 것이 중요하다. 이런 정의를 사용할 때 우리는 '보편적'이라는 명사가 간접적이라고 말하면서 유명론의 입장을 표현할 수 있다. 실재론자는 그것이 직접적이라고 생각하는데, 그것은 잘못이다. 토마스주의는 보편적 개념의 관념을 사물로 받아들이지 않았다는 점에서 오컴과 일치한다. 그들은 다시 신의 정신에 있는 이데아와 같이, 사물 앞에 있는 보편적인 개념의 존재를 인정하는 점에서도 일치하지만, 이 공식은 우리가 앞에서 본 것처럼 원칙적으로 말하자면, 아비케나에서 유래한 것이다. 그러나 아퀴나스가 이 공식을 이성으로 지지할 수 없는 형이상학적 진리라고 생각한 데 반해, 오컴에게 그것은 그의 뜻대로 신학의 명제이며, 따라서 합리적 영역과 분리되어 있었다. 오컴에게 신학은 모두 신앙의 문제였다. 신의 존재는 논리적 증명으로 확립되지 못했다. 이 점에서 그는 스코투스보다도 한 걸음 더 나아가, 아퀴나스는 물론 안셀무스까지 배척한다. 신은 감각 경험을 통해서는 알 수 없고, 우리의 이성으로는 신에 대해 아무것도 밝힐 수 없다. 신과 신의 여러 속성에 대한 신념은 신앙에 따른 것이며, 삼위일체·영혼불멸·천지창조 등에 대한 교의 체계 전체도 마찬가지이다.

이런 뜻에서, 오컴은 회의론자라고 할 수 있다. 그러나 그를 신앙인이 아니라고 생각하는 것은 잘못일 것이다. 그는 이성의 범위를 제한하고, 논리를 형이상학적이거나 신학적인 거추장스러움에서 해방시켜, 과학적 탐구에 대한 노력을 촉진하는 데 많은 공헌을 했다. 그러나 신앙 분야는 사치에 빠지기 쉬웠다. 따라서 여러 면에서 볼 때 신플라톤주의적 전통으로 되돌아가는 신비 운동이 나온 것도 결코 이상한 일이 아니다. 이 운동의 유명한 대표자는 도미니코 교단의 성직자 마이스터 에크하르트(1260~1327)였다. 그의 이론은 정통 신앙의 요구를 철저하게 무시했다. 기존의 교회에서 신비주의자가 자유사상가보다 더 위협적이었다고는 할 수 없지만, 적어도 비슷한 정도로 위협적이었다. 1329년, 에크하르트의 가르침은 이단이라는 선언을 받았다.

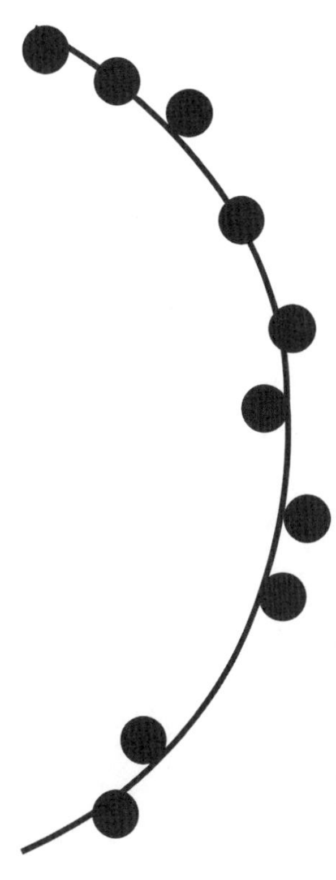

*

아마도 가장 위대한 중세의 종합적인 사고는 단테(1265~1321)의 저서에서 볼 수 있을 것이다. 그가 《신곡》을 썼을 무렵, 중세는 실제로 해체되어 가고 있었다. 그런데 여기에서 우리는 마침내 전성기를 지나친 하나의 세계를 개관해 볼 수 있다. 우리는 아퀴나스의 아리스토텔레스의 부흥과 이탈리아의 도시 국가에 아직도 남아 있는 겔프당(교황당)과 기벨린당(황제당)의 당쟁을 되돌아보게 된다. 단테가 《천사 같은 박사》라는 책을 읽고 있었음은 분명하다. 마찬가지로 그는 그때의 전반적 문화 활동에도, 그리고 그즈음에 알려진 한도 내에서의 그리스·로마의 고전 문화에도 정통했다.

《신곡》은 지옥과 연옥을 지나 천국으로 들어가는 여행인데, 이 여행에서 우리는 여담과 비유의 형태로 중세 사상의 개관을 볼 수 있다. 단테는 1302년에 고향 플로렌스에서 추방되었지만, 그 무렵 상대 당파가 일으킨 시민 폭동의 끝없는 전진과 후퇴 속에서 블랙 겔프당이 권력의 자리에 앉았다. 단테의 가족은 화이트 겔프당을 지지했고, 단테 자신도, 제국의 직분에 대한 강한 견해를 가지고 있었다. 대부분의 정치적 다툼이 이와 같은 사건에 이르게 된 생생한 과거의 역사와 함께, 《신곡》이 언급된다. 마음속으로는 기벨린당 편이었던 단테는 황제 프리드리히 2세를 찬미했는데, 구애받지 않은 사고방식과 교양을 갖춘 황제는 시인들이 바라던 황제의 이상적인 전형이었다. 단테는 드물게 서유럽 문학에서 위인에 속하는 사람이다. 그러나 명성에 대한 그의 자격은 이것만이 아니었다.

특히, 그는 일반 대중이 쓰는 언어를 만인의 문학적 수단으로 삼았으며, 이에 따라서 처음으로 천차만별인 지방 사투리의 기준을 설정할 수 있었다. 그즈음까지 이 역할을 해 온 것은 라틴어뿐이었지만, 이제 이탈리아어가 문예 작품의 수단이 되었다. 언어로써 이탈리아어는 오늘에 이르기까지 거의 변하지 않고 있다. 이탈리아어로 쓰인 최초의 시는 프리드리히 2세의 목사 피에트로 델라 비그나(Pietro della Vigna)까지 거슬러 올라간다. 단테는 많은 방언들 가운데 가장 좋다고 생각하는 것을 택하여, 모국어인 토스카나어를 중심으로 근대 이탈리아의 문어를 수립했다. 그 무렵에 프랑스와 독일, 영국에서 대중어가 나왔다. 초서는 단테 바로 뒤에 태어났다. 그러나 학문 용어는 여전히 상당 기간 동안 라틴어였다. 모국어로 처음 글을 쓴 철학자는 데카르트인데, 그 뒤에는 드물었다. 라틴어는 차츰 힘을 잃어

**단테** 그의 위대한 시는 중세의 견해를 요약한 것이다.

19세기 초기에 학자의 표현 수단으로는 모습을 감추었다. 17세기에서 20세기까지, 세계 공통어로서의 이 역할을 맡은 것은 프랑스어였고, 현대에는 영어가 이에 대체되었다.

단테 작품의 개요에서 보면, 지옥은 무대가 없는 원형경기장이다.

단테의 정치적 사고를 따져볼 때 그는 강대한 제국 권력을 지지했는데, 그것은 그 무렵에 제국이 초기 세력 대부분을 잃었기 때문이었다. 프랑스와 영국의 국민 국가는 번성기에 있었고, 세계 제국이라는 개념은 조금 가치가 떨어지고 있었다. 이런 정치적 중요성의 변화가 그의 마음에 의미심장하게 영향을 주지 않은 것은 그의 일반적인 중세관과 맞아떨어진다. 그가 이것을 알아차렸다면, 이탈리아가 근대 국가가 되는 것도 훨씬 빨랐을 것이다. 그렇다고 해서, 모든 것을 포함하는 제국이라는 낡은 전통이 그다지 칭찬할 만한 것이 아니었다는 말은 아니다. 그만큼 시기가 무르익지 않았다는 것이다. 그러나 단테의 정치 이론은 실제 정치의 분야에서는 그리 중요하지 않았다.

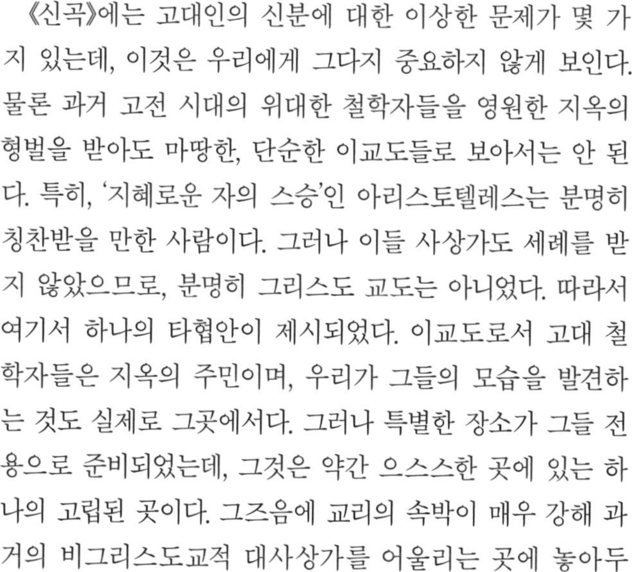

《신곡》에는 고대인의 신분에 대한 이상한 문제가 몇 가지 있는데, 이것은 우리에게 그다지 중요하지 않게 보인다. 물론 과거 고전 시대의 위대한 철학자들을 영원한 지옥의 형벌을 받아도 마땅한, 단순한 이교도들로 보아서는 안 된다. 특히, '지혜로운 자의 스승'인 아리스토텔레스는 분명히 칭찬받을 만한 사람이다. 그러나 이들 사상가도 세례를 받지 않았으므로, 분명히 그리스도 교도는 아니었다. 따라서 여기서 하나의 타협안이 제시되었다. 이교도로서 고대 철학자들은 지옥의 주민이며, 우리가 그들의 모습을 발견하는 것도 실제로 그곳에서다. 그러나 특별한 장소가 그들 전용으로 준비되었는데, 그것은 약간 으스스한 곳에 있는 하나의 고립된 곳이다. 그즈음에 교리의 속박이 매우 강해 과거의 비그리스도교적 대사상가를 어울리는 곳에 놓아두는 것이 하나의 문제로 느껴졌던 것이다.

중세의 생활은 걱정이나 미신이 있었지만 본질적으로는 질서정연했다. 사람은 태어나면서 사회적 지위가 정해지고, 봉건 영주에게 충성을 바쳐야 했다. 국가 전체는 세분되고 여러 등급으로 분류되어 절대로 변경할 수 없었다. 정치 이론 분야에서 이 전통은 마르실리우스와 오컴에 의해 무너졌다. 종교의 힘이 사람들의 행동을 억압하는 걱정의 근원이 되었지만 교의 같은 것은 없어도 된다고 사람들이 느끼기 시작하자, 그 영향력은 쇠퇴하기 시작했다. 이것은 오컴의 의도였을 리는 없고, 틀림없이 그의 가르침이 개혁자들에게 영향을 미치고 난 뒤에 일어난 일이었다. 루터는 스콜라 철학자 가운데 그 누구보다도 오컴을 존중했다. 이와 같은 격변의 상황에서 단테가 예시한 것은 아무것도 없다. 로마 교황에 대한 그의 대립도, 정통 신앙에서 이탈했기 때문이 아니었고, 황제의 권한에 속하는 문제에 교회가 간섭했기 때문이다. 그러나 단테 자신이 살던 시대에 교황의 권력은 매우 작아졌다고는 하지만, 게르만인 황제가 이탈리아에서 권위를 유지한다는 것은 이미 불가능했다. 1309년, 교황의 자리는 아비뇽으로 옮겨져 그 뒤에 사실상 프랑스 국왕의 앞잡이가 되었고, 교황과 황제의 분쟁은 프랑스의 독일에 대한 항쟁이 되었다. 룩셈부르크의 헨리 7세가 1308년에 황제가 되자 제국은 재건되는 것처럼 보였고, 단테도 황제를 구세주라고 불렀다. 그러나 헨리의 성공도 철저하지 못하여 단명으로 끝났다. 그는 남하해서 이탈리아로 들어가, 1312년에 로마에서 왕의 자리에 올랐지만, 나폴리와 플로렌스에 대해 자기 권리를 주장하지도 못하고 이듬해에 죽었다. 단테는 1321년에 유랑의 몸으로 라벤나에서 객사했다.

《신곡》 1497년, 베네치아에서 출판한 란디노판

각 나라 국어가 번성함에 따라, 교회는 철학과 과학의 지적 활동에 대한 지배력을 어느 정도 잃어버렸다. 동시에 이탈리아에서 세속 문학이 둑을 터뜨린 것처럼 넘치기 시작하여 차츰 북쪽으로 퍼져나갔다. 신앙과 이성 사이에서 생긴 탐구의 범위가 넓어지면서 어느 정도의 회의주의와 어울려, 사람들의 마음을 이 세상에 속하지 않은 것에서 벗어나게 했으며 사람들에게 자신들의 운명을 개선하거나 바꾸도록 가르쳤다. 이와 같은 경향은 모두 14세기 전반에 나타나기 시작했다. 단테는 이것을 표현하지 않고 있다. 그는 본디 프리드리히 2세의 시대를 회상하고 있었다. 중세 세계는 원칙적으로 중앙 집권화되어 있었음에 반해, 르네상스의 신흥 세력은 중세 사회의 일률적인 구조를 분열시키는 경향이 있었다. 그러나 현대에 와서는 여러 가지 이유로 세계 통치라는 관념이 다시 나타나는 것 같다.

지옥과 유사한 점, 그것은 천국은 계단식 피라미드와 유사하다는 것이다.

14세기에 교황권은 빠르게 쇠퇴했다. 황제와의 항쟁에서 교황이 우세했지만, 교회가 그리스도 교도의 머리 위에서 끊임없이 파문의 위협을 휘두르며 그들을 억누른다는 것은 이제 쉬운 일이 아니었다. 사람들은 자신들의 힘으로 신을 생각해 보려고 했다. 교황권은 사상가와 학자에 대한 도덕적, 정신적 지배력을 잃었고, 국왕도, 일반 대중도 똑같이 교황 사절이 많은 돈을 부과하는 것에 신경을 쓰고 있었다. 이와 같은 모든 추세는 세기의 전환기에는 아직 공공연한 분쟁이 되지는 않았지만, 이제 희미하나마 그 모습이 엿보이기 시작했다. 실제로 교황 보니파키우스 8세는, '하나의 성스러운 것을'이란 교서에서 교황의 주권을, 인노켄티우스 3세가 요구했던 것 이상으로 강조했다. 1300년, 교황은 성년(聖年)을 선언하여, 이 해에 로마로 순례 오는 신도에게는 누구나 면죄부를 준다고 했다. 이것은 교황의 종교적 권력을 강화하는 데 도움이 되었고, 로마 시민과 같이 순례의 뒷바라지를 하는 일로 생계를 잇던 사람들의 호주머니도 두둑하게 만들어 주었을 뿐만 아니라, 교황의 자산에 큰 돈이 굴러들어오게 해 주었다. 성년의 성공은 대단하여 그 뒤 50년에 그해가 다시 돌아오는 것으로 정해졌다가 이어 100년, 또 25년으로 바뀌었다.

이와 같이 겉으로 보기에는 주권을 휘두르는 것처럼 보였지만, 보니파키우스 8세의 권력은 기초가 약했다. 인간으로서 그는 교회의 지배자에 어울리지 않게 돈을 사랑했고, 신앙 문제에서도 정통 신앙의 모범이 될 만한 사람은 아니었다. 재임 기간 중 그는 프랑스의 고위 성직자나 이들의 왕 필립 4세와 충돌을 일으켰다. 이 분쟁의 승리자는 프랑스 국왕이었다. 1305년에 선출된, 다음 교황은 프랑스인 크레멘스 5세였다. 그는 1309년에 아비뇽에 교환권을 세웠다. 필리프 4세가 성당 기사단을 억압한 것도 그의 임기 중에 묵인에 따른 것이었다. 이 약탈과 같은 조치는 이단이라는 사실무근한 구실로써 이루어졌다. 일반적으로 그때부터 교황권의 다툼은 그 권위를 손상시키는 방향으로 흘러갔다.

요하네스 22세와 프란체스코 교단의 분쟁 때문에 오컴의 논쟁법이 나왔다. 로마에서는 교황이 아비뇽에 없었기 때문에, 콜라 디 리엔치(Cola di Rienzi)의 지도권 아래 일시적인 분열이 일어났다. 이 로마 시민은 먼저 로마의 부패한 귀족 계급과 싸워, 결국 교황과 황제 양쪽을 무시하고, 로마야말로 옛날 그대로 지배자라고 선언했다. 교황 클레멘스 6세는 1352년에 리엔치를 체포했는데, 그가 석방된 것은 2년 뒤인 교황이 죽은 다음이었다. 리엔치는 로마에서 권력의 자리로 돌아갔으나, 수개월 뒤 일반 민중에 의해 살해되었다.

**순례자들** 1300년, 교황은 로마에 오는 순례자들에게 '면죄부'를 주었다.

교황권은 프랑스로 추방되었기 때문에 거의 위신을 잃었

다. 그레고리우스 11세는 1377년에 로마로 돌아가 이 정세를 고치려고 했다. 그러나 그는 이듬해에 죽고, 후계자인 이탈리아인 우르바누스 6세가 프랑스의 추기경들과 다투었기 때문에, 그들은 제네바의 로르트를 자신들의 교황으로 뽑았다. 이 프랑스인은 클레멘스 7세로서 아비뇽으로 돌아왔다. 이렇게 시작된 대분열은 콘스탄츠 공의회 때까지 이어졌다. 프랑스인은 아비뇽의 교황을 지지했지만, 로마 제국은 로마의 교황을 승인했다. 어느 교황이나 자기의 추기경을 임명하고, 추기경은 추기경대로 자기의 후계자를 골랐기 때문에 불화를 해결하기는 힘들다. 1409년, 피사에 소집된 회의에서 이 막다른 지경의 타개책을 찾으려고 했다. 기존의 두 교황 모두에게 퇴위가 선언되고, 심의 기관에서 나온 새로운 교황이 선출되었다. 그러나 퇴위가 선언된 교황이 이를 받아들이지 않았기 때문에, 교황은 이제 세 사람이 되었다. 콘스탄츠 공의회는 1414년에 소집되었는데, 일단 간신히 질서를 회복했다. 회의에서 선출한 교황은 퇴위당했고, 로마의 교황도 사직이 권고되었고, 아비뇽계 교황은 영국이 프랑스에서 우세했기 때문에 지지를 잃고 물러났다. 1417년, 회의는 마르티누스 5세를 임명하여 대분열에 종지부를 찍었다. 그러나 교회는 내부에서 자기 개혁을 이루지 못하고, 교황이 공의회 운동을 반대해서 더 잃지 않아도 좋을 교황권의 권위까지도 잃었다.

대단한 분파가 종식되는데, 그것은 콘스탄츠의 공의회가 마르티누스 5세를 선출하면서부터이다.

영국에서 로마 반대의 기운을 한결 북돋워 준 사람은 존 위클리프(1320~1384)였다. 그는 요크셔 주 태생으로, 옥스퍼드의 학자이자 교사였다. 영국이 오랫동안 유럽 대륙보다 로마에 덜 예속되었다는 점은 주목할 만하다. 이미 윌리엄 정복왕은 그의 영토 내에서 어떤 주교도 국왕의 허락 없이는 임명받을 수 없다고 규정했다.

위클리프는 교구 신부였다. 그의 순수한 철학적 저서는 프란체스코 교단에 속한 성직자들의 저작에 비해서 그다지 중요하지 않았다. 그는 오컴의 유명론을 버리고, 오히려 플라톤적 실재론에 관심을 기울였다. 오컴은 신에게 절대적인 자유와 권력을 부여하고 있었는 데 반해 위클리프는 신의 명령을 필연적이며 신의 의무로 보는 경향이 있었다. 세계는 있는 그대로 존재할 수밖에 없다는 것이다. 이 견해는 분명히 신플라톤주의의 가르침에 자극을 받았고, 17세기에 들어와서 다시 스피노자의 철학에서 볼 수 있다. 만년에 위클리프는 교회와 대립하게 되었는데, 첫째 이유는 신앙이 충실한 일반 대중이 극빈 속에서 생활하는 데 반해 교황이나 주교는 속물적 생활 양식에 빠져 있었기 때문이었다.

**존 위클리프** 교회의 이단자이자 비판자였다. 1381년의 농민의 반란은 일부 그의 영향을 받았다.

1376년, 그는 옥스퍼드의 연속 강의에서 민사소유권에 대한 참신한 견해를 표명했다. 옳은 사람만이 재산과 권한에 대한 요구를 주장할 수 있다는 것이다. 성직자도 이에 해당하지 않으면, 재산을 가져서는 안 된다. 재산이 있는 성직자들은 이 견해를 달갑게 생각하지 않았지만, 로마 교황에게 조세를 그만 바치려 했던 영국 정부는 환영했다. 교황 그레고리우스 11세는 위클리프의 이단적 견해가 파도바의 마르실리우스와 일치한다는 것을 알아차리고 심리를 명했다. 소송 절차는 런던 시민의 손으로 중지되었다. 게다가 대학은 국왕에 복종하는 것만이 대학의 자유라고 주장하고, 교황에게는 대학의 교사를 출정시킬 권리는 없다고 부정했다.

대분열 이후, 위클리프는 교황을 그리스도교 반대자라고 선언했다. 친구 몇 사람과 함께 그는 불가타 성서의 영역판을 냈다. 그는 수도회에 속하지 않는 성직자의 조합을 설립했으며, 그들은 가난한 사람들에게 봉사하는 데 전념하는 순회 설교자로서 일을 했다. 결국 그는 이후의 종교개혁 지도자와 거의 마찬가지로, 성찬식 때 먹는 떡과 포도주가 순간적으로 그리스도의 몸과 피로 변한다는 화체설을 공공연하게 비난했다. 1381년의 농민 혁명에서는 위크리프는 중립을 지켰다. 그러나 그의 과거는 그가 혁명 동조자였다는 것을 보여준다. 그는 1384년에 라타워트에서 세상을 떠났다. 살아 있는 동안에는 박해를 피했지만, 콘스탄츠 공의회는 그의 유해에 원한을 풀었다. 영국에서 그의 가르침을 신봉한 롤라드파는 무자비하게 짓밟혔다. 보헤미아에서는 그의 가르침이 후스파의 운동을 고무시켰고, 이것이 종교개혁으로 이어졌다.

*

그리스 사상과 중세 사상의 주요 차이점은 무엇인가 하고 생각해 본다면, 그리스 사상에는 죄의식이 결여되어 있었다고 말해도 좋을 것이다. 그리스인에게 인간은 물려받은 개인의 무거운 죄로 말미암아 고통을 받는다고는 생각하지 않았다. 하기야 그들도 지상의 삶이 신들의 마음에 따라서 짓눌릴 수도 있는 하찮은 존재라는 것을 알았을지도 모른다. 그러나 이것은 과거에 저지른 나쁜 짓에 대한 정당한 운명이라고는 절대로 볼 수 없었다. 결국 그리스인에게는 속죄나 구원과 같은 문제는 전혀 없었다. 따라서 그리스인의 윤리적인 사고방식은 전체적으로 매우 비형이상학적이다. 헬레니즘 시대, 특히 스토아주의의 경우에는 세상을 체념하면서 받아들이는 분위기가 윤리학으로 스며들었으며, 이것이 나중에 초기 그리스도교 각파에 전해졌다. 그러나 요컨대 그리스 철학은 신학적인 문제에 부딪히지 않았고, 따라서 어디까지나 완전히 세속적이었다.

그리스도교가 서유럽을 장악했을 때, 윤리 문제는 근본

벨빌가의 기도서

적인 변화를 가져왔다. 그리스도 교도는 지상의 삶을 소중한 내세의 준비로 보고, 인간 존재의 비참함을 선천적인 죄의 무거운 짐으로부터 인간을 정화시키 위해 부과된 시련이라고 보았다. 그러나 이것은 문자 그대로 초인적인 과제였다. 이 시련을 견뎌 나가기 위해서 인간은 신의 도움을 필요로 하는데, 이 도움을 얻을 수 있는지에 대한 여부는 알 수가 없었다. 그리스인에게 덕이란 덕 자체의 보상인 반면, 그리스도 교도는 신이 덕을 가져야 한다고 명하기 때문에 덕을 가져야 했다. 덕의 좁은 길을 따라간다는 것만으로는 구원을 얻을 수 없을지 모르지만, 여하튼 그것은 필요조건이었다. 이 교리 중에는 물론 그대로 믿어야 하는 것도 있다. 여기서 처음으로 신의 도움이 나오게 된다. 인간이 신앙을 가진 뒤, 신앙 규율을 준수하는 것은 신의 은총이 필요하기 때문이다. 이 첫걸음을 내딛지 못한 사람은 영원한 파멸에 이르게 된다.

복음서 표장
통상 칠보나 보석으로 장식되며 돋을무늬 세공이나 상아판으로 제작되던 복음서 표장은 로마네스크의 가장 상징적인 작품으로 손꼽힌다.

이와 같은 전후 관계에서 철학은 종교적 기능을 가지기에 이르렀다. 신앙은 이성을 능가하지만, 신자는 이성이 될 수 있는 한 신앙에 도움을 주어 불신에 맞서는 자신을 강하게 해 주기 때문이다. 따라서 중세에 철학은 신학의 시녀가 되었다. 이 태도가 일반적으로 널리 퍼져 있는 한, 그리스도교 철학자는 필연적으로 성직자였다. 세속적인 학문이 조금이라도 남아 있다면, 성직자들이 그 학문을 보존하고, 학교와 나중의 대학은 어딘가의 대수도회에 속하는 사람들이 경영했다. 이 사상가들이 활용한 철학적 장치는 플라톤과 아리스토텔레스까지 거슬러 올라간다. 특히, 아리스토텔레스적인 철학은 13세기에 우세를 차지한다. 플라톤보다도 아르스토텔레스가 그리스도교 신학에 더 잘 응용된 이유를 쉽게 알 수 있다. 스콜라 철학의 말을 빌려서, 우리는 이것을 다음과 같이 말해도 좋을 것이다. 실재론적 이론은 사물을 관리할 때 신의 힘에 중요한 기능을 부여하지 않기 때문이다. 이 점에서 유명론은 훨씬 많은 여지를 준다. 물론 유대인과 그리스도 교도의 신은 아리스토텔레스의 신과는 매우 다르지만, 그래도 아리스토텔레스 철학이 플라톤 철학보다도 훨씬 그리스도교 체계와 조화된다는 것은 확실하다. 플라톤 이론은 이를테면 스피노자의 경우처럼 범신론적 가르침을 북돋는 데 적합하다. 스피노자의 범신론은 뒤에서 보는 것처럼 완전히 논리적이다. 철학과 신학의 결합은 이성이 어느 정도 신앙을 지지할 수 있다면 유지할 수 있다. 14세기의 프란체스코 수도회 학자가 이 가능성을 부정하고 이성과 신앙은 서로 관계가 없다고 주장했을 때, 중세적인 사고방식은 차츰 쇠퇴하고 있었다. 신학 분야에서 철학이 할 일은 남아 있지 않았다. 오컴은 신앙을 합리적 연구와의 있을 수 있는 모든 연관에서 해방시키면서, 철학을 비종교주의로 되돌리는 길을 열었다. 16세기 이후, 교회는 더 이상 이 분야를 지배하지 못했다.

중세의 시각에서 본 아리스토텔레스 샤르트르 대성당 소재. 13세기

이와 동시에, 이 분열로 인해서 사람들은 자기들의 합리적 활동과 종교적 활동을 서로 엄밀하게 떼어놓을 수 있게 되었다. 이를 위선이라고 생각한다면 전적으로 잘못이다. 세상에는 자기의 실제적 신념이 종교적 신념을 간섭하지 않도록 하는 사람들이 매우 많았고, 지금도 있다. 반대로 이와 같이 해서, 종교가 의문의 공격을 받지 않게 될 수 있다는 것도 확실하다. 신학도 변증법의 활동 무대로 나오는 한, 합리적 논의의 규범에 따라야 하기 때문이다.

한편, 경험적 연구가 찾아낸 것과 양립할 수 없는 명제를 신앙에 맡겨야 할 경우, 언제나 어쩔 수 없는 막다른 골목에 빠지게 된다. 예를 들어 지구의 연령을 살펴보기로 하자. 구약 성서는 5750년 정도로 산정하고, 정통파 사람들이라면 이를 믿어야 한다. 반면, 지질학자는 지구가 40억 년 이상이라고 믿을 만한 이유를 몇 가지 들고 있다. 이들 두 신념 가운데 어느 한 편은 수정되어야 한다. 종교심을 가진 탐구자가 일요일에는 한쪽 견해를 품고 다른 날에는 다른 쪽 견해를 품는 마음이라도 생기지 않는 한, 수정은 불가피하다. 여기에서 중요한 점은 종교적 원리와 탐구에서 발견한 것이 서로 용인할 수 없는 경우 종교는 늘 방어적인 처지에 있고, 그 입장을 수정해야 한다는 것이다. 신앙이 이성과 충돌해서는 안 된다는 것이 마땅한 이치이기 때문이다. 여기서의 충돌은 합리적 변증법 분야 안에서 생기므로, 물러나야 하는 것은 언제나 종교이다. 그러나 이와 같은 조건부로 퇴각한 뒤의 종교적 입장은 특별하고 독립된 것이다.

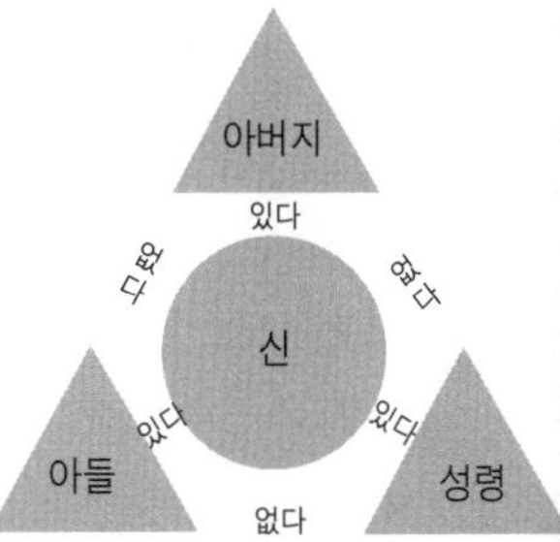

성스러운 삼위일체의 본질
영원하고 엄격한 문제이다.

가능한 한 종교의 교의를 합리적으로 설명하려고 스콜라 철학은 가끔 비상한 창의성과 예리한 정신을 보여주었다. 이런 과업이 거둔 원대한 결과는 르네상스 사상가들이 이어받아 후세에게 전해 준 언어적 도구를 섬세하게 만들었다는 점이다. 이것은 스콜라 철학이 이룩한 과업 가운데 아마도 가장 귀중한 일일 것이다. 반면 스콜라 철학의 결함은 경험적 탐구에 충분히 중요성을 부여하지 않았다는 점이다. 이 결함은 프란체스코 수도회의 주의를 끌게 되었다. 경험이 찾아낸 것이 이렇게 과소평가되었다는 사실은 이 세상의 문제보다도 신과 내세에 관심을 가졌던 시대에는 자연스러운 일이다. 르네상스의 사상가는 인간을 중심적 지위로 다시 끌어들인다. 인간의 활동이 인간의 활동 자체를 위해 존중되는 것도 이와 같은 풍조에서 비롯되었고, 따라서 과학적 탐구 또한 새롭고도 엄청난 발전을 거두게 되었다.

성 프란체스코 성당 내부(2층)

윤리적 활동은 결국 과거 300~400년 동안에 서유럽을 서유럽 이외의 세계와 분리시켰다. 서유럽의 기술이 세계를 정복한 것과 마찬가지로 이와 어깨를 나란히 하는 윤리도 어느 정도 새로운 위신을 얻었다.

란스 대성당 조각 일부

제6장

# 근대 철학의 융성

비너스의 탄생
문예부흥의 상징이었다. 대중 예술의 소생에 있어서도 그러했다.

14세기에 중세적인 사고방식이 쇠퇴하기 시작했을 때, 오늘날의 근대 세계를 형성하는 새로운 힘이 서서히 나타났다. 사회적으로 중세 사회의 봉건적 구조는 불안정해졌다. 강력한 상인 계급이 일어나 군주와 공동 전선을 펴고, 다루기 까다로운 호족에 대항했기 때문이었다. 정치적으로는 귀족도 그 면역성을 꽤 잃었다. 공격 무기가 개량되어서 이제까지 사용해 오던 요새를 지킬 수 없었기 때문이었다. 농민이 손으로 만든 막대나 창으로는 성벽을 무너뜨릴 수 없어도, 화약이라면 무너뜨릴 수 있으니 말이다. 중세의 쇠퇴기에서 17세기의 거대한 파도에 이르는 과도기에는 중대한 움직임 네 가지가 한층 눈에 띄게 된다.

첫째는 15, 16세기의 이탈리아 르네상스이다. 단테는 아직도 중세풍의 사고방식에 젖어 있었지만, 그래도 대중의 언어를 수단으로 라틴어의 '라'자도 모르는 세상 사람들을 문장어에 익숙해지도록 만들고 있었다. 보카치오나 페트라르카와 같은 작가들의 출현으로 세속적인 이상이 되돌아왔다. 고대인이 관심을 가진 세속 문화의 부활은 예술과 과학 분야에서 나타났으며, 이는 중세시대의 성직자가 누리던 전통이 단절되고 있음을 보여준다. 중세의 무대는 오직 신에게만 정신이 집중되어 있었지만, 르네상스의 사상가들은 오히려 인간에게 흥미를 보였다. 이와 같은 사정에서 새로운 문화 운동은 휴머니즘이라는 이름을 얻게 되었다. 이것이 두 번째 새로운 영향력이다. 르네상스가 직접적으로 인생관 전반에 영향을 준 데 반해, 휴머니즘 운동은 사상가와 학자의 영역에 머물러 있었다. 이탈리아 르네상스에는 영속성이 있는 국민적 통합의 부활은 찾아볼 수 없었다. 국토는 도시 국가가 지배하는 작은 영지로 분열되고, 무정부 상태에 빠졌다. 이탈리아는 오스트리아 합스부르크 왕가와 에스파냐에 의해 함락되어, 19세기 중엽에 이르러서야 독립국가가 되었다. 그러나 르네상스 운동이 미친 영향은 커서, 그것은 차츰 북쪽으로 올라가 독일, 프랑스, 네덜란드로 들어갔다. 이 지역에 위대한 휴머니스트들은 이탈리아의 선구자들보다 약 1세기 뒤에 나타났다.

보티첼리의 〈봄〉 일부

이들 북쪽 나라들에서의 휴머니즘 운동은 루터의 종교개혁과 같은 시대에 일어나는데, 이것이 중세 세계를 바꾼 커다란 세 번째 힘이다. 실제로 그 어떤 개혁이 있어야 한다는 생각은 교회 내부에서도 어느 정도 인정했다. 휴머니즘 사상가들도 교회 정치에 만연하는 부정한 관행을 비판했는데, 야망에 불타고 황금에 굶주린 교황의 세력은 너무나도 강했다. 종교개혁이 일어났을 때, 그것은 로마 교황청의 맹렬한 반대와 비난을 받았다. 그렇지 않았더라면, 종교개혁 운동은 가톨릭 교회의 세계 내에서 새로운 운동으로서의 구실을 다했을지도 모른다. 그러나 이 운동은 억지로 분열되어, 국가 단위의 프로테스탄트 교회로 발전하게 되었다. 마침내 가톨릭 교회도 자기 개조에 손을 대기 시작했지만, 종교적 분열을 치유하기에는 때가 늦었다. 이때부터 서방 그리스도교는 분열된 채 머물러 있다. 개신교는 휴머니즘 영향 덕분에 보편적인 성직자라는 개념을 수립했다. 모든 사람은 신과 직접적인 접촉 관계에 있고, 그리스도에게는 교황도 사제도 필요 없다는 것이었다. 네 번째 중요한 발전은 오컴의 비판으로 시작되는 경험적 연구의 부활에서 직접 나왔다.

이어지는 다음의 두 세기 동안에 과학분야는 위대한 진보를 이루었다. 그중에서도 가장 중요한 것은 코페르니쿠스의 태양중심설의 재발견이었다. 이에 대한 기사가 인쇄되어 세상에 나온 것은 1543년이었다. 17세기부터 물리학과 수학은 빠르게 진보하여 위대한 기술 발전을 촉진했으며, 서유럽의 지배적 지위를 지켰다. 과학의 전통은 물질적 이익을 주는 동시에 자유로운 사상의 훌륭한 촉진제가 되었다. 서양 문명이 보급되는 곳은 어디에서나 물질적 발전을 거둔 뒤에 결국 정치적 이상이 나타났다.

니콜라스 코페르니쿠스

과학적 연구가 진보해서 생긴 사고 방식은 본질적으로 부활한 그리스인의 사고방식이다. 과학을 실천한다는 것은 현상을 만족하게 설명하는 것을 의미한다. 이들 전통이 가져오는 권위는 중세의 교회가 독단적 태도로 사람들에게 지배권을 강요했던 것과는 전혀 다르다. 탐구자들이 다양한 의견을 주장할 때, 교리적인 신앙체계로 사는 권력자 집단이 모든 일에 대해 크게 한 목소리를 낸다는 것은 물론 사실이다. 어떤 사람들은 획일적인 단결이 우월성의 표시가 아니냐고 하지만, 왜 그런지 이유는 설명하지 못한다. 이것이 그 주장을 지지하는 사람들에게 든든한 힘을 주는 것은 틀림없는 사실이지만, 그렇다고 해서 그들의 입장이 그 때문에 조금이라도 더 사람들을 수긍하게 만드는 것은 아니다. 그것은 마치 하나의 명제가 소리를 크게 말한다고 해서 조금도 진실에 가까이 가는 것이 아닌 이치와 같다. 유일하게 탐구가 존중해야 할 것은 보편적 기준의 합리적 추론법이나 소크라테스식으로 말하자면, 변증법뿐이다.

그러나 공업 기술의 응용면에서 눈부신 성공을 거둔 과학은 다른 종류의 위험을 만들어 냈다. 인간이 적당히 노력해서 적용하기만 하면, 인간에게 할 수 없는 일은 하나도 없다고 많은 사람들이 생각했기 때문이다. 현대 공업의 커다란 진보는 많은 머리와 손의 협력에 달려 있으며, 새로운 계획을 시작하는 것을 과제로 삼는 사람들에게는 실제로 자기 힘이 무한하게 보인다. 이 모든 계획이 인간의 노력을 수반하고 인간의 목적에 이바지한다는 것은 자칫 잊기가 쉽다. 이 영역에서 현대 세계는 한도를 넘을 염려가 다분히 있다.

철학 분야에서 인간에 대한 강조는 사변으로 향하는 내적인 경향을 불러일으키며, 그 결과 힘의 철학을 고취시키는 관점과 정반대되는 관점이 나오게 된다. 인간은 이제 자기 자신의 능력의 비판자가 되어 약간의 직접 경험을 빼놓고는 다루지 못할 문제는 하나도 없게 되었다. 그래서 극단적인 회의주의를 불러온다. 이 회의주의는 지나치다 싶을 정도로 개인을 전적으로 무시하는 경향을 보인다. 따라서 이에 대한 어떤 중간적인 해결책을 분명히 찾아야 한다.

**코페르니쿠스의 천체도**
코페르니쿠스는 태양계의 중심을 지구가 아닌 태양이라고 주장, 이 그림은 그가 생각한 천체도로서 태양 주위를 그즈음 알려졌던 여섯 개의 행성이 도는 모습이 그려져 있다.

그건 그렇다 치고, 우리가 지금 살펴보는 과도기의 특징에는 특히 중요한 두 가지 사실이 있다. 첫째, 활자를 사용하는 인쇄기가 발명되었다는 것이다. 이것은 서양에 한정한다면, 15세기까지 거슬러 올라간다. 중국 사람은 이미 이보다 500년 전부터 인쇄술을 쓰고 있었는데, 유럽 사람들은 이것을 모르고 있었다. 인쇄술의 도래와 동시에 새로운 사상을 확대시킬 범위는 훨씬 넓어졌다. 인쇄술은 낡은 권위를 뒤집어 엎는 데 도움을 주었다. 각 나라 말로 번역된 성서가 책으로 인쇄되어 얼마든지 손에 넣을 수 있었기 때문에, 교회는 이제 신앙 문제에 대해 보호자 역할을 그럴듯하게 유지할 수 없었다. 이것은 일반적인 학문에 대해서도 세속주의로의 복귀를 촉진했다. 인쇄술은 낡은 질서에 비판적인 새로운 정치 학설을 보급하는 수단을 제공했을 뿐만 아니라, 인본주의 학자들에게 고대인의 저서를 몇 판이고 찍어낼 수 있게 해 주었다. 이것은 또한 고전 자료의 폭넓은 연구를 촉진하여 일반적인 교육 수준을 높이는 데 이바지했다.

인쇄술의 발견이 논의의 자유가 보장되지 않으면, 그 축복이 의심스럽다고 지적하는 것도 억지는 아닐 것이다. 허위도 진실처럼 간단히 인쇄되어 널리 퍼지기 때문이다. 자기 앞에 놓인 재료를 군말 없이 받아들여야 한다면, 글자를 읽을 수 있다는 것은 거의 아무런 도움도 되지 못한다. 언론과 비판의 자유가 있어서, 인쇄 문자가 폭넓게 보급되어 마음껏 탐구할 수 있게 되었다. 이 자유가 없으면, 우리는 차라리 문맹으로 있는 것이 좋을 것이다. 현대는 이제 인쇄술만이 매스컴의 강력한 수단이 아니므로, 이 문제는 한결 심각해졌다. 무선 전신과 TV가 발명된 이후, 보통 그런 자유가 쇠퇴할 염려가 없다면 끊임없이 경계하는 일이 더욱 중요해졌다.

인쇄기 문학 보급의 수단이 되었다.

지식이 더 널리 보급되면서 사람들은 자기가 사는 지구에 대해 지난날보다 더 올바르게 보기 시작했다. 이것은 신세계 발견의 항해가 서양의 기력과 모험심에 새로운 돌파구를 주었기 때문에 가능했다. 모험에 찬 이 업적은 조선과 항해 기술이 개선되고, 고대의 천문학에 복귀한 덕분에 가능하게 되었다. 15세기까지 선박은 대서양의 해안선에서 멀리 나갈 수 없었다. 그럴 의향도 없었고, 특히 선원의 안내 역할을 할 지표가 하나도 없는 지대에 나가는 것은 안전하지 못했기 때문이다. 그러나 나침반이 사용되면서 성난 파도를 헤치고 나갈 수 있었고, 그때부터 탐험가들은 새로운 육지와 항로를 찾아 대양을 건널 수 있게 되었다.

중세인에게 세계는 정적이고 유한하고 질서정연한 장소였다. 세계 안의 그 무엇도 정해진 직분이 있었다. 별은 그 궤도를 달리는 것이 본분이고, 사람은 태어나면서 사회적 지위에 따라 사는 것이 직분이었다. 이 즐거운 그림은 르네상스 때문에 산산히 부서지고 말았다. 상반되는 두 가지 경향은 새로운 견해를 낳는다. 한편으로는 인간의 능력과 창의성에 자신감이 넘쳐, 인간은 이제 무대의 중앙에 선다. 그러나 동시에 우주에서 인간의 지위는 그다지 당당한 것이 못되었다. 무한한 공간이 철학자의 상상력을 자극하기 때문이다. 이런 관점은 독일인 추기경 니콜라스 쿠자누스(1401~1464)의 저술에 잠깐 나타났고, 다음 세기가 되자, 코페르니쿠스의 체계에서 구체적으로 설명된다. 이와 마찬 가지로, 세계는 수학적인 틀에서 수립된다는 피타고라스와 플라톤의 오랜 견해가 되살아난다. 이들 모든 사변에 따라서 사물의 현존 질서는 뒤집혀지고, 교회와 세속의 낡은 권위는 다 같이 세력을 잃었다. 교회는 이단의 전파를 억제하려고 했지만, 좀처럼 잘 되어가지 않았다. 1600년, 조르다노 브루노가 종교 재판에서 화형 선고를 받은 일을 기억해 둘 필요가 있다. 이전에도 가끔 있었던 것처럼, 현존 질서를 수호하는 사람들은 전복될까 두려워하여 감히 이견을 품는 사람에게 잔인한 선고를 내렸다. 그러나 이 판결은 오히려 현존 질서를 유지할 지위가 얼마나 불안전했던가를 나타냈다. 정치 분야에서는 새로운 개념의 권위가 차츰 나타나 세습하는 지배 권력은 더욱더 한정되어 갔다.

**콜럼버스가 탔던 배의 모양**
1492년 그의 아메리카 발견은 새로운 수평선을 열어 주었다.

종교개혁 때문에 생긴 단절은 모든 점에서 결실을 맺은 것은 아니다. 다양해진 종교로 인해 사람들은 같은 신을 여러 방법으로 예배할 수 있다는 것을 마침내 깨닫게 되었다. 이 견해는 종교개혁 이전부터 쿠자누스가 이미 주장한 것이었다. 그러나 뻔한 이 결론이 오히려 신앙심 두터운 사람들에게는 좋은 인상을 주지 못했다.

물론 르네상스는 고대인의 지식이 잠자고 있던 과거에서 갑자기 깨어나면서 시작된 것은 아니다. 실제로 우리가 살펴본 것처럼, 중세에는 전반적으로 비교적 낡은 전통의 흔적이 어느 정도 남아 있었다. 역사는 뚜렷한 분할선에 의해 간단히 나뉘는 것은 아니다. 그러나 이런 구별은 조심스럽게 다루기만 하면 도움이 된다. 따라서 이탈리아 르네상스라는 말을 사용해도 괜찮다면, 이것은 중세라는 과거와 근대 사이에 약간의 명확한 차이가 있다는 것을 뜻한다. 예를 들면, 스콜라 철학자의 교회 문학과, 14세기와 동시에 나타나기 시작하는 각국어의 세속 문학 사이에 명확한 대조가 있는 것과 같은 맥락이다. 문예부흥은 시기적으로 고전 자료에 입각한 인본주의적 학문이 부활한 때보다 앞선다. 이 새로운 문학은 전달 수단으로써 서민의 말을 사용했고, 이렇게 해서 라틴어에 의존하던 학자의 저서보다 더 널리 사람들에게 호소하게 되었다.

**플라톤과 아리스토텔레스**
이탈리아 문예부흥 화가 라파엘로의 그림

모든 활동 분야에서 중세의 사고방식이 갖는 한계는 이제 파기되어 가고 있었다. 사람을 움직이는 힘의 근원은 먼저 모습을 나타내기 시작한 그 무렵의 세속적 관심에 있었고, 다음에는 이상화된 고대 조각상에 있었다. 그즈음 나타난 고대의 개념은 그 세대 사람들이 자기들의 역사와의 연속성을 재발견해서 열광하고 있었기 때문에 조금 왜곡된 점이 없지 않다. 고대인들의 낭만적인 관점은 19세기까지 남았다. 우리는 이제 이런 점에서 확실히 르네상스 때의 예술가나 저술가보다 훨씬 더 많은 것을 알고 있다.

이탈리아에는 지나간 시대의 상징을 직접 만져볼 수 있는 고대 문명의 유적이 있다. 이런 특징 때문에 이탈리아에서 일어난 르네상스 운동은 알프스 이북 지방에서 일어난 운동보다 더 넓은 발판을 얻을 수가 있었다. 정치 면에서 보자면, 이 나라는 고대 그리스와 거의 마찬가지로 분할되어 있었다. 북부에는 많은 도시 국가가 있고, 중부에는 교황령이, 남부에는 나폴리 및 시칠리아 왕국이 있었다. 북부의 도시 중에는 밀라노와 베네치아와 피렌체가 가장 힘이 강했다. 각 도시에 당파 싸움이 있었던 것처럼, 국가끼리 다툼이 그치지 않았다. 개개의 음모나 복수는 무척 교묘하고 잔인하게 행해졌는데, 나라 전체로 보아서는 중대한 손해는 입지 않았다. 귀족과 국가는 살아남는 것이 직업적 이익이 되던 용병의 도움을 얻어 서로 싸우고 있었다. 한가한 상황은 이탈리아가 프랑스 국왕과 서로마 제국 황제의 싸움터로 변하자 돌변하고 말았다. 이탈리아는 심하게 분할되었고, 외국으로부터의 침략에 대비해 규합할 수 없게 되었다. 그래서 이 나라는 언제까지나 분열된 채, 거의 외국의 지배를 감수했다. 프랑스와 서로마 제국의 다툼이 몇 번이고 되풀이되는 동안에, 승리자로서 나타난 것은 합스부르크 집안이었다. 나폴리와 시칠리아는 여전히 에스파냐령이었으나, 교황령은 독립이 묵인되었다. 겔프당(교황당)의 요새 밀라노는 1535년에 에스파냐의 합스부르크 집안의 것이 되었다. 베네치아령 사람들은 조금 특별한 지위를 차지했다. 그 이유 가운데 한 가지는 그들이 미개인의 손에 의한 패배를 맛본 일이 없었기 때문이며, 또 다른 이유는 비잔틴 제국과 결부되어 있었기 때문이다. 그들은 십자군에 의해 재물을 얻고 있었는데, 적수인 제노아인을 타파하고 나서는 지중해 전반의 교역까지 손에 넣고 있었다. 콘스탄티노플이 1453년 오스만투르크의 손에 들어가자, 베네치아는 쇠퇴의 길을 걷기 시작했다. 이 변화는 인도 희망봉의 발견과 신세계 개방으로 더욱 촉진되었다.

레오나르도 다 빈치의 모나리자

르네상스 운동의 선두주자는 피렌체이다. 아테네 이외의 그 어느 곳도 이 정도로 균형을 이룬 예술가나 사상가를 낳은 곳은 없었다. 단테, 미켈란젤로, 레오나르도는 그중 몇몇 사람에 지나지 않지만, 그들은 모두 피렌체 사람이었으며, 나중에 나타난 갈릴레이도 마찬가지였다. 단테의 추방을 초래한 피렌체의 내분은 마침내 메디치가의 지배로 끝났다. 1400년 이후부터 잠깐의 중단 기간을 제외하면, 이 상인 귀족의 가계가 300년 이상이나 이 도시를 지배했다.

교황권에 르네상스가 끼친 영향은 이중적이었다. 교황은 인본주의자들의 학자적 연구에 많은 관심을 나타내어 미술의 훌륭한 후원자가 되었다. 정권에 대한 교황의 권리는 콘스탄티누스 황제의 가짜 기부장에서 나온 것이었는데, 교황 니콜라스 5세(1447~55)는 이 위조 문서를 폭로하고 의심스러운 의견 몇 가지를 주장하던 로렌조 발라를 크게 칭찬했다. 이 추리문학가는 비정통파의 견해를 갖고 있었지만, 교황 비서가 되었다. 한편, 신앙 기준이 느슨해지면서 교황권은 세속적인 일에 빠졌고 이 때문에, 정신적 영향력을 잃게 되었다. 알렉산더 6세(1492~1503)와 같은 사람들의 사생활은 지상에 있는 신의 종으로서 깊은 신앙심을 가져야 했는데도, 신앙심이 조금 부족했다. 뿐만 아니라 16세기 교황은 세속적인 이윤을 추구하여 해외에서 거둬들인 거금을 물 쓰듯 써 버렸다. 이런 일이 불평불만을 사 절정에 달한 것이 종교개혁이다.

15세기의 피렌체 판화

철학에서 이탈리아 르네상스는 전체적으로 보아, 훌륭한 업적을 낳지 못했다. 이때는 오히려 자료를 재발견하는 시대였다. 철학적으로 사고하는 위대한 시대라기보다는 특히, 플라톤 연구가 다시 아리스토텔레스학파에 도전하기 시작했다. 15세기 초에는 코시모 데 메디치 아래에서 피렌체에 피렌체 아카데미가 떠오른다. 이 연구 기관은 기존의 대학과는 반대로 플라톤을 장려했다. 일반적으로 인본주의 학자의 노력은 17세기에 위대한 철학적 발전의 터를 닦았다.

르네상스로 인해, 사람들은 교회의 교리 체계에서 해방은 되었지만, 여러 가지 고대 미신으로부터 구출되지는 못했다. 점성술은 그때까지 끊임없이 교회에서 반대해 왔지만, 이제 이것은 널리 인기를 얻어 무지한 사람뿐만 아니라 학문이 있는 사람까지도 감염이 되었다. 마법 또한 널리 사람들이 믿게 되어, 수백 명에 이르는 기인들이 죄도 없이 마녀로 몰려 화형에 처해졌다. 물론 마녀 사냥은 현대에도 없는 것은 아니다. 그러나 포획물을 불에 태우는 것은 이제 관습으로 남아 있지 않다. 중세 교리 체계가 폐기되면서 행위와 행위의 기존 규정에 대한 권위가 상실되었다. 이탈리아가 북방에서 밀어닥치는 외국의 위험에 맞닥뜨려, 그 어떤 형태의 국가 통일을 이룰 수 없었던 것도 특히 이 때문이었다. 그때는 위험한 음모와 겉과 속이 다른 작태가 횡행한 시대였다. 경쟁 상대나 적을 남몰래 해치우는 기술이 최고도에 이르고 있었다. 이와 같은 기만과 불신의 풍조 속에서는 참다운 형태의 정치적 협력은 전혀 생겨날 수 없었다.

**제롬** 문예부흥기의 이탈리아 칠보도자기에 새겨진 모습

*

정치 철학의 분야에서 이탈리아 르네상스는 색다른 한 인물을 낳았다. 니콜로 마키아벨리(1469~1527)는 피렌체의 변호사 아들이었다. 그의 정치 경력은 1494년에 메디치가가 피렌체에서 추방되었을 때 시작되었다. 이 도시가 그즈음의 악덕과 부패에 단호히 저항한 도미니크파 개혁자인 사보나롤라 세력 아래로 들어간 것도 이 무렵의 일이었다. 사보나롤라는 너무 열심히 노력한 끝에 보르지아가 출신의 교황

알렉산더 6세와 결국 사이가 갈라져, 1498년에 화형에 처해졌다. 이와 같은 사건은 권력의 본질과 정치적 성공에 대해 반성을 일으키기에는 안성맞춤이었다. 마키아벨리는 나중에 무기를 가지지 않는 예언자는 언제나 실패한다고 쓰고, 사보나롤라의 예를 들었다. 메디치가를 추방하는 동안 피렌체는 공화국이었고, 마키아벨리는 공직에 머물러 있었지만, 1512년 메디치가는 다시 권력의 자리에 앉았다. 그 사이에 마키아벨리는 메디치가를 반대했기 때문에, 이제 총애를 잃는 몸이 되었다. 그는 할 수 없이 공직 생활에서 물러나, 그때부터 정치 철학과 관련된 문제에 대한 집필에 전념했다. 1513년, 유명한 《군주론》을 로렌츠 2세에게 바쳐 메디치가의 총애를 얻으려고 했지만, 잘 되지 않았다. 그는 1527년에 세상을 떠났다. 이때가 황제 카를르 5세의 용병대가 로마를 약탈한 해였다.

마키아벨리의 정치학에 대한 위대한 두 저서는 《군주론》과 《로마사론》이다. 《군주론》은 독재 권력을 획득하고 유지하는 방법과 수단을 연구하려는 것임에 반해, 《로마사론》은 온갖 형태의 지배하의 권력과 그 운용을 전반적으로 연구하려는 것이었다. 《군주론》의 가르침은 덕 있는 지배자가 되는 길에 대해서 충실하게 조언을 하려는 것이 아니었다. 오히려 그것은 정치 권력의 획득에 유용한 흉계가 몇 가지 있다는 것을 인정한다. 이 때문에 마키아벨리적이라는 말은 어느 정도 비열하고 경멸적이라는 뜻을 띠게 되었다. 마키아벨리를 올바로 평가하자면, 그는 악행을 하나의 원리로 주장하지 않는다는 것을 말해 둘 필요가 있다. 그의 연구 분야는 선악을 넘은 것으로, 핵물리학자의 연구와 같다. 권력을 얻기를 바란다면 무자비해야 한다고 주장한다. 이것이 선하냐 악하냐는 완전히 별개의 문제며, 마키아벨리에게는 흥미로운 일이 아니었다. 그가 이 문제에 주의를 기울이지

**마키아벨리** 피렌체의 외교관이자 정치·철학자였다.

않는다는 것을 나무랄 수는 있지만, 권력 정치의 현재 모습을 연구한 죄로 그를 비난하는 것은 이치에 닿지 않는다. 《군주론》에 쓰여진 일은 조금이나마 르네상스 시대의 이탈리아에서 마땅했던 일을 요약한 것이기 때문이다.

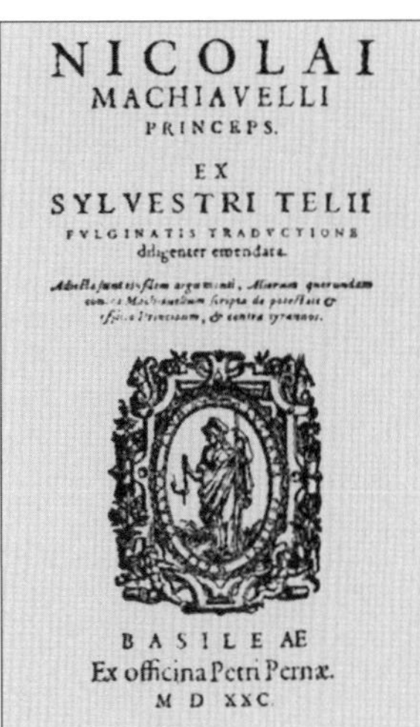

NICOLAI
MACHIAVELLI
PRINCEPS.
EX
SYLVESTRI TELII
FVLGINATIS TRADVCTIONE
diligenter emendata.
BASILEAE
Ex officina Petri Pernæ.
M D XXC.

《군주론》 군주를 위한 지침서로, 정치적 성공을 거두기 위해 필요한 언동에 대하여 기술되어 있다. 마키아벨리가 그린 이상적인 군주의 모델은 교활하고 냉혹한 '체사르 보르지아'였다.

피렌체 공화국에서 공직 생활을 하는 동안, 마키아벨리는 여러 외교적 임무를 띠고 파견된 일이 있어서 복잡한 정치 음모의 행태를 직접 연구할 수 있는 좋은 기회를 갖게 되었다. 마키아벨리는 외교 업무에 종사하는 동안에 체사레 보르지아와 친한 사이가 되었다. 그는 알렉산더 6세의 아들로, 아버지에 뒤지지 않을 정도로 엄청나게 지독한 인물이었다. 놀라울 만한 기교와 대담성을 가진 보르지아는 교황인 아버지가 죽는 날에 대비해서 자기 입장을 굳히려고 계획을 짰다. 그의 형은 이런 야심을 방해했기 때문에 처치되었다. 군사면에서 체사레는, 교황인 아버지를 도와서 교황령의 확대를 꾀했지만, 그것도 나중에 이들 영토를 자기 것으로 만들기 위한 것이었다. 그는 교황권을 계승하기 위해 그의 친구 중 한 사람이 교황청에서 자리를 차지할 수 있도록 온갖 술수를 부렸다. 체사레 보르지아는 어떤 때는 우정을 거짓으로 꾸미고, 어떤 때는 목숨을 없애는 일도 서슴지 않았다. 그는 목적을 위해 놀랄 만한 수완과 외교술을 발휘했다. 정치적 수완면에서 볼 때, 이와 같은 행동의 희생자는 물론 자신의 감정을 내비칠 수는 없다. 그러나 제3자의 관점에서 보자면, 그들도 체사레 보르지아의 의심할 여지가 없는 솜씨에 혀를 내둘렀으리라. 이것이 시대의 분위기였다.

끝내, 그의 계획은 수포로 돌아갔는데, 그것은 1503년에 그의 아버지가 세상을 떠났을 때 자기도 병석에 누워 있었기 때문이었다. 교황의 후계자는 보르지아가 집안의 적이었던 율리우스 2세였다. 체사레 보르지아의 목표가 성공했다면, 그가 자신의 목적을 교묘하게 이루어냈다는 것을 누구나 마땅히 인정할 것이다. 마키아벨리는 이에 대해, 아낌없는 찬사를 그에게 보낸다. 그는 《군주론》에서 권력을 얻으려는 다른 사람들에게 체사레를 예로 들어 설명한다. 그를 변호하는 것처럼 보이는 그런 습성이 그 시대의 전반적 기준에 맞아떨어졌기 때문이다. 17세기에서 19세기까지 이와 같은 무자비한 방법은 전체적으로 허용되지 않았고, 적어도 사람들 앞에서 칭찬할 만한 일은 아니었다. 20세기는 마키아벨리가 알고 있던 전통을 이어받은 정치 지도자를 또다시 많이 낳았다.

**체사레 보르지아** 교황 알렉산더 6세의 아들로서, 문예부흥기의 무자비한 세도가였다.

1513년부터 1521년까지는 메디치가의 한 사람인 레오 10세가 교황의 자리를 차지했다. 마키아벨리가 메디치가의 환심을 사려 하고 있었기 때문에, 《군주론》에서는 교황의 권위 문제를 몇 마디 경건한 상투적인 말로 회피했다. 《로마사론》에서는 교황권을 오히려 비판적으로 보고 있다. 여기에서 전반적인 접근 방식은 오히려 윤리적 관념으로 채워졌다. 마키아벨리는 종교의 교조로부터 전제정치의 폭군에 이르기까지 권력자의 여러 유형을 가치순으로 고찰한다. 그는 국가 안에서의 종교 기능을 실용주의적인 면에 따라 생각한다. 종교적 신념이 진심이든 아니든 국가가 어느 정도의 사회적 응집력을 얻기만 하면 어떻게 되든 상관 없는 일이다. 이와 같은 관점에서 보면, 이단자를 박해하는 일도 물론 완전히 옳은 일이 된다. 교회에 대해서는 두 가지 점에서 비난한다. 첫째는 성직자 거의가 방탕한 생활을 해서 종교에 대한 민중의 믿음을 흔들어 놓았기 때문이고, 둘째는 교황권의 세속적, 정치적 관심이 이탈리아 국가 통일에 장애가 되었기 때문이다. 덧붙여 말하자면 정치적인 교황 중에 자기 목적을 이루기 위해서 매우 교묘하게 행동한 사람이 있었다는 인식과 전적으로 일치한다는 점에 주의하기 바란다. 《군주론》은 목적과 관련이 없는 반면, 《로마사론》은 때로는 관련을 갖는 일이 있다.

메디치가의 레오 10세

인습적인 도덕 기준에 대해서 《군주론》은 지배자가 여기에 얽매여서는 안 된다는 것을 매우 뚜렷하게 말하고 있다. 편의상 도덕률에 따를 것을 요구받지 않는다면, 지배자는 이것을 파기해도 좋다. 실제로 권력에 머물고 싶다면 파기해야 되는 경우가 많다. 이와 동시에 지배자는 덕이 있는 것처럼 보여야 한다. 이 겉과 속이 다른 행동에 따라서만 비로소 지배자는 자기 지위를 유지할 수가 있다.

《로마사론》의 전반적인 논의에서 마키아벨리는 억제와 균형의 이론을 해명하고 있다. 사회의 모든 계급은 어느 정도의 상호 통제력을 휘두를 수 있도록 그 어떤 입헌적 권력을 가져야 한다. 이 이론은 플라톤의 《정치가》까지 거슬러 올라가는데, 17세기의 로크와 18세기의 몽테스키외와 함께 유명해진다. 마키아벨리는 이와 같이 그 시대의 독재 군주가 하는 일에는 물론 근대의 자유주의적 정치 철학자의 이론에도 영향을 끼쳤다. 표리부동한 가르침은 마키아벨리가 고찰하지 않은 한계가 있지만, 많은 사람들에 의해 극단적으로까지 실천되고 있다.

메디치가의 뷔라 분수

*

15세기 내내 이탈리아를 풍미한 르네상스 운동이 알프스의 북쪽에서 일어나기까지는 시간이 좀 걸렸다. 르네상스 운동이 북쪽으로 퍼지면서 부활의 힘은 몇 가지 중대한 변화를 받았다. 하나는 북쪽에서 새로운 세계관은 역시 다분히 학자의 관심사라는 것이다. 어떤 의미에서 르네상스라는 말을 사용하는 것은 엄밀하게 말해서 옳지 않다. 여기에는 지난날 존재했고, 현재 다시 태어나야 할 것이 아무

에라스무스의 저서 《어리석은 짓을 칭찬하다》에서 발췌

미켈란젤로의 다비드 상

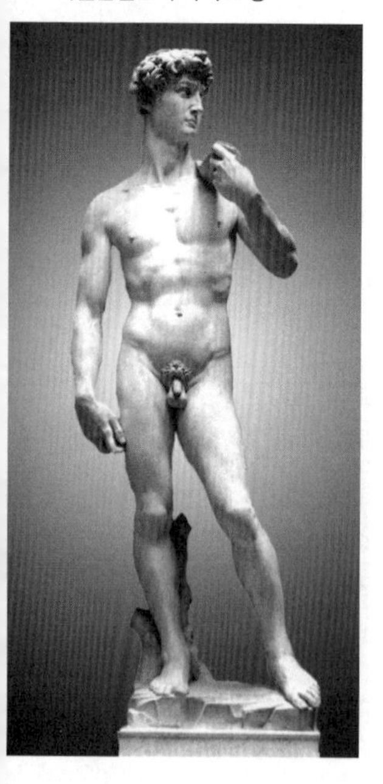

것도 없었기 때문이었다. 남쪽에서는 과거의 전통이 사람들에게 막연한 어떤 뜻을 가지고 있었으나, 북쪽 나라들에서는 로마의 영향은 일시적이거나 또는 처음부터 존재하지 않았다. 새로운 운동은 학자가 이끌었으며, 따라서 그 호소도 한정되었다. 이 북쪽의 인본주의는 예술 분야에서 배출구를 찾아볼 수 없을 만큼 몇 가지 점에서 진지한 문제였다. 결국, 북쪽의 인본주의와 중세 권위와의 단절은 이탈리아의 경우보다 갑작스럽고 극적이었다. 대부분의 인본주의 학자는 종교개혁 때문에 종교상의 분열이 일어난 것에 대해서는 찬성하고 있지 않았지만, 어떤 면에서는 북방 르네상스의 뒤를 이어 이와 같은 일이 일어나리라고 예상되었다.

르네상스 이후로 사람들의 삶에서 볼 수 있는 종교의 기능은 알프스 양쪽에서 차이가 났다. 이탈리아의 교황권은 어떤 점에서 옛날 로마 제국과 직접적인 관련을 나타냈다. 종교의 실제적인 면을 보면, 일상적인 일처럼 먹고 마시는 것과 같은 냉정한 태도로 처리할 수 있는 보통 생활의 일부였다. 오늘날에도 이탈리아의 종교는 다른 나라에서 행하는 것과 같은 신조에 비하면, 조금 열이 식은 듯한 경향을 나타내고 있다. 따라서 거기에는 기존의 종교적 전통과 완전히 단절할 수 없는 이유가 이중으로 겹치고 있었다. 첫째, 마키아벨리도 지적했듯이 교황권이 이탈리아 국가 통일에 방해가 되었다고 해도, 교회는 어느 면에서 국교의 일부였다. 둘째, 신앙은 유사시에 근본적 변혁을 일으킬 수 있는 어떤 깊은 확신을 허락하지 않았다. 북방의 인본주의 사상가는 종교와 종교 쇠퇴의 근원이 되는 악폐에 진지한 관심을 보인 사람들이었다. 그들의 논쟁적 저술은 교황청의 타락한 풍조에 대한 격렬한 적의를 드러냈다. 이에 국민적 긍지의 감정이 더해져서 이탈리아의 고위 성직자들이 마땅히 받아야 할 배당금까지 못 받는 경우가 있었다. 그것은 단순히 로마를 유지하고 미화하기 위한 기부 문제가 아니라, 기민한 이탈리아 사람이 북방에서 온 꼼꼼한 튜튼족을 지나치리 만큼 공손하게 대접한 태도에 대한 직접적인 분개의 표현이었다.

에라스무스 네덜란드 로테르담, 학자이자 편집인이었다.

북방의 인본주의자 중에서 가장 위대한 인물은 로테르담의 에라스무스(1466~1536)다. 그의 부모는 그가 20세가 채 되기도 전에 둘 다 세상을 떠났고, 이 때문에 그는 대학에 진학하지 못했던 것으로 보인다. 그 대신, 보호자들이 그를 수도원 학교로 보냈고, 정당한 절차를 밟아서 그는 스테인의 아우구스티누스파의 수도원에 들어갔다. 젊었을 때의 이 경험으로 인해 그는 자신에게 엄격하고 상상력을 채워주지 못한 스콜라 철학을 계속 증오했다. 1494년, 캄브레 주교가 에라스무스를 비서로 임명하여, 그는 스테인 수도원의 은둔 생활과 결별할 수 있었다. 그 뒤에 그는 파리를 몇 차례 방문했으나, 소르본 대학의 철학적 분위기는 이미 새로운 학문을 촉진하는 데 도움을 주지 못했다. 문예부흥을 눈앞에 두고, 토마스주의자들과 오컴주의자들이 이미 화해하여, 인본주의자들에 맞서 공동 전선을 펴고 있었기 때문이었다.

1499년 말, 에라스무스는 영국을 잠깐 방문하여 콕레트와 모어를 만났다. 대륙으로 돌아와서 그리스어를 배우고 훌륭한 성과를 거두었다. 1506년, 이탈리아를 방문하여 트리노 대학에서 박사 학위를 받았는데, 그리스어에서 그를 넘어설 사람은 한 사람도 없었다. 1516년에 그는 그리스어 신약성서 초판을 세상에 내놓았다. 그가 쓴 책 중에서 가장 유명한 《우신예찬 Ecomium Moriae》은 1509년에 런던의 모어 집에서 만든 풍자이다. 그리스어의 이 제목은 모어의 이름을 비꼰 것이다. 이 책에서는 인간의 약점에 대한 많은 조소 말고도 종교 제도와 주교들의 타락에 대한 격렬한 공격을 볼 수 있다. 그의 비판은 솔직했지만 때가 되어도 그는 종교개혁에 분명한 찬성 의사를 보이지 않았다. 그는 본질적으로 프로테스탄트의 견해를 가지고 있어서, 인간은 신과의 직접적인 관계에 있으며, 따라서 신학은 불필요하다고 했다. 그러나 동시에 그는 종교개혁에 이어 나온 종교 논쟁에 말려드는 것을 좋아하지 않았다. 그는 자기의 학자적 연구와 출판 사업에 관심을 두었고, 분열은 불행이라고 생각했다. 이런 논쟁이 귀찮다는 것은 맞는 말이지만, 이들 문제도 무시할 수는 없었다. 마지막으로 에라스무스는 가톨릭교에 경의를 표했지만, 동시에 이제까지보다도 그 중요성이 희미해졌다. 무대는 훨씬 기질이 강한 사람들이 차지했다.

《성 히에로니무스의 성모》 이탈리아 화가 코레지오의 그림

에라스무스의 영향이 가장 오랫동안 인상 깊게 남은 분야는 교육이다. 인본주의 학문은 최근까지 서유럽식 사고방식이 성행하는 곳은 어디서나 중등 교육의 핵심을 이루고 있었는데, 이 점에서 그의 문학 및 교육 활동에 의존하는 바가 크다. 그는 출판자로서 자신의 저서에는 반드시 원전

에 대해 비판적인 검토를 한 것은 아니었다. 그의 목표는 아카데믹한 전문가보다는 오히려 광범위한 독자 대중이었다. 그러나 그는 모국어로 글을 쓰지 않았다. 라틴어의 지위를 강화하는 데 그는 여념이 없었다.

토마스 모어 영국의 인본주의자

영국의 인본주의자로서 가장 유명한 인물은 토머스 모어(1478~1535)다. 14세 때, 그는 옥스퍼드로 가서 처음으로 그리스어를 배웠다. 이는 그 무렵에는 조금 색다른 일이었고, 분명히 젊은 학자의 아버지에게서 의심스러운 눈초리를 받았을 것이다. 모어는 아버지의 뒤를 이어 법률을 시작할 예정이었다. 1497년, 그는 에라스무스가 영국를 처음 방문했을 때 그를 만났다. 새로운 학문을 알게 되면서 그리스 연구에 대한 모어의 흥미는 더욱더 강해졌다. 얼마 뒤, 그는 금욕주의 상태로 들어가, 카르투지오 교단의 고행을 실천했다. 그러나 그는 결국 수도원적인 사상을 버렸다. 그것은 친구 에라스무스의 권고 때문이었는지도 모른다. 1504년, 그는 국회의원이 되어 헨리 7세의 재정적인 요구를 분명히 물리쳐 유명해졌다. 국왕은 1509년에 죽고, 모어는 다시 변호사 일에 힘을 쏟았다. 그러나 헨리 8세가 그를 다시 불러 얼마 뒤 공직에 또 올랐다. 이윽고 그는 최고의 지위에 오르게 되는데, 1529년에 울지가 실각한 다음 그의 뒤를 이어 대법관이 되었다. 그러나 권력의 자리도 오래 계속되지는 못했다. 그는 국왕과 아라곤의 캐서린과의 이혼에 반대하여, 1532년에 자리를 떠났다. 그는 앤 불린의 대관식 초청을 거절했기 때문에, 국왕으로부터 극심한 불쾌감을 샀다. 1534년, 최고 법령에 의해 국왕은 새로운 교회의 수장으로 정해졌지만, 모어는 이 서약을 반대했다. 그는 런던 탑에 감금되어, 1535년에 재판을 받을 때 의회가 국왕을 교회의 수장으로 할 수 없다는 것을 말했다는 이유로 반역죄로 몰려 이 때문에 그는 처형되었다. 그즈음의 관습에는 정치 문제에서 관용은 없었다.

모어는 많은 책을 썼지만, 그 대부분은 오늘날 거의 읽히지 않고 있다. 그는《유토피아》라는 제목으로 가장 잘 알려진 정치적 환상만으로 명성을 얻고 있다. 이것은 사변적인 하나의 사회 정치론으로, 분명히 플라톤의《국가론》의 영향을 받았다. 그것은 조난당한 선원이 섬나라 사회에서 5년 동안 살면서 쓴 보고서 형식을 취한다. 플라톤과 마찬가지로, 공유 재산을 강조하고, 그 이유도 같다. 사물을 개인적으로 소유하면, 공동의 복지를 존중하는 마음은 생기지 않는다고 여긴다. 게다가 사람들이 자신을 위해 재물을 소유하면 재물의 차이에 따라 서로 불평등하게 된다. 모든 사람이 평등하다는 것은 유토피아에서는 마땅하게 여겨지는 근본적 사실이다. 이런 점에서 사유 재산은 사람을 부패하게 하는 힘이며, 따라서 인정되어서는 안 될 일로 여긴다. 유토피아를 방문한 사람이 그리스도교를 이야기할 때, 그들이 좋아한 이유는 주로 재산에 대한 그 가르침 속에 공산주의 경향이 있기 때문이다.

모든 사람이 평등하다는 것은 '유토피아'에서는 마땅하게 여겨지는 근본적 사실이다.

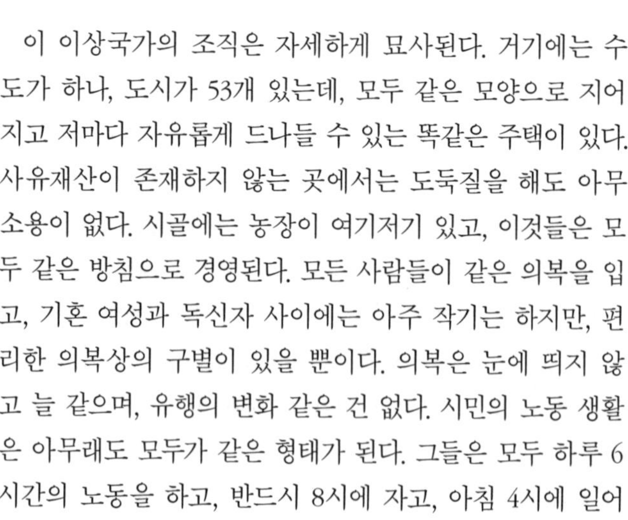

이 이상국가의 조직은 자세하게 묘사된다. 거기에는 수도가 하나, 도시가 53개 있는데, 모두 같은 모양으로 지어지고 저마다 자유롭게 드나들 수 있는 똑같은 주택이 있다. 사유재산이 존재하지 않는 곳에서는 도둑질을 해도 아무 소용이 없다. 시골에는 농장이 여기저기 있고, 이것들은 모두 같은 방침으로 경영된다. 모든 사람들이 같은 의복을 입고, 기혼 여성과 독신자 사이에는 아주 작기는 하지만, 편리한 의복상의 구별이 있을 뿐이다. 의복은 눈에 띄지 않고 늘 같으며, 유행의 변화 같은 건 없다. 시민의 노동 생활은 아무래도 모두가 같은 형태가 된다. 그들은 모두 하루 6시간의 노동을 하고, 반드시 8시에 자고, 아침 4시에 일어난다. 학자의 소질이 있는 사람들은 지적인 일에 집중하고, 다른 일을 전혀 하지 않는다. 이 집단에서 관리 기관이 선출된다.

정치 제도는 간접 선거에 따른 하나의 대의민주제이다. 국가의 수장은 선거로 선출되어 얌전하게 하고 있으면 종신이지만, 그렇지 않으면 물러나야 할 경우도 있다. 이 공동체의 사회 생활은 엄밀한 규칙을 따른다. 외국과의 관계는 불가피한 최소의 일에 한정되어 있다. 철은 유토피아에는 존재하지 않아 수입해야 한다. 군사 훈련은 남녀 모두 받아야 한다. 전쟁은 자신을 지키기 위해서나 동맹국 또는 억압당하는 주민의 원조 그 밖에는 절대로 하지 않는다. 가능한 한 전투는 용병이 수행한다. 무역을 해서 귀금속을 저장하지만 이것은 전시중 용병대에게 지불하기 위한 것, 그들 자신을 위해서 금전은 전혀 필요하지 않다. 그들이 살아가는 방식은 편견도 금욕주의도 없다. 그러나 작은 제한이 하나 있다. 무신론자는 간섭받지 않고 자기 생각을 가져도 좋지만, 시민의 지위를 얻을 수도 없고, 정부의 일원도 되지 못한다. 천한 일을 하는 봉사대가 있는데, 이들은 중죄인 중에서 또는 죄짓고 망명해 온 외국인으로 모집한다.

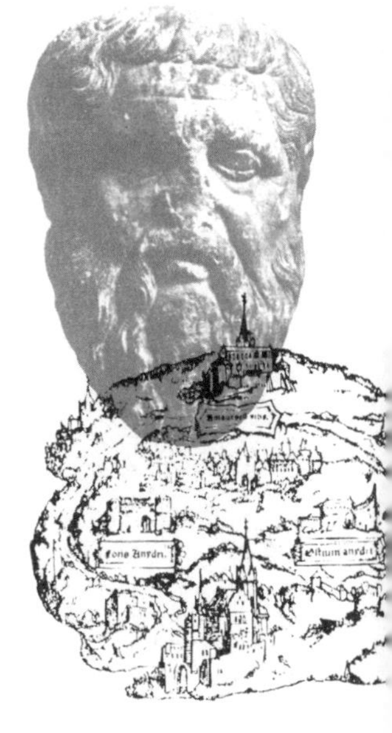

상상에 더 가깝다. 플라톤의 유토피아 섬 기슭에 오른 선원 이야기

이와 같이 충분한 통제가 이루어진 국가에서의 삶은 아마도 견딜 수 없이 시시한 것일지도 모른다. 이것은 이상 국가의 일반적인 사례이다. 그러나 논의에서 매우 중요한 것은 종교적인 관용의 문제에 대한 새로운 자유주의 방식이다. 종교개혁이 유럽의 그리스도교 사회를 흔들고 있었기 때문에, 권위에 대한 독선적인 태도도 저절로 사라지고 없었다. 이 사건에는 몇 사람의 선배가 있어서, 그들이 종교적인 문제에 대해서 관용을 말했다는 것은 우리가 이미 언급한 대로다. 종교개혁은 유럽에 영원한 종교적 분열을 가져

왔기 때문에, 관용의 관념이 널리 퍼져야 했다. 이에 대신되는 대규모의 근절이나 억제가 시도되었지만, 그것도 결국은 소용없는 일이라는 것을 알았다. 그러나 16세기에 저마다가 종교적인 신념을 존중받을 수 있다는 관념은 사람들의 주의를 끌 만큼 색다른 것이었다.

종교개혁이 미친 결과 가운데 하나는 영국의 경우와 같이 종교가 국민적 기반에서 공공연하게 정치 문제가 되었다는 것이다. 한 가지 세계 종교가 널리 퍼져 있는 한, 이러한 일은 도저히 일어나기 어렵다. 종교적 충성이 새롭게 이와 같은 정치적 성격을 띠게 되었다는 것이야말로, 모어와 같은 사람이 종교개혁에 대한 지지를 보류할 때 매우 유감스럽게 생각한 점이었다. 그들이 그 어떤 개혁의 필요에 실질적으로 동의했다는 것은 우리가 에라스무스와의 관계에서 이미 살펴보았다. 그러나 그들은 완전히 독립된 신조가 나타났기 때문에, 이것에 폭력과 다툼이 따른다는 것을 몹시 한탄했다. 이 점에서 그들은 매우 옳았다. 영국에서는 국가적으로 종교적 분열의 성격이 매우 두드러졌다. 여기에서는 새로 확립된 교회가 통치 기구의 정치적 뼈대와 완전히 일치한다. 이와 동시에 어떤 면에서는 분열이 그리 심하지 않았다. 거기에는 로마에서 들어온 비교적 독립된 전통이 언제나 있었기 때문이었다. 이미 정복왕 윌리엄 1세가 주교 임명에 발언권을 갖는 것을 주장했다. 새로운 교회의 반로마적 경향은 프로테스탄트가 왕위 계승권을 주장하여 영국에서 살아남는다. 또한 미국에서는 어떤 로마 가톨릭 교도도 미국 대통령직을 계승할 수 없다는 관습법이 1960년까지 남아 있었다.

《불카누스의 대장간》
이탈리아 화가·건축가 바사리의 그림(1558)

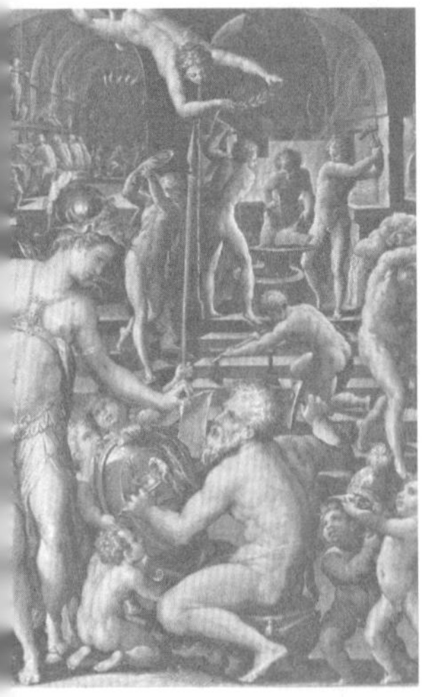

*

종교개혁의 폭풍이 일어나기 전, 수세기에 걸쳐 지적 풍

마틴 루터
아우구스티누스파의 수도사이며 종교개혁가, 성서번역가였다.

조가 차츰 변화하면서 교회 최고권의 낡은 견해가 뒤집혔다는 것은 이미 살펴보았다. 이 혁명적 변화를 불러온 원인에는 다양하고 복잡한 점이 있다. 언뜻 보기에 우리는 단지 신과 인간 사이의 대리 직권에 도전하는 것처럼 보인다. 그러나 이 칭찬할 만한 원리도 교회가 악습을 거듭하여 자기네가 말하는 것과 실천하는 일 사이의 모순에 사람들의 주의를 모으지 않았다면, 아무런 도움도 받지 않았더라도 마땅히 무너지지 않았을 것이다. 성직자는 실질적으로 토지 재산을 제공받는 일이 많았다. 이것도 성직자들은 속물적 행동과 쉽게 화해할 수 없다는 예수의 가르침이 없었다면, 나무랄 수 없는 일이었을지도 모른다. 종교적 교리 문제에 대해서는 이미 오컴이 그리스도교는 로마 주교의 무제한적인 최고권 없이도 기능을 다할 수 있다고 주장했다. 그리스도교 세계의 종교적 삶을 철저하게 개혁하기 위한 요소는 모두 이와 같이 교회 내부에 엄연히 존재했다. 결국 개혁을 구하는 움직임이 발전해서 분열이 된 것은 정치적 세력 때문이었다.

종교개혁자는 기반을 닦은 역할을 한 인본주의 학자에 비하면, 지적으로 뒤떨어져 있었다. 그러나 그들은 비판적 사상가가 할 수 없는 혁명적 열정을 불러일으켰다. 마틴 루터(1483~1546)는 아우구스티누스파의 수도사였으며 신학 교사였다. 면죄부를 판다는 천한 행동이 그에게 다른 많은 사람들과 마찬가지로, 격렬한 도덕적 고통을 주었다. 1517년, 그는 뚜렷하게 의사를 밝혀 유명한 95개 조문을 선언하고, 이 문서를 비텐베르크성의 교회 문에 붙였다. 교황에 도전할 때 그에게는 새로운 종교를 수립하겠다는 생각은 없었다. 그러나 이 시끄러운 문제에는 외세에 대규모적인 금전상의 기부를 해야 된다는 정치 문제 전체가 포함되어 있었다. 루터가 1520년에 교황의 파문 교서를 당당하게 불태울 때까지, 이 문제는 이제 단순히 종교개혁의 문제에 머물 수 없게 되었다. 독일의 봉건 제후와 지배자들이 편들기를 시작하여, 종교개혁은 로마 교황의 음험한 권력에 대한 독일인의 정치적 반역이 되었다.

1521년의 보름스 의회 이후, 루터는 10개월 동안 몸을 숨기고 모국어로 된 신약 성서를 펴냈다. 문학서로서 이것은 《신곡》이 이탈리아인에게 제 역할을 충실히 한 것처럼 독일인에게 어느 정도의 역할을 다했다. 어쨌든 그것은 복음의 말을 민중 사이에 전파하는 데 크게 공헌했다. 예수의 가르침과 현존 사회 질서 사이에 중대한 간격이 있다는 것은 글자를 읽을 수 있는 사람이라면 이제 누구나 다 알 수 있었다. 1524년의 농민 혁명이 자기들이 하고 있는 일을 어디까지나 옳다고 한 것도 이것과 성서를 유일한 권위로 삼는 프로테스탄트의 새로운 개념에 바탕을 두고 있었다.

루터는 모국어로 된 신약 성서를 펴내어 독일 민중에게 복음을 전하는 데 크게 공헌했다.

그러나 루터는 민주주의적인 개혁자가 아니었다. 그래서 그는 그들의 정치적 지배자를 무시한 사람들에게 공공연하게 싸움을 선언했다. 정치에 대한 그의 생각은 여전히 중세적인 관점이었다. 이 폭동은 곳곳에서 폭력과 잔학을 동반하여, 결국 무참하게도 짓눌리고 말았다. 사회 혁명의 시도가 이와 같이 실패로 끝났기 때문에, 개혁파의 당초의 힘이 약화되는 결과가 되었다. 프로테스탄트라는 말 자체는, 1529년에 황제가 보름스 의회의 조항을 재도입하려던 황제의 기도에 항의하여, 개혁파 종교를 지지하는 사람이 낸 호소에서 나온 말이다.

그때 개혁자와 그 무리는 전부터 무뢰한들이라고 선언되었는데, 이 법안은 1526년 이후, 정지되었다. 다시 루터는 제국으로부터 파문당하여 1530년의 아수그스부르크 의회에는 출석하지 못했다. 그러나 프로테스탄트 운동은 그때까지 진압할 수 없을 만큼 강력해져서, 1532년에 황제도 뉘른베르크의 종교적 화해 때문에, 새로운 종교를 자유롭게 실천하려는 사람들을 할 수 없이 보증해 주어야 했다.

개혁 운동은 빠르게 퍼져서, 네덜란드와 프랑스, 스위스로 전파되었다. 루터 이후의 가장 유력한 개혁자는 존 칼뱅(1509~1564)으로, 그는 프랑스인이지만 제네바에 본거지를 두고 있었다. 그는 일찍이 20대 초반에 개혁 운동에 가담하여, 이후에 프랑스와 네덜란드 신교의 정신적 지도자가 되었다. 교리면에서 아우구스티누스학파에 속한 칼뱅주의는 루터의 복음주의보다도 엄하고 완강했다. 그것은 청교도의 이상에 강하게 자극받아, 구원이란 예정의 문제라고 주장한다. 이것은 그리스도교 신학의 특징으로 보기에는 매력이 작다. 로마 가톨릭 교회가 이 가르침과의 관계를 부인한 것은 잘한 일이었다. 물론 실제로 그것은 보기보다는 해를 끼치지 않았다. 누구나 자기야말로 선택된 사람이라고 생각하는 것은 자유기 때문이다.

존 칼뱅
제네바의 프랑스 태생 종교개혁가

16세기 후반에 프랑스는 개혁파의 위그노와 가톨릭교도 사이의 종교 전쟁 때문에 갈라지게 되었다. 독일과 마찬가지로, 이들 동란의 원인은 단순히 종교적인 것에만 있지 않고, 일부 경제적인 면도 있었다. 더 정확하게 말하자면, 종교적 원인도 경제적 원인도 다같이 중세에서 근대로 넘어가는 과도기를 나타내는 전반적인 변화의 징후였다고 말해도 좋을 것이다. 개혁파의 종교와 그 청교도적 특징은 근대 교역의 융성을 가져왔기 때문이다. 프랑스에서는 종교 다툼이 1598년에 낭트에서 관용의 칙령이 포고되면서 한때 가라앉았다. 그것이 1685년에 취소되자, 많은 위그노들은 고국을 떠나 영국과 독일에 정착했다.

개신교는 세계 종교가 아니어서, 국가 정치 지배자의 보호가 필요했다. 그 때문에 이들 지배자는 국민 교회의 수장도 되는 경향이 있었다. 이것은 겉보기에는 불행하게 보였지만 실은 다행스러운 일이었다. 프로테스탄트의 성직자는 로마 가톨릭의 성직자들과 같은 권력이 없었으므로, 어느 누구 못지않게 커다란 해를 끼칠 만큼 구속력을 갖지 않았기 때문이었다. 결국 사람들은 종교 다툼이 쓸모없고 끝이 없는 것임을 깨달았다. 결과적으로 이 소극적인 깨달음에서 사실상의 종교적 관용이 나오게 되었다.

로마 교회 자체 내에도 새로운 개혁 운동이 16세기 중엽에 나왔다. 이 운동은 이그나티우스 로욜라(1491~1556)가 창설하고 1540년에 공인된 예수회를 중심으로 펼쳐졌다. 예수회는 로욜라가 젊었을 때 병사로서의 경력에서 영감을 받아 군대식 원리에 따라 조직되었다. 교의적으로 예수회는 프로테스탄트 교도가 채용했던 아우구스티누스의 가르침에 반대하고, 특히 자유 의지를 강조했다. 그들의 실제 활동은 전도 사업과 교육과 이단 근절이었다. 그들은 에스파냐 종교재판소의 주요 설립자였다.

이그나티우스 로욜라
에스파냐의 수도사로 가톨릭 수도회인 예수회를 창립했다.

*

북방의 인본주의가 새로운 그리스도교 개념에 도달한 데 반해, 이탈리아의 인본주의 사상가는 종교에는 그다지 관여하지 않았다. 그즈음도 지금과 마찬가지로, 이탈리아의 가톨릭교는 일상 생활의 일부였지만, 사람들의 의식을 강하게 끌어당기지는 못했다. 어떤 의미에서 종교는 그들의 삶에서 작은 역할밖에 하지 못했고, 그들의 기분을 자극하는 데 결코 알맞지도 않았다. 게다가 로마는 성직 조직이 중심이었으므로, 로마 가톨릭교가 이탈리아인의 국민적 긍지에 상처를 입힐 수는 없었다. 이것은 매우 현실적인 형태로, 고대 제정 시대에 있던 하나의 국가 숭배 원리의 유물이었다. 로마 교회의 정치적인 면에서 이탈리아의 힘이 우세를 차지하고 있는 모습은 오늘날에도 변함이 없다.

예수회 규범의 표장
로욜라가 규범을 확립했다.

이탈리아의 인본주의자들의 사상에서 훨씬 더 중요한 것은 피타고라스와 플라톤의 수학적 전통이 새삼 강조되었다는 점이다. 세계의 수적 구조가 다시 강조되어, 여태까지 이 구조의 존재를 무색하게 한 아리스토텔레스의 전통과 대치하게 되었다. 이것은 16, 7세기의 과학적 탐구의 눈부신 부흥을 가져온 중요한 발전 중 하나였다. 이것은 이탈리아 르네상스 건축의 이론과 실제에서 가장 뚜렷하게 나타난다. 여기에는 특히 기원전 1세기의 로마 건축가 비트루비우스의 작품에 규정되어 있는 옛날의 고전적인 전통과 직접적으로 연관되어 있었다. 건축물 각 부분 사이에 비례를 맞추었고, 이에 따라 미의 수학적 이론이 나왔다. 비트루비우스가 그리스의 자료에 입각해서 말하고 있듯이, 미는 올바른 비례의 조화에 있다. 이 견해는 곧장 피타고라스의 자료까지 거슬러 올라간다. 이 견해는 우연히 이데아 이론이 어떻게 해서 발판을 얻는지 또 다른 방법을 알려준다. 육안으로는 한 구조의 다른 부분 사이에서 수적 관계를 정확하게 판단한다는 것은 분명히 불가능하기 때문이다. 그러나 그 어떤 명확한 비례를 얻으면, 어떤 미적 만족이 생기는 모양이다. 따라서 이와 같은 비례의 존재는 하나의 이상으로서 완전함을 보장하게 된다.

이탈리아의 인본주의 사상가 중에서 가장 중요한 사람은 알베르티(1404~1472)였다. 그 무렵의 풍조에 따라 이 베네치아인은 다방면에 재주가 많은 장인이었다. 그는 아마도 건축 분야에서 지속적으로 가장 많이 영향을 끼쳤겠지만, 그는 또한 철학자며 시인이며 화가이자 음악가였다. 그리스 철학상에서의 피타고라스의 영향을 이해하는 데 실제로 조화에 대한 그 어떤 기본적인 지식이 없어서는 안 되는 것처럼, 르네상스 건축의 경우에도 이와 같은 지식이 설계에 따른 비례를 파악하는 데 필요하다.

간단히 말하자면, 이 이론의 논리적 근거는 피타고라스적인 음정에서 들을 수 있는 협화음이, 건축 설계에서 볼 수 있는 규정이라는 것이다. 괴테가 나중에 건축을 음악이 동결된 것이라고 말했을 때, 르네상스 건축가에게는 이것이 문자 그대로 그가 경험한 사실에 대해 무언가를 알려주는 것으로 비칠 것이다. 조율이 된 현에 입각한 조화의 이론은 이와 같이 예술에 훌륭한 일반적 기준을 부여했고, 조르조네와 레오나르도 다빈치와 같은 사람들도 그렇게 해석했다. 비례의 원리는 인체의 구조와 사람들의 도덕적 존재의 조화된 기능에서도 발견할 수 있었다. 이것은 직접적이고 신중한 피타고라스 학설이다. 그러나 수학은 여기에서 한 걸음 더 나아가, 이어지는 몇 세기 동안 과학의 부흥에 커다란 영향을 미치는 역할을 맡게 된다. 예술이 조금이라도 수의 성질을 띠는 점이 있다면, 그것은 한결 높은 수준으로 끌어올려졌기 때문이다. 이것은 음악의 경우 가장 명백하지만, 다른 예술에도 해당된다. 그것은 또한 어느 정도 이 시대의 인본주의 사상가들이 다재다능했다는 사실과 특히 그들 가운데 참으로 많은 사람들이 화가이며 건축가였다는 사실을 설명해 준다. 비례 수학은 우주의 구조를 푸는 만능 열쇠를 제공한다. 이와 같은 이론이 일반적 미학의 건전한 기초가 될 수 있는지의 여부는 여전히 논쟁의 여지가 있다. 하지만 그것은 감정이나 의도에 얽매이지 않은 뛰어난 기준으로서, 어쨌든 틀림 없이 객관적인 것을 수립했다는 커다란 장점을 가지고 있다.

알베르티
건축가이며, 인본주의 사상가이다.

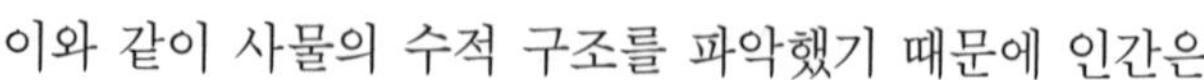

이와 같이 사물의 수적 구조를 파악했기 때문에 인간은

환경에 대한 새로운 지배력을 갖게 되었다. 어느 면으로 보자면, 그것은 인간을 신에게 가까이 가게 했다. 피타고라스 학파는 신을 최고의 수학자로 보고 있었다. 인간은 어느 정도 그 수학적 기능을 사용하거나 연마할 수 있다면, 신의 지위에 한결 접근하게 된다. 이것은 인본주의가 경건하지 못했다거나, 하물며 기성 종교와 대립했다는 말은 아니다. 그러나 그것은 그즈음 종교적 관습이 틀에 박힌 것으로 받아들여지는 경향이 있었고, 사상가의 상상력을 정말로 불타오르게 한 것은 바로 소크라테스 이전의 오래된 가르침이었다는 것을 보여준다. 따라서 철학 분야에서도 신플라톤주의적 성격이 다시 부각된다. 인간의 능력을 이렇게까지 강조한 데는 아테네가 권력의 절정에 있었을 무렵의 낙천주의를 연상케 한다.

이것이 근대 과학이 나온 초기의 지적 풍토였다. 아테네 여신이 제우스의 머리에서 나온 것처럼, 17세기의 전환기에 과학이 완전 무장을 하고 이 세상으로 뛰어나온 것으로 여기는 경우가 가끔 있다. 이것보다 더 진리에서 멀어진 것은 없을 것이다. 과학의 부흥은 르네상스의 피타고라스적 전통에 직접 입각한 것이다. 마찬가지로 이 전통의 경우, 예술가와 과학적 탐구자가 하는 일 사이에 아무런 대립도 없었다는 것은 강조할 만한 가치가 있다. 양쪽 모두 저마다 다른 방법으로 진리를 구하고 있는데, 그 본질은 수를 통해서 파악되었다. 이들 수적 기구는 노력을 아끼지 않는 사람의 눈으로 곧 구별할 수 있는 일이었다. 세계와 세계의 문제에 접근하는 이 새로운 방식은 스콜라 철학의 아리스토텔레스 숭배와는 근본적으로 달랐다. 그것은 성서의 구절이 아니라, 수의 과학이 담긴 유일한 책에 의존했다는 점에서 반(反)독단주의였다. 이 점에서 때로는 지나친 점도 있었을 것이다. 다른 모든 분야처럼 규정을 넘으면 위험하다는 것을

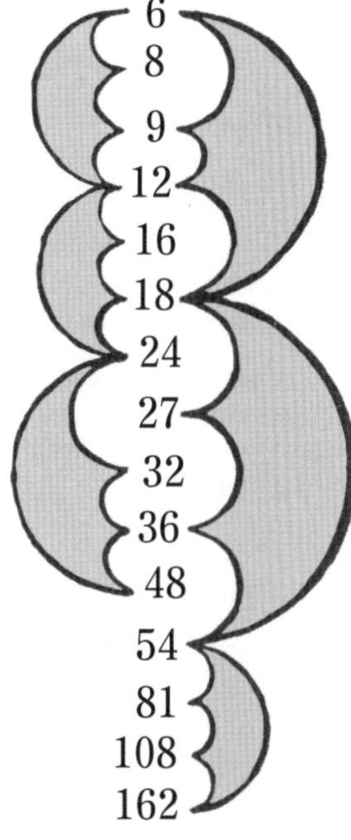

피타고라스의 모듈 이탈리아의 화가 조르조네는 구상에 이 비례를 사용했다.

늘 잊어서는 안 된다. 현재의 경우, 지나침은 수학적 신비주의라 할 수 있으며, 그것은 마치 마법의 상징처럼 수에 의존한다. 이 때문에 특히 균형 이론은 다음 몇 세기 동안 좋지 않은 평판을 사게 되었다. 게다가 피타고라스의 음정은 설계자의 발명적 재능에 부자연스럽고 숨이 막힐 듯한 제한을 과하는 것으로 느껴졌다. 규칙이나 기준에 대한 이 낭만적인 반응도 현대에 와서는 갈 데까지 갔다고 해도 좋을 것이다. 르네상스에 생기를 준 원리 가운데 몇 가지로 되돌아가는 일은 가까운 장래에도 일어날 수 있다.

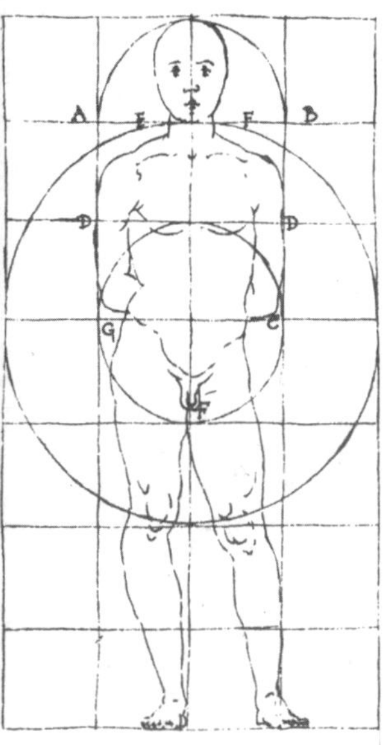

바실리카풍의 성당 설계도에 그려진 남자의 전신상 조르조네의 스케치다. 모든 것에 있어 비례의 중요성을 나타내 준다.

15세기와 16세기에 철학에는 전체적으로 그다지 생기가 없었다. 한편, 학예 부흥의 전파와 책의 보급, 특히 고대 피타고라스와 플라톤의 전통적 힘의 소생은 17세기의 위대한 철학 체계의 기초를 다지는 역할을 했다.

*

위대한 과학 혁명은 바로 이 고대의 사고방식이 부활하면서 시작되었다. 그것은 다소 정통적인 피타고라스 학설에서 출발하여, 차츰 아리스토텔레스의 자연학과 천문학의 기존 개념을 뒤집어엎고, 마침내는 현상의 뒤로 돌아가서 매우 일반적이고 강력한 가설을 발견하기에 이르렀다. 이 모든 점에서 이와 같은 탐구를 추진한 사람들은 자기들이 플라톤의 전통을 직접 이어받고 있다는 것을 알고 있었다.

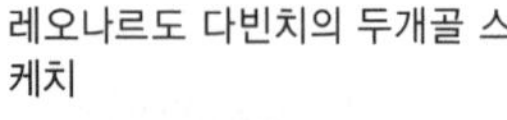
레오나르도 다빈치의 두개골 스케치

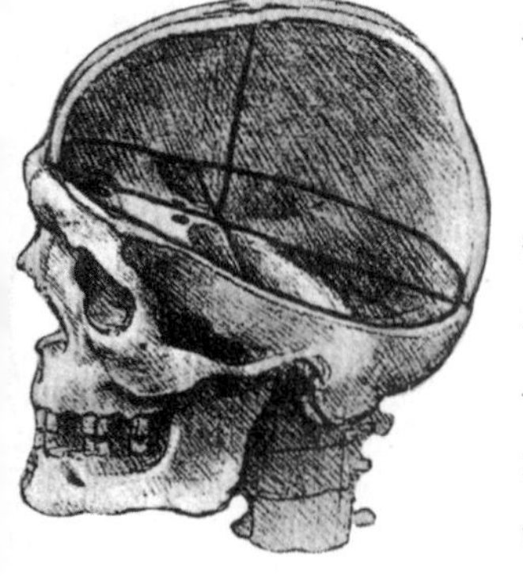

아리스타르코스의 태양중심설을 처음으로 부활시킨 사람은 코페르니쿠스(1473~1543)였다. 폴란드의 이 성직자는 젊었을 때 남쪽 이탈리아로 가서, 1500년에 로마에서 수학을 가르쳤다. 그가 이탈리아 인본주의자들의 피타고라스학파와 가까이하게 된 것도 여기에서였다. 이탈리아의 몇 개 대학에서 수년에 걸친 연구를 쌓은 뒤, 그는 1505년에 폴란드로 돌아가, 1512년 이후 프라우엔부르크의 성직자로서 일을 다시 시작했다. 그는 주로 행정에 대한 일을 했지만 때때로 이탈리아에서 배운 의학에 관련한 일도 했다. 여가가 있을 때 그는 천문학 연구를 계속했다. 태양중심의 가설은 그가 이탈리아에 머물 때 떠오른 것이다. 이제 그는 그 무렵에 찾아 모을 수 있는 도구를 사용해서 자기의 견해를 시험하려 했다.

코페르니쿠스
폴란드의 천문학자, 성직자였다.

앞의 모든 설명을 하나에서 열까지 기술한 저서가 《천체의 회전에 대해서》이며, 이것은 그가 죽은 뒤 처음으로 출판된 책이다. 그가 제기한 이론에 문제점이 없는 것은 아니고, 피타고라스에서 내려오는 선입관의 영향을 받은 것도 몇 가지 있다. 행성이 끊임없이 원운동을 해야 한다는 것은 코페르니쿠스에게는 처음부터 알고 있는 결론으로 보였다. 왜냐하면 원은 완전함의 상징이며, 천체에 어울리는 것은 단 한 가지, 등속 운동밖에 없기 때문이다. 그러나 그즈음 관측 결과의 범위 내에서는 원의 궤도를 갖는 태양중심설은, 프톨레마이오스의 주전원(周轉圓)보다도 훨씬 뛰어난 것이었다. 여기에 마침내 그것만으로도 모든 현상을 만족하게 설명해 주는 단순한 가설이 있었기 때문이다.

가톨릭 교도와 루터파 사람들은 코페르니쿠스 이론을 격렬한 적의를 갖고 받아들였다. 여기에 바로 종교 자체는 아니지만, 적어도 종교 조직을 의지하는 권력주의의 원리를 뒤엎으려고 하는 새로운 반(反)독단주의 운동의 단서가 있다고 느꼈기 때문이다. 결국 과학 운동의 커다란 발전이 주로 프로테스탄트 나라들에서 일어난 것은 국민 교회가 과학 운동의 일원이 내세우는 의견을 억압하는 데 상대적으로 무력했기 때문이었다.

태양의 중심으로부터 잰 코페르니쿠스의 체계

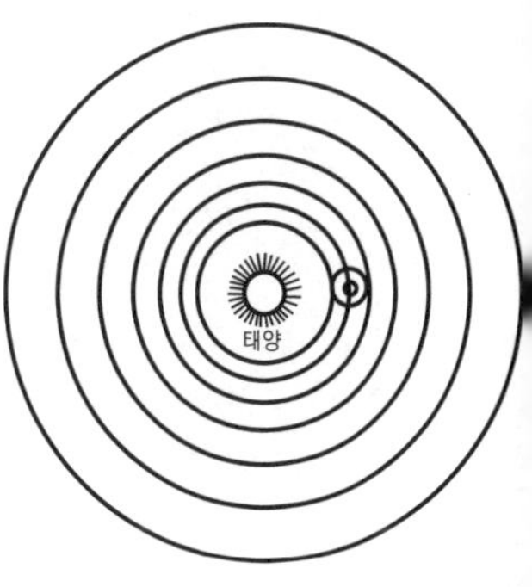

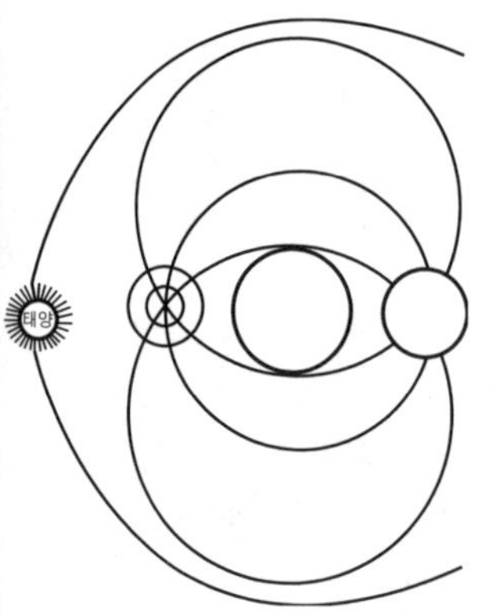


**덴마크의 천문학자 티코 브라헤의 체계** 코페르니쿠스의 이론을 회고한 것이다.

천문학 연구는 티코 브라헤(1546~1601)가 계속 진행했는데, 그의 커다란 공적은 행성 운동의 폭넓고 정밀한 기록을 제공한 점이다. 그는 또 아리스토텔레스의 천문학적인 학설에 대해 달 저편의 영역도 변화를 모면할 수 없다는 것을 제시하여 의문을 던졌다. 1572년에 나타난 새로운 별이 나날의 시차를 갖지 않는다는 것으로 판명되어, 달보다 매우 먼 거리에 있는 것으로 여겨졌기 때문이다. 혜성 또한 달의 궤도 범위를 넘어서 움직이고 있다는 것을 알았다.

케플러(1571~1630)는 천문학을 더욱 크게 발전시켰는데, 그는 젊은 시절에 티코 브라헤 아래에서 배운 적이 있었다. 케플러는 관측 기록을 면밀히 조사해서 코페르니쿠스의 원궤도가 반드시 만족하게 현상을 설명하고 있지 않다는 것을 인정했다. 그는 궤도가 태양을 초점으로 하는 타원이라는 사실을 인정했다. 또 태양을 하나의 행성과 연결하여 행성이 일정한 시간 안에 반지름을 지나가는 넓이는 일정하다는 것을 알았다. 마지막으로 태양에서 떨어진 평균 거리의 세제곱에 대한 회전 주기의 제곱비는 모든 행성이 같다는 것도 알았다. 이것이 '케플러의 세 법칙'으로, 이들은 코페르니쿠스 연구의 지침이 되어 있던 피타고라스 학설과는 근본적으로 단절되어 있었다. 원운동을 고집하는 것 같은, 본질과 무관한 요소는 버려야 한다는 것이 분명해졌다. 이전에는 단순한 원운동은 부적절했는데, 프톨레마이오스 이후에 타원 운동에 의해 더욱 복잡해진 궤도를 혼합하는 것이 흔한 일이었다. 이 방안은 태양에 대한 달의 운동을 거의 설명하는 것이다. 그러나 좀더 면밀하게 관찰하면, 주전원의 복잡한 형태를 제아무리 적용해 보아도, 관측된 궤도를 충분히 기술할 수 없다는 것을 알았다. 케플러의 제1법칙은 이 어려운 문제를 한 번에 해결했다. 동시에 제2법칙은 행성 궤도 운동이 일률적이지 않다는 것을 증명했다. 행성

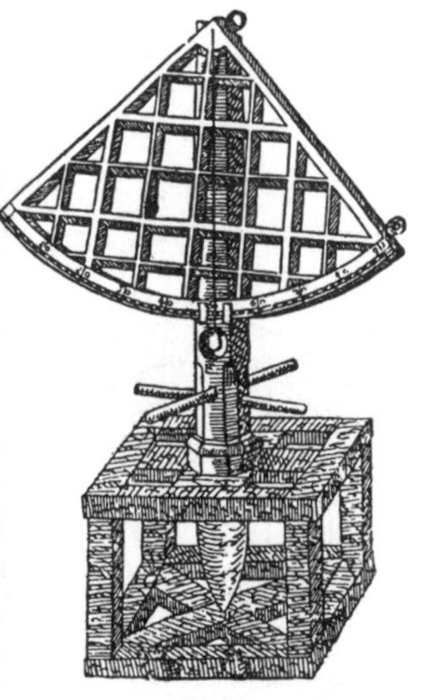

**티코 브라헤가 사용한 사분원**

은 태양에 접근하면, 궤도의 원격부(遠隔部)에 있을 때보다도 빨리 움직인다. 이런 사실로 인해 사람들은 선입견을 갖고 미적 기준이나 신비적인 기준으로 사실과 상관없이 주장하는 것이 위험하다는 것을 아무래도 인정할 수밖에 없었다. 한편, 피타고라스 학설의 중심적 수학 원리는 케플러의 세 법칙으로써 솜씨 있게 입증되었다. 실제로 현상의 수적 구조가 현상을 이해하는 열쇠를 주는 것으로 보였다. 마찬가지로, 현상의 올바른 설명을 찾아내기 위해서는, 보통 뚜렷하지 않은 관계를 찾는 것이 필요하다는 것도 명백해졌다. 헤라클레이토스도 말했듯이, 우주가 운행하는 표준은 숨어 있으므로, 이것을 발견하는 일이야말로 바로 탐구자들의 과제이다. 이와 동시에 본질과 관계가 없는 그 어떤 원리를 지키기 위해 현상을 제멋대로 해석하지 않는 것이 무엇보다도 중요하다.

케플러

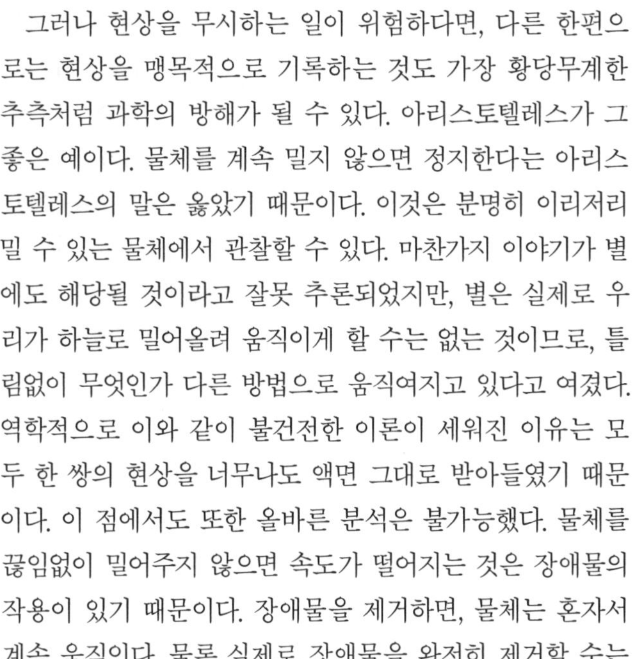

그러나 현상을 무시하는 일이 위험하다면, 다른 한편으로는 현상을 맹목적으로 기록하는 것도 가장 황당무계한 추측처럼 과학의 방해가 될 수 있다. 아리스토텔레스가 그 좋은 예이다. 물체를 계속 밀지 않으면 정지한다는 아리스토텔레스의 말은 옳았기 때문이다. 이것은 분명히 이리저리 밀 수 있는 물체에서 관찰할 수 있다. 마찬가지 이야기가 별에도 해당될 것이라고 잘못 추론되었지만, 별은 실제로 우리가 하늘로 밀어올려 움직이게 할 수는 없는 것이므로, 틀림없이 무엇인가 다른 방법으로 움직여지고 있다고 여겼다. 역학적으로 이와 같이 불건전한 이론이 세워진 이유는 모두 한 쌍의 현상을 너무나도 액면 그대로 받아들였기 때문이다. 이 점에서도 또한 올바른 분석은 불가능했다. 물체를 끊임없이 밀어주지 않으면 속도가 떨어지는 것은 장애물의 작용이 있기 때문이다. 장애물을 제거하면, 물체는 혼자서 계속 움직인다. 물론 실제로 장애물을 완전히 제거할 수는

케플러가 밝힌 행성 운동
케플러는 행성 궤도를 수학으로 해명하고, 관측만으로 행성 운동의 법칙을 발견했다.

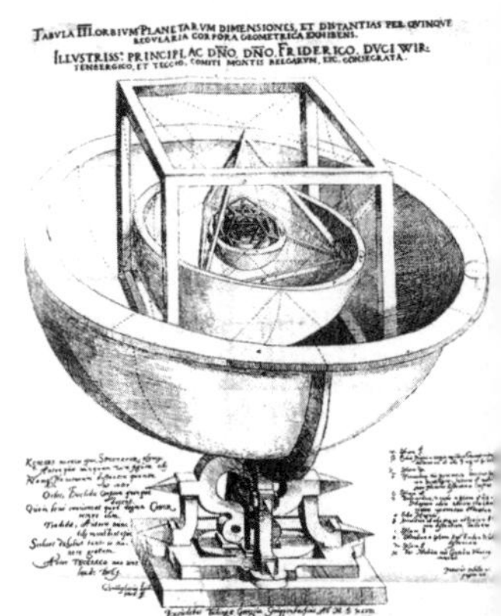

없지만, 장애물을 어느 정도까지 없애면 운동이 이제까지 보다 더 오래 계속하는 것을 관찰할 수 있다. 물체를 방해하는 것이 하나도 없다면, 그것은 자유롭게 계속 움직일 수 있다. 역학적으로 이 새로운 가설을 공식화한 인물은 근대 과학의 위대한 창시자 중 한 사람인 갈릴레이(1564~1642년)였다. 역학에 대한 이 새로운 방식은 두 가지 점에서 아리스토텔레스 학설에서 철저히 벗어난 것이다.

첫째, 멈춤은 물체의 특정 조건이 아니며, 운동은 자연적 조건과 같다고 가정했다. 둘째, 그때까지 여겨왔던 것처럼 원운동이 아니라 직선 운동이 특별한 의미로 '자연적'이라는 것을 제시했다. 물체는 아무런 방해를 받지 않으면, 직선으로 일률적인 속도를 내며 계속 움직인다. 충분히 비판적인 이와 같은 관찰 방식이 그때까지 떨어지는 물체를 지배하는 법칙을 올바로 이해하는 데 방해가 되었다. 대기 중에서 밀도가 높은 물체가 같은 질량의 가벼운 물체보다도 빨리 떨어진다는 것은 실제 문제에서 옳다. 여기서 물체가 떨어질 때 매체의 방해를 다시 고려해야 한다. 매체가 희박해짐에 따라 모든 물체는 거의 같은 비율로 떨어지며, 아무것도 없는 공간에서 이것은, 엄밀하게 같은 비율이 된다. 떨어지는 물체에 대한 관측은 낙하 속도가 매초 32피트만큼 증가한다는 것을 제시했다. 이와 같이 속도는 등속이 아니라 가속되었으므로, 거기에는 물체의 자연적인 움직임을 간섭하는 무엇인가가 있어야 했다. 이것이 지구의 중력이다.

갈릴레오 갈릴레이
과학자이자 발명가

이들 발견은 발사체의 진로에 대한 갈릴레이의 연구상 중요한 일이었는데, 이것은 갈릴레이의 보호자였던 토스카나의 후작에게는 실제로 군사상 중요한 일이었다. 여기에서 역학의 중요한 원리가 처음으로 주목할 만한 실례에 응용되었다. 우리는 발사체의 진로를 연구해 볼 때, 이 운동을 따로따로 독립된 두 가지 부분 운동이 혼합된 것으로 생각할 수 있다. 하나는 수평등속운동이고, 다른 하나는 수직운동이며, 따라서 이는 낙하 법칙에 의해 지배된다. 이들 합성운동은 포물선의 진로를 따른다. 이것은 평행사변형의 가법(加法)에 따르는 양으로 진로를 결정한, 구조가 단순한 한 예다. 속도와 가속도와 힘은 이와 같이 해서 처리할 수 있는 양이다.

갈릴레이가 발명한 추시계의 원리
갈릴레이는 진자의 주기가 늘 일정하다는 것을 관찰에 의해 발견하고 그 원리를 근거로 추시계를 설계했다.

천문학에서 갈릴레이는 태양중심설을 취했고, 더 나아가 몇 가지 중요한 발견을 했다. 네덜란드에서 막 발명된 망원경을 완성해서, 그는 많은 사실을 관측하여, 천계에 대한 아리스토텔레스의 잘못된 생각을 결정적으로 논파했다. 은하는 수많은 별들로 이루어져 있다는 것도 알았다. 코페르니쿠스는 한때 이 이론으로, 금성이라는 행성이 위상을 틀림없이 나타낼 것이라고 말했는데, 이것도 이제 갈릴레이의 망원경으로 확인되었다. 마찬가지로 망원경은, 수성의 위성들을 밝혔고, 이 행성들이 케플러의 법칙에 따라서 모행성 주위를 회전한다는 것이 자연스럽게 밝혀졌다. 이러한 모든 발견은 오랫동안 품어온 편견을 뒤집었고, 정통 스콜라 철학자는 망원경을 비난했다. 망원경이 이와 같이 그들의 독단의 잠을 깨웠기 때문이었다. 이와 매우 비슷한 일이 3세기 뒤에도 일어났다는 것은 주목할 만하다. 콩트는 현미경이 기체의 법칙의 단순한 형식을 뒤집었다는 이유로 이것을 비난했다. 이런 뜻에서 실증주의자는 아리스토텔레스와 물리학에서 볼 때 타협하지 않는 그의 천박한 관찰력과 많은 공통점을 갖고 있다.

피사의 사탑과 낙하 실험용 쇠구슬

얼마 안 가서 갈릴레이는 정통 신앙과 충돌해야만 했다. 1616년, 그는 종교 재판소의 비밀회의에서 비난을 받았다. 그러나 그의 행동이 너무나 완고하게 보였기 때문에 1633년, 그는 다시 법정에 끌려 나갔다. 그것도 공개적으로 끌려 갔다. 평화를 위해 그는 자기 주장을 철회하여 이후부터는 지구가 움직인다는 모든 생각을 버리겠다는 약속을 했다. 전해오는 이야기에 따르면 그는 명령대로 했지만, '그래도 지구는 움직인다'고 혼자 중얼거렸다고 한다. 그의 철회는 물론 겉치레에 지나지 않았지만, 종교재판소는 수세기 동안 이탈리아의 과학적 연구를 교묘하게 뭉개왔다.

아이작 뉴턴

역학의 일반 이론을 주장한 결정적인 인물은 아이작 뉴턴(1642~1727)이었다. 거기에 포함되어 있는 대부분의 개념은 아무도 모르는 곳에서 누군가가 암시하고 있었거나, 누군가가 사용하고 있었다. 그러나 뉴턴은 처음으로 그의 선구자들이 모색했던 업적의 의의를 충분히 이해한 사람이었다.

1687년에 나온《자연 과학의 수학적 원리》에서 그는 운동의 세 가지 법칙을 설명하고, 이어 역학의 연역적 설명을 그리스식으로 전개했다. 제1법칙은 갈릴레이의 원리를 일반화해서 말한 것이다. 모든 물체는 방해받지 않으면, 전문 용어로 말해서 등속으로, 일직선으로, 일정한 속도로 움직인다. 제2법칙은 힘을 비등속 운동의 원인이라고 정의하여, 힘이 질량과 가속도의 곱에 비례한다고 규정했다. 제3법칙은 모든 작용에는 서로 동등한 반작용이 있다는 원리이다. 천문학에서 뉴턴은 코페르니쿠스와 케플러가 첫걸음을 내디딘 것을 마지막으로 완전하게 설명했다. 만유인력의 법칙은 물질의 그 어떤 두 분자 사이에는 그 질량의 곱에 비례하고, 거리의 제곱에 반비례하는 인력이 작용한다고 설명한다.

이와 같은 방식으로 행성과 그 위성과 혜성의 움직임은, 가장 작은 세부 사항에 이르기까지 모두 설명할 수 있었다. 실제로 모든 분자는 다른 모든 분자에 영향을 주기 때문에 이 이론으로 다른 물체가 일으키는 궤도의 섭동도 정확하게 계산할 수 있게 되었다. 다른 그 어떤 이론도 이것을 계산할 수 없었다. 케플러의 법칙은 이제 단순히 뉴턴 이론의 결과일 따름이다. 여기에 마침내 우주의 수수께끼를 푸는 수학적인 열쇠가 발견된 것처럼 보였다. 우리가 오늘날 이들 사실을 말할 때의 궁극적 형식은 운동의 미분 방정식으로, 그것은 이들 방정식이 적용하는 구체적 현실의 외부적, 부수적 세부 사항을 모두 떼어낸 것이다. 아인슈타인의 더욱 일반적인 설명도 이와 같다. 그러나 상대성 이론은 현재까지 여전히 논쟁의 여지를 남기고, 본질적인 문제로 고통받고 있다. 그런데 이야기를 다시 뉴턴으로 돌리면, 역학을 표현하는 수학적 수단은 미분법의 수많은 형식 가운데 하나인 미분 이론으로, 이것 또한 라이프니츠가 뉴턴과 관계없이 발견한 것이었다. 이때부터 수학과 물리학은 크게 발전한다.

17세기에는 그 밖에도 위대한 발견 몇 가지가 있었다. 길버트의 자기에 대한 저서는 1600년에 출판되었다. 세기의 중반쯤에 호이겐스는 빛의 파동설을 주창했다. 하비의 혈액 순환에 대한 발견은 1628년에 책에서 발표되었다. 《회의적 화학자》(1661년)의 로버트 보일은 연금술사의 불가사의한 독점 판매 행위를 그만두고, 데모크리토스의 원자론으로 되돌아갔다. 기구의 구조도 매우 빠르게 진보를 이룩하여, 이것대로 이론을 한결 발전시키는 정확한 관측을 가능하게 했다. 과학적 활동의 이 엄청난 폭발력에 이어 그에 상응하는 기술 발전이 이루어졌고, 이 때문에 서유럽은 약 3세기 동안 패권을 장악할 수 있었다. 과학 혁명과 함께 그리스 정신은 다시 정당한 명예를 회복했다. 이 모든 것은 철학에도 반영되었다.

[ 1 ]

PHILOSOPHIÆ
NATURALIS
Principia
MATHEMATICA

Definitiones.

Def. I.

*Quantitas Materiæ eſt menſura ejuſdem orta ex illius Denſitate & Magnitudine conjunctim.*

AEr duplo denſior in duplo ſpatio quadruplus eſt. Idem intellige de Nive et Pulveribus per compreſſionem vel liquefactionem condenſatis. Et par eſt ratio corporum omnium, quæ per cauſas quaſcunq; diverſimode condenſantur. Medii interea, ſi quod fuerit, interſtitia partium libere pervadentis, hic nullam rationem habeo. Hanc autem quantitatem ſub nomine corporis vel Maſſæ in ſequentibus paſſim intelligo. Innoteſcit ea per corporis cujuſq; pondus. Nam ponderi proportionalem eſſe reperi per experimenta pendulorum accuratiſſime inſtituta, uti poſthac docebitur.

B Def

뉴턴의 저서 《프린키피아》의 첫 페이지
뉴턴은 《프린키피아》에서, 역학의 세 가지 법칙과 만유인력의 법칙을 설명하고, 덧붙여 행성이 태양을 중심으로 도는 것은 인력이 원인이라고 증명했다.

뉴턴의 인력 발견 순간
뉴턴은 자택 정원에서 사과가 나무에서 떨어지는 것을 보고, 인력의 의미를 깨달았다고 한다. 1666년의 일이었다.

*

현상을 추구하는 과정에서 철학자는 그때까지 주로 추구한 면만을 논했다. 현상 그 자체에 대해서는 거의 아무것도 언급되지 않았다. 여기에는 물론 매우 그럴듯한 이유가 몇 가지 있다. 그러나 이때까지만 해도 순전히 논리적인 연역법에만 집중하는 경우가 많았는데, 이에 대한 반발로 관찰의 소재에 대해 무엇인가 말해야 했다. 이 소재가 없으면, 경험적 탐구는 여전히 불모로 끝나기 때문이다. 삼단논법이라는 낡은 아리스토텔레스적 수단, 즉 오르가논*1은 과학의 진보에 봉사할 수 없었다. 그래서 새로운 오르가논의 필요성이 떠올랐다.

이들 문제를 처음으로 명확하게 말한 사람은 프랜시스 베이컨(1561~1626)이었다. 베이컨은 대법관의 아들로, 변호사가 될 교육을 받았으며, 자연히 정부 요직을 차지할 환경에서 자랐다. 23세 때, 그는 하원 의원이 되었고, 나중에 에섹스 백작의 고문이 되었다. 백작이 반역죄로 힘을 잃었을 때, 베이컨은 국왕 편에 섰다. 그러나 그는 엘리자베스 여왕에게서 진정한 신뢰는 한 번도 얻을 수 없었다. 그러나 제임스 1세가 1603년에 왕위를 잇자, 형세는 이전보다 밝아졌다. 1618년에 베이컨은 아버지의 관직에 올라 대법관이 되어 벨럼 남작으로 서임되었다. 1620년, 그의 정적들은 대법원에 그가 뇌물을 받았다고 고발해 그의 정치적 생명을 말살하려 했다. 베이컨은 문제를 제기하지 않고 고발은 인정했지만, 뇌물로 판단을 그르친 일은 절대로 없었다고 주장했다. 상원은 그에게 4만 파운드의 벌금형을 내리고, 런던 탑에 감금하도록 명했다. 그는 그 뒤 관직과 의석에서 제적되어야 했다. 이 무서운 선고는 벌금형은 면제해 주었고 구금형

프랜시스 베이컨
런던 출생, 르네상스 후의 근대철학, 영국 고전경험론의 창시자.

*1 organon. 아리스토텔레스의 논리학 저서와 업적의 총괄적 명칭.

은 4일로 마무리지었다. 그러나 그는 강제로 정계에서 제적되어, 그 뒤 은퇴해서 학문의 생활을 보냈다.

엘리자베스 1세
이 여왕은 에섹스 백작이 총애하던 정치고문 베이컨을 몹시 싫어했다. 그러나 에섹스 백작이 모반죄에 붙여지자, 베이컨은 여왕의 왕실 변호사로서 에섹스 백작의 고발을 도왔으며, 결국 에섹스 백작은 처형당했다.

베이컨은 르네상스의 전통에 관심이 많았다. 그는 법률과 역사에 대해 썼고, 에세이로 유명하다. 이 문학적 형식은 프랑스의 몽테뉴(1533~1592)가 생각해 낸 지 얼마 되지 않는 것들이었다. 베이컨의 철학서 가운데 가장 유명한 책은 《학문의 진보》로, 1605년에 출판되었고, 영어로 쓰였다. 베이컨은 이 책으로 후년의 탐구의 발판을 마련했다. 이 책의 제목에서 알 수 있듯이, 그는 지식의 범위를 넓히고 인간의 환경 지배력을 확대하는 데 관심을 두고 있었다. 종교 문제에서는 오컴주의의 관점에 가까운 입장을 취하고 있다. 신앙과 이성은 각기 사물을 논하여 서로 침범하지 않는 것이 좋고, 종교 분야에서 이성에게 할당된 기능은 단 한 가지, 신앙에 대해 인정받은 원리에서 결과만을 연역해야 한다는 것이다.

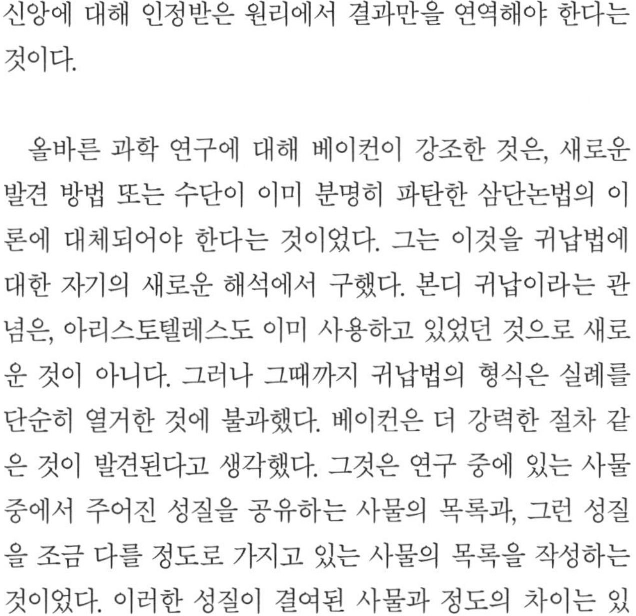

올바른 과학 연구에 대해 베이컨이 강조한 것은, 새로운 발견 방법 또는 수단이 이미 분명히 파탄한 삼단논법의 이론에 대체되어야 한다는 것이었다. 그는 이것을 귀납법에 대한 자기의 새로운 해석에서 구했다. 본디 귀납이라는 관념은, 아리스토텔레스도 이미 사용하고 있었던 것으로 새로운 것이 아니다. 그러나 그때까지 귀납법의 형식은 실례를 단순히 열거한 것에 불과했다. 베이컨은 더 강력한 절차 같은 것이 발견된다고 생각했다. 그것은 연구 중에 있는 사물 중에서 주어진 성질을 공유하는 사물의 목록과, 그런 성질을 조금 다를 정도로 가지고 있는 사물의 목록을 작성하는 것이었다. 이러한 성질이 결여된 사물과 정도의 차이는 있지만 이와 같은 성질을 가지고 있는 사물을, 따로 따로 표로 작성하는 것은 물론이었다. 이와 같이 하면, 하나의 성질의 독특한 성격이 발견될 것이라고 생각했다. 표로 나타내는 이 과정이 완벽하고 철저하다면, 탐구는 당연히 그 목적을 달성해야 한다. 그러나 실제로 우리는 불완전한 표에 만족하여, 이 표를 바탕으로 그 어떤 왕성한 억측을 강력하게 전개해야 한다.

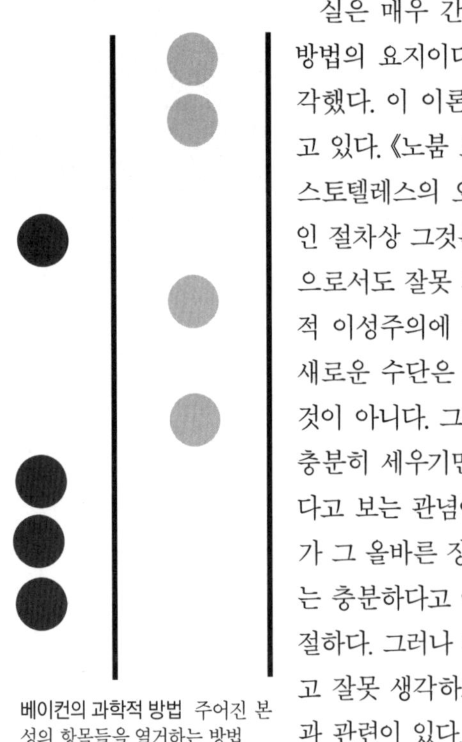
베이컨의 과학적 방법 주어진 본성의 항목들을 열거하는 방법

실은 매우 간단하지만, 이것이 베이컨이 설명한 과학적 방법의 요지이다. 이것을 그는 새로운 발견 수단이라고 생각했다. 이 이론을 기술한 논문의 제목이 이 견해를 전하고 있다. 《노붐 오르가눔》은 1620년에 출판된 것으로, 아리스토텔레스의 오르가논을 대체하기 위한 것이었다. 실제적인 절차상 그것은 과학자의 마음에 들지 않았고, 방법 이론으로서도 잘못 되었다. 단, 관찰을 강조한 점은 지나친 전통적 이성주의에 대한 해독제로서 귀중했다. 근본적으로 이 새로운 수단은 실제 조금도 아리스토텔레스를 뛰어 넘는 것이 아니다. 그것은 오직 분류에 의존하고, 자상한 구별을 충분히 세우기만 한다면, 올바르게 정리되지 않는 것은 없다고 보는 관념에 의존한다. 어떤 특수한 성질이라도, 우리가 그 올바른 장소와 올바른 이름을 발견하면, 우리의 관리는 충분하다고 여긴다. 이 설명은 통계적 탐구에는 매우 적절하다. 그러나 베이컨은 가설의 공식이 귀납법에 입각한다고 잘못 생각하고 있다. 그러나 오히려 귀납법은 가설 실험과 관련이 있다. 실제로 일련의 관측을 하기 위해서는, 이미 예비적 가설을 가져야 한다. 그러나 가설을 발견하기 위해 일반적 규정을 설정할 수는 없다. 베이컨은 발견 수단이 있다고 여기고 이 발견 수단을 기계적으로 적용하기만 하면, 자연의 놀라운 비밀을 발견할 수 있으리라고 생각했다. 바로 이 점이 잘못된 것이다. 가설을 세우는 작업은 결코 이렇게 진행되는 것이 아니다. 더 나아가 베이컨은 삼단논법을 폐기했기 때문에, 과학적 탐구상에서의 연역 기능을 과

소평가하게 되었다. 특히 그는 그즈음에 발전하기 시작하던 수학적 방법의 진가를 거의 몰랐다. 가설을 실험하는 데 귀납의 역할은 방법의 작은 한 면에 지나지 않는다. 가설에서 구체적으로 실험할 수 있는 상황에 이르기까지 수학적 연역법을 거치지 않는다면 무엇을 실험해야 할지를 모를 것이다.

인간이 빠지기 쉬운 여러 오류에 대한 베이컨의 설명은 그의 철학 가운데 가장 빛난다. 우리는 네 가지 유형의 정신적 약점에 빠지기 쉽다고 그는 말한다. 그는 이것을 '우상'이라고 부르고 있다. 첫째는 '종족의 우상'이다. 이것은 우리가 인간이기 때문에 우리에게 속하는 것이다. 희망적 생각이 그 한 예일 것이다. 특히, 실제로 존재하는 이상으로 큰 질서를 자연 현상에 기대하는 것이 그렇다. 다음에는 '동굴의 우상'이다. 이것은 각 개인적인 왜곡을 말하는 것으로, 그 수는 무수하다. '시장의 우상'은 정신이 언어에 현혹되기 쉬워지는 경향 때문에 일어나는 오류로, 특히 철학에 유행하고 있다. 마지막으로, '극장의 우상'은 체계나 사상의 유파에서 일어나는 오류다. 베이컨은 아리스토텔레스 철학을 이에 대한 예로 든다.

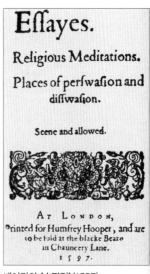

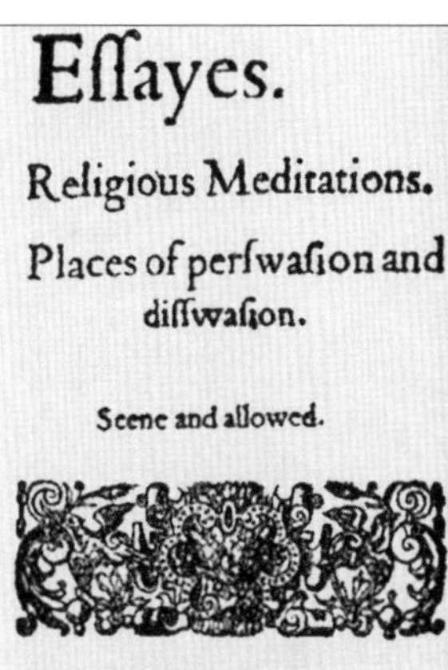
Essayes.
Religious Meditations.
Places of perswasion and disswasion.
Seene and allowed.
At London,
Printed for Humfrey Hooper, and are to be sold at the blacke Beare in Chauncery Lane.
1597.

베이컨의 《수필집》(1597)
정치나 자기 자신에게 얽힌 다양한 테마에 대해 기술한 것으로, 야심, 복수, 사랑 등 명쾌한 문장으로 논술되어 있다.

베이컨은 과학적 탐구에 그토록 관심을 두고 있었지만, 자기 시대의 가장 중요한 새로운 국면을 모두 놓치고 있었다. 그는 케플러의 저서를 알지 못했고, 하비의 환자이면서도 혈액 순환에 대한 선생의 연구를 알지 못했다.

*

일반적인 철학을 말하자면 영국 경험론에서 더욱 중요했던 인물은 토머스 홉스(1588~1679)였다. 몇 가지 점에서 그는 경험론의 전통을 이어받은 동시에 또 수학적 방법을 이해하여 자신과 갈릴레이나 데카르트를 결부시킨다. 이와 같이 연역이 과학적 탐구에서 다하고 있는 기능을 알고 있었기 때문에, 그는 과학적 방법을 베이컨보다도 훨씬 올바르게 파악했다.

홉스가 어렸을 때의 가정 생활은 그다지 행복하지는 않았다. 아버지는 방탕하고 둔감한 목사였는데, 홉스가 아직 어린아이였을 때 런던에서 자취를 감추고 말았다. 다행히 아버지의 형이 믿을 수 있는 사람이었고 그에게 아들이 없었기 때문에, 어린 조카의 교육을 떠맡았다. 14세 때, 홉스는, 옥스퍼드로 들어가 고전을 배웠다. 스콜라 논리학과 아리스토텔레스의 형이상학이 이수 과정의 일부였지만, 홉스는 이것을 매우 싫어했는데, 그런 감정은 평생 이어졌다. 1608년, 그는 데본셔 백작의 아들 윌리엄 캐번디시의 가정교사가 되었고, 2년 뒤에 이 학생을 따라 고풍스럽고 호화로운 대륙 여행을 떠났다. 백작의 뒤를 이어 청년 귀족은 홉스의 후원자가 되었다. 그를 통해서 홉스는 그즈음의 유력자들을 많이 알았다. 그의 주군이 1628년에 죽었기 때문에 홉스는 한때 파리로 나갔으나, 돌아와서 이전의 제자였던 백작 아들의 가정교사가 되었다. 청년 백작과 함께 그는 1634년에 프랑스와 이탈리아를 방문했다. 파리에서 그는 메르센과 그 학파 사람을 만났고, 1636년에는 피렌체로 가서 갈릴레이를 방문했다. 1637년, 그는 고국으로 돌아가, 자기 정치 이론의 초본을 작성하기 시작했다. 주권에 대한 그의 견해는 왕당파와 공화파 사이에 금방이라도 분쟁이 일어날 것 같은 정세였기 때문에, 어느 쪽으로부터도 환영받지 못했다. 홉스는 신중해서 프랑스로 피하여, 거기에서 1640년에서 51년까지 머물렀다.

토머스 홉스
영국의 철학자

그 사이에 그는 파리에서 다시 메르센 일파와 교제했고,

데카르트도 만났다. 처음에는 미래의 찰스 2세를 포함하여 영국에서 온 왕당파 망명자들과 친했지만, 1651년에 《리바이어던》을 출판하자 모든 사람들과 사이가 갈라졌다. 왕당파 친구들은 충성 문제를 다루는 법이 과학적이고 비개인적이라 좋아하지 않았고, 프랑스의 성직자들은 그의 반(反)가톨리시즘이 마땅치 않았다. 그래서 그는 다시 도망을 결심하고, 이번에는 반대로 영국으로 갔다. 그는 크롬웰에 굴복하여 정치 생활에서 물러났다. 홉스가 그의 비판자인 옥스퍼드 대학 출신인 존 월리스와 원을 사각형으로 만드는 승부에 관여한 것도 이 무렵의 일이다. 수학을 푸는 홉스의 솜씨는 그의 수학 예찬보다 못해서 월리스 교수는 손쉽게 이 논쟁에서 이겼다. 홉스는 죽을 때까지 수학자들과의 논쟁을 그만두지 않았다.

**영국 황태자 시절의 찰스 2세**
홉스는 뒷날 찰스 2세(1630~85)의 수학 개인교수를 담당했다. 찰스 2세는 왕제가 부활한 1660년에 영국 국왕에 즉위했다.

왕정 복고 이후, 홉스는 다시 국왕의 눈에 띄어, 100파운드의 연금을 받는 몸까지 되었는데, 이 돈은 과연 진짜로 지불을 받았는지 믿을 수 없을 만큼 큰 돈이었다. 그러나 런던의 대역병과 대화재 이후, 민간의 미신 때문에 의회가 무신론자를 조사했으며, 이에 홉스의 《리바이어던》은, 특히 불리한 비판의 표적이 되었다. 그 뒤, 홉스는 사회 문제나 정치 문제 중 논쟁적인 것은 모두 국외에서밖에 출판할 수 없었는데, 오랜 일생의 만년을 국외에서 보내는 동안에 그는 국내에서보다도 평판이 좋았다.

철학에서 홉스 뒤에 영국 경험론 학파의 특징이 된, 많은 부분의 기초를 닦았다. 가장 중요한 그의 저서는 《리바이어던》인데, 여기에서 그는 주권론의 완성에 일반적인 철학적 견해를 적용한다. 그러나 사회 이론으로 향하기에 앞서, 그는 이 책의 서론에 전반적인 철학적 입장을 상당히 완벽하게 요약하고 있다. 제1부에서는 인간과 인간 심리를 엄밀하게 기계적인 언어로 설명하고, 그와 동시에 언어와 인식론에 대해서 일반적인 철학적 고찰을 한다. 갈릴레이나 데카르트와 마찬가지로 그도 우리가 경험하는 것은 외적 물체의 기계적 운동에 의해 일어나는 것이라고 주장한다.

이에 반해서 시각, 청각, 후각 등은 대상물에 있는 것이 아니라, 우리 개개의 것이라고 주장한다. 그는 이 문제에 대해서 교묘하게 말이 난 김에 대학이 아직도 아리스토텔레스에 따른 조잡한 방출 이론을 가르치는 것에도 언급한다. 그는 자기가 대체로 대학을 부인하는 것은 아니라고 덧붙이며, 나중에 사회에서의 대학의 위치에 대해서 말하는데, 대학이 개선해야 할 주요 결점 가운데 하나가 '무의미한 말을 자주 되풀이하는 것'이라고 우리에게 가르친다. 그는 연상심리관을 갖고 있으며, 언어에 대해서는 철저한 유명론을 채용하고 있다. 그는 다음과 같이 생각하고 있다. 기하학이야말로 오늘날의 유일한 과학이다. 이성의 기능은 기하학처럼 논증의 성격을 띤다. 우리는 정의를 세울 때, 자기 모순에 빠진 관념을 쓰지 않도록 주의하면서, 정의부터 출발하지 않으면 안 된다. 이성은 이런 뜻에서 실천을 통해서 획득한 그 무엇이며, 그것은 데카르트가 주장하듯 타고난 것은 아니다. 이어 그는 감정을 운동으로 설명한다. 감정의 자연상태에서는 만인은 평등하며, 저마다 남을 희생시켜 자기를 보존하려고 하기 때문에 거기에는 만인과 만인이 겨루는 전쟁 상태가 존재한다고 홉스는 생각한다.

《리바이어던》
홉스의 명저 《리바이어던》에서, 사회적 질서를 확보하는 방법은 전제적인 정치밖에 없다고 주장하였다. 권두 삽화에는 모든 국민으로 구성된 리바이어던(절대적 권력자)이 국가를 지배하고 있는 모습과 그 아래 교회와 시민 사회의 규율을 의미하는 상징물이 보인다.

사람들은 이 불쾌한 악몽을 벗어나려고 단결하고, 자기들의 권력을 중앙의 권위에 위탁한다. 이것이 이 저서의 제2부의 주제이다. 사람들은 합리적이고 경쟁적이므로 인위적 합의 또는 계약을 하게 되며, 이로써 그들은 자기들이 고른 그 어떤 권위에 복종하는 것에 동의한다. 일단 이와 같은 방식이 작용하기 시작하면, 반역할 권리는 없다. 이 합의에 얽매이는 것은 피지배자이지 지배자가 아니기 때문이다. 지배자가 선출된 가장 중요한 목적인 보호를 해 줄 수 없는 경우, 비로소 사람들은 마땅히 이 합의가 무효라고 선언할 수 있다. 이런 계약에 바탕을 둔 사회가 공화국이다. 공화국은 보통 사람들로 이루어진 하나의 거인, '리바이어던'과 같다. 리바이어던은 인간보다 크고 강하고, 보통 사람과 마찬가지로 죽을 운명을 가지고 있지만, 신과 같은 존재이다. 중앙의 권위는 주권자라고 불리며, 모든 생활 분야에 절대 권력을 갖는다. 제3부에는, 세계 교회가 없는 것은 왜 그런지에 대한 요점을 말한다. 홉스는 철저한 에라스투스주의자로, 교회는 행정 당국에 따르는 국가 제도여야 한다고 주장했다. 제4부에서는, 로마 교회가 이 점을 간과했다고 문책했다.

홉스의 저서 속에서, 한 인간으로서 최고 극치를 나타낸 권력자(리바이어던)의 모습

홉스의 이론은 그 무렵의 정치적 동란의 영향을 받고 있었다. 그가 무엇보다도 혐오한 것은 내란이었다. 따라서 그의 견해는 어떠한 희생을 치르더라도 평화를 향하려고 한다. 억제와 균형의 관념은 나중에 로크가 완성했는데, 이것은 홉스의 사고방식과 맞지 않는다. 정치 문제에 대한 그의 태도에는 신비주의나 미신은 없지만, 문제를 지나치게 단순하게 보는 면이 있다. 그의 국가 개념은 그가 살아 있을 때의 정치 정세에는 어울리지 않는다.

*

우리가 살펴본 것처럼, 르네상스 시대에는 수학에 마음이 쏠리는 경향이 차츰 눈에 띄기 시작했다. 르네상스 이후에 사상가의 관심을 모은 또 하나의 큰 문제는 방법의 중요성이었다. 이것은 우리가 이미 베이컨과 홉스에 대해서 언급한 대로다. 르네 데카르트(1596~1650)는 이 두 가지 영향을 받고 이를 융합시켜 고대인과 같은 장중한 새로운 철학 체계를 이루어냈다. 따라서, 그는 마땅히 근대 철학의 창시자로 여겨지고 있다.

데카르트의 집안은 하급 귀족 계급에 속했으며, 아버지는 브리타니 의회의 의원이었다. 1604년부터 12년까지 그는 라 플레슈 예수회 계통의 학원에 다니면서, 올바른 고전 교육 외에 그때로서 얻을 수 있는 한도 안에서 충분한 수학의 기초 교육을 받았다. 졸업 후에 그는 파리로 가서, 이듬해 푸아티에 대학에서 법률을 공부하기 시작하여 1616년에 졸업했다. 그러나 그의 관심은 다른 방면에 있었다. 1618년, 그는 네덜란드로 가서 군대에 들어갔는데, 이 때문에 그에게 수학을 연구하는 데 충분한 여유를 가졌다. 1619년, 30년 전쟁이 본격적으로 시작되었고, 세상을 알아가는 데 여념이 없던 데카르트는 바이에른 군대에 입대했다. 그해 겨울, 그는 자기 철학을 움직일 주요 관념 몇 가지를 찾아냈다. 이 경험은, 《방법서설》에 기술되어 있다. 어느 날 평소보다 더 추워져서 데카르트는 어느 오두막으로 들어가, 타일을 바른 아궁이 옆에 앉았다. 적당히 몸이 따뜻해졌을 때 그는 명상을 시작했는데, 그날 그의 철학 전체의 윤곽을 분명히 마음속에 떠올렸다.

데카르트는 1622년까지 군대와 함께 여기에 머무른 뒤 파리로 돌아갔다. 이듬해 그는 이탈리아로 가서 2년 동안 체류했다. 프랑스로 돌아가자, 그는 고국의 생활은 마음을 어지럽히는 것이 너무나도 많다는 것을 알았다. 본디 들어앉아 조용한 분위기에서 일하는 것을 좋아했기 때문에, 그는 1628년에 네덜란드로 떠났다. 그는 얼마 안 되는 땅을 팔아서, 아무에게도 신세를 지지 않고 편안한 생활을 할 수 있었다. 짧은 기간 동안 프랑스를 세 번 방문했을 뿐, 그 뒤 21년 동안 네덜란드에 머물렀다. 그는 차츰 자신이 발견한

**르네 데카르트**
프랑스의 철학자·수학자·물리학자. 근대철학의 아버지

방법을 바탕으로 자기 철학을 완성해 갔다. 데카르트는 주요 물리학 저서에 코페르니쿠스 이론을 채택했는데, 1633년에 갈릴레이가 재판에 회부되었다는 소식을 듣고 출판을 보류했다. 그는 무엇보다도, 논쟁에 휘말리는 것을 싫어했다.

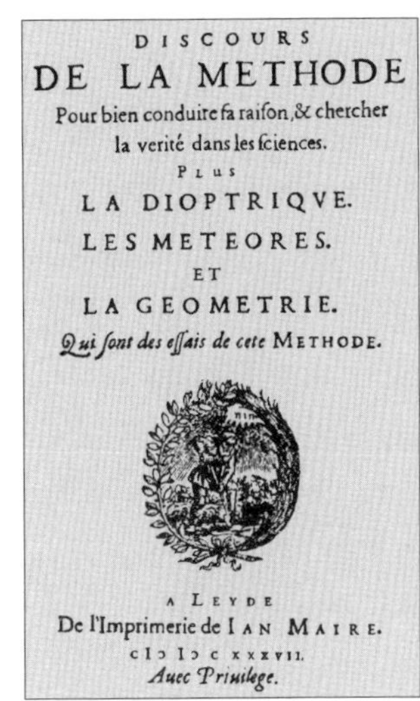
DISCOURS
DE LA METHODE
Pour bien conduire sa raison, & chercher
la verité dans les sciences.
PLUS
LA DIOPTRIQVE.
LES METEORES.
ET
LA GEOMETRIE.
Qui sont des essais de cete METHODE.
A LEYDE
De l'Imprimerie de IAN MAIRE.
CIↃ IↃ C XXXVII.
Auec Priuilege.

데카르트의 저서 《방법서설》

그는 논쟁을 귀중한 시간을 낭비하는 것으로 여겼기 때문이었다. 게다가 그는 겉보기에 충실한 가톨릭 교도였다. 그러나 어느 정도 가르침의 순수성을 지니고 있었던가는 영원한 수수께끼다. 이렇게 해서 데카르트는 굴절광학과 유성과 기하학에 대한 세 권의 책을 모아서 출판하는 데 그쳤다. 《서설》은 1637년의 출판물인데, 그는 이것을 이들 세 논문의 서문이라는 심정으로 쓴 것이다. 가장 유명한 것은 《기하학》으로, 여기에는 해석기하학의 원리가 기술, 적용되어 있다. 1641년에는 《성찰》이, 1644년에는 파라타인 선제후의 딸 엘리자베스 왕녀에게 바친 《철학 원리》가 나왔다. 1649년, 그는 왕녀를 위해 감정에 대한 논문을 집필했다. 같은 해, 스웨덴의 크리스티나 여왕은 데카르트의 저작에 흥미를 보여, 그를 설득해서 스톡홀름으로 오게 했다. 이 스칸디나비아의 원수는 참다운 르네상스인이었다. 의지가 견고하고 활력이 왕성한 여왕은 데카르트에게 아침 5시부터 철학를 가르치라고 일렀다. 스웨덴의 겨울이 한창일 때, 한밤중의 이 비철학적 기상 시간을 데카르트는 견딜 수 없었다. 그는 병을 얻어, 1650년 2월에 죽었다.

데카르트의 방법은 결국 수학에 대한 그의 관심의 결과다. 기하학 분야에서 그는 얼마나 이것이 광범한 결과에 이를 수 있는가를 이미 보였다. 단순한 방정식으로 해석적 방법을 사용하면 모든 곡선의 속성을 기술할 수 있기 때문이다. 데카르트는 수학 분야에서 그토록 빛나는 성공을 거둔 방법을 다른 분야에도 확대하면, 탐구자가 수학과 같은 확실성에 도달할 수 있을지도 모른다고 믿었다. 《서설》은 우리의 이성적 특성을 올바르게 사용하기 위해, 우리가 어떤 계율을 따라야 하는가를 보여주는 것이 그 목적이었다. 데카르트는 이성 자체에 대해서는 모든 사람이 평등하다고 생각한다.

우리는 다만, 이성을 잘 사용하느냐의 여부에 따라 다를 뿐이다. 그러나 방법은 실천에 의해 획득되는 것으로, 이것은 데카르트가 암암리에 인정한다. 그 이유는 그가 방법을 우리에게 강요하려고 하지 않고, 오히려 그 자신이 자기 이성을 어떻게 잘 사용했는가를 나타내고 싶었기 때문이다. 그 설명은 자전적이며, 저자가 젊었을 때 모든 분야에 불확실하고 불안정한 이야기가 나오는 데 대해 불만을 금치 못했다는 것을 나타내고 있다. 철학에 대해서는 그 어떤 견해도 아무도 생각해 본 일이 없을 만큼 거창한 것은 없다고 그는 말하고 있다. 수학은 그에게 그 연역의 확실성을 주었으나, 그는 아직 연역의 올바른 사용법을 모르고 있었다. 그는 탁상 위의 학문을 버리고 여행을 시작했지만, 풍습이 철학자의 의견만큼 서로 다르다는 것을 알았다. 마침내 그는 자기를 통찰해서 진리를 찾아내야 한다고 마음을 굳혔다. 이어서 나오는 것이 앞서 말한 난로가에서의 추억담이다.

20 DISCOURS.

Le premier eſtoit de ne receuoir iamais aucune choſ
pour vraye que ie ne la connuſſe euidemment eſtre telle
c'eſt à dire, d'euiter ſoigneuſement la Precipitation, &
la Preuention, & de ne comprendre rien de plus en me
iugemens, que ce qui ſe preſenteroit ſi clairement &
diſtinctement a mon eſprit, que ie n'euſſe aucune occa
ſion de le mettre en doute.

Le ſecond, de diuiſer chaſcune des difficultez qu
i'examinerois en autant de parcelles qu'il ſe pourroit, &
qu'il ſeroit requis pour les mieux reſoudre.

Le troiſieſme de conduire par ordre mes penſées, e
commenceant par les obiets les plus ſimples, & les plu
ayſez a connoiſtre, pour monter peu a peu comme pa
degrez iuſques a la connoiſſance des plus compoſez: E
ſuppoſant meſme de l'ordre entre ceux qui ne ſe prece
dent point naturellement les vns les autres.

Et le dernier de faire partout des denombremens
entiers, & des reueuës ſi generales, que ie fuſſe aſſuré d
ne rien omettre.

네 가지 사고지침을 열거한 페이지

하나의 저서는 단 한 사람의 저자가 처음부터 끝까지 손을 댔을 때, 비로소 만족을 준다는 것을 알고서, 데카르트는 그때까지 가르침을 받고 말하는 대로 믿으라고 강요한 것 모두를 거부하기로 작정했다. 논리학과 기하학과 대수학만은 이 대학살에서 살아남아, 그는 이들 학문에서 네 가지 법칙을 찾아낸다. 첫째는, 분명하고 명백한 관념 말고는 아무것도 절대로 받아들이지 않는다는 것이다. 둘째는, 우리가 하나하나의 문제를, 그 해결에 필요한 만큼의 부분으로 나누어야 한다. 셋째는, 사고는 단순한 것에서 복잡한 것에 이르는 질서를 따라야 하며, 질서가 없을 경우에 우리는 질서를 가정해야 한다. 넷째는, 우리가 빠뜨린 일이 하나도 없다는 것을 확인하기 위해 언제나 철저하게 대조해야 한다고 말한다.

이것은 데카르트가 대수학을 기하학 문제에 적용했을 때 사용한 방법으로, 이와 같이 해서 오늘날의 해석기하학이 생겼다. 해석기하학을 철학에 응용하는 것은 나이를 더 먹을 때까지 기다려야 한다고 데카르트는 느꼈다. 윤리학에서 우리는 딜레마 상태에 있다. 그것은 과학의 서열상 마지막에 오는 것이지만, 우리는 삶에서 바로 결단을 내려야 한다. 따라서 데카르트는 실용적 기준에서 가장 좋은 생활 조건을 줄 만한 잠정적인 행동법을 채택한다. 그 결과 그는 자기 나라의 법률이나 관습을 지키고, 자신의 종교를 믿기로 결심한다. 일단 어떤 행동을 하려고 결정하면, 결단과 인내를 가지고 행동하기로 결심한다. 마지막으로, 운명에 도전하는 것보다는 오히려 자기를 억제하고, 자기 희망에 사물의 질서를 맞추기보다는 오히려 반대로 자신이 사물의 질서에 맞추기로 결심한다. 이때부터 데카르트는 철학에 전념하기로 마음먹는다.

스웨덴 여왕 크리스티나(1632~54)와 데카르트

데카르트의 방법은 형이상학으로 나가자, 저절로 그가 일관되게 품은 회의로 이끌려간다. 오감의 증언은 불확실하고, 이의를 제기해야 한다. 수학은 의문의 여지는 없으나, 역시 수학까지도 의심해야 한다. 신이 우리를 일관되게 헤매게 하고 있을지도 모르기 때문이다. 결국 의심하는 자가 인정하는 것도 자기가 의심을 하고 있다는 말이다. 이것이 데카르트의 기본 공식, '나는 생각한다. 고로 나는 존재한다'의 바탕이 된다. 여기에 바로 형이상학의 분명한 출발점이 있다고 데카르트는 생각했다. 데카르트는 자기가 하나의 생각하는 존재며, 자연적 실체와는 전혀 관계가 없고, 따라서 마찬가지로 육체와도 관계가 없다고 결론 내린다. 그는 이제 더 나아가 신의 존재에 이르러, 본질적으로는 그 존재론적 증명을 되풀이한다. 신은 진리이기 때문에, 우리 자신의 분명한 관념에 대해서 우리를 속일 수는 없다. 우리에게는 물체의 관념, 또는 이른바 연장의 관념이 있는 이상, 물체는 존재한다.

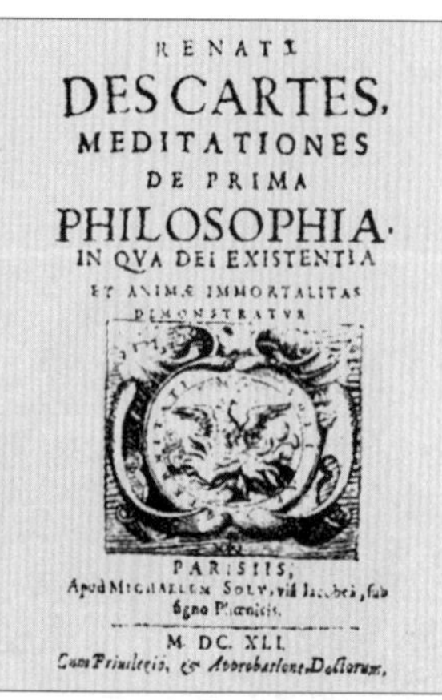


《성찰》
데카르트는 이 저서가 출판되기 전에 원고를 마란 메르센느에게 보내 토머스 홉스나 피에르 가생디 등의 비평을 모으도록 했다. 그들의 비평과 그에 대한 답변이 이 저서에 모두 실려있다. 이 책이 출판되자, 데카르트는 일약 유명인사가 되었지만, 동시에 격한 논쟁에 휘말리기도 했다.

다음에 나오는 것이 미발표 논문에서 다루게 될 순서로, 자연학상의 의문의 윤곽을 그린 것이다. 모든 것은 연장과 운으로써 설명된다. 이것은 생물학에도 해당되어, 데카르트는 혈액의 순환을 이렇게 설명한다. 심장이 히터와 같은 작용을 하기 때문에, 심장에 들어가는 혈액이 확대된다는 것이다. 이것은 물론 하비의 관찰과 모순된 것으로, 둘 사이에 활발한 논쟁을 일으켰다. 그러나 《서설》로 돌아가면, 이 기계적 이론은 동물을 영혼이 없는 자동 기계라고 보는 견해로 이어진다. 이 견해는 동물이 말을 하지 않기 때문에 틀림 없이 이성이 없을 것이라는 사실에서 나온 것이라 생각된다. 이것은 인간의 영혼이 육체와는 관계가 없다는 견해를 강화시켜, 영혼이 달리 파괴력이 하나도 없으므로, 불멸한다는 결론을 저절로 내리게 한다. 마지막으로, 《서설》은 갈릴레이의 재판을 암암리에 언급하여, 발표할 것인가 여부의 문제를 논한다. 결국 타협은 《서설》과 그 서문을 이루는 세 가지 에세이를 파기하는 일이다. 이것이 전적인 윤곽에 지나지 않지만, 《서설》의 내용이며, 데카르트 철학의 원리를 간략하게 그린 것이다.

이 학설에서 중요한 것은 비판적 회의의 방법이다. 당연한 추세로 그것은 이후의 흄의 경우와 같이, 모든 것을 의심하는 태도에 빠진다. 그러나 데카르트는 회의적 결론을 그 명석한 관념으로 면하게 되었는데, 그는 이 관념을 자기의 정신적 활동에서 발견한다. 외연과 운동이라는, 오관과 관계 없는 일반 관념은 데카르트에게는 타고난 관념이며, 순수 지식은 근본적으로 이런 성질의 것이다. 감관지각은 색채, 미각, 촉각과 같은 이차적 성질을 의미하는데, 이것은 사실 사물에 있는 것이 아니다. 《성찰》에서 데카르트는 초 조각이 시시각각으로 변하는 현상이라는 유명한 예를 든다. 처음부터 끝까지 일정한 것은 외연으로, 이것이야말로 정신이 인식하는 타고난 관념이다.

데카르트 철학은 이와 같이 사고를 의심할 여지가 없는 출발점으로 강조하는데, 이것은 그 뒤 합리론과 경험론 두 진영의 유럽 철학에 영향을 끼쳤다. 이것은 비록 '나는 생각한다. 고로 나는 존재한다'는 이 발전의 기초를 이루는 공식이 그 자체는 그다지 옳다고는 하지 못해도, 여전히 진실이다. 왜냐하면 이 말은 사고 작용이 자의식적 과정이라는 숨은 전제 조건을 인정할 때 비로소 수긍할 수 있기 때문이다. 그렇지 않으면, 우리는 '나는 걷는다. 고로 나는 존재한다'고 말해도 좋을 것이다. 내가 정말로 걷는다고 한다면, 내가 존재한다는 것이 진실이어야 하기 때문이다. 홉스와 피에르 가상디는 이에 대한 반대 이론을 제기한다. 내가 사실 걷고 있지 않을 때도 걷고 있다고 생각할 수도 있는 반면, 내가 사실 생각하고 있지 않을 때 생각하고 있다고 생각할 수는 없기 때문이다. 이렇게 사고 과정에서 일어나는 자기 자신에 대한 언급은 의심할 수 없는 특징을 부여한다. 나중에 흄이 한 것처럼 자의식을 제거해 보라. 그러면 이 원리는 붕괴된다. 자기의 정신적 경험에는 다른 사건이 공유하지 못하는 독특한 확실성이 수반한다는 것은, 역시 진실이다.

데카르트의 이원론
즉, 정신적인 것과 육체적인 것은 분리되어 있다.

데카르트 철학은 정신과 물질 사이에 예부터 있던 이원론을 들추어, 대결해야 하는 정신과 육체 관계의 문제에 초점을 맞춘다. 물질계와 정신계는 이제 독립적이고 자기 법칙에 지배된 저마다의 진로를 달리는 것처럼 보이기 때문이다. 이와 같은 견해에 서면, 의지 작용과 같은 정신 작용이 물질계에 조금이라도 영향을 줄 수 있다고 주장하는 것은 불가능해진다. 데카르트 자신은 많이는 아니지만, 살아 있는 정신을 바라는 방향으로 변경시킬 수 있다는 것을 인정하면서 예외를 하나 설정했다. 그러나 이 고의적인 도피로는 인간의 마음이 체계와 맞아떨어지지 않았다. 게다가 그것은 운동의 법칙과도 일치하지 않았다. 그래서 데카르트의 제자들은 이것을 그만두고, 정신은 육체를 움직일 수 없다고 주장했다. 이 관계를 설명하기 위해, 우리는 다음과 같이 가정해야 한다.

우리는 세상의 운명이 예정되었기 때문에 어떤 육체적인 움직임이 일어날 때마다 정신적 부산물로 인정되는 것이 정신계에서 직접적인 관련 없이 적당한 때, 잇달아 일어난다는 것이다. 이 견해는 데카르트의 제자들, 특히 아르놀트 괼링크스(1624~1669)와 니콜라 말브랑슈(1638~1715)에 의해 펼쳐졌다. 이 이론은 기회원인론이라고 불리는데, 물질적·정신적으로 연관된 사건을 나란히 진행시켜 한쪽 사건이 언제나 다른 쪽의 사건이 일어나는 그때 일어나도록 신이 우주를 정하고 있다고 주장하기 때문이다. 괼링크스는 여기에 두 개의 시계의 직유를 고안하여 이 이론을 예증하려고 했다. 여기에 두 개의 시계가 있어서 양쪽 모두 완전히 맞는다고 하면, 우리는 바늘이 몇 시인가를 가리키고 있는지 한 시계를 볼 때, 다른 시계가 시간을 알리는 소리를 들을 것이다.

**생리학 교과서**
데카르트의 《인간론》(1664)은 생리학 교과서 제1호로 여겨진다. 이 삽화는 사람이 사물을 봤을 때의 지각작용과 근육운동의 관계를 설명한 것이다. 물체의 이미지는 눈에서 뇌의 송과체로 전달되고, 이미지와 송과체 사이의 반응에 의해 동작이 일어난다.

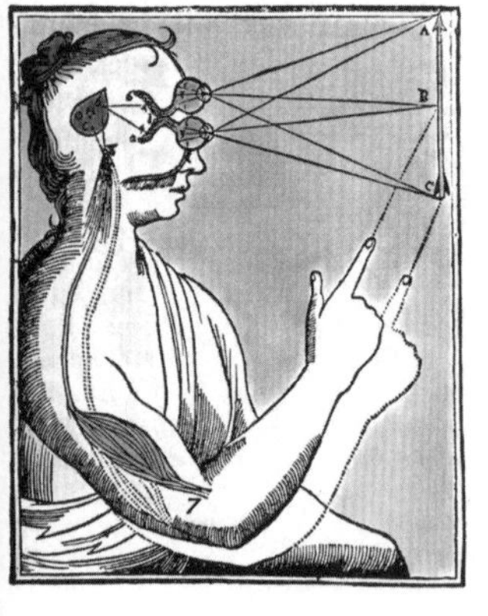

따라서 우리는 제1의 시계가 제2의 시계에게 시간을 치게 했다고 말하고 싶어질지도 모른다. 정신도, 육체도 이들 두 개의 시계처럼 독립된 것이지만 신이 병행하는 진로를 나란히 달리도록 나사를 감아 놓은 것이다. 기회원인론은 물론 다루기 힘든 어려움이 몇 가지 생긴다. 시간을 알기 위한 것이라면, 두 개의 시계 중 하나는 없어도 지낼 수 있는 것처럼, 앞뒤 관계로 따져 볼 때 정신상의 사건을 육체상의 사건에서 추론하는 것이 가능해 보이기 때문이다.

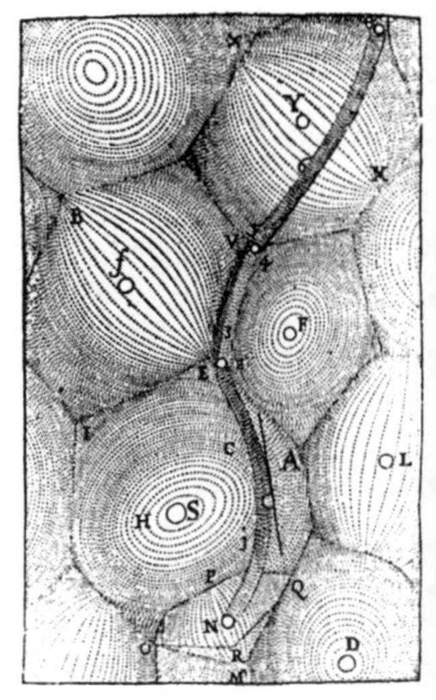

데카르트의 우주관
데카르트는 《우주론》(1633)에서 가상적인 '새로운 세계'에 대해 설명하고 있다. 우주는 이 삽화에서 볼 수 있는 것처럼 무수한 소용돌이의 집합체로 이루어져 있으며, 우주 공간에 있는 물질은 모두 이 소용돌이 안으로 모아진다. 각 소용돌이의 중심에 있는 것이 별이며, 그 주위에 있는 것은 행성이다.

이와 같은 시도의 성공 가능성은 기회원인론의 원리 자체에 의해 보증된다. 우리는 이와 같이 육체상의 사건만으로 정신 작용의 완전한 이론을 세울 수가 있는데, 이런 시도는 18세기 유물론자가 영혼 제기하고, 20세기의 행동심리학이 부연한 것이다. 이와 같이 기회원인론은 영혼의 독립성을 육체로부터 구출하기는커녕, 결국 영혼을 여분의 실재물로 만든다. 또 그렇게 하는 것이 좋다고 여기면, 육체를 불필요한 것으로 만든다. 어느 쪽 견해를 취한다 해도, 그것은 그리스도교 원리와 일치하지 않는다. 따라서 데카르트의 저서가 금서 목록에 확고한 지위를 얻은 것도 놀랄 만한 일은 아니다. 데카르트 철학은 일관되게 자유 의사를 제공할 수는 없다. 마지막으로, 물리학과 생물학적 물질 세계에 대해 데카르트가 설명한 엄격한 결정론은, 18, 9세기의 유물론을 촉진하는 데 기여했고, 특히 뉴턴 물리학과 함께 이해될 때 더욱 빛을 발했다.

데카르트의 이원론은 결국 스콜라 철학자가 말하는 전문적인 의미에서의 실체 문제에 모두 인습적인 접근법을 취한 결과물이다. 실체란 성질을 간직한 것이지만, 그 자체는 독립적이고 영원하다. 데카르트는 물질과 정신은 서로 다른 실체이며, 저마다 자기 충족적이기 때문에 아무래도 상호 작용을 미칠 수 없다고 인정했다. 기회원인론은 이 사이에 다리를 놓기 위해 도입되었다. 그러나 우리가 이와 같은 원리를 인정한다면, 여기에 얼마든지 의존해서는 안 될 이유가 없다. 예를 들어, 사람은 저마다의 정신을 그 자신의 실체처럼 다루어도 좋을 것이다. 라이프니츠는 이 방향으로 나아가면서, 단자론(單子論)에서 무한히 많은 실체가 모두 독립적이지만 조화롭게 움직인다는 이론을 펼쳤다. 이와는 달리 파르메니데스의 견해로 되돌아가면, 실체는 하나밖에 없다고 주장할 수도 있을 것이다. 이 후자의 길을 취한 인물이 스피노자로, 그의 이론은 전에 수립된 일원론 중에 아마도 가장 일관되고 비타협적일 것이다.

스피노자(1632~1677)는 암스테르담 태생의 유대인 집안의 아들로, 그 무렵 사람들이 기억하는 이야기에 따르면, 조상은 포르투갈의 고향을 버리고 마음대로 신을 예배할 수 있는 땅을 찾아서 왔다고 한다. 이슬람 교도가 에스파냐와 포르투갈로부터 배척된 뒤로 종교재판소에서 종교적 불관용으로 세상을 풍미하고 있었으므로, 비그리스도 교도의 삶은 아무리 생각해 보아도 불쾌한 것이었다. 개혁파인 네덜란드는 에스파냐의 그런 제도와 싸우고 있었으므로, 이들 박해의 희생자를 옹호하여 암스테르담은 많은 유대인 사회의 근거지가 되었다. 그 구역 속에서 스피노자는 젊었을 때 훈육과 교육을 받았다.

스피노자
네덜란드의 철학자. 스피노자는 그리스도 신학에 대하여, 논쟁을 일으킬 만한 것이라도 분명하게 그의 생각을 밝혔다. 그 결과 동시대 사람들에게는 극악한 무신론자로 비쳐졌다.

그러나 그의 왕성한 지능은 이들 전통적 학과만으로는 양에 차지 않았다. 라틴어를 통해 그는 학예의 위대한 부흥을 기약하고, 새로운 과학과 철학을 발전시키고 있던 사상가들의 저술을 친히 대할 수가 있었다. 그는 유대인 사회를 깜짝 놀라게 할 만큼 이윽고 정통 신앙의 한계 안에 머무를 수가 없었다. 개혁파 신학자들은 독자적으로 비타협적이었고, 종교의 격렬한 비판적 거부는 무엇보다도 그즈음에 네덜란드에 널리 퍼지고 있던 관용의 전반적 분위기를 교란시킬 염려가 있었다. 스피노자도 마침내 성서의 모든 저주를 짊어지고 회당을 쫓겨났다.

네덜란드 헤이그에 있는 스피노자의 집

천성적으로 조금 내성적이었기 때문에, 그는 그 뒤 완전히 고립하여, 친구의 작은 모임 속에서 조용히 살면서, 렌즈를 닦아 생계를 유지하고 철학상의 명상에 잠겼다. 사람의 눈을 피해 살았는데도, 그의 명성은 빠르게 올라가, 그는 그 후에 많은 유력한 심취자와 편지를 주고받게 되었다. 이들 심취자들 중에 라이프니츠가 가장 중요했고, 두 사람은 헤이그에서 만난 것으로 알려져 있다. 그러나 스피노자는 절대로 자기 은신처에서 세상으로 끌려나오는 것을 승낙하지 않았다. 1673년, 파라타인 선제후는 하이델베르크 대학 철학 교수의 지위를 스피노자에게 주려고 했지만, 그는 정중하게 거절했다. 이 영예를 거절한 이유는 이렇다. "첫째, 나는 젊은 사람들의 교육에 전념하게 되면 철학 연구를 할 수 없을 것 같습니다. 게다가 기존 종교를 뒤집어엎을 생각이 없다는 것을 나타내기 위해서는, 어느 한계 안에서 철학을 할 자유를 가져야 하는지 모르겠습니다. 따라서 저는 지금 새삼스럽게 출세할 생각은 없고, 오직 조용한 생활을 하고 싶어서 강의를 사양하니, 이를 위해 현재대로 있게 해주시는 것이 가장 좋으리라고 생각합니다."

스피노자의 저술은 많지는 않지만, 전에 거의 볼 수 없었을 정도의 집중력과 논리적 엄밀성을 나타낸다. 그러나 신과 종교에 대한 그의 견해는 시대를 훨씬 앞질러 있었기 때문에, 그 윤리상의 이론을 구성하는 데는 엄격했다. 그러나 그는 자기 시대나 그 뒤 100년 동안에도 죄악의 괴물이라고 비난을 받았다. 그의 최대 저서인 《윤리학》은 엄청난 논쟁을 불러일으킬 것 같아서 죽은 뒤까지 출판할 수 없었다. 그의 정치 이론에는 홉스와 공통된 점이 많다. 그들 사이에는 올바른 사회에서 바람직하다고 생각한 많은 특징에 대해서 상당한 일치를 볼 수 있는데, 스피노자 이론의 기초는 전혀 별개의 것이었다. 홉스가 자기의 기술을 경험적으로 밝히고 있는 데 반하여, 스피노자는 자기의 결론을 전반적인 형이상학 이론에서 꺼내고 있다. 사실 스피노자의 힘찬 논증을 이해하기 위해서는, 그의 철학서 전체를 커다란 한 편의 논문으로 다루어야 한다. 이런 이유에서 스피노자의 저술은 경험론 철학자들의 저서에 비해서, 그다지 직접적인 감명을 주지 않았다. 그러나 논의되는 문제는 그때 그 시대가 맞닥뜨린 현실적인 문제였음을 기억해둘 필요가 있다. 자유가 국가의 기능상 중요한 역할을 한다는 것도, 19세기에 인정된 만큼 그렇게 일반적이지 않았다.

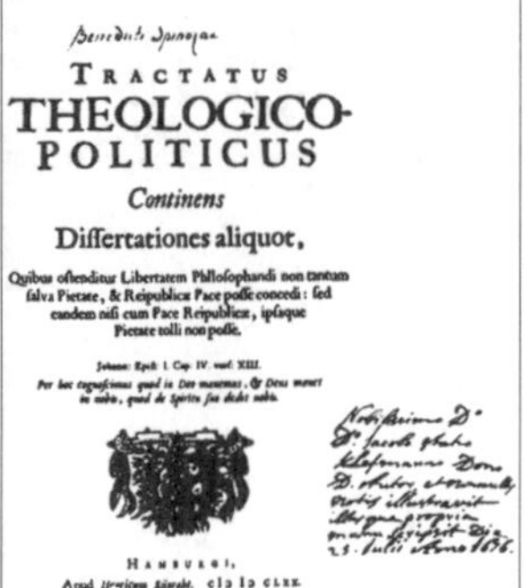
TRACTATUS
THEOLOGICO-
POLITICUS
Continens
Dissertationes aliquot,
Quibus ostenditur Libertatem Philosophandi non tantum salva Pietate, & Reipublicæ Pace posse concedi: sed eandem nisi cum Pace Reipublicæ, ipsaque Pietate tolli non posse.

스피노자의 저서 《신학 정치론》
익명으로 출판된 이 책은 신을 모독했다 하여 고초를 겪었다.

스피노자는 홉스와 달리 사상의 자유를 외친 주창자였다. 실제로 그의 형이상학과 윤리학설로 보자면, 이와 같은 조건 아래에서가 아니라면 국가는 올바른 기능을 영위할 수가 없다. 《신학·정치론》에서 이 점은 크게 강조되고 있다. 이 책은 간접적으로 성서를 비평하면서 이들 논제에 접근한다는 점이 조금은 특이하다. 스피노자는 여기서 주로 구약성서에 입각해서, 2세기 뒤의 고등 비평을 시작하고 있다. 이 근원에서 역사적 실례를 검토한다면, 자칫 사상의 자유가 사회적 존재의 본질을 이룬다는 것을 논증하게 된다. 이 문제에 대해서는 결론적으로 특이한 고찰이 나온다. "그런데도 나는 이와 같은 자유에서 조금 귀찮은 문제가 때때로 일어나는 일이 있음을 고백해야 된다. 그러나 무엇인가를 수립할 때, 아무런 폐해도 생기지 않을 정도로 깊게 생각한 사람이 있을까? 모든 것을 법칙으로 지배하기를 바라는 사람은 결점을 줄이기보다는 오히려 늘린다. 금지할 수 없는 것이 때때로 좋지 않은 결과로 끝나더라도 그는 꼭 그것을 허용하겠다고 고집한다."

스피노자는 또 홉스와 달리 민주주의를 사회의 일반적이고 합리적인 처리 방식이라고 보고 있지는 않다. 가장 온당한 정부는 법령을 내는 권한이 있을 경우, 올바른 법령을 내고, 신앙과 교육 문제에서는 초연하다. 온당한 정부는 재산을 바탕으로 정치적 책임을 지는 특권층이 있을 경우에 생겨난다. 이와 같은 정부는 스피노자가 뜻하는 지적 가능성을 드러내는 가장 좋은 기회를 갖고 있고, 이것이야말로 그의 형이상학으로 볼 때 인간이 품어야 할 목적이다. 가장 좋은 정부에 대해 말하자면, 활동이 어느 정도의 자유와 안전에 달려 있는 상업 사회야말로 자유주의 세상을 만드는 가장 좋은 기회를 갖는다. 아마도 이 말은 옳을 것이다. 스피노자의 고향 네덜란드는 이 점에서 스피노자의 논점을 몸소 보이고 있다.

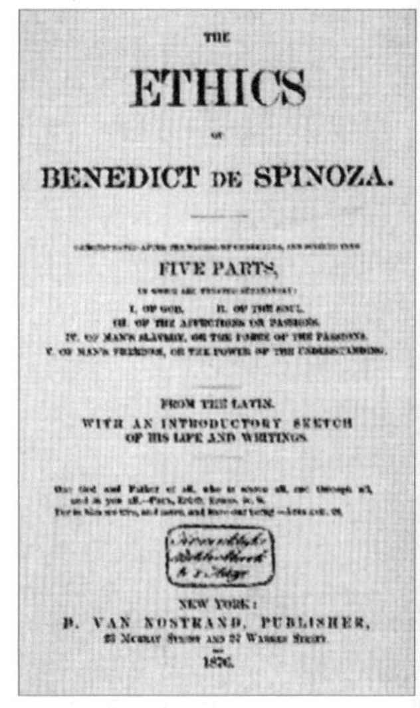
THE

ETHICS

OF

BENEDICT DE SPINOZA.

FIVE PARTS,

FROM THE LATIN.

WITH AN INTRODUCTORY SKETCH

OF HIS LIFE AND WRITINGS.

NEW YORK:

D. VAN NOSTRAND, PUBLISHER,

1876.

《에티카(윤리학)》 표지
이 책은 스피노자의 사후에 출판되었다. 취급되었던 테마는 논리학뿐만 아니라 철학 전반에 이르렀다. 전체의 구성은 유클리드 기하학 교본과 같으며, 모든 것은 증명 가능하다는 전제에 논증이 펼쳐졌다.

이번에 우리는 스피노자의 체계가 출판된 역사적 순서에 따라 《윤리학》을 살펴보겠다. 비록 논리학이 윤리학과 함께 시작되긴 했지만 말이다. 이 책의 제목은 내용에 다소 오해를 불러일으킨다. 왜냐하면 이 책에 우선 나오는 내용이 스피노자의 형이상학이며, 여기에는 과학적인 자연 탐구를 위한 합리론적 청사진의 설명이 들어가 있기 때문이다. 이것은 17세기의 으뜸가는 지적 쟁점 가운데 하나이다. 이어서 나오는 내용이 정신 및 의지와 감정의 심리에 대한 설명과, 이들에 입각한 윤리설이다.

이 저서 전체는 유클리드풍으로 기술되었다. 정의와 한 조의 공리에서 시작하여 이들로부터 나오는 명제가 부수적인 증명이나 설명이 함께 집대성이 되어 있다. 이런 철학 양식은 오늘날 그다지 유행하지 않고 있고, 지금 막 인쇄가 끝났다는 사실 말고는 쓸모가 없다고 생각하는 사람들에게 스피노자의 체계는 실제로 이상한 연습 문제일 것이다. 그러나 그 체계상 그것은 그다지 터무니 없는 것으로는 여겨지지 않는다. 이 책은 간결하고 명쾌하게 추론한 걸작이다.

제1부는 신을 다룬다. 정의가 여섯 가지 열거되고, 이 안에 스콜라 철학의 전통적 용어에 따른 실체의 정의와 신의 정의가 들어 있다. 공리는 근본적으로 납득할 수 없는 일곱 가지 정의를 내린다. 여기서 우리는 어디까지나 단순히 그 결과를 추구해갈 뿐이다. 실체를 정의한 방법으로 보면, 실체란 완전히 자기를 설명하는 것이어야 하는 것 같다. 실체는 무한한 것이라고 밝힌다. 그렇지 않으면, 그 한계가 그 실체에 어떤 영향을 미치게 될 것이다. 게다가 이와 같은 실체는 단 하나밖에 없으며, 그것은 세계라고 본다. 마찬가지로 실체는 신과도 일치한다. 따라서 신과 우주, 즉 모든 사물의 총체는 같다. 이것이 스피노자의 유명한 범신론이다. 스피노자의 설명에 신비주의의 흔적을 조금도 볼 수 없다는 것은 강조되어야 할 점이다. 문제 전체가 놀라울 만큼 교묘하게 조립된 한 조의 정의와 공리에 따라서 연역 논리의 연습일 뿐이다. 이것은 아마도 철학사상 가장 돋보이는 체계적 구성의 한 예일 것이다.

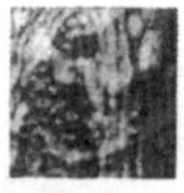
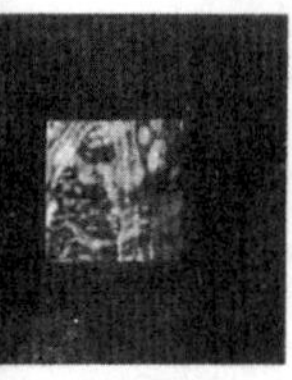
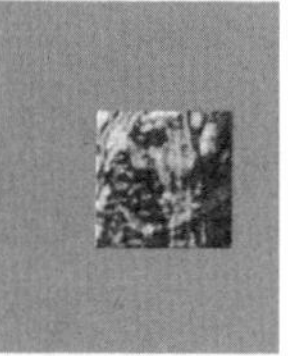
스피노자는 정신과 물질은 하나의 실체가 보이는 두 가지 국면이라고 생각했다.

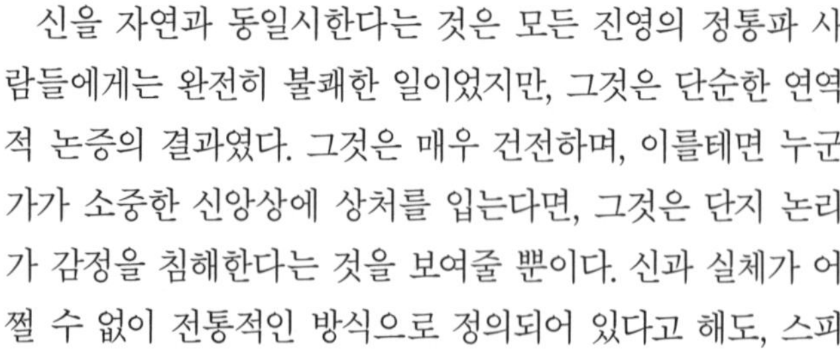
신을 자연과 동일시한다는 것은 모든 진영의 정통파 사람들에게는 완전히 불쾌한 일이었지만, 그것은 단순한 연역적 논증의 결과였다. 그것은 매우 건전하며, 이를테면 누군가가 소중한 신앙상에 상처를 입는다면, 그것은 단지 논리가 감정을 침해한다는 것을 보여줄 뿐이다. 신과 실체가 어쩔 수 없이 전통적인 방식으로 정의되어 있다고 해도, 스피노자의 결론은 싫으나 좋으나 유효하다. 이 결과, 이들 명사에는 독특한 무엇인가가 있다고 인정하게 될 정도다. 이 이론에 맞추어서, 스피노자는 우리 인간의 낱낱의 지성을 신의 일부로 간주한다. 그도 데카르트와 마찬가지로 명석함과 명백함을 주장한다. 왜냐하면 스피노자는 '허위는 지각이 결여될 때 생기고, 이것은 부적절한, 바꾸어 말하자면 알맹이가 없고 혼란된 관념에 따른 것'이라고 말했기 때문이다. 일단 적절한 관념을 가지면, 우리는 틀림 없이 사물의 질서와 관계를 알게 되므로, 이 질서와 관계는 관념의 질서 및 관계와 같다. 정신의 본성은 사물을 우발적으로 보지 않고 필연적인 것으로 본다. 이와 같은 일이 잘 되면 될수록 우리는 더욱더 신과, 또는 같은 말이지만 세계와 하나가 된다. 이 전후 관계에서, "정신의 본성은 어떤 무시간(無時間)의 관점에서 사물을 지각한다"라는 저 유명한 말은 스피노자가 만든 것이다. 실제로 이것은 정신이 사물을 필연적인 것으로 보고 있는 사실의 한 결과다.

유대교 예배당의 실내 장식 이곳으로부터 스피노자는 1656년 추방되었다.

《윤리학》의 제3부에서는 정신이 우주의 충분한 지적 현상을 실현시킬 수 없다는 것을 보여준다. 바로 감정의 작용이 우주에 반작용을 하기 때문이다. 우리의 모든 행동 배후에 있는 원동력은 자기 보존이다. 전적으로 자기 중심적인 이 원리는 우리 모두를 이기적인 냉소가로 전락시킨다고 생각할 수도 있다. 그러나 이 생각은 모두 빗나간 것이다. 사람은 자기의 이익을 구하기 위해 조만간 신과의 합일을 동경하게 될 것이기 때문이다. 사람은 '영원한 형상 아래서,' 즉 앞서도 언급했듯이, 무시간의 관점에서 사물을 볼수록 신과의 합일에 도달하게 된다.

마지막 4, 5부는 스피노자의 윤리학이라는 제목이 잘 어울린다. 인간은 외부의 영향이나 원인에 좌우되는 한, 노예

상태에 있다. 실제로 유한한 모든 것에 해당된다. 그러나 신과의 일치에 이르는 한, 사람은 이미 이러한 영향을 따르지 않는다. 전체로서의 우주는 조건이 붙지 않기 때문이다. 따라서 인간은 전체에 더욱더 순응해 가면서 그에 알맞은 자유를 얻는다. 자유란 바로 독립 또는 자기 결정이며, 이것은 신에게만 해당되기 때문이다. 이런 식으로 우리는 내 몸에서 공포를 없앨 수 있다. 소크라테스나 플라톤과 같이, 스피노자도 무지야말로 모든 악의 가장 큰 원인이라고 생각했고, 지식이야말로 우주의 보다 큰 이해라는 뜻에서, 현명하고 적절한 행동에 이바지하는 유일한 조건이라고 생각한다. 그러나 소크라테스와 달리 그는 죽음에 대해서 생각하지 않는다. "자유인은 죽음에 대해 생각하지 않는다. 자유인의 지혜는 죽음에 대한 명상이 아니라 삶에 대한 명상이다" 악은 부정적인 것이므로 결점이 전혀 없는 총체적인 존재인 신이나 자연은 악일 리가 없다. 모든 것은 유일한 이 세상의 가장 좋은 것을 위해 있다. 실제로 유한한 존재로서의 인간은 될 수 있는 대로 많은 우주와의 접촉을 위해, 자기를 보존하도록 행동할 의무가 있다.

이상이 스피노자 체계의 대략적인 윤곽이다. 17세기의 과학 운동에서 이 체계의 중요성은 우주에서 진행되는 모든 것에 대해서 하나의 같은 수준에서 결정론적 설명을 암시한 점에 있다. 사실 이 체계는 과학을 하나로 합해서 앞으로 집대성하기 위한 청사진이다. 이와 같은 시도는 지금 같으면 몇 가지 중대한 조건을 붙이지 않고서는 옳다고 볼 수 없을 것이다. 마찬가지로 윤리면에서 악이 아주 소극적이라고 하는 것은 인정할 수 없다. 예를 들어, 도리에 맞지 않은 모든 잔학 행위는 세계에 대한 적극적이고 사라지지 않는 오점이다. 그리스도 교도가 원죄설에서 하려는 말도 이것일지 모른다. 스피노자의 해답은 그 어떤 잔학 행위도 '영원

**광학**
스피노자는 광학과 천문학에 깊은 관심이 있었으며, 실력 있는 전문가로 안경·망원경·현미경 렌즈를 연마하여 생계를 꾸렸다. 《미크로그라피아》에 실린 현미경과 집광기

한 형상 아래'에서는 결코 무자비하지 않다고 할 것이다. 그러나 이것은 쉽사리 확립할 수 있는 것이 아니다. 그런데도 스피노자의 체계는 서양 철학의 돋보이는 기념비 가운데 하나이다. 그 엄격한 어조에는 얼마쯤 구약 성서의 냄새가 나지만, 그것은 그리스인의 장엄한 방식으로 세계를 지성적인 전체로서 나타내려고 하는 위대한 시도이다.

**고트프리트 빌헬름 라이프니츠**
독일의 철학자·수학자. 수리논리학의 선구자

*

실체 문제는 이미 살펴본 것처럼, 실제로 매우 여러 가지 해석을 낳았다. 스피노자가 극단적인 일원론을 주장했다고 한다면, 라이프니츠의 해답은 이와는 완전히 반대로 무한한 실체를 가정한다. 두 이론은 몇 가지 점에서 파르메니데스의 이론과 원자론과 어느 정도 관계가 있다. 단, 이 대비는 너무 극단적으로 생각할 필요는 없다. 라이프니츠의 이론은 결국 실체는 하나이므로 외연을 가질 수 없다는 고찰에 바탕을 두고 있다. 이것이 다원론을 함축하고 나아가서는 실체의 한 집단만을 특징지을 수 있기 때문이다. 이로부터 그는 무한히 많은 실체가 있고, 그 하나하나는 외연을 가지지 않으므로 비물질적이라고 추론한다. 이들 실체는 단자(單子)라고 불리고, 조금 일반적인 뜻에서 영혼이라는 본질적인 속성을 갖는다.

라이프니츠(1646~1716)는 아버지가 대학 교수로 있던 라이프치히에서 태어났다. 일찍부터 그는 날카롭고도 비판적인 재능을 보여주었는데, 15세에 대학에 들어가 철학을 배우고, 2년 뒤에 졸업하여 예나 대학에서 법률을 배웠다. 20세 때 라이프치히 대학에 법학 박사의 학위를 신청했지만, 나이가 젊다는 이유로 허락받지 못했다. 그러나 관대한 알트도르프의 대학 당국은 학위를 주었을 뿐만 아니라, 교수 자리까지도 주려고 했다. 이때 라이프니츠는 전혀 다른 일을 생각하고 있었기 때문에, 이 제의를 받아들이지 않았다. 1667년, 그는 마인츠 대주교 아래에서 외교관직에 앉았는데, 이 대주교는 선제후의 한 사람으로, 30년 전쟁의 대학살에서 신성 로마 제국의 볼품없는 잔존물을 되살리는 데 여념이 없는 활동적인 정치가였다. 무엇보다 프랑스의 루이 14세가 독일을 침략하지 못하게 할 필요가 있었다.

이 목적을 갖고 라이프니츠는 1672년에 파리로 가서, 4년의 세월 대부분을 그곳에서 보냈다. 그의 계획은 태양왕의 군사적 에너지를 이단자 물거품으로 돌리게 해서, 왕이 이집트를 침략하도록 설득하는 것이었다. 이 사명은 수포로 돌아갔지만, 그동안에 라이프니츠는 그 무렵의 중요한 철학자나 과학자들을 많이 만났다. 그즈음 파리에서는 니콜라 말브랑슈가 인기였고, 파스칼 이후의 얀센주의 최고의 대표자 앙투안 아르노와 같은 사람도 인기를 얻고 있었다. 네덜란드의 물리학자 크리스티안 호이겐스도 그가 아는 사람 중 한 사람이었다.

1673년, 그는 런던으로 나와, 화학자 보일이나 설립된 지 얼마 안 되는 왕립협회 회원 올덴부르크를 만나, 라이프니츠도 그 회원이 되었다. 같은 해, 그가 섬기던 고용주가 죽자, 라이프니츠는 하노버에서 사서를 필요로 하던 브런즈윅 후작에게서 일자리를 얻었다. 라이프니츠는 바로 이 일을 수락하지 않고 국외에 머물렀다. 1675년, 파리에 체류하는 동안에, 그는 미적분학의 연구를 하기 시작했는데, 이것은 그가 뉴턴의 조금 일찍 나온 저서와 관계 없이 발견한 것이다. 라이프니츠는 결국 그에 대한 반대 이론을 1684년 《학자전》에 발표했는데, 이것은 뉴턴의 미분학의 이론보다도 더 근대적이다. 뉴턴의 《수학적 원리》는 그로부터 3년 뒤에 세상에 나왔다. 오랫동안 무익한 논쟁이 이어졌고, 사람들은 거기에 포함된 과학적 논점을 논하기는커녕, 어느 나

**《팡클로스 박사》**
신은 가능한 최고의 세계를 창도했다고 하는 라이프니츠의 견해는 볼테르의 소설 《캉디드》(1759)에서 풍자되고 있다. 소설의 등장인물 팡클로스 박사는, 다양한 불행을 보게 되는 '모든 것을 가능한 한 최선의 상태에 있다'라고 입버릇처럼 말한다.

라에 유익한 지에 따라 편을 들었다. 그 결과 영국의 수학은 1세기나 뒤졌는데, 그 까닭은 라이프니츠의 기호법을 프랑스인이 채용하게 되어, 해석의 도구로 쉽게 이용할 수 있었기 때문이다.

1676년, 라이프니츠는 헤이그로 가서 스피노자를 방문했고, 이어 하노버의 사서 지위에 앉았는데, 그는 죽을 때까지 이 자리에 있었다. 그는 브런즈윅의 역사 편찬에 많은 시간을 들이고, 여가를 할애하여 과학과 철학을 연구했다. 게다가 그는 유럽 정치적 무대의 기사회생의 계획도 계속해서 짰다. 그는 종교상의 커다란 틈새를 고치려고 했지만, 그 계획에 귀를 기울이는 사람은 없었다. 하노버 왕가의 조지가 1714년에 영국의 왕이 되었을 때, 라이프니츠는 런던의 궁전으로 초청되지는 않았다. 이것은 틀림 없이 계산법에 대한 논쟁의 불운한 여파였을 것이다. 그는 비참하게 잊혀진 채 있다가, 2년 뒤에 세상을 떠났다.

독일 하노버에 있는 라이프니츠의 집

라이프니츠의 철학은 논하기가 쉽지 않다. 그 저서의 대부분이 단편적이고 개정을 하지 않았기 때문인데, 만약에 이런 수고가 있었더라면, 더 늦기 전에 갖가지 모순을 밝힐 수가 있었을 것이다. 그 원인은 주로 라이프니츠 생애의 외적인 환경에 있었다. 철학상의 저술은 가끔 틈을 봐서 집필해야 했고, 자칫하면 지체하거나 중단하게 되었다. 그러나 라이프니츠를 때로 어렵게 만드는 재미있는 이유가 또 하나 있었다. 이것은 그의 철학의 이중성에서 비롯된다. 한편에는 단자론으로 끝나는 실체의 형이상학이 있고, 다른 한편에는 많은 점에서 형이상학적 사고와 병행하는 논리설의 주장이 있기 때문이다. 아무래도 우리에게는 둘 중에서 논리학 쪽이 더 중요하겠지만, 라이프니츠 자신은 분명히 자기의 두 저술에 똑같은 중요성을 부여하고 있었다. 실제로 그는 한쪽 영역이 다른 쪽 영역으로 손쉽게 움직일 수 있는 것을 틀림없는 사실로 보았다. 이와 같은 관점은 주로 오늘날 영국 철학자들로부터 신용받지 못하고 있다. 비록 언어와 논리가 어느 정도 자기 충족적인 것이라고 보는 관념이 그 자체에 결함을 가진 형이상학적 관점이라 해도 말이다. 우리는 라이프니츠의 형이상학이 그 무렵의 과학적 발전으로부터 커다란 특색 몇 가지를 띠고 있다는 점에 유의하는 것이 중요하다. 형이상학에 대한 저술은, 그가 살아 있는 동안에 출판되었는데, 그 안에는 철학자로서 라이프니츠의 명성을 약 2세기 동안 이어준 단자론의 내용이 담겨 있다. 논리에 대한 저서는 간행되지 않은 채 있다가, 20세기 초두에 들어와서 올바르게 평가받았다.

라이프니츠의 형이상학에 대한 이론은, 앞서 말했듯이 단자(單子)에 의해서 실체 문제에 대답하는 것이었다. 스피노자와 마찬가지로 그 또한 실체는 서로 작용할 수 없다는 견해를 가지고 있다. 이것은 곧 그 어떤 두 개의 단자도 인과적으로 결부될 수 없다는 결론에 이른다. 실제로 둘 사이에는 그 어떤 참다운 관련도 없다. 이것은 단자에는 창이 없다는 말로 표현되고 있다. 그렇다면, 우주의 다른 부분에 우연한 관계가 있는 것처럼 보인다고 곳곳에서 인정하고 있는 사실을 어떻게 이해시킬 수 있을까? 해답은 가까운 괼링크스의 두 개의 시계에 대한 이론에 있었다. 우리는 이것을 무한수로 넓히기만 하면 예정된 조화 이론에 다다를 수가 있다. 이 이론에 따르면, 하나하나의 단자는 전 우주를 반영한다고 한다. 즉 신이 모든 일을 정해 주어 모든 단자가 교묘하게 고안된 평행선의 거대한 체계 안에서 독자적인 진로를 달릴 수 있다는 것이다.

1. La Monade, dont nous parlerons ici, n'es autre chose, qu'une substance simple, qui entre dan les composés; simple, c'est à dire sans parties. [1]).
2. Et il faut qu'il y ait des substances simples puisqu'l y a des composés; car le composé n'es autre chose, qu'un amas, ou aggregatum de simples.
3. Or là, ou il n'y a point de parties, il n'y ni étendue, ni figure, ni divisibilité possible. E ces Monades sont les véritables Atomes de la Na ture et en un mot les Elémens des choses.
4. Il n'y a aussi point de dissolution à craindre et il n'y a aucune manière concevable par laquell une substance simple puisse périr naturellement.[2]
5. Par la meme raison il n'y en a aucune, pa laquelle une substance simple puisse commence naturellement, puisqu'elle ne sauroit être formé par composition.

라이프니츠의 저서 《단자론》 초판의 한 페이지

하나하나의 단자는 하나의 실체이므로, 그것이 저마다 다른 관점을 취할 뿐만 아니라 질적으로도 모두 별개의 것이다. 단자는 저마다 다른 위치를 갖는다고 말하는 것은,

엄밀하게 말하면 옳지 않을 것이다. 단자는 시공적 실재물이 아니기 때문이다. 공간과 시간은 실재가 아닌 감각 현상이다. 공간과 시간의 배후에 있는 실재는 각기 다른 관점을 갖는 단자의 배열이다. 하나하나의 단자는 약간씩 다르게 우주를 비치는 것으로, 둘 다 정확히 같지가 않다. 두 개의 단자가 정확하게 같다면, 그때 그것은 사실상 하나고 동일한 것이다. 이것이 분간을 할 수 없는 것들을 동일시하는 라이프니츠 원리이다. 따라서 두 개의 단자가 위치상에서만 다를 수 있다는 말을 한다는 것은 무의미하다.

모든 단자는 다르므로, 우리는 이들 단자를 배열할 때, 단자가 어떻게 세계를 반영하는가에 따라서 그들을 서열적으로 배열할 수 있다. 모든 대상은 한 집단의 단자로 이루어진다. 인간의 육체도 또한 이와 같이 만들어지는데, 이 경우, 거기에는 그 모양이 명료하기 때문에 특히 돋보이는 단자가 하나 있다. 특권이 주어진 이 단자는 구체적으로 말하자면 인간의 영혼이라 불린다. 단, 넓은 뜻으로는 모든 단자는 영혼이며, 이들은 모두 비물질적이고 불멸한다. 두드러진 단자, 즉 영혼은 지각이 명료해서 눈에 띌 뿐 아니라, 그 예속물이 예정된 조화로운 방식으로 기능을 드러낼 목적을 지니고 있는 점에서도 눈에 띈다. 우주의 모든 것은 충분한 이유가 있어서 생기지만, 자유 의지는 인간이 논리적인 엄격한 강제력 없이 행동할 때만 허용된다. 신도 이런 종류의 자유를 누린다. 다만, 신에게는 논리의 법칙을 침범할 자유는 없다. 스피노자의 자유의지론은 남의 마음에 거스르는 반면, 라이프니츠의 자유의지론은 호감을 사는데, 이런 자유의지론은 단자를 가지고는 체계적으로 설명하기 어려우며, 사실상 단자론과 모순되는 것이다. 이 점은 아래에서 보는 대로이다.

단자(monad)들은 관찰의 견지에서는 시간·공간적 물질이 아니다.

MENSIS OCTOBRIS A. M DC LXXXIV. 467

*NOVA METHODUS PRO MAXIMIS ET MI-nimis, itemque tangentibus, quæ nec fractas, nec irrationales quantitates moratur, & ſingulare pro illis calculi genus, per G. G. L.*

Sit axis AX, & curvæ plures, ut VV, WW, YY, ZZ, quarum ordinatæ, ad axem normales, VX, WX, YX, ZX, quæ vocentur reſpective, v, w, y, z; & ipſa AX abſciſſa ab axe, vocetur x. Tangentes ſint VB, WC, YD, ZE axi occurrentes reſpective in punctis B, C, D, E. am recta aliqua pro arbitrio aſſumta vocetur dx, & recta quæ ſit ad lx, ut v (vel w, vel y, vel z) eſt ad VB (vel WC, vel YD, vel ZE) vocetur dv (vel dw, vel dy vel dz) ſive differentia ipſarum v (vel ipſarum w, aut y, aut z) His poſitis calculi regulæ erunt tales:

Sit a quantitas data conſtans, erit da æqualis 0, & d ax erit æqu. dx; ſi ſit y æqu v (ſeu ordinata quævis curvæ YY, æqualis cuivis orinatæ reſpondenti curvæ VV) erit dy æqu. dv. Jam *Additio & Subtractio*: ſi ſit z − y + w + x æqu. v, erit d z − y + w + x ſeu dv, æqu z − dy + dw + dx. *Multiplicatio*, d xv æqu. x dv + v dx, ſeu poſito æqu. xv, fiet dy æqu x dv + v dx. In arbitrio enim eſt vel formulam, xv, vel compendio pro ea literam, ut y, adhibere. Notandum & x d x eodem modo in hoc calculo tractari, ut y & dy, vel aliam literam determinatam cum ſua differentiali. Notandum etiam non dari mper regreſſum a differentiali Æquatione, niſi cum quadam cautio-, de quo alibi. Porro *Diviſio*, d $\frac{v}{y}$ vel (poſito z æqu. $\frac{v}{y}$) dz æqu. ±v dy ∓ y dv / yy

Quoad *Signa* hoc probe notandum, cum in calculo pro litera bſtituitur ſimpliciter ejus differentialis, ſervari quidem eadem ſigna, pro + z ſcribi + dz, pro − z ſcribi − dz, ut ex additione & ſubtraione paulo ante poſita apparet; ſed quando ad exegeſin valorum nitur, ſeu cum conſideratur ipſius z relatio ad x, tunc apparere, an lor ipſius dz ſit quantitas affirmativa, an nihilo minor ſeu negativa: od poſterius cum fit, tunc tangens ZE ducitur a puncto Z non vers A, ſed in partes contrarias ſeu infra X id eſt tunc cum ipſæ ordinatæ

Nnn 3 z decre-

저서 《단자론》의 첫 페이지

신의 존재라는 영원한 문제에 대해서, 라이프니츠는 우리가 이미 만난 형이상학적 논증 중 주론을 완전히 해석하고 있다. 네 가지 논증 가운데, 첫째는 성 안셀무스의 존재론적 논증이고, 둘째는 아리스토텔레스에서 볼 수 있는 제1의 원인에서 나오는 논증의 한 형식이다. 셋째는 필연적 진리에서 나오는 논증으로, 이것은 성스러운 정신을 필요로 한다고 한다. 마지막으로, 예정된 조화에서 나오는 증명이 있는데, 이것은 하나의 목적에서 나오는 논증이다. 이들 모두는 우리가 다른 곳에서 논하고, 그 약점이 어디에 있는지를 제시한 것들이다. 칸트는 이윽고 일반적으로 이런 형이상학적 증명의 가능성을 부정한다. 신학에 대해서는 형이상학적 신이 사물의 본성에 대한 이론의 마지막 마무리와도 같다는 것을 기억해 둘 필요가 있다. 형이상학적 신은 감정에 호소하지 않고, 성서의 신과 아무런 관련도 없다. 신토머스주의자를 제외하면, 신학자는 주로, 전통적 철학의 이론상의 성스러운 실재물 등에는 더 이상 의존하지 않는다.

라이프니츠의 형이상학은 현미경 덕분에 새로운 발견이 축적되어 사람들에게 흡수되었다. 레벤후크(1632~1723)는 정자를 발견했고, 한 방울의 물에 미생물이 가득 들어 있다는 것도 보여주었다. 그것은 우리 자신의 일상 세계보다 규모가 작은, 말하자면 하나의 전 세계였다. 이와 같은 고찰은 단자를 외연을 가지지 않는 궁극의 형이상학적인 영혼이라고 보는 관념과 통한다. 새로운 계산법과 그 무한소(無限小)도, 이와 같은 전반적 방향을 가리키고 있는 것처럼 보였다. 이 점에서 라이프니츠가 중요시한 것은 이들 궁극적 구성 요소에서 볼 수 있는 유기적 본성이다. 여기서 그는 갈릴레이와 데카르트학파가 지지한 기계론적인 관점과 결별한다. 이것은 여러 문제점을 낳았지만, 라이프니츠는 에너지 보존 원리의 초기 형태 중 한 가지를 발견할 수 있었고, 최소 작용의 원리에도 이르게 되었다. 전반적으로, 물리학의 발전은 갈릴레이와 데카르트의 원리를 따른 것이었다.

이와의 관련성이 어떻든 간에 라이프니츠의 논리학적 학설은 그의 형이상학을 어느 정도 알기 쉽게 암시를 많이 주었다. 그렇구나 하고 쉽게 수긍할 정도는 아니지만 말이다. 이제 화제를 바꿔서 라이프니츠가 아리스토텔레스의 주어—술어 논리를 받아들였다는 사실부터 시작하기로 하자. 라이프니츠는 두 개의 논리 원칙을 기본적인 공리로 받아들인다. 첫째는 모순율로, 모순하는 두 명제 가운데 하나는 옳고 다른 하나는 틀려야 한다는 원리이다. 둘째는 이전에 언급한 충족이유율로, 일정한 상태가 충분히 먼저 생겨난 이유에서 나오게 된다는 원리이다. 이들 두 원리를 라이프니츠의 분석적 명제, 즉 '모든 금화는 금속이다'에서처럼 주어가 술어를 포함하는 명제에 적용해 보기로 하자. 그렇다면 모순율에서 모든 명제가 진실하다는 사실을 알 수 있다. 반면 충족이유율은, 모든 진실 명제가 충분한 근거를 갖기 때문에 분석적이라는 관점에 이른다. 단, 이들 명제는 신만이 볼 수 있다. 인간의 정신에는 이와 같은 진리가 우연적인 것으로 보인다. 여기에서 우리는 스피노자의 경우처럼 과학의 이상적 계획과 맞붙으려는 시도를 찾을 수 있다. 왜냐하면 과학자가 이론을 세울 때 하는 일은 우연적인 것을 파악해서, 이것을 필연적인 것으로 보이게 하기 때문이다. 완전한 과학을 소유하는 것은 신뿐이며, 따라서 신은 모든 것을 필연의 빛에 비추어서 본다.

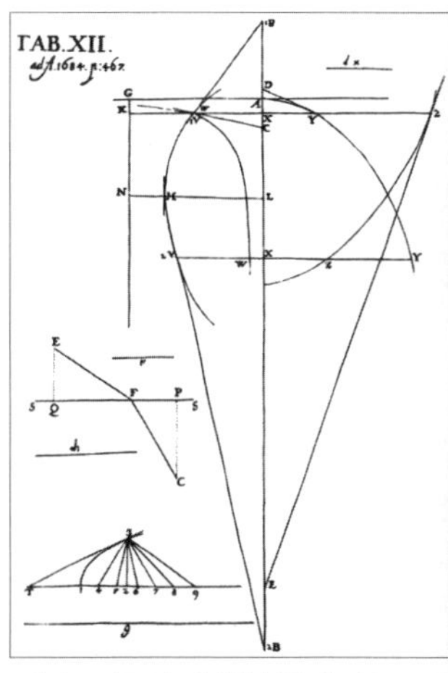

라이프니츠의 미분학 본문에 나오는 도식의 한 페이지

실체의 비(非)상호작용은, 모든 논리적 주개념의 경력이 이미 자신의 관념에 포함되어 있다는 사실에서 나온 결과다. 이것은 그 역사가 거기에 꼭 들어맞는다는 사실과 모든 올바른 명제가 분석적이라는 사실에서 나온다. 따라서 우리는 싫어도 예정 조화설을 인정하지 않을 수 없게 된다. 그러나 이 설명은 이 설명대로 스피노자의 이론만큼 엄하고 결정론적이어서, 이전에 설명한 뜻에서의 자유의지 등을 수용할 여지는 없다. 신과 세계 창조에 대해서 말하자면 신의 선성(善性)이 가장 좋은 세계를 창조하게 한다. 그러나 이 문제에서는 라이프니츠의 또 다른 이론이 있는데, 여기에는 신과 창조는 전혀 나타나 있지 않다. 이것은 엔텔레케이아(Entelecheia)의 이론, 즉 완전현실태를 뜻하는 아리스토텔레스 이론에서 영향을 받은 것처럼 보이는 견해다. 모든 가능성이 반드시 동시에 실현될 수는 없다는 것을 유의하면서, 그 어떤 시기에 최대의 현실성을 드러내는 세계가 결국은 존재하게 된다.

라이프니츠가 주어-술어 논리를 꼼꼼하게 고집하지 않았다면, 자기 시도 중 몇 가지를 수학적 논리로 발표했을 것이고, 그랬다면 이 문제는 1세기 이상이나 빨리 진행되었을 것이다. 그는 완전한 세계적 기호 언어를 발명하고, 뇌작용을 계산법으로 변경할 수 있다고 생각했다. 전자 두뇌를 사용하기에는 시기가 조금 빨랐겠지만, 그런데도 그는 뒷날 논리학 분야에서 흔한 일이 되는 많은 것을 예견하고 있었다. 완전한 언어도 사람들이 신의 완전한 과학을 갖게 될 것이라는 또 다른 희망의 또 하나의 표현일 따름이다.

라이프니츠의 계산기
라이프니츠는 1673년 프랑스의 과학자·저술가인 파스칼이 발명한 계산기를 기초로 그의 독자적인 계산을 이용한 계산기를 만드는 데 성공하였다.

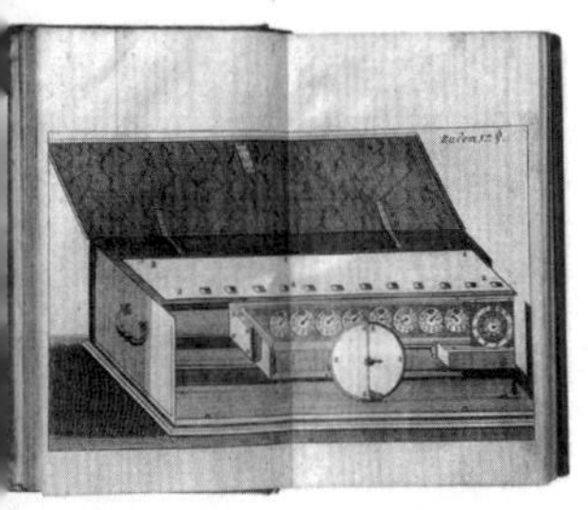

명백하고 분명한 관념에 집중하고 그 결과로 완전한 세계적 언어를 탐구한 일은, 데카르트학파의 전통을 잇는 합리주의적 연구의 2대 특징이다. 이것이 과학의 목적과 얼마쯤 일치하고 있다는 것은 우리가 이미 언급한 대로다. 그러나 여기에는 도달해야 할 궁극적인 목적이라기보다는, 오히려 뒤따라야 할 길이 있다. 이것은 라이프니츠가 완전한 과학을 가지고 있는 것은 신뿐이라고 말할 때, 이미 암암리에 알았던 것이다. 합리론적인 사상에 대한 근본적인 비판은, 이탈리아의 대철학자 잠바티스타 비코(1668~1744)의 저서에서 볼 수 있다. 라이프니츠의 설명은 비코를 포함해서 신을 두려워 하는 모든 그리스도 교도가 받아들일 만한 것이다. 이 이탈리아인 비코는 라이프니츠의 사상을 바탕으로 인식론의 새로운 원리를 세우려고 한다. 신은 세계를 창조했기 때문에, 세계에 대한 완전한 지식을 가지고 있다. 인간은 창조된 존재로서 세계를 완전히 알 수가 없다. 비코에게는, 무엇인가를 알기 위한 조건은 그 무엇인가를 만들어야 한다는 것이다. 이 원리를 기본적으로 공식화하면, 우리는 우리가 할 수 있는 일, 즉 만들 수 있는 것밖에는 알 수 없다는 것이 된다. 사실이라는 말을 그 본디 뜻으로 이해한다면, 진리는 사실과 같다고 말함으로써 이와 같은 원리를 이해할 수 있을 것이다.

**잠바티스타 비코**
이탈리아의 철학자. 데카르트 철학에 반대하여 사유가 아니라 행위에 진리의 기준을 두었다. 그는 실재 세계와 관련되는 새로운 과학을 인간과 신이 협력하는 역사에서 찾아냈다.

비코는 자신이 살았던 시대는 물론 사후 50년 동안 사실상 무명이었다. 그는 나폴리에서 작은 서점주의 아들로 태어났는데, 31세 때 그곳에 있는 대학의 수사학 교수가 되었다. 그는 1741년에 퇴직할 때까지 이 지위에 있었다. 그는 생애의 대부분을 가난하게 살았다. 그는 자기 가족을 먹여살리기 위해 많지도 않은 봉급을 보충할 생각으로, 귀족의 개인 교수를 하거나 틈틈이 집필 활동을 해야 했다. 그의 철학은 알기 어려워서 같은 시대 사람에게서 이해를 받지 못했고, 그와 비슷한 위대한 사상가와 만나거나 편지를 주고받는 행운을 한 번도 갖지 못했다.

진리는 사실과 같다는 이론은 매우 중요한 결과를 미친다. 무엇보다 그것은 수학적 진리가 확실하게 인식되는 이유를 제공한다. 인간 스스로가 추상적이며 자의적인 방법으로 규칙을 세워서 수학을 만들었기 때문이다. 우리는 수학을 문자 그대로 만들었기 때문에 이해할 수 있다. 동시에 비코는 수학에 의해서 우리는 합리론자가 생각하고 있을 만큼, 자연에 대한 지식을 늘일 수 없다고 생각하고 있다. 그는 수학은 추상적이라고 생각했기 때문이다. 그가 말하는 추상이란 말하자면 경험으로부터 물방울처럼 떨어진다는 뜻이 아니라, 자연과 유리된 것으로 어떤 점에서는 인간의 마음이 만들어 낸 임의적인 구성물이라는 뜻이다. 자연 자체는 신이 만든 것이고, 따라서 신만이 자연을 완전히 이해할 수 있다.

자연에 대해서 무엇인가 배우고 싶다면, 인간은 수학적 절차보다도 오히려 실험과 관찰에 따른 경험적 방식을 채용해야 한다. 비코는 데카르트보다도 베이컨에게 훨씬 공감했다. 비코가 수학을 사용하는 방법에 경고를 했을 때, 그가 과학 연구에서 수학이 다하고 있는 역할을 간과했다는 것을 시인해야 한다. 그러나 이것은 때때로 경험적 연구로 버젓이 통용되려고 하는 통제되지 않는 수학적 사고에 대한 경고라는 것을 인정할 수도 있다. 올바른 방식은 어딘가 두 극단의 중간에 있다고 우리는 이미 말했다. 수학을 실천하면 그 확실성을 얻는다는 이론은 나중에 많은 논자에게 영향을 주었다. 그러나 수학이 자의적이라는 비코 생각에는 그들도 찬성할 수 없을 것이다. 여기서 에드몽 고블로와 메이어슨이 한 설명뿐만이 아니라, 마르크스주의자인 작가 소렐의 견해를 언급할 수도 있다. 이와 같은 주장이 수학의 본성에 대한 공리주의와 프래그머티즘의 설명에도 적용된다. 다른 면에서, 자의성이란 관념은 수학을 면밀한 하나의 게임으로 다루는 형식주의자의 마음에 들었다. 물론 비코의 영향이 얼마나 직접적이었는가에 대해서 말한다는 것은 곤란하다. 마르크스와 소렐은 비코의 저서를 연구했다. 그러나 사상이란 가끔 그 영향을 의식적으로 보지 않고 느낄 수 있다는 이상한 버릇을 가지고 있다. 비코의 저서는 그

비코의 서명

다지 널리 읽힌 것은 아니지만, 19세기 철학의 많은 발전의 싹을 품고 있다.

비코의 원리 가운데 또 하나의 커다란 결과는 그의 역사 이론이다. 수학은 인간이 만들어 낸 것이므로 완전히 알 수 있지만, 실재와는 관련이 없다고 그는 생각했다. 자연은 완전히 알 수 있는 것이 아니다. 그것은 신이 만들었지만, 실재와 관련되어 있기 때문이다. 이 역설은 오늘날에도 순수 수학이 단순한 하나의 구성이라 여겨지는 곳에서는 어디에서나 여전히 살아 있다. 비코는 완전히 알 수 있고, 실재 세계와 관련되는 '새로운 과학'을 발견하려고 했다. 그는 이것을 인간과 신이 협력하는 역사에서 찾아냈는데, 이것은 전통적 견해의 놀라울 만한 반전이었다. 데카르트학파가 역사의 가치를 비과학적인 것으로 만들어 버렸기 때문이었다. 사회가 본디 생명력 없는 물질보다 더 잘 인식할 수 있다는 관점은, 전 세기에 독일인 철학자 빌헬름 딜타이와 사회학자 막스 베버 및 베르너 좀바르트가 부활시킨 것이다.

이탈리아의 나폴리에 있는 비코의 집

새로운 이 가설은 《새로운 과학》이라는 책에 완전히 기술되어 있는데, 이 책은 조금 모양이 다른 몇 가지 판으로 비코가 출판한 것이다. 현대의 독자에게 이 책은 다소 문제가 있다. 제대로 구별을 할 수 없는 온갖 요소를 혼합했기 때문이다. 철학상의 의문은 별도로, 저자는 경험적인 문제와 역사에 대한 솔직한 의문을 다루고 있는데, 이 다양한 탐구 요소는 반드시 손쉽게 풀 수 있다고 말할 수는 없다. 실제로 때로는 비코 자신도 하나의 의문에서 다른 의문으로 빠져 들어가고 있는 것을 몰랐던 것으로 보인다. 이와 같이 결점도 있고 애매한 곳도 있지만, 이 책에는 매우 중요한 하나의 이론이 전개되어 있다.

그렇다면, 진리와 이루어진 일 또는 사실을 동일하게 생각한다는 것은 어떤 뜻인가? 비정통적이라고 할 수 있는 이 원리에 좀더 가까이 가서 살펴보면, 인식론의 문제에 대한 매우 올바른 결론이 몇 가지 나온다. 왜냐하면 행동하는 것이 우리의 인식 작용을 개선하는 데 도움이 된다는 것은 옳은 일이기 때문이다. 어떤 행동을 이지적으로 수행하면, 반드시 그 행동에 대한 이해가 깊어진다. 분명히 이것은 인간의 행동이나 노력의 분야에서 가장 자연스럽게 일어난다. 가장 좋은 예는 음악에 대한 이해이다. 한 곡의 음악을 완전히 이해하기 위해서는 음악을 듣는 것만으로는 모자란다. 우리는 비록 숙련된 기술이 어느 정도 부족하다 해도, 악보를 읽는다든가, 연주를 하든가 해서 곡을 재구성해야 한다. 바로 이런 방법으로 차츰 숙련된 기술도 갖게 된다. 이는 과학적 탐구에도 해당된다. 연구 중인 제재를 어떻게 다룰 수 있는가 하는 적극적인 지식은, 단순한 외면적, 추상적 지식보다도 실재를 확실히 파악하는 힘을 준다. 이것이 우리가 이제부터 살펴보려고 하는, 찰스 샌더스 퍼스의 프래그머티즘 철학의 바탕을 이루는 것이다. 그러나 여기에는 그다지 심오한 것은 없다. '연습이 완전하게 해 준다'는 속담에서 평범한 상식을 발견하게 된다. 따라서 수학에서 원리를 배우는 것만으로는 모자란다. 우리는 이론상의 소양을 여러 특이한 문제로 돌릴 수 있어야 한다. 이것은 효용을 위해 공정한 탐구를 포기하라는 것은 아니다. 그와는 반대로 적극적으로 개념을 파악해야만 그 개념을 잘 이해할 수 있다. 언뜻 보면, 이 방식은 프로타고라스의 실용적인 가르침과 조금 비슷한 것 같다. 그러나 비코는 완전히 소피스트식으로 인간을 만물의 척도로 삼고 있지는 않다. 여기에서 강조되는 것은 알아가는 과정 속에서 나타나는 적극적이고도 문자 그대로 재구성적인 요소이다. 이것은 저마다의 눈에 비친 것을 궁극의 기준으로 다시 만드는 것과 전

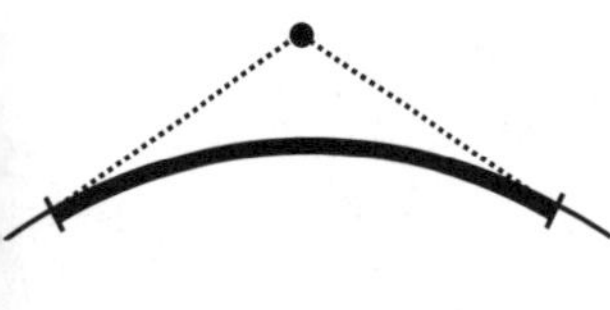

혀 다르다. 활동을 강조한다는 것은 합리론자의 명석하고 분명한 관념과는 정반대라 할 수 있다.

합리론이 상상을 혼란의 근원이라고 해서 그로부터 뒤로 물러나는 데 반해, 비코는 반대로 발견 과정에서 나타나는 상상의 역할을 강조한다. 우리는 관념에 이르기까지는 오히려 막연하고 불명확한 상태에서 생각한다고 그는 주장했다. 이런 생각은 모두가 만족할 만한 것은 아니다. 하나의 사고 과정이 제아무리 막연하다고 해도, 사고 과정 속에서 어떻게 개념적 내용이 모두 결여될 수 있는지는 알기 어렵기 때문이다. 원시적 사고가 그림이나 은유에 의해 진행되는 데 반하여, 개념적 사고 작용은, 최종적 단계의 궤변이라고 하는 편이 좋을지도 모른다. 이와 같은 학설에서 나올 수 있는 귀중한 암시가 있는데, 이것은 합리론자의 설명이 과학을 하나의 완성품으로서 다루고, 해설적 순서로 표현한다는 사실이다. 비코의 암시적인 설명은 발전 중에 있는 과학을 증명하고 발명의 순서로 택하고 있다. 그러나 이 대부분은 비코의 저서에서는 조금도 뚜렷하게 기술되어 있지 않다.

진리는 행동이다. 우리 지식의 지평선은, 우리 행동의 장이 닿는 만큼 멀리 확장된다.

비코는 인간이 만드는 역사에서 가장 큰 확실성을 얻을 수 있다고 생각한다. 그는 역사가가 역사 과정의 일반 법칙을 발견하여, 왜 사물이 현재와 같은 상태로 나타났고, 예견대로 이어질 것인가를 설명할 수 있다고 생각했다. 비코는 모든 세부적인 것이 기계적으로 예언되어 있다고 말하고 있는 것이 아니라 일반적으로 대체적인 윤곽을 알 수 있다고 말한다. 그는 인간의 문제에는 하나의 흐름이 있고, 조수의 간만처럼 인간의 운명도 순환한다고 본다. 순환 이론은 우리도 이미 살펴본 것처럼, 소크라테스 이전의 자료에서 나오고 있다. 그러나 비코는 역사라는 작품의 창작자이자 연기자이기도 한 인간의 마음속에서 역사 반복의 모습을 구하여, 이들 낡은 관념에 새로운 견해를 부여하고 있다.

이와 같이 비코의 이론은 뒤를 돌아보기보다는 오히려 앞으로 나아가, 헤겔의 역사 이론을 강조한다. 역사 문제에 대한 이런 태도는 합리론적인 질서 이론보다도 경험적인 역사 연구와 일치한다. 따라서 홉스와, 나중에 루소가 말한 사회계약론은 전형적인 합리론자의 왜곡이다. 그것은 기계적으로보다는 거의 수학적으로 본 사회 이론이다. 비코의 이론은 그에게 인간을 포함한 사회 조직을 자연적이고 점진적인 성장으로 보게끔 해 주었다. 여기서 인간은 전통을 쌓으면서 공동사회 생활을 발전시켜 나간다. 한편, 사회계약은 인간이 완전히 합리적이고 계산적인 존재라는 것을 갑자기 깨닫게 된다고 가정한다. 인간은 합리적으로 결정하고 행동하면서 삶을 새로운 사회로 변화시키기 때문이다.

일반적인 사회에 해당되는 것은, 특히 언어에도 해당된다. 언어는 사람들이 공통된 활동을 하면서 서로 지식을 전해야 할 때 시작된다. 원시적인 형태의 언어는 몸짓과 상징적 동작으로 이루어진다. 언어가 뚜렷이 발음이 되면, 그 기능은 차츰 직접적으로 변화를 받아서, 단순한 대상과 연관되어 관습적인 형식으로 발전해 간다. 실제로 언어는 시적인 것에서 시작된다. 언어는 단계적인 절차를 밟아 과학적인 것이 된다. 언어 구조의 원리를 체계적으로 정리한 문법가들은 언어에서도 또한 합리적 견해를 취하여, 언어를 의식적으로 고의로 구성된 것이라고 보는 잘못을 저질렀다. 과학적이며 철학적인 언어는, 우리가 고대 철학을 논했을 때 이미 살펴본 후기 문명의 소산이다. 그래서 우리는 사람들이 새로운 것을 말하기 위해, 자신들 시대의 보통 언어와 어

비코는 자연에 대한 학문의 가능성을 배제하고, 인간이 만드는 역사에서 가장 큰 확실성을 얻을 수 있다고 생각한다.

떻게 싸웠는지를 살펴보았다. 이것은 때때로 잊혀지는 중요한 원리다. 일상의 언어에서 출발하여 새로운 탐구를 하기 위해 한결 날카로운 언어 도구를 만들어 내는 것은, 바로 과학과 철학이 할 일이다. 이것은 분명한 관념에 대한 데카르트학파의 요구 속에 암시되어 있는 귀중한 사명이다. 비코 자신은 이 문제를 이와 같은 빛에 비추어서는 보지 않았던 모양이며, 따라서 합리론 철학의 과학에 대한 의의를 알아차리지 못하고 있었다.

《새로운 과학》의 비유적인 표지 그림

우리는 두 가지 방법으로 언어 문제에 접근할 수 있다. 하나는 언어를 분명하게 규정된 계산의 규칙으로 보는 극단적인 합리주의자의 관점으로, 이는 널리 퍼져 있는 분명하고 명확한 관념이 언어 속에 내포되어 있다고 보는 라이프니츠의 방식이다. 이와 반대되는 방식은 완성된 그대로의 자연의 언어를 전달의 적절한 수단으로 보는 한편, 형식화하는 시도를 왜곡으로 보고 거부하는 비코의 방식이다. 이와 같은 견해에 서면, 논리의 기능은 실제로 필요 없게 되어, 의미를 부여할 수 있는 유일한 기준은 언어 자체를 적극적으로 쓰는 것이다. 이와 같은 극단적인 두 견해는 잘못되어 있다. 합리론자는 발전의 방향을 도달할 수 있는 궁극적인 목표로 잘못 알고 있는 반면, 형식화하는 일을 거부하는 방식은 우리가 언제나 빠지는 좁은 시야에서 빠져 나올 가능성을 방해한다. 게다가 비코의 방식은 보통 일상의 담화가 필요한 만큼 또는 가능한 만큼 분명하다고 보는 견해와 연결되어 있다. 이것은 일상 회화에 과거의 철학적 편견이 살아남아 있는 점을 고려하지 않는, 매우 경솔하고 낙천주의적인 관념이다.

사회학 분야에서의 비코의 이론은 비정통파적인데, 그런데도 비코는 경건한 가톨릭 교도였다. 어쨌든, 그는 기성 종

교를 자기 체계의 범위 안에 수용하려고 했다. 이것이 모순 없이 가능할 것인가는 물론 또 다른 문제이다. 그러나 비코는 일관성이 없다. 비코의 중요성은 오히려 19세기와 그 철학적 발전을 신비스러울 정도로 예시한 데 있었다. 그의 사회학에서 그는 이상적인 공화국이라는 합리론적인 개념을 없애고, 사회는 어떻게 성장하고 발전하는지를 연구하는 경험적 과제에 전념했다. 이 점에서 그는 매우 독창적이며 처음으로 참다운 문명론을 제공한다. 이상은 그의 모든 사고방식의 중심에 있는 주요 관념과 밀접하게 결부되어 있다. 진리는 행위이다. 라틴어로 말하자면 '진리는 사실'이다.

스웨덴의 크리스티나 여왕과 데카르트

제7장

# 영국 경험론

종교전쟁에 따르는 공포

영국왕 제임스 1세의 의회
이때 영국은 어느 정도 안정된 법안에 이르렀다.

종교개혁의 결과로 유럽 북부에서는 정치와 철학에 대한 새로운 태도와 새로운 사상이 싹텄다. 이것은 종교 전쟁과 로마를 추종했던 시기의 반동으로 영국과 네덜란드에 집중되었다. 영국은 주로 대륙의 종교적 분열의 결과로 일어난 참화를 입지 않았다. 하기야 신교도와 구교도는 얼마 동안은 내키지 않는 태도로 서로를 박해했고, 크롬웰 치하의 청교도는 교회와 사이가 나쁘기는 했다. 그러나 대규모 잔학 행위는 전혀 볼 수 없었고, 특히 군사적인 외국 간섭은 전혀 없었다. 한편, 네덜란드는 종교 전쟁의 충돌을 경험했다. 가톨릭 국가였던 에스파냐에 대한 심한 장기전 끝에, 그들은 마침내 1609년에 독립에 대한 잠정적인 승인을 받았지만, 이것이 확인된 것은 1648년의 웨스트파리아 조약에서

였다.

사회적·지적 분야의 문제에 대한 새로운 이 사상은 자유주의라고 불렸다. 조금 막연한 이 말은 매우 확실한 특징을 몇 가지 보여준다. 첫째, 자유주의는 본질적으로 신교적이었지만, 칼빈주의식으로 좁지는 않았다. 오히려 훨씬 신교적이며, 각 인간이 독자적으로 신과 서로 이야기해야 한다는 생각이 한결 발전된 것이었다. 게다가 완고한 신앙은 장사에는 좋지 않았다. 자유주의는 상업과 공업을 발전시키던 신흥 중산층의 소산물이기 때문에, 귀족정치와 군주정치의 특권층이 지배하는 전통에 반대하고 있었다. 따라서 기

본적인 경향은 관용이었다. 17세기에 유럽의 대부분 국가가 종교 전쟁 때문에 갈라져 비타협적 광신주의로 몸부림을 치고 있을 무렵, 네덜란드 공화국은 여러 가지 비(非)국교도나 자유 사상가의 피난처였다. 신교 교회는 가톨릭교가 중세 때 얻고 있던 정치 권력을 얻은 적은 없었다. 따라서 국가 권력은 훨씬 중요시 되고 있었다.

군주의 자의적인 권력은 그들 자신의 기업을 통해 부를 획득하던 중산 계급의 상인들에게서 좋지 않은 눈초리를 받고 있었다. 따라서 이 운동은 왕권의 축소와 재산권에 입각한 민주주의를 향하는 것이었다. 왕권 신수설의 부정과 함께, 사람들이 자기들의 노력 여하에 따라서 환경을 극복할 수 있다는 생각이 일었고, 따라서 이제 교육의 중요성이 한결 강조되기 시작했다.

일반적으로 사람들은 정치를 의심의 눈초리로 바라보게 되었고, 발전하는 상업의 요구에 간섭하고, 그 자유로운 발전을 저해하는 것으로 여겼다. 그러나 법과 질서는 필요한 것으로 여겨, 이것이 어느 정도 정치에 반대하는 태도를 누그러뜨렸다. 이 시대부터 영국인은 타협을 사랑하는 전형적인 성향을 이어받는다. 사회 문제상, 이것은 개혁보다는 오히려 개선에 대한 관심을 뜻한다.

그러므로 17세기의 자유주의는 분명히 그 이름처럼 자유 해방의 힘이었다. 그것은 자유주의를 실천하는 사람들을, 정치적·종교적·경제적·지적인 모든 압제로부터 해방시켰지만, 여전히 그 무렵에 배어들어 있는 중세 문화의 전통은, 이와 같은 압제를 놓지 않으려고 안간힘을 썼다. 마찬가지로 자유주의는 과격한 신교 각파의 맹목적 열정에도 반대했다. 또한 철학과 과학 문제에 교회가 무엇인가를 제정

Cours van Negotie t'Amsterdam, den 4 Juny.
Met Consent van de E.D G.A, H.H. Burgermeesters
ANNO 1674.

암스테르담 증권거래소 리스트

*Amsterdam stock exchange list*

하는 권위도 거부했다. 빈 회의 때문에, 초기 자유주의는 유럽의 신성 동맹이 신봉건제적 곤경에 빠질 때까지 낙천주의적인 견해를 가졌고 한없는 뒷받침을 받아 큰 방해도 받지 않고 장족의 진보를 이룩했다.

네덜란드의 항해자
최초의 해상 여행자들로서 평가된다.

영국과 네덜란드에서 자유주의의 발전은 거의 소란이 일어나지 않을 만큼 시대의 전반적 상황과 딱 맞아떨어지고 있었다. 그러나 다른 나라들, 특히 프랑스와 북아메리카에서 자유주의는 그 뒤의 사건을 일으키면서 혁명적 영향을 끼쳤다. 자유주의적 태도의 지배적 특징은 개인주의의 존중이었다.

양심 문제에서 신교의 신학은 권위가 규칙을 정하는 것은 부적당하다고 강조했다. 이 같은 개인주의는 경제와 철학의 분야에도 스며들어 갔다. 경제학에서 그것은 '자유 방임'으로 나타나고, 이것의 합리화는 19세기에 공리주의로 나타난다. 철학에서 개인주의는 지식의 이론에 대한 관심을 불러일으켜 그 뒤 철학자들의 관심을 집중시켰다. 데카르트의 유명한 "나는 생각한다. 고로 나는 존재한다"는 공식은, 이 개인주의의 전형이다. 모든 사람이 지식을 바탕으로 자기의 개인적 존재에 의존할 수밖에 없었기 때문이었다.

이 개인주의라는 이론은 주로 합리론적 이론이며, 이성을 무엇보다도 중요한 것으로 여겼다. 감정에 지배된다는 것은, 일반적으로 야만적이라고 여겼다. 그러나 19세기 동안에 개인주의 이론은 감정 자체에까지 영향을 미쳐서, 낭만주의가 한창일 때는 강한 자의 뜻을 칭송하는 수많은 힘의 철학이 되었다. 이것은 물론 자유주의와는 정반대의 결과로 끝난다. 이론은 실제로 스스로 패배를 부른다. 성공한 사람이 같은 야심을 가진 사람들의 경쟁을 무서워하여, 성공으로 이어지는 길을 포기해야 하기 때문이다.

자유주의는 전반적으로 지적 정신 풍조에 영향을 주었다. 따라서 그렇지 않으면 근본적으로 다른 철학적 견해를 가질지도 모르는 사상가가 정치 이론상 자유주의적으로 변한 것도 놀라운 일은 아니다. 스피노자도 자유주의적이었다는 점에서는 영국의 경험론적 철학자들과 다를 바가 없었다.

19세기 산업 사회의 발생과 함께, 자유주의는 심한 착취를 당하던 노동 계급을 사회적으로 개선시키는 데 강력한 원인이 되었다. 이 기능은 나중에 신흥 사회주의 운동을 한결 투쟁적으로 일으키게 되었다. 자유주의는 독단적 견해가 없는 운동이었다. 그때 정치력으로서 자유주의는 불행하게도 매우 힘이 빠져 있었다. 대부분의 사람들이 엄격한 정치적 신조를 갖지 않고는 살아나갈 용기를 갖지 못하게 되었다는 것은, 현대에 대한 슬퍼해야 할 논평이며, 아마도 현세기의 국제적 파국이 가져온 결과일 것이다.

*

데카르트의 철학서에서 발전의 주류가 두 갈래로 흘러나왔다. 하나는 합리론적인 전통의 부활로, 17세기의 중심 인물은 스피노자와 라이프니츠였다. 또 하나는 일반적으로 영국 경험론이라고 일컬어지는 것이다. 그러나 이와 같은 꼬리표를 지나치게 함부로 쓰지 않는 것이 중요하다. 실제로 어떤 분야에서도 그렇지만, 철학에서 이해하는 데 커다란 장애가 되는 것은 사상가를 꼬리표에 따라 무턱대고 너무 엄격할 정도로 분류하는 일이다. 그러나 전통적인 구분은 자의적인 것이 아니라, 이들 두 가지 전통의 커다란 특징을 나타낸 것이다. 정치 이론상 영국 경험론자들이 합리적인 생각이라는 두드러진 경향을 띠고 있다는 것을 보더라도 이는 사실이다.

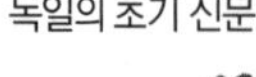
독일의 초기 신문

Ao. 1680. No. 28.
Einge-lauffene ORDI-NARI
Post-Zeitung,
Von dem was wöchentlich in und ausserhalb des Heil. Römischen Reichs Merkwürdiges paßiret.

Prag vom 8. Julii.

DAmit wir nicht so gar verlassen bleiben / und in eusserste Unordnung und vollen Ruin verfallen möchten / wollen Ihre Kayser. Mayest. dem Herrn Ober-Burggrafen und einen Herrn Stadthalter allhier zu residiren herein schicken. Der Herr General Montecuculi ist bey Hofe in eine solche Schwachheit gerathen / daß er in gar schlechter Disposition sich anderwohin bringen lassen müssen. Des Herrn Hof-Cammer Präsidenten Sache so zu Linz publiciret werden / deren Ausspruch aber übel lauten dörffte.

Ein anders / vom vorigen.

Zu möglichster Verwehrung des Schreckens haben wir bißher unsere Todten in der Nacht wegführen und vergraben lassen / nun aber lehret uns die Noth den Tag damit nicht zu verschonen / denn es gehet fast über und über / also lauffen Gesunde und Kranke zusammen / und steckt immer einer den andern an. Wo das Tribunal sich setzen wird / weiß man noch nicht. Gestern seynd beyde regierende

이 운동의 위대한 세 사람의 대표자, 즉 로크·버클리·흄은 거의 영국의 내란에서 프랑스 혁명에 이르는 시대에 걸쳐 살았다. 존 로크(1632~1704)는 엄격한 청교도 교육을 받았다. 아버지는 전쟁 중에 의회군과 싸웠다. 로크가 사물을 보는 경향 중 하나는 관용이었다. 이 때문에, 마침내 그는 이 분쟁의 두 당사자와 관계를 끊게 되었다. 1646년, 그는 웨스트민스터 학교로 들어가, 고전의 전통적 지식을 배웠다. 6년 뒤, 그는 옥스퍼드 대학으로 옮겨, 처음에는 학생으로서, 이어 그리스어와 철학 교사로서 15년을 보냈다. 그 무렵에 아직도 옥스퍼드에 유행하던 스콜라 철학은 그의 기호에 맞지 않았고, 과학적 실험과 데카르트의 철학에 관심을 두고 있었다. 영국 국교는 그와 같이 관용적인 사고방식을 가진 인물에게는 무엇 하나 앞날의 가망성을 약속해 주지 않았다. 그래서 그는 마침내 의학 연구를 하기 시작했다. 이때 그는 보일을 알게 되었는데, 보일은 1668년에 세워진 왕립협회에 관계하고 있었다. 그동안 그들은 1655년에 브란덴부르크 외교 사절단과 함께 선제후를 찾아갔고, 이듬해, 나중에 제1대 샤프츠베리 백작이 된 애슐리 후작을 만났다. 그는 1682년까지 샤프츠베리의 친구이며 조수이기도 했다. 철학상 가장 유명한 로크의 저서는 1671년에 친구와 토론을 연이어 나눈 뒤에 저술한 《인간오성론》이다. 이 책 안에서 인간의 지식의 범위와 한계를 예비적으로 평가하면, 도움이 된다는 것이 뚜렷해졌다. 샤프츠베리가 1675년에 자리에서 물러났을 때, 로크는 국외에 있었고, 다음 3년 동안을 프랑스에서 보냈는데, 여기에서 그즈음 많은 지도적 사상가들과 만났다. 1675년, 샤프츠베리는 정치 무대로 되돌아가 추밀원 의장이 되었다. 로크는 이듬해 백작의 비서로 복직했다. 샤프츠베리는 제임스 2세의 즉위를 저지하기 위해서 몬머스 후작의 반란에 말려들었는데, 이것은 실패로 끝났다. 결국 백작은 1683년에 암스테르담에서 객

**존 로크** 영국의 철학자

사했다. 로크는 그 사건에 관련되었다는 혐의로 문책을 당하자, 같은 해 네덜란드로 피신했다. 얼마 동안, 그는 다른 이름을 사용해 살아가면서, 본국의 관리에게 인도되는 것을 피하려고 했다. 이때 그는《인간오성론》을 완성했다. 같은 시기에 그의《관용에 대한 편지》와《정치에 대한 두 개의 논문》이 나왔다. 1688년, 오렌지 후작 윌리엄이 영국의 왕위에 오르자, 로크는 얼마 뒤 고국으로 돌아갔다.《인간오성론》은 1690년에 출판되어, 로크는 만년의 대부분을, 제2판을 준비하고 자기 저작에서 생긴 논쟁으로 날을 지새웠다.

PHILOSOPHICAL

ESSAYS

CONCERNING

Human Underſtanding.

By the AUTHOR of the

ESSAYS MORAL and POLITICAL.

LONDON:

Printed for A. MILLAR, oppoſite *Katharine-Street*, in the *Strand*. MDCCXLVIII.

《인간오성론》
존 로크의 대표적 철학서이며 인간 이성의 본질을 체계적으로 논했다.

《인간오성론》에서 처음으로 우리는 정신의 한계와, 우리가 수행할 수 있는 탐구의 한계를 제시하려는 솔직한 시도를 보게 된다. 합리론자는 완전한 지식이 결국 획득될 수 있다고 암묵하에 가정하고 있는 데 반해, 이 새로운 방식은 이 논점에 대해서, 그다지 낙천적이지 않았다. 합리론은 전체적으로 낙천주의적인 가르침이며, 그 범위에서 무비판적이다. 한편, 로크의 인식론적 탐구는 두 가지 뜻에서 경험적인 비판 철학의 바탕을 이루고 있다. 그것은 첫째, 합리론자처럼 인간의 지식의 범위를 미리 판단하지 않고, 둘째, 감각경험이라고 하는 요소를 강조한다. 따라서 이 방식은 버클리나 흄이나 J.S. 밀이 속행한 경험론적 전통의 단서를 나타내고 있을 뿐만 아니라, 칸트의 비판 철학의 출발점이 되기도 했다. 로크의 《인간오성론》은 이와 같이 새로운 체계를 제공하려고 하기보다는 예부터 내려오는 편견과 선입견을 없애려는 것이다. 이 점에서 그는 저 '비할 데 없는 뉴턴'과 같은 명인의 저서보다 더 겸허하다고 생각하는 과제를 스스로 시작했다. 그 자신은 '지반 다지기에 조금의 기여를 하고, 지식의 길 위에 있는 쓸 데 없는 찌꺼기 몇 개를 없애는 종으로서 고용되는 것만으로도 충분히 야심적이다' 이렇게 느끼고 있었다.

이 새로운 계획의 첫걸음은 지식을 엄밀하게 경험 위에 놓는 일이었는데, 이것은 데카르트와 라이프니츠의 선천적인 관념을 부정해야 한다는 것을 뜻했다. 우리가 태어날 때부터 발전시킬 수 있고 더욱이 많은 것을 배울 수 있게 해주는 타고난 지식은 여러 곳에서 인정되고 있다. 그러나 교육받지 못한 정신에 잠자고 있는 내용이 있다고 가정하는 것은 좋지 않다. 만약 이렇게 한다면, 우리는 이와 같은 지식과 순수하게 경험으로부터 나오는 다른 지식을 구별할 수 없게 된다. 그렇게 되면, 지식은 모두 선천적이라고 말하는 것이 좋을 것이다. 이것은 바로, 플라톤의 저서 《메논》의 상기설에 나오는 말이다.

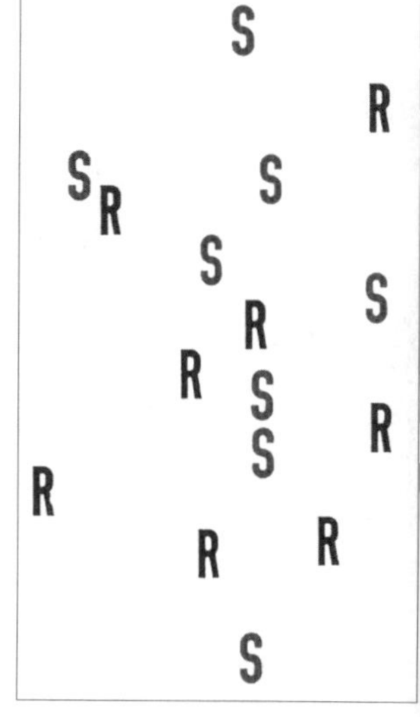

정신은 백지처럼 시작된다. 그런 다음 감각 작용과 반사에 의한 사고가 백지 위에 새겨진다.

그런 뜻에서 정신은 한 장의 백지와 같다. 여기에 정신 내용을 부여하는 것이 경험이다. 이들 내용을, 로크는 매우 넓은 뜻의 말을 빌려 관념이라고 부른다. 일반적으로 관념은 그 대상에 따라서 두 가지 형태로 나뉜다. 먼저, 우리의 오감을 통한 외계의 관찰에서 오는 감각의 관념이 있다. 또 하나는 정신이 자기를 관찰할 때 생기는 반성의 관념이다. 여기까지 살펴보면, 이 이론은, 놀라울 만한 새로운 면이 하나도 없다. 오감을 통해서 온 것이 아니라면, 정신에는 아무것도 없다는 것이 옛날 스콜라 철학의 공식이었고, 정신 자체를 이 일반적인 공식에서 빼는 조건을 하나 첨가한 것이 라이프니츠였다. 경험론의 새롭고도 특징적인 것은, 이들 감각이야말로 지식의 유일한 근원이라는 것이다. 이와 같이 사물을 생각하거나 사변하는 데 있어, 우리는 감각과 반성을 통해서 우리가 모은 것의 한계를 한 발자국도 넘어설 수가 없다.

로크는 더 나아가 관념을 단순한 것과 복잡한 것으로 나눈다. 단순성의 기준으로 이거다 하고 여길 만한 것은 하나도 제공하지 않고 있다. 관념이 부분으로 해체할 수 없을 때 이것을 단순하다고 부르고 있기 때문이다. 이것은, 설명으로써는 그다지 도움이 안 되고, 게다가 로크가 이 말을 사용하는 방법에는 일관성이 없다. 그러나 그가 무엇을 하려는지는 뚜렷이 알 수 있다. 감각과 반성의 관념밖에 없다고 한다면, 정신 내용이 이것들로 어떻게 구성되는가, 바꾸어 말하면, 어떻게 해서 복합관념이 단순관념의 결합에서 생기는가, 이것을 제시할 수 있어야 한다. 복합관념은 실체와 양태와 관계로 세분된다. 실체는 그것만으로 존재할 수 있는 사물의 복합 관념임에 반해, 양태는 실체에 의존한다. 관계는 로크 자신도 이제 막 안 것처럼, 실제로는 조금도 그가 말하는 뜻에서의 복합관념이 아니다. 관계는 그 자체가 한 부류이며, 비교하는 정신 작용에서 생긴다. 예를 들어, 우연성의 문제를 보자. 이 관계의 관념은 변화의 관찰 결과로 생긴다. 필연적 관련이라는 관념은 선행하는 한 가정에 입각한 것으로, 경험에 근거를 갖는 것이 아니라고 로크는 생각했다. 흄은 나중에 이와 같은 점을 2차적으로 강조하고, 칸트가 1차적으로 강조한다.

외계에 대한 지식
현실 세계에 대한 지식은 지각에 의해 얻을 수 있다. 다시 말해, 사람은 감각기관을 통해 물체의 관념을 획득한다고 생각했다.

로크에게는 무엇인가를 알고 있다는 것은, 확신한다는 것을 의미한다. 이 점에서 보면, 그는 단지 합리론의 전통을 신봉하는 데 지나지 않는다. '안다'는 말의 사용은 플라톤과 소크라테스까지 거슬러 올라간다. 그런데 로크에 따르면, 우리가 안다는 것은 관념이며, 이것은 또 이것대로 세계를 묘사하고, 또 모사한다고 한다. 모사 이론이라는 이 지식으로써, 로크는 그토록 열렬하게 주장하는 경험론을 뛰어넘는다. 우리가 아는 것이 관념이라고 한다면, 우리는 관념이 사물의 세계에 부합하느냐의 여부를 절대로 알 수 없다. 여하튼, 지식에 대한 이 견해에 의해서, 로크는 관념이 사물을 나타내는 것처럼, 말이 관념을 나타낸다는 견해에 이른다. 그러나 거기에는 관념이 인습적 기호가 아니고, 언어가 인습적 기호라는 차이가 있다. 경험은 우리에게 특수한 관념밖에 주지 않으므로, 정신 자체의 작용이 추상적이고 일반적인 관념을 낳는다. 언어의 기원에 대한 그의 견해는, 《인간오성론》에 우연히 표현되지만, 비코처럼 은유의 역할을 인정한다.

로크의 지식 이론의 최대 난점 중 하나는 오류를 어떻게 설명하느냐 하는 것이다. 이 문제의 형식은, 플라톤의 새장 대신에 로크의 백지를 놓고, 새 대신에 관념을 놓기만 하면, 《테아이테토스》의 경우와 똑같다. 이때 이와 같은 이론에 서면, 우리는 절대로 잘못을 저지를 수 없을 것처럼 보이지만, 로크는 이런 문제로 고민하지 않는다. 그의 논술은 체계적이지 않고, 어려운 점이 나오면 논의를 그치는 일이 많다. 그의 실제적인 정신 구조는 그에게 일관된 처지에 서는 일 없이 철학적 문제를 단편적으로 다루게 했다. 그는 자기 자신도 말하는 것처럼 하급 노동자였다.

신학 문제에서 로크는 진리를 이성적인 것과 계시적인 것으로 나누는 전통적인 방법을 받아들였으며, 독립적이기는 했지만 늘 경건한 그리스도교 신자였다. 그가 무엇보다도 싫어한 것은 본디 그리스어의 뜻이었던 '광신'이었다. 이 말은 신적인 영감에 사로잡힌 상태를 뜻하며, 16, 7세기의 종교적 지도자의 특징이었다. 그들의 광신주의는 이성과 계시 둘 모두를 파괴하는 것이라고 로크는 느꼈다. 이성과 계시의 관점은 종교 전쟁의 잔학 행위에 의해서, 무서울 만큼 지지받고 있었다. 요컨대 로크는 이성을 최우선으로 생각하면서 이 점에서 시대의 전반적인 철학적 경향에 따르고

*Of EDVCATION.*

to be made, and what weight they out to have.

§. 177. *Rhetorick* and *Logick* being the Arts that in the ordinary method uſually follow immediately after Grammar, it may perhaps be wondered that I have ſaid ſo little of them: The reaſon is, becauſe of the little advantage young People receive by them: For I have ſeldom or never obſerved any one to get the Skill of reaſoning well, or ſpeaking handſomly by ſtudying thoſe Rules, which pretend to teach it: And therefore I would have a young Gentleman take a view of them in the ſhorteſt Syſtems could be found, without dwelling long on the contemplation and ſtudy of thoſe Formalities. Right Reaſoning is founded on ſomething elſe than the *Predicaments* and *Predicables*, and does not conſiſt in talking in *Mode* and *Figure* it ſelf. But 'tis beſides my preſent Buſineſs to enlarge upon this Speculation: To come therefore to what we have in hand; if you would have your Son *Reaſon well*, let him read *Chillingworth*; and if you would have him ſpeak well, let him be converſant in *Tully*, to give him the

1695년에 출간된 로크의 교육에 대한 소책자의 한 페이지

있다.

로크의 정치 이론에는 이성과 점진적 경험론이 똑같이 섞여 있다. 이것은 1689년부터 90년에 걸쳐 쓰여진 《정치에 대한 두 개의 논문》에 나타나 있다. 이들 가운데 첫 논문은 《가부장제론 Patriarcha》이라는 제목의, 로버트 필머 경의 팸플릿을 반박한 것인데, 이 팸플릿에는 왕권신수설을 극단적으로 공식화한 것이 들어 있었다. 그 이론은 세습 원리에 따른 것으로, 로크는 힘 안들이고 뒤집을 수 있다. 비록 이 원리가 인간의 이성에 그다지 어긋나는 것이 아니지만 말이다. 이 원리는 경제 분야에서는 사실상 널리 받아들여지고 있다.

**만인을 위한 교육**
로크는 갓 태어난 인간의 마음은 백지 상태이며, 그 장래는 저마다 어떤 교육을 받는가에 따라서 결정된다고 생각했다.

두 번째 논문에서 로크는 자기의 이론을 내놓는다. 홉스와 마찬가지로 그도 민주정이 이루어지기 이전에는, 사람들은 자연법이 지배하는 자연 상태로 살았다고 생각한다. 이상은 모두 전통적 스콜라 철학이다. 정치 발달에 대한 로크의 견해도 홉스처럼 합리론적인 사회계약설에 바탕을 둔 것이다. 이것은 그 배경으로 보면 비코의 이론보다는 못해 보이지만, 왕권신수설에 집착하는 사람들에 대한 공격이었다. 로크에게 사회계약설의 배후에 있는 첫 번째 동기는 재산의 보호였다. 이와 같은 계약을 체결할 때, 사람들은 자기 주장의 유일한 옹호자로서 행동하는 권리를 포기한다. 이 권리는 이제 정부에 인도된다. 군주정치 체제에서 국왕은, 자신과 관련된 논쟁을 간섭하는 일도 있을지 모르니까, 아무도 자기 사건을 재판해서는 안 된다는 원리는 사법부가 행정부로부터 독립할 것을 요구한다. 삼권 분립은, 나중에 몽테스키외가 매우 자세하게 논했다. 로크는 처음으로 이들 문제를 본격적으로 설명한다. 그가 더욱 특별히 생각하는 것은 의회의 입법 기능과 대치된 국왕의 행정권이다.

입법부야말로 전체 사회를 대표하는 기구로서 전체 사회를 책임지는 최고의 것이어야 한다. 행정부와 입법부가 서로 사이가 틀어졌을 경우, 어떻게 하면 좋은가. 이와 같은 경우, 분명히 행정부는 입법부에 복종해야 한다. 이것은 실제로 찰스 1세에 닥친 일로, 그의 독재적인 처리 방법이 내란을 불러일으켰다.

남은 문제는 어떤 포악한 주권자에 맞서 정당하게 힘을 사용할 때, 어떻게 우리가 결정하느냐이다. 실제로 이들 문제는 보통은 주장의 성패에 따라 결정된다. 로크도 이 사실을 막연히 알아차린 모양인데, 그의 견해는 그즈음의 정치에 대한 일반적인 사고방식이던 합리론적인 경향과 일치한다. 이성을 가진 사람이라면 누구나 무엇이 옳은가를 알고 있다고 그는 처음부터 생각했다. 여기에도 다시 자연법의 원리가 배후에 아른거린다. 이런 원리에 서지 않으면, 행동의 옳고 그름은 평가를 받을 수 없기 때문이다. 바로 이 대목에서 사법부라는 제3의 권력이 해야 할 독특한 역할이 나온다. 로크는 사법부를 독립된 권력으로서 논하지는 않는다. 그러나 삼권 분립을 받아들인 곳에서는 어디에서나 사법부는 완전히 독립된 지위에 이르러, 다른 그 어떤 권력끼리의 문제도 판결을 내릴 수 있게 되었다. 이와 같이 세 권력은 한 권위가 특별히 강력해지지 않도록 상호 억제와 균형된 제도를 구성한다. 이것이 정치적 자유주의의 중심을 이룬다.

AN

ESSAY

CONCERNING

Humane Understanding.

In Four BOOKS.

*Quam bellum est velle confiteri potius nescire quod nescias, quam ista effutientem nauseare, atque ipsum sibi displicere!* Cic. de Natur. Deor. *l.* 1.

*LONDON:*

Printed by *Eliz. Holt*, for Thomas Basset, at the *George* in *Fleetstreet*, near St. *Dunstan's* Church. MDCXC.

로크의 수필집 표지

오늘날 영국에서는, 정당 조직의 강직성과 내각에 따른 권력의 이양으로 행정부와 입법부와의 구분은 사실 어느 정도 줄어들고 있다. 로크가 생각한 가장 주목할 만한 삼권 분립의 예는 미국의 정치에서 볼 수 있는데, 거기에서는 대통령과 의회가 독립적으로 기능을 영위한다. 로크 시대 이후의 일반적인 국가 권력은 개인이 희생한 대가로 방대하게 성장했다.

수많은 사상가 중 로크는 가장 심오하지도 않고 가장 독창적이지도 않지만, 그의 저서는 철학과 정치에 지울 수 없는 많은 영향을 미쳤다. 철학에서 그는 신경험론의 선두에 섰는데, 이 사상적 경향은 처음에는 버클리와 흄이, 나중에는 벤담과 존 스튜어트 밀이 발전시킨 것이다. 이와 같이 18세기 프랑스의 백과전서파 운동도 루소와 그의 추종자들을 빼놓으면 거의 로크적이었다. 마르크스주의가 과학적인 냄새가 나는 것은 로크의 영향 때문이다.

**보는 이의 눈에 비치는 것**
로크는 관찰의 주체와 객체에 의한 상호작용의 결과 생겨나는 특질은 주관적인 것이며, 지각되지 않는 것은 존재하지 않는다고 하였다.

정치상에서 로크의 이론은 사실상 영국에서 실천되고 있던 이론의 요약이다. 따라서 대변동은 기대할 수도 없었다. 그러나 미국과 프랑스에서는 사정이 달랐다. 결과적으로 로크의 자유주의는 오히려 극적이고 혁명적인 격동을 일으켰다. 미국에서 자유주의는 국가의 이상이 되고, 헌법에 담겨졌다. 이상은 반드시 충실하게 지켜진다고 할 수 없는 것이 상례지만, 초기 자유주의는 미국에서 오늘날까지 거의 그대로 기능을 영위하고 있다.

듣기에 이상한 일이지만, 로크가 큰 성공을 거둔 것은 뉴턴의 광범위한 정복과 결부되어 있다. 뉴턴 물리학은 아리스토텔레스의 권위를 결정적으로 폐기시키고 말았다. 마찬가지로 로크의 정치 이론도 기발한 점은 없지만, 왕권신수설을 부인하고 스콜라 철학의 자연법을 근대의 조건에 맞도록 변경하여, 새로운 국가관을 세우려고 했다. 이 노력이 얼마나 과학적이었는가는 나중에 일어난 사건에 미친 영향에서 엿볼 수 있다. 미국의 '독립선언'의 표현 자체가 이 특징을 나타내고 있다. 독립선언문 가운데 "우리는 이들 진리를 자명한 일이라고 생각한다"는 구절에는 본디 제퍼슨이 초안에서 사용한 '신성하고 부정할 수 없는'이란 어구가 포함되어 있었는데, 프랭클린이 이를 '자명한'으로 바꾼 것도, 로크의 철학적 언어를 흉내낸 것이다.

로크의 영향은 프랑스에서 더욱 강했다. '앙시앵 레짐(구체제)'이라는 시대에 뒤떨어진 정치적 압제는, 영국의 자유주의 원리와 뚜렷한 대조를 이루고 있었다. 게다가 과학 분야에서도 뉴턴적 관념이 낡은 데카르트적 세계관을 밀어냈다. 경제학에서도 영국의 자유 무역 정책은 일부 오해된 점은 있었지만, 프랑스에서 커다란 찬사를 받았다. 18세기 내내 프랑스에서는 특히 로크의 영향에 바탕을 둔 친영국적인 태도가 지배적이었다.

미국의 독립선언은 로크의 영향을 반영하고 있다. 또한 '자유롭고 자연적인 명증성'을 인용한 프랭클린의 말에도 반영되어 있다.

근대 유럽 철학은 로크의 철학이 나타나면서 처음으로 분열되기 시작했다. 대륙 철학은 전체적으로 대규모적인 체계 구축형이었다. 그 논증은 '아프리오리(선험적 관념)' 체제에 있었고, 그 기세에 몰려 자세한 문제에는 아무런 관심을 갖지 않는 경우가 많았다. 한편, 영국 철학은 과학의 경험적 연구 방법을 더욱 엄밀하게 지켰다. 비교적 작은 수많은 문제를 단편적으로 다루고, 일반 원리를 제출할 경우에는 직접적인 증거로 테스트를 받았다.

연구 방식에서 이와 같은 차이가 생기는 결과, 아프리오리 방식은, 본래 일관되어 있지만, 근본적인 교리가 없어지면 붕괴한다. 경험론 철학은 관찰된 사실에 입각한 것이어서, 몇 군데서 허물을 들추어도 무너지지는 않는다. 그 차이는 하나의 피라미드와 거꾸로 세운 다른 하나의 피라미드를 비교할 때 생기는 차이와 같다. 경험론의 피라미드는 바닥면으로 서 있어서, 어딘가 한 쪽이 떨어져 나가도 넘어지지 않는다. 아프리오리는 거꾸로 서 있어서, 잠깐 보기만 해도 넘어지게 된다.

윤리학의 경우, 이 방법이 실제로 미치는 결과는 더욱 뚜렷해진다. 선(善)의 이론이 엄밀한 하나의 체계로 수립되어 있을 때, 깨치지 못한 어떤 전제 군주가 자기야말로 그것을 실행에 옮길 운명을 짊어진 사람이라고 자만한다면, 선의 이론은 가공할 만한 파괴를 가할 수가 있다. 하기야 이 세상에는 공리주의적 윤리학이 속된 행복의 소원에서 나왔다고 해서, 이것을 멸시하는 사람도 있을지 모른다. 그러나 이와 같은 이론의 주창자가, 수단을 가리지 않고 이상적인 목적을 추구하고, 정신을 엄하고 고결하게 유지하고 있는 개혁자 이상으로, 동포의 운명을 개선하는 데 도움이 된다는 것은 확실하다. 윤리학상의 서로 다른 이와 같은 입장과 병행해서 마치 이에 호응이라도 하듯이, 정치학에서도 서로 다른 태도가 나온다. 로크의 전통을 잇는 자유주의자는 추상적 원리에 입각한 철저한 개혁에 애정을 갖지 않았다. 모든 문제는 자유 토의로써 옳고 그름을 가리는 태도로 논의되어야 한다. 이와 같이 단편적, 시험적, 비체계적이라기보다는 반체계적인 영국 정치의 성격이야말로 대륙인에게는 매우 비위에 거슬리는 것이었다.

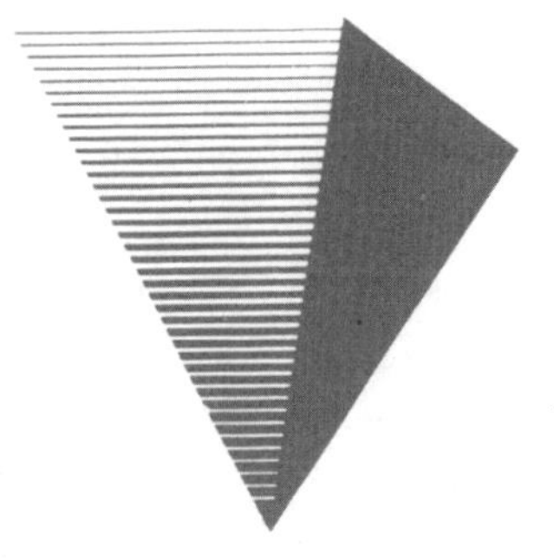

이성론에서는, 피라미드가 거꾸로 서 있고, 경험론에서는 바로 서 있다.

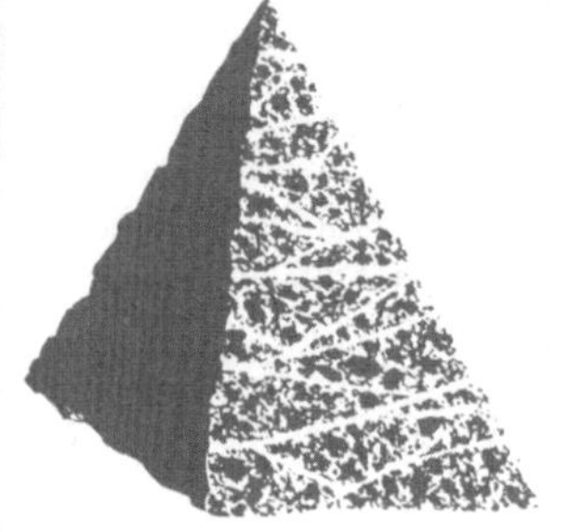

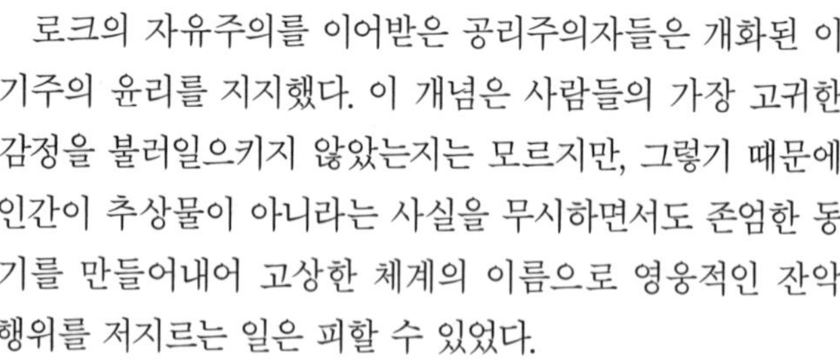

로크의 자유주의를 이어받은 공리주의자들은 개화된 이기주의 윤리를 지지했다. 이 개념은 사람들의 가장 고귀한 감정을 불러일으키지 않았는지는 모르지만, 그렇기 때문에 인간이 추상물이 아니라는 사실을 무시하면서도 존엄한 동기를 만들어내어 고상한 체계의 이름으로 영웅적인 잔악 행위를 저지르는 일은 피할 수 있었다.

*

로크의 이론에 남아 있는 중대한 하나의 결함은 추상 관념에 대한 그의 설명이다. 이것은 물론 로크의 지식 이론에 부과된 보편의 문제를 처리하려는 시도다. 그 결함은 우리가 특이한 예를 추출해내면, 결국 남는 것이 아무것도 없게 된다는 점에 있다. 로크는, 삼각형이라는 추상 관념을 예로 들고 있는데, 그것은 '사각형도 직사각형도 아니고, 정삼각형도 이등변삼각형도, 부등변삼각형도 아니고, 동시에 이들 모두이거나 그 어느 것도 아닌' 것이어야 한다. 추상 관념의 이론에 대한 비판이야말로 버클리 철학의 출발점이다.

조지 버클리(1685~1753)는 영국계 아일랜드 혈통 출신으로, 1685년에 아일랜드에서 태어났다. 15세에 더블린의 트리니티 칼리지에 들어갔으나, 거기에서는 전통적 과목과 함께 뉴턴의 새로운 학문과 로크의 철학이 유행하기 시작했다. 1707년, 그는 이 대학의 특별 연구원으로 선출되었다. 이후 6년 안에 그는 철학자로서 그의 명성의 기초가 되는 저서를 세상에 내놓았다.

**조지 버클리** 영국의 철학자·성직자이며, 영국 고전경험론의 대표적인 철학자이다.

30세도 채 되기 전부터, 그는 일찍이 이름을 날려 그 뒤에는 대부분의 능력을 다른 운동에 바쳤다. 1713년부터 21년에 걸쳐서, 버클리는 영국과 대륙에서 살기도 하고 여행을 하기도 했다. 트리니티로 돌아와서는 수석 특별 연구원으로 취임했으며, 1724년에 데리의 사제장이 되었다. 이 시기에, 그는, 버뮤다에서 미션 대학 설립을 위해 힘쓰기 시작했다. 정부의 지지가 있으리라고 굳게 믿고, 그는 1728년에 뉴잉글랜드 사람들의 동의을 얻기 위해 미국으로 갔다. 그러나 웨스트민스터가 약속한 원조는 올 것 같지 않아, 버클리는 계획을 포기해야 했다. 1732년, 그는 런던으로 돌아갔다. 2년 뒤, 클로인의 주교직으로 승진하여, 여기서 그는 세상을 떠날 때까지 있었다. 1752년, 옥스퍼드를 방문하기 위해 떠났으며, 이듬해 초 거기서 생애를 마쳤다.

버클리 철학의 근본 논제는, 어떤 사물의 존재는 우리가 그 사물을 지각하는 것과 같다는 것이다. 이 공식은 그에게는 자명한 것으로 보였기 때문에, 그다지 납득을 하지 않는 사람들에게 그는 아무래도 설명을 할 수가 없었다. 언뜻 보기에 이 공식은 터무니없이 상식에 어긋나기 때문이다. 이 견해가 요구하는 바와 같이 지각되는 대상이 사람의 정신 안에 있다고는 보통 아무도 생각하지 않는다. 그러나 버클리는 바로 그 점을 제시하려 한다. 로크가 말하면서도 일관되게 실천했다고는 할 수 없는 경험적인 관점에 서면, 대상의 관념에 무엇인가 잘못된 점이 있다는 것이다. 따라서 존슨 박사처럼 버클리를 비방하고, 그것으로 그를 논박했다고 말한다면 완전히 요점에서 빗나가는 일이다. 버클리의 이론이 결국 로크의 결함을 메울지 어쩔지, 그것은 본디 다른 문제이다. 버클리는 우리를 신비스러운 수수께끼로 현혹시키려는 것이 아니라, 로크의 약간의 모순을 고치려 한다는 것을 기억해야 한다. 적어도 이 점에서 그는 성공적이었다. 내면 세계와 외면 세계의 구별은 로크의 인식론을 근거로 해서는 적절히 유지될 수가 없다. 로크의 관념론과 지식의 모사 이론을 동시에 주장하기란 불가능하다. 이것과 매우 비슷한 어려움이 나중에 같은 문제에 대한 칸트의 설명에도 나왔다.

**인간에게 지각되는 성질**
버클리가 생각하는 세계에서는, 존재하는 것은 주체와 그 경험뿐이며 그 밖의 어떤 것도 존재하지 않는다. 인간이 지각하는 것은 사물 그 자체가 아니며, 색을 비롯한 성질이다. 성질은 지각하는 사람에 따라서 달라진다.

추상 관념의 이론을 비판하는 버클리 최초의 저서는 《시각 신론(新論)》이다. 이 책에서 그는 먼저 그즈음 있었던 지각에 대한 몇 가지 혼란을 검토하는 일부터 시작한다. 특히 그는 망막에 비치는 영상이 거꾸로 되어 있는데, 우리 눈에 보이는 사물이 올바르게 위를 향하고 있다는 점에 대한 외견적인 수수께끼에 대해서 올바른 해결책을 제시한다. 이 수수께끼는 그 무렵에 꽤 유행했는데, 버클리는 그것이 아주 단순한 오류 때문이라는 것을 제시했다. 요점은 우리가 눈으로 보는 것이지, 영사막 뒤에서 눈을 바라보는 것처럼 보는 것이 아니라는 점이다. 기하광학에서 어느 틈엔가 시각 언어에 대수롭지 않게 옮긴 것이, 이와 같은 오해의 원인이다. 버클리는, 더 나아가 지각의 이론을 전개하는데, 이 이론은 사물들 사이에 근본적인 구별을 세워 준다. 우리는 다른 감각 기관에 의해 그 대상을 달리 말할 수 있다는 것이다.

트리니티 칼리지 아일랜드 더블린 소재

시각은 외적인 사물에 대한 것이 아니라, 정신 안에 있는 관념이라고 그는 말한다. 촉각은 감각의 관념으로서 정신 안에 있지만, 물적인 대상에 대한 것이라고 한다. 단, 나중에 나오는 그의 저서에서는, 이 구별은 이미 찾을 수 없고, 모든 지각은 오직 정신 안에 감각의 관념을 낳을 뿐이다. 오감이 이와 같이 서로 분리되는 이유는, 모든 감각이 특수하다는 점에 있다. 이런 점을 보아도, 버클리가 이른바 '유물론'을 거부한다는 것을 알 수 있다. 물질은 단순히 성질의 형이상학의 운반체에 지나지 않으며, 이 후자만이 정신 내용으로서의 경험을 낳는 것이었기 때문이다. 노출된 물질 자체는 경험을 할 수 없고, 따라서 쓸데없는 추상이다. 이 같은 고찰은 로크의 추상 관념에도 해당된다. 예를 들어, 하나의 삼각형에서 그 특이한 성격을 모두 없애면, 결국 아무것도 남지 않고, 없는 것에는 아무것도 경험을 할 수가 없다.

《인간 지식의 원리》는 1710년에, 《시각 신론》은 1년 뒤에 출판되었다. 그 안에서 버클리는 '존재하는 것은 지각되는 것이다'라는 자기의 기본 공식을 조건도 타협도 없이 말하고 있다. 로크의 경험론을 진지하게 생각한다면, 이것은 거기서 나온 궁극적인 결과임을 알 수 있다. 이때 우리는 사실 이와 같은 경험을 할 때 약간의 감각이나 생각이 경험을 하고 그 이외의 때는 경험을 할 수 없다고 말할 수 있기 때문이다. 이와 같이 우리는 같은 경험이라도 그것이 경험으로서 정신 안에 기재되는 한, 경험이라 할 수 있을 뿐만 아니라, 우리가 이를 인정하지 않으려는 것도, 그것을 경험했을 때만 할 수 있는 일이다. 한 가지 의미에서 이것은 조금도 이상하지 않다. 경험하는 것은 경험할 때의 일로, 그 밖의 어떤 때도 할 수 없는 것이다. 그 어떤 사물도, 그것이 존재한다고 하는 것은, 경험에서, 경험을 통해서 비로소 뜻을 형성하는 것이고, 따라서 존재한다는 것은 지각하는 것과 같다. 이 견해에 따르면, 경험되지 않는 경험이나 지각되지 않는 관념을 운운한다는 것은, 무의미하다. 이런 입장은 현대 철학자로서 지식에 대한 현상학적 이론을 품고 있는 사람들이 계속 주장한다. 이와 같은 이론에 서면, 감각되지 않는 감각 데이터는 없다. 추상 관념에 대해서는, 그것이 적어도 가능하다고 한다면, 경험할 수 없는 그 어떤 실재를 나타내야 하고, 이것은 로크의 경험론을 부정한다. 경험적인 관점에 서면, 실재는 경험할 수 있는 것과 같다.

A
TREATISE
Concerning the
PRINCIPLES
OF
*Human Knowlege.*

PART I.

Wherein the chief Causes of Error and Difficulty in the *Sciences*, with the Grounds of *Scepticism*, *Atheism*, and *Irreligion*, are inquir'd into.

By *George Berkeley*, M. A. Fellow of *Trinity-College*, *Dublin*.

*DUBLIN*:
Printed by AARON RHAMES, for JEREMY PEPYAT, Bookseller in *Skinner-Row*, 1712.

《인간 지식의 원리》
버클리는 추상적 관념을 부정하였다. 물질적인 원인, 추상적인 일반 관념, 물질적인 실체의 존재를 거부하고, 정신적인 실체를 긍정한 것이다.

그렇다면, 보편의 문제는 어떻게 다루어야 할 것인가. 버클리는 로크가 추상 관념이라고 생각한 것이, 단순히 일반적인 이름일 뿐이라고 지적한다. 그러나 이들은 어떤 한 가지 사물을 가리키는 것이 아니라, 오히려 한 그룹의 사물 중 그 어떤 하나를 가리킨다. '삼각형'이라는 말은 어떤 삼각형에 대해서 말할 때도 사용되는 것으로, 한 개의 추상을 가리키는 것은 아니다. 추상 관념 이론에 대한 문제는 우리가 소크라테스의 형상에 관련해서 논한 것과 사실 무관하지 않다. 그것 또한, 완전히 비특정적인 것이고, 그 때문에 그 형상이 우리의 세계와는 다른 세계에서 살고 있는 것인데도, 그것을 알 수 있다고 여겼다.

그러나 버클리는 추상 관념을 거부할 뿐만 아니라, 대상과 관념 사이의 로크의 구별 전체와 그 결과로 생기는 지식의 모사 이론까지 거부한다. 우리는 일관된 경험론자로서 모든 경험이 감각과 반성의 관념에 대한 것이라고 주장하면서도, 다른 한편으로는 관념은 그 자체가 알려지지도 않고 또 알 수도 없는 대상과 부합된다고 주장할 리가 없기 때문이다. 로크에게는 이미 나중에 칸트가 사물 자체와 현상 사이에 그은 구별을 예상케 하는 것이 있다. 버클리가 사물 자체 같은 건 전적으로 인정하려고 하지 않고, 이것을 로크의 경험론과 양립할 수 없는 것으로 거부하는 점은 매우 옳다. 이것이 버클리 관념론의 요점이다. 우리가 정말로 알 수 있고 말할 수 있는 것은 정신 내용뿐이다. 지식의 모사 이론과 함께, 로크는 말이 관념의 기호라는 견해를 가지고 있었다. 각 관념에는 각기 하나의 말이 대응하고, 반대로 하나하나의 말에도 각기 관념이 대응한다. 이와 같은 잘못된 견해를 가지고 있었기 때문에, 추상 관념의 이론이 나온 것이다. 따라서 로크는 담화 중에서 한 마디의 말이 관념을 불러일으키고, 이런 식으로 지식이 한쪽에서 다른 쪽으로 전달되는 것이라고 주장했음이 틀림없다.

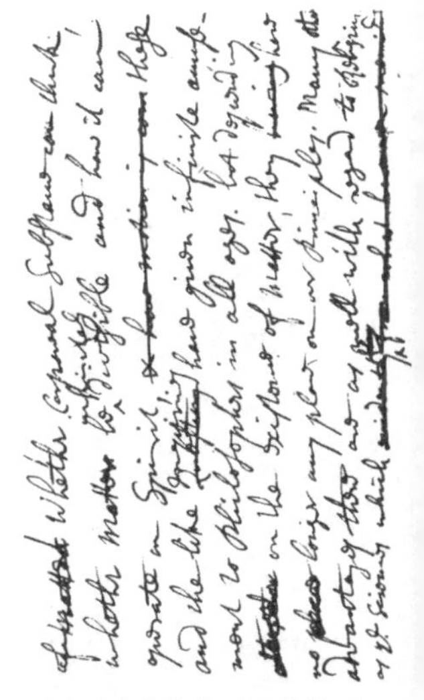

《인간 지식의 원리》 사본 중 한 페이지

버클리는 그다지 힘들이지 않고 언어에 대한 이와 같은 설명이 문제가 있다는 것을 나타내고 있다. 누군가의 말에 귀를 기울일 때, 우리가 이해하는 것은 그 사람의 이야기의 흐름이지, 일련의 말의 뜻을 서로 분리하고, 다음에 이것을 다시 이어 맞추는 것이 아니기 때문이다. 여하튼 표현에 대한 문제가 또다시 일어난다고 하는 것을 덧붙여도 좋을 것 같다. 관념에 이름을 붙이기 위해서는 어떻게 하면 좋은가.

여기에는 어느 명확한 관념이 정신 속에 있다는 것을 말을 사용하지 않고 전달할 수 있고, 이어 이것에 이름을 부여할 수 있어야 할 것이다. 그러나 그때는 이론적으로 관념 자체를 말로 표현할 수 없기 때문에 명칭과의 일치를 어떻게 설명할지는 알 수 없다. 언어에 대한 로크의 설명에는 이와 같이 중대한 결함이 있다.

우리는 버클리의 관념론이 처음에 보았을 때만큼 놀랍지 않다는 것을 알았다. 버클리가 살펴보려는 결과는 그다지 수긍이 가지 않는다. 이와 같이 지각 활동이 이루어진다고 하면, 이에 관여할 정신이나 마음이 있어야 한다는 것은, 그에게는 피할 수 없는 일처럼 보인다. 그런데 정신은 관념을 가지고 있다는 점에서 자기 자신의 경험 대상이 아니며, 따라서 그 존재는 지각되는 것이 아니라 지각하는 것이다. 그러나 정신에 대한 이와 같은 관점은 버클리 자신의 입장과 일치하지 않는다. 이 문제를 검토하면, 이렇게 여겨진 정신이야말로 바로 버클리가 로크를 비판한 추상 관념이라는 것을 알기 때문이다. 그것은 무엇인가를 지각하는 무엇인가가 아니라, 추상적으로 지각하는 무엇이다. 정신이 활동하고 있지 않을 때 어떻게 되는가의 문제에 대해서는 특별한 해결이 필요하다. 분명히 존재가 활동적 정신처럼 지각하는 것을 뜻하든지, 그렇지 않으면, 관념의 경우처럼 지각되는 것을 뜻한다면, 그때 비활동적인 정신이란 끊임없이 활동하고 있는 신의 정신 안에 있는 관념이어야 한다. 이와 같이 철학적인 신이 도입되는 것은 이론상의 문제에 대응하기 위한 것이다. 신의 기능은 단지 정신의 존재와 때로는 우리의 이른바 물적 대상의 존재까지 확보하기 위한 것이다. 이것은 이 설명 전체를 상식에 가까운 것으로 되돌리려는 자유로운 방식이다. 버클리의 관점 중 이 부분은 가장 가치가 적으며, 철학적으로도 가장 흥미롭지 않다.

AN
ESSAY
Towards a
*New Theory*
OF
VISION.

By GEORGE BERKELEY, M. A.
Fellow of *Trinity College, Dublin.*

*DUBLIN:*
Printed by AARON RHAMES, at the Back of *Dick's Coffee-House*, for JEREMY PEPYAT, Bookseller in *Skinner-Row*, MDCCIX.

《미래상에 대한 새로운 이론》의 표지 버클리의 첫 주요 작품이다.

존재한다는 것은 지각되는 것이라는 버클리의 공식은 실험이 결정할 문제라고 그가 생각하는 것을 설명해 주지 못한다는 것을 여기서 강조할 필요가 있다. 그는 그의 공식이 분명히 옳다는 것을 정확하게 알기 위해서는 우리의 어휘를 어떻게 사용할 것인가 하는 점을 꼼꼼하게 고찰하기만 하면 된다. 이와 같이 그가 여기서 하고 있는 일에는 형이상학적인 뜻은 전혀 없다. 그것은 오히려 몇 가지 말을 어떻게 사용할 것인가를 규정하는 문제이다. 우리가 '존재'와 '지각되는 일'을 같은 뜻으로 쓰기로 결정하는 한, 의심의 여지는 전혀 없다. 그러나 버클리는 이런 말을 우리가 어떻게 사용해야 할 것인가 하는 점뿐만 아니라, 조심스러운 이야기를 할 때 우리가 사실상 이미 그렇게 말을 하고 있다고 하는 점까지 생각한다. 이 말이 그다지 받아들이기 어려운 견해도 아니라는 것을 우리는 다소 애써서 나타내려고 했다. 그렇지만 이와 같은 화법이 버클리가 생각하고 있을 정도로 그다지 적절한 것이 아니라고 우리가 느끼는 것도 마땅하다.

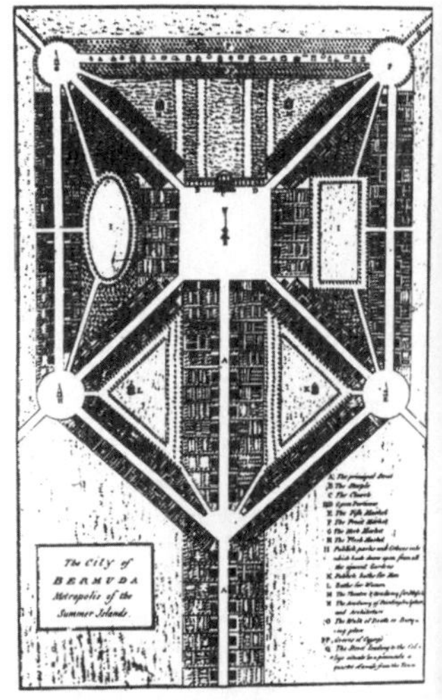

영국령 버뮤다 제도에 있는 마을의 설계를 위한 버클리의 계획안

먼저 그가 자신의 다른 부분의 철학과 전혀 일치하지 않는, 정신과 신에 대한 형이상학적 이론에 도달했다는 것은 사실이다. 이 점을 강조하지 않아도 우리는 버클리의 용어가 보통의 상식적인 화법과 불필요하게 다르다는 것을 느낄 것이다. 단, 이것은 논란의 여지가 있지만, 이 화법을 버려야 하는 이유는 되지 않는다. 그러나 이것을 전혀 별도로 하고라도, 버클리의 설명에는 철학적 약점이 있고, 이 때문에 그 대부분이 비판에 노출되었다. 이것은 버클리 자신이 시각에 관련해서 바로 이런 종류의 오류를 드러냈기 때문에 더욱 눈에 띄게 되었다. 우리도 언급했듯이, 사람은 그의 눈으로 보는 것이지, 눈을 보는 것이 아니라고 한 그의 주장은 옳다. 마찬가지로 사람은 그 정신으로 지각하지

만, 지각할 때 정신을 관찰하면서, 정신 근처를 맴돌지는 않는다고 일반적으로 말할 수 있을 것이다. 마치 우리가 우리의 눈을 관찰하는 것이 아닌 것처럼, 우리는 우리의 정신을 관찰하는 것이 아니며, 우리가 망막 위에 있는 것을 본다고 말하지 않는 것과 같다. 우리는 정신 안에 있는 것을 지각한다고는 말하지 않는다. 이것은 적어도 '정신 안에'라고 하는 말에, 버클리가 부여하지 않았던 꼼꼼한 고찰이 새삼 필요하다는 것을 나타낸다.

이 비판은 버클리의 화법을 거부하고 이것과 다른 용어를, 실례를 바탕으로 그 용어가 좋다고 여길 만큼 충분한 이유가 있다는 것을 나타낸다. 버클리의 공식화가 무엇보다도 사람을 현혹시키기 쉽다는 것은 뚜렷해 보인다. 이것은 버클리를 논하는 공정한 길은 아니라고 느끼는 사람도 있을지 모른다. 그러나 이것이야말로 아마도 버클리 자신이 비평가에게 바라고 있는 점일 것이다. 사람을 현혹하는 얽힌 화법을 푸는 것이 철학자의 임무라고 그는 생각하고 있기 때문이다. 《인간 지식의 원리》의 서문에서 그는 이것을 다음과 같이 말한다. "나는 오늘날까지 철학자를 재미있게 만들고, 지식으로 통하는 길을 가로막은 어려움 중 모두라고는 할 수 없지만 그 대부분이 전적으로 우리 자신의 탓이라고 생각하고 싶다. 우리는 처음에 먼지를 일으켰으면서도 보이지 않는다고 불평하고 있다."

버클리의 또 다른 철학서 《하일라스와 필로누스의 대화》는 논의의 재료를 새로 도입한 것이 아니라, 읽기 쉬운 대화의 형태로 그때까지 저서의 견해를 되풀이한 것이다.

*

로크가 말한 관념 이론은, 심각한 많은 비판을 피할 수

예일 대학
1701년 코네티컷 주 뉴헤븐에 설립된 예일 대학은 미국에서 세 번째 오래 된 대학으로, 미국사에 큰 영향을 미친 인물을 많이 배출했다. 버클리가 소장도서를 기증한 도서관은 현재 전 미국 굴지의 장서수를 자랑한다.

없다. 정신이 감각 인상밖에 알지 못한다고 한다면, 그때 버클리의 비판은 제1성질과 제2성질 사이에 아무런 구별도 설정할 수 없다고 지적한다. 그러나 철저한 비판적 설명을 가하기 위해서는, 로크의 관념이론은 버클리보다도 더 앞으로 나아가야 한다. 뭐니뭐니 해도 버클리는 정신적 존재를 인정하고 있었기 때문이다. 로크의 경험론을 발전시켜 논리적 결론까지 끌고 간 인물은 흄이다. 결국 이렇게 해서 도달한, 무절제한 회의적 입장이 본디 이 가정에 결함이 있었다는 것을 폭로한 셈이다.

데이비드 흄
영국의 회의주의 철학자·역사가. 그의 인식론은 로크의 내재적 인식 비판과 뉴턴의 자연학의 실험·관찰 방법을 응용했다.

데이비드 흄(1711~1776)은 에든버러에서 태어나, 12세 때 이곳 대학에 들어갔다. 중세 이래의 인습적인 과목을 끝마친 뒤, 그는 16세가 채 되기 전에 대학을 그만두고, 잠시 법률을 공부하려고 했다. 그러나 그의 진짜 관심은 철학에 있었고, 결국 그는 이 길로 나아가려고 마음먹었다. 잠깐 동안, 용기를 내어 장사도 해 보았으나 곧 그만두고, 1734년에 프랑스로 건너가 3년 동안 머물렀다. 대단한 재력도 없었기 때문에, 그는 자기 재산의 범위 내에 생활을 맞추어야만 했다. 이와 같은 속박이 있었는데도, 스스로 이를 견뎌낸 것은 오직 학문에 매진하려는 마음이 있었기 때문이었다.

프랑스에 있는 동안에, 그는 가장 유명한 저서 《인성론》을 썼다. 26세도 채 되지 않아서, 그는 나중에 철학적 명성의 바탕이 된 책을 완성한 것이다. 《인성론》은 흄이 해외에서 귀국한 지 얼마 안 되어 런던에서 출판되었다. 그러나 그것은 처음에 큰 실패로 끝났다. 이 책에는 저자의 젊음의 흔적이 철학적 내용에서보다도 무모하면서도 솔직한 어조에서 엿보이고 있다. 게다가 기성의 종교 원리를 받아들이지 않으려는 태도를 새삼스럽게 드러낸 것도 한몫 거들어, 이 책의 인기를 떨어뜨리는 결과가 되었다. 이런 이유로 해서, 흄은 1744년에 에든버러 대학 철학 교수의 자리도 놓쳤다. 1746년, 그는 세인트 클레어 장군에게 고용되어, 장군과 함께 이듬해 외교사절단이 되어 오스트리아와 이탈리아로 떠났다. 이 직무를 보고 그는 1748년에 직장을 떠나도 곤란을 받지 않을 정도의 돈을 남겨, 그 뒤 자기 일에 전념할 수 있게 되었다. 15년 동안 그는 인식론과 논리학과 정치학에 대한 책을 출판했고, 더 나아가 그에게 명성과 재산을 안겨다 준《영국사》도 썼다. 1763년, 그는 영국 대사 사설 비서로서 다시 프랑스로 건너갔다. 2년 뒤, 그는 대사관 소속 비서관이 되었으며, 다시 대사 부름에 응해 같은 해 말 신임자가 결정될 때까지 대리 대사로 활약했다. 1766년, 그는 귀국하여 국무 차관이 되었으며, 1769년 물러날 때까지 2년간 이 지위에 있었다. 그는 만년을 에든버러에서 보냈다.

A
TREATISE
OF
Human Nature:
BEING
An ATTEMPT to introduce the experimental Method of Reasoning
INTO
MORAL SUBJECTS.

*Rara temporum felicitas, ubi sentire, quæ velis; & quæ sentias, dicere licet.* TACIT.

BOOK I.
OF THE
UNDERSTANDING.

*LONDON:*
Printed for JOHN NOON, at the *White-Hart*, near *Mercer's-Chapel* in *Cheapside*.
MDCCXXXIX.

흄의 저서《인성론》
1739년부터 이듬해까지 런던에서 익명으로 출판되었고, 영국 경험주의의 중요한 교본이 되었다.

《인성론》 서문에서 말하고 있듯이, 흄은 모든 탐구가 어느 정도 이른바 인간의 과학에 지배받는다고 생각했다. 로크나 버클리와 달리 흄은 땅 고르기에 관여했을 뿐만 아니라, 이어서 수립될 것 같은 체계도 잊지는 않고 있었다. 이것이 인간의 과학이다. 새로운 체계를 제시하려는 시도는 대륙합리론의 영향을 나타내는 것인데, 이유는 흄이 데카르트의 원리에 여전히 지배되고 있던 프랑스의 사상가들과 접촉하고 있었기 때문이다. 어쨌든 기대되는 인간의 과학 덕분에 흄은 먼저 일반적인 인간성을 연구하기 시작하여 인간의 정신 장치가 미치는 범위와 한계를 조사했다.

흄은 로크의 감각 이론의 기본 원리를 받아들여 이 견해에 따라서, 어렵지 않게 버클리의 정신 또는 자아 이론을 비판한다. 우리가 감각 경험으로 알아차리고 있는 것은 인상뿐이며, 이들 인상 중 인격 동일성의 관념을 낳을 수 있는 것은 하나도 없기 때문이다. 실제로 버클리도 자기가 영혼을 하나의 실체로서 다룬 점이, 자기 체계에 부자연스럽게 접목된 것이 아닌가 하고 의심하고 있었다. 그는 우리가 영혼의 관념을 가질 수 있다고 인정하지 않고, 우리에게는 영혼의 '개념'이 있다고 말하기 시작한다. 이들 개념이 어떤 것인가는 설명되지 않는다. 그러나 그가 무엇이라고 말하든, 이것은 실로 그 자신의 관념 이론에 상처를 입히는 것이다.

흄의 논증은 그의 지식 이론 전체에 걸쳐 있는 몇 가지 일반적 가정에 근거를 두고 있다. 그는 용어는 다르지만, 원칙적으로 로크의 관념 이론에 동의한다. 흄은 인상과 관념을 우리 지각이 내포하는 내용이라 말한다. 이 구별은 로크의 감각 관념과 반성 관념의 구별에 일치하지 않고, 이 분류와 대립된다.

흄과 루소가 만난 동시대의 조판

인상이 감각 경험이나 기억과 같은 활동에서 나올 수 있다고 생각한다. 인상은 감각 경험처럼 생생한 힘이 없다는 점에서, 감각 경험과는 다른 관념을 낳는다고 한다. 관념은 감각 경험에서 분명히 언젠가 그보다 더 먼저 나온 인상의 색바랜 사본이다. 어쨌든 정신은 생각할 때, 정신 안에 있는 관념에 집중한다. 여기에서 '관념'이라는 말은 문자 그대로 그리스어의 뜻 '이데아'로 이해해야 할 것이다. 흄에게 사고 작용은 회화적 사고 작용, 또는 애초에 같은 뜻이었던 라틴어를 빌리자면, 상상 작용이다. 총체적으로 감각할 때나 상상할 때의 모든 경험을 지각이라고 부른다.

이제 몇 가지 요점에 주목할 필요가 있다. 흄은 인상이 어떤 뜻에서 개별적이고 분명하다고 보는 로크의 주장을 따른다. 흄은 하나의 복합 경험을 단순한 구성 인상으로 분석할 수 있다고 생각한다. 그 결과 단순 인상은 모든 경험의 건축 소재이고, 따라서 개별적으로 상상할 수 있다고 설명할 수 있다. 게다가 관념은 인상의 색바랜 사본이므로, 우리가 사물을 생각할 때, 마음에 그릴 수 있는 것은 무엇이나 가능한 경험의 대상이 될 수 있다는 결론에 이르게 된다. 또 이와 같은 이유로 해서, 상상할 수 없는 것은 마찬가지로 경험할 수도 없다고 우리는 결론을 내린다. 이와 같이 가능한 상상력의 범위는 가능한 경험의 범위와 같다. 흄의 논증을 이해하려면, 이 점에 유의할 필요가 있다. 왜냐하면 그가 끊임없이 우리에게 무엇인가를 상상하라고 권고하고, 우리도 자기처럼 상상할 수 없다 생각이 들자, 이 가정된 상황이 경험의 가능한 대상이 아니라고 주장하려고 하기 때문이다. 경험은 이와 같이 연속적인 지각으로 이루어진다.

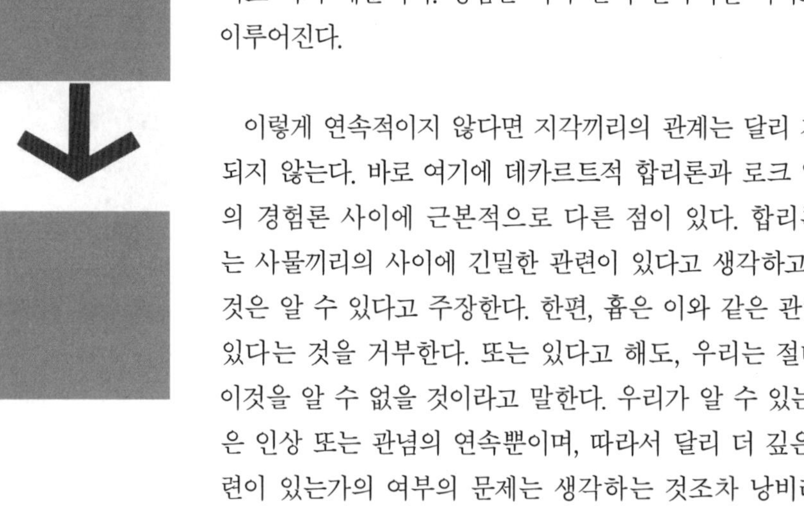

이렇게 연속적이지 않다면 지각끼리의 관계는 달리 지각되지 않는다. 바로 여기에 데카르트적 합리론과 로크 일파의 경험론 사이에 근본적으로 다른 점이 있다. 합리론자는 사물끼리의 사이에 긴밀한 관련이 있다고 생각하고, 이것은 알 수 있다고 주장한다. 한편, 흄은 이와 같은 관련이 있다는 것을 거부한다. 또는 있다고 해도, 우리는 절대로 이것을 알 수 없을 것이라고 말한다. 우리가 알 수 있는 것은 인상 또는 관념의 연속뿐이며, 따라서 달리 더 깊은 관련이 있는가의 여부의 문제는 생각하는 것조차 낭비라는 것이다.

이제 흄 인식론의 이들 특징에 비추어, 흄 철학의 중심 문제 가운데 몇 가지에 대해 말했던 특수한 논증을 더 자세히 살펴보기로 하자. 제1권 《지성에 대해서》 말미의 논문에서 논하는 인격 동일성의 문제부터 시작해 보기로 하자. 흄은 먼저 "어떤 철학자들은 우리가 시시각각으로 이른바

'자아'를 깊이 의식하고 있다고 생각하고, 우리가 자아의 존재와 존재 안에서의 자아의 연속성을 느끼고 있다고 여겨, 논증의 증거 이상으로 자아의 완전한 동일성과 단순성을 확신한다" 말하고 있다. 그러나 경험에 비추어 볼 때 분명한 것은, 자아가 경험의 기초가 된다고 여겨지는 근거 중에 검토를 견딜 수 있는 것은 하나도 없다는 사실이다. "공교롭게도 이와 같은 적극적 주장은 그 주장의 근거가 되는 경험 자체와 상반된다. 그리고 우리는 여기서 설명하는 식으로 '자아'의 관념을 갖지 못한다. 어떤 인상에서 이 관념이 나올 수 있는가." 이어 그런 인상은 아무것도 발견할 수 없고, 따라서 거기에는 자아의 관념이 있을 수 없다는 것이 제시된다.

우리는 특수한 지각이 어떻게 자아와 관련이 있는가를 전혀 알 수 없는 더 큰 문제에 부딪히게 된다. 그런데 이 점을 흄은 그답게 논하면서, 지각을 이렇게 말한다. "이들은 모두 다른 것이며, 개별적으로 고찰할 수 있고, 따로따로 존재할 수 있으며, 그 존재를 지탱하기 위해 아무것도 필요로 하지 않는다. 따라서 이들 지각은 어떤 식으로 자아에 속하는가, 어떻게 해서 이들과 결부되어 있는가. 나더러 말하라고 한다면, 내가 이른바 '나 자신'에게 가장 깊이 파고 들어갔을 경우, 나는 언제나 더위와 추위, 빛과 그림자, 사랑과 미움, 고통과 쾌락 같은 그 어떤 특수한 지각을 우연히 발견하게 된다. 나는 지각하지 않는다면 언제나 '나 자신'을 포착할 수 없고, 지각 이외의 그 어떠한 것도 관찰할 수 없다." 여기에 그는 덧붙여 말한다. "누군가가 진지하게 편견을 가지지 않고 반성할 경우, 그에게 '자기 자신'에 대한 다른 관념이 있다고 그가 생각한다면, 나는 정직하게 말해서 더는 이와 같은 사람과 이야기를 나눌 수 없다. 내가 인정할 수 있는 것은 이 사람도 나만큼 옳을지도 모른다는 것

흄은, 우발성은 습관과 연관되어 있다고 생각했고, 이성론자들은 원인과 결과가 연관되어 있다고 생각했다.

과, 우리는 이런 점에서 본질적으로 다르다는 것뿐이다." 그러나 분명히 그는 이와 같은 사람들을 색다른 사람들로 보고, 이어서 "나는 그들이 서로 다른 지각의 한 무리나 집합에 지나지 않고, 이들 지각이 생각할 수 없을 정도로 빨리 연이어 일어나, 영원한 유동 또는 운동을 하고 있는 것이라고 감히 단언한다"라고 말한다.

"정신은 하나의 극장으로, 여기에서 몇 가지 지각이 연속해서 나타난다." 그러나 여기에는 조건이 붙어 있다. "극장의 비교를 오해해서는 안 된다. 정신을 구성하는 것은 연속해서 일어나는 지각뿐이다. 그리고 또 우리는 이들 장면이 상연되는 장소에 대해서도 그 장면을 구성하는 소재에 대해서도 전혀 아무런 관념을 갖지 않고 있다." 사람들이 잘못해서 인격의 동일성을 믿는 까닭은, 우리가 일련의 관념과 일정 시간 변하지 않는 무엇인가에 대해서 우리가 형성하는 동일성의 관념을 혼동하기 쉽기 때문이다. 이와 같이 우리는 연이어 일어나는 경험에 변화가 존재하는 것을 감추기 위해, '영혼'과 '자아'와 '실체'라는 관념을 생각해 낸다.

"따라서 동일성에 대한 논쟁은 언어의 논의에 그치지 않는다. 우리가 타당하지 않다는 뜻으로, 동일성을 변하기 쉽고 또는 중단된 대상으로 돌릴 경우, 우리의 잘못은 단순히 표현에 그치지 않고, 보통 무엇인가 보편적이고 중단되지 않는 것, 또는 신비롭고 설명할 수 없는 것과 같은 허구를 수반하며, 또는 적어도 이렇게 날조하고 싶은 마음이 생긴다는 것이다."

이어 흄은 이와 같은 경향이 어떻게 작용하는가를 제시하고, 인격의 동일성이라는 관념으로 통용되는 것이 사실 어떻게 일어나는가를 연상 심리학으로 설명한다.

《거울 보는 여자》
인간은 반성할 때 사고나 감정 등 자기가 경험한 것에 대하여 생각하지만 이러한 '경험하는 자아'와 실제로 맞닥뜨리는 일은 결코 일어나지 않는다. 흄은 그 점으로부터 경험하는 자아는 존재할 수 없다고 주장했다.

이제 연합의 원리를 살펴보기로 한다. 번거로움을 마다하

지 않고 흄을 인용한 이유는 그의 문체에 기품이 있기 때문이며, 그 이유만으로 충분하다. 게다가 문제를 기술하는 방법도 흄만큼 뛰어나고 명확한 것은 없다. 이 조건이 전체적으로 영국의 철학에서 저술의 귀중한 전례가 되었다. 흄의 완전성에 어깨를 겨눌 만한 사람은 이제까지 없다.

**원인과 결과**
인과 관계에 있는 사건은, 서로가 독립적으로 일어난다고 하는 것이 흄의 주장이다. 그는 이 인과 관계를 당구공과 공이 서로 부딪힐 때를 예를 들어 설명했다.

우리가 살펴보아야 할 또 다른 커다란 문제는 흄의 인과성 이론이다. 합리론자는 원인과 결과의 연관성이 사물의 본성에 나타나는 고유한 특징이라고 주장한다. 우리가 살펴보았듯이, 예를 들어 스피노자의 경우, 틀림없이 모든 현상이 그 참다운 모습이라는 사실을 연역적으로 제시하는 일은, 사물을 충분히 연구하면 가능하다고 여겼다. 그러나 신만이 이와 같은 일을 알 수 있는 보통 생각되었다. 흄의 이론에 따르면, 이와 같은 인과 관계의 연관성은 알 수 없다. 그 이유는 인격동일성의 관념을 비판할 때 제시된 이유와 거의 같다. 이 연관의 성질에 대해서 우리가 잘못 보는 근원은 몇 개로 이어진 관념의 구성 요소 사이의 관련을 필연적으로 보려고 하는 경향에 있다. 그런데 관념의 결부는 유사성과, 공간과 시간의 접근과, 원인과 결과의 세 가지 관계에 따라서 착상된 연합에서 생긴다. 이와 같은 것을 그가 철학적 관계라고 부르는 이유는, 그것이 관념의 비교에 하나의 역할을 하기 때문이다. 몇 가지 점에서 그것은 로크의 반성의 관념과 일치한다. 이 관념은 우리가 살펴본 대로, 정신이 정신 자체의 내용을 비교할 때 생긴다. 유사성은 어느 정도 모든 경우의 철학적 관계에서 나온다. 그것이 없으면 비교할 수 없기 때문이다. 이와 같은 관계에 대해서 흄은 일곱 가지로 구분한다. 그것은 유사성, 동일성, 공간과 시간의 관계, 수의 관계, 성질의 정도, 불일치, 인과 작용이다. 그는 이들 가운데 특히 동일성·공간과 시간의 관계·인과 작용, 이 세 가지를 선택하고, 다른 네 가지는 관념을 비교하는 데 의존하는 것으로 제시한다. 예를 들면, 일정한 기하학적 도형의 수의 관계는 이 도형의 관념 여하에 따라 달라진다. 이들 네 가지 관계만이 지식과 확실성을 낳는다고 한다. 그러나 동일성·시공 관계·인과성과 같이 우리가 추상적 추리를 행할 수 없는 것일 경우, 우리는 감관(感官) 경험에 의존해야 한다. 인과성은 이들 중 유일하게 순수한 추리 기능을 갖는다. 동일성과 시공의 관계는 이에 의존하게 된다. 대상의 동일성은 그 어떤 인과적 원리에 입각해서 추론되어야 하고, 이 점은 시공적 관계에 대해서도 마찬가지이다. 엄밀하게 말해서 그 이론을 바탕으로 흄이 관념만을 언급할 때 그가 경솔하게 대상에 대한 보통 화법에 빠진다는 점에 유의해야 한다.

다음에 흄은 인과 관계에 이르기 위해서는 어떻게 하면 되는가를 심리학적으로 설명한다. 우리가 감관 지각에 있는 두 개의 대상을 빈번하게 추측하면 정신의 습관이 생기는데, 이 정신의 습관은 인상이 형성하는 두 개의 관념을 우리에게 연상시켜 준다. 이 습관이 충분히 강력해지면, 하나의 대상이 감각에 나타나기만 하면, 정신에 두 개의 관념이 연합하게 된다. 여기에는 확실한 것도 없고 피하기 어려운 것도 없다. 즉 인과성은 하나의 정신 습관이다.

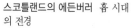

스코틀랜드의 에든버러 흄 시대의 전경

그러나 흄이 일관된 방법으로 논하고 있다고는 말할 수 없다. 그것은 앞에서 우리가 살펴본 것처럼, 연합 자체가 인과성에서 생긴다고 하는 데 반해서, 여기에서는 인과성이 연합에 의해 설명되고 있기 때문이다. 정신 습관이 어떻게 해서 생기는가를 설명하자면, 연상학파의 원리는 심리학적 설명으로 쓸모가 있으며, 역시 이 설명에 상당한 영향을 미치고 있다. 흄을 보자면, 그가 적어도 정신 습관이나 경향이 생기는 과정을 운운한다는 것은 사실상 허용되지 않는다는 것을 알 수 있다. 우리가 살펴본 것처럼, 그는 더 엄격한 순간에 정신이 연속적으로 지각하기 때문이다. 이처럼 습관을 발달시킬 수 있는 것은 하나도 없고, 연속해서 일어나는 지각이 사실상 어떤 유형을 발전시킨다고 말해서도 안 될 것이다. 우리가 어떻게든 이것을 단순히 운 좋은 우연이 아니라는 것을 밝히지 못한다면, 이런 진술만으로 신비 사상에 빠질 수 있기 때문이다.

그런데 합리론이 요구하는 원인과 결과의 관련의 필연성을, 흄의 인식론에서 끌어낼 수 없다는 것은 분명한 사실이다. 우리가 일정한 규칙적인 결합과 제아무리 대결해 본다 해도, 그 어느 단계에서나 우리는 필연성의 인상이 인상의 연속 위에 잇달아 일어난다고 말할 수는 없기 때문이다. 따라서 필연성의 관념이 있다고 할 수는 없다. 그러나 어떤 사람들은 합리론자이고 그렇지 않다고 생각하기 쉬우므로, 이 사람들을 잘못 인도하는 그 어떤 심리적 기구가 있음에 틀림없다. 이것이야말로 바로 정신 습관이 들어가는 곳이다. 우리는 경험을 통하여 결과가 각 원인의 뒤를 이어 연이어 일어나는 것을 늘 보고 있기 때문에, 결국 우리도 그것이 틀림없이 그럴 것이라고 잘못 믿게 된다. 우리가 흄의 경험론을 받아들인다면, 이 마지막 단계에서 정당한 이유를 찾을 수 없다.

흄은 이 인과성의 논의를 맺으면서, '원인과 결과에 대한 규칙'을 몇 가지 정한다. 이 점에서 그는, J.S. 밀의 귀납법의 규칙에 대한 설명보다 100년 앞선다. 규칙을 말하기에 앞서, 흄은 인과성의 커다란 특징 가운데 몇 가지를 상기한다. '무엇에서 무엇이 나올지 알 수 없다'고 그는 말하면서, 필연적 관련과 같은 것은 하나도 없다는 것을 우리에게 상기시켜 준다. 규칙의 수는 8개이다. 첫째, 원인과 결과는 공간과

**흄이 그의 출판인에게 보낸 편지의 일부** 죽기 바로 전에 작성한 것이다.

시간에 인접해야 한다. 둘째, 원인은 결과보다 먼저여야 한다. 셋째, 원인과 결과 사이에는 일정한 관련이 있어야 한다. 이어서 나오는 몇 가지 규칙에는 밀의 규칙을 예시한다. 넷째, 우리는 같은 원인이 늘 동일한 결과를 낳는다고 배웠는데, 이 원리는 우리의 경험에서 나온다. 이 결과에서 이어지는 다섯째, 몇 가지 원인이 같은 결과를 낳은 경우, 이들 원인은 무엇인가 틀림없이 공통적인 것을 갖고 있다. 마찬가지로 우리는 여섯째 규칙을 추론할 수 있는데, 이것은 결과의 차이가 원인의 차이를 나타낸다는 것이다. 나머지 두 규칙은 여기서 우리가 살펴볼 필요는 없다.

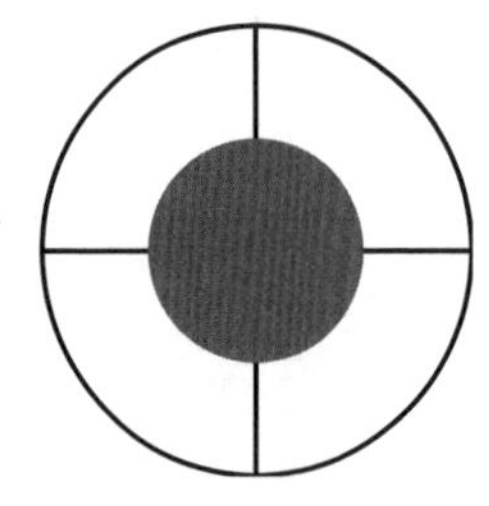
인성론은 사물들이 서로 본질적으로 연결되어 있다고 여긴다.

흄의 인식론은 회의적 관점에 있다. 우리가 이미 살펴본 대로 고대의 회의론자들은 형이상학적 체계 수립자에 반대하는 사람들이었다. 회의적이라는 말은 그 어떤 만성적 우유부단을 나타내는 통속적인 뜻으로 이해하면 안 된다. 본디의 그리스어는 단순히 꼼꼼하게 탐구하는 사람 정도의 뜻이다. 체계를 수립한 자가 자기의 해답을 발견했다고 느낀 데 반하여, 회의론자는 그보다 확신이 덜하여 계속해서 고찰했다. 이윽고, 그들의 지칠 줄 모르는 탐구보다는 오히려 그들의 자신 없는 상태가 그들의 이름을 특징짓게 되었다. 흄의 철학은 이런 뜻에서 회의적이다. 세상의 회의론자와 마찬가지로, 그 또한 일상 생활에서 우리가 마땅한 것으로 알고 있는 약간의 사항에, 조금도 정당한 이유를 붙일 수 없다는 결론에 이르기 때문이다. 물론 회의론자를 살아갈 때 맞닥뜨리는 당면 문제에 대해 결심을 할 수 없는 사람이라고 생각해서는 안 된다. 흄은 회의적인 관점을 말하고 나서, 그렇다고 그 때문에 일상 생활이 엉망이 되는 것은 아니라고 뚜렷이 밝히고 있다. "여기서 내가 열심히 설득하려고 수고를 아끼지 않는 것 같은 이 논증에 진심으로 동의하는지, 또는 내가 정말로 모든 것이 불확실하다고 주장하는 회의론자들 가운데 한 명인지, 또는 우리의 판단이 진실이나 거짓을 재는 기준이 어디에도 없는지에 대한 질문을 받는다면, 나는 이렇게 대답할 것이다. 이 질문은 전체적으로 쓸데없으며, 나도 다른 사람들처럼 진실로 끊임없이 그렇게 생각해 본 적은 없다. 자연은, 어찌할 수 없는 절대적인 필연성으로, 우리가 호흡하고 느끼고 판단하도록 결정했다. ……이와 같은 회의론을 흠잡아 쓸데없이 잘못을 들춰내려고 애를 쓴 사람은 누구나 경쟁 상대도 없는데 논쟁을 해 온 사람이다……."

흄은 로크가 주장한 관념 이론을 전개시켜서, 이런 이론이 우리를 결국 어디로 끌고 가는가를 집요하게 보여준다. 이 방향으로는 더 앞으로 나아갈 수 없다. 우리가 일반적으로 인과성을 이야기할 경우, 흄이 이야기한 대로 우리가 말하려고 하는 것 또는 말해야 하는 것을 우리가 말하지 않다고 여겨진다면, 그때야말로 새로 시작해야만 한다. 과학자나 일반인이나 인과성을 단지 일정한 결합만으로 생각하는 것이 아니라는 사실은 아주 분명하다. 이에 대한 흄의 대답은 이럴 것이다. "그들이 무엇인가 이와 다른 말을 한다면, 그들 모두는 잘못되었다고 하는 것일 것이다." 그러나 아마도 이런 점에서 합리론자의 이론은 아주 철저하게 외면당한다고 할 수 있다. 과학자가 실제로 하고 있는 일은, 우리가 스피노자와의 관련에서 살펴본 대로 합리론이 훨씬 잘 그려내고 있다. 과학의 목적은 결과가 원인에서 나온다는 연역적 체계에 따른 인과 관계를 드러내는 것이다. 이는 설득력 있는 논증이 필연적으로 전제에서 나온다는 결론과 같다. 그러나 흄의 비판은 전제 자체에 대해서는 여전히 옳다. 이에 대해서 우리는 탐구적 또는 회의적인 태도를 가져야 한다.

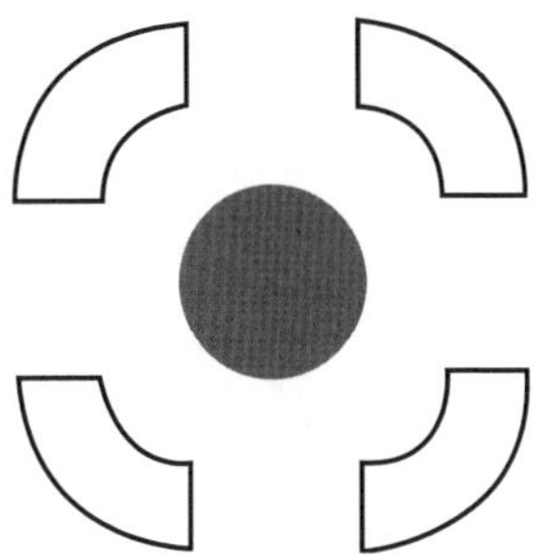
회의론은 전제에 의문을 제기하고 연관성을 부인하는 태도를 취한다.

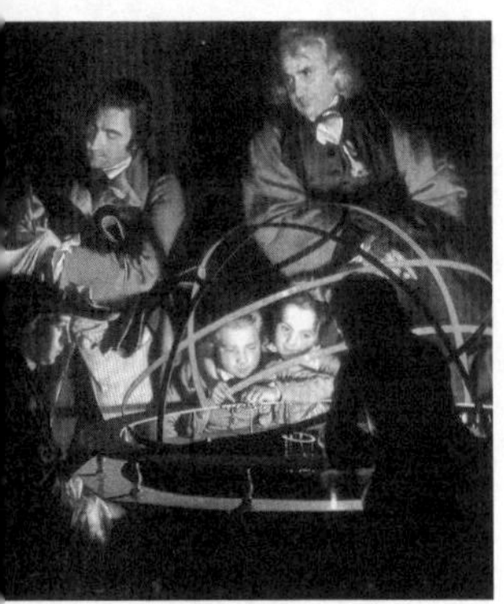

과학의 법칙을 이해
흄은 마음이 어떻게 지식을 획득하는지 설명하기 위해 뉴턴의 과학적 방법을 사용하여 경험에서 얻을 수 있는 이상의 지식은 존재하지 않는다는 결론에 이르렀다.

우리는 흄이 인간의 과학에 가장 큰 관심을 가졌다는 것을 새삼 떠올린다. 회의적 관점은 윤리학과 종교 분야에 근본적인 변화를 일으킨다. 우리가 필연적 관련을 인식하지 못한다는 것을 일단 제시했을 경우, 합리적 논증에 따라서 윤리적 원리를 정당화하려 한다면, 도덕적 요구의 힘이 손상되기 때문이다. 윤리학의 기초는 이제 흄의 인과성 자체만큼 강해진다. 그러나 흄의 주장에 따르면, 우리는 사실상 그 어떤 견해라도 우리가 바라는 것을 자유롭게 선택할 수 있을 것이다. 비록 우리는 우리가 채택한 것을 정당화할 수 없지만 말이다.

제8장
# 계몽주의와 낭만주의

영국 경험론 운동의 두드러진 특징 가운데 하나는 여러 가지 전통을 신봉하는 사람들에게 일반적으로 관용의 태도를 보였다는 것이다. 그래서 로크는 차별 없이 '가톨릭 교도'에도 관용을 베풀어야 한다고 주장했고, 흄은 일반적 종교, 특히 로마 가톨리시즘을 조롱하지만, 억압의 전제가 되는 '종교적 열광'을 반대한다. 이 일반적으로 개화된 태도는 시대의 지적 풍조를 이루는 특징이 되었다. 18세기 동안 이 태도는 처음에는 프랑스에서, 나중에는 독일에서 발판을 얻었다. 계몽운동, 또는 나중에 나타나는 독일인의 '계

**루소를 신격화** 1794년 그의 유적을 판테온 신전으로 옮기는 행렬의 일부

몽주의'는 특정한 철학 사상 유파에 묶여 있었던 것은 아니다. 그것은 오히려, 16, 7세기의 피비린내 나는, 언제 끝날지도 모르는 종교상 다툼의 결과였다. 종교적 관용의 원리는 우리가 이미 살펴본 대로, 스피노자나 로크도 바람직한 것으로 여겼다. 동시에 신앙 문제에서의 이 새로운 태도는 정치에 폭넓은 영향을 미쳤다. 이런 태도가 모든 분야의 억제되지 않은 권위에 반대했기 때문이었다. 왕권신수설은 여러 종교관을 자유롭게 논할 수 있는 정세와 잘 어울리지 않았다. 영국에서 정치상의 다툼은 17세기의 전환기를 맞기 전에 절정에 이르렀다. 거기에서 나온 정치체제는 민주적이라

영국 켄싱턴 공원에 있는 알버트 기념탑

고는 할 수 없었지만, 다른 여러 나라에서 특권 계급의 지배에 으레 따르는 최악의 끔찍한 몇 가지 일만은 면했다. 따라서 격렬한 폭력적인 궐기 등은 나타나지 않았다. 프랑스의 사정은 달랐다. 여기에서는 계몽운동의 힘이 크게 1789년의 혁명의 기반을 닦았다. 독일의 계몽주의는 다분히 지적 부흥의 문제였다. 30년 전쟁 뒤, 독일이 마침내 서서히 회복해 가던 때부터 독일은 문화적으로 프랑스의 지배를 받았다. 프리드리히 대왕 치하의 프러시아의 발흥과 18세기 후반의 문학의 부흥을 거치면서, 비로소 독일은 프랑스 문화에 대한 예속 상태에서 벗어나기 시작했다.

바이런 영국의 낭만파 시인

더 나아가 계몽운동은 과학 지식의 보급과 끊으려야 끊을 수 없는 관계에 있었다. 이전에는 아리스토텔레스와 교회의 권위를 무턱대고 마땅하게 여기는 일이 많았던 데 반해, 이제는 과학자들이 하는 일에 따르는 것이 유행이 되었다. 종교 영역에서 신교가 만인은 자기가 직접 판단해야 한다는 관념을 내걸었던 것과 마찬가지로, 과학 분야에서도 사람들은 이제 스스로의 힘으로 자연을 바라보아야 한다면서, 예부터 내려온 기성의 가르침을 대표하는 사람들의 발언에 맹목적인 신뢰를 주어서는 안 된다고 했다. 과학의 발견이 서유럽의 삶을 바꾸기 시작했다.

프랑스에서는 낡은 제도가 결국 혁명으로써 무너진 데 반해, 18세기의 독일은 전체적으로 '관대'한 전제 정치가 군림하고 있었다. 사상의 자유는 결코 자유롭다고는 할 수 없었지만 어느 정도까지는 분명히 존재했다. 프러시아는 군사적 성격을 가지고 있었지만, 지적 영역에서는 어떤 형태의 자유주의가 나오기 시작한 나라의 좋은 예라 할 수 있을 것이다. 프리드리히 대왕은 스스로를 국가 제일의 공복이라고 칭하고, 국가 범위 내라면 누구나 자기식으로 구원을 얻어도 좋다고 했다.

계몽운동은 본질적으로 보면, 자유로운 지적 활동을 재평가하는 것이고, 문자 그대로 암흑이 지배하던 곳에 널리 빛을 비치는 것이 목적이었다. 그것은 헌신적으로 강력하게 추구되는 일은 있어도, 강렬한 감정을 좋아하는 생활 방식은 아니었다. 그럭저럭 하는 사이에 반대의 힘이 느껴지기 시작했다. 그것은 더욱 강한 낭만주의의 힘이었다.

낭만주의 운동과 계몽 운동의 관계는 어느 면에서 아폴로적인 태도와 대조되는 디오니소스적 태도를 상기시켜 준다. 이것은 르네상스와 함께 나타난 이상화된 고대 그리스의 개념에 뿌리를 둔다. 18세기의 프랑스에서 그것은 정서의 숭배 운동으로 발전했는데, 이것은 합리론 사상가의 조금 차갑고 초연한 객관성을 반대하는 움직임이었다. 합리론적 정치 사상이 홉스 이후, 사회적·정치적 안정을 확립하고 유지하려고 한 데 반해서, 낭만주의자들은 위험한 생활 방식을 사랑했다. 그들은 안정을 구하지 않고 자진해서 모험을 위해 나아갔다. 편암함과 안락함은 부끄러운 것으로 배척되고, 불안정한 생활 방식 쪽이 이론상으로는 훨씬 고귀하게 여겨졌다. 여기서 이상화된 빈농 개념이 나온다. 이는 적은 땅만 가지고 근근히 생활하지만, 자유롭고 도시 문명에 오염되지 않은 채 살아가는 인간상이다. 자연과 가깝게 지내는 것이 특별한 미덕이었다. 여기서 인정하는 빈곤이란 본질적으로 농촌적인 것이다. 산업주의는 초기 낭만주의자들이 생각하기에 저주였고, 산업혁명 때문에 사회적으로나 자연적으로 추한 것이 많이 나타났음은 분명한 사실이다. 그 뒤 수십 년 동안 마르크스주의의 영향으로 산업 프롤레타리아는 낭만적으로 여겨지게 되었다. 산업 노동자의 정당한 어려움은 그 뒤에 올바르게 처리되었지만, 낭만적 '노동

바이런의 서명

자'라는 관점은 지금도 정치상에 남아 있다.

낭만주의 운동과 결부해서 부활하는 것이 내셔널리즘이다. 과학과 철학의 커다란 지적 세력에는 본질적으로 국민감정이 빠져 있었다. 계몽운동은 정치적 국경을 정치적 국경으로 보지 않는 하나의 힘이었다. 비록 이탈리아나 에스파냐와 같은 나라에서 계몽운동이 가톨리시즘과 어깨를 나란히 할 수 없었다 해도 말이다. 이와 달리 낭만주의는 국가 상호간의 차이를 확실하게 드러내고, 민족성이라는 신비적 개념을 좋아했다. 이것이 홉스의 《리바이어던》이라는 뜻하지 않은 결과를 낳았다. 국가는 그 어떤 의지가 주어진 대규모적인 개인으로 여겨지게 되었다. 이 새 내셔널리즘은 1789년의 혁명을 일으킨 여러 세력까지 위압하기에 이르렀다. 영국은 다행히 자연적인 국경을 가지고 있어서 훨씬 편한 상태에서 민족적 의식을 파악할 수 있었고, 여러 가지 일을 계획할 때 영국의 위치는 견고해 보였다. 신흥 프랑스 공화국은 호시탐탐하는 지배자들이 곳곳을 포위하고 있어서 나와 내 몸에 대한 확신을 가질 수도 없었다. 하물며 독일인은 국토가 나폴레옹 제국의 육군에 의해 병합되었기 때문에 더욱 그랬다. 국민 감정은 둑이 터진 것처럼 넘쳐흘러서, 이것이 1813년의 자유 해방 전쟁의 원동력이 되었다. 프러시아는 독일 내셔널리즘의 중심점이 되었다. 몇몇 위대한 독일 시인들이 내셔널리즘이 앞으로 세상을 혼란에 빠뜨릴 것이라고 예견했다는 점은 흥미롭다.

이탈리아의 시인 레오파르디
죽음의 침상에서

낭만주의자들은 효용성을 버리고, 미적 기준에 의존했다. 이것은 그들의 사고에 관계되는 한, 경제 문제뿐만 아니라 행위와 도덕에 대한 그들의 관점에도 적용된다. 자연미에는 격렬하고 장대한 것이 인정되었다. 떠오르는 중산 계급의 삶은 그들에게 따분하고 비정상적인 인습에 둘러싸인 것으로 비쳤다. 이 점에서 그들이 완전히 비합리적인 것은 아니었다. 오늘날 이런 점에서 우리 관점이 꽤 너그럽하다면, 이는 낭만주의적 반역자가 시대가 시인하는 관습을 무시한 결과로 볼 수 있다.

철학적으로 보았을 때, 낭만주의 운동은 하나의 영향을 두 가지 반대 방향으로 미쳤다고 해도 좋을 것이다. 첫째는 이성을 지나칠 만큼 강조한 것이고, 그와 동시에 우리가 착수하는 문제에 조금이라도 진지하게 머리를 돌리기만 하면 모든 어려움은 영원히 해결될 것이라는 비현실적인 희망을 품게 했다는 것이다. 이런 낭만적 합리론은 17세기의 사상가에게는 볼 수 없었던 것으로, 독일 관념론의 저서와, 나중에 마르크스 철학에 나타난다. 공리주의자에게도 이런 경향이 있어서, 이론적으로 인간을 한없이 교육할 수 있다고 가정했다. 물론 이 가정은 분명히 거짓이다. 이 가정이 잘못되었다는 것은 틀림없다. 일반적으로 유토피아적 관념은 모두 지적이건 사회 문제에 속하건, 낭만적 합리론의 전형적 소산이다. 그러나 한편, 이성을 과소 평가하는 것도 마찬가지로 낭만주의가 만들어 낸 것이다. 이 비합리주의적 태도로 가장 악명 높은 것이 실존주의이다. 이것은 몇 가지 점에서 산업 사회가 개인을 차츰 침해하는 것에 대한 하나의 반역이다.

**레르몬토프** 러시아의 시인·소설가

낭만주의는 특히 시인 사이에서 지지를 받았다. 가장 유명한 낭만주의자는 아마도 바이런일 것이다. 바이런은 완전한 낭만주의자가 될 요소를 충분히 갖추고 있었다. 그에게는 기존 인습에 대한 반역이 있고, 공공연한 무시와 멸시가 있었으며, 앞을 가리지 않는 대담함과 고귀한 행동이 있다. 그리스의 자유를 위해, 미솔롱기의 늪지에서 죽는다는 것은 고금을 통틀어 최대의 낭만적 제스처였다. 독일과 프랑스의 후기 낭만시는 바이런의 영향을 받았다.

러시아의 시인 미하일 유리예비치 레르몬토프(1814~1841)는 스스로 그의 직계 제자라고 자부했다. 이탈리아에도 위대한 낭만파 시인 자코모 레오파르디가 있는데, 그 저서에는 19세기 초 이탈리아의 절망적 억압 상태가 담겨 있다.

*

19세기 계몽시대의 기념비로서 한결 눈에 띄는 것은, 프랑스의 일군의 작가와 과학자가 펴낸 위대한 《백과전서》이다. 분명히 이 사람들은 종교와 형이상학에 등을 돌려, 과학을 새로운 지적 원동력으로 보았다. 하나의 대작에 시대의 과학 지식 전체를 단순히 알파벳순의 기록이 아니라, 세계를 과학적으로 처리하는 방법을 설명하여 이 저자들은 기존의 권위인 반계몽주의에 대한 강력한 투쟁 수단을 만들어내려고 했다. 18세기, 프랑스의 문학자와 과학자로서 유명한 사람들은 대부분 이 사전에 기고했다. 그 가운데 두 사람은 특히 언급할 만하다. 장 르 롱 달랑베르(1717~1783)는 수학자로서 가장 유명할 것이다. 이론 역학의 유력한 원리 하나가 그의 이름으로 통한다. 그러나 그는 철학이나 문학에 폭넓은 관심을 가졌기도 했다. 특히 《백과전서》의 서문은 달랑베르 덕분이다. 편집 책임의 가장 중요한 역할을 짊어진 인물은 드니 디드로(1713~1784)로, 그는 모든 인습적인 형태의 종교를 배제했고, 많은 주제를 다루었다.

**달랑베르** 프랑스의 수학자·철학자·물리학자·저술가, 《백과전서》의 공동 편집자이기도 하다.

그러나 《백과전서》는 넓은 의미에서 비종교적이지는 않았다. 디드로의 관점 등은 스피노자의 범신론에 가까웠다. 이 위대한 저작에 모든 것을 기고한 볼테르(1694~1778)는 신이 존재하지 않으면, 우리는 신을 만들어 내야 할 것이라고 말했다. 물론 그는 제도로서의 그리스도교에는 거세게 반대했지만, 어떤 초자연력을 믿고 사람들이 선한 삶을 살면 그 목적을 이루는 것이라고 했다. 그것은 인습적 부착물을 모두 없앤 펠라기우스주의와 같다. 동시에 그는 우리 세계가 있을 수 있는 모든 세계 중에서 가장 좋은 것이라고 하는 라이프니츠의 관점을 비웃고, 악을 우리가 싸워야 하는 적극적인 것이라고 여겼다. 여기에서 인습적인 종교에 대한 그의 격렬한 싸움이 비롯된다.

프랑스 유물론자들은 이보다 훨씬 극단적으로 종교를 배격한다. 그들의 이론은 데카르트가 제출한 실체론을 반전시켰다. 우리는 기회원인론의 원리에 의해 물질도 정신도 새삼 연구할 필요가 없다는 것을 알았다. 이들 두 영역이 엄밀한 평행선을 가면서 기능을 영위하는 이상 우리는 두 가지 가운데 어느 한 가지는 없어도 지낼 수 있다. 유물론을 가장 잘 설명한 것은 쥘리앵 오프루아 드 라메트리의《인간기계론》이다. 그는 데카르트의 이원론을 배제하고, 하나의 실체, 즉 물질만을 인정한다. 그러나 이 물질은 초기의 기계론이 규정한 그런 뜻에서 활동력을 가지지 않는 것은 아니다. 오히려 움직이고 있다는 것이 물질의 본디 특징 가운데 하나이다. 거기에는 제1발동자는 필요가 없고, 신은 라플라스의 이른바 '필요 없는 가설'에 지나지 않는다. 이 관점에 서면 정신 작용도 물질 세계의 하나의 기능이다. 이 이론은 라이프니츠의 단자(單子) 개념과 어떤 관련을 가지고 있다. 비록 이 이론이 무한의 단자와 대조적으로 실체를 하나밖에 인정하지 않는다 해도 말이다. 그렇지만 단자를 '영혼'이라고 보는 관점은 물질이 때로는 정신과 같은 기능을 갖는 관념과 거의 비슷하다. 마르크스가 정신은 육체 조직의 부산물이라고 주장한 것도 여기서 비롯된다.

이와 같은 이론을 바탕으로 유물론자는 당당히 무신론의 과점을 취했다. 그 어떤 형체나 형태의 종교든 해로운 정교한 거짓이라고 여기고, 무지한 자들을 지배하는 것

ENCYCLOPEDIE,
OU
DICTIONNAIRE RAISONNÉ
DES SCIENCES,
DES ARTS ET DES METIERS,
PAR UNE SOCIETÉ DE GENS DE LETTRES.
Mis en ordre & publié par M. DIDEROT, de l'Académie Royale des Sciences & des Belles-Lettres de Prusse; & quant à la PARTIE MATHÉMATIQUE, par M. D'ALEMBERT, de l'Académie Royale des Sciences de Paris, de celle de Prusse, & de la Société Royale de Londres.
Tantùm series juncturaque pollet,
Tantùm de medio sumptis accedit honoris! HORAT.
TOME PREMIER.

《백과전서》의 표지

이 쉽기 때문에 지배자와 성직자가 자기들 마음대로 퍼뜨리고 장려한 것이라고 보았다. 여기서 또한 마르크스가 종교를 사람들의 아편이라고 한 것은 이 유물론자의 영향 때문이다. 종교와 형이상학적 사변의 정체를 폭로하여 인류에게 지상의 낙원을 약속하는 과학과 이성의 길을 제시하려고 했다. 이 견해는 백과전서파도 가지고 있는 것인데, 마르크스의 유토피아적 사회주의 또한 이들 관념의 영향을 받은 것이다. 그러나 이런 점에서 그들은 모두 낭만적 환상에 빠져 있다. 삶과 삶의 문제에 대한 열린 태도는 적절한 조치를 취하여 어려움을 대처하는 데 매우 큰 도움이 되기는 하지만, 총체적인 모든 문제에 대한 궁극적이고 영원한 해결책이 이 세상의 것이 아님은 분명하다.

이들 사상가 모두가 똑같이 강조하는 것은 뛰어난 이성이었다. 프랑스혁명이 지배적 종교를 없앤 뒤인데도 가장 높은 존재가 만들어지고, 이 때문에 특별한 축제까지 설정되기에 이르렀다. 본질적으로 이것은 이성의 신격화였다. 그러나 혁명은 이성에 얼마쯤의 경의를 표했을 뿐이다. 근대 화학의 창시자 라부아지에는 공포시대의 혁명 법정에 소환되어 재판을 받았다. 그는 구제도의 조세 징수원으로, 사실 약간의 귀중한 재정 개혁을 제안하기도 했다. 그러나 그는 구제도의 관리자로서 인민에게 죄를 지은 사람으로 여겨졌다. 그가 가장 위대한 과학자 가운데 한 사람이라고 누군가 주장했을 때, 공화국은 과학자를 필요로 하지 않는다고 법정은 답했다. 그래서 그는 단두대의 이슬로 사라졌다.

《백과전서》 편찬자들의 모임 그 중에는 볼테르(1)와 달랑베르(4), 콩도르세(5), 디드로(6)가 있다.

*

《백과전서》는 여러 면에서 18세기 계몽운동의 상징이다. 냉정하고 합리적인 토의가 강조되며, 목표는 인류의 새롭고 행복한 앞날을 향하여 일을 한다는 것이었다. 이와 함께 이성을 반대하는 낭만주의 운동이 일어났다. 낭만주의 대표자 가운데 한 사람은 장 자크 루소(1712~1778)이다. 그는 아마도 정치 이론과 교육에 대한 저서를 제외하면, 엄밀한 뜻에서 철학자라고 할 수 없다. 저술 활동과 폭넓은 문학 활동을 통해서, 그는 후기 낭만주의 운동에 매우 큰 영향을 끼쳤다.

**장 자크 루소**
스위스 출생의 루소는, 18세기 유럽을 대표하는 사상가가 된다. 그의 사상은 프랑스 혁명 지도자들을 고무시켰고, 낭만적인 세대에 영향을 주게 된다.

루소의 《고백》에는 '시적' 허용으로 이야기가 조금 왜곡되어 있지만, 그의 삶의 기록이 담겨 있다. 캘빈파 집안으로, 제네바에서 태어난 그는 어려서 부모를 잃고, 숙모 손에서 자랐다. 열두 살 때 학교를 졸업하자 그는 여러 가지 장사에 손을 댔지만, 전혀 마음에 들지 않았다. 열여섯 살 때, 그는 가출했다. 트리노에서 그는 가톨릭으로 개종했는데, 이 신앙은, 그 뒤 얼마 동안 편의적으로 믿었을 뿐이었다. 그 무렵 그는 어느 귀부인에게 고용되었지만, 3개월 뒤에 이 귀부인이 죽자 다시 막다른 골목에 이르고 말았다. 이때 한 인간이 자기 자신의 기분에만 의존할 경우, 그 사람의 윤리적인 입장을 증명하는 유명한 사건이 일어났다. 루소는 자기 소지품 안에 고용주에게서 훔친 리본이 들어 있는 것을 들켰다. 루소는 이 물건을 어느 하녀한테서 받았다고 주장했다. 하녀는 마땅히 절도죄로 처벌받았다. 《고백》에서 그는 그녀에 대한 애정 때문에 이런 짓을 저질렀고, 설명을 요구받았을 때 이 일이 맨 먼저 머리에 떠올라서 그녀를 지목한 것이라고 말하고 있다. 거기에는 후회의 빛을 찾아볼 수 없다. 그는 가짜 증언을 한 것을 물론 부정하지는 않았을 것이다. 그의 변명은 아마도 자기가 악의없이 이런 짓을 했다는 사실일 것이다.

다음에 그는 드 바랑 부인의 비호를 받았는데, 이 부인도 또한 개종한 상태였다. 부인은 젊은 방랑자보다 나이가 매우 많았지만, 그의 어머니이기도 했고 애인이기도 했다. 다음 10년 동안 루소는 그녀의 집에서 대부분을 보냈다. 1743년, 그는 베네치아 주재 프랑스 대사의 비서가 되었는데, 봉급이 나올 것 같지 않아 그만두었다. 1745년 무렵, 그는 파리에서 테레즈 르바쇠르라는 하녀를 만나 그녀를 아내로 맞아 함께 살았다. 그러면서도 줄곧 연애 사건을 일으켰다. 그녀 사이에서 생긴 5명의 아이는 모두 고아원에 맡겨졌다. 그가 이 아가씨를 어떻게 해서 좋아하게 되었는지는 분명치가 않다. 그녀는 가난하고 교양도 없고 그러면서도 조금도 정직한 데가 없었다. 그러나 그녀의 결점이 오히려 루소의 우월감을 자극한 모양이었다.

1750년이 되어 비로소 루소는 작가로서 세상에 알려졌다. 같은 해, 디종의 아카데미는 '학문 예술이 과연 인류에게 이익을 가져왔는가'라는 문제로 현상 논문을 모집했다. 루소는 명쾌한 논증으로 '아니다'고 답하여, 상금을 차지했다. 그의 주장에 따르면, 문화는 사람들에게 부자연스러운 욕망을 가르치고, 이 때문에 사람들은 이 욕구의 노예가 된다는 것이다. 그는 아테네를 반대하여 스파르타를 좋아했다. 그는 과학은 속되고 나쁜 동기에서 나왔다고 해서 이를 비난했다. 문명인은 부패했다. 진실로 덕을 가진 사람은 고귀한 야만인이다. 이와 같은 견해는 《불평등론》(1754)에서 한 걸음 더 나아간 것이다. 볼테르는 이듬해 이 책 한 권을 받고, 저자에게 차가운 멸시를 퍼부었는데, 이 모욕으로 말미암아 두 사람은 결국 다투게 되었다.

**루소의 가정생활**
10세 때 아버지가 실종된 뒤, 루소의 인생은 유랑의 연속이었다. 태어나자마자 어머니와 사별한 루소는, 가정생활이라는 것을 알지 못했다. 뒷날 무구한 어린 시절의 소중함을 부르짖는다. 그러나 그와 하숙집 하녀와의 사이에서 태어난 다섯 아이들은 모두 고아원에 맡겨진다.

1754년, 마침내 이름이 알려진 루소는 고향인 제네바에 초청된 것을 기회로, 시민권의 자격을 얻기 위해 칼뱅주의로 개종했다. 1762년, 교육론 《에밀》과 그의 정치 이론이 담긴 《사회계약론》이 세상에 나왔다. 둘 다 거센 비난을 받았는데, 《에밀》은 자연 종교를 설명한 방법이 모든 종교 단체의 비위를 거슬렀기 때문이었고, 《사회계약론》은 민주적인 분위기 때문이었다. 루소는 먼저 그 무렵 프러시아령이던 뉴샤텔로 피난하고, 그 뒤 영국으로 건너가서 흄을 만났고, 조지 3세로부터 연금을 받는 몸이 되었다. 그러나 결국 그는 모든 사람과 다투어 피해망상이 심해졌다. 그는 파리로 돌아가 빈곤함과 비참한 상황 속에서 만년을 보냈다.

《에밀》 1762년에 완성한 걸작으로, 다른 아이들과 떨어져 성장하는 한 아이가 주인공이다. 이 이야기를 통해 루소는 아이를 자연인 상태로 키우는 방법을 부모들에게 제안한다.

낭만주의 운동의 형성에 강력하게 영향을 끼친 것 가운데 하나가 루소가 이성에 반하여 감정을 옹호한 것이다. 특히 이것은 프로테스탄트 신학을 새로운 길로 출발시켜, 고대인의 철학 전통을 이어받은 토마스주의의 학설과 명확하게 구별지었다. 새로운 프로테스탄트 방식은 신의 존재의 증명을 필요로 하지 않으며, 그런 지식은 이성의 도움을 빌리지 않고 마음 깊은 곳에서 우러나오는 것으로 본다. 마찬가지로 윤리학에서 루소는 우리의 자연스러운 마음이 올바른 방향을 가리키고 있는 데 반해, 이성은 우리를 현혹한다고 주장한다. 이 낭만주의는 물론 플라톤이나 아리스토텔레스나 스콜라 철학과 배치된다. 그것은 매우 위험한 이론이다. 이 이론은 완전히 자의적이며, 행위자에게 정서적인 뒷받침만 있으면 문자 그대로 어떤 행동도 좋은 것으로 보기 때문이다. 자연 종교에 대한 이 설명 전체는, 《에밀》 안의 한 에피소드에서 '사보아의 보조 사제의 고백'으로 표현된다. 루소에서 나온 이 새로운 감상주의 신학은 어떤 면에서 보면 논쟁의 여지가 없다. 오컴식으로 말하자면, 그것은 처음부터 이성과 결별하는 것이기 때문이다.

《사회계약론》은, 이와는 다른 맥락으로 씌어 있다. 이 책에서 다루는 이론은 루소의 이론 가운데에서 가장 뛰어나다. 사람들은 자기 권리를 전체적으로 사회에 위임할 때, 개인으로서의 모든 자유를 잃는다. 물론 루소도 사람들이 조금의 타고난 권리를 가지고 있다는 점에서, 어떤 보증 조항을 인정한다. 그러나 이것은 주권자가 이와 같은 권리를 언제나 존중해 줄 것이라는 의심스러운 가정에서 가능하다. 주권자는 어떤 권위에도 복종하지 않으며 주권자의 의지는 '일반 의지'로서 하나의 복합 판단이며, 찬성하지 않는 개인의 의지에 강요하는 힘을 갖는다.

일반 의지의 개념에는 많은 조건이 있는데, 공교롭게도 이 점은 그다지 뚜렷하지 않다. 이 개념은 개인의 상반되는 이익을 제거하면, 그들 모두가 나누어 가질 이기심만 남게 된다는 것이다. 그러나 루소는 마지막 결과까지 이 점을 따르지 않는다. 국가가 이와 같은 방식으로 운영될 경우, 사적인 조직체는 어떠한 것이라도 모두 금지해야 할 것이다. 특히, 정치적·경제적 목적을 가진 조직체는 더더욱 그렇다. 그러면 전체주의 체제의 요소를 모두 갖추게 된다. 루소도 이것을 전혀 알아차리지 못한 것은 아닌 듯한데, 어떻게 하면 이런 결과를 피할 수 있는지를 제시할 수 없었다. 그가 언급하는 민주주의는 고대 도시 국가지, 대의 정치가 아니라는 점을 이해해야 한다. 이 책은 물론 처음에는 그 이론을 반대한 사람들에게서 오해받았고, 나중에는 찬성하던 혁명 지도자들에게서 잘못 받아들여졌다.

같은 시대에 그려진, 루소의 사색의 한때

*

데카르트 이후의 유럽 철학은 우리가 살펴본 대로, 서로 다른 두 가지 방향으로 발전했다. 한편으로는 대륙 철학의 각종 합리론적 체계가 있고, 다른 한편으로는 영국 경험론의 전반적 방향이 있다. 둘 다 개인적 경험과 관계가 있다는 점에서 주관주의적이다. 로크는 인간 정신의 범위가 얼마쯤 되는지, 그리고 흄이 가장 분명하게 제시한 이 중요한 문제를 어떤 관계로 설명할 것인지 확인하는 예비 연구 과제를 자기 자신에게 부과했다. 흄의 해답은 우리가 사물을 서로 관련짓는 습관이 있다는 것이었다. 앞에서 지적했듯이, 이것은 엄밀하게는 흄이 말할 수 있을 것 같지 않은 말이다. 그러나 이 설명에는 이 난점에서 빠져나갈 방법이 암시되어 있다. 칸트가 독단의 잠에서 깨어나게 된 것도 흄을 읽고 나서의 일이다. 칸트는 흄이 말하는 습관을 합리적 원리의 지위로 높이고, 간단하게 흄의 문제를 처리한다. 물론 칸트가 그 자신의 어려운 문제 몇 가지를 새로 짊어지게 되었지만 말이다.

임마누엘 칸트
독일의 철학자 칸트는 역사상 가장 위대한 철학자 가운데 한 사람이다. 사람은 경험과 이성을 통해서만 지식을 얻을 수 있다고 주장했다.

*Immanuel Kant*

임마누엘 칸트(1724~1804)는 동프러시아의 쾨니히스베르크에서 태어나, 평생 동안 고향에서 멀리 떠난 일이 없었다. 그는 젊었을 때의 가정 교육으로 경건주의를 줄곧 지녔고, 이것이 그의 전반적인 삶의 방식과 윤리적인 저술에 영향을 미쳤다. 칸트는 쾨니히스베르크 대학에서 배웠는데, 처음에는 신학을 배웠다가 마지막에는 철학을 받아들여, 여기에 자기의 참다운 관심이 있다는 것을 느꼈다. 수년 동안 그는 지주와 귀족 자제의 개인 가정 교사로서 생계를 유지하고, 1755년에 쾨니히스베르크 대학 철학 강사의 지위를 획득했다. 1770년, 논리학과 형이상학 교수로 승진하여 죽을 때까지 이 자리에 있었다. 칸트는 극도로 금욕적이지는 않았으나, 매우 예의 범절이 바르고 근면한 삶을 보냈다. 그의 습관은 더없이 규칙적이었기 때문에, 이웃 사람들은 그가 지나가는 것을 보고 시계를 맞추었다고 한다. 그는 건강했다고는 말할 수 없었지만, 규칙적이고 꼼꼼한 생활로 병을 예방했다. 이와 동시에 이야기를 잘 하는 사람으로, 그가 사교 모임에 나오면 모두가 기뻐했다.

정치 문제에서 그는 가장 뛰어난 계몽의 전통을 잇는 자유주의자였고, 종교에 대해서는 하나의 비정통파 프로테스탄트의 관점을 취하고 있었다. 그는 프랑스 혁명을 환영하고, 공화국 원리에 찬성했다. 그는 위대한 철학 저서를 통해 재물이 아닌 명성을 얻었다. 만년에는 정신력이 쇠퇴했지만, 쾨니히스베르크 사람들은 그를 자랑으로 여기고, 그가 세상을 떴을 때 성대한 장례식을 치러 주었다. 철학자로서 이 정도의 영예를 받은 사람은 거의 없었다.

칸트의 저서는 방대한 주제를 다루는데, 이 모든 주제는 언젠가 그가 강의한 것들이었다. 그중에 순수하게 뉴턴의 물리학에 바탕을 둔 우주 진화론을 제외하면 오늘날에 흥미로운 주제는 거의 없다. 이 우주 진화론의 견해는 나중에 라플라스가 칸트와 관계없이 채택했다. 현재 우리에게 특히 흥미로운 칸트의 비판 철학이다. 비판의 문제는 처음에 로크가 제시한 것으로, 그는 이 문제의 기초를 다지려 했다. 그러나 로크 이후의 사상은 흄의 회의론으로 방향을 틀었다. 칸트는 이 분야에서 이른바 코페르니쿠스 혁명을 꾀했다. 칸트는 흄이 한 것처럼 경험에 따라서 개념을 설명하려고 하지 않고, 개념으로 경험을 설명하려고 했다. 어떤 뜻에서 우리는 칸트 철학이 한편으로는 영국 경험론의 극단적인 입장과, 다른 한편으로는 데카르트적 합리론의 고유한 원리 사이에서 하나의 균형을 유지하는 것이라고 말해도 좋을 것이다. 칸트의 이론은 어렵고 의심스러운 곳도 많다. 그렇지만, 칸트의 이론이 이후의 철학에 큰 영향을 미친 점을 우리가 이해하려면, 그 윤곽을 파악할 필요가 있다.

경험의 한계
칸트에 따르면, 사람은 자기 몸에 있는 기관으로 느껴지는 것만을 경험할 수 있다. 이 〈앞 못 보는 아가씨〉에 그려진 여성은 콘체르티나의 소리나 그녀의 손의 감촉, 머리향 등은 즐길 수 있으나 등 뒤의 무지개는 '경험'할 수 없다.

흄이나 경험론처럼 칸트도 모든 지식은 사실상 경험에서 생긴다고 생각했지만, 경험론자와 달리 이 관점에 중요한 한 마디를 덧붙였다. 우리는 실제로 지식을 낳는 것과, 이런 지식이 취하는 형식을 구별해야 한다. 이와 같이 지식은 경험으로써 생기지만, 오로지 경험에서만 나오는 것이 아니다. 다시 말해서 감관 경험은 지식에 필요하지만 충분하지는 않다고 해도 좋을 것이다. 지식이 취하는 형식, 즉 경험의 소재를 지식으로 전환하는 구성의 원리 자체는 경험에서 생기는 것이 아니라고 칸트는 생각한다. 칸트가 말하고 있는 것은 아니지만, 본디 데카르트가 이들 원리를 의식하고 있었다는 것은 분명하다.

칸트의 저작 《순수이성비판》의 표지

이와 같이 정신이 경험을 지식으로 만든다는 이성의 일반 관념을, 칸트는 아리스토텔레스의 말을 써서 범주라고 부른다. 지식은 성격상 명제적이므로, 이들 범주는 명제의 형식과 이어져야 한다. 그러나 어떻게 해서 칸트가 범주를 가져오는가를 제시하기 전에, 우리는 명제의 분류에 대한 중요한 문제를 먼저 생각할 필요가 있다. 칸트는 라이프니츠의 이론을 바탕으로 전통적인 아리스토텔레스의 주어—술어 논리를 고집했다. 실제로 그는 논리학은 완전해서 그 이상 손을 댈 수 없는 것이라고 생각했다. 그런데 명제는 주어 속에 이미 술어를 포함하는 것과 그렇지 않은 것으로 나눌 수 있다. 따라서 '모든 물체는 연장 확장된다'는 전자의 형식이다. 이것이 '물체' 자체를 정의하기 때문이다. 이와 같은 명제는 분석적이라고 불린다. 그것은 말 하나하나를 설명할 뿐이다. 그러나 '모든 물체는 중량을 갖는다'는 다른 형식이다. 하나의 물체라는 개념은, 그것만으로는 중량을 가지고 있다는 관념을 포함하지 않는다. 이 명제는 종합적이다. 그것은 자기 모순에 빠지는 일 없이 부정할 수 있다.

칸트는 명제를 서로 구별하는 방법과 함께 다른 분류 기준을 도입한다. 원칙적으로 경험과 무관한 지식을, 그는 '아프리오리(연역명제)'라고 부른다. 나중에 경험에서 나오는 것은 무엇이든지 '아포스테리오리(귀납명제)'라고 부른다. 중요한 것은 이들 두 분류가 서로 교차한다는 것이다. 이것은 칸트가 흄과 같은 경험론자들의 문제를 어떻게 회피하는지 보여준다. 이들 경험론자는 두 분류법을 동일시하려 했다. 분석적인 것은 아프리오리와 같은 외연일 것이고, 종합적인 것은 아포스테리오리와 같은 외연일 것이다. 칸트는 사실 아프리오리를 인정하지만, 아프리오리의 종합적인 명제도 있을 수 있다고 주장한다. 《순수이성비판》의 목적은 어떻게 해서 아프리오리의 종합 판단이 가능한가를 확립하는 일이다. 좀 더 구체적으로 말하면, 여기에서 칸트에게 문제가 되는 것은 순수 수학의 가능성이다. 그의 관점으로는 수학적 명제야말로 아프리오리의 종합이기 때문이다. 그가 논하는 예는, 5+7이라고 하는 산술인데, 이 인용은 틀림없이 같은 수를 사용하고 있는 플라톤의 《테아이테토스》에서 인용한 것이다. 5+7=12라는 명제는 경험에서 나온 것이 아니므로 아프리오리지만, 12라는 관념은 5와 7과 플러스라는 관념에 이미 포함된 것이 아니므로 종합적이다. 이와 같은 이유로 칸트는 수학을 아프리오리의 종합이라고 생각한다.

쾨니히스베르크에 있는 칸트의 집

중요한 또 다른 예는 인과성 원리이다. 흄의 설명은 필연적 연관이라는 장애에 부딪혔지만, 이것은 인상과 관념의 이론에 입각해서는 어쩔 수 없는 것이다. 칸트에게 인과성은 아프리오리의 종합적인 원리이다. 그것을 아프리오리라고 부르는 것은, 그것이 경험에서 생길 수 없다고 하는 흄의 논점을 강조하는 데 머물지만, 칸트는 그것을 외적으로 조건이 붙은 습관이라고 표현하는 대신에 하나의 인식 원리로 다룬다. 아프리오리가 종합적인 이유는 우리가 말의 자기 모순에 빠지지 않고 이것을 부정할 수 있기 때문이다. 그렇지만 그것은 아프리오리의 종합적인 하나의 원리이고, 우리가 조금 뒤에 살펴보는 것과 같이 이것이 없으면 지식은 불가능하다고 여겨진다.

이제 칸트의 범주론을 살펴보기로 한다. 이해의 아프리오리한 관념은 수학의 아프리오리한 관념과는 다르다. 우리가 이미 언급한 것처럼 범주는 명제의 형식으로 구해야 한다. 칸트의 논리관이 주어진 것이라고 한다면, 범주표는 거의 자연스럽게 그 결과로 나오는 듯하다. 실제로 칸트는 완전한 범주표를 연역하는 방법을 하나 찾아냈다고 생각했다. 그는 먼저 전통적인 명제의 형식적 특징을 약간 구별했다. 그것은 양, 성질, 관계, 양식이다. 아리스토텔레스 이후의 논리학자는 양에 대해서 전칭(全稱)과 특칭(特稱)과 단칭(單稱)의 명제를 인정하고 있다. 이에 대응하는 것은 단일성과 복수성과 총체성이라는 범주이다. 명제의 성질은 긍정적인가, 부정적인가, 한정적인가로 저마다 실재와 부정과 한계라는 범주를 나타낸다. 관계에서 우리는 명제를 정언적인 것과 가언적인 것과 선언적인 것으로 나누어, 여기에서 실체와 우연, 원인과 결과, 그리고 상호 작용이라는 범주를 가져온다. 마지막으로 명제는 세 개의 양식적 성격 중 하나를 갖는다. 그것은 문제적이냐, 단언적이냐, 필연적이냐의 문제이다. 이들에 대응하는 범주는 가능성과 불가능성, 존재와 비존재, 마지막으로 필연과 우연의 범주이다. 칸트 연역의 세부목록을 우리는 여기서 따져볼 필요는 없다. 게다가 또, 칸트의 범주표가 그가 생각하는 것처럼 완전한 것이 아니라는 것도 곧 알 수 있다. 그것이 조금 편협한 논리관에 따르고 있기 때문이다. 그러나 일반 관념은 경험에서 나오는 것은 아니지만 경험의 분야에 작용하여 여전히 철학적 흥미를 불러일으킨다. 그것은 흄의 문제에 하나의 해답을 준다. 단, 이에 대한 칸트의 설명에는 수긍하기 힘든 점이 있다.

| |
|---|
| 1 **양**<br>단위수<br>복수<br>전체수<br><br>2 **질**<br>참<br>거짓<br>한계<br><br>3 **관계**<br>실체성과 우연성<br>인과관계와 상호의존성<br>상호작용<br><br>4 **양태**<br>가능성—불가능성<br>존재—비존재<br>필연성—우연성 |

칸트 이론의 이해를 위한 범주들

칸트는 그의 범주표를 형식적 고찰에서 연역해 두었다가, 이어 범주가 없으면 전달이 가능한 경험을 할 수 없다는 것을 제시한다. 이와 같이 오감에 들어오는 인상이 지식이 되기 전에, 인상이 지식의 작용으로 우선 조직되거나 합일되어야 한다. 우리가 여기서 다루는 것은 인식론의 문제다. 칸트의 입장을 설명하기 위해서 우리는 그의 용어법을 명확하게 해 둘 필요가 있다. 인식 작용의 과정은 한편으로는 단순히 외부에서 오는 경험의 충격을 받기만 하는 오감과 이들 감각 요소를 결합시키는 지식을 동반한다고 한다. 지식은 이성과 구별해야 한다. 헤겔은 나중에 이성은 사람들을 결부시키지만, 지식은 사람들을 서로 떼어놓는다고 표현했다. 사람들은 모두 이성적, 또는 이성이 부여되어 있는 한 평등하지만, 지식에 대해서는 불평등하다고 말해도 좋을 것이다. 지식이란 적극적 지성이며, 이 점에서 사람들은 실제로 심각할 만큼 불평등하기 때문이다.

**쾨니스베르크 성의 전경** 칸트의 집은 전면 좌측에 있다.

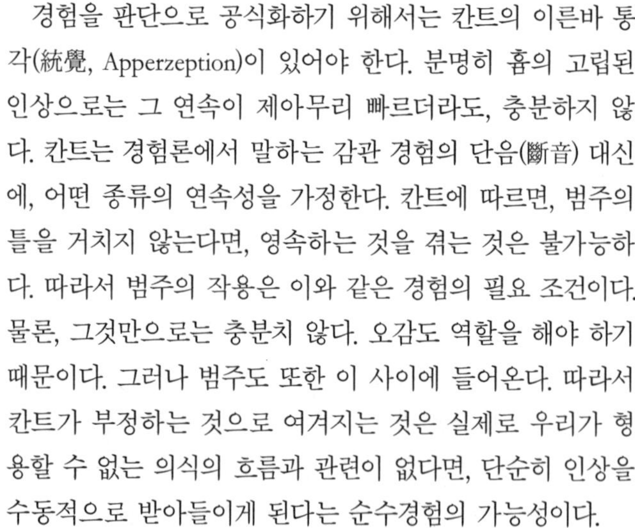

경험을 판단으로 공식화하기 위해서는 칸트의 이른바 통각(統覺, Apperzeption)이 있어야 한다. 분명히 흄의 고립된 인상으로는 그 연속이 제아무리 빠르더라도, 충분하지 않다. 칸트는 경험론에서 말하는 감관 경험의 단음(斷音) 대신에, 어떤 종류의 연속성을 가정한다. 칸트에 따르면, 범주의 틀을 거치지 않는다면, 영속하는 것을 겪는 것은 불가능하다. 따라서 범주의 작용은 이와 같은 경험의 필요 조건이다. 물론, 그것만으로는 충분치 않다. 오감도 역할을 해야 하기 때문이다. 그러나 범주도 또한 이 사이에 들어온다. 따라서 칸트가 부정하는 것으로 여겨지는 것은 실제로 우리가 형용할 수 없는 의식의 흐름과 관련이 없다면, 단순히 인상을 수동적으로 받아들이게 된다는 순수경험의 가능성이다.

공간과 시간은 저마다 외부와 내부 감각의 순수 직관에 속하는 두 개의 아프리오리라는 특수한 관념으로 여겨진다. 칸트의 경우, 이 문제의 논의는 오히려 복잡해서, 그 논증도 전체적으로 그다지 납득이 가지 않는다. 이 이론 전체의 요점은 공간과 시간의 아프리오리한 관념이 없으면 경험은 불가능하다는 것이다. 이 점에서 공간과 시간은 어느 정도 범주와 비슷하다. 이와 같이 경험은 아프리오리한 관념에 따라서 형성된다. 그러나 경험을 낳는 것은 정신 밖에 있는 사물에 의해서도 가능하다. 칸트는 이와 같은 경험의 근원을 가상 또는 현상과 대조시켜서 '사물 자체' 또는 '누메나(Noumena, 실체)라고 부른다. 칸트의 이론은 사물 자체를 경험하는 것은 불가능하다는 것이다. 모든 경험은 공간과 시간과 범주에서 동시에 발생하는 데서 생기기 때문이다. 우리는 이와 같은 사물이 있다는 것을 인상은 외적 근원이라는 가정에서 추론하는 것이 고작이다. 엄밀하게 말하자면, 이것조차도 허용될 수 없다. 왜냐하면 우리는 그런 근원이 있다는 것을 찾는 별도의 방법이 없으며 예를 들어 있다고 해도 우리는 그것이 우리의 감관 인상을 일으킨다고는 여전히 말할 수 없기 때문이다. 만일 우리가 인과성을 운운할 경우, 우리는 오성의 틀 안에 작용하는 아프리오리한 개념의 망에 이미 빠져 있다는 것을 뜻한다. 여기서 우리는 또다시 로크의 어려움을 제기하게 된다. 로크가 자기 이론에 서서 외계가 감각의 관념을 낳는다고 말해서는 안 되는 것처럼, 칸트도 누메나가 페노메나(Phenomena, 현상)를 낳는다고 말할 자격이 없기 때문이다.

**표현과 현실**
도구는 그 성질상 한계를 갖는다. 사진은, 어떤 정경을 특정한 형태로 표현하는 것이지, 정경 그 자체는 아니다. 이 생각은 인간의 경험에도 적용된다고 칸트는 생각했다.

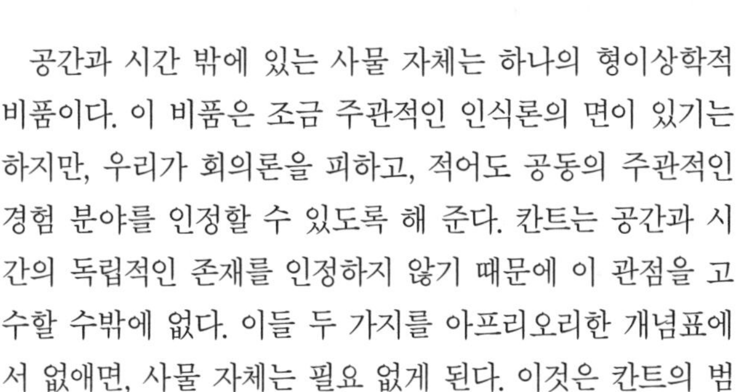

공간과 시간 밖에 있는 사물 자체는 하나의 형이상학적 비품이다. 이 비품은 조금 주관적인 인식론의 면이 있기는 하지만, 우리가 회의론을 피하고, 적어도 공동의 주관적인 경험 분야를 인정할 수 있도록 해 준다. 칸트는 공간과 시간의 독립적인 존재를 인정하지 않기 때문에 이 관점을 고수할 수밖에 없다. 이들 두 가지를 아프리오리한 개념표에서 없애면, 사물 자체는 필요 없게 된다. 이것은 칸트의 범

아득한 저편에
주된 종교에서는, 세계는 물질만으로 형성되지 않는다고 믿는다. 카스팔 다비드 프리드리히의 〈달을 보는 두 남자〉의 고요한 정경은, 시간과 공간을 초월하는 다른 차원의 세계가 있다는 것을 암시한다. 이 세계를 '초월적 세계'라 불렀다.

주론에 영향을 주지 않아도, 확실히 가능하다. 그러나 칸트에게는 누메나가 필요한 이유가 또 하나 있다. 그 실마리는 그의 윤리론에 있는데, 이 점에 대해서는 조금 뒤에 말하기로 한다. 그때까지는 사물 자체가 아프리오리한 개념과 원리의 범위 외에 속한다는 것을 말해 둔다. 이들 개념을 사변적으로 사용하는 위험 가운데 하나는 바로 우리가 이들 개념의 적용 가능성의 한도를 넘을지도 모른다는 것이다. 아프리오리한 개념의 한계는 경험 분야의 한계이다. 우리가 그 이상 앞으로 나아가면, 칸트가 경영적인 의미로 생각한 공허한 형이상학과 '변증법'에 휩쓸리게 된다.

그러나 《순수이성비판》은 우리에게 제시된 세 가지 문제 중 하나밖에 다루지 않는다. 그것은 인식에 한계를 설정해 준다. 이를 위해 의지와 칸트가 말하는 판단은 그대로 지나가게 된다. 의지는 윤리학의 영역에 속하여, 《실천이성비판》에서 다루어진다. 판단은 의도나 목적을 평가하는 뜻을 가진다. 여기서 《실천이성비판》과 《도덕적 형이상학》에서 논의되는 칸트의 윤리설을 간단히 살펴봐야겠다.

칸트의 반면 영상

의지는 행동이 인식의 이론적 과정과 대비된다는 뜻에서, 실천적이라고 한다. 이론적과 실천적이라고 하는 두 말의 뜻은 각기 보는 일과 하는 일을 결부시켜서, 그리스어 자체의 뜻으로 이해해야 한다. 실천이성의 근본 문제는 다음과 같다. 우리는 어떻게 행동할 것인가. 여기에서도 또 칸트는 코페르니쿠스적 전환에 가까운 것을 도입한다. 그때까지 윤리학이 언제나 의지는 외적 영향에 지배된다고 단정했다면, 칸트는 자기 마음대로 하는 것이 의지라고 가정하기 때문이다. 이런 뜻에서 의지는 자율적이라고 해도 좋을 것이다. 우리는 그 어떤 행동의 일반 원리에 이르기를 바라면서, 외적인 목표나 원인을 찾는다면, 그것을 발견할 수 없다. 반대로 우리가 칸트의 도덕률을 발견하고 싶다면, 우리 자신의 안을 들여다보아야 한다. 그러나 분명히 이 도덕률은 특이한 지령으로 이루어질 수 없다. 그것은 어떤 경우에나 우리가 어떻게 행동해야 하는가를 가르칠 수 없다. 이것이야말로 바로 자율의 원리에 따라서, 우리가 피해야 하는 것이기 때문이다. 그러므로 경험 내용이 결여된 순수하게 형식적인 원리만이 남는다. 이것을 칸트는 정언적 명령이라고 부른다. 여기에 또다시 이성을 실천적으로 사용할 때, 이것을 이론적으로 사용하는 경우의 아프리오리의 종합 명제에 대응하는, 혼성된 개념이 나온다. 전통적 논리학에서 정언법과 가언법은 서로 배타적이다. 그러나 칸트는 '해야 한다'란 말이 수반되는 설명이 무조건적일 수도 있다고 주장하여, 이것을 정언적 명령이라고 부른다. 따라서 윤리의 최고 원리는 다음과 같은 정언적 명령에서 찾아볼 수 있다. "의지를 인도하는 원리가 보편적인 법의 바탕이 될 수 있도록 언제나 행동하라." 조금은 엄격한 이 발언은, 실제로는 남이 해 주었으면 하고 우리가 바라는 것처럼, 우리도 남에게 해 주어야 한다는 뜻의 그럴듯한 말일 따름이다. 그것은 특별한 변호의 적법성을 부정하는 원리다.

의지와 행동
칸트는, 인간에게는 자유의지가 있다고 믿었다. 만약 없다면 타인에게 부당한 대우를 받거나 위법한 일을 당하고 그것에 항의해도 의미가 없다. 왜냐하면, 상대는 그 이외의 행동을 선택할 수 없기 때문이다.

칸트의 윤리학의 바탕에 있는 정언적 명령이 형식 원리라는 점에 우리는 특히 유의해야 한다. 이것은 이론적인 이성권(理性圈)에 속할 수 없다. 그것은 현상과 관련이 있기 때문이다. 칸트는 여기에서 이 정언적 명령으로써 결정되는 선한 의지가 누메나적이어야 한다고 결론을 내린다. 여기서 마침내 우리는 누메나가 어떤 기능을 갖는가를 알 수 있다. 현상은 범주, 특히 인과의 범주를 따른다. 반면, 누메나는 이와 같은 제한을 받지 않으며, 이런 식으로 칸트는 결정론에 반대되는 자유 의지의 딜레마를 회피할 수 있다. 사람은 현상계에 속하는 한, 현상계의 법칙에 의해 결정된다. 그러나 하나의 도덕적 행위자로서, 인간은 누메나적이며, 따라서 자유 의지를 소유하고 있다. 이 설명은 매우 교묘하다. 물론 그 설명이 사물 자체의 관념을 따른다고 해도 말이다. 칸트의 윤리에는 어느 정도 가까이 갈 수 없는 칼뱅주의적 정의감이 있다. 분명히 중요한 것은 우리가 올바른 원리에 따라 행동해야 하기 때문이라는 것이다. 이런 관점에 서면, 윤리적으로 해야 할 일을 좋아한다는 것은 도덕적 행동의 적극적 장애가 된다. 이웃이 좋아져서 그가 곤란에 빠져 있을 때 돕고 싶다면 어떻게 될까. 칸트의 원리에 따르면, 이것은 매우 싫은 사람에게 이와 같은 자비심 많은 태도를 억지로 하게 한 것처럼, 결코 훌륭한 일은 아니다. 일 전체가 조금 불쾌하고 막연한 일련의 의무가 되어, 욕구에서가 아니라 원리에서 수행하게 된다. 행위는 선한 의지에서 우러나와야 하며, 선한 의지만이 절대적으로 선한 것으로 여겨진다.

윤리적 확신
칸트는 '환자를 간호해야 하는가' 하는 윤리적 판단이 의미를 갖기 위해서는 인간에게 자유의지가 전제되어야 한다고 주장했다. 다시 말해 뭔가를 해야 하는가, 해서는 안 되는가 선택할 수밖에 없기 때문이다.

물론 우리가 언제나 순간적인 기분에 좌우될 수 없다는 것은 사실이다. 우리가 직접적인 욕구와는 반대로 행동한다 해도, 행동할 때 원칙에 따르는 경우가 많다. 그런데도 사람의 모든 행동이 이와 같이 주위의 간섭을 받는다는 것은 이상하게 보인다. 칸트가 이와 같은 견해를 품고 있었던 까닭은, 그가 전체적으로 매우 사색적인 삶을 살았기 때문인지도 모른다. 그렇지 않았더라면, 개인의 감정 분야에도 굳이 일반 법칙으로 바꾸지 않아도, 선이라고 부를 만한 것이 많다고 생각했을 것이다. 그러나 칸트의 윤리는 더 중대한 결점을 면하기가 어렵다. 중요한 것이 기분이나 의향이라고 할 때, 그것을 의무라고 느끼기만 하면, 유쾌하게 철저한 혼란 속에 빠질 수 있다. 행동이 초래하는 비참한 결과는 어떻게 되든 상관이 없는 시시한 일이다. 소크라테스라면 그런 윤리를 주장하는 사람에게 무시가 결정적인 죄라고 경고할 것이다.

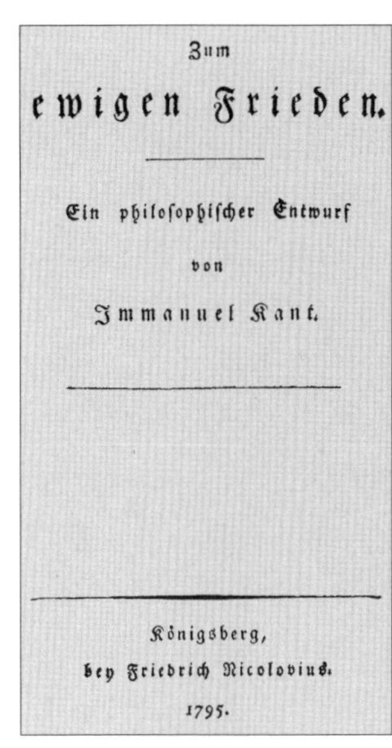
Zum
ewigen Frieden.
Ein philosophischer Entwurf
von
Immanuel Kant.
Königsberg,
bey Friedrich Nicolovius.
1795.

칸트의 저서 《영구평화론》
소책자로 1795년 출간

사물 자체의 윤리적 기능에서는 다시 몇 가지 결과가 나온다. 《순수이성비판》에서 칸트는, 신의 존재를 논증으로 확립한다는 것은 이론적 이성의 범위 내에서는 불가능하다는 것을 제시한 일이 있었다. 순수이성의 사변 활동은 신의 존재라는 관념을 받아들이기는 한다. 그러나 이와 같은 신념에 근거를 부여하는 것은 실천이성이다. 정말로 실천이성 분야에서 우리는 이 관념을 받아들이지 않을 수 없다. 이것이 없으면, 올바른 도덕 활동은 있을 수 없기 때문이다. 칸트가 생각하기에 도덕률의 정언적 명령에 따라서 행동할 가능성은 신이 존재한다는 실천적인 의미를 암암리에 동반한다는 것이다.

어떤 뜻에서 칸트의 이론은 오감을 연상시키는 것 같은 분할 선을 긋고 있다. 제1비판이 제시하는 것은 신앙에 자리를 양보하기 위해 지식의 범위를 정하는 것이다. 신이 존재한다는 것은 이론적 진리로 알 수 없고, 앞에서 설명한 대로 언제나 이론적이고 실천적인 뜻에서 실천적 근거에 신조가 하나의 신앙으로 대두된다. 그런데도 칸트의 윤리는 그에게 그 어떤 종교적 신조가 허락하지 않았다. 우리가 알 수 있듯이, 정말로 중요한 것은 도덕률이기 때문이다. 여러 가지 종교의 특이한 신조는 부당하게도 신이 주는 것이라고 주장된다. 칸트는 그리스도교가 사실상 도덕률에 따르는 유일한 종교라고 생각했는데, 그 종교에 대한 생각 때문에 프러시아 정부의 공공연한 비난을 받았다.

이와 비슷하게 그의 시대에서 급진적이었던 것은, 1795년에 나온 《영구평화론》이라는 팸플릿에 기술된 평화와 국제 협력에 대한 견해이다. 대의 정치 체제와 세계 연방은 그가 제시한 주요 개념이다. 오늘날 이 두 가지를 상기하는 것이 좋을 듯하다.

*

칸트 철학은 우리가 살펴보았듯이 흄의 문제에 대한 어떤 해답을 주었지만, 그것은 누메나를 도입하는 희생을 치르고 나서였다. 독일 관념론 운동에서 칸트의 뒤를 이은 사람들도 이 개념의 약점을 논증하는 데 서슴지 않았다. 그러나 지식의 이론에서 그들 자신의 발전도 의심스럽기는 마찬가지였다.

이원론을 회피하는 하나의 길을 제시했는데, 그들은 정신이란 어떤 형태의 물질적 구성의 부속물이라고 생각한다. 또 이원론을 회피하는 또 다른 가능성은 이 의견에서 벗어나 외계를 어떤 뜻에서 정신의 소산물로 본다는 것이다. 칸트는 누메나를 가정할 때, 이 마지막 수단을 받아들이려 하지 않았다. 피히테는 의식적으로 이것을 받아들였다.

건전한 의논
웨스트민스터 궁전에 있는 영국 상원의원들이 저마다의 주장에 대한 정당성을 의논하는 장면. 우리들이 뭔가의 정당성을 의논하는 것은 그것이 정당하다면 인정받아 마땅하다고 보기 때문이다.

피히테(1762~1814)는 가난한 환경에서 태어났지만, 너그러운 보호자의 도움으로 대학까지 마칠 수 있었다. 그 뒤 그는 가정 교사로서 불안정한 생계를 꾸려나갔다. 피히테는 칸트의 저술을 알고 바로 이 대철학자를 찾아갔으며 그 덕분에, 계시에 대한 비판적 논문을 세상에 내놓을 수 있었다. 이것이 곧 성공을 거두어, 피히테는 예나 대학 교수가 되었다. 그러나 종교에 대한 그의 견해는 당국의 마음에 들지 않았다. 그는 베를린을 떠나 관리의 길로 들어섰다. 1808년, 그는 유명한 《독일 국민에게 고함》이라는 연설을 했는데, 여기에서 전체 국민에게 나폴레옹에 대한 저항을 호소했다. 이 연설에서 독일 내셔널리즘은 조금 극단적인 형태를 취한다. 피히테는 이렇게 말한다. "훌륭한 인격을 갖는 일과 독일 사람이 되는 것은 틀림없이 같은 것을 의미한다." 그가 이것을 경험적으로 사실이라고 생각했는지, 그렇지 않으면 언어상의 정의로 적절하다고 생각했는지는 뚜렷하지 않다. 훌륭한 인격을 갖는 일이란 논의할 수 있는 문제긴 하지만, 정의로서는 조금 이상하다.

1810년, 베를린 대학의 설립과 동시에 그는 교수가 되어, 세상을 떠날 때까지 그 자리에 있었다. 해방 전쟁이 1813년에 일어나자, 그는 학생을 보내 프랑스에 맞서 싸우게 했다. 예외 없이 그는 프랑스 혁명의 지지자였지만, 나폴레옹에 의한 프랑스 혁명의 붕괴에는 반대했다.

**피히테** 독일의 관념론 창시자. 피히테는 칸트가 제시한 윤리학상의 개념에 기초하여 절대적인 관념론을 구축했다.

정치에 대한 피히테의 생각은 생산과 분배에 대한 국가 통제를 수반하는 사회주의 경제에 대한 마르크스 관념을 보여 준다. 그러나 철학적으로 우리에게 매우 흥미로운 일은 '자아'에 대한 가르침으로, 이것은 칸트의 이원론에 상반되는 의도를 갖는다. '자아'는 몇 가지 점에서 칸트의 통각에 대응하는데, 칸트적인 의미에서 자율적이고 활동적이다. 경험계는 '자아'의 무의식적인 투사로, 이것이 이른바 비아(非我)이다. 우리가 외계에 의해서 압박받고 있다고 잘못 생각하는 것도 이 투사가 의식적이지 않기 때문이다. 사물 자체에는 이 문제가 전혀 생기지 않는다. 우리가 아는 것이 가상이기 때문이다. 누메나를 운운하는 것은 자기 모순이다. 그것은 정의에 따라서 인식할 수 없는 것을 인식하는 것과 같다. 그러나 투사는 무의식적일 뿐만 아니라, 무조건적이기도 하다. 그것은 경험할 수 없기 때문에 인과성의 범주에 의해서 결정되는 것이 아니다. 하나의 자유로운 과정으로서 투사는 '자아'의 실천적이고 도덕적 본성에서 생기는 것인데, 여기서 실천적이라는 의미는 어원적으로 이해해야 한다. 이와 같이 '자아'에 생기를 주는 능동적 원리는 자기의 투사와 타협할 때 할 일이 있기 때문이다.

조금 공상적인 이 이론은 실제로 이원론의 문제점을 확실히 회피하고 있다. 그것은 곧 알 수 있듯이 헤겔 학설의 전조다. 이와 같은 이론이 미칠 결과 가운데 하나는 세계를 '자아'로부터 도출할 수 있어야 한다는 것이다. 이것은 처음에 셸링이 시도했고, 이 셸링의 자연 철학이 나중에 헤겔에게 영향을 주었다.

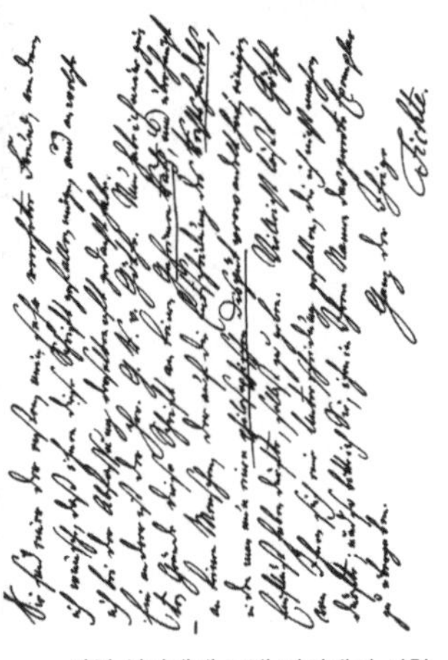

시인 실러에게 보낸 피히테의 서한 중 일부분

셸링(1775~1854)도 헤겔이나 낭만주의 시인 횔덜린과 마찬가지로, 스와비아 지방 출신이다. 둘 다 셸링이 15세에 튀빙겐 대학에 들어갔을 때, 친구가 되었다. 칸트와 피히테는 그가 흡수한 철학에 커다란 영향을 주었다. 그는 젊었을 때부터 똑똑하고 문학적 기풍의 혜택을 받았기 때문에, 23세도 채 되지 않아서 예나 대학 교수의 지위에 오를 수 있었다. 이렇게 해서 그는 낭만주의 시인 티크 및 노발리스와 알게 되었고, 슐레겔 형제, 즉 프리드리히 및 아우구스트와도 알게 되었다. 이 아우구스트는 티크와 함께 셰익스피어를 독일어로 번역한 사람이다. 셸링은 20세나 아래이면서도 그와 헤어진 부인과 결혼을 했다. 그는 과학에 관심을 두고 최근의 과학 발전에 정통했다. 그는 25세도 채 안 되어, 자연을 아프리오리적으로 설명하려 했던 《자연철학》을 세상에 내놓았다.

여기서 셸링은 경험 과학의 실제 상황을 무시하지는 않는다. 그러나 그는 사후에라도 발견된 것들을, 매우 일반적인 비경험적 원리에서 연역할 수 있으리라고 생각했다. 이 시도에는 스피노자의 합리론이 피히테의 활동의 관념과 섞여 있다. 셸링이 끌어내려는 아프리오리의 세계는 활동적이라고 여겨지고 있는 데 반하여, 경험 과학의 세계는 그에게 죽은 것처럼 보였기 때문이었다. 이 방법은 나중에 헤겔이 채택했다. 현대의 독자에게는 과학적인 문제에 대한 그와 같은 사변은 거의 이해하기 어렵다. 이들 논의에는 공론(空論)과 노골적인 익살스러움을 많이 볼 수 있다. 나중에 관념론 철학에 나쁜 평판을 가져온 것 또한 이 점이다.

**프리드리히 셸링** 독일의 낭만파 철학자. 셸링에 따르면 의식은 지식의 유일한 대상이며, 정신은 예술에서 비로소 스스로의 존재를 완전하게 의식한다. 그의 주장은 낭만주의 운동에 큰 영향을 미쳤다.

그러나 주목할 만한 일은 셸링 자신이 나중에 이런 철학 방법을 거부했다는 일이다. 셸링 자신의 관심은 초기 단계 이후에 종교적 신비주의로 옮아갔다. 처음 부인을 잃고, 그는 헤겔과도 사이가 나빠졌다. 1841년, 프랑스의 철학자 빅토르 쿠쟁 저서의 독일어 번역판 머리말을 의뢰 받았을 때, 셸링은 기회는 이때다 하고 헤겔의 자연철학에 대한 통렬한 공격을 가했다. 이름도 언급하지 않았고, 죄인은 이 세상에 없었지만, 그 의도는 분명했다. 셸링은 여기서 아프리오리적 원리에서 경험적 사실을 연역하는 일이 가능하다는 것을 강하게 부정한다. 이것이 헤겔의 자연철학뿐 아니라, 자기의 자연철학까지도 뒤집어 엎었다는 점을 그가 알아차리고 있었는지는 헤아리기 힘든 일이다.

셸링의 저서 《자연철학》

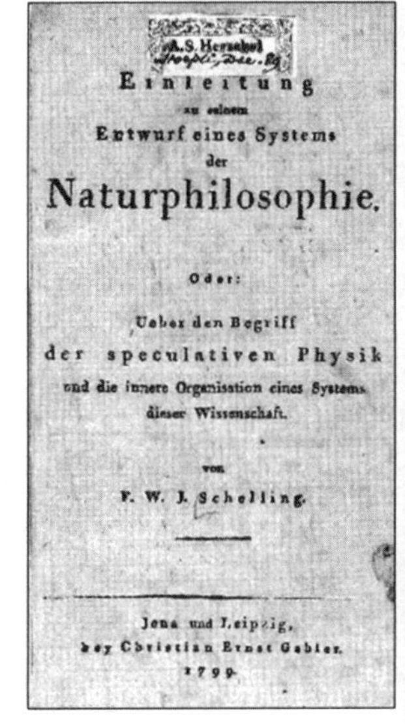

Einleitung
zu seinem
Entwurf eines Systems
der
Naturphilosophie.

Oder:

Ueber den Begriff
der speculativen Physik
und die innere Organisation eines Systems
dieser Wissenschaft.

von
F. W. J. Schelling.

Jena und Leipzig,
bey Christian Ernst Gabler.
1799.

피히테나 셸링에게서 헤겔이 나중에 변증법으로 이용한 것이 여러 형태로 나온다. 피히테의 경우, 우리는 '자아'가 비자아를 극복하는 과제에 어떻게 직면하는지를 보았다. 셸링의 자연과학에는 서로 상반되는 두 극과 그 합일이라는 근본적 관념이 있으며, 이것이 변증법을 더욱 뚜렷하게 보여 준다. 그러나 변증법의 근원은 칸트의 범주표까지 거슬러 올라간다. 거기서 칸트는 각 그룹의 제3의 것은 서로 대립하는 1과 2를 결합한 것이라고 설명한다. 따라서 단일성은 어떤 의미에서 복수성의 반대임에 반하여, 총체성은 다수의 단위를 포함하며, 이것이 처음의 두 관념을 하나로 결합한다.

*

독일의 관념철학은 헤겔의 손에서 최종적인 체계적 모양을 갖추었다. 그는 피히테와 초기의 셸링으로부터 힌트를 얻어, 하나의 철학적 체계를 수립했는데, 이것은 불건전한 특징을 곳곳에 포함하지만, 재미있고 유익하다. 게다가 헤겔 학설은 독일뿐만 아니라, 나중에는 영국을 포함해서 한 세대의 사상가 전체에 폭넓은 영향을 끼쳤다. 전반적으로 프랑스는 헤겔 철학을 받아들이지 않았다. 아마도 이것은 원문이 매우 어렵고, 명확한 프랑스어로 옮길 수 없었기 때문일 것이다. 헤겔의 철학은 특히 마르크스와 엥겔스의 변증법적 유물론에 살아남아 있는데, 이것 또한 헤겔 철학을 지지하기 어려운 점을 보여주는 좋은 예이다.

**자연은 과정이다**
1880년에 발행된 이 인쇄물에는 지구상의 암석 형성, 생명의 진화 모습이 그려져 있다. 셸링은 자연 철학을 주장하고, 자연은 '끊임없이 변화하는 과정'이라고 강조했다. 이는 다윈의 진화론 집필보다 매우 앞선 것이다.

헤겔(1770~1831)은 슈투트가르트에서 태어나, 셸링과 같은 무렵에 튀빙겐 대학에서 공부를 했다. 수년 동안 그는 개인 가정교사로 일했고, 이어 1801년에 예나에서 셸링과 함께 있었다. 5년 뒤, 그가 예나 전쟁 전야에 《정신현상학》을 완성한 것도 여기에서였다. 그는 승리로 의기양양한 프랑스인이 들어오기 전에 여기를 떠나, 수년 동안 뉘른베르크에서 편집자로서 일했고, 이어 문법학교의 교장으로 있었다. 《논리학》을 쓴 것도 여기에서였다. 1816년, 하이델베르크 대학의 교수가 되었고, 《철학적 과학의 백과사전》을 완성했다. 마지막으로, 1818년에 베를린 대학 철학 교수로 초청되어, 그 뒤에는 여기서 머물렀다. 그는 프러시아를 마음속으로 찬양했고, 그의 철학도 당국의 가르침이 되었다.

헤겔의 저술은 모든 철학 문헌 가운데에서도 가장 난해한 것 가운데 하나이다. 이유는 논제의 성질 때문만이 아니라, 저자의 문체가 서툰 까닭이기도 하다. 가끔 선명한 은유가 나와 개운한 기분이 들지만, 이것도 전체의 모호함을 줄여주는 것은 아니었다. 헤겔의 목표를 이해하기 위해 우리는 이론적인 것과 실천적인 것 사이에 칸트적인 구별을 상기하는 것이 좋다. 그때 헤겔 철학은 언어 자체의 뜻에서 실천적인 것의 우위를 주장한다고 말할 수 있다. 이 때문에 모든 인간 노력의 역사와 그 역사적 성격이 크게 강조된다. 칸트와 피히테와 셸링에게 몇 가지 뿌리가 있는 변증법을, 헤겔이 과연 그렇구나 하고 수긍하게 만든 점은 틀림없이 흥망성쇠를 거듭하여 발전하는 역사의 움직임에 대한 개관에서 비롯된다. 특히 소크라테스 이전의 철학 발전은 앞에서 말한 것처럼, 역시 이 틀에 따르고 있는 것으로 보인다. 헤겔은 역사적 설명의 원리로 이 방법의 지위를 높인다. 역사적 설명의 원리에 대한 한, 상반하는 두 요구로부터 그 어떤 타협적인 해결에 이르는 변증법적 진행은 매우 쓸모 있는 데가 있다. 그러나 헤겔은 더 나아가 역사가 이 원리를 바탕으로 해서 어떻게 각종 단계를 통과해야 했는가를 제시한다. 두말할 필요도 없이, 이것은 사실을 왜곡하지 않고서는 할 수 없다. 역사적인 사건의 틀을 인식하는 일과, 이와 같은 원리에서 역사를 연역하는 일은 전혀 별개의 일이다. 셸링의 비판은 자연 철학과 마찬가지로 이 점에도 적용된다.

**게오르그 빌헬름 프리드리히 헤겔**
독일의 철학자, '절대자'의 전도사. 나폴레옹군이 승리를 거두자, 예나 대학은 폐쇄되었고, 헤겔은 연구생활을 중단할 수밖에 없었다(1806).

변증법은 몇 가지 점에서 '선'의 형상에 접근하는 소크라테스적 노력을 생각나게 한다. 선의 형상에 대응하는 것이 헤겔의 이른바 '절대적 정신'이다. 소크라테스의 변증법이 특정한 가설을 타파하고 마침내 '선'의 형상에 이르는 것처럼, 헤겔의 변증법도 '절대적 정신'에 이른다. 이 과정은 좋든 나쁘든 《논리학》에 설명되어 있다. 헤겔에게는 논리학이 형이상학과 같은 뜻이라는 것을 기억해둘 필요가 있다. 이 항목에서 정립과 반정립과 종합이라는 변증법적 진행에 의해 도출되는 범주가 설명된다. 이 이론은 분명히 단일성의 범주를 출발점으로 한다는 점에서 칸트의 범주론의 영향을 받았다. 그 뒤, 헤겔은 독자적인 길을 걸어 길고 조금은 자의적인 일련의 범주를 구축하자, 마지막으로 '절대적 정신'에 이르게 된다. 이때 우리는 원을 한 바퀴 돌아, 다시 단일성으로 돌아오게 된다. 어떤 의미에서 헤겔은 이것을 완전함과 올바른 논증의 보증으로 본다. '절대적 정신'은 사실 단일성의 최고의 실례이며, 거기에서 모든 차이가 녹아들고 있다.

'절대자'에 이르는 변증법적 과정은 우리에게 이 난해한 관념을 더욱 완전하게 파악하게 해 준다. 헤겔은 물론 다른 어떤 사람도 이것을 간단한 말로 설명할 수는 없다. 그러나 헤겔은 여기서 그의 저작 속에서 많이 나오는 놀랄 만한 예증에 의존한다. 대조되는 것은 변증법을 거쳐서 '절대자'에 대한 관념에 이르렀다고는 도저히 말할 수 없는 갑이라는 인물과, 이미 이것을 통과한 을이라는 인물이다. 이것은 기도가 어린아이에게 갖는 의미와 노인에게 갖는 의미에 비유된다. 둘 다 같은 말을 암송하지만, 어린아이에게는 그것이 소음 이상의 것을 의미하지 않는데 반해, 노인에게는 일생의 경험을 일깨워 준다.

**자기인식을 목표로**
현실을 구성하는 역사적 과정은 가이스트(존재의 궁극적인 본질)가 자기인식을 향해 발전해 나가는 모습이다. 헤겔은 이 발달을 그리스도의 수난, 죽음, 재생에 비유했다. 이 과정을 이해했을 때 구원이 찾아온다.

변증법의 원리는 진행이 마지막에 이르게 되는 '절대자'야말로 단 하나의 실재라고 선언한다. 특히 이 점에서 헤겔은 스피노자의 영향을 받는다. 전체의 그 어떤 단편도 그것만으로는 생명력이 있는 아무런 실재성도 의미도 갖지 않는다는 결과가 나온다. 절대자는 우주 전체와 관련될 때야 비로소 뜻깊은 존재가 될 수 있다. 마치 우리가 감행해야 할 유일한 명제가, '절대적 정신은 실재다'라는 것과 같다. 전체만이 진실이다. 부분적인 것은 무엇이든지 부분적으로밖에 진실이 될 수 없다. '절대적 정신'의 정의는 헤겔에게는 너무나도 모호하기 때문에 쓸모가 없다. 그러나 그 요점은 매우 간단하다. '절대적 정신'은 그 자체가 사고하는 관념이라고 헤겔은 생각한다.

이는 몇 가지 점에서 아리스토텔레스의 '신'에 대응하는 형이상학적 걸작품이다. 아리스토텔레스의 신은 자기 생각으로 차 있는, 초연한 미지의 실체이다. 다른 면에서는 우주와 같은 스피노자의 '신'을 연상케 한다. 마찬가지로 헤겔 또한 그 어떤 형태의 이원론도 부정한다. 피히테를 따라, 그도 정신적인 것에서 출발하여 관념에 의해 말한다.

**베토벤**
헤겔에 따르면, 인간의 창조적 작품은 그 시대의 정신에 싸여 있다. 음악을 예로 들면 고전파에서 낭만파로의 이동기에 등장한 베토벤(1770~1827)과 같은 위대한 작곡가의 작품은 시대가 달랐다면 생겨나지 않았을 것이다. 베토벤의 작품은 역사의 하나의 과정으로서 그 시대 속에 고정되어 있다.

헤겔은 이 총괄적 형이상학 이론을 역사에 적용한다. 그것이 이 분야의 몇몇 일반적인 틀에 일치했다고 해서 놀랄 필요는 없다. 헤겔은 바로 역사에서 변증법 원리를 끌어냈기 때문이다. 그러나 우리가 앞에도 말한 것처럼, 특이한 사건의 자세한 설명은 이와 같이 아프리오리에서 구할 일이 아니다. 게다가 역사적으로 '절대자'로 향하는 진행 과정은 조만간 매우 노골적인 국가주의적 선전의 기회를 준다. 마치 헤겔 시대의 프러시아 국가에서 역사는 궁극적인 단계에 다다른 것처럼 보인다. 이와 같은 것이 《역사철학》에서 헤겔이 다다른 결론이다. 이 위대한 변증법 이론가는 이 점에서 조금 성급한 면이 있었던 것으로 보인다.

같은 논리의 틀에서 헤겔은 전체주의적 조직의 국가에 호의를 나타낸다. 헤겔에 따르면, 역사상 정신의 발전은 특히 독일인의 과제라는 것이다. 독일인만이 자유의 포괄적 범위를 이해했기 때문이다. 여기서 자유는 소극적인 관념이 아니지만, 그 어떤 법전과 결부되어야 한다. 이 점에서 우리는 헤겔의 의견에 동의한다. 그러나 이것으로부터 헤겔이 사실 생각하는 것처럼, 법이 있는 곳에는 어디에나 자유가 있다는 귀결은 나오지 않는다. 이 점이 그렇다면, '자유'는 '준법'과 같은 뜻이 될 수 없고, 이것은 문외한의 생각과 조금 엇갈려 있다. 동시에 헤겔의 자유 관념에는 귀중한 암시가 하나 있다. 어떤 사람이 언제나 벽돌담에 머리를 부딪치면서 벽돌이 두개골보다 더 단단하다는 사실을 인정하고 싶지 않기 때문이라고 한다면, 그 사람은 완고하다고는 말할 수 있어도 자유라고는 말할 수 없을 것이다. 이런 뜻에서 자유는 환상을 갖는 것보다도 오히려 있는 그대로의 세계를 인정하는 일이며, 필연적인 작용을 파악하는 일이다. 이런 생각은 우리가 앞에서 살펴본 것처럼 이미 헤라클레이토스가 예시했던 것이다. 그러나 프러시아의 특이한 법률을 살펴보면, 이들 법률을 논리적으로 인정할 만한 이유는 없다. 헤겔과 같이 그것이 필연적이라고 주장하는 것은, 단지 무력한 시민에게 그 나라의 법령에 대한 맹목적인 복종을 강요하는 것에 지나지 않는다. 그의 자유는 남이 하라는 대로 한다는 것이 된다.

헤겔의 저서 《역사철학》

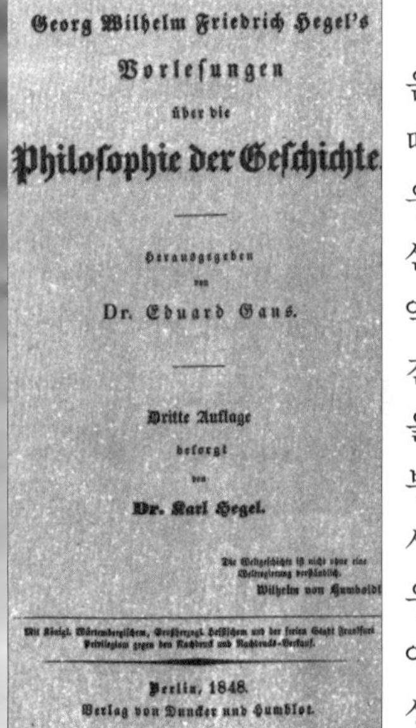

Georg Wilhelm Friedrich Hegel's

Vorlesungen

über die

Philosophie der Geschichte.

Herausgegeben

von

Dr. Eduard Gans.

Dritte Auflage

besorgt

von

Dr. Karl Hegel.

Die Weltgeschichte ist nicht ohne eine Weltregierung verständlich.

Wilhelm von Humboldt

Mit Königl. Würtembergischem, Großherzogl. Hessischem und der freien Stadt Frankfurt Privilegien gegen den Nachdruck und Nachdrucks-Verkauf.

Berlin, 1848.

Verlag von Duncker und Humblot.

변증법은 역사의 관찰에서 오는 또 다른 특징에 따라서 움직인다. 그것은 대립하는 두 힘이 다투는 면을 강조하기 때문이다. 헤라클레이토스와 마찬가지로 헤겔도 다툼을 매우 중요시한다. 그는 전쟁이 평화보다도 도덕적으로 우위에 선다고까지 말한다. 국민은 싸울 일이 없으면 도덕적으로 약체가 되어 퇴폐한다는 것이다. 분명히 헤겔은 여기에서 전쟁은 모든 것의 아버지라고 하는 헤라클레이토스의 의견을 머릿속에 그리고 있다. 그는 칸트의 세계 연방 개념을 거부하고, 빈 회의에서 나온 신성 동맹에 반대한다. 정치와 역사에 대한 논의 전체도 정치사에 그의 관심이 한쪽으로 치우치면서 왜곡되어 있다. 이런 점에서 그는 비코의 광대한 이상이 빠져있다고 볼 수 있다. 비코는 학문과 예술의 중요성을 인정했기 때문이다. 헤겔은 좁은 의미의 정치적 견해를 지니고 있었기 때문에, 외부의 적이 국민의 도덕적 건강에 중요하다는 결론에 이를 수 있었다. 지금 좀 더 넓은 견해를 가지고 있다면, 주어진 그 어떤 사회적 틀 안에서도 시민의 건전한 분노가 빠져 나갈 충분한 돌파구가 많다는 사실을 알 수 있을 것이다. 국가끼리의 차이는 전쟁으로 해결해야 한다는 견해는 국가끼리의 사회 계약이 전혀 불가능하다고 본다. 국가는 상호 관계에서 자연 상태며, 거기에는 힘만이 중요하다고 여긴다. 이 문제에 대해서 칸트는 헤겔보다도 위대한 통찰력을 나타냈다. 현대는 전쟁이 결국 만물을 파괴시킨다는 것을 제시하고 있기 때문이다. 이것이야말로 변증법의 완성으로, 대부분의 정통 헤겔학파까지도 만족시킬 것임이 틀림없다.

연구실에서의 헤겔

정치와 역사에 대한 헤겔의 이론은 참 이상한 이야기이지만, 그 자신의 논리학과 맞지 않는다. 총체적으로 변증법 과정의 문제는 분화되지 않는 '파르메니데스의 일자'와 다르며, 스피노자의 '신' 또는 '자연'과 같이, 개인이 더욱더 우주와 하나가 되어 마지막에 이것과 서로 섞여 개인이 사라져 버리는 것과도 다르기 때문이다. 이에 반해 헤겔은 유기적 통합체에 의해서 사물을 생각한다. 이와 같은 관념은 나중에 듀이의 철학에 영향을 준다. 이 견해에 따르면, 개별적인 것은 전체와 관련해서 한 유기체의 각 부분처럼 자기의 완전한 실재성을 획득한다는 것이다. 이렇게 생각하면, 헤겔도 국가 내의 여러 조직체를 인정할 마음이 생긴 것이 아닌가 하고 여겨질 수도 있는데, 그는 그와 같은 것은 전혀 인정하려고 하지 않는다. 국가는 가장 지배적인 권력이다. 선량한 신교도로서 헤겔이 교회에 대한 국가의 지배권을 선언하는 것은 마땅하다. 이렇게 해야만, 교회 조직의 국가적 성질은 보증되기 때문이다. 다른 고려는 모두 제쳐놓는다 해도, 헤겔은 로마 교회를 국제 단체라는, 사실상 가장 으뜸가는 장점을 이유로 반대한다. 마찬가지로 사회 내에서 조직화된 이해관계를 개인적으로 추구하는 일은 허락되지 않는다. 비록 헤겔이 자신의 유기적인 견해에서 이와 같은 활동을 환영한다 해도 말이다. 따라서 공정한 탐구나 취미 오락의 만족은 용납되지 않을 것이다. 그러나 예를 들어 우표 수집가가 클럽에 모여, 우표 수집에 대한 자기들의 공통된 흥미를 충족시키는 것이 왜 잘못인가. 공식적인 마르크스주의의 이론에 헤겔 학설의 이런 점이 다분히 남아 있다는 것은 눈여겨 볼 만하다. 어찌된 일인지 모든 활동은 국가의 복지에 직접 이바지하는 것이어야 한다고 해석한다. 이와 같은 체제 아래 우표수집협회가 사회주의 혁명을 영광스럽게 하는 데 도움이 안 된다고 생각한다면, 회원은 우표고 뭐고 수집을 갑자기 멈춘다.

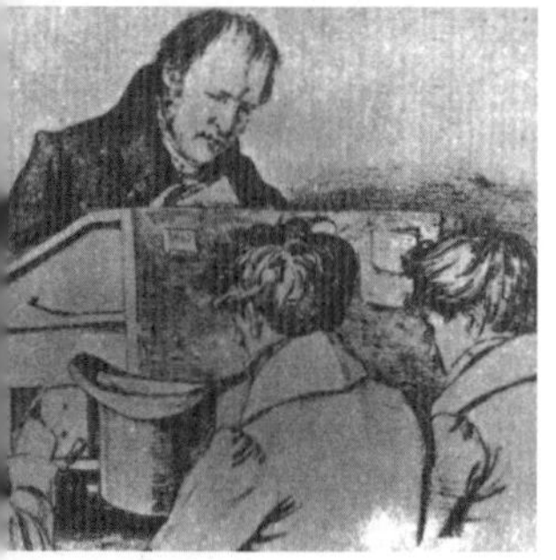
학생들에게 강의하고 있는 헤겔

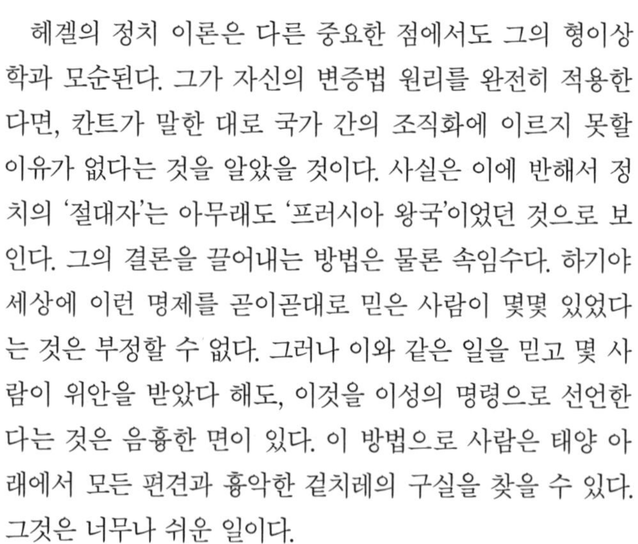
헤겔의 정치 이론은 다른 중요한 점에서도 그의 형이상학과 모순된다. 그가 자신의 변증법 원리를 완전히 적용한다면, 칸트가 말한 대로 국가 간의 조직화에 이르지 못할 이유가 없다는 것을 알았을 것이다. 사실은 이에 반해서 정치의 '절대자'는 아무래도 '프러시아 왕국'이었던 것으로 보인다. 그의 결론을 끌어내는 방법은 물론 속임수다. 하기야 세상에 이런 명제를 곧이곧대로 믿은 사람이 몇몇 있었다는 것은 부정할 수 없다. 그러나 이와 같은 일을 믿고 몇 사람이 위안을 받았다 해도, 이것을 이성의 명령으로 선언한다는 것은 음흉한 면이 있다. 이 방법으로 사람은 태양 아래에서 모든 편견과 흉악한 겉치레의 구실을 찾을 수 있다. 그것은 너무나 쉬운 일이다.

다시 헤겔의 변증법으로 이야기를 돌리기로 하자. 그것은 뭐니 해도 헤겔 체계의 중심 관념이다. 우리는 앞에서 변증법적 단계에 세 단계의 과정이 포함되어 있다고 말했다. 처음에 하나의 진술이 있고, 다음에 이것이 반대 진술의 대립을 받아, 마지막에 이 두 개가 하나로 합쳐져서 하나의 복합체가 된다. 이를테면, 금은 귀중하다는 정립을 주장했다고 하자. 이에 대해 금은 귀중하지 않다는 반정립이 대항했다고 하자. 그때 금의 가치는 상황 여하에 따라 바뀐다고 하는 종합에 이르게 될 것이다. 당신이 우연히 옥스퍼드 거리에 있고, 거기에 당신에게서 금을 받고 그 대가로 샌드위치를 주는 사람이 있다면 금은 귀중하다. 그러나 금을 한 봉지 갖고 사하라 사막에서 길을 잃어 물이 필요하다면, 그때 금은 귀중하지 않다. 이와 같이 부대 상황을 고려해야 한다. 헤겔은 이와 같은 예를 인정하지 않을지 모르지만, 여기서 이 예는 우리의 목적을 충족시켜 준다. 여기에서 논점은 종합 명제가 새로운 명제가 되어, 똑같은 변증법적 과정이 다시 시작되고, 우리가 전 우주를 받아들이게 될 때까지 이 과정이 이어진다. 어떤 것의 완전한 의미는 그 모든 가능한 것과 관련시켜 생각할 때 비로소 나타난다. 즉 세계에서 일어나는 일을 전체적으로 바라볼 때 그 완전한 의미가 드러난다.

**프러시아 국왕 빌헬름 3세** 아들들에게 크리스마스 선물로 군복을 내렸다. 헤겔의 사상은 철학 말고도 온갖 분야에 큰 영향을 미쳤으며, 역사나 정치도 예외는 아니었다.

여기에서 몇 가지 설명이 가능하다. 먼저, 변증법의 역사적 내용에 대한 것이다. 화해할 수 없는 요구가 그 어떤 타협에 의해서 조정되는 일이 있다는 것은 틀림없는 사실이다. 예를 들어, 내가 소득세를 내기 싫다고 말했다고 하자. 국세청은 마땅히 반대 조치를 취해서 재산을 몰수할 것이다. 결국 우리는 양쪽이 어느 정도 만족이 되는 중간적 해결에 도달한다. 여기에는 신비한 것이라곤 전혀 없다. 타협이, 모순되는 두 가지 요구에서가 아니라, 오히려 서로 반대되는 두 가지 요구에서 생긴다는 점에 주목해야 한다. 이 논리적 요점에는 어느 정도의 설명이 필요하다. 두 진술 가운데 한 쪽이 옳으면, 필연적으로 다른 한 쪽은 잘못되었고,

그 반대도 그렇다고 한다면, 이 두 진술은 모순된다. 그러나 서로 반대되는 두 진술이 있을 때, 둘 다 옳은 경우는 있을 수 없지만, 둘 다 잘못된 경우는 어쩌면 있을지도 모른다. 따라서 이 예에서 타협적 해결은 반대로 주장하는 양쪽이 잘못되어 있다는 것을 나타내는 것이다. 변증법을 정말로 역사적 사례에 적용시키는 것은, 반대되는 요구로부터 어떤 일치에 이르는 사실이다. 물론 당사자끼리 받아들일 만한 안을 만들어 낼 만큼의 인내심이 없으면, 이 승부는 격렬해지기 쉽다. 결국 강자는 이기고, 약자는 주저앉게 된다. 이와 같은 경우, 반대되는 요구는 승부가 끝난 뒤에 모순되어 보이는 일이 있다. 그러나 그것은 그 일이 일어난 다음에나 알게 되는 일이다. 이것이 일어난다는 것은 불가피한 일이 아니기 때문이다. 과세에 대해서 반대의 견해를 품을 경우, 시민도 당국도 서로 상대를 박멸할 것까지는 없는 일이다.

**불행한 영혼** 신은 완전하고 만능하다. 그것에 자신은 무력하고 무지하다고 생각하는 사람이 많다. 하지만 그런 사람들은 자기와 다른 존재라 생각하는 대상에게, 자신의 성질을 투영한다. 그러나 헤겔은 인간과 신은 하나라고 생각했다.

둘째, 지적 발전도 이와 비슷한 틀에 따른다고 할 수 있다. 이런 면에서 변증법은 플라톤의 대화편에서 볼 수 있는 문답 주고받기까지 거슬러 올라간다. 이것은 바로 하나의 문제와 대결할 때의 정신 작용과 마찬가지이다. 하나의 논의가 제시되고, 여러 이론이 나와 토의하는 사이에 사태를 좀 더 정확하게 파악하면, 조정이 이루어진다. 그렇지 않을 경우, 잘 생각해 본 끝에, 하나의 이론을 받아들여야 하는 것처럼 보이면, 처음의 논의가 파기된다. 여기서 서로 대항하는 진술이 모순되건 대립되건, 타협은 가능하다. 이와 같이 '만물은 움직인다'고 하는 헤라클레이토스의 진술과, '아무것도 움직이지 않는다'고 하는 파르메니데스의 진술은 반대 명제이다. 그러나 움직이지 않는 것도 있다는 말로, 헤라클레이토스의 관점에 단순히 반대할 수도 있다. 이 경우, 두 진술은 모순된다. 어느 경우나 우리는 움직이는 것도 있고 움직이지 않는 것도 있다는 타협에 이를 수 있다.

이것은 헤겔이 인정할 수 없는 중요한 차이를 나타낸다. 모순이란 추론에서 나오는 것이다. 갑이 을과 모순되는 일은 있을 수 있다. 다시 말하면, 갑의 진술이 을의 진술과 모순되는 일이 있을 수 있다. 그러나 일상 세계에서 모순은 전혀 없다. 언어와 세계의 관계에 대해서 어떤 견해를 갖든, 갑의 사실이 을의 사실과 모순되는 것은 있을 수 없다. 이처럼 빈곤함과 부유함은 모순되는 것이 아니라, 단순히 다를 뿐이다. 헤겔은 정신적 세계관을 가지고 있었기 때문에, 이 중대한 구별을 무시하려고 한다. 더 나아가서 변증법이 단지 지식 이론의 도구로 적용될 뿐만 아니라, 직접 세계의 기술로서 적용되는 것은 왜 그런가 하는 것도 이 견해에 서면 쉽게 알 수 있다. 전문 용어를 빌리자면, 헤겔은 그 방법에 단지 인식론적 지위뿐 아니라 존재론적 지위도 주는 것이다. 이 바탕에서 헤겔은 더 나아가 자연을 변증법적으로 설명한다. 셸링의 이에 대한 반론은 우리가 이미 언급했다. 마르크스주의자는 이런 종류의 당찮은 말을 무차별적으로 인계한다. 단, 그들이 헤겔의 경향을 라메트리의 유물론 원리로 대치했다는 점은 물론 제외하고 나서 말이다.

**문답식의 과정** 어떤 명제가 반대명제에 의해 대립되면 합성명제로 나아간다.

변증법에서 나오는 또 다른 독특한 편견은 헤겔의 '3'이라는 숫자에 대한 편애이다. 변증법이 정립과 반정립과 종합이라고 하는 삼단계로 이루어지기 때문에 모든 것이 3에서 나오는 것처럼 보인다. 이와 같이 무엇이든지 나눌 필요가 있을 경우, 헤겔은 그것을 셋으로 나눈다. 예를 들어, 역사에 대한 설명에서 그는 동양 세계, 그리스 세계 및 로마 세계, 마지막으로 게르만 세계를 인정한다. 그 밖의 것은 도무지 한 번 생각해 볼 만한 가치가 없는 것처럼 보인다. 이것은 물론 균형을 위해서는 좋은 이야기이지만, 역사 연구의 방법으로서는 이해시킬 만한 힘이 있다고는 여겨지지 않는다. 마찬가지로 《철학적 과학의 백과사전》에도 정신의 3단계에 따라 3부로 나눈 것을 볼 수 있다. 첫째는 존재 같은 것이 있는데, 이것은 논리를 낳는다. 다음에는 정신이 자기 불화의 단계를 거치도록 되어 있는데, 여기에서 정신은 다른 존재의 상태에 놓여 있다. 이 제2의 단계는 자연철학에서 논의된다. 마지막으로 정신은 변증법적 일주 여행을 끝내고 자기로 돌아온다. 이에 대응해서 정신의 철학이 있다. 전체의 사물은 변증법적인 세 짝이라고 여겨진다. 이런 이론의 체계화는 너무나 터무니없기 때문에, 헤겔을 존경하는 사람들도 더 이상 이것을 변호할 마음이 생기지 않는다.

그러나 이와 같은 비판적 논평을 했다고 해서 우리는 헤겔 철학의 귀중한 점을 간과해서는 안 된다. 첫째, 변증법에 대한 한, 헤겔이 상당한 통찰력으로 정신의 작용을 나타내고 있다는 것을 우리가 인정할 만큼 정신 작용은 변증법적인 틀에 따르는 일이 많기 때문이다. 지적 발전에 대한 심리에 공헌한 변증법은 어느 정도까지 빈틈없는 관찰이라 할 수 있다. 둘째, 헤겔 학설은 비코가 1세기 전에 말하기 시작한 역사의 중요성을 분명히 강조한다. 헤겔이 언어를 사용하면서 자기 생각을 주장할 때는 이따금씩 핵심을 잃는 경우가 있다. 이것은 아마도 언어 자체에 대한 하나의 시적 개념과 결부되어 있을지도 모른다. 따라서 헤겔이 철학은 철학사의 연구라고 말하고 있는 것도 변증법 원리의 빛에 비추어 보아야 한다. 헤겔은 철학이 필연적으로 변증법의 틀에 따라서 발전한다고 말하고 있고, 따라서 지배적인 철학 원리인 변증법은 철학사의 연구와 일치하는 것처럼 보인다. 그러므로 이러한 말투는 철학을 올바르게 이해하기 위해서 철학사를 조금이라도 알아야 한다는 것을, 매우 완곡하게 표현하는 것이다. 이 말에 동의할 수 없을지 모르지만, 무의미한 말은 아니다. 헤겔은 자신의 이론을 공식화할 때 다른 뜻의 말을 이용한다. 확실히 그는 언어에는 언어 사용자의

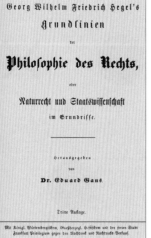

Georg Wilhelm Friedrich Hegel's
Grundlinien
der
Philosophie des Rechts,
oder
Naturrecht und Staatswissenschaft
im Grundrisse.

Herausgegeben
von
Dr. Eduard Gans.

Dritte Auflage.

Mit Königl. Würtembergischem, Großherzogl. Hessischem und der freien Stadt Frankfurt Privilegium gegen den Nachdruck und Nachdrucks-Verkauf.

Berlin, 1854.
Verlag von Duncker und Humblot.

헤겔의 《백과사전》 중 〈논리편〉의 표지

지성보다 뛰어난 하나의 타고난 지성이 있다는 견해를 품고 있었다. 이상하게 들릴지 모르지만, 오늘날 옥스퍼드 대학의 일상 언어 철학자들도 이것과 매우 비슷한 견해를 갖고 있다.

역사적 상황에 대해서 헤겔은 '절대자'가 가까이에 있다고 느끼고 있었다. 따라서 그의 견해로 볼 때 언제나 사건 뒤에 생기는 철학 체계를 수립하는 것은 옳은 일이었다. 이것을 《법철학》 서문에 인상적으로 표명했다. "미네르바의 부엉이는 어둠이 닥쳐오지 않으면 날지 않는다."

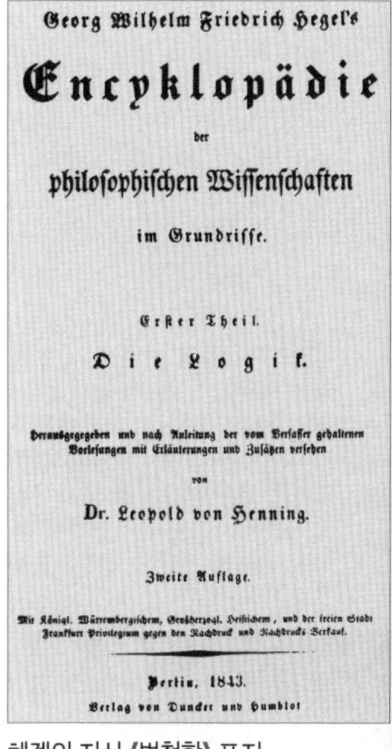
Georg Wilhelm Friedrich Hegel's
Encyklopädie
der
philosophischen Wissenschaften
im Grundrisse.

Erster Theil.
Die Logik.

Herausgegeben und nach Anleitung der vom Verfasser gehaltenen Vorlesungen mit Erläuterungen und Zusätzen versehen
von
Dr. Leopold von Henning.

Zweite Auflage.

Mit Königl. Würtembergischem, Großherzogl. Hessischem, und der freien Stadt Frankfurt Privilegium gegen den Nachdruck und Nachdrucks-Verkauf.

Berlin, 1843.
Verlag von Duncker und Humblot

헤겔의 저서 《법철학》 표지

헤겔의 철학은 철학사 전체를 통해서 몇 번이고 나오는 총괄적 원리에 영향을 받는다. 만일 우주를 전체적인 배경으로 보지 않는다면 세계의 부분을 전혀 이해할 수 없다. 따라서 전체야말로 유일한 실재이다.

이러한 관점은 이미 소크라테스 이전의 철학자들 사이에서 볼 수 있었다. 파르메니데스가 우주는 움직이지 않는 구체라고 한 것도, 이런 종류의 무엇인가를 표현하려고 한 것이다. 피타고라스학파의 수학적 철학자들도 마찬가지로 모든 사물이 수라고 말한 것은 이런 생각을 암시한 것이다. 최근에는 스피노자가 이 관점의 대표자로서, 전체만이 결국 실재라고 생각했다. 피타고라스학파의 전통을 따르는 수학적 물리학자들도 우주 전체를 설명해 주는 최고의 공식을 구할 때, 이것과 같은 신념으로 움직였다. 뉴턴 물리학의 눈부신 발전은 마침내 라플라스의 우주론에 이르렀는데, 그것도 이 한 예이다. 보편적 체계라는 관념론적 관념을 지지할 수 없다는 것을 보여주기란 그다지 어렵지 않다. 비록 애매모호한 방법으로라도 보려고 하지 않고, 동시에 이와 같은 관념이 갖는 목적을 재빨리 추방하는 것도 위험하다.

흥미로운 점은 관념론자의 체계가 과학적 이론의 웅장한 그림을 올바르게 표현한다는 것이다. 과학의 계획표는 자연의 체계를 차츰 더 많이 이해하기 위해 준비한 것이다. 오늘날까지 의심해 보지 않았던 상호 관련이 밝혀지고, 자연 현상은 더욱더 하나의 이론 체계의 범위 안으로 포함되어, 주로 이런 발전은 끝이 없다. 게다가 과학적 이론은 예외를 인정하지 않는다. 과학의 지배력은 보편적이어야 한다. 그것은 전부냐 무(無)냐이다. 이때 우리는 관념론자의 체계가 전체적인 과학에 대한 하나의 플라톤적인 이데아이며, 라이프니츠가 생각한 성스러운 과학이라고 생각해도 좋을 것이다. 모든 것이 다른 모든 것과 관계가 있다고 보는 것은 옳다고 할 수 있지만, 사물이 다른 사물과 관련하여 변화한다고 보는 것은 옳다고는 말할 수 없다. 이 때문에 과학을 보는 이런 관점은 핵심을 벗어나게 된다. 전체의 사물을 하나의 완성품으로 제시하는 점도 잘못된 일이며, 과학에는 끝이 있을 수 없다는 것이야말로 과학적 탐구의 독특한 특징이라 할 수 있다. 헤겔의 태도는 19세기 끝 무렵의 과학적 낙천주의와 적잖게 결부되어 그때의 모든 사람들은 모든 것에 대

**독일의 민족주의** 헤겔은 그 무렵의 프러시아를 이상화했다는 이유로, 일부 사람들로부터 히틀러로 이어지는 독일국가 숭배의 주도자로 간주되었다. 사진은 히틀러 유겐트(나치 공인의 청소년 조직)로 1939년, 모든 청소년의 참가가 의무화되었다.

한 해답이 가까이 다가오고 있다고 생각했다. 결국 이것은 당연한 일이지만 착각이었다.

그러나 한편으로 신성한 과학을 이리저리 주무른다는 것은 조금 손해되는 일이다. 여하튼 이 세상은 신성한 과학이 속해 있는 세계가 아니고, 우리의 세계 이외의 세계는 우리가 가질 수 없다. 따라서 관념론 체계는 가짜 개념이다. 우리는 한 가지 예를 들어서 이것을 직접 증명할 수 있다. 나는 올바른 신념을 많이 가지고 있는데, 예를 들어 '넬슨의 기둥'이 '버킹엄 궁전'보다 높다는 것이다. 헤겔학파는 이와 같은 신념을 하나도 가지려 하지 않는다. "당신은 자기가 무엇을 지껄이고 있는지 모른다"고 헤겔학파는 반대할 것이다. "당신이 말하고 있는 사실을 파악하기 위해서는 어떤 재료가 두 건조물에 쓰였는가, 누가 그것을 세우고, 왜 그것을 세웠는가 등을 알아야 한다. 결국, 당신은 '넬슨의 기둥'이 '버킹엄 궁전'보다 높다고 하는데, 그렇게 말할 때, 그 뜻을 알고 있다고 말할 자격이 되기 전에, 우주 전체를 이해해야 한다." 그러나 난처한 것은 이와 같은 주장에 따라서, 나는 무엇인가를 알기 전에 모든 것을 알아야 하기 때문에 시작도 할 수 없게 된다는 것이다. 그 누구도 자기는 정신이 문자 그대로 아주 비어 있다고 선언할 정도로 겸손해질 수는 없는 법이다. 게다가 그런 일은 모두 옳지 않다. '넬슨의 기둥'이 '버킹엄 궁전'보다 높다는 것은 나도 알고 있지만, 그렇다고 그 밖의 것에서 내가 신성하게 모든 것을 안다고 주장하는 것은 아니다. 어떤 일에 대해서 반드시 하나에서 열까지 알지 못해도, 그 어떤 것을 알 수 있다는 것이다. 어휘 전체는 몰라도, 한 가지 말을 잘 쓸 수 있다는 것과 같은 것이다. 마치 헤겔은 쪽그림을 모두 완전하게 끼어 맞출 때까지는 각 쪽그림에는 아무런 의미도 없다고 주장하는 것처럼 보인다. 이와는 반대로 경험론자는 각

이성론이 경험론에 대해 가지는 관계는, 마치 나눠질 수 없는 조각그림 맞추기가 각각의 분리된 조각에 대해 가지는 관계와 같다.

부분마다 그 자체의 의미가 있다는 것을 인정한다. 실제로 이렇게 생각하지 않고서는 각 부분을 이어 맞출 수 없다.

논리적인 체계설에 대한 이 비판은 윤리학에도 중요한 결과를 미친다. 논리적 이론이 옳다면, 그 위에 세워진 윤리적 이론 또한 옳지 않으면 안 되기 때문이다. 그런데 실제로 문제는 전혀 해결되지 않는다.

이 점에서 헤겔의 학설과 로크의 자유주의는 정반대이다. 헤겔에게 국가란 본디 선이며, 시민 자체는 중요하지 않으며, 오직 전체의 영광에 기여해야만 비로소 중요해진다. 자유주의는 다른 쪽에서 출발하여, 국가를 여러 성원의 개인적 이익에 이바지하는 것으로 본다. 관념론적인 관점은 손쉽게 불관용과 잔인함과 압제를 낳는다. 자유주의 원리는 관용과 배려와 타협을 촉진한다.

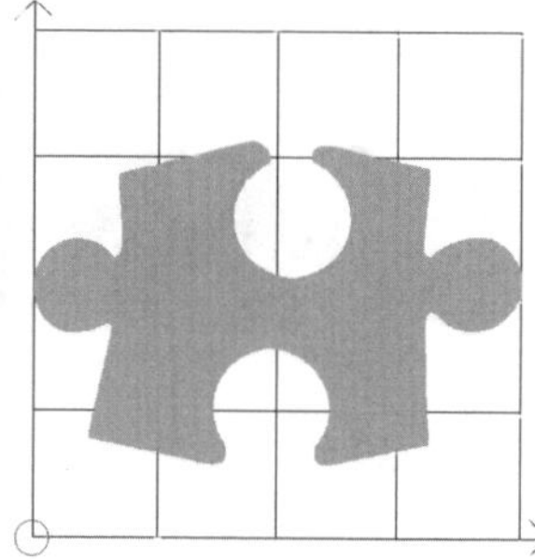

*

헤겔의 관념론은 세계를 하나의 체계로 보려는 시도이다. 그 중요성은 정신에 있지만, 헤겔 학설의 목적은 조금도 주관주의적이지 않다. 그것을 객관적인 관념론이라 불러도 좋을 것이다. 우리는 셸링이 변증법적 체계 구축을 어떻게 비판했는지 이미 살펴보았다. 철학적으로는 이것이 덴마크인 철학자 쇠렌 키에르케고르가 격렬하게 반(反)헤겔주의를 주장하게 된 동기이다. 그의 저서는 그즈음에 거의 아무런 영향을 미치지 않았지만, 약 50년 뒤에는 실존주의 운동의 근원이 되었다.

키에르케고르(1813~1855)는 코펜하겐에서 태어나 17세에 그곳 대학에 들어갔다. 아버지는 젊었을 때 상경하여, 직종을 농업에서 상업으로 바꾸어 큰 성공을 거두었다. 따라서 아들은 혼자서 생계를 꾸려가야 할 상황에 몰리지 않았다. 키에르케고르는 아버지로부터 생각에 잠기는 성향과 더불어 날카로운 기지와 지성을 이어받았다. 1841년에 이르러 그는 신학 석사 학위를 받았다. 그동안 그는 망설이다가 어떤 아가씨와 약혼을 했다. 그는 신학상의 사명이라고 생각하는 것을 아가씨가 충분히 이해해 주리라고 생각하지 않았다. 그는 이 약혼을 파기하고, 자기 연구를 끝마친 뒤 베를린으로 갔다. 그때 거기에서 셸링이 강의를 맡고 있었다. 이후에 그는 신학과 철학의 사변에 열중했다. 한편 그와 한때 약혼했던 아가씨는 다른 사람과 결혼했다.

쇠렌 키에르케고르
덴마크의 실존주의 철학자이자 신학자. 키에르케고르는 어떤 사상 체계로도 개인의 경험을 설명할 수 없다고 생각했다.

셸링이 헤겔의 체계를 비판한 이야기로 돌아가도록 하자. 셸링은 소극적 철학과 적극적 철학을 구별한다. 스콜라 철학의 용어를 빌리자면, 소극적 철학은 개념이나 보편, 본질 등과 관계가 있다. 그것은 사물의 '본질'을 다룬다. 한편 적극적 철학은 현실의 실존, 또는 사물의 '실재'에 관계된다. 셸링은 철학이 소극적 단계에서 출발하여, 적극적 수준으로 나아가야 한다고 주장했다. 이 말은 셸링이 양극성의 원리와 자신의 철학을 발전시키면서 정확하게 이 길을 걸어왔다는 사실을 상기시켜 준다. 초기의 셸링은 '소극적'이었지만, 후기의 저서는 이런 뜻에서 '적극적'이다. 그때 헤겔에 대한 주요 비판은 그가 소극적 상태에 있으면서도 적극적인 사실의 세계를 이끌어냈다는 점에서 의미가 있다. 바로 이 비판에서 실존주의가 나온다.

그러나 이것은 헤겔을 논리적으로 반대한 것에 지나지 않는다. 키에르케고르는 감정적 반대도 이에 못지않게 중요하다고 생각한다. 헤겔 학설은 조금 무미건조하고 이론적이므로 어떤 감정이 개입되면 거의 남아 있을 수 없다. 실제로 이 점은 일반적인 독일 관념론 철학에 적용되며, 후기 셸링의 사변까지도 이것을 면치 못한다. 계몽운동은 감정을 조금 의심스러운 눈으로 보기 쉬웠다. 키에르케고르는 다시금 감정을 철학적으로 존경받게 하려고 애쓴다. 이것은 시인들의 낭만주의와 일치하며, 선과 지식을 연결짓고 악과 무지를 결부시키는 윤리에 반대한다. 실존주의는 정말로 오컴주의식으로 의지를 이성으로부터 분리하여, 철학적 반성으로가 아니라 의지의 어떤 자발적인 작용으로 인간이 행동하고 선택해야 한다는 것에 우리의 주의를 끌려 한다. 그래서 인간은 곧 매우 간단하게 신앙을 받아들일 수 있게 된다. 자유로운 의지가 작용해야 종교적 신념을 받아들일 수 있기 때문이다.

의지 결정
"최고의 윤리적 존재는 자기이며, 의지 결정은 인간에게 가장 중요한 행위이다. 선택을 통해 인생을 창조한다"고 키에르케고르는 말했다. 결혼은 가장 중요한 개인적 결단 중 하나이다.

실존주의 원리는 존재가 본질보다 앞선다고 한다. 다른 말로 하면, 우리는 처음에 하나의 사물이 존재한다는 것을 알고, 나중에 이것이 무엇인지 알게 된다. 또 이것은 특수한 것을 보편적인 것 앞에, 또는 아리스토텔레스를 플라톤 앞에 놓는 것이 된다. 키에르케고르는 의지를 이성 앞에 놓고 인간이 지나치게 과학적이어서는 안 된다고 주장한다. 과학은 일반적인 것을 다루기 때문에, 외부에서 사물에 언급할 수 있을 뿐이다. 이와는 반대로 키에르케고르는 하나의 상태를 안에서 파악하는 '실존주의적' 사고방식을 인정한다. 그는 우리가 과학적으로 인간에 접근하면, 정말로 중요한 것을 놓친다고 느꼈다. 개인의 특수한 감정은 실존적으로 이해할 수밖에 없다.

키에르케고르에게는 윤리학 이론이 너무나도 합리론적이어서, 사람들을 이 윤리 이론으로 살게 할 수 없었다. 개인이 도덕적으로 행동하는 특수한 성격은 이 이론으로는 올바르게 이해할 수 없다. 이와 같은 근거에서 키에르케고르는 우리가 윤리학적 원리보다도 오히려 종교적 원리에 삶의 바탕을 두어야 한다고 역설한다. 이것은 아우구스티누스적인 신교의 전통에서 찾아볼 수 있다. 인간은 신과 신의 명령에만 책임져야 한다. 다른 인간이 개입해서 이 관계를 바꿀 수는 없다. 키에르케고르에게 종교는 영혼의 내부에서 나오기 때문에 실존적으로 사고해야 할 문제이다.

키에르케고르는 열렬한 그리스도 교도였지만, 자신의 견해 때문에 싫으나 좋으나 덴마크 국가 교회의 조금은 엄격한 제도주의와 충돌해야 했다. 그는 스콜라 철학식으로 합리론 신학을 반대했다. 신의 존재는 실존적으로 파악해야 한다. 제아무리 논증을 쌓아도, 논증이란 본질의 영역에 있는 것이므로 신의 존재는 확립할 수 없다. 그래서 우리가 앞서도 말한 바와 같이 키에르케고르는 신앙과 이성을 분리한다.

키에르케고르의 캐리커처

키에르케고르를 고찰하면서 나오게 되는 헤겔 비판은 대체적으로 근거가 확실하다. 그러나 이 비판에서 나온 실존주의 철학은 도저히 옳다고는 말할 수 없다. 이성의 범위를 한정하면, 여러 가지 부조리에 빠진다. 신앙면에서 이것은 마땅하고 또 환영할 만한 일일 것이다. '부조리하기 때문에 나는 믿는다'는 계시를 믿는 사람들이 예부터 존중해 온 모토이며, 어떤 뜻에서는 그들이 옳을지도 모른다. 만일 우리가 믿는 자유를 행사한다면, 당연히 특이한 것에 매달리게 된다.

한편 이성을 과소평가하는 일은 과대평가하는 것만큼 위험하다는 사실을 기억하는 게 좋다. 헤겔은 이성을 너무 존중해서 이성이 우주를 낳을 수 있다는 오류에 빠졌다. 키에르케고르는 정반대 의견을 내어, 이성은 우주를 파악하는 데 도움이 되지 않는다고 주장한다. 이와 같은 관점은 과학의 모든 가치를 부정하는 것으로, 낭만주의 최고 원리와도 맞아떨어진다. 키에르케고르는 낭만적인 삶의 방식을 외부 영향의 변화에 따라 결정하는 것이라고 엄격하게 비판하지만, 그는 철저한 낭만주의자이다. 실존적 사고 양식을 가정하는 원리 자체가 이미 혼란에 빠진 낭만주의 개념이기 때문이다.

*

이와 같이 헤겔을 실존주의적으로 거부한다는 것은 세계 자체가 체계를 구성한다는 것을 부정하는 일이다. 키에르케고르는 이 문제를 다루지는 않지만, 그의 실존주의는 관념론적 관점과 대립한다는 의미에서 사실상 실재론적 지식이론을 전제로 한다. 우리가 좀 더 세련된 칸트적 이론, 즉 쇼펜하우어의 철학에서 볼 수 있는 이론으로 돌아가면 헤겔에 대한 매우 다른 반대이론을 제기하게 된다.

덴마크의 코펜하겐에 있는 키에르케고르의 출생지 우측에서 두 번째 집

아르투르 쇼펜하우어(1788~1860)는 볼테르와 영국을 동시에 존경했던 단치히 상인의 아들이었다. 1793년, 프러시아가 단치히 자유도시를 병합했을 때, 함부르크로 이사했다. 1797년, 쇼펜하우어는 파리로 가서 2년 동안 머물다가 모국어를 거의 잊어버렸다. 1803년, 그는 영국으로 건너가 반년 정도 기숙 학교에서 지냈다. 이 때문에 그는 학교나 영어 공부에 싫증이 났다. 나중에 그는 〈런던 타임스〉를 꼼꼼하게 받아보았다. 함부르크로 돌아와 장삿길을 택하려고 했지만, 아버지가 세상을 떠나자 그만두었다. 그때 어머니는 바이마르로 옮겨 살롱의 호스티스가 되었다. 그 무렵 바이마르에 거주하던 대부분의 위대한 시인이나 작가들은 그녀의 살롱에 자주 드나들었다. 사실상 그녀도 그 뒤에 소설가가 되었다. 그러나 아들은 그녀와 달리 성질이 까다로웠기 때문에, 어머니의 생활 방식을 싫어했다. 21세 때, 쇼펜하우어는 얼

마 안 되는 유산을 손에 넣었고, 그 뒤 모자는 사이가 멀어졌다.

**쇼펜하우어**
독일의 염세주의 철학자. 그는 인간의 본질에 있는 비합리적인 힘으로써의 의지의 역할을 논하였다. 그에 따르면 의지에 존속되지 않는 지식을 표현할 수 있는 것은 예술뿐이며, 예술만이 비합리한 세계에서 벗어날 수 있는 유일한 방법이다.

그는 이 유산으로 대학 공부를 할 수 있게 되었다. 1809년, 그는 괴팅겐에서 공부를 시작하여, 처음 칸트의 철학을 접했다. 1811년, 그는 베를린으로 옮겼지만, 여기에서 주로 과학을 연구했다. 그는 피히테의 강의에 출석하기도 했지만 그의 철학을 멸시했다. 그는 1813년, 해방 전쟁이 일어났을 때 연구를 끝마쳤지만 이 사건은 그의 마음에 아무런 열의도 불러일으키지 않았다. 그 뒤 몇 년 동안 그는 바이마르에서 괴테와 가까이 지내며 인도 신비주의 연구에 들어갔다. 1819년, 그는 베를린 대학의 강사로서 강의를 시작했다. 그는 자기의 재능을 충분히 의식했고, 다른 사람이 아직도 이것을 모른다고 여기면, 이 사실을 감춘다는 것은 오히려 정직하지 못한 일이라고 여겼다. 그래서 그는 자기 강의를 헤겔과 같은 시간에 맞추었다. 쇼펜하우어는 헤겔 철학의 추종자를 강하게 끌어당길 수 없자, 강의를 그만두고, 프랑크푸르트에 정착하여 사실 이곳에서 여생을 보냈다. 한 인간으로서 그는 자만심이 강하고 까다롭고 허영심이 강했다. 그가 동경하던 명성은 그가 세상을 떠날 때까지 찾아오지 않았다.

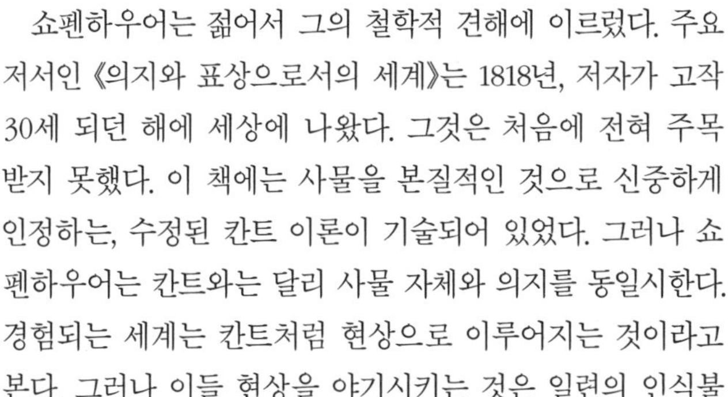

쇼펜하우어는 젊어서 그의 철학적 견해에 이르렀다. 주요 저서인 《의지와 표상으로서의 세계》는 1818년, 저자가 고작 30세 되던 해에 세상에 나왔다. 그것은 처음에 전혀 주목받지 못했다. 이 책에는 사물을 본질적인 것으로 신중하게 인정하는, 수정된 칸트 이론이 기술되어 있었다. 그러나 쇼펜하우어는 칸트와는 달리 사물 자체와 의지를 동일시한다. 경험되는 세계는 칸트처럼 현상으로 이루어지는 것이라고 본다. 그러나 이들 현상을 야기시키는 것은 일련의 인식불

능의 누메나가 아니라, 누메나적 의지이다. 이것은 정통적인 칸트적 견해와 매우 가깝다. 우리가 살펴본 것처럼, 칸트는 의지가 누메나 쪽에 있다고 본다. 내가 나의 의지를 작용시키면, 경험 세계에서 나의 육체 운동이 이에 대응한다. 말이 난 김에, 이 점에서 칸트가 기회원인론을 넘어서지 못했다는 것에 주목해 보자.

앞에서 살펴본 대로, 누메나와 페노미나 사이에는 인과관계가 전혀 있을 수 없기 때문이다. 여하튼 쇼펜하우어는 육체를 현상으로 여겨, 그 실재성이 의지 속에 내재해 있다고 본다. 칸트의 경우와 마찬가지로, 실체의 세계는 공간과 시간과 범주를 넘어선 곳에 있다. 실체로서의 의지는 그 어느 것에도 속하는 것이 아니다. 따라서 그것은 영원하고 비공간적이며, 이것은 일자성(一者性)을 암시한다. 나의 의지에 대해 말하자면 내가 실재하는 한, 나는 다른 것과 구별되거나 분리되지 않는다. 그것은 단순한 현상적 착각일 것이다. 반대로 나의 의지는 참으로 유일한 보편적인 의지이다.

쇼펜하우어는 이 의지를 철저하게 악으로 보고, 삶에 고통이 반드시 따르는 것도 이 때문이라고 했다. 게다가 그에게 지식이란 헤겔처럼 자유의 원천이 아니라, 오히려 고통의 근원이다. 이와 같이 쇼펜하우어는 합리론 체계의 낙관론 대신에, 행복이 깃들 수 없는 아주 어두운 견해를 가지고 있다. 성 또한 그에게는 악한 것이었다. 생식은 단순히 고통의 희생자를 새로 낳는 데 지나지 않기 때문이다. 쇼펜하우어의 여성 혐오증은 이 견해와 관련된다. 그는 이런 점에서 여자의 역할이 남자의 역할보다도 지나치게 과장되었다고 생각했다.

칸트적 인식론이 이와 같이 비관주의적인 견해와 결부될

쇼펜하우어의 저서 《의지와 표상으로서의 세계》 표지

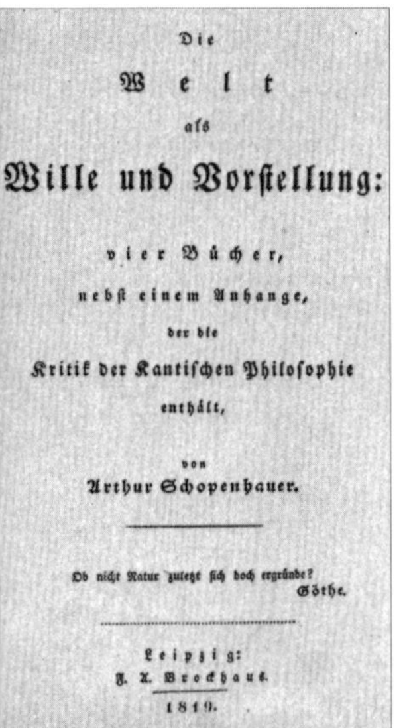
Die
Welt
als
Wille und Vorstellung:
vier Bücher,
nebst einem Anhange,
der die
Kritik der Kantischen Philosophie
enthält,
von
Arthur Schopenhauer.

Ob nicht Natur zuletzt sich doch ergründe?
Göthe.

Leipzig:
F. A. Brockhaus.
1819.

만한 논리적 이유는 하나도 없다. 쇼펜하우어 자신는 기질적으로 행복할 수 없는 사람이었다. 따라서 그는 행복은 손에 닿지 않는 것이라고 선언했다. 그가 말년을 침울하게 보내고 있을 때 그의 저서는 인정받고 재정 사정도 조금 좋아졌다. 그의 이론에도 불구하고, 이 두 가지 이유 때문에 그는 갑자기 전보다도 명랑해졌다. 그러나 합리론적으로 이 세상의 선을 과도하게 자신하는 것은 옳다고 할 수 없다. 이와 같이 스피노자와 같은 사상가가 적어도 이론적으로는 악을 보려고 하지 않은 데 반하여, 쇼펜하우어는 정반대로 그 어떤 것에도 선을 보려고 하지 않았다.

**구별**
언뜻 똑같아 보이는 것이라면 몇 번이고 복제 가능하지만, 하나하나가 다른 공간에 존재하기 때문에 사실은 각각이 다른 것이다. 쇼펜하우어는, 어떤 물건이 다른 물건과 다르기 위해서는 각각이 존재하는 시간 또는 공간이 달라야 하고 현상의 세계에 속해야 한다고 말한다.

쇼펜하우어에 따르면, 고통에 찬 이런 상태의 해결은 불교의 신화에서 구해야 한다. 우리의 고통을 일으키는 것은 바로 우리 의지의 작용이다. 의지를 속이면, 우리는 결국 열반, 즉 무에서 구원을 얻을 수 있다. 우리는 신비적 황홀 상태의 환상을 의미하는 '마야의 베일'을 꿰뚫어 볼 수 있다. 그러므로 우리는 세계를 하나로 보게 되고, 이 지식을 얻은 뒤에야 비로소 의지를 정복할 수 있다. 이런 점에서의 일자성에 대한 지식은 에크하르트와 같은 서양 신비주의자의 경우나 스피노자의 범신론적 세계의 경우처럼, 신과의 교류로 이어지지 않는다. 전체를 통찰하고 그 고통을 공감한다면, 우리는 무로 도피하게 된다.

헤겔학파의 합리론에 맞서, 쇼펜하우어의 철학은 의지의 중요성을 강조한다. 이 견해는 다른 점에서는 전혀 공통점이 없는 많은 철학자들이 채용했다. 실용주의자에게도 니체에게도 이 견해를 찾아볼 수 있다. 실존주의 또한 이성에 비해 의지에 커다란 관심을 나타냈다. 쇼펜하우어의 신비주의는 오히려 철학의 주류 밖에 있었다.

*

쇼펜하우어의 철학이 결국 세계와 세계의 분쟁으로부터 도피하려는 것이라면, 니체(1844~1900)는 이와 반대의 길을 걷는다. 그의 생각을 요약하기란 그리 쉽지 않다. 그는 일반적인 뜻에서의 철학자가 아니며, 자신의 견해를 체계적으로 설명한 것을 남기지도 않았다. 어쩌면 그는 문자 그대로의 귀족적 휴머니스트라고 할 수 있을 것이다. 그가 특히 하려고 했던 일은, 가장 뛰어난 인간, 즉 성격이 가장 건전하고 누구보다 힘찬 인간을 최상위로 밀어 올리려는 것이었다. 따라서 비참한 상태에 있을 때 굴하지 않는다는 것이 어느 정도 역설되고 있는데, 이것은 현실과 반드시 모순되지 않는다 해도 기존 윤리 기준과는 모순된다. 전후 관계를 빼고, 이와 같은 특징을 중심으로 많은 사람들은 니체를 현대 압제 정치의 예언자로 보았다. 압제자가 니체로부터 그 어떤 영감을 얻은 면은 분명히 있을지 모르지만, 그렇다고 해서 그를 기껏 겉으로만 이해한 사람들의 그릇된 행동까지 그의 책임으로 돌리는 것은 부당하다. 니체의 입장에서도, 그가 오래 살아서, 자기 나라의 정치가 돌아가는 것을 눈으로 직접 보았다면, 정면에서 이를 반대했을 것이기 때문이다.

《신화사전》
동양학자 마야(1772~1818)의 저서에 게재된 크리슈나 상이다. 마야는 헤르더의 제자로, 쇼펜하우어는 마야로부터 힌두교와 불교를 알게 된다.

니체의 아버지는 신교파 목사였다. 이것은 경건함과 정직함이라는 가정적 분위기를 만드는 데 유용했는데, 이 점은 니체의 저서가 가장 반역적인 경우에도 높은 도덕적인 경향으로 남아 있다. 젊었을 때 그는 뛰어난 학자로서의 일면을 나타내어, 24세 때 바젤 대학의 고전 언어학 교수가 되었다. 1년 뒤, 프로이센-프랑스 전쟁이 일어났다. 니체는 스위스 시민권이 있었기 때문에, 병원 소속으로 군무에 종사해야 했다. 이질 때문에 쓰러진 뒤, 그는 해고되어 바젤로 돌아왔다. 그는 처음부터 건강이 좋은 때가 한 번도 없었으며, 이 종군 생활에서 끝내 회복될 수 없었다. 1879년, 그는 그 일을 그만두어야 했다. 그러나 상당한 연금을 받을 수 있었기 때문에 편안한 삶을 보낼 수 있었다. 그는 그 뒤 10년 동안을 스위스와 이탈리아에서 보내고, 거의 고독하게 살며 무명인 채로 학문 활동을 계속했다. 1889년, 그는 미쳐서 세상을 떠날 때까지 학생 시절에 걸린 만성적인 병에서 벗어날 수 없었다.

**프리드리히 빌헬름 니체**
독일의 철학자. 니체가 쓴 독일어 문장은 유려했으며, 그는 고독 속에서 검소한 생활을 하며 집필에만 전념했다. 그러나 1889년 발병한 정신이상으로 마지막 11년 동안에는 아무것도 남기지 않았다.

니체의 저서는 무엇보다 먼저 소크라테스 이전의 그리스, 특히 스파르타가 그린 이상의 영향을 받은 것이었다. 최초의 주요 저서는 《비극의 탄생》(1872년)으로, 그는 그리스 정신의 아폴로적 성향과 디오니소스적 성향 사이의 유명한 구별을 제시했다. 어둡고 열정적인 디오니소스적 성향은 인간 존재에 있는 비극의 실체를 인식하는 것과 밀접한 관계에 있다. 한편, 올림푸스의 80만의 신들은 인간의 삶에서 적적함을 제거해 주는 하나의 조용한 환상이다. 이것은 아폴로적 영혼의 경향에서 생긴다. 그리스 비극을 디오니소스적 욕구의 아폴로적 승화라고 해도 좋을 것이다. 아리스토텔레스도 앞에서 살펴본 대로 이들 문제에 대해 이와 비슷한 생각을 했다.

니체가 비극의 기원에 대한 설명에서 얻은 것은 비극적 영웅이라는 개념이다. 아리스토텔레스와 달리, 그는 비극 속에서 정감의 대행적인 정화를 보는 것이 아니라, 있는 그대로의 삶을 적극적으로 받아들이는 태도를 본다. 쇼펜하우어가 비관주의적 결론에 다다른 데 반해, 니체는 낙천주의적 관점을 취한다. 그는 그리스 비극을 올바르게 해석하면 마땅히 이것을 인식할 수 있다고 생각한다. 그러나 유의해야 할 일은 그의 해석은 통속적인 의미에서 낙천적인 것이 아니다. 오히려 삶의 엄격하고 가차 없는 현실을 공격적

고대 그리스의 신이 사는 올림포스산

으로 받아들인다. 쇼펜하우어와 마찬가지로 그도 의지의 우위를 인정한다. 더 나아가 견고한 의지를 선한 사람의 둘도 없는 특징으로 보는 데 반해, 쇼펜하우어는 의지를 여러 악의 근원으로 보았다.

니체는 두 가지 유형의 인간과 그 각각의 도덕을 구별한다. 그것은 지배자와 노예이다. 이 구별에 바탕을 둔 윤리학설은 《선악의 피안》(1886년)이라는 책에서 자세히 언급되고 있다. 한편으로는, 지배자의 도덕이 있는데, 여기에서는 선이 독립·관용·자기 의존 등을 담고 있다. 사실, 그것은 아리스토텔레스가 말하는 위대한 영혼을 가진 인간의 모든 덕목이다. 반대의 결함은 비굴·비애·용기 없음 등으로, 이들은 악한 것이다. 여기에서 선악의 대조는 대략적으로 말해서 고귀한 것과 멸시할 만한 것의 대조와 같다. 노예 도덕은 이와는 전혀 다른 원리에 따라서 작용한다. 이 도덕에서 선은 하나의 끊임없는 과묵함에 있으며, 고통과 고투를 줄여 주는 모든 사물 속에 있다. 이와는 반대로 노예의 도덕성은 지배자의 도덕을 따르는 선이 되는 모든 사물을 비난하고, 이것을 악이라고 부르기보다는 오히려 흉악이라고 부른다. 선한 지배자의 도덕은 자칫 공포를 일으킬 만한 것이 되기 쉽고, 공포를 일으키는 모든 행동은 노예에

1895년에 그려진 이 그림은, '일요일'이 교회와 국가의 가치관에 의해 자유를 빼앗겼다는 것을 표현하고 있다.

게는 흉악이다. 영웅 또는 초인의 도덕은 선악의 저편에 놓여 있다.

《차라투스트라는 이렇게 말했다》에서 이 이론은 하나의 윤리적 선언문 형태로 기술되는데, 그것은 문체상 성서를 모방하고 있다. 니체는 대문호로, 그의 저서는 철학이라기보다는 시적 산문에 가깝다.

니체가 무엇보다도 싫어한 것은 새로운 기술과 함께 성장한 새로운 형태의 대중의 출현이었다. 그에게 사회의 올바른 기능은, 귀족적 이상을 이루는 위대한 소수인의 못자리 역할을 다하는 일이다. 이 때문에 작은 물고기에 고통이 일어나도, 그에게 중요한 것으로 여겨지지 않는다. 그가 마음속에 그리는 국가에는, 플라톤의 《공화국》의 이상국가와 다분히 공통된 점이 있다. 그는 전통적 종교를 노예 도덕의 지주라고 생각한다. 그에 따르면, 자유인은 신이 죽었다는 것을 인정해야 한다. 우리가 노력해서 얻어야 하는 것은 신이 아니라 고차원적인 인간형이다. 노예 도덕의 진부한 실례를 그는 그리스도교에서 들고 있다. 그리스도교는 내세에서의 보다 좋은 삶을 향한 희망을 제공한다는 점에서 비관주의적이고, 온유함이나 동정과 같은 노예의 냄새가 나는 덕목을 중요시했기 때문이다. 바그너가 나중에 그리스도교에 치우쳤기 때문에, 니체는 이전에 존경할 만한 친구로 여겼던 이 작곡가를 공격하게 되었다. 그의 영웅 숭배론을 보자면 맹렬하게 여성을 멸시하는 태도를 볼 수 있고, 여자를 재산처럼 다루는 동양의 풍습을 변호한다. 이 점은 니체 자신이 여성을 잘 다루지 못했다는 것을 반영하는 듯하다.

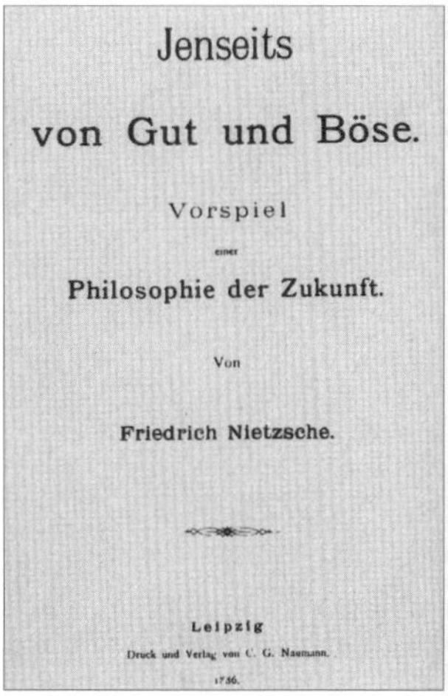
Jenseits

von Gut und Böse.

Vorspiel

einer

Philosophie der Zukunft.

Von

Friedrich Nietzsche.

Leipzig

Druck und Verlag von C. G. Naumann.

니체의 저서 《선악의 피안》 표지

이 윤리 이론에는 여러 가지 유형의 인간과 이들 인간이 생업에 종사하는 방식이 관찰되어 있어 쓸모 있는 경우가 많다. 자신이 어떤 무자비함을 휘두르고 있다면 변명의 여지는 많다. 남을 그다지 이해시키지 못한다는 것은 소수자를 위해 다수자가 고통받는 일에 전혀 무관심하다는 의미이다.

니체의 저서 《차라투스트라는 이렇게 말했다》 중에서 유명한 시가(詩歌) 사본의 한 페이지

제9장

# 공리주의 이후

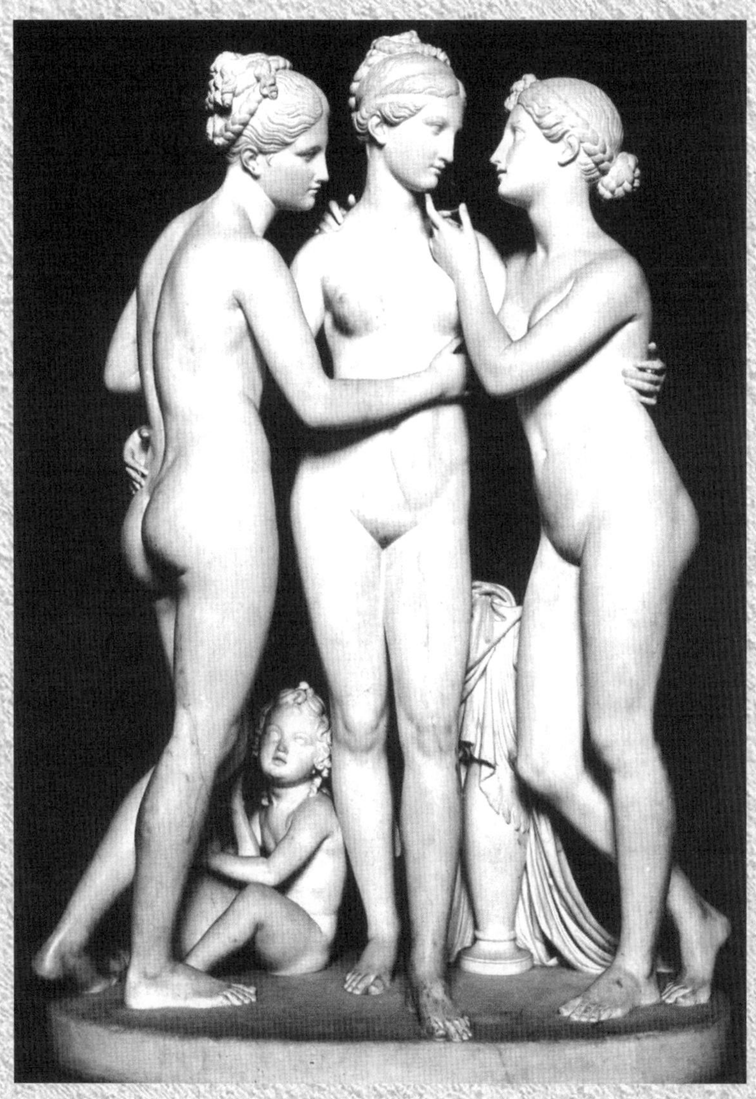

우리는 이제 1세기 전으로 되돌아가서, 다른 성질의 이야기를 들어보기로 한다. 관념론 철학과 그 비판자들은 물질적 환경이 근본적으로 변화하던 세상에서 발전했다. 이들 변화는 18세기의 영국에서 시작된 산업 혁명으로써 일어났다. 처음에 기계류는 천천히 도입되었다. 직물 기계의 구조에 몇 가지 개량이 이루어지고, 그 생산량도 늘어났다. 중요한 발전 단계는 증기기관의 완성이었다. 이 증기기관은 많은 작업장의 기계를 돌리는 데 필요한 동력을 무제한으로 제공해 주었다. 증기를 만드는 데 가장 효과적인 방법은 보일러에 석탄을 때는 것이었다. 따라서 탄광업은 크게 발전했지만, 그것은 참으로 가혹한 조건이 많이 따랐다. 실제로 인간 쪽에서 보면, 산업주의 초기는 무시무시한 시기였다.

런던

18세기 동안, 영국의 인클로저 운동[*1]은 극에 이르렀다. 과거 수세기 동안, 귀족이 자기 용도로 공유지에 울타리를 치는 사건이 여러 차례 있었다. 이 때문에 공유지에서 이익을 얻어 생활을 어느 정도 유지하던 농촌 사람들은 고생이 이만저만 아니었다. 18세기에 이르러서는 많은 농민들이 특권을 침해받고 새로운 생계 터전을 찾으러 도시로 쫓겨 나갔다. 이들은 새로운 공장에 흘러들어갔다. 그들은 박한 월급에 착취를 당하고, 도시의 가장 가난한 지구나 그 변두리에 정착하면서 19세기에 거대한 노동자 빈민가의 바탕이 되

*1 영주나 대지주가 목양업이나 농업을 위해 공유지를 사유화하는 일.

었다. 수공업 기술이 넘쳐난다는 것을 느끼던 사람들이 처음에는 기계혁명을 매우 의심스런 눈초리로 바라보았다. 그러다가 기계의 작용이 개선될 때마다, 산업 노동자는 자기들의 생계가 끊기지나 않을까 하는 걱정에서 저항했다. 이 걱정은 오늘날에도 없는 것은 아니다. 전자공학적으로 통제되는 기계류의 도입을 노동조합은 의혹의 눈으로 바라본다. 마치 19세기 노동자들의 시선처럼 말이다. 그러나 이런 특별한 점에 대해 비관론자는 늘 잘못을 저질렀다. 세계의 산업 국가들은 생활 조건의 악화로 고통받기는커녕, 모든 수준에서 부귀와 안락이 차츰 늘어나는 것을 느꼈다. 영국의 산업 초기에는 프롤레타리아의 불행이 무척 심했다. 이들이 한 번도 겪어 본 적 없는 새로운 문제였기 때문이다. 수공업과 소작농 제도에 입각한 낡은 자유주의는 산업사회의 새로운 문제에 대처하기에 충분한 유연성을 가지고 있지 못했다. 개혁은 천천히 진행되었지만, 결국 옛날의 잘못은 개선되었다. 산업주의의 발달이 뒤늦게 등장한 대륙의 여러 나라에서는 산업 사회의 발전을 둘러싼 문제가 그다지 심하지 않은 것도 있었는데, 그것은 이런 문제를 이어 더 잘 이해했기 때문이었다.

수공업 기술이 넘쳐난다는 것을 느끼던 사람들이 처음에는 기계혁명을 매우 의심스런 눈초리로 바라보았다.

19세기 초기에 과학과 기술학의 상호 작용의 경향은 갈수록 강해졌다. 그러나 산업주의 시대 이래, 공업 설비의 설계와 생산에 과학적 원리가 체계적으로 적용되어, 물질적인 발전에 가속도가 붙었다. 증기기관은 새로운 동력의 근원이었다. 이 세기의 전반에는 그즈음과 관련된 원리를 완전히 과학적으로 조사했다. 열역학이라는 새로운 과학이 나와서, 이번에는 엔지니어에게 이전보다도 효과적인 엔진을 만드는 방법을 가르쳐 주었다.

이와 동시에 수송 분야에서는 증기기관이 다른 모든 형

태의 동력과 대체되었다. 19세기의 중엽까지 광대한 철도망이 유럽과 북미로 뻗었고, 범선도 기선으로 대체되었다. 이들 모든 혁신에 따라서 사람들의 삶이나 사고방식도 크게 바뀌었다. 전체적으로 인간은 보수적인 동물로 보인다. 기술적인 솜씨가 정치적 지혜보다도 한두 발 앞서 가는 경향이 있었고, 여기서 불균형이 생긴 뒤 우리는 아직까지 이를 회복시키지 못했다.

애덤 스미스
영국의 경제학자, 근대 정치경제학의 창시자

초기 산업 생산의 발전으로 경제학의 문제에 새로운 관심이 생겨났다. 독립된 하나의 학문으로 본 근대의 정치경제학은 애덤 스미스(1723~1790)의 저서까지 거슬러 올라간다. 그는 친구 데이비드 흄과 같은 시골 출신으로, 철학 교수였다. 윤리학에 대한 스미스의 저술은 흄의 전통에 이어지는데, 전체적으로 보아 경제학에 대한 그의 저서만큼 중요하지 않다. 그는 《국부론》(1776년)으로 명성을 얻었다. 이 책에서 처음으로 한 나라의 경제 생활에 각종 힘이 작용한다는 것을 연구하려는 시도가 이루어졌다. 특히 중요한 하나의 문제로 떠오른 것은 분업의 문제이다. 스미스는 한 물건의 제작을 몇 가지 단계로 나누어, 하나하나를 전문화된 노동자의 손으로 수행하면, 공업 제품의 생산이 얼마나 늘어나는지를 상세히 제시한다. 그는 핀의 제작에서 특수한 예를 하나 드는데, 그의 결론은 분명히 생산의 숫자를 실제의 생산 과정을 관찰한 데서 이끌어낸 것이다. 그 뒤 분업의 원리는 산업 분야에 대규모로 적용되어 완전한 지지를 받는다. 물론 거기에는 고려되어야 할 인간의 문제도 있다. 전문화된 작업이 지나치게 단편적이어서 일에 대한 인간의 흥미가 손상된다고 하면, 결국 고통받는 것은 노동자이기 때문이다. 이 문제는 스미스의 시대에는 그다지 이해되지 않았지만, 기계를 움직이는 사람에게 비인간적 영향을 미쳐 현대 산업의 주요 문제가 되었다.

초기 방직 작업장

정치경제학은 얼마 동안 영국에서 특별한 취급을 받았다. 18세기 프랑스의 중농주의자도 경제 문제에 관심을 두고 있었지만, 그들의 저술은 고전 경제학의 성서가 된 애덤 스미스의 책과 같은 영향은 끼치지 않았다. 이 분야에서 다음으로 중요한 공헌을 한 것은 리카도의 노동 가치설이며, 이를 받아들인 인물이 마르크스이다.

철학 분야에서는 산업주의가 성장함에 따라 효용이 어느 정도 강조되었지만, 이것은 낭만주의자들의 반대를 받았다. 그러나 산업주의는 따분하기는 했지만, 결국 사회 문제에 필요한 개혁을 행한 점에서는 시인과 관념론자의 낭만적 격분을 모두 합친 것 이상의 효과가 있었다. 산업주의가 일으키려는 변혁은 점진적이고 질서적인 것으로, 혁명과는 거리가 멀었다. 마르크스의 조금 감정적인 이론은 이와는 달리 나름대로 헤겔의 철학에 근원을 둔 비타협적 이상주의를 유지해 간다. 여기에서 마르크스 이론의 목표는 폭력적 수단으로 현존 질서를 완전히 변혁하는 일이다.

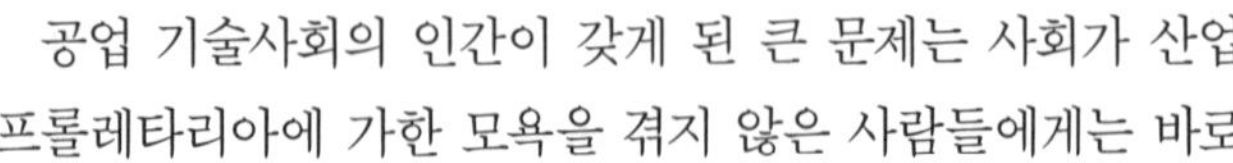

공업 기술사회의 인간이 갖게 된 큰 문제는 사회가 산업 프롤레타리아에 가한 모욕을 겪지 않은 사람들에게는 바로

나타나지 않았다. 이와 같은 불쾌한 사실은 불운 탓이기는 했지만, 처음에는 피할 수 없는 것처럼 여겨졌다. 이에 대한 냉담한 무관심은 19세기 후반에 없어졌다. 그 무렵 관련 문제를 저술가들이 다루었기 때문이었다. 1848년의 혁명은 이와 같은 사실들에 일반사회의 주목을 끄는 데 어느 정도 기여를 했다. 정치적인 운동으로서, 이 방해활동은 어느 면으로 보면 실패였다. 그러나 이 때문에 사회 정세에 대한 불안이 남게 되었다. 영국의 디킨스의 작품과 나중에 프랑스의 졸라 작품으로 이들 문제는 주목을 끌었고, 이것이 도움이 되어 사태에 대한 인식이 깊어졌다.

모든 사회악에 대한 중요한 개선책 중 하나는 알맞은 교육을 제공하는 데 있다고 여겼다. 이 점에서 개혁자들은 그다지 옳았다고 할 수 없다. 모든 사람에게 읽고 쓰고 셈하는 방법을 가르치는 것만으로는 사회 문제가 처리되지 않는다. 그리고 또 이 훌륭한 기능이 산업사회를 올바르게 운용하는 데 필수적이라고 할 수도 없다. 대부분의 전문화된 기계적 조작은 원칙적으로 문맹자도 할 수 있다. 그러나 교육은 간접적으로 약간의 문제를 해결하는 데 도움이 된다. 고생을 견뎌야 하는 사람들이 교육으로써 때로는 자기 운명을 개선하는 길을 찾을 수 있기 때문이다. 이와 동시에 단순한 주입식 교육이 이와 같은 결과에 반드시 이르지 않는 것도 분명하다. 오히려 이러한 교육 때문에 사람들은 현재의 사물의 질서를 필연적인 것으로 믿게 될지도 모른다. 이런 주입은 때로는 매우 효과적이다. 그러나 개혁자들은 옳다. 문제가 되는 것을 충분히 이해하지 못한다면 문제를 올바르게 다룰 수 없고, 이를 위해서는 어느 정도의 교육이 필요하다고 주장하기 때문이다.

애덤 스미스의 《국부론》을 기념하는 주화

애덤 스미스가 상품의 제조에 관련해서 이야기한 노동의

분업은 거의 같을 만큼, 지적 연구도 따라잡았다. 19세기 동안 연구도 말하자면, 산업화되었다.

*

공리주의 운동은 특히 허치슨까지 거슬러 올라가는 윤리학설에서 따왔다. 그의 윤리학설은 이미 1725년에 기술된 것이다. 간단히 말해 이 이론은 선이 쾌락이고, 악이 고통이라고 주장한다. 따라서 우리가 이루어야 할 최고의 상태는 고통지수를 뺀 수치가 최대가 될 때다. 이 견해는 벤담에 의해 채택되어, 공리주의로 알려지게 되었다.

제러미 벤담(1748~1832)은 특히 법학에 관심이 많았는데, 이 학문에서 그에게 큰 영향을 준 인물은 클로드 아드리앵 엘베시우스와 체사레 마르케세 디 베카리아였다. 벤담에게 윤리학은 될 수 있는 한 최상의 상태를 촉진하기 위해 법률적 방법을 연구하는 기반이었다. 벤담은 '철학적 과격파' 단체의 지도자였다. 그들은 사회 개혁과 교육에 많은 관심을 보이고, 교회의 권위와 사회의 일부 지배층의 특권을 일반적으로 반대했다. 벤담은 내성적인 성격으로, 그다지 급진적이지 않은 견해에서 출발한다. 그러나 나중에 그는 수줍음을 타면서도, 무신론자가 되었다.

제러미 벤담
영국의 법률가·철학자. 사회 개혁자였던 벤담은 공리주의의 창시자이기도 하다. 그는 개인의 이익과 사회의 이익은 일치한다고 확신했다.

벤담은 교육에 많은 관심을 품고, 과격파 동료들과 함께 교육의 무한한 교정력에 전폭적인 신뢰를 두고 있었다. 그 무렵, 영국에는 대학이 고작 두 군데밖에 없었고, 입학은 국교를 공언한 사람들에게 한정되었다. 이 사실은 기억해 둘 필요가 있다. 이 변칙 상태가 개선된 것은 19세기 끝 무렵이 되어서였다. 벤담은 현존 제도가 요구하는 제한된 자격을 채울 수 없는 사람들에게 대학 교육의 기회를 주려고 여념이 없었다. 그는 1825년에 런던의 유니버시티 칼리지(노팅엄 대학교)를 세운 사람 가운데 하나였다. 학생에게는 아무런 종교적 심사도 부과하지 않았고, 대학에는 예배 시간도 없었다. 벤담 자신은 이때까지 종교와 완전히 인연을 끊고 있었다. 그는 자신이 죽으면, 자기 유해에 옷을 잘 입히고 왁스마스크를 입힌 뒤, 대학에 보존하라는 조건을 달았다. 그의 유해는 설립자의 한 사람을 위한 영원한 기념비로서 진열상자에 들어 있다.

벤담
유니버시티 칼리지의 설립자로, 그의 유언에 따라 유해는 학교에 영원히 보존되고 있다.

벤담의 철학은 18세기 초기까지 거슬러 올라가는 중요한 두 가지 사상에 바탕을 두고 있다. 첫째는 하틀리에 따라서 유명해진 연합의 원리다. 이것은 결국 흄의 인과성 이론에서 나온 것인데, 흄은 관념연합으로 인과적 의존관계의 관념을 설명하기 위해 이 연합의 원리를 사용한다. 하틀리와 뒷날의 벤담에 의해서 연합의 원리는 심리학의 중심적 기구가 된다. 벤담은 정신과 정신 작용에 속하는 전통적인 개념장치 대신에, 경험이 주는 소재에 작용하는 하나의 원리를 설정한다. 이 때문에 그는 심리학을 결정론적으로 설명할 수 있게 되는데, 이 설명에는 정신적 개념을 조금도 동반하지 않는다. 이 정신적 개념은 '오컴의 면도칼'에 의해서 잘리고 만다. 나중에 파블로프가 만들어 낸 조건 반사의 이론도 이 연상 심리학과 같은 생각에 따른 것이다.

둘째는 최대 행복이라는 공리주의의 격언인데, 이것은 이미 언급했다. 벤담은 사람들이 하려는 일은 자기에게 가능한 최대의 행복을 주기 위한 것이라고 생각한다. 이런 점에서 최대의 행복은 심리학과 이어진다. 여기에서 행복은 쾌락과 같은 뜻을 갖는다. 법의 기능은 누구나 자기의 최대 쾌락을 구할 때 다른 사람의 그것을 상하게 하지 않도록 보증하는 데 있다. 이렇게 해서 얻는 것이 최대 다수의 최대 행복이다. 이 점은, 공리주의자들끼리 서로 차이는 있었지만, 그들 공통의 목표였다. 따라서 부정적으로 말하면, 이 목표는 어쩐지 평범하고도 독선적으로 들린다. 그러나 그 배후의 의도는 결코 그런 것이 아니다. 오직 개혁을 바라는 운동으로 볼 경우, 공리주의는 분명히 관념론 철학 모두를 합한 것 이상의 일을 수행했고, 더욱이 그다지 힘도 들이지 않고 해냈다. 최대 다수의 최대 행복이라는 원리는 달리 해석할 수도 있다. 자유주의 경제학자의 손에서 그것은 자유방임과 자유무역을 정당화하는 것이 되었다. 법이 주어진다면 저마다 자기의 최대 쾌락을 자유롭게 구속 없이 추구할 때 사회의 최대 행복이 생긴다고 미리부터 정하고 있었기 때문이다. 그러나 자유주의는 적어도 지나친 낙천주의로 치우친 면이 있다. 소크라테스 경향으로 볼 때 사람들이 행동의 영향을 알고 평가하는 수고를 아끼지 않는다면, 보통 사회에 상처를 주는 것이 결국 자신에게 상처를 주는 것이라고 해석할 수도 있다. 그러나 사람들이 반드시 이와 같은 일을 고려한다고는 할 수 없고, 충동적으로 무지하게 행동하는 일이 많다. 따라서 오늘날 '자유 방임' 이론은 얼마쯤의 제한적 보호 수단의 속박을 받게 되었다.

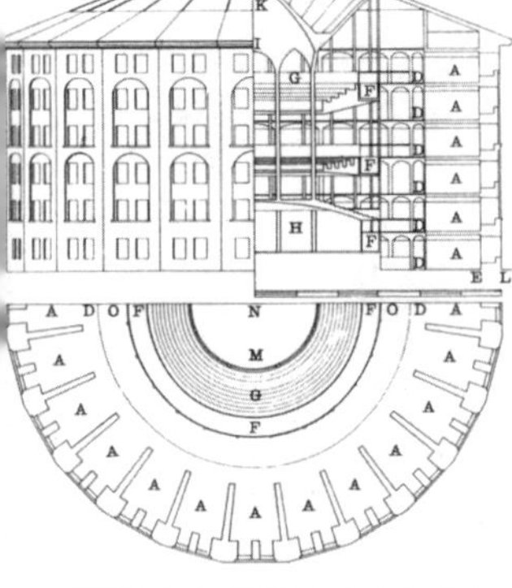

**원형교도소 설계도** 벤담이 설계했다.

이때 법이란 저마다가 동료에게 손해를 주지 않고, 자기 목적을 추구할 수 있도록 보증하는 하나의 기구로 여겨진다. 따라서 형벌의 기능은 응징이 아니라 범죄의 방지이다. 중요한 것은 불법 침해 중에는 벌금이 따르는 것으로, 그 무렵 영국의 경우처럼, 응징이 야만적이어야 한다는 것이 아니다. 벤담은 사형을 무차별로 과하는 데 반대했다. 그즈음 사소한 죄에도 사형이 멋대로 적용되었기 때문이다.

공리주의에서 중대한 결론이 두 가지 나온다. 첫째는 몇 가지 점에서, 모든 사람에게는 한결같이 행복에 대한 강한 충동이 있다는 것이 분명해 보인다. 따라서 만인은 모두 동등한 권리와 기회를 가져야 한다. 이 견해는 그 무렵에는 조금 참신해서, 과격파 개혁안의 중심 교리 가운데 하나를 이루었다. 또 추론은 최대 행복은 사정이 안정되어 있는 경우에만 얻는다는 것이다. 따라서 평등과 안전은 무엇보다도 먼저 고려해야 할 일이다. 벤담은 자유에 대해서는 그리 중요하게 생각하지 않았다. '인권'과 마찬가지로 자유도 그에게는 조금 형이상학적이고 낭만적으로 보였다. 정치적으로 그는 민주주의보다는 오히려 관대한 전제주의를 좋아했다. 이 점은 그의 공리주의의 문제점을 나타내 준다. 입법자가 실제로 너그러운 방침을 취할 것이라고 보증해 주는 기구는 하나도 없기 때문이다. 그 자신의 심리학적 이론에서 보자면, 이것은 입법자가 언제나 완전 무결한 지식을 바탕으로 비상한 식견을 가지고 행동하도록 요구할 것이다. 그러나 우리도 이전에 언급했듯이, 이와 같은 가정이 반드시 옳지는 않다. 실제 정치의 문제로 보았을 때, 이 문제는 단번에는 도저히 제거할 수 없다. 기껏해야 우리는 입법자가 그렇게 많은 구속력 이상은 허락받지 않는다는 사실을 확인하려 할 뿐이다.

EXPLANATION

A Cells
B to C Great Annular Sky Light
D Cell Galleries
E Entrance
F Inspection Galleries
G Chapel Galleries
H Inspectors Lodge
I Dome of the Chapel
K Sky Light to D°
L Store Rooms &c with their Galleries immediately within the outer wall all round place for an annular Cistern Q
M Floor of the Chapel
N Circular Opening in d° (open except at Church times to light the Inspectors Lodge
O Annular Wall from top to bottom for light air and seperation

교도소 설계도 도면 해설

*

사회 비판에서 벤담은 18세기 유물론과 같은 선상에 있고, 뒷날 마르크스가 주장한 것을 거의 예시하고 있다. 그는 현재의 희생 도덕은 지배 계급이 자기 손으로 가진 기득권을 옹호하기 위해 부과하는 정교한 속임수라고 주장한다. 그것은 다른 사람들에게는 희생을 기대하면서도 자기는 아무런 희생을 치르지 않는다. 이에 반대해서 벤담은 공리주의를 주장한다.

벤담은 평생을 통해서 '과격파'의 지적인 지도자였으나, 이 운동의 배후 추진력은 제임스 밀(1773~1836)이었다. 그도 윤리학에 대해서는 벤담의 공리주의적 견해와 같아서, 낭만주의자를 멸시했었다. 정치 문제에서 그는 사람들은 논증으로써 설득되며, 행동을 하기 전에 합리적 평가를 내리는 것을 좋아한다고 생각했다. 이것과 병행하는 것이 교육의 효능을 지나치게 믿는 신념이다. 이들 편견의 표적이 된 것이 제임스 밀의 아들 존 스튜어트 밀(1806~73)로, 아버지의 교육 이론은 그에게 가차 없이 해를 입혔다. “나는 한 번도 소년이었던 적이 없다”고 그는 나중에 불평했다. “크리켓을 한 일은 한 번도 없다.” 그 대신 그는 세 살 때부터 그리스어를 배우고, 다른 모든 것도 마찬가지로 때 아닌 무렵부터 시작되었다. 이 무서운 경험으로 마땅한 일이지만, 그는 21세도 채 되지 않아서 신경 쇠약이 되었다. 그는 뒷날 30대에 들어서서, 의회 개혁 운동에 적극적인 관심을 보였지만, 자기 아버지와 아버지 이전의 인물 벤담의 지도권을 가지려고 애쓰지 않았다. 1865년부터 1868년까지 그는 하원의 웨스트민스터 대표 의석을 차지하여, 어디까지나 보통선거의 실현을 촉구하며 벤담식으로, 자유주의와 반제국주의 방침을 지켰다.

존 스튜어트 밀
영국의 철학자·경제학자. 밀이 쓴 개인의 자유 옹호론은, 그때까지 출판된 서적 중 특별한 영향력을 갖는다.

J.S. 밀의 철학은 거의 모두가 빌려온 것들이다. 다른 그 무엇보다도 그의 명성을 확고히 했다고 여길 만한 책은 《논리학》(1843년)이다. 귀납법에 대한 그의 논고는 그즈음에는 신선했다. 이것은 한 규범에 지배되어 있는데, 이 규범에는 인과적 관련에 대한 흄의 규칙 몇 가지를 이상하게도 상기시킨다. 귀납법 논리의 영원한 수수께끼 가운데 하나는 귀납적으로 논증하는 정당한 이유를 찾는 일이었다. 밀은 이와 같이 해서 앞으로 나아가기 위한 근거를 주는 것이 ‘자연의 항구 불변성에 대한 관찰’이라는 견해를 채택하는데, 실은 이것 자체가 최고의 귀납법이다. 이 때문에 물론 전체의 논증이 순환논법으로 되는데, 이 사정은 그를 그다지 괴

롭힌 것으로 보이지는 않는다. 그러나 여기에는 훨씬 더 일반적인 문제가 포함되어 있어서, 이것이 오늘날까지 논리학자를 괴롭혀 왔다. 그 문제점이란 대충 말해서 어찌된 일인지 사람들이 귀납법을 뜻밖으로 훌륭한 것이 아니라고 느낀다는 점에 있다. 따라서 이에 대한 정당한 이유를 발견해야 한다. 그러나 이것은 언제나 인정된다고는 말할 수 없는 궁지에, 자기도 모르는 사이에 빠지게 되는 것 같다. 사물이 정당하다는 이유를 부여한다는 것은 연역 논리의 문제기 때문이다. 귀납법은 그것이 정당하다는 이유를 찾아야 한다면, 그것은 귀납적이지 않다. 연역 자체에 대해서는 누구나 그것이 정당하다는 이유를 발견해야 한다는 것은 아니다. 그것은 먼 옛날부터 훌륭한 것이었다. 아마도 유일한 해결법은 귀납법을 연역적 변명에 묶어두려 하지 말고, 연역법과는 다른 것으로 만들어야 할 것이다.

ON

LIBERTY

BY

JOHN STUART MILL.

LONDON:
JOHN W. PARKER AND SON, WEST STRAND.
M.DCCC.LIX.

J.S. 밀의 저서 《자유론》의 소책자 표지

공리주의 논리에 대한 밀의 설명은 《공리주의》(1863년)라는 에세이에 실려 있다. 여기에는 벤담을 넘어설 만한 사람은 거의 없다. 최초의 공리주의자라고 보아도 좋을 인물인 에피쿠로스처럼 밀도 결국 조금의 쾌락을 다른 것들보다도 높은 것으로 보고 있다. 그러나 그는 양의 단순한 차이와 대조해서 질적으로 뛰어난 쾌락은 무엇인가에 대한 설명은 하지 못했다. 이것은 놀라운 일이 아니다. 최대 행복의 원리와 이것과 병행하는 쾌락의 계산이란 암암리에 양을 위해 질을 무시하기 때문이다.

밀은 사람들이 추구하는 것이 사실상 쾌락이라는 공리주의 원리를 지지하는 논의를 진행시키려고 할 때, 중대한 잘못을 저지르고 있다. "대상이 보인다는 증거는 사람들이 실제로 그것을 보고 있다는 것뿐이다. 소리가 들리는 증거는 사람들이 이것을 듣고 있다는 것뿐이다. 그 밖의 경험에 대한 근원도 마찬가지이다. 무엇인가 바람직하다는 증거로 들 수 있는 것은 사람들이 그것을 원하고 있다는 것이 아닌가 하고 나는 생각한다." 그러나 이것은 논리적 차이를 감추는, 언어적인 유사성에 바탕을 둔 억지다. 어떤 것이 보이면 그것은 보인다고 말한다. 그러나 바람직하다고 할 때는 거기에 애매한 점이 있다. 내가 어떤 것에 대해서 그것이 바람직하다고 한다면 그것은 내가 사실 그것을 바라고 있다는 뜻에 지나지 않을지도 모른다. 이와 같이 누군가 다른 사람에게 말을 걸 경우, 나는 물론 그 사람이 좋아하고 싫어하는 것이 대충 나와 같다고 여긴다. 이런 뜻에서 '바람직한 것은 바라고 있는 것이다'라고 말하는 것은, 말하지 않아도 같은 이야기다. 그러나 다른 뜻에서 우리는 어떤 것을 바람직하다고 이야기할 때가 있다. 예를 들어, 정직은 바람직하다고 하는 경우다. 이 뜻은 우리가 정직해야 한다는 것으로, 윤리적인 말을 한 것이다. 이와 같이 밀의 논증이 옳지 않다는 것은 분명하다. '보인다'고 말하는 것과 '바람직하다'고 말하는 것과의 유추는 피상적이기 때문이다. 이미 흄도 '이다'에서 '이어야 한다'를 추론할 수는 없다고 지적한 일이 있다.

여성의 참정권
영국의 여성 참정권 운동은, 밀이 의회에 제출한 1866년에 시작되었다. 장기간에 걸친 운동 끝에 1918년 30세 이상의 여성에게 참정권이 주어졌다.

그러나 어쨌든 직접적으로 반대되는 예를 가지고 이 원리를 무효로 하는 것은 쉬운 일이다. 쾌락이란 바라는 것이라고 정의한 경우와 같이 평범한 의미를 없앤다면, 비록 욕망이 충족되어 실제로 내가 쾌락을 얻는다 해도 내가 바라는 것이 쾌락이라고 말하는 것은 일반적으로 옳지 않다. 게다가 거기에는 내가 무엇인가를 바라고 있을 때, 내가 이 욕망을 품고 있다는 사실 이상으로, 그것이 나의 삶에 아무런 직접적인 관계도 가지지 않는 경우가 있다. 예를 들어, 어떤 말이 경주에서 이겨 주기를 바라고 있지만, 실제로는 아무것도 걸지 않은 경우도 있을 것이다. 이와 같이 공리주의의 원리는 많은 중대한 결점을 면치 못한다. 그런데도 공리주의 윤리는 효과적인 사회 행동의 근원일 때가 있다. 이 윤리설이 선이란 최대 다수의 최대 행복이라고 선언하기 때문이다. 이것은 사람들이 언제나 만인의 행복을 촉진하는 행동을 하고 있느냐 없느냐는 전혀 별개로 고려되는 경우가 있다. 그때 법의 기능은 최대 행복을 획득하도록 보증하는 일이 될 것이다. 마찬가지로 이와 같은 바탕에 선 개혁의 목적은 이상적인 제도의 달성보다도 오히려 시민에 어느 정도의 행복을 실제로 주기 위해 알맞은 제도를 확립하는 데 있다. 그것은 민주적 이론이다.

**맬서스**
영국의 목사·경제학자

벤담과는 달리 밀은 자유의 열렬한 옹호자였다. 이 문제에 대한 그의 견해의 가장 뛰어난 해설은 유명한 《자유론》(1859년)에서 볼 수 있다. 그는 이것을 해리엇 테일러와 함께 썼는데, 그녀는 전남편이 죽은 뒤, 1851년에 벤담과 결혼했다. 이 에세이에서 밀은 사상과 토의의 자유를 강력하게 옹호하여, 시민의 생활에 간섭하는 국가 권력의 한계를 제시한다. 그는 특히 그리스도교가 모든 선의 원천이라고 하는 점에는 반대한다.

*

18세기 끝 무렵에 겨우 느끼기 시작한 한 가지 문제가 있었는데, 그것은 일단 종두로 사망률이 줄어들기 시작하면서 인구가 급격하게 늘어났다는 점이다. 이 문제의 연구를 계획한 것은 맬서스(1766~1834)로, 그는 경제학자이면서 과격파 편이기도 하고, 영국 교회의 목사이기도 했다. 그의 유명한 《인구론》(1797년)은 인구 증가율이 식량 공급보다 빠르게 앞서 가고 있다는 이론을 내놓았다. 인구는 기하급수적으로 늘어나는데, 식량 공급은 산수 비율로밖에 늘어나지 않고 있었다. 인구수를 제한해야 하는 시점이 틀림없이 올

것이다. 그렇지 않으면, 대규모 기근이 닥쳐올 것이다. 이와 같은 제한을 어떻게 하면 설정할 수 있는가의 문제에 대해서, 맬서스는 인습적인 그리스도교의 견해를 채택한다. 사람들이 '자제'를 해서 인구수를 억제할 수 있도록 교육받아야 한다는 것이다. 맬서스는 기혼자였으나, 이 이론을 훌륭하게 실천하여 4년 동안에 세 아이의 아버지가 되었다.

이런 업적이 있음에도 오늘날에는 이 이론이 뜻밖으로 효력이 없는 것처럼 보인다. 콩도르세가 이들 문제에 대해서 올바른 생각을 가지고 있었던 것으로 보인다. 맬서스는 '자제'를 말했지만, 콩도르세는 이전부터 근대적인 의미의 산아제한을 시사했다. 맬서스는 이것을 절대로 자신에게 허락하지 않았다. 그의 엄격한 도덕적인 관점에서 말하자면, 이 방법은 '악덕'에 속하는 일이었기 때문이다. 그는 부자연스러운 산아제한을 매춘과 거의 같은 수준으로 보았다.

찰스 다윈
영국의 박물학자, 진화론의 주창자

이 일반적인 문제에 대해서 과격파는 처음에 두 파로 나뉘어 있었다. 벤담은 한때 맬서스에 찬성했지만, 밀 부자는 콩도르세의 견해에 동의하는 경향이었다. 청년 J.S. 밀은 18세 때 노동 계급 빈민가에서 산아제한 팸플릿을 나눠주다가 체포되어 투옥되었다. 자유라는 일반적 주제가 그의 중대한 관심 중 하나였다는 것은 놀랄 만한 일이 아니다.

그런데도 《인구론》은 정치경제학에 참으로 중대한 공헌을 하여 나중에 발전한 약간의 기본적 관념을 다른 분야에 부여했다. 특히 찰스 다윈(1809~82)은 여기에서 자연도태의 원리와 생존경쟁이라는 관념을 얻었다. 유기체의 증가율의 기하학적 속도와 이에 이어 일어나는 경쟁을 논할 때, 다윈은 《종의 기원》(1859년)에서 이렇게 말한다.

"그것은 맬서스의 이론을 동식물의 세계 전체에 다양하

게 적용한 것이다. 이 경우, 식량의 인공적 증가도 신중한 결혼 자숙도 있을 수 없기 때문이다."

한정된 생활 수단을 구하여 이와 같이 만인이 마음대로 싸울 경우, 승리는 주위에 가장 잘 적응한 생물이 차지한다. 이것이 다윈의 적자생존 이론이다. 어떤 뜻에서 그것은 벤담학파의 자유경쟁의 연장에 지나지 않는다. 그러나 사회 분야에서 이 경쟁은 약간의 규칙에 따라야 하는데 반해, 다윈주의 자연계의 경쟁에는 아무런 제한이 없다. 적자생존 이론은 정치 용어로 번역되어, 20세기 독재권의 정치적 사고의 몇 가지를 움직였다. 다윈이 자기 이론을 이처럼 확대 해석한 것에 동의하리라고는 생각하지 않는다. 그는 자유주의자이며 과격파와 그 개혁안을 지지했기 때문이다.

다윈과 생물학자 T.H. 헉슬리의 풍자화

다윈의 저서 가운데 독창적인 점에서 훨씬 떨어지는 것은 진화론이다. 이것은 앞에서 살펴본 것처럼, 아낙시만드로스까지 거슬러 올라간다. 다윈이 한 일은 자신이 자연을 꼼꼼하게 관찰하여 이것을 바탕으로 자상한 사실을 대량으로 공급한 일이었다. 진화를 인정하는 그의 논증에는 고르지 못한 점이 있지만, 위대한 밀레투스학파의 논증보다는 확실히 바탕이 튼튼하다. 그러나 다윈주의 이론에 따라서 진화의 가설은 처음으로 세상 사람들의 토의라는 넓은 무대에 올랐다. 그것은 전 자연계에 한 종류밖에 없는 원시적인 유기체로부터의 자연 도태에 따라서 종의 기원을 설명하는 것이었으므로, 기존 종교가 지지하는 '창세기' 이야기와 대립했다. 이 때문에 다윈주의자와 전 종파의 정통 그리스도 교도 사이에 격돌이 일어나게 되었다.

다윈주의 진영의 최대 주창자 가운데 한 사람은 위대한 생물학자 T.H. 헉슬리였다. 이 쟁점은 그 뒤에 조금 가라앉았다. 그러나 논쟁이 최고조에 이르렀을 때는 인간과 원인류의 조상이 같은가라는 문제가 사람들의 감정을 몹시도 자극했다. 나는 물론 이와 같은 말을 하는 것이 원인류에게 실례라고 생각하지만, 오늘날 이 말을 듣고 놀라는 사람은 없다.

과격파에서 시작한 또 다른 발전 방향은 직접 사회주의와 마르크스에 이르게 되었다. 리카도(1772~1823)는 벤담과 제임스 밀의 친구로, 1817년에 《경제학과 과세의 원리》를 출판했다. 이 논문으로 리카도는 관심을 끌지는 못했지만, 올바른 지대론과 노동가치설을 주장했다. 노동가치설에 의하면, 상품의 교환 가치는 오직 거기에 들어간 노동량에 따라 결정된다는 것이다. 이것이 원인이 되어 토머스 호지스킨이 1825년에 노동은 그것이 낳은 가치의 이익을 거둬들일 자격이 있다고 말했다. 지대가 자본가나 토지 소유자에게 지불되면, 이것은 도둑 행위와 다를 바가 없다.

리카도
영국의 경제학자

이와 동시에 노동자는 자기들의 운동의 옹호자로서 로버트 오언을 세웠는데, 그가 뉴래너크에 있는 자기 직물 공장에 아주 참신한 노동 관리의 원리를 도입했기 때문이다. 그는 차원이 높은 윤리적 견해의 영향을 받은 사람으로, 그 무렵 자행되던 노동자의 비인간적 착취를 잘못된 것이라고 선언했다. 그의 실천은 사업을 경영하여 이익을 올릴 수 있고, 초과 근무를 하지 않아도 일하는 사람에게 꽤 많은 임금을 지불할 수 있다는 것을 보여주었다. 오언은 최초의 '공장법'을 배후에서 추진한 인물이다. 그러나 그 조항은 그의 희망과는 거리가 멀었다. 1827년, 오언 신봉자들은 처음으로 사회주의자라고 불렸다.

과격파는 결코 오언의 이론에 만족하지 않았다. 이것이 재산에 대한 기존 관념을 뒤엎는 것처럼 보였기 때문이었다. 그래서 자유주의자는 자유 경쟁과 이것이 가져다주는 목적물에 찬성하는 경향이 있었다. 오언의 지도를 받아 확대된 운동은 공동 조합제도를 낳고, 초기의 노동 조합을 촉진하는 데 도움이 되었다. 그러나 사회 철학이 결여되어 있었기 때문에 이 발전은 성공적이지 않았다. 오언은 특히 자기의 유일한 지도 이념을 확고히 믿는 실천가였다.

사회주의에 철학적 바탕을 주는 일은 마르크스에게 남겨지게 되었다. 이 점에서 그의 경제학은 리카도의 노동가치설을 바탕으로 삼았고, 철학적 논의의 수단은 헤겔의 변증법을 바탕으로 했다. 그래서 공리주의는 하나의 발판이 되어 여러 이론을 낳고, 이 이론들이 마침내 한결 영향력을 갖게 되었다.

**칼 마르크스**
독일의 철학자. 헤겔의 학생이었고 사회주의 이론가, 혁명가였다. 1845년 마르크스는 혁명 운동에 가담했다는 이유로 프랑스와 독일에서 추방당했다. 마지막에 영국에 정착하게 된 마르크스는 대부분의 시간을 대영박물관 도서관에서 보내며 연구와 집필을 계속했다. 마르크스의 유해는 하이게이트 묘지에 매장되었다.

*

모젤 강변에 있는 도시 트레브는 역사상 진기하게 몇 사람의 성인을 배출했다. 그곳은 암브로스뿐만 아니라, 칼 마르크스(1818~83)의 고향이기도 하기 때문이다. 성자의 자격에 대한 한, 두 사람 가운데 마르크스가 확실히 성공적인 편인데 그것도 마땅한 일이었다. 그는 자기 자신을 성자의 반열에 들게 한 운동의 창시자였음에 반해, 그의 동향인이자 성자로서도 동년배인 암브로스는 오로지 그 자신의 신조를 후세에 충실하게 지킨 사람에 지나지 않았기 때문이다.

마르크스는 프로테스탄트로 개종한 유대계 집안 출신이었다. 대학시절에 그는 그즈음에 유행하던 헤겔의 학설에 강한 영향을 받았다. 프러시아 당국이 1843년 〈라인지〉를 발행 금지 처분했기 때문에, 저널리스트로서 그는 직업을 갑자기 잃고 말았다. 그래서 마르크스는 프랑스로 가서 영향력 있는 프랑스인 사회주의자와 알게 되었다. 파리에서 그는 프리드리히 엥겔스를 만났는데, 그의 아버지는 독일과 맨체스터에 공장을 가진 사람이었다. 엥겔스는 맨체스터 공장의 경영을 맡고 있었기 때문에, 마르크스에게 영국의 노동과 산업 문제를 알려 줄 수 있었다. 1848년의 혁명 전야에 마르크스는 《공산당 선언》을 공표했다. 그는 프랑스와 독일 양쪽의 혁명에 적극적으로 참가했다. 1849년, 프러시아 정부가 그를 추방하자, 그는 런던으로 피신했다. 고향에 몇 차례 여행을 한 것 외에는, 그는 죽을 때까지 여기서 머물렀다. 마르크스와 그의 가족이 생계를 꾸려나갈 수 있었던 것은 주로 엥겔스의 도움 덕분이었다. 마르크스는 가난했지만, 스스로 사회 개혁의 기반을 닦으면서 열심히 연구하고 저술 활동을 했다.

세 가지 주요 영향력이 마르크스의 생각을 형성했다. 먼저 그는 '철학적 과격파'와 관련이 있다. 과격파와 마찬가지로 그도 낭만주의에 반대하여, 과학적이라고 주장하는 하나의 사회 이론을 추구했다. 리카도에게서 그는 노동 가치설을 채택했다. 단, 그는 이것에 이제까지와는 다른 손질을 가했다. 리카도와 맬서스는 현재의 사회 질서가 불변한다는 암묵의 가정에서 논의를 하고 있었다. 따라서 자유 경쟁은 노임을 최저 생활수준으로 유지하고, 그와 같이 해서 인원수를 제한한다. 반면 마르크스는 자본가인 고용자에 의해서 노동자의 노동력이 쓰인다는 관점을 취하고 있다. 사람은 자기 봉급 이상의 가치를 생산하며, 이 잉여 가치는 자본가가 자신의 이익을 위해 빼앗아간다. 이런 식으로 노동은 착취된다. 그러나 이것은 사실상 개인적인 문제가 아니다. 산업 규모에서 상품을 생산하기 위해서는, 많은 사람의 손과 대량의 설비가 필요하기 때문이다. 따라서 착취는 생산 체계와 전체로서의 노동자 계급과 자본가 계급이 이 생산 체계와 관련이 있다는 사실에서 이해해야 한다.

마르크스의 저서 《공산당 선언》 표지

Manifest

Kommunistischen Partei.

London.

이상에서 우리는 마르크스의 사고방식의 두 번째 경향, 즉 그는 헤겔의 학설에 다다른다. 헤겔의 경우는 물론 마르크스의 경우도, 중요한 것은 개인보다도 제도 전체기 때문이다. 다루어야 할 것은 오히려 경제 제도며, 개개의 불평이 아니다. 이 점에서 마르크스는 '과격파'와 그들의 개혁이 갖는 자유주의와 모순된다. 마르크주의 이론은 주로 헤겔적인 철학 이론과 매우 밀접하게 연관되어 있다. 아마도 마르크스주의가 영국에서 한 번도 유행한 적이 없는 것도 이런 이유에서일 것이다. 워낙 영국인은 전체적으로 철학에는 그다지 감동하지 않기 때문이다.

프리드리히 엥겔스
독일의 사회주의자

마르크스의 역사적 사회 발전관도 헤겔에서 나왔다. 이 진화 방식은 변증법과 결부되어 있는데, 마르크스는 이것을 헤겔로부터 그대로 채택한다. 역사 과정은 변증법적으로 진행된다. 여기에서 마르크스의 해석은 방법상 철저하게 헤겔적이다. 단, 추진력은 두 가지 경우, 서로 다르게 생각한다. 헤겔이 볼 때 역사 진로는 '절대자'를 향해 노력하는 정신의 점차적 자기 실현이다. 마르크스는 정신 대신에 생산 양식을 놓고, '절대자' 대신에 계급이 없는 사회를 놓는다. 일정한 생산 조직은 이윽고 이 조직과 이어진 각종 사회 계급 사이에 내부적 긴장을 낳게 된다. 이와 같은 마르크스의 모순은 분해되어 더 고차원적인 종합 명제가 된다. 변증법적 투쟁이 취하는 형식은 계급 투쟁이다. 이 싸움은 사회주의 하에서 계급이 없는 사회가 나올 때까지 이어진다. 일단 이것이 이루어지면, 싸울 것이 하나도 없어져서 변증법 과정은 잠을 자도 된다. 헤겔에게 지상의 왕국은 프러시아 제국이었지만, 마르크스에게는 계급없는 사회였다.

마르크스는 헤겔과 마찬가지로 역사의 발전을 피할 수 없는 것으로 보았는데, 둘 다 이것을 형이상학 이론에서 얻고 있다. 헤겔에게 향한 비판은 그대로 마르크스에게도 해당된다. 마르크스의 관찰이 실제로 일어난 역사 사건을 빈틈없이 평가하는 한, 관찰은 연역된 논리를 필요로 하지 않는다.

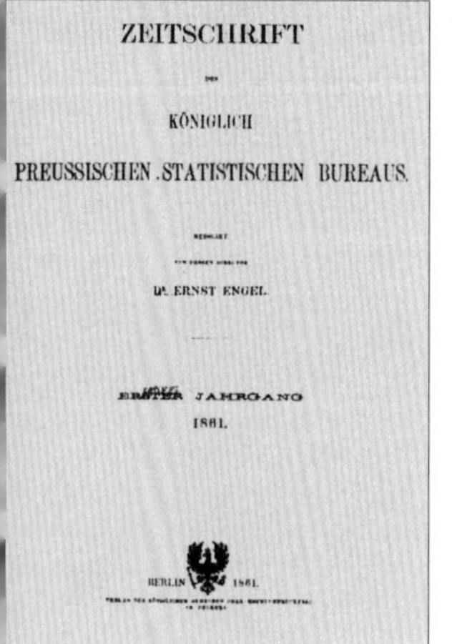
ZEITSCHRIFT

KÖNIGLICH

PREUSSISCHEN STATISTISCHEN BUREAUS.

Dr. ERNST ENGEL.

ERSTER JAHRGANG

1861.

BERLIN 1861.

엥겔에 의해 간행된 '프로이센 왕국 통계국 잡지'의 표지

마르크주의의 설명 방법은 헤겔적이지만, 세계의 본성을 정신적이라고 하는 헤겔의 주장을 부정한다. 마르크스는 헤겔의 주장을 뒤엎어야 한다고 말하고, 자진해서 18세기의 유물론적인 이론을 채택하여 이를 실천했다. 유물론은 마르크스주의 철학의 세 번째 주요 요소이다. 그러나 이 점에서도, 마르크스는, 몇 가지 낡은 이론에 새로운 손질을 가하고 있다. 경제 사관의 유물론적 요소를 별도로 한다면, 마르크스의 철학적 유물론은 기계론적이지 않다. 마르크스가 고집하는 것은, 오히려 다분히 비코까지 거슬러 올라가는 활동설이다. 《포이어바흐에 대한 테제》(1845년)에서 그는 이 점을 "철학자는 세계를 여러 가지로 해석해 왔을 뿐이다. 참다운 과제는 세계를 변혁하는 일이다"라는 유명한 격언으로 표현했다. 이 전후 관계에서 그는 비코의 공식을 연상케 하는 진리 개념을 주장하여, 약간의 프래그머티즘을 나타낸다. 그에게 진리는 관념의 문제가 아니라, 실천상 증명해야 하는 것이다. 관념적인 방식은 부르주아적 개인주의와 결부되는 것으로, 마르크스는 처음부터 이를 멸시한다. 그 자신의 실천적 유물론은 사회주의의 계급없는 세계에 속하는 것이다.

마르크스가 하려고 한 일은 '관념론' 학파, 특히 헤겔이 전개해 온 활동의 가르침을 유물론을 위해 약탈하는 것이었다. 기계론적 이론은 이 점을 태연스럽게 간과했고, 따라서 이 방면의 이론은 관념론이 만들어 내는 대로 내버려 두었다. 그러나 물론 그것은 전도되지 않으면 쓸 만한 것이

못 되었다. 비코의 영향에 대해서는 마르크스가 《신과학》을 알고 있었다는 것은 확실하지만, 아마도 그다지 의식적인 것은 아니었을 것이다. 그는 자기의 새로운 이론을 변증법적 유물론이라고 부르고, 이와 같이 해서 거기에 있는 진화론과 헤겔의 요소를 강조했다.

이상에서 알 수 있듯이, 마르크주의의 변증법적 유물론은 이것을 지지하는 사람들이 포괄적인 범위를 요구한 하나의 철학 체계다. 예상했던 대로, 이것은 실제로 과학의 경험적 탐구에 맡겨도 좋을 문제인데도, 헤겔적인 성격을 띠며 철학적 사변에 깊숙이 빠졌다. 이 가장 초기의 예는 엥겔스의 《반(反)뒤링론》에서 볼 수 있다. 여기서 그는 독일인 철학자 뒤링의 이론을 비판한다. 양적 변화가 쌓여 질적 변화로 변할 때 물이 끓는 이유와 모순·부정·부정의 반대에 대한 자세한 변증법적 설명은 헤겔의 자연철학만큼 조금도 만족스럽지 못하다. 전통적 과학을 부르주아의 이상을 추구하는 것으로 몰아세우는 것은 좋지 않다.

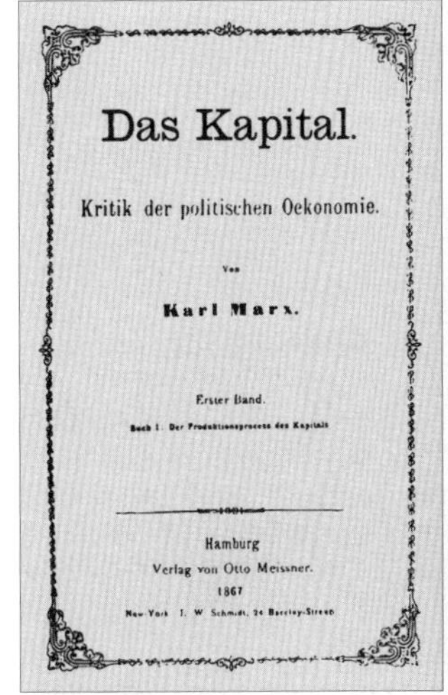

**마르크스의 저서 《자본론》 표지**
이 책은 마르크스가 영국 체류 시절에 대영박물관에서 썼다.

마르크스는 사회의 과학적 관심 전반이 어느 정도 이 사회의 지배 그룹의 사회적 관심을 반영한다고 주장하는데, 이것은 아마도 옳은 말일 것이다. 따라서 르네상스 시대의 천문학 부활은 교역의 확장을 촉진하여, 신흥 중산계급의 권력을 높였다고 주장하는 사람도 나올지도 모른다. 비록 어느 한쪽을 다른 한쪽에서 설명하는 것은 쉬운 일이 아니지만 말이다. 그러나 중대한 두 가지 점에서 이 이론은 부적절하다. 첫째, 어느 과학적 분야에서의 특수한 문제 해결은 그 어떤 사회적 압력과도 관계를 가질 필요가 없다는 것이 분명하다. 물론 이 말은 어떤 순간에 긴급한 필요에 따라 문제를 다룰 때 몇 가지 이유가 있다는 것을 부정하는 것은 아니다. 그러나 일반적으로 과학적 문제는 이렇게 해결되는 것은 아니다. 이 때문에 우리는 변증법적 유물론의 설명, 즉 '과학 운동이 하나의 독립된 힘으로 인정되지 않았다'라는 데에서 두 번째 약점을 발견한다. 또 과학적 탐구와 사회의 다른 사건 사이에, 중요한 관계가 있다는 것은 누구도 부정하지 못할 것이다. 그런데도 과학의 추구는 시간이 흐르면서 그 자체의 추진력을 모았고, 이 추진력은 과학을 추구하는 데 어느 정도의 자율성을 보장해 주었다. 이것은 모든 형태의 공정한 탐구에 해당되는 일이다. 따라서 변증법적 유물론은 경제적 영향이 사회의 생명을 형성하는 데 중요하다는 것을 지적한 점은 가치가 있지만, 이 한 가지 주요 개념을 지나치게 단순화했다는 점에서는 잘못했다.

이와 같은 일 때문에 사회 분야 자체에서 오히려 이상한 결과가 몇 가지 일어난다. 마르크주의의 이론에 동의하지 않으면, 진보 편이 아니라고 여겨지기 때문이다. 새로운 계시의 방문을 받은 일이 없는 사람들을 위해 준비된 영예로운 말은 '반동'이라는 두 글자이다. 문자 그대로 풀이하자면, 당신이 뒤로 돌아서서 진보를 방해하고 있다는 것이다. 그러나 변증법의 과정은, 이윽고 당신도 배제될 몸이라는 것을 보증한다. 진보가 최후의 승리를 얻어야 하기 때문이다. 그때 이것은 정통 신앙을 신봉하지 않는 요소를 폭력에 호소해서 이를 제거하기 위한 논리적 근거를 마련해 준다. 이 점에서 마르크주의의 정치 철학에는 강한 메시아적 경향이 있다. 오랜 옛날, 하나의 신조를 수립한 사람이 말한 것처럼, 우리 편을 들지 않는 사람은 적이다. 이것은 분명히 민주주의의 원리가 아니다.

자본가에 의한 억압
1918년 러시아에서 제작된 이 포스터는 노동자들이 황제, 성직자, 부유계층 사람들을 짊어지고 있는 모습이 그려져 있다. 마르크스는, 자본주의는 내부 모순으로 붕괴하고 그 뒤 프롤레타리아에 의한 독재가 실현될 것이라고 주장했다.

이상이 나타내는 것은 마르크스가 정치 이론가일 뿐만 아니라, 선동가이기도 하고, 혁명적 시사 평론가기도 하다는 사실이다. 그의 책의 어조에는 가끔 분노와 윤리적 정의

감이 깃들어 있는데, 변증법이 그 불가피한 길을 달리게 되면 실로 비논리적인 것처럼 여겨진다. 뒷날 레닌도 말했듯이, 국가가 쇠약해 간다면, 사전에 이에 대해 야단법석을 떠는 것은 무의미한 일이다. 그러나 이 원대한 역사적 목표는 머릿속에서는 훌륭할지 모르나, 현재 고통받고 있는 사람들에게는 별다른 위안이 되지 않는다. 위안을 얻을 수 있다고 보는 것은 비록 역사의 변증법적 진화의 이론과 그다지 맞지 않아도, 결국은 훌륭한 일이다. 이 이론은 폭력적 수단이 현존 질서를 뒤엎는다는 것을 알려주기 때문이다. 물론 이 이론의 이와 같은 면은 주로 19세기 노동 계급의 절망적 상황을 반영하는 듯하다. 그것은 마르크스 자신의 경제사관을 설명해 주는 좋은 예이다. 마르크스의 경제사관은 일반적인 경제 질서가 수용하는 견해와 이론을 언제라도 설명하기 때문이다. 이 이론은 적어도 한 가지 점에서 위험하리만큼 프래그머티즘에 접근한다. 마치 우리가 경제적으로 조건이 붙은 편견 때문에, 진리를 배제하는 것처럼 보이기 때문이다. 만일 지금 우리가 이 이론 자체에 같은 의문을 제기한다면, 그것 또한 단순히 어느 특수한 때의 약간의 사회적 조건을 반영하는 데 지나지 않는다고 말해야 할 것이다. 그러나 이 점에서 마르크주의는 암암리에 자기에게 유리한 예외를 하나 설정한다. 변증법적 유물론의 틀에 따른 경제사관이야말로 유일한 참다운 견해라고 주장하기 때문이다.

마르크스의 무덤 런던의 하이게이트 묘지에 있다.

역사의 변증법적 진화에 대한 마르크스의 예측이 모든 점에서 적중하고 있는 것은 아니다. 그는 자유 경쟁 방식이 결국 독점 형식으로 끝날 것이라고 예언했는데, 그것은 맞는 면이 있다. 그러나 여기까지는 전통적 경제 이론으로도 알 수 있는 일이다. 그러나 마르크스의 잘못은 부자가 더욱더 부자가 되고 가난한 사람이 더욱더 가난해져서, 마지막에는 이 '모순'의 변증법적 긴장이 높아지고, 혁명을 불러일으키는 결과가 된다고 가정한 점에 있었다. 역사적 사실은 조금도 그렇지 않다. 반대로 세계의 산업 국가는 경제 분야에서 행동의 자유를 제한하고, 사회 복지 계획을 도입하여, 적나라한 경제 투쟁을 누그러뜨리는 법을 여러 가지로 고안했다. 혁명은 마르크스가 예언한 대로 유럽의 산업화된 지방이 아니라, 농업국가이던 러시아에서 일어났다.

마르크주의 철학은 19세기가 낳은 위대한 마지막 체계이다. 그 호소력의 크기와 영향 범위는 주로 그 행동 계획의 혁명적 요소뿐만 아니라, 그 유토피아적 예언의 종교적 성격에 의존하고 있다. 그 철학상의 배경은 우리가 제시하려고 했던 것처럼, 흔히 생각하듯이 단순하지도 않고 새로운 것도 아니다. 역사의 경제적 해석은 결국 헤겔 철학에서 나오는 여러 가지 일반적 역사 이론의 하나이다. 또 하나의 예는 다음 세대의 것으로, 역사를 자유로운 이야기로 보는 크로체의 이론이다. 특히 모순에 대한 마르크주의의 이론은 직접 헤겔에게서 빌려온 것으로, 같은 결점을 면하지 못한다. 정치적으로 이것은 오늘날 매우 중요한 문제 몇 가지를 불러일으킨다. 오늘날 거의 세계의 반이 마르크스의 이론에 은근히 신뢰를 보내는 국가에 의해 지배되고 있다. 공존을 가능하게 하기 위해서는 아무래도 이론적 구속을 어느 정도 늦출 필요가 있다.

*

프랑스에서 백과전서파의 철학 운동은 오귀스트 콩트(1798~1857)를 후계자로 얻었다. '철학적 과격파'와 마찬가지로 그도 과학을 존중하고 기존 종교를 반대하면서 수학에서 출발하여 사회 과학에서 끝나는 과학 전체를 포괄적으로 분류하려고 했다. 같은 시대의 영국 사람과 마찬가지로

유럽에서의 혁명
19세기 전반에 걸쳐 유럽 각지에서 민족주의 운동이 고양되고, 그것이 사상적인 기반이 되어 종래의 왕족 지배에 대한 반란이 잇따랐다. 그림은 1848년 베를린에서 일어난 혁명운동의 모습이다.

Plünderung des Zeughauses zu Berlin
am 14. Juni 1848.

그도 형이상학에 반대했다. 물론 이 점도 그들과 비슷해서, 그는 '독일 관념론'을 거의 몰랐다. 그는 우리가 경험상으로 직접 얻은 것에서 출발하여, 현상의 배후로 가려고 하는 일은 삼가야 한다고 주장했기 때문에, 자기 이론을 실증 철학이라고 부른다. 이 근원에서 실증주의라는 이름이 나왔다.

오귀스트 콩트
프랑스의 실증주의 철학자

콩트는 옛 그대로의 대학 도시인 몽펠리에에서 신분이 높은 오래된 관리 집안의 아들로 태어났다. 아버지는 왕정복고주의자로서 엄격한 가톨릭 교도였다. 콩트는 이윽고 양친의 가정을 답답하게 느끼기 시작했다. 파리의 이공과 학교에 재학 중, 그는 한 교수를 배척하는 학생 운동에 가담한 죄로 퇴교당했다. 이 때문에 그는 뒤에도 대학을 다닐 수 없었다. 26세 때, 그는 실증주의의 윤곽을 처음으로 그린 《실증주의 연구》 6권을 1830년부터 1842년까지 차례로 세상에 내놓았다. 만년의 10년 동안, 그는 실증주의 종교를 완성하는 데 많은 시간을 할애했는데, 이것으로 기존 신조를 대체하려는 것이었다. 이 새로운 복음은 신이 아니라 인간을 최고로 인정했다. 콩트는 평생 건강하지 못해서, 가끔 정신적 우울로 고통받아 자살 직전까지 갔다. 그는 가정 교사로 생계를 꾸리고 친구나 주위의 애호가들이 주는 선물을 생활에 보탰는데, 그들 가운데에는 J.S. 밀도 있었다. 그러나 콩트는 자기를 천재로 인정하지 않는 사람들을 참을 수 없었던 모양이었는지, 결국 밀과의 우정도 식고 말았다.

콩트의 철학은 특히 비코와의 친근성을 어느 정도 나타내고 있는데, 콩트는 비코의 저서를 평소에 연구했다. 비코로부터 그는 인간 문제에서 역사가 우위에 선다는 관념을 얻었다. 마찬가지로 이 근원은 인간 사회의 역사적 발전에 여러 단계가 있다는 관념을 제시해 준다. 비코 자신은 이 관찰을 그리스 신화의 연구에서 얻었다. 콩트는 사회가 최초의 신학적 단계에서 형이상학적 단계를 거쳐 마지막으로 그의 이른바 실증적 단계로 옮겨가며, 이 마지막 단계에서 역사 과정이 생겨나 행복한 결말에 이른다는 견해를 채택한다. 비코는 이 점에서 가장 현실적인 사상가로, 사회는 진보와 개화의 시대에서 뒤로 되돌아가 새로운 야만시대로 들어가는 일이 있을 수 있고, 들어간다고 생각했다. 로마 세계의 해체에 이어 나온 '암흑시대'가 그 한 예이다. 아마 현대도 그럴 것이다. 콩트로 돌아가면, 실증적 단계는 합리적 과학에 의해 지배된다. 이것이 콩트의 유명한 세 가지 발전 단계설이다. 그것은 헤겔에게서 어떤 영향을 받았지만, 겉으로만 유사할 뿐이라고 제시했다. 갑의 단계에서 을의 단계로의 발전이 변증법적 용어로 고려된 것이 아니고, 세 가지 단계가 있다는 사실도 우연에 지나지 않기 때문이다. 콩트가 헤겔과 함께 하는 것은 역사 과정이 궁극적 완성 단계에 이른다고 하는 낙천주의적 관념이다. 마르크스 또한 우리가 살펴본 것처럼, 이에 가까운 견해를 가지고 있었다. 이것은 19세기 낙천주의의 전반적 징후이다.

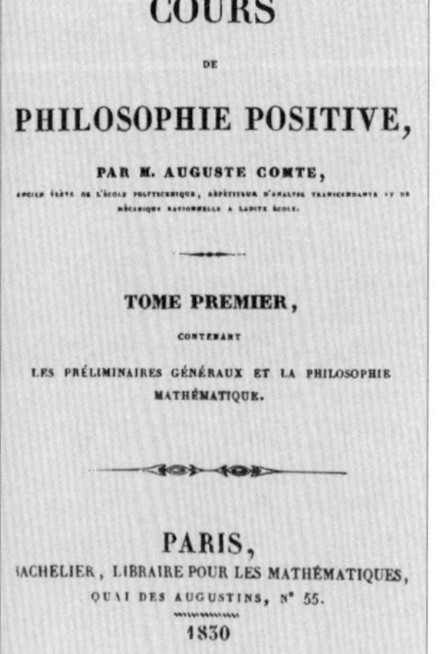
COURS

DE

PHILOSOPHIE POSITIVE,

PAR M. AUGUSTE COMTE,

ANCIEN ÉLÈVE DE L'ÉCOLE POLYTECHNIQUE, RÉPÉTITEUR D'ANALYSE TRANSCENDANTE ET DE MÉCANIQUE RATIONNELLE A LADITE ÉCOLE.

TOME PREMIER,

CONTENANT

LES PRÉLIMINAIRES GÉNÉRAUX ET LA PHILOSOPHIE MATHÉMATIQUE.

PARIS,

BACHELIER, LIBRAIRE POUR LES MATHÉMATIQUES,

QUAI DES AUGUSTINS, N° 55.

1830

콩트의 저서 《실증적 철학》 표지

실증주의 이론은 전체 과학 분야가 세 단계를 거쳐 진화했다고 주장한다. 이제까지 완전히 모든 장해를 뛰어넘은 것은 수학 한 가지뿐이다. 물리학에는 실증적 단계가 그리 먼 꿈이 아닌 것처럼 생각되지만, 아직도 형이상학적인 개념이 충만해 있다. 마흐가 콩트보다 50년 먼저 역학의 실증주의적 설명을 하게 되는 실제적인 내용은 뒤에서 살펴보기로 하겠다. 콩트는 특히 과학적 연구의 전 분야를 포괄적 이론적 순서로 배열하는 일을 하려고 했다. 이 노력에서 그는 백과전서파의 진면목을 드러낸다. 순서라는 개념은 본디 아리스토텔레스까지 거슬러 올라가는 매우 오래된 것이다. 계층 질서상 각 과학은 자기 뒤에 이어서 기재되는 과학의 설명에는 도움이 되지만, 앞선 것에는 도움이 되지 않는다.

따라서 우리는 수학에서 시작하여, 천문학, 물리학, 화학, 생물학 및 사회학이 그 뒤를 잇는 콩트의 일람표에 다다르는 것이다.

여기에서 중요한 과학은 사회학이다. 콩트는 흄이라면 인간의 과학이라고 부를 듯한 것에 사회학이라는 말을 만들어 냈다. 콩트에 따르면 이 과학은 그때까지 아직 확립되어 있지 않았고, 스스로를 사회학의 창시자로 생각한다. 논리적으로 사회학은 이 계층에서 맨 나중에 나오는 복잡한 학문인데, 사실상 우리는 모두 순수 수학의 공리보다도 우리가 살고 있는 사회 환경 쪽에 많은 친근감을 가진다. 이것은 우리가 비코 때 만났던 역사적인 우위성의 또 다른 면을 나타낸다. 인간의 사회적 존재는 역사의 진행이기 때문이다.

|  | 논리적 순서 | 인식론적 순서 |
|---|---|---|
| mathematics | 1 | 6 |
| astronomy | 2 | 5 |
| physics | 3 | 4 |
| chemistry | 4 | 3 |
| biology | 5 | 2 |
| sociology | 6 | 1 |

논리적 순서는 인식 순서의 역순이다.

사회적 존재의 실증적 단계는 콩트의 상상력을 불러일으키는데, 여기에도 모든 유토피아적 제도의 공통된 결함이 있다. 이 점에서 콩트의 사고방식에 일맥의 이상주의적 영향이 눈에 띈다. 단, 그가 어떻게 해서 이것을 획득하게 되었는가는 그다지 뚜렷하지가 않다. 세 가지 발전 단계의 각 틀 안에는 세 가지 단계를 통해서 차츰 하나로 합하려는 경향이 작용한다. 그래서 우리는 신학 단계에서는 애니미즘에서 출발한다. 이 사상은 원시인이 본 모든 대상물에 신격을 부여한다. 여기에서 우리는 더 나아가 다신론과 일신론에 이른다. 전체의 경향은 언제나 차츰 큰 합일의 방향으로 나아간다. 과학에서 이것은 우리가 각종 현상을 어떤 단일한 항목 아래 포함하려는 것을 뜻하며, 사회에서는 목표가 개인을 떠나 전체로서의 인간을 향한다는 것을 의미한다. 실제로 이 점에는 조금 헤겔적인 냄새가 난다. 실증 단계의 인류는 과학적 엘리트의 도덕적 권위에 지배되겠지만, 반면 행정권은 전문가의 손에 위임된다. 이와 같은 배합은 플라톤의 《공화국》에 나오는 이상국가와 닮은 점이 있다.

윤리면에서 이 체계는 개인이 인류의 진보에 대한 헌신을 위해 자기의 욕망을 잊을 것을 요구한다. 개인의 이해를 배제해서까지 이토록 대의명분을 강조한다는 것은, 마르크시즘의 정치 이론의 특징이기도 하다. 예상대로 실증주의는 내성적인 종류의 심리적 가능성을 인정하지 않는다. 이것이 특히 부정되는 까닭은 인식작용의 과정이 그 자체를 인식할 수 없다고 보기 때문이다. 인식 상황 중에 인식자가 자기의 인식 작용을 인식한다고 말하는 것이, 일반적으로 옳지 않다면, 우리는 이것을 옳은 것으로 받아들여도 좋으리라. 그런데도 일반적 가설을 형이상학적이라고 해서 제외한다면, 실증주의는 설명의 본성을 오해하는 것이다.

《백과전서》에 실린 도판 가운데 종이 제조법

*

실증주의와 완전히 다른 생각에서 움직인 것이 찰스 샌더스 퍼스(1839~1914)의 철학이다. 콩트가 가설을 형이상학으로 여겨 배척한 데 반해, 퍼스는 가설을 만드는 것이 그 자체의 논리를 펼치기 위한 중요한 활동이라는 것을 나타내는 데 여념이 없었다. 퍼스의 저서는 양적으로 많고 또 단편적이다. 게다가 그는 어려운 문제나 신기한 생각과 씨름하는 일이 많았다. 따라서 그의 관점을 뚜렷하게 바라보기란 쉬운 일이 아니다. 그러나 그가 19세기 끝 무렵의 그 누구보다도 독창적인 정신의 소유자며, 분명히 미국 최대의 사상가였음은 의심할 여지가 없다.

퍼스는 매사추세츠 주 케임브리지에서 태어났다. 아버지는 하버드 대학의 수학 교수였고, 퍼스 자신도 이 대학에서 배웠다. 두 번에 걸친 수년 동안의 강의를 제외하면, 퍼스는 한 번도 대학 교수 자격을 얻은 일이 없었다. 그는 '측지측량부'의 관리 지위에 앉아, 과학에 대한 저작 외에 광범한 철학상의 논제에 대해 연이어 논문이나 논설을 썼다. 그가 교수의 자리에 앉을 수 없었던 이유에는 그가 살던 사회가 요구하는 국교 준봉의 규준을 그가 무시한 일이 어느 정도 연관되어 있었다. 게다가 친구 몇 명과 몇몇 학자 말고는 그의 천재성을 인정하는 사람은 거의 없고, 그를 충분히 이해할 수 있었던 사람은 한 사람도 없었다. 그가 이와 같이 인정받지 못했다고 해서 마음이 비틀어지지 않은 것은 어느 정도 그에게 목적의식이 있었기 때문이었다. 만년의 22년 동안, 그는 가난과 병마에 시달렸지만 죽을 때까지 일을 그만두지 않았다.

퍼스는 일반적으로 프래그머티즘의 창시자라고 여겨진다. 그러나 이 견해에는 매우 중대한 조건이 붙는다. 같은 시대의 프래그머티즘은 퍼스에서가 아니라 윌리엄 제임스에서 나왔다. 이 혼란의 원인에는 여러 가지가 있다. 하나는 퍼스 자신의 견해가 후기의 저술로 차츰 명확해진 데 반해, 제임스는 비교적 초기 주장에서 단서를 잡은 것이 자칫 오해받기 쉬웠기 때문이다. 퍼스는 제임스가 프래그머티즘을 퍼스의 것이라고 하는 것을 부인하려고 했다. 따라서 그는 자기 철학을 프래그머티시즘이라고 불러, 이 낯선 새 용어로 이 둘의 차이에 주의를 촉구하려 했다.

**찰스 샌더스 퍼스**
미국의 철학자·수학자·물리학자. 퍼스는 프래그머티즘의 창시자로, 논리는 철학의 기초라고 생각했다. 만년에 퍼스는 암 투병과 생활고에 처했으나 윌리엄 제임스 등의 친구들의 도움에 의지했다.

프래그머티즘 이론은 퍼스의 몇 가지 초기 저서에 기술되어 있는데, 그 형식은 제임스가 거기에서 꺼낸 추론을 분명히 인정하고 있다. 퍼스는, 진리에 대한 자기의 정의를, 탐구와 탐구 수행을 살리는 동기에 대한 일반적 토의에 결부시킨다. 탐구는 어떤 종류의 불만이나 불안에서 생기는 것으로, 그 목적은 불안을 주는 영향이 없어지는 휴지 상태를 얻는 데 있다. 이들 중간의 평형 단계 가운데 어느 단계에서 받아들이는 견해도 그 사람의 지식이 미치는 한에서는 진리이다. 그러나 새로운 증거가 나와서 입장을 바꾸라고 요구하느냐 안 하느냐는 절대로 알 수 없다. 우리는 오류를 저지르지 않고 있다고 절대로 확신할 수 없다. 탐구에 대한 이 일반 이론을 퍼스는 오류론이라고 부른다. 이에 관련해서 그는 진리란 결국 사회가 안정되는 의견이라 말한다. 액면 그대로 말하자면, 이것은 물론 부조리이다. 우리 모두가 2+2=5라고 믿었다고 하고, 그 순간에 지구가 날아가 버린다고 해도, 수학에 대해서 우리가 그때까지 생각한 기발한 착상은 여전히 잘못되어 있기 때문이다. 하기야 우리 이웃까지도 모두 이와 같은 일을 믿었다고 하면, 나로서는 적어도 그들과 같은 의견을 가지고 있는 것처럼 꾸미는 것이 좋은 요령이라고 말할 수 있을지 모르나, 이것은 전혀 다른 문제이다. 따라서 퍼스의 말은 오류론의 앞뒤 관계에서 보아야 한다.

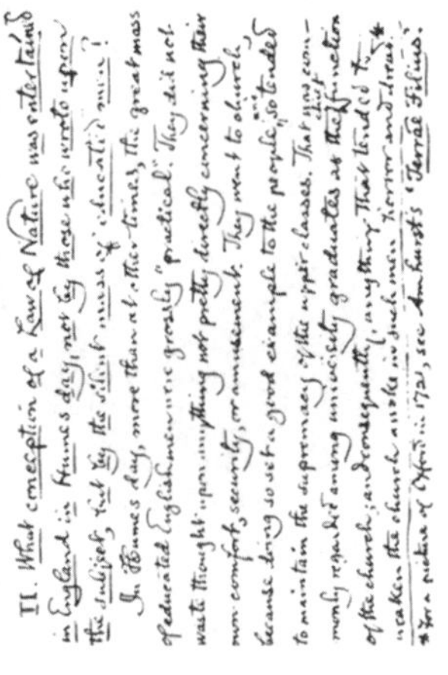

퍼스의 주장에 따르면, 특수한 진리의 뜻에 대해서 어떤 진술이라도 진리라고 주장하기 위해서는 실천적인 결과를 수반해야 한다. 다시 말하면, 진술은 그 어떤 미래의 행동 가능성과, 모든 상황에 따라 알맞게 행동하려고 하는 기질의 형성이 인정해야 한다. 진술의 뜻은 이들의 실제적인 결과에 있다고 한다. 제임스가 프래그머티즘을 채택한 것도 이런 형식에서이다. 그러나 퍼스의 관점이 비코의 '진리는 사실'이라고 하는 공식과 다분히 일치한다는 것을 분명히 해두어야 한다. 진리란 당신이 자기 진술로 실천할 수 있는 것을 말한다. 예를 들면, 내가 하나의 화학 물질에 대해 어떤 진술을 했다고 하면, 그때 이 진술의 중요성은 실험하고 평가할 수 있는 물질의 모든 속성으로써 높아진다. 이것이 대략적이기는 하지만, 퍼스의 목적인 듯하다. 제임스가 이상에서 모은 프래그머티즘은 인간을 만물의 척도라고 하는

퍼스의 논문 〈흄 시대의 불가사의와 자연법칙〉 사본의 한 페이지

프로타고라스의 공식을 상기시키는 것으로, 이것은 비코의 이론에서 오히려 잘 표현되어 있어 퍼스의 의도와는 뚜렷한 대조를 이룬다.

퍼스는 가설의 논리를 논하는 데 근본적인 공헌을 했다. 철학자는 가설이 합리론자가 생각하기 쉬운 것처럼 연역의 결과라든지, 경험론자가 생각하는 것처럼 귀납의 결과라는 등, 여러 가지로 생각해 왔다. 퍼스는 이들 견해들이 모두 알맞지 않다고 보았다. 가설은 제3의 근본적으로 다른 논리적 절차의 결과로, 퍼스는 이것을 그의 생생한 표현법으로 '가추법'이라고 부른다. 가추법은 가설이 그 어떤 특수한 현상을 만족하게 설명해 주기 때문에 결과적으로 이것을 시험적으로 채택하는 것이다. 현상이 만족하게 설명된다는 것은 본디 연역의 문제이지, 가설을 받아들이는 문제가 아니다.

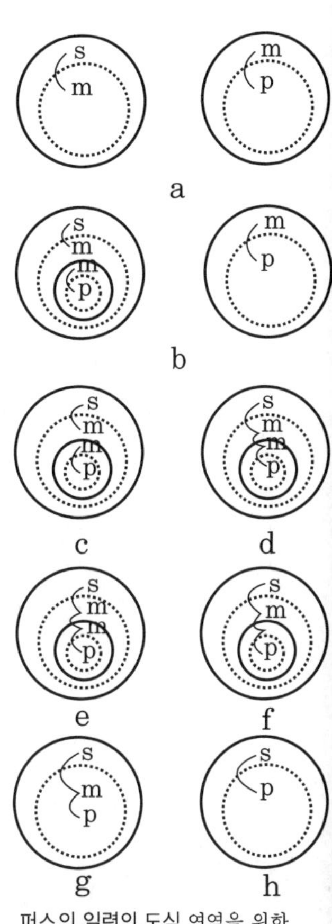

퍼스의 일련의 도식 연역을 위한 삼단논법을 설명한 것이다.

퍼스도 그의 아버지처럼 수학자로서 기호 논리학 분야에서 중요한 몇 가지 발견을 했다. 특히 그는 하나의 복합적 공식의 진리값을 결정하는 진리표의 방법을 발명했는데, 이것은 뒷날 논리학자들에 의해 크게 활용되었다. 새로운 관계 논리 또한 그에 따른 것이다.

퍼스는 도표방식에 따른 자신의 논증체계를 크게 중요시했지만, 이 절차의 규칙은 오히려 복잡해서 그 착상도 그다지 사람들이 쓰지 않은 것으로 보인다. 퍼스는 프래그머티즘적인 관점에서 수학적 논증의 흥미 있는 한 면을 강조했는데, 그 중요성으로 받아들여지는 경우가 거의 없었다. 그는 수학의 증명을 세울 때의 구성의 중요성을 주장한다. 이들 견해는 다시 고블로와 메이에르송에게서 발견된다.

퍼스는 수학과 그 무렵의 과학적 발전뿐만 아니라, 과학과 철학의 역사도 완전히 이해했다. 이 넓은 관점에서 과학은 하나의 실재론적인 형이상학적 바탕을 전제로 하는 것이라고 그는 생각했다. 따라서 그는 분명히 둔스 스코투스의 스콜라적 실재론에 의지하여, 자기의 형이상학을 갈고닦았다. 실제로 프래그머티즘과 스콜라적 실재론은 손을 잡고 나아가는 것이라고 그는 주장한다. 과연 그렇건 그렇지 않건, 이것은 그의 프래그머티즘이 제임스의 프래그머티즘과 거의 아무런 관계가 없다는 것을 나타낸다.

*

생전에 퍼스는 사람들에게 거의 영향을 미치지 못했다. 프래그머티즘을 영향력 있는 철학으로 만든 것은 윌리엄 제임스(1843~1910)가 이에 대해서 한 해석이었다. 퍼스가 이것을 조금도 좋아하지 않았다는 사실은 앞에서 살펴보았다. 퍼스의 이론은 제임스식 프래그머티즘보다는 훨씬 파악하기 힘든 것으로, 그 진가도 이제 겨우 올바르게 인정되기 시작했다.

**확실한 지식은 아무것도 없다**
퍼스에 따르면 어떤 시대에 '알려져 있던 것'이 후시대에도 그대로 통용되는 일은 거의 없다. 라이트 형제가 인류 최초로 동력비행에 도전했을 때, 그들 이전에는 누구나 불가능하다고 생각했다.

제임스는 미국 태생의 충실한 프로테스탄트였다. 이 배경은 그의 사고방식에 남아 있다. 그러나 그는 자유 사상가로, 모든 형태의 정통 신학에 회의적인 느낌을 가지고 있었다. 퍼스와 달리 그는 하버드 대학에서 오랫동안 뛰어난 학업 생활을 했고, 여기에서 심리학 교수가 되었다. 그의 《심리학 원리》는 1890년에 나왔는데, 오늘날까지 그 주제의 전반적 설명 중 가장 뛰어나다. 그에게는 철학이 사실상 부업이었으나, 마땅히 이 분야에 있는 미국인으로서도 지도적인 인물로 여겨졌다. 인간적으로도 그는 친절하고 마음씨가 넓어, 동생인 문학자 헨리와 달리 민주주의를 강하게 찬성한다. 퍼스의 철학과 비교하면, 그의 견해는 그다지 깊이는 없지만, 그 개성과 지위 덕분에 그는 특히 미국에서는 철학 사상에 훨씬 큰 영향을 끼쳤다.

**윌리엄 제임스**
미국 뉴욕 출신의 철학자·심리학자. 동생 헨리 제임스는 소설가. 하버드 대학에서 의학을 공부하고, 같은 대학에서 교수가 되었다.

제임스의 철학은 훨씬 더 중요하다. 그가 프래그머티즘을 넓히는 데 큰 역할을 했다는 것은 우리가 지금 말한 그대로다. 그의 사고방식의 또 하나의 커다란 요소는, 그의 이른바 근본적 경험론이라는 논리와 관련된다. 이것은 1904년에 〈의식은 존재하는가〉라는 논문에서 처음으로 언급되었다. 제임스는 여기에서 주관과 객관의 전통적 이원론이 인식론의 올바른 관점에 방해가 된다는 사실을 제시하려고 했다. 제임스에 따르면, 우리는 자의식을 물질 세계의 대상과 마주보고 있는 하나의 실재물이라고 하는 관념을 버려야 한다는 것이다. 인식작용의 주관적·객관적 설명은 그에게는 억지스러운 합리론적 왜곡으로, 실로 경험적이지 않은 것으로 보였다. 우리에게는 사실 제임스가 말한 '순수경험'을 넘는 것은 하나도 없기 때문이다. 이것은 삶에 대한 사후의 추상적 반성과 대조되는 구체적인 충실한 삶이라고 여겨지고 있다. 따라서 인식작용의 과정은 순수경험의 다른 부분과 관계된다. 제임스는 이 이론이 함축한 뜻을 자진해서 풀려고 하지 않았지만, 그가 제시한 것을 활용한 사람들은 낡은 이원론을 물리치고, 세상에는 근본적인 사물이 단 하나밖에 없다고 하는 '중립적 일원론'으로 교체했다. 그때 제임스는 순수경험이란 만물의 근원이라고 생각한다. 그런데 이 점에서 제임스의 근본적 경험론은 그의 프래그머티즘으로써 훼손된다. 프래그머티즘은 인간의 삶과 실용적인 관련이 없다는 것을 인정하지 않기 때문이다. 경험의 일부를 형성하는 것, 즉 그가 인간의 경험을 의미하는 경험만이 어떤 관련이 있다는 것이다. 제임스와 같은 시대 사람인 영국의 F.C.S. 실러도 이 점에 대해 어느 정도 이에 가까운 견해를 가지고 있었는데, 자신의 이론을 '휴머니즘'이라고 불렀다. 이 이론의 문제점은 언제나 커다란 과제라고 여겨온 과학과 상식의 범위가 너무 좁다는 것이다. 탐구자는 자기 자신을 자기의 인식을 넘어 늘 확대해 가는 세계의 일부로 보지 않으면 안 된다. 그렇지 않으면, 그 어떤 것을 추구하든 의미가 없어지기 때문이다. 세계가 무엇을 뜻하건, 내가 필연적으로 그것과 동일 선상에 있다면, 나 또한 앉아서 표류하는 것과 같을 것이다. 제임스는 정신과 물질의 낡은 이원론을 비판한 점에서는 옳았지만, 순수경험에 대한 그의 이론은 환영받을 수 없다.

경험론 대 합리론이라는 전반적인 문제에 대해서, 제임스가 설정한 유명한 구별을 살펴볼 필요가 있다. 이 견해에 따르면, 합리론자의 이론은 물질적인 것을 희생하고 정신적인 것을 강조하는 경향이 있다. 그것은 성격상 낙천적이며, 단일성을 구하고 실험을 무시하고 반성을 부추긴다. 이와 같은 이론을 받아들일 경향이 있는 사람들을, 제임스는 감수성이 예민한 사람이라고 부른다. 다른 편으로는 경험론적 이론이 있는데, 이것은 물질적인 세계에 관여하는 경향이 있다. 그것은 비관주의적이고, 세계의 개별성을 인정하고 고안보다도 실험을 좋아한다. 이런 관점을 지지하는 사람은 외골수적인 정신의 소유자이다. 이 구별은 본디 너무 극단적으로 생각해서는 안 된다. 실용주의 이론은 이들 둘 중 외골수적인 정신 쪽을 결정적으로 편들게 된다. 제임스는 1907년의 《프래그머티즘》이라는 논문에서 자신의 이론을 설명하며, 이 이론에 두 가지 측면이 있다는 것을 지적한다. 한편으로 프래그머티즘은 제임스가 경험론적 태도와 동일시한 방법이다. 그는 하나의 방법으로서 프래그머티즘이 아무런 특수한 결과를 지시하는 것이 아니라, 단순히 세계를 처리하는 하나의 길에 지나지 않다는 것을 조심스럽게 주장한다. 이 방법은 실제적인 차이를 수반하지 않는

윌리엄 제임스의 저서 《프래그머티즘》 표지

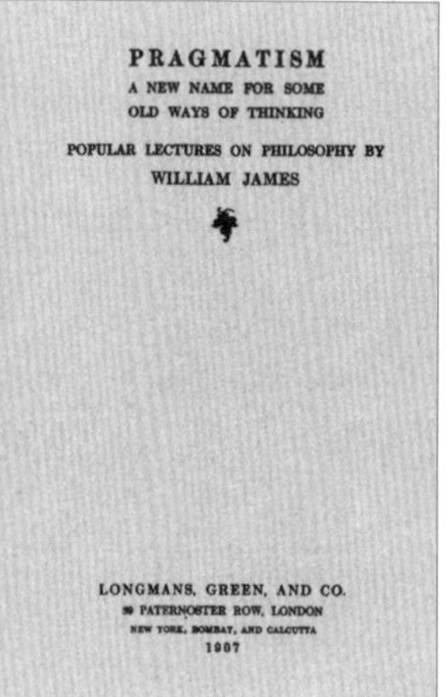
PRAGMATISM
A NEW NAME FOR SOME
OLD WAYS OF THINKING
POPULAR LECTURES ON PHILOSOPHY BY
WILLIAM JAMES

LONGMANS, GREEN, AND CO.
39 PATERNOSTER ROW, LONDON
NEW YORK, BOMBAY, AND CALCUTTA
1907

구별은 무의미하다는 대략적인 결론에 이른다. 이것과 함께 나오는 것은 그 어떤 논점을 결국 폐쇄된 것으로 보는 거부의 태도다. 이것은 퍼스로부터 곧장 나오며, 실제로 경험적 탐구자라면 누구나 마음에 들 것이다. 이 이상 아무런 뜻도 없다면, 제임스가 프래그머티즘이란 단순히 몇 개의 낡은 사고방식의 새로운 이름일 뿐이라고 말한 것도 모두 옳은 말이 될 것이다.

신앙의 힘
종교에 대한 발언으로, 제임스의 사상은 차츰 표면화되어 간다. 그에 따르면, 어떤 생각도 잘못이라고 증명되지 않는 한 그것을 믿어서 은혜를 얻을 수 있다면 믿어도 좋다. 예를 들어 아이를 잃은 어머니는 자기 아이가 천국에 있다고 믿음으로써 마음의 상처가 치유된다는 것이다.

그러나 이 칭찬할 만한 원리에서 제임스는 차츰 매우 의심스러운 것으로 빠져 들어간다. 그는 실용주의적인 방법에 따라서 과학 이론이 마침내 자연에 대한 문제의 해답으로 받아들일 수 있다는 견해보다는, 오히려 미래의 행동에 대한 도구라는 견해에 다다른다. 이론은 말의 마술적 주문으로 취급되어서는 안 되며, 마술사가 마술적 주문으로 자연을 지배하는 힘을 가질 수 있게 된다고 생각해서도 안 된다. 실용주의자들은 말 하나하나를 자상하게 검토해서, 제임스의 이른바 언어의 '현금 가치'를 끈질기게 요구한다. 여기에서 프래그머티즘이 진리를 풍부한 수확을 낳는 것이라고 정의하기까지는 겨우 한 걸음 차이만 남을 뿐이다. 듀이의 진리를 도구로 보는 개념도 거의 같다.

이 점에서 프래그머티즘은 가장 의심스러운 형이상학적인 이론이 된다. 퍼스가 이것과의 관계를 부인하려고 매우 애를 쓴 점도 수긍이 간다. 여기서 수립하는 문제와 지금 주어진 견해의 결과가 무엇인지, 또 그 결과가 유익한 것이 될 것인가의 문제를 제쳐 놓는다면, 어떤 경우라도 연이은 결과들이 이로운가 그렇지 않는가 하는 사실이 남는다. 이것은 보통의 비실용주의적인 방법으로 결정해야 한다. 결과는 유익할 것이라고 막연하게 말하면서 논점을 피하는 것은 좋지 않다. 이렇게 말한다면 우리는 무엇이든지 받아들이게 될 뿐이다. 제임스는 행복에만 이바지한다면 사람은 신앙을 고르는 자유가 있다고 인정하는 점으로 보아, 이 문제를 어느 정도까지는 알아차리고 있는 것으로 보인다. 종교적 신앙의 경우는 좋은 예가 된다. 그러나 종교인이 이런 방식으로 신앙을 갖는 것은 결코 아니다. 그가 종교적 신앙을 갖는 것은, 이들 신앙에 의해서 만족이 생긴다고 그가 판단하기 때문이 아니라 오히려 그 반대이다. 그가 행복한 것은 신앙 때문이다.

*

철학이 맨처음에 그리스에서 시작되었을 때부터 수학은 늘 철학자들에게 특별한 관심사였다. 과거 200년 동안의 진보는 이것을 눈부시게 확증하고 있다. 라이프니츠와 뉴턴이 미적분학을 공식화했기 때문에, 18세기에는 수학상의 발명이 둑이 터진 것처럼 넘쳐났다. 그러나 수학의 논리학적 기초는 올바르게 이해되지 않았으며, 근거가 희박한 관념 몇 가지가 상당히 이용되고 있었다.

라이프니츠와 뉴턴이 미적분학을 공식화했기 때문에, 18세기에는 수학상의 발명이 봇물을 이루었다.

그 무렵의 수학적 해석은 '무한소(無限小)'의 개념을 크게 중요시하고 있었다. 이것은 새로 발명된 계산법에서 빠질 수 없는 역할을 한다고 여겼다. 무한소는 크기를 가지지 않는 양도 아니고, 유한의 양도 아니고, '사라질 듯이' 작은 양이라고 여겼다. 미분 계수와 적분을 이루는 데 작용하고 있는 것도 이와 같은 양이라고 가정되고 있었다. 근본적으로 무한소는 본디가 수학이라는 벽장의 모든 비밀 중에서도 가장 곰팡내 나는 것 가운데 하나이다. 그것은 이와 비슷한 피타고라스학파의 단위까지 거슬러 올라가기 때문이다. 우리는 제논이 피타고라스의 이론을 어떻게 폭로했는지를 살펴보았다. 근대로 들어와서는 무한소 이론에 대한 비판적 논평도 철학자로부터 나왔다. 버클리는 이에 대한 여러 난점을 지적한 철학자로서 아마도 첫 번째 인물일 것이고, 이 문제에 대한 헤겔의 토의에도 무시할 수 없는 몇 가지 점이 있다. 그러나 수학자들은 처음에 이런 말에 귀를 기울이지 않았다. 그들은 앞으로 나아가 자기들의 과학을 발전시켰는데, 그들이 그렇게 한 것은 좋은 일이었다. 지나치게 많은 비판을 받으면 상상력은 막히고 발명도 쓸모가 없게 된다는 것은, 새로운 학문의 기원과 발달에서 볼 수 있는 특유의 사실이다. 일관된 관습적 구조에서 어느 정도 벗어나면 초기 단계에서 어떤 문제의 발전이 촉진되는 경향이 있다. 비록 이 때문에 어느 정도 오류의 위험을 무릅쓰고서도 말이다.

**오귀스탱 루이 코시**
프랑스의 수학자

그러나 어떤 분야가 발전하면서, 엄격한 규범을 부과해야 할 시기가 있다. 수학에서는 엄격한 시대가 19세기 초두에 시작되었다. 최초의 맹공을 가한 인물은 프랑스의 수학자 오귀스탱 루이 코시(1789~1857)로, 그는 극한에 대한 체계적 이론을 세웠다. 이것이 독일의 카를 바이어슈트라스의 후기 저서와 합세하여 무한소가 없어도 수학이 성립할 수 있게 했다. 연속성과 무한수라는 전반적인 문제는 이들 발전의 후에 잠재하고 있는데, 이것을 처음으로 연구한 인물은 게오르크 칸토어다.

수에서의 무한대는 제논과 그의 역설의 시대부터 까다로운 문제를 일으켰다. 우리는 아킬레우스와 거북의 경주를 떠올릴 때, 이 경주의 수수께끼 같은 면을 다음과 같이 말할 수 있다. 아킬레우스가 있던 모든 장소에는 거북이 차지한 장소가 하나 있다. 두 경주자는 이와 같이 언제 어느 때라도, 같은 수의 위치에 있었다. 그러나 분명히 아킬레우스 쪽이 많은 거리를 간다. 이것은 전체가 부분보다도 크다는 상식적인 관념에 어긋나는 것처럼 보인다. 그러나 우리가 무한 집합을 다루는 경우에는 그것은 이미 그렇지 않다. 이와 같이 간단히 예를 든다면, 무한 집한인 정(定)의 정수의 급수는 그 속에 짝수와 홀수를 갖는다. 모든 홀수를 없애면, 남는 것은 시작했을 때 있던 것의 반이라고 생각할 수 있을지 모른다. 그러나 거기에는 처음에 전체로서 있었던 수와 같은 수의 짝수가 남는다. 깜짝 놀랄 이 결론은 매우 간단히 증명할 수 있다. 처음 우리는 자연수의 급수를 적어두고, 다음에 이것과 평행해서 각 항을 순차적으로 두 배로 하여 거기에서 나오는 급수를 적어둔다. 제1급수의 모든 수에 대해서는 제2급수에 그에 알맞은 수가 기재된다. 수학자의 말을 빌리자면, 그들 사이에는 1대 1의 대응이 있다. 따라서 두 개의 급이나 수는 같은 수의 항을 갖는다. 따라서 무한 집합의 경우, 하나의 부분에는 전체와 같은 수의 항이 들어가 있다. 이것이 무한 집합을 정의하는 데 칸토어가 사용하는 특성이다.

이 기초에서 칸토어는 무한수의 모든 이론을 펼쳤다. 특히, 그는 크기가 다른 무한수가 있다는 것을 제시했다. 단, 이들을 생각하는 데는 보통의 수에 대해 이야기하는 것처럼 해서는 안 된다는 것은 물론이다. 자연수의 급수의 무한대보다도 높은 무한대의 한 예는 실수의 급수, 또는 때때로 불리는 말로, 연속체이다. 모든 소수를 크기순으로 표로 만들면 어떨까. 우리는 이제 제1에 기재되어 있는 것의 제1의 숫자를 취하여 그것으로 새로운 소수를 보충하고, 제2에 기재되어 있는 것의 제2의 숫자를 취하여 이를 보충하고, 이와 같이 계속해서 하나하나의 숫자를 하나씩만 위로 올려 새로운 소수를 보충한다. 결과로 나오는 소수는 앞의 표의 모든 소수와는 다른 것이다. 그런데 이 표를 우리는 완전한 것으로 생각해 왔다. 이것은 셀 수 없는 표가 제1에 보충할 수 없다는 것을 나타낸다. 소수의 수는 자연수의 수보다도 고도로 무한하다. 이 이른바 대각선 수법은, 나중에

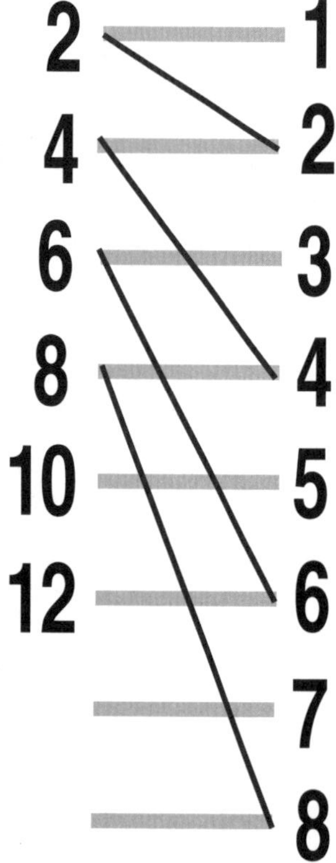


독일의 수학자 칸토어의 역설 가운데 하나이다. 수가 존재하는 만큼 짝수도 존재한다.

기호논리학에서도 중요한 역할을 한다.

19세기 끝 무렵, 논리학자에게 근본적인 흥미를 주는 또 하나의 문제가 다루어진다. 옛날부터 수학자의 야심은 자기들의 과학 전체를 단일 출발점, 또는 될 수 있는 대로 적은 수의 출발점에서 시작하는 연역 체계로 제시하는 데 있었다. 이것은 소크라테스의 '선'의 형상의 몇 가지 면 중 하나다. 유클리드의 《원소》는 비록 유클리드 자신의 취급법에 결함은 있어도, 필요한 것의 한 예를 제공한다.

이탈리아의 수학자, 주세페 페아노의 초미립 가설 입자 어떤 숫자에 이어지는 이음수는 숫자이다. 모든 수는 각각 하나의 유일한 이음수를 갖는다. 0(제로)은, 그 자신이 이음수는 아니지만, 이음수의 앞수로서 숫자이다. 이것이 수학적 유도에 의한 수의 원리가 되었다.

산술의 경우는 이탈리아인 수학자 주세페 페아노가 다른 모든 것을 추론할 수 있는 작은 한 조(組)의 공리를 제공했다. 근본 명제는 5개이다. 이들은 모두가 함께 자연수의 급수를 그 한 예로 하는 수열의 부류를 한정한다. 간단히 말하면, 이 가정은 모든 수의 뒤를 잇는 것 또한 하나의 수이고, 모든 수에는 하나씩 뒤를 잇는 것이 있다고 말한다. 이 급수는 하나의 수 '0'에서 시작하지만 그 자체는 수의 뒤를 잇지 않는다. 결국 바로 거기에 수학적 귀납법의 원리가 있고, 이에 따라서 이 급수의 모든 항에 속하는 전반적 특성이 확립된다. 이 원리는 다음과 같다. 어떤 수 'n'의 주어진 성질이 그 뒤를 잇는 수에 속하기도 하고 또 0이란 수에 속하기도 하면, 곧 이 성질은 그 급수의 모든 수에 속한다.

페아노의 시대부터 수학의 기초에 대한 의문에 새로운 관심이 모아지게 되었다. 이 분야에는 상반되는 사상의 두 유파가 있다. 한쪽은 정합성이 주요 관심사인 형식주의자가 있고, 다른 한쪽은 조금 실증주의적인 태도를 취하는 직관론자가 있다. 우연히 어떤 일에 대해 이야기를 하고 있을 때도, 그것이 무엇인가를 지시할 수 있도록 요구한다.

이들의 수학적인 발전의 공통된 특징은 논리학자에 대한 그들의 관심사이다. 이 점에서 실제로 논리학과 수학은 서로의 변두리에서 융합하기 시작한 것처럼 보였다. 논리학을 완전하다고 생각한 칸트 이래, 논리적 이론의 연구에 커다란 변화가 일어나기 시작했다. 특히 수학 공식에 의해 논리적 증명을 다루는 새로운 형식이 발전하기 시작했다. 논리를 다루는 이 새로운 방법을 처음으로 체계적으로 설명한 인물은 프레게(1848~1925)였다. 그러나 그의 저서는 20년간 완전히 무시되었다. 1903년, 나는 여기에 관심을 갖게 되었다. 자기 나라에서도 그는 오랫동안 무명의 수학 교수로 있었다. 철학자로서 그의 중요성이 인정받게 된 것은 최근의 일이다.

프레게의 수학적 논리학은 1879년까지 거슬러 올라간다. 1884년, 그는 《수학의 기초》를 출판했는데, 이 책에서 페아노는 문제를 비교적 근본적으로 다루는 데 이 방법을 적용한다. 페아노의 공리는 그 경제성에도 불구하고, 논리적 견지에서 보면 아직도 만족스럽지 못했다. 수학의 기초가 되는 다른 몇 가지 진술이 아니라 바로 그런 공리로 논리를 펼쳤다는 것이 얼마쯤 자의적으로 보였기 때문이다. 페아노 자신은, 이들 문제를 고찰하는 데까지는 가지 않았다. 이 문제를 누구보다도 일반적인 형식으로 해결하는 것이야말로, 프레게가 자신에게 부과한 과제였다.

G. 프레게
독일의 수학자

프레게가 착수한 것은 페아노의 공리를 그의 기호 체계의 논리적인 결과로 제시하는 것이었다. 이것을 할 수 있으면, 곧 자의성의 오점은 제거될 것이고, 순수수학이 단순히 논리학의 연장에 지나지 않다는 것도 제시할 수 있을 것이다. 특히, 수 자체에 대한 어떤 논리적인 정의를 끌어낼 필요가 있다. 수학을 논리학에 환원한다는 관념은 분명히 페아노의 공리에서 떠오른 것이다. 이들 공리가 수학의 기본 어휘를 '수'와 '후계수(後繼數)'라는 두 개의 용어로 제한하기 때문이다. 이들 가운데 후계수는 일반적인 논리학적 용어다. 우리의 어휘를 모두 논리학적인 용어로 바꾸기 위해서는, 우리는 수를 논리적으로 설명하면 된다. 프레게는 순수하게 논리학적인 개념에 따라서 수를 정의하면서 이 과업을 수행했다. 그의 정의는 화이트헤드와 내가 《수학원리》에서 준 정의와 거의 같다. 여기서 기술되어 있는 것은 하나의 수는 일정한 부류와 비슷한 모든 부류의 부류라고 하는 것이다. 이와 같이 세 가지 대상의 모든 부류는 3이라고 하는 수의 한 예이며, 3이란 수 자체는 이와 같은 모든 부류의 부류이다. 일반적으로 수는 모든 특수한 수의 부류며, 따라서 제3의 부류가 된다.

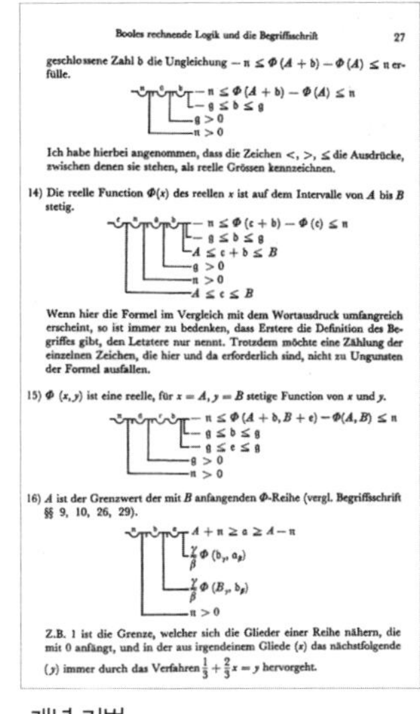

Booles rechnende Logik und die Begriffsschrift 27

geschlossene Zahl $\mathfrak{d}$ die Ungleichung $-\mathfrak{n} \leq \Phi(A+\mathfrak{d}) - \Phi(A) \leq \mathfrak{n}$ erfülle.

$$-\mathfrak{n} \leq \Phi(A+\mathfrak{d}) - \Phi(A) \leq \mathfrak{n};\quad -\mathfrak{g} \leq \mathfrak{d} \leq \mathfrak{g};\quad \mathfrak{g} > 0;\quad \mathfrak{n} > 0$$

Ich habe hierbei angenommen, dass die Zeichen <, >, ≤ die Ausdrücke, zwischen denen sie stehen, als reelle Grössen kennzeichnen.

14) Die reelle Function $\Phi(x)$ des reellen $x$ ist auf dem Intervalle von $A$ bis $B$ stetig.

$$-\mathfrak{n} \leq \Phi(\mathfrak{c}+\mathfrak{d}) - \Phi(\mathfrak{c}) \leq \mathfrak{n};\quad -\mathfrak{g} \leq \mathfrak{d} \leq \mathfrak{g};\quad A \leq \mathfrak{c}+\mathfrak{d} \leq B;\quad \mathfrak{g} > 0;\quad \mathfrak{n} > 0;\quad A \leq \mathfrak{c} \leq B$$

Wenn hier die Formel im Vergleich mit dem Wortausdruck umfangreich erscheint, so ist immer zu bedenken, dass Erstere die Definition des Begriffes gibt, den Letztere nur nennt. Trotzdem möchte eine Zählung der einzelnen Zeichen, die hier und da erforderlich sind, nicht zu Ungunsten der Formel ausfallen.

15) $\Phi(x, y)$ ist eine reelle, für $x = A, y = B$ stetige Function von $x$ und $y$.

$$-\mathfrak{n} \leq \Phi(A+\mathfrak{d}, B+\mathfrak{e}) - \Phi(A, B) \leq \mathfrak{n};\quad -\mathfrak{g} \leq \mathfrak{d} \leq \mathfrak{g};\quad -\mathfrak{g} \leq \mathfrak{e} \leq \mathfrak{g};\quad \mathfrak{g} > 0;\quad \mathfrak{n} > 0$$

16) $A$ ist der Grenzwert der mit $B$ anfangenden $\Phi$-Reihe (vergl. Begriffsschrift §§ 9, 10, 26, 29).

$$A+\mathfrak{n} \geq \mathfrak{a} \geq A-\mathfrak{n};\quad \frac{\gamma}{\beta}\Phi(\mathfrak{d}_\gamma, \mathfrak{a}_\beta);\quad \frac{\gamma}{\beta}\Phi(B_\gamma, \mathfrak{d}_\beta);\quad \mathfrak{n} > 0$$

Z.B. 1 ist die Grenze, welcher sich die Glieder einer Reihe nähern, die mit 0 anfängt, und in der aus irgendeinem Gliede ($x$) das nächstfolgende ($y$) immer durch das Verfahren $\frac{1}{3} + \frac{2}{3}x = y$ hervorgeht.

개념 기법

이 정의에서 수를 모두 합할 수 없다는 뜻밖의 특징이 나온다. 한 쌍의 배에 세 개가 한 조인 사과를 합해서 5개의 과실을 얻을 수는 있지만, 세 개가 한 조인 모든 부류를 모든 한 쌍의 부류에 합할 수는 없다. 그러나 우리가 본 대로, 이것은 그다지 신기한 발견은 아니다. 플라톤도 수는 합할 수 없다고 이미 말했다.

프레게는 수학을 다루는 방법에 따라서 문장의 뜻과 관련성과의 구별을 공식화할 마음이 생겼다. 이것은 방정식이 단순히 공허한 되풀이가 아니라는 사실을 설명하는 데 필요하다. 하나의 방정식의 두 변은 공통된 연관을 가지고 있지만, 뜻은 다르다.

기호논리학의 한 체계로서 프레게의 설명은 그다지 설득력을 가질 수 없었다. 그 기호법이 복잡했기 때문이다. 《수학원리》에서 쓰는 기호는 다소 페아노의 덕을 보고 있으며, 비교적 응용이 잘 되는 것으로 여겨진다. 그 뒤 실로 많은 기호법이 수학적 논리학의 분야에서 쓰인다. 이들 중에서 가장 훌륭한 것 가운데 하나는 제2차 세계대전으로 흩어진 유명한 폴란드학파의 논리학자들이 발전시켰다. 또한 기호법과 이 체계의 근본적 공리의 수 양쪽에서 이를 간소화하기 위해 많은 개선이 이루어졌다. 미국의 논리학자 셰퍼는 단 하나의 논리 계수를 소개했는데, 이 계수를 이용하여 명제 계산의 계수를 순차적으로 정의할 수 있게 되었다. 이 새로운 논리 계수의 도움으로, 기호논리학의 체계를 단 하나의 공리 위에 설정하는 일이 가능하게 되었다. 그러나 이들 모두는 매우 전문적인 문제여서, 여기서 자세히 논할 수는 없다.

수학적 논리학은 순수하게 형식적인 면에서 보면, 이미 철학자 자신의 관심사는 아니다. 그것을 다루는 사람은 수학자이다. 물론 그것은 매우 특수한 종류의 수학이다. 철학자에게 흥미로운 것은 하나의 체계가 만들어지기 전에, 기호 쓰임에 대한 일반적인 가정이 세워지면 생기는 문제이다. 마찬가지로 철학자는 때때로 하나의 기호 체계의 구조에 도달하는 역설적 결론에 흥미를 갖는다.

《수학원리》
A.N. 화이트헤드와 B.A.W. 러셀의 공저

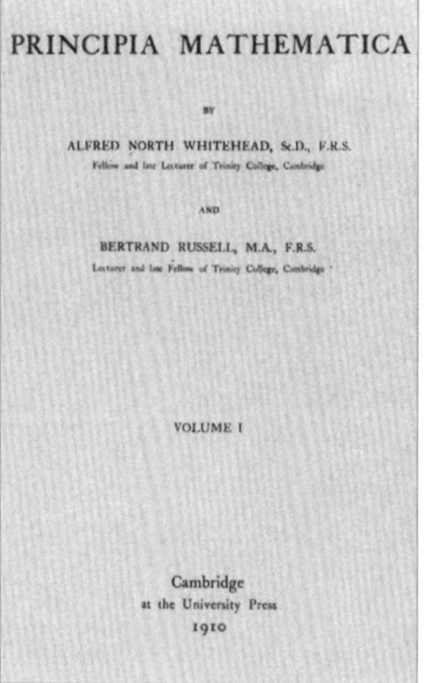
PRINCIPIA MATHEMATICA

BY

ALFRED NORTH WHITEHEAD, Sc.D., F.R.S.
Fellow and late Lecturer of Trinity College, Cambridge

AND

BERTRAND RUSSELL, M.A., F.R.S.
Lecturer and late Fellow of Trinity College, Cambridge

VOLUME I

Cambridge
at the University Press
1910

《수학원리》에서 이와 같은 역설이 수의 정의에 관련해서 제기되었다. '모든 부류의 부류'라는 관념이 그 원인이다. 모든 부류의 부류 자체는 하나의 부류이며, 따라서 그것이 모든 부류의 부류에 속한다는 것은 명백하기 때문이다. 이와 같이, 부류는 그 항의 하나로서 그 자체를 포함한다. 물론 이 특성을 갖지 않는 다른 많은 부류가 있다. 모든 유권자의 부류 자체는 보통 선거의 이익을 받지 않는다. 우리가 모든 부류에서 자신의 항이 아닌 부류를 생각할 때, 이 역설이 생긴다.

문제는 이 부류가 자신의 항인가 아닌가이다. 그것이 자신의 항이라고 우리가 가정하면, 그때 그것은 자신을 포함하는 부류의 한 예가 아니다. 그러나 자신의 하나의 항이기 위해서는 그것은 첫째로 고찰되고 있는 종류여야 한다. 다시 말하면, 자신의 항이어서는 안 된다. 반대로 토의 중인 부류가 자신의 항이 아니라고 우리가 정하고 시작하면, 그때 그것은 자신을 포함하지 않는 한 부류의 예가 아니다.

A.N. 화이트헤드
영국의 철학자·수학자, 러셀과 함께 《수학원리》 저술

SECTION C] GENERAL THEORY OF CLASSES 193

***20·21.** $\vdash : \hat{z}(\phi z) = \hat{z}(\psi z) \,.\equiv.\, \hat{z}(\psi z) = \hat{z}(\phi z)$ [*20·15 . *10·32]

***20·22.** $\vdash : \hat{z}(\phi z) = \hat{z}(\psi z) \,.\, \hat{z}(\psi z) = \hat{z}(\chi z) \,.\supset.\, \hat{z}(\phi z) = \hat{z}(\chi z)$ [*20·15 . *10·301]

The above propositions are not *immediate* consequences of *13·15·16·17, for a reason analogous to that explained in the note to *14·13, namely because $f\{\hat{z}(\phi z)\}$ is not a value of $fx$, and therefore in particular "$\hat{z}(\phi z) = \hat{z}(\psi z)$" is not a value of "$x = y$."

***20·23.** $\vdash : \hat{z}(\phi z) = \hat{z}(\psi z) \,.\, \hat{z}(\phi z) = \hat{z}(\chi z) \,.\supset.\, \hat{z}(\psi z) = \hat{z}(\chi z)$ [*20·21·22]

***20·24.** $\vdash : \hat{z}(\psi z) = \hat{z}(\phi z) \,.\, \hat{z}(\chi z) = \hat{z}(\phi z) \,.\supset.\, \hat{z}(\psi z) = \hat{z}(\chi z)$ [*20·21·22]

***20·25.** $\vdash :. \alpha = \hat{z}(\phi z) \,.\equiv_\alpha.\, \alpha = \hat{z}(\psi z) : \equiv .\, \hat{z}(\phi z) = \hat{z}(\psi z)$

*Dem.*

$\vdash . *10\cdot1 . \quad \supset \vdash :. \alpha = \hat{z}(\phi z) \,.\equiv_\alpha.\, \alpha = \hat{z}(\psi z) : \supset :$

$\hat{z}(\phi z) = \hat{z}(\phi z) \,.\equiv.\, \hat{z}(\phi z) = \hat{z}(\psi z) :$

[*20·2] $\supset : \hat{z}(\phi z) = \hat{z}(\psi z)$ (1)

$\vdash . *20\cdot22 . \quad \supset \vdash : \alpha = \hat{z}(\phi z) \,.\, \hat{z}(\phi z) = \hat{z}(\psi z) \,.\supset.\, \alpha = \hat{z}(\psi z) :$

[Exp.Comm] $\supset \vdash :. \hat{z}(\phi z) = \hat{z}(\psi z) \,.\supset : \alpha = \hat{z}(\phi z) \,.\supset.\, \alpha = \hat{z}(\psi z)$ (2)

$\vdash . *20\cdot24 . \quad \supset \vdash :. \hat{z}(\phi z) = \hat{z}(\psi z) \,.\, \alpha = \hat{z}(\psi z) \,.\supset.\, \alpha = \hat{z}(\phi z) :.$

[Exp] $\supset \vdash :. \hat{z}(\phi z) = \hat{z}(\psi z) \,.\supset : \alpha = \hat{z}(\psi z) \,.\supset.\, \alpha = \hat{z}(\phi z)$ (3)

$\vdash . (2) . (3) . \quad \supset \vdash :. \hat{z}(\phi z) = \hat{z}(\psi z) \,.\supset : \alpha = \hat{z}(\phi z) \,.\equiv.\, \alpha = \hat{z}(\psi z) :.$

[*10·11·21] $\supset \vdash :. \hat{z}(\phi z) = \hat{z}(\psi z) \,.\supset : \alpha = \hat{z}(\phi z) \,.\equiv_\alpha.\, \alpha = \hat{z}(\psi z)$ (4)

$\vdash . (1) . (4) . \quad \supset \vdash .$ Prop

***20·3.** $\vdash : x \,\epsilon\, \hat{z}(\psi z) \,.\equiv.\, \psi x$

*Dem.*

$\vdash . *20\cdot1 . \supset$

$\vdash :: x \,\epsilon\, \hat{z}(\psi z) \,.\equiv :. (\exists \phi) :. \psi y \,.\equiv_y.\, \phi ! y : x \,\epsilon\, (\phi ! \hat{z}) :.$

[(*20·02)] $\equiv :. (\exists \phi) :. \psi y \,.\equiv_y.\, \phi ! y : \phi ! x :.$

[*10·43] $\equiv :. (\exists \phi) :. \psi y \,.\equiv_y.\, \phi ! y : \psi x :.$

[*10·35] $\equiv :. (\exists \phi) : \psi y \,.\equiv_y.\, \phi ! y :. \psi x :.$

[*12·1] $\equiv :. \psi x :: \supset \vdash .$ Prop

This proposition shows that $x$ is a member of the class determined by $\psi$ when, and only when, $x$ satisfies $\psi$.

***20·31.** $\vdash :. \hat{z}(\psi z) = \hat{z}(\chi z) \,.\equiv : x \,\epsilon\, \hat{z}(\psi z) \,.\equiv_x.\, x \,\epsilon\, \hat{z}(\chi z)$ [*20·15·3]

***20·32.** $\vdash . \hat{x}\{x \,\epsilon\, \hat{z}(\phi z)\} = \hat{z}(\phi z)$ [*20·3·15]

***20·33.** $\vdash :. \alpha = \hat{z}(\phi z) \,.\equiv : x \,\epsilon\, \alpha \,.\equiv_x.\, \phi x$

*Dem.*

$\vdash . *20\cdot31 . \quad \supset \vdash :. \alpha = \hat{z}(\phi z) \,.\equiv : x \,\epsilon\, \alpha \,.\equiv_x.\, x \,\epsilon\, \hat{z}(\phi z)$ (1)

$\vdash . (1) . *20\cdot3 . \supset \vdash .$ Prop

Here $\alpha$ is written in place of some expression of the form $\hat{z}(\psi z)$. The use of the single Greek letter is more convenient whenever the determining function is irrelevant.

R & W I 13

◀수리논리학 중 한 페이지

B.A.W. 러셀
영국의 논리학자·수학자·철학자, 화이트헤드와 함께 《수학원리》 저술

그러나 자신의 그 어떤 항도 아니기 위해서는 그것은 본디의 의문이 생긴 부류 속에 있는 부류 가운데 하나여야 하고, 그러면 그것은 자신의 항이 된다. 어느 경우나 우리는 하나의 모순에 이른다.

이 문제는 부류를, 부류의 부류와 온전히 같은 관점에서 논해서는 안 된다는 것을 알아차리면 제거할 수 있다. 그것은 마치 사람에 대해서 말할 때, 국민과 같은 수준에서 이야기하지 않는 것과 같다. 그때 우리가 역설을 세울 때처럼 경솔하게 부류 자신의 항인 부류에 대해 이야기해서는 안 된다는 것이 뚜렷해진다. 역설에 대한 문제는 여러 가지로 다루어지고 있는데, 역설을 어떻게 처리할 것인가에 대해서는 아직 일반적으로 일치하지 못하고 있다. 그러나 한편으로 이 문제는 철학자에게 문장이 어떻게 해서 구성되고, 말이 어떻게 쓰이는가를 조사할 필요성을 다시 일깨워 주었다.

제10장

# 현대 철학

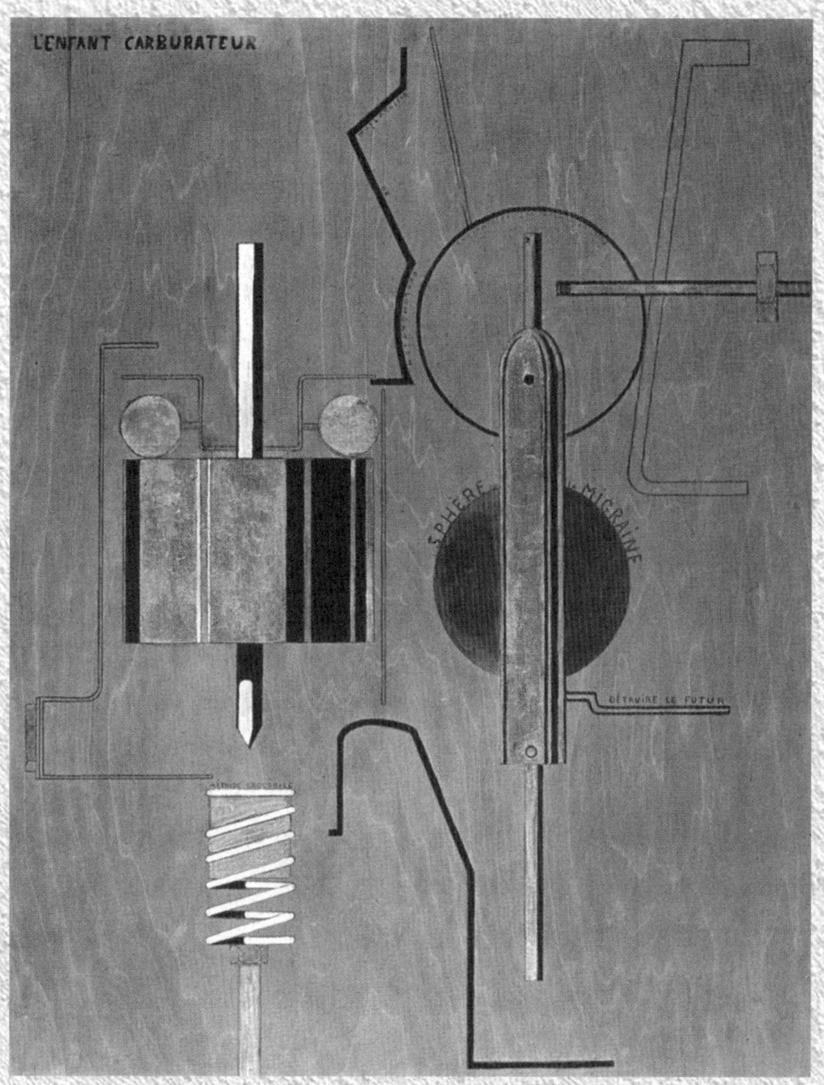

인생이 차츰 복잡해지면, 그 지배 수단도 점점 복잡해진다.

과거 70~80년 전의 철학을 논할 때, 우리는 특별한 몇 가지 어려움에 부딪힌다. 우리가 이런 발전에 지나치게 가까이 있어서, 적당한 거리를 유지하여 제3자적 태도로 임하기가 어렵기 때문이다. 꽤 먼 옛날의 사상가는 후세의 비판적 심판의 시련에 견뎌야 했다. 시간이 지나면서 차츰 선별이 이루어지고, 선택의 수고가 줄어들었다. 결국 이류 사상가가 자기 저서로는 상상할 수 없을 명성을 얻는다는 것은 실제로 매우 드물다. 하기야 중요한 인물이 가끔 부당하게 잊혀지는 일도 있지만 말이다.

최근의 사상가의 경우, 선택 문제는 더욱 어려워 균형 잡힌 전망을 세울 기회는 더욱 불안해진다. 과거의 일이라면 발전 단계의 전체 내용을 알 수 있지만, 현재는 너무나 가

까이 접근하고 있기 때문에 이야기의 온갖 요소를 과거의 경우와 같은 확신으로 풀어 헤칠 수 없다. 실제로 그렇게 될 수밖에 없다. 사건이 일어난 뒤에 알게 되는 것처럼 철학의 발전을 이해하기란 꽤 쉬운 일이다. 그러나 같은 시대의 변화의 중요성을 특이한 세부에 이르기까지 더듬을 수 있다고 생각한다면, 헤겔적인 착각일 것이다. 기껏해야 훨씬 이전의 사건과 결부된 전반적 경향을 알면, 그것으로 만족해야 할 것이다.

19세기 끝 무렵의 특징은 현대의 지적 풍조에 영향을 끼친 새로운 발전이다. 먼저 산업시대 이전에 기초를 갖는 낡

은 생활 방식이 무너졌다. 기술의 힘이 엄청나게 커졌기 때문에, 생활은 이전에 비해서 매우 복잡해졌다. 이것이 좋은 일인지 나쁜 일인지는 여기에서 문제되지 않는다. 우리는 현대에 대한 요구가 이전에 비해서 훨씬 각양각색이며, 보통의 생활을 하는 데 필요한 조건도 매우 복잡해졌다는 사실에 주목하게 된다.

이상은 지적 분야에도 반영되고 있다. 한때 한 사람이 몇 가지 학문을 습득하는 것도 가능했지만, 이제는 어떤 사람이든지 한 분야에서도 철저하게 파악하기가 더욱더 곤란해졌다. 지적 연구는 전문화되고 그 구분이 한결 좁아졌기 때문에, 현대에는 언어의 혼란이 생겼다. 이 불건전한 사정은 같은 시대의 공업기술 사회의 발전에 따라, 조금의 변화가 강요된 결과다. 그다지 머지않은 옛날에는 특정한 나라 안에서뿐만 아니라 서유럽 대부분도 어느 정도의 교육 수준에 이른 사람이라면, 모두 한결같이 공통된 배경을 가지고 있었다. 물론 이것은 모든 사람에게 보편적이거나 평등한 교양은 아니었다. 교육은 보통 특권적이거나 독점적이었지만, 그 뒤 거의 이런 특권은 무시되고 말았다. 오늘날 통용할 수 있는 기준은 단 한 가지 유능하느냐 그렇지 않느냐뿐이다. 이것 또한 다른 종류의 하나의 특권이기는 하지만 말이다. 이해를 위한 이런 공통의 기반은 그 뒤 없어지고 말았다. 전문화의 요구와 압력에 따라서 젊은 사람들은 넓은 관심과 이해를 신장시킬 여유를 갖기 전에 좁은 길로 인도된다. 결과적으로, 각종 탐구 부문에 전념하는 사람들이 서로 교류를 갖는 것이 매우 어려운 경우가 많아졌다.

**폴란드의 물리·화학자 퀴리부인과 그녀의 실험실** 좀더 자유롭고 모험적 정신을 추구하던 시대에 과학의 경직된 일면이 나타나 있다.

그러나 19세기에는 또 다른, 문자 그대로 말의 혼란이 일어났다. 먼 옛날부터 모든 나라의 학자 사이에서 공통된 표현 수단이 되었던 것이 시들어, 마침내 사멸하고 말았기 때

문이다. 라틴어는 키케로 시대부터 르네상스까지 학자, 사상가, 과학자의 언어였다. 가우스는 19세기 초기에 라틴어로 곡면(曲面)에 대한 유명한 저서를 썼지만, 이것도 이미 조금은 진기한 일이었다. 오늘날 어느 분야의 탐구자라도, 자기 전문 분야에서 진행되는 일을 책에 남기고자 한다면, 모국어 이외의 언어를 두서너 가지 다룰 수 있어야 한다. 이것은 어느 정도 중대한 문제가 되었다. 이제까지 이 문제는 해결되지 않고 있다. 그러나 그 어떤 근대어가 결국 라틴어가 가졌던 이전의 기능을 다해야 할 것이다.

예술의 낭만적인 풍요를 나타낸 그림 프랑스의 국가적 여배우, 사라 베르나르트와 그녀의 살롱

19세기의 지적 생활의 또 다른 새로운 특징은 예술과 과학이 단절되었다는 점이다. 이것은 르네상스 시대의 인본주의자들이 보였던 경향과는 대조적이다. 옛날의 사상가는 조화와 비례라는 일반적 원리의 빛에 비추어 과학과 예술을 추구했지만, 19세기는 낭만주의의 충격을 받아서, 과학적 진보가 인간에 가하고 있을지도 모르는 침해에 대한 거센 반동을 낳았다. 과학적인 삶의 방식과 이에 따르는 실험실이나 실험은, 예술가가 요구하는 자유와 진취 정신을 질식시키는 것처럼 여겨졌다. 실험 접근방법이 자연의 비밀을 밝히지 않으리라고 보는 관점은, 묘하게도 이미 괴테가 표현했다. 물론 이 말은 여느 때처럼 낭만적 기분에서 나온 것이다. 여하튼 실험실과 아틀리에의 대조는 우리가 이야기한 단절을 충분히 나타내준다.

이와 동시에 과학과 철학과의 어떤 차이도 나타났다. 17세기와 18세기 초기를 통해서 철학에 중요한 기여를 한 사람들은 과학 문제에서도 아마추어 이상의 사람들이 많았다. 주로 '독일 관념론' 철학의 한 결과로써, 이 넓은 범위의 철학적인 견해는 19세기 동안에 영국과 독일에서 사라지고 말았다. 프랑스인은, 우리가 앞에서 이미 말했듯이 그 무렵

'독일 관념론'에 대한 면역성을 가지고 있었지만, 그것은 단지 그들의 언어를 이런 사변에 적용할 수 없었기 때문이다. 그 결과, 과학과 철학의 분열은 프랑스에는 그다지 영향을 주지 않았다. 이 분열은 그때 이후 전체적으로 계속되었다. 물론, 과학자와 철학자가 서로를 완전히 무시하는 것은 아니다. 그러나 그 어느 쪽이나 상대가 무엇을 하고 있는지 이해하지 못하는 경우가 많다고 한다면 옳은 논평일 것이다. 같은 시대의 과학자가 옆길로 들어가 철학을 한다는 것은, 관념론 철학자가 반대 방향으로 돌입해 가는 것처럼 거의 잘 되지 않는다.

정치 분야에서 유럽의 19세기는 국가 간의 차이가 분명히 나타난 시대였다. 이보다 앞선 세기에는 이와 같은 문제에 대해 19세기와 같은 격렬한 태도는 볼 수 없었다. 그 무렵 프랑스와 영국은 교전 상태에 있었지만, 영국의 귀족들은 여느 때처럼 지중해 연안에서 겨울 동안 수개월을 보낼 수 있었다. 전쟁은 추한 면이 있지만, 전체적으로 매우 한가한 사건이었다. 과거 100년간 거국적인 큰 전쟁은 그렇지 않았다. 현대의 대부분 사건과 마찬가지로, 전쟁도 매우 능률적으로 변했다. 오늘날까지 세계를 완전한 파멸로부터 구조하는 데 도움이 된 것은 세계의 지배자들이 끊임없이 무능했다는 점에 있다. 그러나 사회 문제의 관리를 근대의 아르키메데스의 손에 위임하면, 그 전쟁의 도구가 탄도탄보다도 오히려 원자적인 만큼 우리는 눈 깜짝할 사이에 해체되고 말 것이다.

프랑스 화가 앙리 루소의 〈전쟁〉(1894) 현대의 대부분의 사건과 마찬가지로 전쟁도 매우 능률적으로 변했다.

그러나 19세기 끝 무렵에는 이와 같은 변화가 반드시 예견된 것은 아니었다. 오히려 그즈음에는 하나의 과학적 낙천주의가 널리 퍼져, 사람들은 천국이 금방이라도 지상에 나타날 것이라고 믿었다. 과학과 기술학이 성취한 커다란 진보에 따라서, 모든 문제의 해결이 바로 눈앞에 다가오고 있다는 사실은 있을 수 있는 일처럼 보였다. 이 과제를 성취해 줄 것 같은 도구는 뉴턴의 물리학이었다. 그러나 이 점에서 다음 세대의 여러 발견은 물리 이론의 유명한 원리를 단지 특별한 경우에 적용하기만 하면 된다고 생각하던 사람들에게는 심한 충격이었다. 현대에서는 원자 구조에 대한 발견으로, 세기의 전환기까지 나왔던 독단적인 생각은 산산이 부서지고 말았다.

그런데도 이 과학적 낙천주의는 오늘날에도 다분히 남아 있다. 과학·기술학적으로 세계를 변혁할 수 있는 범위는 무한하다고 여겨질 정도이다. 이와 동시에 전문가들 사이에서도 눈부신 새로운 세계가 지나치게 열성적인 옹호자들이 상상하는 만큼 보답이 있는 은혜가 아니지 않는가 하는 의심이 짙어졌다. 사람들 사이에 차이가 없어지고 있다는 것은, 우리가 사는 현대에서 싫증나게 볼 정도로 거의 일상사가 되었다. 이렇게 되면, 인간 사회는 한결 효율적으로 안정은 되지만, 하나의 기계가 될지도 모른다. 그러나 그렇게 되면, 과학이나 그 밖의 어떤 것에서든지, 모든 지적 노력은 모두 종말을 고하는 날이 틀림없이 오고야 말 것이다. 근본적으로 이런 꿈은 헤겔적 착각이다. 그것은 다다를 수 있는 궁극이 있고, 탐구도 마침내는 끝나는 하나의 과정이라고 가정한다. 그러나 이것은 하나의 관점으로는 옳지 않다. 오히려 반대로, 탐구가 끝이 없는 것이 뚜렷한 것으로 보인다. 아마도 이런 사정으로 우리는 결국 유토피아적 환상을 구축하는 사람들이 끊임없이 꿈꾸는 것 같은 목표를 그리지 않아도 된다.

뉴턴의 프리즘을 이용한 빛 실험(1870)

과학적 노력의 범위가 거대해지면, 윤리적 성격을 띤 새로운 사회 문제가 생긴다. 과학자의 발견과 발명은 본디 윤리적으로는 아무 색깔이 없다. 이 문제는 발견이나 발명은 우리에게 좋게도 나쁘게도 생각할 수 있는 힘을 준다. 그러나 이것은 반드시 새로운 문제는 아니다. 과학의 영향을 오늘날 한결 위험한 것으로 보고 있는 이유는 현재 이용할 수 있는 파괴 수단이 가공할 효력을 가지고 있다는 점 때문이다. 그리고 또 다른 차이는, 근대 과학의 힘과 지배의 근원을 파괴하는 목적으로 사용했을 경우에 그것들이 무차별적 성격을 띠게 된다는 점에 있다. 참으로 우리는 그리스 시대부터 멀리 왔다. 그리스인이 전란시대에 저지른 가장 흉악한 범죄 가운데 하나는 기껏해야 올리브 나무를 잘라 쓰러뜨리는 정도였다.

원자력 발전소는 $E=mc^2$ 공식을 이용해 아주 적은 우라늄에서 엄청난 에너지를 얻는다.

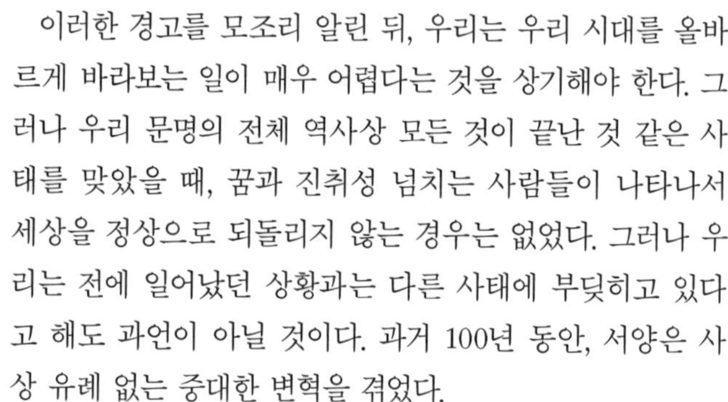
이러한 경고를 모조리 알린 뒤, 우리는 우리 시대를 올바르게 바라보는 일이 매우 어렵다는 것을 상기해야 한다. 그러나 우리 문명의 전체 역사상 모든 것이 끝난 것 같은 사태를 맞았을 때, 꿈과 진취성 넘치는 사람들이 나타나서 세상을 정상으로 되돌리지 않는 경우는 없었다. 그러나 우리는 전에 일어났던 상황과는 다른 사태에 부딪히고 있다고 해도 과언이 아닐 것이다. 과거 100년 동안, 서양은 사상 유례 없는 중대한 변혁을 겪었다.

철학에 대한 과학의 반동은 결국 콩트의 실증주의의 결과다. 우리는 콩트가 가설의 수립을 몰아내기에 여념이 없었다는 점을 이미 살펴보았다. 자연의 운행은 기술되어야 하는 것이지, 설명될 일이 아니다. 이런 계획은 몇 가지 점에서 그 시대의 과학적 낙천관의 전반적 상태와 연결되어 있다. 과학적 계획이 어느 정도 완성되어 끝이 보인다고 느껴지지 않는 한, 이론에 대한 이와 같은 태도는 나타나지 않을 것이다. 이 점에 대해서 뉴턴의 한 구절이 문맥과는 상관없이 인용되고, 그만큼 왜곡되어 있다는 것에 주목해 보자. 광선이 나아가는 상태를 말하면서, 그는 신중하게 자기는 가설을 하나도 세우지 않는다고 말한다. 설명은 시도되지 않지만, 이와 같은 일은 할 수 없을 것이라고는 말하지 않는다. 그런데도 뉴턴과 같은 강력한 이론이 먼저 동원되면, 이와 같은 가설의 필요를 느끼지 않게 된다는 것은 우리도 알 수가 있다. 뉴턴 물리학이 모든 미해결 문제를 금방이라도 해결할 것 같다고 과학자가 생각하는 한, 그들이 설명하지 않고, 기술하기를 주장한 것은 자연스러운 일이었다. '관념론' 철학자들은 헤겔식으로 모든 탐구 부문을 하나의 커다란 포괄적 체계로 정리하려는 경향이 있었다. 이에 맞서 과학자는 자기들의 연구가 일원론 철학에 매몰되어서는 안 된다고 느꼈다. 실증주의가 경험과 경험의 기술 범위 내에 머물러야 한다고 요구한 것은, 의식적으로 칸트와 칸트학파에게 한 호소와 연결되어 있었다. 현상의 근거를 살피고 동시에 이에 설명을 부여하는 것을 주안점으로 한다는 것은 누메나적인 영역에 발을 들여놓는 것과 마찬가지로, 거기에서는 설명의 범주는 적용되지 않는다. 따라서 설명은 터무니없는 일이 될 것임에 틀림없다.

과학 이론에 대한 이런 접근은 탐구 활동의 철학적 의미에 관심을 품고 있는 과학자 전체의 특징이다. 칸트의 이름이 여기에서 거명된다고 해도, 이들 사상가를 움직이는 관점이 정통적인 의미에서 칸트식이 아니라는 것은 잊지 말아야 한다. 우리가 살펴본 대로, 칸트의 지식 이론은 설명의 범주라는 틀을 경험의 필요조건으로 여기기 때문이다. 현재의 이 전후 관계에서 설명은 경험을 넘어서는 것이라고 생각되기 때문에 비과학적이라고 한다. 이 과학적 실증주의는 칸트를 그다지 충분히 이해하고 있었다고는 할 수 없다.

$$\nabla^2\psi + \frac{8\pi^2 m}{h^2}(E-V)\psi = 0$$

이론과학의 등식 단순한 기호의 능숙한 조작이라고 보통 해석된다.

이들 중 가장 유명한 대표자는 E. 마흐(1838~1916)로, 그의 《역학의 발전》은 역학을 실증주의적으로 설명한다. 그 설명에서 이 책은 뉴턴 물리학에 어느 정도 발을 들여놓은 스콜라 철학적 용어를 애써 사용하지 않으려 한다. 힘이라는 용어가 좋은 예이다. 하나의 힘은 볼 수 있는 것이 아니다. 우리가 할 수 있는 말은 물체는 어떤 일정한 방법으로 움직인다는 것뿐이다. 따라서 마흐는 힘을 제외하고, 가속도라는 순수한 운동의 개념에 따라서 이것을 정의한다. 본디 마흐는 역학을 지금보다도 더 강력한 과학으로 만들려고 의도하지는 않는다. 실증주의적인 방법은 무의미한 과학적 개념에서 성장한 분명히 쓸데없어 보이는 것에, 오컴의 면도날을 댄 것이다. 여기서 우리는 이 절단 작업이 어느 정도까지 근거가 있었던 것인가 하는 것을 자세히 검토할 수는 없다. 그러나 일반적으로 과학적 방법에 대한 한 가지 점을 강조한다는 것은 조금은 중요하다. 가설을 제외한다면, 과학적인 설명의 기능을 오해하게 된다. 가설은 현상을 만족하게 설명하고 미래를 예언하는 한, 설명의 기능을 다하는 것이다. 가설 자체가 탐구의 대상이 아니라 해도 적어도 사실에 폭력을 가하지 않는다면 설명을 계속할 수 있다.

마흐
오스트리아의 물리학자·철학자, 역학의 원리를 세웠다.

그러나 가설은 자체가 설명되지 않은 채 남아 있기 때문에 설명하는 것이다. 이번에는 가설이 보류되면, 그것은 이미 설명되지 않은 것으로, 설명되지 않은 채로 있는 다른 가설로 설명되어야 한다. 이것은 조금도 이상한 일이 아니다. 모든 것을 단숨에 설명할 수는 없다. 그러나 실증주의자가 어떠한 것도 설명할 수 없다고 주장한 점은 잘못이다. 모든 가설을 배제할 결심을 정말로 했다면 어떻게 되는지를 생각해 보면 알 수 있는 일이기 때문이다. 그렇게 되면 우리가 과학을 어떻게 실천하겠는가. 남는 것은 베이컨적 분류밖에 없다. 따라서 과학이 현실적으로 앞으로 나아가고 있는 사실이 마흐와 같은 사람들의 실증주의가 잘못되었다는 것을 보여준다. 실증주의의 이론에 대해 서슴없이 비판한 것은 메이에르송(1859~1933)의 저서에서 볼 수 있는데, 거기에서의 인식론은 자세하다고는 할 수 없지만, 원칙적으로 칸트적이다.

이탈리아의 그리스 출신 화가 드 키리코의 작품 〈위대한 형이상학자〉 의미추구의 상징이다(뉴욕 현대미술관).

과학적 철학자들은 얕잡아보는 어조로 '형이상학'이라고 부르면서 이에 대한 과학적 대용품을 찾으려는 나머지, 오히려 스스로 형이상학적 함정에 빠진 일이 매우 많았다. 이것은 어느 의미에서 보자면 놀라운 일이 아니다. 그들이 철학자의 형이상학적 사변을 거부한 것은 조금 정당했을지 모르나, 과학적 탐구 자체가 약간의 가정을 바탕으로 해서 앞으로 나아가는 것을 그들은 자칫 잊기 쉬웠기 때문이다. 적어도 여기까지 칸트는 옳은 것처럼 여겨진다. 인과성이라는 일반 관념은 과학적인 일의 전제 조건이다. 그것은 연구의 결과가 아니라 오히려 암묵적인 것에 지나지 않는다고 해도 하나의 가정이며, 이것이 없으면 연구는 시작되지 않는다. 이 관점에서 보면, 과학자의 저술에 최근 나타난 철학상의 신기한 생각도, 언뜻 보기에 반드시 눈부신 것은 아니다.

과학적 진술과 과학적 절차의 중요성은 이들의 수학적 의식 때문에 무시되는 경향이 있었다. 과학의 여러 발견은 엄격하고 막혀버린 뉴턴의 세계관을 얼마쯤 뒤엎고야 말았다. 과학자들은 이 세계관을 확대하려고 하기는커녕, 문제를 적당히 해석할 때, 알맞은 결과가 나오는 수학적 이론의 도움을 빌려 문제를 다루는 일에 안주해 왔다. 계산과 변환의 중간 단계는 방치되어, 단 한 쌍의 규칙으로써 작용을 영위하는 데 그친다. 보편적이지는 않지만 널리 퍼져 있는 이 태도는 피타고라스학파와 후기 르네상스 시대의 피타고라스 학설 신봉자의 수에 대한 신비주의를 이상하게도 상기시킨다.

철학면에서 이들 일반적 경향은 과학으로부터 벗어나려는 운동을 낳았다. 이것은 대륙의 관념론조의 부활뿐만 아니라, 대영제국의 주로 언어학적인 철학에도 해당된다. 이 언어 철학은 발견하는 일이 철학이 하는 일이 아니라, 곳곳에서 인정되는 일에 대해서 어떻게 이야기할 것인가, 그 여러 가지 이야기하는 방법의 장단점을 평가하는 것이 철학이 할 일이라고 본다. 이것은 어떤 의미에서는 옳다. 여하튼 이것은 철학이 언제나 해 온 일이다. 그러나 철학적인 다른 관점은 여러 가지로 과학적 탐구의 진보를 도와주거나 방해할 수도 있다.

이제 엄밀한 의미에서의 철학으로 이야기를 돌리기로 하자. 영국의 무대는 19세기 끝 무렵에 대륙에서 건너온 관념론의 지배를 받고 있었다. 영국에서 '비'가 아일랜드 쪽에서 온다면, '관념론'은 독일에서 왔다. 그러나 이 분야에서 가장 지배적인 인물이 반드시 헤겔의 전통을 잇는 것은 아니었다. F.H. 브래들리(1846~1924)는 옥스퍼드에서 연구하며 저술 활동을 했는데, 유물론을 비판적으로 거부하고 헤겔의 절대적 정신보다는 오히려 스피노자의 신 또는 자연을 연상케 하는 '절대자'에 이르는 것을 목표로 삼았다. 그가 논의하면서 따르고 있는 변증법은 헤겔에게서 볼 수 있는 유기적 발달의 원리가 아니라, 오히려 플라톤과 그 선구자 엘레아학파의 전통을 잇는 추론상의 무기였다. 실제로 브래들리는 헤겔의 지적 일원론이 인식과 존재를 동일하게 보려는 경향을 갖는 점에 대해서, 어떻게든 반대를 주장하려고 한다. 이런 견해는 소크라테스와 피타고라스학파까지 거슬러 올라간다. 브래들리는 이성적인 사고와 그 범주 아

**브래들리** 영국의 철학자

래에서, 드러난 감정이나 경험 단계로 나아가려고 한다. 우리가 실재를 운운할 수 있는 것은 이 단계에서이다. 사고는 늘 사물의 참다운 모습을 왜곡한다. 그것은 단순한 가상을 낳는다. 그 까닭은 사고가 실재하는 것에 분류나 관련의 다른 틀을 강요하여 실재를 왜곡한다. 이와 같이 브래들리는 사고작용의 과정에서 우리가 필연적으로 모순에 빠져야 한다고 주장한다. 이 이론은 《가상과 실재》라는 책에 쓰여 있다.

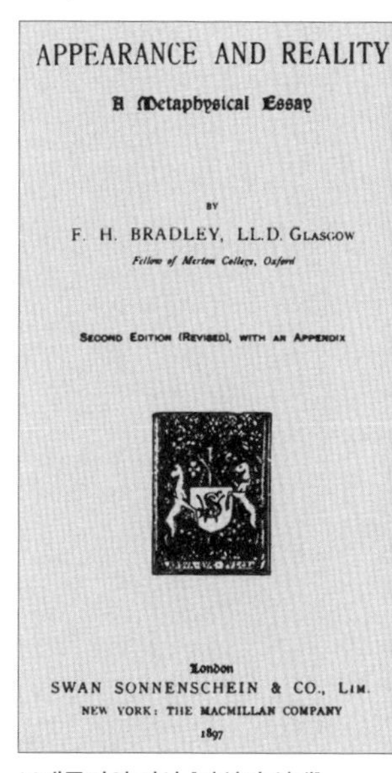
APPEARANCE AND REALITY
A Metaphysical Essay
BY
F. H. BRADLEY, LL.D. GLASGOW
Fellow of Merton College, Oxford
SECOND EDITION (REVISED), WITH AN APPENDIX
London
SWAN SONNENSCHEIN & CO., LIM.
NEW YORK: THE MACMILLAN COMPANY
1897

브래들리의 저서 《가상과 실재》 1893년 초판

브래들리가 사고를 공격한 주된 원인은 사고가 필연적으로 관계를 수반하고, 관계는 그가 제시하려고 한 것처럼 우리를 모순 속으로 빠뜨리기 때문이다. 이 이상한 결론을 세우기 위해, 브래들리는 소크라테스의 공유 이론에 대해, 플라톤의 《파르메니데스》가 사용한 제3자 논법의 한 형식을 사용한다. 성질과 관계는 한편에서는 뚜렷이 구별된 것이고, 다른 한편에서는 나누기 어려운 것이므로, 우리는 그 어떤 일정한 성질에서도 엄밀하게 성질적인 부분과 관계적인 결부를 부여하는 부분을 구별할 수 있어야 한다. 그러나 우리는 하나의 성질의 서로 다른 부분을 그와 같이 구별할 수는 없고, 예를 들어 할 수 있다 해도 이번에는 다시 두 부분을 관련시키는 문제에 맞닥뜨리게 될 것이다. 이것은 하나의 새로운 관계를 수반하고, 제3자 논법을 진행시킨다.

사고 분야와 과학은 이와 같이 모순으로 고통받고, 따라서 실재보다도 오히려 현상에 속한다. 브래들리는 이상하게도 넌지시 여기서 흄과 같은 결론에 이른다. 단, 근거는 조금 다르다. 그러나 흄과 마찬가지로 그도 자아의 관념이 관계를 수반한다고 해서 이것을 거부한다. 기존 종교의 신에 대해서는 신 또한 바로 같은 이유로 현상으로서 물리쳐야 한다.

이와 같이 브래들리는 가상을 처리하고, '절대자'에게서 실재를 본다. 이것은 엘레아학파의 '일자'를, 합리적 사고 수준에서보다도 직접적이고도 내부적인 수준에서 경험한 것으로 보인다. 이 절대자 이론에서는 모든 차이가 합해져 하나가 되고, 모든 분쟁도 해결된다. 그러나 그렇다고 해서, 가상이 폐지되는 것은 아니다. 일상 생활에서 우리는 생각도 하고 과학도 실천하지만, 이것은 우리를 가상에 빠뜨린다. 마찬가지로 사람들이 저지르는 악은 보통의 세계에서 현상으로서 확고한 지위를 차지한다. 그러나 절대자의 수준에서는 이들의 불완전은 사라지는 것처럼 보인다.

몇 가지 점에서 헤겔 학설을 근원으로 삼는 관념론의 또 다른 형태는 베네데토 크로체(1866~1952)의 철학에서 볼 수 있다. 그러나 이 경우 아마도 직접적으로 영향을 준 비코가 한결 더 중요할 것이다. 크로체는 학구적인 철학자는 아니고, 긴 일생을 통해서 경제적으로는 아무런 고생도 하지 않았다. 그는 국제적인 명성을 얻고 있었기 때문에, 파시즘 시대에도 별다른 어려움 없이 살아남을 수 있었다. 전쟁 이래 그는 이탈리아 정부의 몇 가지 요직에 있었다.

베네데토 크로체
이탈리아의 정치가·철학자·역사학자

그는 많은 양의 역사와 문학을 썼으며, 1905년에 문예잡지 《비평 *La Critica*》을 창간해서, 편집자의 자리에 계속 있었다. 그가 철학에 접근하는 특징적 태도는 미학을 강조한다는 점인데, 이것은 예술 작품을 관조할 때 구체적 경험 때문에 정신이 관여하게 된다는 것이다.

헤겔의 일원론은, '영국 경험론'의 인식론에서의 문제, 아니 칸트 이론의 인식론에서의 문제까지도 받아들이지 않는다. 그러나 그런 헤겔과 마찬가지로 크로체도 실재란 정신적이라는 관점을 가지고 있다. 그러나 헤겔은 변증법을 강조한 나머지, 정신 과정에는 장애의 적극적 정복이 따른다고 주장했지만, 크로체는 이 점에서 곧바로 비코의 '진리는 사실'이라는 등식까지 곧장 거슬러 올라가는 것처럼 보인다. 어쨌든 그는 헤겔 학설의 커다란 약점 몇 가지를 알아차린다. 변증법을 자연에 적용하는 것이 그 하나고, 삼분법수의 모호함이 다른 또 하나다. 그러나 그중에서도 헤겔은 관념론 체계에 대한 개념상에서 잘못을 저지른다. 우리는 이미 이 점에 대해서 그 어떤 비판적 논평을 가했다. 여기서 우리는 변증법적 발전의 이론과 궁극적인 목적 달성이 다소 양립하기 어렵다는 것을 덧붙여도 좋을 것이다. 크로체는 발전의 개념에 대한 헤겔적 설명을 받아들이지 않지만, 이 관념은 유지한다. 그는 변증법적 진행이 아니라 비코의 발전 단계설의 수정된 형태를 채택한다. 비코는 이와 같은 발전이 순환적이고, 따라서 결국은 모든 것이 같은 출발점으로 되돌아간다고 생각했다. 우리가 살펴본 대로 이 견해는 엠페도클레스까지 거슬러 올라간다. 그러나 크로체는 이들 변화를 점진적인 것이라고 여겼고, 따라서 그 최초의 단계로 되돌아갈 때는 정신이 이 과정에 대한 새로운 통찰력을 어느 정도 얻고 있다고 생각한다.

크로체의 소론집(1913) 텍사스 휴스턴 대학의 라이스연구소 취임 강연 내용이다.

크로체는 헤겔을 거부하지만, 자기 저술에 상당한 정도로 변증법을 유지하고 있다는 것을 인정해야 한다. 따라서 그는 책의 속표지에 거의 헤겔의 논리를 연상시키는 용어로 설명한다. "완전한 오류는 생각할 수 없기 때문에 오류와 진리가 밀접하게 관련되며, 그것은 생각할 수 없기 때문에, 존재하지 않는다. 오류가 말하는 소리에는 두 가지 색이 있다. 하나는 거짓을 주장하지만, 그러나 또 다른 것은 이것을 부정한다. 이것이 '예스'와 '노'의 충돌로, 모순이라고 불린다." 크로체에게 이 발췌는 정신은 실재와 어울린다는 논점을 강조하는 데 유효하다. 세계에는 원칙적으로 우리가 발견할 수 없는 것은 없다. 생각할 수 없는 것은 무엇이나 존재할 수 없고, 따라서 존재하는 것은 생각할 수 있다. 브래들리의 이와 반대되는 견해는 지적할 만한 가치가 있다. 그에게는 생각할 수 있는 것은 따라서 존재해야 하는데, 그는 이것을 '있을 수 있는 것, 있어야 하는 것, 있다'라는 공식으로 표현했다. 마지막으로 크로체가, 사실은 17세기의 '플라톤주의자'던 비코를 19세기풍의 합리론자로 그리고 있는 것도, 헤겔의 영향 때문이다.

*

프랑스에서는 19세기 후기와 20세기 초기의 가장 영향력 있는 철학자가 과학에 대한 반동으로 이제까지와는 다른 방향을 취했다. 앙리 베르그송(1859~1941)은 본디는 루소와 낭만주의 운동까지 거슬러 올라가는 비합리주의의 전통에 서는 사람이다. 프래그머티스트와 마찬가지로, 베르그송은 무엇보다도 행동을 강조한다. 이 점에서 그는 철학과 과학을 탐구할 때, 냉정한 이성의 작용과 함께 어떤 초조함을 반영한다. 합리론적 사고의 커다란 특징 중 하나는 정밀함을 구하는 노력이다. 《방법서설》의 데카르트학파의 교훈은 이 점을 매우 잘 기술했다. 특히 경험의 순간적인 움직임을 언어의 틀 안에서 포착하려고 노력하면서, 우리는 실재의 유동을 막고, 실재를 희미하게 고정된 언어에 따른 실재의 영상으로 대신하는 듯하다. 여기에는 헤라클레이토스와 파르메니데스의 오랜 문제가 있다. 베르그송이 하려는 것은 이성과 이성이 그리는 세계상에 속하는 엄격한 형식의 모방에 맞서 실재적인 경험의 유동성을 막는 것이다.

**베르그송** 프랑스의 철학자. 제1차 세계대전 중 베르그송은 사절로서 미국을 비롯 여러 나라에 파견되곤 했다. 1920년 국제연맹이 창설되고, 국제지적협력위원회 초대 회장에 취임했다.

여기까지는 베르그송의 문제는 어느 정도 브래들리를 떠올리게 한다. 그러나 그 해결법은 전혀 다르다. 브래들리의 형이상학은 결국 그의 윤리학설과, 더 명확하게 말하자면 진리의 정합성 이론과 밀접하게 결부되어 있다. 베르그송에게 논리 자체는 극복되어야 할 힘이다. 이런 뜻에서 브래들리는 합리론자고, 베르그송은 비합리론자라고 평해도 좋을 것이다.

베르그송의 가장 유명한 작품 《창조적 진화》의 표지

베르그송의 철학은 19세기의 관념론적 일원론과 유물론적 일원론과 대비했을 경우, 이원론적 세계관으로 되돌아간다. 그러나 우주의 이 두 구분은 옛날의 이원론적 이론과 반드시 일치하지 않는다. 하나는 데카르트의 경우와 마찬가지로 물질이지만, 또 하나는 어떤 종류의 생명적 원리로, 합리론자의 세계의 정신적 부분과는 다르다. 한쪽의 생명력과 다른 한쪽의 물질력이라는 이들 두 가지 커다란 힘은 영원한 투쟁을 한다. 이 투쟁에서 생명의 능동적인 충동이 활성이 없는 물질에 의해 가로막는 여러 장애를 극복하려고 한다. 이 과정에서 삶의 힘은 그것이 작용할 때의 물질적 조건에 따라서 어느 정도는 모양이 만들어지지만, 행동할 때 기본적 자유의 특징은 잃지 않는다. 베르그송은 전통적 진화 이론을 그 합리론적인 편중 때문에 거부한다. 이 편중이 근본적으로 새로운 것의 출현을 인정하지 않기 때문이다. 나중의 것은 전에 어느 정도 이미 포함되어 있거나 미리 정해져 있는 듯하고, 이렇게 되면, 베르그송이 생명의 힘으로 보는 행동의 자유도 파괴되는 것처럼 보인다. 그가 생각하기에 진화는 순수하게 신기한 것을 낳는다. 그것은 문자 그대로의 뜻으로 창조적이다. 이 이론은 《창조적 진화》라는, 그의 가장 유명한 저서에 기술되어 있다. 베르그송이 가정하는 이 같은 진화의 과정은 예술 창작의 유추에서 직접 가져왔다. 예술가가 그 어떤 창작 충동에 몰려 행동으로 옮기는 것처럼 자연계에 작용하는 삶의 힘도 마찬가지이다. 진화에 따른 변화는 그때까지 존재하지 않던 새로운 특징을 지향하는 끈질긴 창작 충동을 통해 일어난다.

인간은 진화를 거치면서 지능이 본능을 넘어서는 동물이 되었다. 베르그송은 분명히 루소가 이전에 그랬던 것처럼, 이를 조금 불행한 것으로 보고 있다. 인간의 지능은 본능을 억제하는 경향이 있어서, 인간에게 자유를 빼앗고 말았다. 지능이 스스로 자기 개념적인 속박을 세계에 강요하여, 왜곡된 세계상을 제공하기 때문이다. 우리는 지능을 해방의 힘으로 보는 합리론의 이론에서 매우 먼 거리를 온 것이다.

생의 비약
진화에서는 복잡함과 개체성을 증대시키는 지속적인 충동이 있다고 베르그송은 말한다. 그는 이 충동을 비탈(생의 비약)이라고 한다.

최고 형태의 본능은 직관이며, 직관은 세계와 직접 일치하는 어떤 정신 활동이다. 지능은 경험을 왜곡하지만, 직관은 경험을 있는 그대로 파악한다. 베르그송에 따르면, 지능의 문제점은 이것이 물질적 세계의 불연속성에 한해서만 타당하다는 것이다. 이런 생각은 분명히 언어를 불연속적인 개념의 틀로 보는 관념과 연관되어 있다. 삶은 본질적으로 연속적인 것이며, 지능은 이를 이해하지 못한다. 이 점에서 우리는 직관에 의지해야 하는 것처럼 보인다. 지능과 직관의 구별은 베르그송에게는 공간과 시간 사이의 평행한 구별과 관련된다. 지능은 세계를 분해 또는 분석하는 것으로, 무시간적이며 꿈을 꾸고 있는 것처럼 작용한다. 언어의 어원적인 뜻에서 이론적인 것과 실천적인 것 사이에 이전의 대비를 사용하면, 지능이란 이론적인 것이다. 지능은 세계를 기하학적으로 본다. 지능에는 공간은 있지만, 시간은 없다. 그러나 삶은 시간으로 흘러가는 실천적인 일이며, 여기에 직관이 개입한다. 지능이 이루는 공간적 해부도 어떤 이점은 물론 있지만, 그것은 삶을 올바르게 이해하는데 방해가 된다. 물리적 이론의 시간은 순수한 시간이 아니라, 오히려 하나의 공간적 은유이다. 베르그송은 직관의 진짜 시간을 지속이라고 부른다. 그러나 이것은 과연 무엇인가, 그 설명은 쉽지 않다. 베르그송은 이 직관의 진짜 시간을 우리가 합리적인 사고를 삼가고, 다만 나와 나의 몸을 시간의 흐름에 맡겼을 때, 우리를 압도하는 순수한 경험이라고 생각하는 것으로 보인다. 이 관념은 키에르케고르가 언급하고 후기 실존주의자들이 수정한 존재론적 인식의 양식과 얼마쯤 비슷하다고 할 수 있다.

베르그송의 시간론은 기억에 대한 그의 설명과 연관되어 있다. 기억상에서, 의식적 정신은 과거와 현재와의 그 어떤 교류를 생각해 낸다. 현재가 지금 활동하고 있는 데 반해서 과거는 이미 활동하고 있지 않다. 이 말은 그가 다른 곳에서 지속을 위해 버리려고 애쓰는 수학적 시간을 바로 가정하는 것이다. 활동에 대한 진술이 의미를 가지려면 과거와 현재는 독립적이어야 한다. 게다가 기억이라는 말에 이중의 뜻이 붙어 있기 때문에, 거기에서 단순한 혼란이 생긴다. 우리는 기억이란 현재 이 자리에서 생각해 내는 정신활동이라고 이해하는 경우도 있고, 이와 같이 회상되는 과거의 사건이라고 이해하는 경우도 있다. 베르그송은 정신활동과 그 대상을 혼동하여 과거와 현재가 뒤섞인 것이라고 말하려 한다.

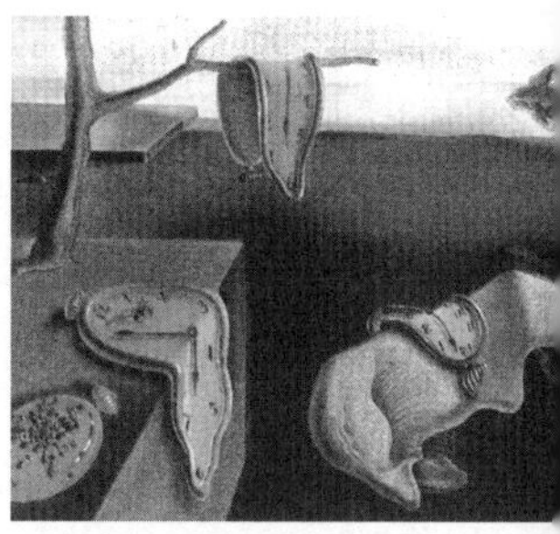
달리의 〈기억의 지속〉 정지한 시간은 공간 속의 기억으로 남는다.

베르그송은 전체적으로 몇 가지 관점을 받아들이라고 권고하면서도, 이에 대해 좋든 나쁘든 이유를 대지 않는다. 이것은 사고방식의 비합리주의적 경향과 일치한다. 그 대신에 그는 자기가 인용하는 예의 어떤 시적 성질에 의존한다. 이것은 모두 색채가 매우 풍부하여 즐거운 것이지만, 반드시 독자를 수긍하게 하는 일은 아니다. 분명히 이것은 이성의 범위를 축소하려고 할 때 따라다니는 문제이다. 받아들이기 위한 근거를 운운한다는 것은 이미 이성적인 것의 영역 내에서 움직이기 때문이다.

*

베르그송의 이론은 경험의 논리적인 특징보다도 오히려 심리적인 특징으로 보는 것이 가장 좋다. 이런 뜻에서 그것은 심리학 이론의 어떤 경향과 일치한다. 이것과 비슷한 고찰은 실존주의에도 적용된다. 심리학 분야의 위대한 새로운 발전은 정신 분석학 이론이다. 그러나 이에 대한 짧은 논의에 들어가기에 앞서, 우리는 많은 점에서 이와 반대되는 심리학상의 또 다른 경향, 즉 일반적으로 행동주의라고 일컬어지는 방식을 언급해야겠다.

**파블로프**
러시아의 생리학자이며 조건반사를 연구했다.

행동주의파 심리학은 실증주의에서 갈려 나왔다. 그것은 언뜻 보기에 낡은 내성적인 심리학의 신비적인 실재물을 부정하고, 공공연한 행동에 찬성의 뜻을 나타낸다. 사람들이 행동하리라고 생각되는 것만이 중요하다. 기껏해야 우리는 일정한 상황에서 일정한 방법으로 행동하고 싶어하는 성향을, 행동을 기술하기 위한 우리의 개념적인 틀 위에서 이용하는 것이 고작이다. 이와 같은 성향은 공공연하게 관찰할 수 있는 것으로, 실험이 자연과학자의 손에서 이루어지는 것처럼 검사할 수 있다. 이 방식을 단순하게 연장한 것이, 심리적인 사건에 대한 물리화학적·생리학적 설명을 구하는 방식이다. 이런 이론은 이미 설명된 대로 유물론적·실증주의적 경향을 보인다. 이 방면의 발전에서 널리 알려진 것 중 하나는 러시아의 생리학자 이반 P. 파블로프(1849~1936)의 조건반사에 대한 저서이다. 파블로프와 침 흘리는 개 이야기를 듣지 못한 사람이 없을 정도이다. 간단히 말하자면, 이 실험은 이 동물에게 그 어떤 신호를 주어, 예를 들어 영사막 위에 어떤 모양이 나타나게 하면서 그 동물에게 음식을 준다는 것이다. 얼마 뒤 이 모양을 보기만 해도, 음식이 지급될 때 따라야 할 생리학적 효과가 나타나게 되었다. 신호만 했을 뿐인데 침이 흐르기 시작했다. 이런 반응은 조건반사라고 불리게 되었다.

실험실의 파블로프

이 연구가 나타내려는 것은 관찰할 수 있는 구체적인 사태가 습관의 강제에 따라서 어느 정도까지 연관성을 변화시킬 수 있으며, 이 연관성과 어떤 사건이 결부되어 있다는 것이다. 이 점에 대해 이 설명은 꽤 전통적이고 흄적인 연상심리학을 사용하고 있다. 그리고 거기에 암시되어 있는 뜻은 사고라는 신비적 실재물을 가정할 필요가 없다는 것인 듯하다. 말로 할 수 있는 것은 모두 관찰할 수 있는 결부된 사건에 한정되어 있기 때문이다.

이와 같은 말은 아마도 이 문제를 극단적으로 공식화하는 일이 될 것이므로, 물론 몇 가지 조정이 필요하다. 그러나 우리의 현재 목적으로 말하자면, 이와 같은 경향을 제시하는 것만으로 충분하다. 철학에서 이와 비슷한 발전은 약간의 형식언어학에서 찾아볼 수 있다. 이 언어학은 전통적인 의미에서의 뜻을 없애고, 그 대신에 언어의 현실적 용법을 사용하든가, 그렇지 않으면 알맞은 기회에 어떤 방법으로 언어를 사용하려고 하는 성향을 가져온다. 파블로프의 개와 같이 우리는 사고하기보다는 오히려 침을 흘리게 되어 있다.

정반대의 방식은 지그문트 프로이트(1856~1939)의 이름을 들으면 생각나는 심리학 이론에서 볼 수 있다. 프로이트는 생물학적인 관점에서 출발해서 결국 숨은 실재물을 무제한으로 받아들이는 심리학으로 옮겼다. 그의 이론에서 잠재 의식이라는 관념이 중심적인 중요성을 갖는다. 이것은 그 본성으로 보아 직접 관찰할 수 없다. 이 이론이 옳은가의 여부는 먼저 제쳐 두고, 여기서 강조해야 할 점은 그것이 하나의 과학적 가설로서 매우 옳다는 것이다. 이 과학적 가설을 실증주의적 편향에서 즉각적으로 거부하는 사람들은 과학적 방법상의 가설의 기능을 이해하지 못한다. 그러나 프로이트로 돌아가서 보면, 잠재 의식과 그것이 작용하는 방법에 대한 이론은 심리학의 이론이 발전하는 데 중요한 몇 가지 수단을 제공해 준다. 이들 중 가장 중요한 것이 《꿈의 해석》으로, 1900년에 나온 프로이트의 꿈의 일반이론이고, 그 다음이 이와 연관된 망각에 대한 이론으로, 비전문가의 이야기라는 형식이다. 이 이야기 형식은 1904년에 《일상생활의 정신병리학》에 실렸다.

꿈을 꾸고 있다는 것과 눈을 떠 의식이 있다는 것에 대한 구별은 전자가 어떤 자유와 공상을 인정한다는 데 있다. 이것은 일단 눈을 뜬 뒤의 생활에서 우리가 부딪히는 엄격한 현실과 맞설 수는 없다. 그러나 꿈을 꾸는 사람의 자유는 결국 실질적이기보다는 표면적이다. 이것은 꿈에 대한 어떤 일반이론의 결과여야 한다. 프로이트의 저서에서 전반적인 가설에 따르면, 꿈 속에서 우리는 온갖 이유로 평소 생활에서 억압된 희망이나 욕망을 달성한다는 것이다. 억압의 기구와 개인의 심리적인 자세한 구조는 여기서 다룰 수는 없다. 꿈을 꾸는 사람은 직접 경험에 근거를 갖는 각양각색의 요소와, 그날의 희망뿐만 아니라, 지나간 어렸을 적 무렵까지 거슬러 올라가는 희망을 자유롭게 섞어서 재건한다는 것만을 지적하면 충분하다. 해석이라는 과제는 꿈의 진정한 뜻을 푸는 일이다. 여기에는 억압의 과정에서 일어나는 약간의 상징적인 인식이 따르기도 한다. 이것은 무엇

**프로이트**
오스트리아의 의자이자 정신분석학의 창시자

인가 재미없는 사실을 감추기 위한 것이거나, 그다지 솔직하게 말하고 싶지 않을 때, 이를 피하기 위한 것이 되기도 한다. 이들 해석 사이에 프로이트는 완전한 상징의 일람표를 만들어냈다. 단, 공평하게 말해서, 그 자신은, 그의 신봉자들보다도 이들 상징을 사용하는 데 더 신중했다는 사실을 밝히겠다. 여기서 프로이트가 의사였다는 것을 상기할 필요가 있는데, 그는 치료 면에서는 이 경과를 감추고는 있어도, 억압에 따라서 신경적인 부조가 일어났을 경우에 제거 작업, 즉 정신 분석이 그 조정을 위해 필요하다고 여기고 있었다. 실제로 분석은 치료를 하기에는 충분하지 않았지만, 이것 없이는 어떠한 시도도 전혀 할 수 없었다. 지식의 치료적 개념은 물론 새로운 것은 아니다. 우리도 살펴본 것처럼, 그것은 이미 소크라테스도 생각했다. 현대의 언어 분석학파도 철학적인 수수께끼에 대해서 이와 매우 비슷한 관점을 갖고 있는데, 그들은 이것을 분석에 의해 치료되는 언어 신경증에 비유한다.

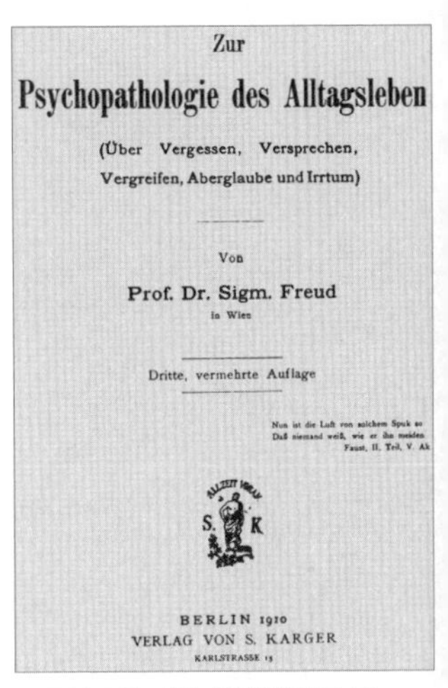
Zur
Psychopathologie des Alltagsleben
(Über Vergessen, Versprechen, Vergreifen, Aberglaube und Irrtum)
Von
Prof. Dr. Sigm. Freud
in Wien
Dritte, vermehrte Auflage
BERLIN 1910
VERLAG VON S. KARGER
KARLSTRASSE 15

프로이트의 저서 《일상생활의 정신병리학》 1904~10년까지 3판이나 거듭되었다.

프로이트는 망각 작용을 이것과 매우 비슷한 억압의 기구와 연결짓는다. 우리는 어떤 의미에서 생각하는 것이 무서워 잊어버린다. 우리는 쉽게 잊는 것을 고치기 위해서는 회상을 망설이게 하는 것이 무엇인가를 이해해야 한다.

프로이트의 이론에는 꿈에 대하여 본격적으로 전반적인 과학적 설명을 하려고 하는 장점이 있다. 세부적으로 보면 온전히 수긍할 수 없는 몇 가지가 있다. 예를 들어, 프로이트의 상징 사전 모두를 받아들일 수는 없다. 물론 정신 분석학이 뜻밖으로 큰 주목을 받은 이유는 무엇보다도 성 행동과 그 억압을 솔직하게 인정한 데 있었다. 그러나 이런 사정에서 정신 분석학은 별로 열리지 않은 사람들의 많은 비판의 대상이 되기도 했다.

*

세기의 전환기 이래 미국 철학의 지배적 세력은 수정된 형태의 프래그머티즘이었다. 이 운동의 최대 대표자는 존 듀이(1859~1952)이다. 미국에서 태어난 그는, 이 지방의 자유주의적 전통에 깊이 물들어 있었다. 그의 관심은 언제나 광범위하고 학구적인 철학에서 벗어나 있었다. 그에게 가장 큰 영향력을 미친 것은 교육 분야였다. 1894년, 그가 시카고 대학 철학 교수가 되었을 때부터 교육 분야의 주제에 대해서 많은 이야기를 했다. 현대에 들어와서 전통적인 뜻에서의 교육과 공업 사회에서 더욱더 요구하는 직업 교육의 구별이 어느 정도 모호하게 되었다면, 이것은 일부 듀이의 저서가 미친 영향 때문이다.

듀이의 철학에는 이 철학을 옛날의 약간의 발전과 결부시키는 중심적 관념이 세 가지가 있다. 실용주의적 요소는 우리도 이미 거론했다. 듀이는 퍼스와 마찬가지로 탐구가 무엇보다도 중요하다는 관점을 가지고 있었다. 다음에 행동을 역설하는데, 이것은 실용주의적이라기보다는 오히려 베르그송적이다. 우리도 살펴본 것처럼, 프래그머티스트 또한 행동의 중요성을 굳게 믿고 있었다. 그러나 우리는 제임스가 퍼스를 오해했다는 것과, 퍼스의 활동이 비코가 '진리는 사실'이라는 등식을 세웠을 때 염두에 두고 있었던 것에 가깝다는 사실을 떠올릴 필요가 있다. 셋째, 듀이의 이론에는 강하게 헤겔학파의 생각이 들어 있다. 이것은 특히 그가 유기적 또는 합일적 전체를 탐구의 궁극적 목표로 주장한다는 점에서 알 수 있다. 이 과정에서 일어나는 논리적 단계는 이와 같이 전체에 대한 도구로 여겨진다. 우리가 헤겔의 변증법을 완전한 체계에 이르는 도구로 생각한다면, 논리를 도구로 보는 이 개념은 헤겔의 변증법과 공통점이 많다. 프래그머티즘학파를 본떠 듀이도 피타고라스와 플라톤

**듀이** 미국의 철학자·교육자이자 실용주의 주창자

의 수리 철학에서부터 현대까지 전해 오는 진위의 전통적 개념 때문에 좌절하는 것은 원치 않는다. 그 대신 듀이는 보증받은 주장에 대해 말하고 있는데, 이와 같은 관념은 퍼스에게서 빌려왔다. 우리가 여기서 덧붙여 말하자면, 후기의 퍼스는 해답을 찾는 데 아무리 많은 시간이 걸린다 해도 어떤 문제에 대한 해답은 있다는 것을 인정했다.

존 듀이는 아동 교육에 관심을 가졌다.

절대적인 의미에서 진리를 폐지한다는 이 전반적인 문제에 우리는 이미 프로타고라스와 관련해서 언급한 비판을 적용할 수 있다. 누군가가 나를 귀찮은 존재라고 주장한다면 어떨까. 실용주의적인 의도에서, 내가 이 사람에게 이런 주장을 할 근거가 있느냐고 묻는다면, 그 사람은 어떻게 대답할까? 나를 이렇게 보는 것이 그 사람에게는 유익할지 모르고, 그는 나의 물음에 대해서 근거가 있다고 대답하고 싶은 마음이 생길지도 모른다. 그러나 이 사람은 '예스'라고 말하건 '노'라고 말하건, 곧 자기의 실용주의 원리를 뛰어넘는다. 이것은 이미 근거의 문제가 아니기 때문이다. 그는 2차적인 편의나 근거는 전혀 생각지 않는다. 실제로 이것은 곧장 무한한 후퇴로 통한다. 오히려 그는 '예스'나 '노'라고 대답할 때, 암암리에 진리의 절대적 의미를 인정하게 된다. 이것은 이 문제의 사실에 대해 잘못 알고 있던 마지막 상태에 의해서도 바뀌지 않는다. 그는 성실하게 결국 잘못된 대답을 할지도 모른다. 그러나 그는 대답을 하기 위해 하나의 절대적인 기준을 암암리에 받아들여야 한다. 이런 비판은 진리에 대한 실용주의 이론에만 해당되는 것이 아니다. 어떤 이론도 진리를 진리 그 밖의 기준에 따라서 한정하려 한다면 이에 해당된다.

논리를 행동에 포함하려는 이런 시도가 어디서 나오는지를 알기란 조금도 어렵지 않다. 근본적으로 전통적인 객관적 논리관에 서면, 순수하게 새로운 것은 하나도 이 세상에 나올 수 없다는 것이 베르그송의 불만이다. 이런 이론을 불어넣고 있는 것은 새로운 것과 사회 발전에 대한 수요다. 이런 점에서 결국 다양한 인간의 활동과, 언어와 논리로 표현되는 변하지 않는 틀 사이에서 혼란이 생긴다. 이들 기준을 인정할 수 없기 때문에, 자칫 사람들은 규정을 뛰어넘어 자신의 힘의 한계를 잊기 쉽다.

여기서 우리가 언급할 필요가 있는 다른 주요 인물은 나의 예전 동료인 알프레드 노스 화이트헤드(1861~1947)이다. 수학적 논리학자로서의 그는 이미 우리가 알고 있는 대로이다. 《수학원리》 이후, 그의 관심은 차츰 현대 과학에서 생기는 철학상의 문제로 옮아가, 마침내 그는 형이상학으로 향했다. 1924년, 그는 하버드 대학 철학 교수로 임용되어, 사실상 새로운 이력을 시작했다. 이 후기의 저서는 매우 어렵다. 물론 책이 어렵다고 말한 것만으로는 비판이 되지 않지만, 솔직히 말해서 화이트헤드의 형이상학적 사고가 나에게는 조금 이상하게 보인다. 그러나 간단하게 그의 사고를 살펴보기로 한다.

**화이트헤드**
영국의 철학자·수학자이며, 런던 대학에서 응용학 교수, 하버드 대학에서 철학 교수가 된다. 저서로 러셀과 공저인 《수학원리》가 있다.

화이트헤드는 세계를 파악하기 위해서 우리가 실재를 제1성질과 제2성질로 나누는 갈릴레이와 데카르트의 전통을 따라서는 안 된다고 주장한다. 이 길을 가면, 우리는 단지 합리론적 범주로 왜곡된 형상에 다다를 뿐이다. 세계는 오히려 다분히 순수한 사건의 무한 집합으로 이루어져 있고, 이 사건 하나하나는 라이프니츠의 단자를 연상시킨다. 그러나 단자와는 달리 사건은 곧 사라져서 새로운 사건을 낳는다. 이들 사건은 대상물에서 일어난다. 몇 쌍의 사건은 헤라클레이토스의 유동으로 여겨지고, 대상은 파르메니데스의 '구체'라고 생각할 수도 있다. 개별적으로 이들은 본디가 추상물이며, 현실적인 과정에서는 둘 다 떼어놓을 수 없이 관련을 갖고 있다.

피카소의 〈반신상의 여자〉

실재물과의 순수한 접촉에 대해서 이것은 내면으로부터 안다는 것, 즉 아는 사람과 그 대상이 서로 녹아서 단 하나의 실재물로 합쳐지는 것으로 보인다. 우리는 여기서 스피노자를 생각하게 된다. 화이트헤드도 실제로 모든 명제가 결국, 보편적 체계와의 관계에서 보아야 한다고 주장한다. 이것은 분명히 한 형태의 체계적 관념론이다. 단, 그것은 듀이 철학의 관념론조의 성격과는 같다고 할 수 없다. 듀이의 전체 개념이 헤겔까지 거슬러 올라가는 반면, 화이트헤드의 관념론은 후기 셸링의 유기적 관념과 공통점이 많다.

매우 간단하지만, 이것이 화이트헤드 형이상학의 주제인 듯하다. 그것이 철학사상 어떤 지위를 차지하게 될 것인지 나는 모른다. 그러나 직접적으로 흥미를 끄는 점은 과학의 전반적 문제에 대한 약간의 관심에서 형이상학적 이론이 어떻게 직접 나오는가 하는 점이다. 실제로 우리는 이 같은 경우를 17세기의 합리론자와 19세기의 관념론자에게서 보았다. 과학적 이론이 전세계를 받아들이는 한, 그것은 형이상학과 비슷한 목적을 추구한다. 과학이 다른 것은 어찌할 수 없는 사실에 더 큰 책임이 따른다는 점이다.

*

19세기가 그때까지의 어떤 시대보다도 철저하게 세계를 변혁했다고 하면, 이 같은 말을 이보다 변화가 더 강한 지난 50년에도 적용할 수 있을 것이다. 제1차 세계대전은 한 시대의 끝을 나타낸다.

수세대에 걸쳐 사람들을 움직였던 지도적 관념은 진보의 관념이었다. 세계는 그때보다도 더 뛰어나고 더 개화된 상태를 향하여 앞으로 나아가고 있고, 더욱이 서유럽은 온정이 넘치는 주인으로서 군림하고, 세계의 다른 국가들은 정치적·기술적으로 여기에 종속된 것처럼 보였다. 몇 가지 점에서 이 세계관에는 그 나름대로 이유가 없는 것은 아니었다. 서양은 정치적으로나, 공업이 주는 물질적인 힘을 쥐고 있다는 점에서나 단연 우세했다. 이상을 지탱하고 있었던 것은 넘치는 자신감과, 신도 진보편이라는 감정이었다. 공업 사회가 발달함에 따라 인구는 증가 일로를 걸었다. 고작 1세기 안에 영국의 인구는 5배가 되었다. 그래도 맬서스의 어두운 예언은 그다지 적중했다고는 볼 수 없다. 오히려 공업 사회가 초기의 문제를 극복하기 시작하자 사회의 전반적인 생활 상태는 차츰 편해졌다.

빅토리아 시대에는, 삶이 실속 있고 확고하고 건전해 보였다. 그 시대는 잘 짜여진 안정된 세계였다.

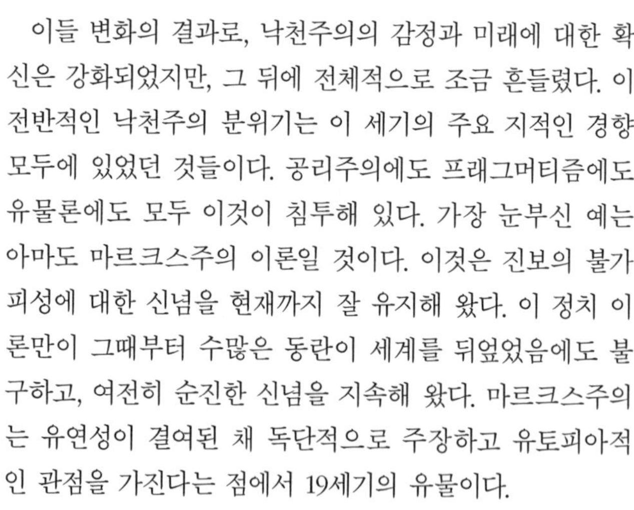

이들 변화의 결과로, 낙천주의의 감정과 미래에 대한 확신은 강화되었지만, 그 뒤에 전체적으로 조금 흔들렸다. 이 전반적인 낙천주의 분위기는 이 세기의 주요 지적인 경향 모두에 있었던 것들이다. 공리주의에도 프래그머티즘에도 유물론에도 모두 이것이 침투해 있다. 가장 눈부신 예는 아마도 마르크스주의 이론일 것이다. 이것은 진보의 불가피성에 대한 신념을 현재까지 잘 유지해 왔다. 이 정치 이론만이 그때부터 수많은 동란이 세계를 뒤엎었음에도 불구하고, 여전히 순진한 신념을 지속해 왔다. 마르크스주의는 유연성이 결여된 채 독단적으로 주장하고 유토피아적인 관점을 가진다는 점에서 19세기의 유물이다.

이런 진보의 분위기에 싸여 사람들은 세계가 확고한 기반 위에 놓여 있는 것 같은 기분이 들었다. 이 편견은, 물질적인 조건을 가진 사람들의 사상에만 스며들어가서 낙관주의적 견해를 갖도록 한 것은 아니다. 사회인으로서 보통의 권리를 빼앗긴 사람들도 마찬가지로 자기 운명이 개선될 수 있고, 나아지리라고 느꼈다. 이 희망은 결과적으로 실망스러운 것은 아니었다. 그 사이에 교육 대책도 사람들이 어떻게 하면 향상될 수 있는지를 제시하는 데 쓸모 있었다. 이 새로운 사회에서는 지위라는 이점을 가지지 않는 사람들도 지식과 기술을 통해서 자기의 사회적 지위를 뛰어넘을 수 있었기 때문이다.

이 경쟁적 요소는 사회적 분야에서는 이제까지 없었다. 상인끼리의 경쟁은, 물론 장사 자체와 마찬가지로 오래전부터 있었다. 그러나 한 인물이 자기 노력으로써 향상할 수 있다는 관념은 꽤 최근에 나온 것이다. 중세에는 신이 정해준 지위에 모든 사람이 앉게 되고, 신이 정한 질서에 손을 대는 것은 죄를 저지르는 일이라는 관념을 일반적으로 널리 받아들였다. 이와 같은 낡은 관점은 르네상스 사상가들에 의해 의심을 받았다. 19세기는 이것을 모두 배척했다.

**르네 클레르의 영화 〈막간〉(1924)에 나오는 장례 행렬** 비웃음을 당하는 오래된 가치들과 사라진 안정성

우리가 여기서 말하는 상태는 물론 산업주의가 확고한 발판을 만들고 있는 지역에 한해서이다. 그중에는 영국과 서유럽의 몇몇 지역이 포함된다. 이들 지역이 인간이 사는 지구상의 일부로서 그 범위가 아주 작았다는 것은 기억해 두기 바란다. 이들 나라들이 자기들의 발전의 결과로, 세계사에 미쳐온 영향은 그 인원수와 전혀 균형이 맞지 않는다. 그러나 이것 또한 인간사에서는 새로운 것이 아니다. 단순히 크기만 가지고 말한다면, 고대 페르시아 제국은 그리스에 비하면 드넓었지만, 그 영향은 결국 보잘것없었다.

진보 사상에 의해 움직여진 이 시대 사람들에게, 확신을 갖고 앞날의 계획을 세운다는 것이 가능한 것처럼 보였다. 정황은 안정되어 있었으므로, 사람들이 자기 미래를 하나의 전체로 보는 것도 조금도 이상하지 않았다. 그러나 이들 계획은 완전히 개인 문제였다. 사람은 자신의 끊임없는 노력을 통해서 사회적 지위와 몸의 안녕을 얻는다. 보통의 인간적인 삶을 살 권리를 빼앗긴 사람들에게는, 일반적인 추세로 기품이 있고 책임도 중요시하는 개개의 시민이 자선을 베풀고 자발적인 도움을 주는 자세를 취하고 있었다. 사회 복지의 규정에 대한 첫발을 내디딘 것은 묘하게도 비스마르크로, 그는 하나의 노동자 건강 보험을 도입했다. 이것은 반대당인 사회주의자를 앞지르기 위한 것이었다.

이 시대 사람들은 자유주의적 정치 사상을 가지고 있었다.

이 시대의 또 다른 특징은 이 시대가 전반적으로 자유주의적인 정치 사상을 갖고 있었다는 점이다. 정치는 하나의 주변 활동이며, 그 기능은 서로 충돌하는 이해관계 사이에서 판결을 내리는 것으로 여겨졌다. 공업이나 상업의 경영에 간섭한다는 것은 생각할 수도 없었다. 오늘날 정부 자체가 각종 기업을 경영한다는 것은 마르크스주의가 사회 문제에 대한 전반적 태도에 영향을 끼친 결과이다. 이동의 자유는 유럽 대부분의 지역에서 완전히 무제한이었다. 그 무렵도 오늘날과 마찬가지로 러시아는 조금 예외였다. 서유럽이라면 어디나 아무런 서류 없이 여행할 수 있었다. 제정 러시아만은 예외여서 여권이 필요했다. 그러나 사람들은 오늘날처럼 여행을 많이 하지 않았다. 이것은 필연적으로 지금보다도 비용이 많이 들었고, 이동이 비교적 부자에 한정되어 있었기 때문이었다. 그 뒤 여러 가지 통제가 도입되었는데, 이것은 국제적 신뢰가 얼마나 무너졌는가를 나타낸다.

정치 분야에서 1870년 이후의 서유럽은 50년에 가까운 평화를 맛보았다. 그러나 이 행복한 상태는 세계적이라고는 할 수 없었다. 아프리카에서는 식민지 경쟁이 있었고, 극동에서는 러시아가 일본에게 패배를 맛보았다. 일본은 서양의 기술 문명을 받아들여 매우 빠른 진보를 이룩하고 있었다. 그러나 우리와 같은 지방에 살고 있던 사람들에게 세계는 무척 평화로운 장소인 듯했다. 이 사태는 고작 60년 전(1900년경)의 일이다. 이것을 돌아보면, 그즈음 사람들은 마치 꿈 속에서 살았던 것처럼 여겨진다.

가치와 선입견의 틀 전체가 무너진 것은 1914년부터 1918년에 걸치는 '대전'에 의해서였다. 국가 의식이 19세기 동안에 차츰 높아져 왔지만, 가치와 선입견의 차이는 그때까지 억제되었다. 이제 그것이 전무후무하게 피의 빗방울을 온 세계에 뿌렸다. 이 파국으로 진보에 대한 확신은 희박해지고, 의심의 풍조가 나타났다. 이 풍조로부터 세계는 아직 일어서지 못하고 있다.

제1차 세계대전(1914~1918)

순수하게 기술적인 면에서 본 '제1차 세계대전'은 무기의 개량이 군인의 전술적 개념을 어떻게 크게 앞질렀는가를 잘 보여주었다. 결과는 끝을 모르는 처참한 학살로, 이것이 서유럽의 힘을 크게 약화시켰다. 1918년 이래의 프랑스의 연약한 불안정 상태는 이 유혈의 유산이다. 이때 미국은 이제 세계 정세상 더욱더 중심적 역할을 하기 시작했다. 한편 러시아는 볼셰비키 혁명을 경험하여, 제정 러시아 시대보다도 훨씬 강력한 공업 사회를 세웠다. 내셔널리즘의 감정은 빈 회의 이래 표면 아래로 잠겨 있었지만, 이제 새로운 국민 국가의 형태로 표현되어 각국이 이웃 나라를 의심의 눈초리로 바라보게 되었다. 이동의 자유는 온갖 제한으로 방해받게 되었지만, 그것도 오늘날 마침내 없어져 가고 있다.

그러나 유럽 국민 사이에 피비린내 나는 전쟁이 이어져 앞으로 서양 문명의 생존을 위협하게 되었다는 사실이 이제 뚜렷해졌다. 이것이 1919년에 국제연맹을 창설하게 된 주요 원인력이다. 여러 국가에 평화로운 협력의 기초를 심어주려 한 위대한 제창자 중 한 사람은 미국의 윌슨 대통령이다. 그의 제안이 결국 자기 나라의 지지조차도 받지 못했다는 사실은 연맹의 입장을 처음부터 다분히 약화시켰다. 한편으로는 중유럽 제국의 패배가 그 반동으로서 이제까지 없었을 만큼 격렬하게, 타협의 여지가 없는 내셔널리즘의 부활을 초래했다. 독일의 나치스가 독재 정권을 장악했기 때문에, 국제연맹이 창설되고 20년도 채 안 되어 제2차 세계대전이 일어났다. 이것은 범위나 파괴력에서, 역사상 그 어느 전쟁도 뛰어넘었다. 군비의 기술력이 증대하고, 문제가 되어 있는 이데올로기의 동기가 경고해졌기 때문에, 군대끼리의 싸움이 전체 전쟁으로 변하고, 그것은 군인은 물론 민간인에게까지 직접 영향을 주게 되었다. 원자력 전쟁은 일본에서 처음으로 극적으로 실증되었다. 파괴력의 궁극적인 성공은 이제 자멸의 가능성을 인간의 손이 닿는 곳에 놓았다. 우리가 이 유혹에 맞설 만한 지혜를 가질 수 있을지는 아직 모른다. 제2차 세계대전 이후 낡은 '연맹'에 대치된 '국제연합'이 인간을 이 세상에서 멸망시키지 않도록 잘해 나갔으면 하는 소원이 간절하다.

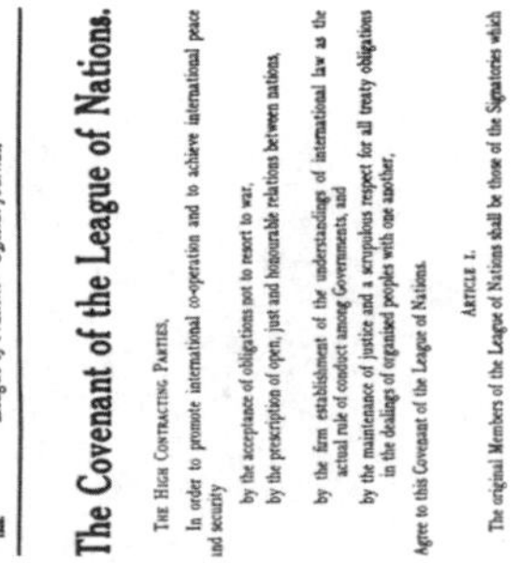
FEBRUARY, 1920. League of Nations—Official Journal.

The Covenant of the League of Nations.

THE HIGH CONTRACTING PARTIES,

In order to promote international co-operation and to achieve international peace and security

by the acceptance of obligations not to resort to war,

by the prescription of open, just and honourable relations between nations,

by the firm establishment of the understandings of international law as the actual rule of conduct among Governments, and

by the maintenance of justice and a scrupulous respect for all treaty obligations in the dealings of organised peoples with one another,

Agree to this Covenant of the League of Nations.

ARTICLE 1.

The original Members of the League of Nations shall be those of the Signatories which

**국제연맹 조항** 제1차 세계대전의 결과로 성립되었다.

유사 이래, 기술적인 진보에 특별한 계기를 주었던 두 개의 커다란 힘은 상업과 전쟁이다. 최근의 사건은 극적으로 이것을 수행했다. 전자공학과 통신공학의 발달로, 몇몇 사람의 입에서 현재 제2차 산업혁명이라고 불리는 것이 나타났다. 이것은, 우리의 눈앞에서 세계를 바꿔나가고 있고, 그 존재는 증기기관에 바탕을 둔 제1차 산업혁명보다 더 혁신적이다.

마찬가지로 수송 수단도 19세기에는 꿈에도 생각할 수 없었던 변화가 일어났다. 여행 양식은 철도가 생길 때까지 로마 시대와 그다지 다르지 않았다. 그러나 그 뒤 인간은 이카루스의 전설을 실재의 것으로 만들고 말았다. 고작 100년 전(1860년경)에는 80일 만에 지구를 일주한다는 것은 꿈같은 이야기라고 여겼다. 그러나 이제는 80시간 만에 일주할 수 있게 되었다.

이와 같은 광범위한 진보 발전은 여러 면에서 매우 빨리 이루어졌기 때문에, 인간은 자기의 새로운 환경에 적응할 수 없게 되었다. 먼저 국제 간의 커다란 분쟁이 이전의 세기에 널리 퍼졌던 안정감을 어느 정도 뒤엎고 말았다. 전 세기처럼 사물을 장기적으로 본다는 것은 이제 불가능해졌다. 동시에 국가의 활동이 이전에는 개인의 것이었던 행동의 자유를 심하게 빼앗게 되었다. 여기에는 여러 이유가 있다. 첫째, 공업 국가는 경제 생활이 복잡해져, 이런저런 사회 불안을 쉽게 느꼈다. 중세에 비하면, 현대 사회는 훨씬 안정성이 없다. 따라서 국가를 뒤엎을 수 있는 세력에 대해서는 어느 정도 통제를 할 필요가 있다. 둘째, 불가피한 변동이 실제로 일어나는 것을 가로막기 위해, 그 어떤 균형 세력을 제공하는 문제가 생긴다. 여기에는 필연적으로 경제 문제상의 국가 행동이 따른다. 셋째, 독립적으로 이룬 안정감은 없어졌지만, 그 대신 오늘날에는 얼마쯤 국가가 공공 사업을 제공함으로써 이것을 메우고 있다. 이들 변화는 한 나라의 정치 조직과는 거의 관계가 없다. 그것은 본디 문명 기술에 좌우된다. 정치적으로 서로 다른 나라에서 이런 문제가 얼마나 비슷하게 나타나는지 주목할 필요가 있다.

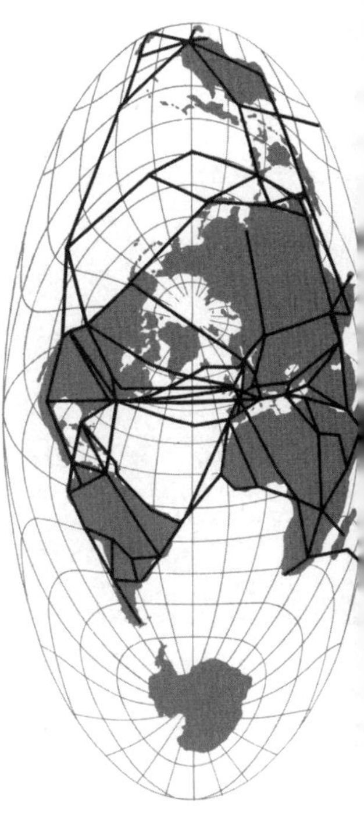
항공 연결로들의 발전과 더불어 거리가 축소되었다.

조직체가 현대 생활에서 압도적으로 중요성을 띠게 되었

기 때문에, 비합리주의적인 철학적 사고방식에 새로운 경향이 나타났다. 그 어떤 뜻에서 둑이 터진 듯한 이 움직임은 현대의 독재 체제를 움직여 왔던 권력 철학에 대한 반동이다. 그것은 또한 과학이 인간의 자유를 위협한다고 느끼는 것에 대한 반동이다.

비합리주의의 주된 철학적 특징은 최근 프랑스와 독일 철학에서 매우 지배적인 역할을 해 온 실존주의 이론의 부활에서 볼 수가 있다. 이에 대해서는, 잠시 뒤에 간단히 논평하기로 한다. 여기서 주목할 만한 중요한 점은 이 경향이 서로 모순되는 많은 여러 이론에 영향을 미친다는 것이다.

대륙에는 실존주의 이론과 함께 전통적인 형이상학으로의 복귀가 나타났다.

대륙에는 실존주의 이론과 함께 전통적인 형이상학에의 복귀가 나타났다. 대영제국에서 철학은 천편일률적인 언어학의 길을 주로 걸어왔다. 대륙 철학과 영국 철학 사이의 틈이 오늘날처럼 벌어진 예는 이제까지 없었다. 실제로 한쪽에서 보면, 다른 한쪽이 정말로 철학을 실천하지 않는 것으로 여겨질 정도다.

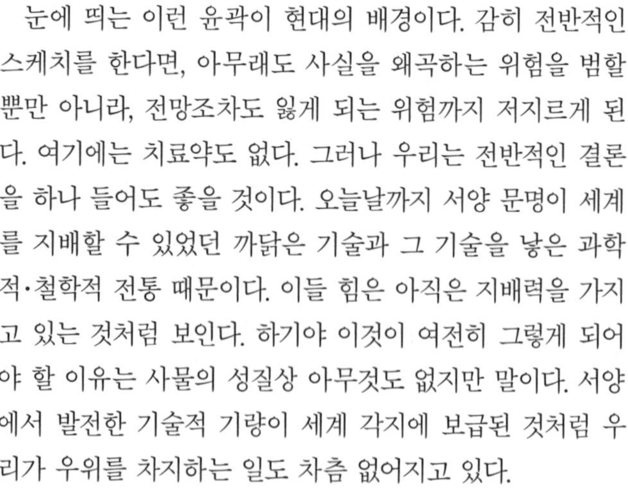

눈에 띄는 이런 윤곽이 현대의 배경이다. 감히 전반적인 스케치를 한다면, 아무래도 사실을 왜곡하는 위험을 범할 뿐만 아니라, 전망조차도 잃게 되는 위험까지 저지르게 된다. 여기에는 치료약도 없다. 그러나 우리는 전반적인 결론을 하나 들어도 좋을 것이다. 오늘날까지 서양 문명이 세계를 지배할 수 있었던 까닭은 기술과 그 기술을 낳은 과학적·철학적 전통 때문이다. 이들 힘은 아직은 지배력을 가지고 있는 것처럼 보인다. 하기야 이것이 여전히 그렇게 되어야 할 이유는 사물의 성질상 아무것도 없지만 말이다. 서양에서 발전한 기술적 기량이 세계 각지에 보급된 것처럼 우리가 우위를 차지하는 일도 차츰 없어지고 있다.

*

대륙의 실존주의 철학은 몇 가지 점에서 오히려 수수께끼이다. 실제로 전통적인 의미에서 철학이라고 인정할 수 있는 것을 여기에서 찾아보기란 때때로 곤란하다. 그러나 이 운동 전체에 공통된 전반적인 출발점은 다음과 같다. 철학으로서의 합리론은 인간 존재의 뜻을 확실하게 설명할 수 없다고 여겨진다. 개념의 전체를 사용할 때, 합리론자는 전반적인 기술은 주지만, 이것으로는 각 인간의 경험의 특이한 맛을 포착할 수는 없다. 이 뚜렷한 결점을 극복하기 위해, 실존주의는 키에르케고르가 실존주의적 사고 양식이라고 부른 것에 의존한다. 합리론은 외부에서 세계를 다룰 때, 직접적인 생활 경험을 올바르게 평가할 수 없다. 이것은 내부에서 실존주의적으로 파악해야 하기 때문이다.

키에르케고르 덴마크의 철학자

이와 같은 외견상의 수수께끼는 여러 가지로 달리 취급할 수 있다. 먼저 우리는 이런 사고가 요구하는 의미에서 볼 때, 인간의 삶 속에는 의의나 가치가 없다고 말하고 싶어질지도 모른다. 인생의 목적은 될 수 있는 한 재미있게 사는 것이다. 앞날의 목적은 공상적인 것이다. 게다가 실존주의적 사고 양식이라고 하는 개념 자체에도 커다란 결함이 있다. 어떤 존재를 살펴볼 경우에는, 어느 일정한 종류의 무엇인가를 생각하고 있어야 한다. 실존 자체만으로는 옳지 않은 추상물이다. 헤겔도 이 점을 몰랐던 것은 아니다.

그러나 이것은 논의하기에는 너무나 거칠다. 과연 타당하기는 하지만, 우리는 이들 사상가가 말하려 하는 것을 명확하게 파악할 수는 없을 것이다. 따라서 우리는 좀 더 폭넓은 실존주의관을 가지고, 실존주의가 나타내려고 하는 것을 간단히 살펴보고자 한다.

야스퍼스의 실존주의 철학은 관념론적 형이상학을 거부하지만, 세 가지 존재를 인정한다는 점에서 헤겔이 뜻한 변증법의 요소를 가지고 있다. 칼 야스퍼스(1883~1969)는 처음에 심리학, 특히 정신병리학 문제에 관심을 둔 것을 계기로 철학으로 전환했다. 그의 철학 연구의 중심에 서는 것은 인간이다. 이런 뜻에서 우리는 그의 실존주의를 휴머니즘적이라고 말할 수 있다. 이 말은 사르트르가 자기 철학에서 사용한 것이다. 그러나 르네상스의 객관적 인본주의와는 대조적이며, 실존주의는 기껏해야 주관적 휴머니즘을 제공하는 데 지나지 않는다. 따라서 실존주의 철학자가 사르트르의 말을 빌린다는 것은 조금 사람을 오해하게 만들 염려가 있다.

야스퍼스
독일의 철학자이며 실존철학 창시자의 한 사람

야스퍼스의 존재 이론에서 우리는 서로 다른 세 가지 관념을 비교하게 된다. 최저의 수준에는 단지 존재하는 객관적 세계가 있다. 그 존재는 현존재로, 객관적으로 바깥에서 파악된 것이다. 그것은 과학 분야의 모든 면을 포괄한다. 그러나 그것은 자아가 자신의 존재를 올바르게 인식하는 데는 알맞지 않다. 실제로 과학적 분야의 적합한 객관적 존재는, 고차원적인 존재를 더듬는 데 방해가 된다. 이 고차원적인 존재를 야스퍼스는 자아 존재, 또는 단순히 존재라고 부른다. 이 양식의 존재는 객관적 존재의 분야를 지배하는 합리적 범주에 관여하지 않는다. 자아 존재, 즉 개인적 존재는 언제나 자기를 넘어선 곳을 지향한다고 한다. 아리스토텔레스의 용어를 빌려서, 야스퍼스에게 개인적인 존재는 자신의 내면에 가능성을 잘못 축적한다고 말해도, 그것은 그를 부당하게 판단하는 것은 아닐 것이다. '자아'는 자신을 넘으려고 노력하면서 제3의 존재, 즉 이전의 두 별종을 동시에 포함하는 초월적인 자체 존재에 적응시킨다. 야스퍼스는 관념론자를 움직이는 목표는 추구하고 있지 않지만, 그래도 세 존재가 변증법적 진행의 좋은 예가 된다고 하는 것은 매우 명백하다. 이 정도의 단계에서 이 세 존재는 합리적인 범위 내에 들어가야 한다. 이 점은 우리도 앞에서 살펴본 것처럼, 원칙적으로 이성을 축소하려고 하는 이론에서 볼 수 있는 고유한 문제이다. 사람들이 이성에 따라서 움직이고, 어쩌면 그 이상으로 정념에 의해 움직인다는 사실과 같은, 단순한 진리를 지적한다면 물론 매우 옳을 것이다. 이것은 원칙적으로 이성을 제한하는 것은 아니다. 그러나 그것이 이성의 이론이면서도 이성 자체를 무효로 한다면, 귀찮은 모순이 나타난다. 어떤 것이든 이것을 설명하기 위해서는 이성을 자기 편으로 만들 필요가 있기 때문이다. 이성의 능력을 부정하려는 것에는 이와 같이 이론적인 구실을 줄 수는 없다. 그것은 여전히 간단히 설명할 수 없는 것이고, 우리를 억지로 침묵시키는 것이다. 실존주의자들은 어느 정도까지 이것을 실로 막연하게 인정한다. 따라서 그들은 스스로 침묵을 실천하는 일은 없다고 해도, 때로는 이것을 지지하는 일이 있다. 야스퍼스도 이 문제를 알고 있어서, 이성은 역시 중요하다고 인정하여 이를 수정하려 하고 있다.

존재는 현존재로, 객관적으로 바깥에서 파악된 것이다.

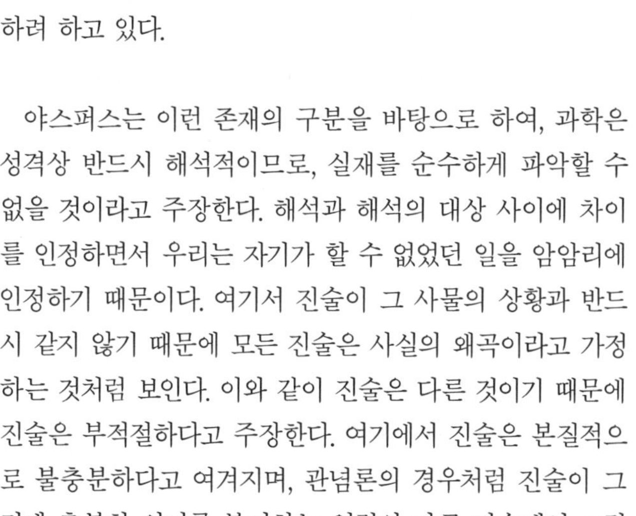

야스퍼스는 이런 존재의 구분을 바탕으로 하여, 과학은 성격상 반드시 해석적이므로, 실재를 순수하게 파악할 수 없을 것이라고 주장한다. 해석과 해석의 대상 사이에 차이를 인정하면서 우리는 자기가 할 수 없었던 일을 암암리에 인정하기 때문이다. 여기서 진술이 그 사물의 상황과 반드시 같지 않기 때문에 모든 진술은 사실의 왜곡이라고 가정하는 것처럼 보인다. 이와 같이 진술은 다른 것이기 때문에 진술은 부적절하다고 주장한다. 여기에서 진술은 본질적으로 불충분하다고 여겨지며, 관념론의 경우처럼 진술이 그것에 충분한 의미를 부여하는 일련의 다른 진술에서 고립해 있어서가 아니라는 점에 주목해야 한다.

야스퍼스에게 철학은 초월적인 종류의 존재, 또는 자체 존재에 속한다. 그렇지 않으면 철학이란 개인이 초월하려고 할 때의 노력이다. 개인의 도덕적 삶의 경우, 이것은 개인적 실존에서 작용한다. 이 단계에서 비로소 사람들은 서로 이해하고, 자유의 감정을 경험한다. 자유는 합리적 영역 밖에 있기 때문에 우리는 여기에 합리적 설명을 할 수 없다. 우리는 자유가 어떤 기분으로 나타난 것을 인정하는 데 만족해야 한다. 야스퍼스가 키에르케고르로부터 빌린 의견에 따르면, 우리가 자유라고 느껴도 거기에는 어떤 근심하는 기분이나 공포의 기분이 따른다고 한다. 일반적으로 현존재의 단계가 이성에 지배되는 데 반해, 자아 존재는 기분에 지배된다고 말해도 좋을 것이다.

하이데거
독일의 철학자. 실존주의의 대표적 인물인 하이데거는 아직도 사상계에 영향을 주고 있다. 그는 예수회 사제가 되는 교육을 받았으나, 러셀 밑에서 연구를 하고 프라이부르크 대학에서 러셀의 후임이 된다.

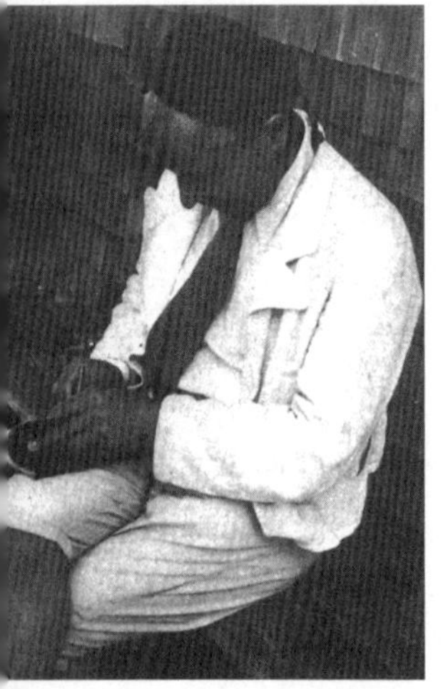

초월적 단계에서 야스퍼스의 실존주의는 키에르케고르처럼, 종교를 인정하지만, 마틴 하이데거(1889~1976)의 형이상학적 색채를 띤 저서에는, 이것과 어조가 매우 다르다. 용어면에서 매우 기이한 그의 철학은 더없이 난해하다. 여기에서는 언어가 무엇인가 자유분방하게 난동을 부리고 있는 것이 아닌가 하고 의심이 들 정도다. 그의 사고에서 흥미로운 점은 무(無)가 적극적인 것이라는 주장이다. 대부분의 실존주의처럼 이것 또한 심리적 관찰을 논리로 통용시킨다.

*

프랑스에서 실존주의 운동은 문학과 밀접한 관련이 있었다. 가장 대표적인 인물인 장 폴 사르트르(1905~1980)는 철학 논문뿐만 아니라, 소설도 썼다. 소설 속에서 그의 실존주의적인 생각은 실존주의의 실로 중요한 일면인 행동의 요구와 대결하는 인물로 표현된다. 소설이라는 문학적 매체는 인간을 궁극적으로 고찰하는 수단으로서 나무랄 데 없다.

사르트르
프랑스의 철학자·작가. 실존주의의 대표적 지도자로 세계에 이름을 알렸다. 그는 자기의 자유를 의식하면 사람은 불안을 갖게 되고, 그 불안에서 '불성실'로 피난한다고 생각하였다.

사르트르의 경우, 인간의 자유에 대한 실존주의적인 관점은 극한까지 가지고 갈 수 있다. 인간은 끊임없이 자기 운명을 선택한다. 개인 삶에는 전통과의 연관성도 없고, 지나간 사건과의 연관성도 없다. 마치 모든 새로운 결단이 어떤 절대적인 행동을 요구하는 것처럼 보인다. 이 불쾌한 진리에 겁을 먹은 사람들은 세계를 합리화하여 안정을 구하려고 한다. 이 점에서 과학자도, 종교 신자도 일치한다. 둘 다 현실로부터 도피하려고 한다. 그러나 사르트르의 눈으로 보자면, 그들은 모두 잘못되어 있다. 세계는 과학이 보는 것과는 다르다. 신도 니체의 시대 이래 죽은 것처럼 보인다. 세상을 있는 그대로 보려는 사람은 분명히 우리에게 니체의 영웅을 상기시킨다. 이 근원에서 사르트르는 그의 무신론을 가지고 온다.

사르트르는 라이프니츠나 스피노자의 영향을 받았으며, 관념론 철학자가 이어받은 합리론적 필연 개념을 마음속으로부터 반대한다. 이들 사상가는 우리가 충분히 폭넓은 견해를 갖게 된다면, 보이는 모든 것을 원칙적으로 필연적인 것으로 보게 된다고 한다. 바로 이 점을 상기할 필요가 있다. 그때 자유 이론이 스피노자와 헤겔의 경우와 같은 형태를 취한다는 것은 피할 수 없는 일이다.

자유는 필연적인 작용에 조화를 이룬 하나의 존재에 있다. 일단 이러한 자유관이, 사르트르의 경우와 같이 거부되면, 그 밖의 것은 거의 저절로 이어져 나오는 것 같다. 합리론적인 필연관은, 우리도 앞에서 말한 것처럼, 이론 과학의 분야를 지배하고 있다. 따라서 이것은 우리가 자유의 실존주의적인 가르침을 채용하자마자 부정되지 않으면 안 된다. 마찬가지로, 합리론 신학도 버리지 않으면 안 된다. 그런데 사르트르는 이것을 무신론과 결부시키려고 한 점은 지나치게 극단으로 달린 것 같다. 사르트르가 생각하고 있는 뜻에서 우리가 자유라면, 그때 우리는 무엇이든 고를 수 있기 때문이다. 이 문제에서 실존주의 사상가들도, 우리가 이미 살펴본 것처럼, 사실 저마다 다른 선택을 해 왔다.

실존주의는 합리론적 필연관을 비판할 때 중요한 점에 주의를 촉구한다. 그러나 그것은 철학상의 비판이라기보다는 오히려 심리학적 근거에 서는 감정적인 항의다. 실존주의는 억제된 감정에서 합리론에 반대한다. 이것은 이윽고 자유의 장애를 이루는 사실적인 세계에 대해 조금 낯선 개인적인 태도를 불러일으킨다. 합리론자는 어떻게 자연이 작용하는지 인식할 때 자유를 본다. 실존주의자는 기분이 제멋대로일 때 자유를 발견한다.

사르트르의 저서 《존재와 무》에서 인간의식을 존재에 대비시킨다.

이 모든 근본적인 논리상의 요점은 셸링의 헤겔 비판까지 거슬러 올라간다. 존재는 전반적인 논리적 원리에서 가져올 수 없다. 이것은 정통적 경험론자라면 누구나 흔쾌히 시인할 것 같은 비판이다. 그러나 이것만 말하면 더 이상 덧붙일 필요는 없다. 실제로 우리는 실존주의적 심리를 연역해서 이 훌륭한 비판을 뒤엎으려 한다. 이것이야말로 바로 사르트르의 이론이 도달하는 곳이기 때문이다. 각종 심리 상태의 기술에는 재미있고 귀중한 관찰이 많다.

그러나 사람들이 이런 식으로 행동하고 느끼는 것은 존재가 논리적으로 필연적이지 않다는 사실의 논리적 결말은 아니다. 반대로 나간다면 셸링의 논점을 용인하는 동시에 거부하는 것이다. 따라서 심리적 관찰을 정확한 것이라고 인정하는 것은 마땅하나, 이 재료를 하나의 존재론으로 바꾸는 것은 좋지 않다. 이것이야말로 바로 사르트르의 논문 《존재와 무》의 목적이다. 시적인 모호함과 언어상의 무절제한 면에서 이것은 독일 전통 중에서도 가장 뛰어난 것으로 꼽힌다. 특수한 인생관을 바꾸어 하나의 존재론적 이론으로 전환시키려는 그의 시도는, 합리론 진영에 속하든 경험론 진영에 속하든, 전통적 철학자에게는 다소 색다르게 보인다. 마치 도스토예프스키의 소설을 철학적 교과서로 만들려고 하는 것과 같다.

실존주의자는 우리의 비판을 요점에서 벗어났다고 거부할 것이다. 우리가 합리론적 기준을 사용하고 있다고 그들은 말할 것이기 때문이다. 실존주의 문제를 시작하기 전에, 우리가 합리주의적인 논리의 분야 안으로 들어가 보면 이것은 사실인지도 모른다. 그러나 이 반론은 반론 자체를 반대할 수 있다. 이것은 어떤 기준이든 이성 분야의 내부에서 작용한다는 것을 다른 말로 한 것일 뿐이다. 언어 또한 그렇다. 따라서 실존주의의 이론을 주장할 때 언어를 이용하는 것은 위험하다. 어느 쪽을 택하든, 우리는 모든 사람에게 얼마든지 이익을 가져다주는 샘솟는 시적 발로에 만족하면 된다.

거리 활동을 하는 사르트르

가브리엘 마르셀(1889~1973)의 실존주의 철학은 사르트르와는 달리 종교적 경향을 띠고 있다. 이 점에서 야스퍼스의 이론과 조금 비슷하다. 모든 실존주의 사상가와 마찬가지로, 마르셀도 특히 인간 조건에 대한 개인적이며 구체적인 경험에 특히 깊은 관심을 가지고 있다. 전반적 철학에서 마르셀이 강조하는 것은 해부하고 분석하는 보통의 반성을 넘는 필요성이다. 실재를 가장 충분한 의미로 보기 위해, 우리는 합리론적으로 분해된 것을 다시 모아야 한다.

이 종합 작용은 마르셀의 이른바 반성의 두 번째 힘을 통해서 얻어진다. 이것은 비교적 열렬하고 숭고한 형태의 반성이라는 관념을 전하기 위한 것이다. 반성의 첫 번째 힘은 밖으로 향하지만, 이 숭고한 반성인 두 번째 힘은 안으로 향하여 자체를 바라본다.

마르셀이 관여하는 문제 중 하나는 심신의 관계이다. 이것은 일정한 현실적 배경 속에서 개인이 겪는 인간의 궁지에 대한 관심에서 비롯된다. 그가 데카르트학파의 이원론에 비판을 가한 대목은, 버클리가 육안으로 보는 것과 기하학적 광학을 혼동하는 사람들에게 비판을 퍼부은 것을 연상시킨다. 정신과 육체의 구별은 다음과 같은 은유를 미리 가정해 준다. 즉 정신을 그 사람의 머리 위를 헤매는 것으로 간주하여 정신 자체와 육체를 두 개로 명확하게 구별된 사물로 보는 것이다. 이것이 대충 말해서 마르셀의 논점이며, 그것은 건전하다고 할 수 있다. 그러나 그가 문제의 해결을 종합적 반성의 작용에 관련시키고 있는 데 반해, 우리는 여기에서 약간의 언어 분석이 무엇이 틀렸는지 밝혀 줄 것이라고 주장하고 싶어진다.

마르셀
프랑스의 철학자·극작가

*

이 세기의 전환기에 나온 실증주의는 마흐와 같은 사람들이 대표자였다. 그의 역학에 대한 저서에 대해서는 우리가 이미 언급했다. 이어지는 20년 동안에는 기호 논리학에 대한 관심이 확산되었다. 이들 두 경향은 서로 결합해서 슐리크를 중심으로 새로운 운동을 이루었다. 마흐처럼 그는 빈 대학 교수였다. 그를 지도자로 하는 이 집단은 빈학파라고 불리었고, 그들의 철학은 '논리실증주의'로 알려지게 되었다.

이 이름이 암시하는 바와 같이, 이 이론은 첫째로 실증주의적이었다. 이 이론은 과학이 우리에게 총체적인 지식을 주고, 낡은 형태의 형이상학은 엄밀하게는 공허한 말장난에 지나지 않는다고 주장한다. 경험을 뛰어넘은 곳에는 우리가 알 수 있는 것은 하나도 없다. 이 점에는 누메나를 제외하면, 칸트 사상과의 어떤 유사 관계가 있다. 그들의 경험적 관찰에 대한 주장과 함께 실험실 과학자의 틀에 박힌 프래그머티즘과 조금 연결된 뜻의 규준이 나온다. 이것이 유명한 검증 가능성의 원리로, 이에 따르면 한 명제의 뜻은 그 입증 방법과 같다는 것이다. 그것은 마흐로부터 나온 것인데, 그는 이런 절차를, 역학에서 이용하는 용어를 정의하는 데 사용했다.

논리실증주의 철학의 산실 빈 대학

빈에서 시작된 논리실증주의 운동은 그 발생지에서는 살아남지 못했다. 슐리크는 1936년 그가 가르친 한 학생에 의해 살해되고, 학파의 다른 사람들도 나치스 정권의 비난을 받을 염려가 있자, 어딘가 다른 곳으로 가서 정착해야 했다. 결국 그들 모두는 미국이나 영국으로 떠났다. 카르나프(1891~1970)는 시카고에, 바이스만(1896~1959)은 옥스퍼드에서 살았다. 과학 언어의 전반적인 합일의 경향에 따라서, 이 운동은 장래의 〈통일과학 국제백과전서〉라는 최초의 논문을 전쟁 직전에 발표하기 시작한다. 이 총서는 '시카고 대학 출판부'에서 나왔다. 최초의 편집자인 O. 노이라트는 1945년 영국에서 생애를 마쳤다. 이와 같이 논리실증주의는 그 발생지에서 영국으로 옮겨간다. 거기에서 다시 영국 경험론의 오래된 전통과 결부되어 어느 정도 영국 경험론의 덕을 입는다. 영국에서 논리실증주의 이론이 처음으로 널리 일반의 주목을 받은 것은, A.J. 에어의 《언어·심리·논리》(1936년)를 통해서였다.

실증주의 운동의 내부에는 한결같이 형이상학에 대한 멸시와 과학에 대한 경의가 지배했다. 그러나 다른 한편으로는 논리와 과학적 방법의 문제에 대해서는 상당한 차이가 있다. 특히, 검증 가능성 원리는 몇 가지 다른 해석을 낳았다. 이 운동의 역사는 이 원리의 지위와 의의에 대한 문제를 둘러싸고 나온 토의에 따라 결정된다.

International Encyclopedia of Unified Science

Editor-in-chief Otto Neurath
Associate Editors Rudolf Carnap Charles W. Morris

Foundations of the Unity of Science

(Volumes I-II of the Encyclopedia)

Committee of Organization

| | |
|---|---|
| Rudolf Carnap | Charles W. Morris |
| Philipp Frank | Otto Neurath |
| Joergen Joergensen | Louis Rougier |

Advisory Committee

| | |
|---|---|
| Niels Bohr | R. von Mises |
| Egon Brunswik | G. Mannoury |
| J. Clay | Ernest Nagel |
| John Dewey | Arne Ness |
| Federigo Enriques | Hans Reichenbach |
| Herbert Feigl | Abel Rey |
| Clark L. Hull | Bertrand Russell |
| Waldemar Kaempffert | L. Susan Stebbing |
| Victor F. Lenzen | Alfred Tarski |
| Jan Lukasiewicz | Edward C. Tolman |
| William M. Malisoff | Joseph H. Woodger |

Copyright 1939 by the University of Chicago
All Rights Reserved. Published May 1939
Fourth Impression 1947

〈통일과학 국제백과전서〉의 고문 위원회 위원 명단

의미의 검증 가능성 이론에 대한 하나의 예비적 비판은 이 이론이 실용주의적 진리 이론과 같은 문제를 면치 못한다는 점이다. 우리가 명제를 검증하는 그 어떤 방법을 찾아냈다고 생각해 보면 알 수 있는 일이기 때문이다. 우리는 이 절차를 기술적으로 설명한다면, 이제는 이 설명의 의미는 무엇인지 물을 것이다. 명제의 의미가 우리를 정면으로 응시할 뿐이라는 것을 어느 단계에서 우리가 인정하지 않으면 이 설명의 의미는 무엇인지 물을 것이다. 그러나 이것을 인정한다면 맨 처음 원리는 파괴되므로, 그때 우리는 의미를 직접 곧 구별할 수 있다고 인정해도 좋을 것이다.

실증주의 입장의 또 다른 문제는 모든 철학적 사고를 횡설수설이라며 거부한다는 점이다. 검증 가능성 이론 자체가 철학적인 하나의 학설이기 때문이다. 슐리크는 검증 가능성의 원리가 정말로 우리 행동에 깊이 뿌리내린 것이라고 주장하여 그것으로 이 막다른 단계를 피하려고 했지만, 이와 같이 많은 말을 동원한다는 것은 우리가 사실상 어떻게 나아가고 있는가를 상기시키는 데 지나지 않는다. 그러나 이것이 사실이라면, 이 원리는 결국 합리적인 것이고, 따라서 철학상의 입장을 말한 것이다. 그것이 경험과학의 진술이 아니라는 것은 모두가 인정하기 때문이다.

슐리크가 하려는 것은, 연속적 검증의 무한한 후퇴를 피하는 일이다. 그는 궁극적으로 의미는 자명한 경험에서 파생하며, 경험은 그것대로 문장에 뜻을 부여한다고 주장한다. 카르나프도 이와 비슷한 목적을 추구했는데, 그는 인식론상의 문제를, 유사성을 인정하는 하나의 기본적 관계로써 연결된 원시적 관념으로 되돌리는, 형식 논리 체계를 수립하려고 했다.

이 공격 방법은 진리의 어떤 대응 이론의 암묵적인 가정에 근거를 둔다. 지식 문제의 설명으로서 이와 같은 이론의 약점은 우리가 경험과 명제가 비교되어야 할 무대의 밖에 서야 한다는 것이다. 노이라트는 이 문제에 착안하여, 갑의 명제는 을의 명제하고만 비교되어야 한다고 주장했다. 한 문장을 뒷받침해 주는 것은, 그에 따르면 그가 보통의 경험적 진술과 같은 수준에 있다고 보는 '프로토콜 명제'라는 것이다. 바꾸어 말하면, 이것은 필연적이지 않다. 카르나프도 이에 가까운 견해를 취했는데, 프로토콜 명제는 의심할 여지가 없는 출발점이라고 주장했다. 이 점에는 조금 데카르트 학설의 냄새가 난다. 어느 경우에나 문제를 이와 같이 다루면, 우리는 전통적인 합리론풍의 진리의 일관성 이론에 빠지게 된다.

오스트리아의 철학자 오토 노이라트가 사용한 그림식 상징 기호이다. 이 기호를 사용하여 의사소통의 문제를 극복하였다.

루돌프 카르나프(1891~1970)는 결국 논리실증주의 철학의 중심 문제에 대한 매우 색다른 접근 방법에 주의를 돌렸다. 우리가 하나의 형식화된 언어를 만들어 냈는데, 그것이 그 틀 안에서는 검증하기 불가능한 명제를 공식화할 수 없도록 구성된 것이라면, 그때 이와 같은 언어를 채택한다는 것은 모든 실증주의적 요구에 응하는 것이 될 것이다. 검증 가능성의 원리는 말하자면 이 체계의 통어법으로 수립된다. 그러나 문제의 이와 같은 취급법 또한 불충분하다. 우선 의미의 문제는 말의 마무리법에 관련되는 통어법적 구조로 환원할 수 없기 때문이다. 게다가 이와 같은 체계의 구성은 암묵적으로 모든 발견이 이제까지 끝났다는 것을 기정 사실화하고 있다. 그것은 몇 가지 점에서 헤겔의 체계화와 같다. 그것은 세계가 이미 그 최종 단계에 들어가 버리고 말았다는 비슷한 생각에 따른 것이었다.

'빈 학파'의 일원은 아니지만, 논리실증주의자에게 중요한 인물은 비트겐슈타인이다. 그의 초기 논리적 이론은 이 학파의 사상에 상당한 영향을 미쳤다. 그러나 논리실증주의가 영국에서 발판을 얻자, 이것에 새로운 방식을 제시해 준 것은 비트겐슈타인의 후기 언어학적인 발전이었다.

카르나프
독일 출생 미국 철학자

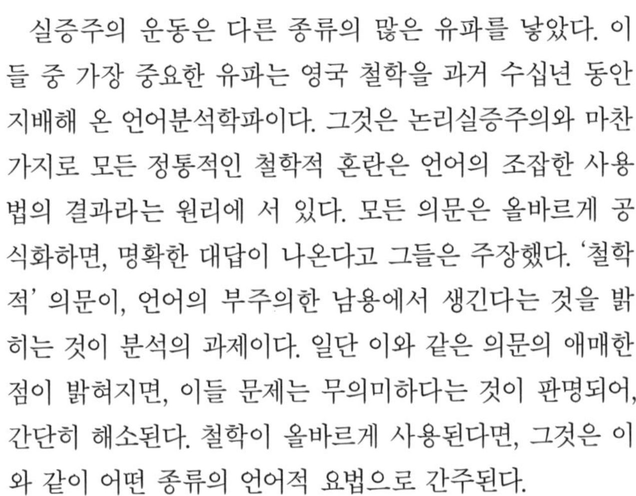

실증주의 운동은 다른 종류의 많은 유파를 낳았다. 이들 중 가장 중요한 유파는 영국 철학을 과거 수십년 동안 지배해 온 언어분석학파이다. 그것은 논리실증주의와 마찬가지로 모든 정통적인 철학적 혼란은 언어의 조잡한 사용법의 결과라는 원리에 서 있다. 모든 의문은 올바르게 공식화하면, 명확한 대답이 나온다고 그들은 주장했다. '철학적' 의문이, 언어의 부주의한 남용에서 생긴다는 것을 밝히는 것이 분석의 과제이다. 일단 이와 같은 의문의 애매한 점이 밝혀지면, 이들 문제는 무의미하다는 것이 판명되어, 간단히 해소된다. 철학이 올바르게 사용된다면, 그것은 이와 같이 어떤 종류의 언어적 요법으로 간주된다.

간단한 한 예를 들면, 이 방법을 알 수 있을 것이다. 단, 나는 이 점에 대한 특수한 논증은 받아들이지 않는다. 흔히 그런 일은 모두 어떻게 해서 시작되었는가 하고 자문할 때가 있다. 세계는 어떻게 해서 시작되었는가, 처음에 어떤 곳에서 세계는 생기기 시작했는가. 해답을 주는 대신 먼저 이 의문의 말투를 음미해 보자. 이 속에서 눈에 띄는 중심적인 말은 '처음'이라는 말이다. 이 말은 일반적으로 어떻게 쓰이고 있을까? 이 부차적인 의문을 해결하기 위해, 우리는 일반적으로 어떤 상황에서 이 말을 사용하는지를 보아야 한다. 어쩌면 우리는 심포니 콘서트를 생각하여 이것이 8시부터 시작한다고 말할 경우도 있을 것이다. 콘서트가 시작되기 전, 우리는 거리에 나가서 식사할 수도 있고, 콘서트가 끝나면 집으로 돌아올 것이다. 주목해야 할 중요한 점은 시작하기 전에 무슨 일이 있었는지, 끝난 뒤에 무슨 일이 있었는지 묻는 것이 이치에 맞다는 것이다. 시작이란 때맞추어 무언가 일어나는 것을 말로 표시하는 시점을 말한다.

그런데 우리가 '철학적' 의문으로 돌아서 볼 때, 여기에서 우리는 '시작'이라는 말을 이것과 전혀 다르게 쓰고 있다는 것을 곧 알 수 있다. 우리가 모든 일이 시작되기 전에 무슨 일이 일어났는가를 묻는다는 것은 고려하지 않고 있기 때문이다. 실제로 이렇게 말하면, 우리는 이 의문의 어디가 잘못되어 있는지를 알 수 있다. 앞에 아무것도 없는 시작을 구한다는 것은 둥근 사각형을 구하는 것과 같다. 일단 이것을 인정하면, 우리는 이런 질문을 던지는 것을 멈춘다. 그런 일이 무의미하다는 것을 우리가 알았기 때문이다.

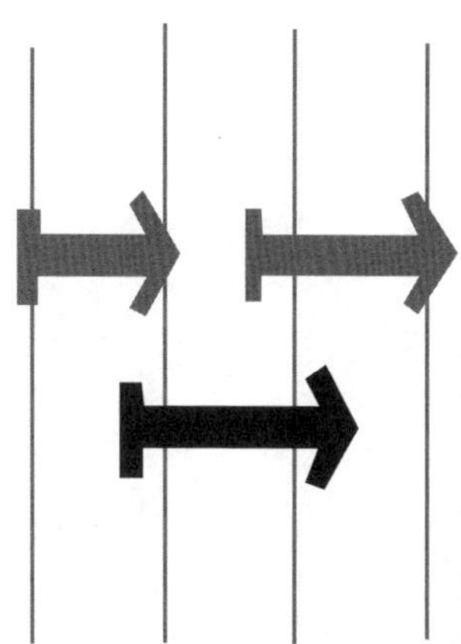
머지않아 시작되는 모든 것에 대하여, 우리는 그것 이전에 있던 것이 무엇인지를 물을 필요가 있다.

영국의 분석 철학은, 루드비히 비트겐슈타인(1889~1951)으로부터 큰 영향을 받았다. 그는 한때 빈 학파와 접촉하고 있었다. 그는 빈 학파 회원처럼 히틀러의 독일 폭풍이 불어닥치기 전에 이 나라를 떠나 케임브리지에서 살았는데, 여기에서 1939년 G.E. 무어가 교수직을 그만두었을 때 교수에 임명되었다. 생전에 세상에 나온 책은《논리철학론》뿐으로, 이것은 1921년에 출판되었다. 이 저서에서 그는 논리의 모든 진리는 동어반복이라고 했다. 그가 말하는 전문적인 의미에서의 동어반복이란 자기모순과 같은 명제를 말한다. 이런 뜻에서의 동어반복이라는 말은, 보통 분석이라는 말에 대충 해당된다.

나중에 그의 관심은 논리학에서 언어분석 쪽으로 옮겨갔다. 그의 견해를 담은 기록이 있다면, 강의 노트와 사후의 논문집을 들 수 있는데, 사후의 논문집 중에서 두 권밖에 오늘날까지 발견되지 않고 있다. 그의 문체는 독특하고 조금 난해하기 때문에 간단히 말하기가 어렵다. 아마도 그의 후기 철학 이론의 기본적인 주의를 올바르게 말한다면, 그것은 한 단어의 뜻이란 그 단어를 사용하는 방법이라는 것이다.

**비트겐슈타인**
오스트리아의 철학자. 비트겐슈타인이 러셀의 저서를 읽고 케임브리지 대학에서 수리철학을 배우게 된 것은 1911년의 일이었다.

비트겐슈타인은 설명 중 '언어 유희'라는 직유를 도입했다. 이 견해에 따르면, 어느 언어의 현실적 용법은 하나의 유희, 예를 들면 장기놀이와 같은 것이다. 여기에는 이 유희를 즐기는 사람들이 지켜야 하는 규칙이 있고, 허용되는 수에도 제한이 있다. 비트겐슈타인은 초기의 논리학적인 저서인 《논리철학론》을 완전히 부인한다. 그 무렵 그는 모든 진술을 더 이상 쪼갤 수 없는 단순한 궁극적인 구성 요소로 분해할 수 있다고 보았다.

따라서 이 이론은 때로는 논리적 원자론이라고 불렸고, 단순한 근본 원리라는, 초기 합리론의 이론과 공통된 점이 많다. 그것은 완전한 언어를 수립하려는 모든 시도의 바탕에 있다. 완전한 언어는 모든 것을 극도로 정확하게 말하게 된다. 후기 비트겐슈타인은 이와 같은 언어를 구성할 수 있다는 것을 부정한다. 아무리 해도 혼란을 완전히 없앨 수는 없다는 것이다.

따라서 각종 언어의 유희를 하게 되면, 우리는 그 사용을 통해 그것을 사용할 때의 말뜻을 터득한다. 이것을 다른 말로 말의 '문법'이나 '논리'를 배운다고 한다. 이 전문용어는 언어 분석에서 널리 통용하게 되었다. 그렇다면, 형이상학적인 문제를 제기한다는 것은 말의 '문법'을 불완전하게 파악한 결과라는 말이 될 것이다. 일단 규칙이 이해되면, 이같은 의문을 제기하고 싶은 마음이 사라지기 때문이다. 언어적 요법은 우리의 이 욕구를 해결해 준다.

비트겐슈타인이 언어 철학에 미친 영향은 상당했다. 그런데도 언어분석은 어느 정도 제 나름대로의 길을 걸어왔다. 특히, 이것이 불러오는 어떠한 유익한 해결책과도 상관없이 언어상의 구별에 대한 새로운 관심이 솟아났다. 하나의 새로운 스콜라 철학이 일어나 중세의 선구자처럼 약간 좁은 길로 자신을 몰아넣고 있다. 각종 언어분석의 대부분이 똑같이 지닌 것은, 일상 언어로 충분하며, 수수께끼는 철학상의 문법 위반에서 생긴다는 신념이다. 이 견해는 일상 언어가 과거의 철학 이론의 색조가 퇴색함에 따라 급속히 나오게 된다는 사실을 무시하는 것이다.

LOGISCH-PHILOSOPHISCHE ABHANDLUNG

würdige Tatsache, dass jeder Satz eine dieser Eigenschaften besitzt. Das scheint nun nichts weniger als selbstverständlich zu sein, ebensowenig selbstverständlich, wie etwa der Satz, „alle Rosen sind entweder gelb oder rot" klänge, auch wenn er wahr wäre. Ja, jener Satz bekommt nun ganz den Charakter eines naturwissenschaftlichen Satzes und dies ist das sichere Anzeichen dafür, dass er falsch aufgefasst wurde.

6.112 Die richtige Erklärung der logischen Sätze muss ihnen eine einzigartige Stellung unter allen Sätzen geben.

6.113 Es ist das besondere Merkmal der logischen Sätze, dass man am Symbol allein erkennen kann, dass sie wahr sind, und diese Tatsache schliesst die ganze Philosophie der Logik in sich. Und so ist es auch eine der wichtigsten Tatsachen, dass sich die Wahrheit oder Falschheit der nichtlogischen Sätze nicht am Satz allein erkennen lässt.

6.12 Dass die Sätze der Logik Tautologien sind, das zeigt die formalen — logischen — Eigenschaften der Sprache, der Welt.

Dass ihre Bestandteile so verknüpft eine Tautologie ergeben, das charakterisiert die Logik ihrer Bestandteile.

Damit Sätze, auf bestimmte Art und Weise verknüpft, eine Tautologie ergeben, dazu müssen sie bestimmte Eigenschaften der Struktur haben. Dass sie so verbunden eine Tautologie ergeben, zeigt also, dass sie diese Eigenschaften der Struktur besitzen.

6.1201 Dass z. B. die Sätze „p" und „~p" in der Verbindung „~(p . ~p)" eine Tautologie ergeben, zeigt, dass sie einander widersprechen. Dass die Sätze „p⊃q", „p" und „q" in der Form „(p⊃q) . (p) : ⊃ : (q)" miteinander verbunden eine Tautologie ergeben, zeigt, dass q aus p und p⊃q

156

비트겐슈타인의 '기술적 정치'의 완성판 《논리철학론》의 한 페이지

앞에서 든 예는 이런 보통의 용법을 어떻게 이해해야 할 것인가를 나타내고 있다. 이런 분석은 확실히 어렵고 복잡한 형이상학적인 얽힘을 많이 제거해 준다는 점에서 유용한 무기이다. 그러나 여기에는 철학적인 이론으로는 몇 가지 약점이 있다. 실제로 철학자는 이런 일을 전부터 남몰래 해 왔던 것은 아닐까? 이것이 오늘날 좀처럼 인정되지 않고 있는 이유는 최근에 유행하던 지적인 편협함 때문이다. 더욱 중대한 문제는 일상 언어를 모든 논쟁의 중재자로서 왕좌에 앉혔다는 것이다. 나에게는 일상 언어 자체가 중대한 혼란을 일으킬 리가 없다는 말이 그렇게 분명한 것

**언어와 현실▶**
비트겐슈타인은, 프레게와 러셀의 이론을 이용하여 쇼펜하우어의 현상 세계를 보다 논리적으로 설명하려고 힘썼다.

**《논고》**
제1차 세계대전 중 비트겐슈타인은 논리학이나 철학에 관한 고찰을 표기한 노트를 가방에 넣고 다녔다 한다. 1921년 마침내 75페이지에 불과한 《논고》를 출판, 언어의 한계에 대한 고찰로 명성이 높았다.

Tractatus
Logico-Philosophicus

By
LUDWIG WITTGENSTEIN

With an Introduction by
BERTRAND RUSSELL, F.R.S.

LONDON
KEGAN PAUL, TRENCH, TRUBNER & CO., LTD.
NEW YORK: HARCOURT, BRACE & COMPANY, INC
1922

같지 않다.

언어란 무엇인가, 그것은 어떻게 생기고, 어떠한 기능을 하며, 어떻게 성장하는가를 묻지 않고 적어도 그것을 '선'의 형상처럼 다루는 것은 위험한 일임에 틀림없다. 어떤 이들은 일반적으로 사용되는 언어가 무엇인가 뛰어난 특질이나 숨은 지성 같은 것을 가지고 있다고 암묵 중에 기정 사실로 여긴다. 그렇다면 우리는 이 사실과 간접적으로 결부되어, 이 가정을 지지하는 사람들이 제멋대로 사용하는 특별 면장과 같은 비언어적 지식을 모두 무시할 수 있다고 기정 사실로 받아들이게 된다.

# 맺는말

우리의 이야기도 이것으로 끝났다. 독자는 여기까지 따라오면서, 이 책에서 어떤 이익을 얻었을까 하고 자신에게 물을 것이다. 그런 사람에게 우리는 한 마디 주의를 주어야겠다. 우리가 이야기해 온 주요 논제 하나하나에 대해서는 셀 수 없이 많은 책이 나와 있다. 이 방대한 재료 가운데 이 책을 쓰기 위해 고려한 것은 고작 얼마 되지 않는다. 책을 한 권 숙독하는 것만으로는 그 범위가 제아무리 넓어도, 독자가 전문가가 되는 일은 없다. 실제로 단지 읽는 것만으로는 제아무리 읽어도 이해가 깊어지지 않는다. 지식의 습득 말고 필요한 것은, 이와 같이 자기 것이 된 문제에 대해 어느 정도 진지한 숙고를 더해야 한다는 것이다. 이것은 철학사의 한 가지 변명이기도 하다. 처리를 위해 나오는 문제 하나하나에 대해서 훨씬 자세한 저서들이 전문가의 손에 의해 제공되어 왔기 때문이다. 비전문가에게, 아니 학자에게도 때로는 방관하는 태도로 전체를 훑어보는 것이 어느 정도 중요하다. 이를 위해서는, 너무 크지도 않고 너무 작지도 않은 개관이 필요하고, 특히 단 한 사람의 생각을 통한 개관이 필요하다. 우리의 기술은 문자 그대로 백과전서적이지 않다. 사람도 사상도 어쩔 수 없이 어느 정도 선택했다. 우리는 전반적 경향의 개요에 만족할 수밖에 없다. 마찬가지로 역사적 배경의 자료도 몹시 대략적이고 간략하다. 이 책은 역사를 가르치려는 것이 아니다. 오히려 철학상의 견해가 나온 배경을 잊지 않게 하기 위해, 때때로 독자에게 역사를 상기시키려고 하는 것이다. 이와 동시에 처음 그리스부터 현대에 이르기까지 서양의 문화적 전통의 연속성을 강조하기 위한 것이다.

이 책과 같은 역사서에서는 동양의 지혜를 수용할 여지를 우리에게 주지 않는가 하고 의아하게 생각하는 사람도 있을 것이다. 여기에는 몇 가지 대답을 할 수 있다. 첫째, 두 세계는 따로따로 나왔기 때문에 서양 사상만으로도 설명하는 데 지장 없다. 게다가 이것만으로도 이미 충분한 과제기 때문에 우리는 이 주제에 범위를 한정하기로 했다. 그러나 거기에는 이렇게 해도 지장이 없는 그럴 만한 이유가 또 하나 있다. 중대한 몇 가지 점에서 서양의 철학적 전통은 동양 정신의 사고와는 다르기 때문이다. 그리스 문명을 제외하면, 하나의 문명에서 철학의 움직임이 과학적 전통과 손을 잡고 나아가는 것은 없다. 이것이야말로 그리스인의 진취적인 기상에 독자적인 활약 무대를 주는 것이다. 이 이원적 전통이야말로 서양 문명을 이루어 왔다.

이 독특한 관계를 명확하게 하는 것이 조금 중요하다. 그 어떤 일정한 분야에서 과학적 탐구는 철학과 같지 않다. 그러나 철학적 반영의 근원 중 하나는 과학에 있다. 과학적인 것이 일반적으로 무엇인가라고 생각할 때, 하나의 철학 문제를 논하는 것이다. 과학적 방법의 기준에 대한 연구는 하나의 철학 연구다. 철학자들이 주목한 영원한 문제 가운데 하나는 일반적 특징에서 세계란 어떤 것인가를 설명하려는 시도이다. 그러나 여기서 신중하게 하나의 구별을 설정하기로 하자. 철학 연구에서 보자면, 과학으로써 사실을 기술하는 것이 본래 목적이 아니다. 이 한계를 존중할 수 없었기 때문에, 체계적 관념론자가 때로는 길을 잃는다. 철학이 줄 수 있는 것은 경험적 연구의 결과를 바라보는 길이며, 이것은 과학이 발견한 것을 모아서 정리하는, 말하자면 하나의 틀이다. 관념론이 이 정도로만 제 역할을 한다면, 그것은 올바른 한계를 지키는 것이다. 동시에 과학을 실천하려고 할 때, 우리는 이미 그 어떤 철학적 세계관에 휘말려 있다는 것을 지적해도 좋다. 보통의 상식적 태도도 사실상 사물의 본성에 대한 전반적인 암묵의 가정을 섞어 넣은 것이기 때문이다. 이런 사정에 주의를 하게 된 것은 아마도 비판 철학의 가장 큰 장점일 것이다. 여하튼 우리가 어떤 유리한 행동을 취하든, 과학적 이론은 세계의 진리를 설명하는 것이 목적이라는 사실을 상기해야 한다. 이것은 이론을 추상적인 형식적 체계일 뿐이라고 여기는 사람들이 때때로 잊기 쉬운 점이다. 마치 수가 계산에 사용된다는 것을 그들이 잊는 것과 마찬가지이다.

탐구의 대상인 세계는 우리가 만든 것이 아니다. 우리는 스스로 자기의 잘못과 착각을 만들어 내고, 때로는 자기가 오류를 범하고 있는 것도 발견하기 힘들다는 사실을 깨닫게 된다. 그러나 어떤 신념이 옳다고 해도 이 신념은 우리에게 쾌락이나 위안을 주지 않는다. 사람은 자신이 무한한 재원을 가졌다고 생각할 수도 있다. 이런 생각이 그를 만족스럽게 하기 때문이다. 그러나 사실 세상에는 이와 같은 사고방식을 가진 사람도 있지만, 은행이나 법정은 전체적으로 그들처럼 생각하려고 하지 않는다. 탐구의 발견물이 때로는 오류일 수는 있지만, 그렇다고 해서 이들 발견이 주관적이라고는 말할 수 없다. 오류 적어도 범죄자를 필요로 한다고 말해도 옳을 것이다.

자연 자체는 오류를 범할 수 없다. 자연은 아무런 진술을 하지 않기 때문이다. 사람들이 명제를 공식화하면서 오류에 빠진다. 아마도 실용주의적 이론의 한 동기가 이런 사실에서 나왔을 것이다. 오류가 이것을 범한 그 누군가와 결부되어 있다는 뜻에서 주관적이라고 한다면, 또 오류를 저지르지 않는다는 아무런 보증도 없다고 한다면, 우리는 언제나 자기 주관적 의견에 싸여 있다는 생각이 들 것이기 때문이다. 그러나 이것은 모두 잘못이다. 오류가 언제나 스며들 수 있다고 말하는 것과, 우리가 옳지 않다고 주장하는 것은 전혀 별개의 문제이다. 내가 어떤 것에 대해서 그것이 그렇기 때문에 그렇다고 말한다면, 이와 같은 판단에는 주관적인 것이 없다. 오류의 경우도 마찬가지여서, 내가 잘못되어 있다면, 내가 잘못되어 있다는 것도 세계에 대한 하나의 사실이다. 객관적 성격의 공정한 탐구와 이 탐구가 추구하는 진리의 독자적인 본성을 강조하는 것이 중요하다. 진리란 영향을 받기 쉽고 주관적이라고 주장하는 사람들은 이런 견해에서는 탐구가 불가능하다는 것을 관찰하지 못한다. 게다가 그들은 탐구자가 자기의 발견으로 얻는 이익과 유용성과는 전혀 상관없이, 자기의 호기심을 가질 수 없다고 생각한다는 점에서 오류를 범하고 있다. 대부분의 연구가 이런 것이 아니라는 것은 아무도 부정하지 않지만, 그러한 연구도 있다. 과학사는 실용주의 개념으로는 설명할 수 없다. 객관적 진리에 대한 경의는 주관주의적 편향에서 무한한 힘이 나온다는 착각을 중단시키기 쉽다.

이상에서 우리는 철학적 사고의 또 하나의 유력한 동기에 이른다. 이제까지 우리는 철학 연구의 대상인 과학과 과학 작용의 전반적 원리에 언급했을 뿐이다. 그러나 사회적 동물로서의 인간은 세계에 대한 발견에만 관심을 갖는 것이 아니다. 인간의 또 하나의 과제는 세계 안에서 행동하는 일이다. 과학적 측면은 수단과 관련되고, 여기에서 우리는 목적과 관계한다. 인간은 주로 사회적 본성 때문에 윤리적 문제에 부딪힌다. 과학은 어떻게 하면 목적을 잘 이룰 수 있는지를 인간에게 가르칠 수 있다. 과학이 가르칠 수 없는 것은 인간이 갑의 목적보다도 오히려 을의 목적을 추구해야 한다는 점이다.

윤리 문제에 대해서 우리는 여러 방식으로 접근해 보았다. 플라톤의 이론에서는 윤리적인 것과 과학적인 것이 결국 섞여 있다. 선이 지식과 동일하게 다루어진다. 그렇게 할 수가 있다면 그것은 즐거움이 될 것이다. 그러나 공교롭게도 플라톤의 관점은 전체적으로 지나치게 낙천주의적이다. 가장 많이 알고 있는 사람이 때로는 이 지식을 악용하는 일이 있다. 여하튼 사람이 얼마나 많은 것을 알건, 그것은 무엇을 할 것인가의 문제는 해결하지 못한다.

그렇다면 이것은 이성과 의지의 전반적인 문제라 할 수 있다. 넉넉한 여유를 가지고 이 두 가지가 일치한다는 관점을 받아들이지 않는다면, 오컴과 같이 두 가지는 무관하다고 인정해야 한다. 이 말은 두 가지가 완전히 무관하다는 것을 의미하지는 않는다. 이성은 의지와 감정에 대한 억제력이나 지침으로서 작용할 수 있고, 실제로 작용한다. 그러나 엄밀하게 말하면, 목적을 선택하는 것은 의지이다.

결과적으로 이런 사실은 우리가 자신이 추구하는 목적이나, 자신이 채용하는 윤리적 원리에 과학적 이유를 부여할 수 없다는 것을 뜻한다. 우리는 그 어떤 윤리적 전제를 처음부터 인정하지 않는 한, 논의를 시작할 수 없다. 이와 같이 사람의 행동이 그가 살고 있는 사회를 유지해야 한다고 보는 경우도 있을 것이고, 어쩌면 사람의 행동이 사회 제도의 그 어떤 개혁을 촉진해야 한다고 주장되는 경우도 있을 것이다. 윤리적 전제가 무엇이든 이와 같은 바탕에 서면, 왜 갑의 행동이나 을의 행동 중 어느 쪽을 채택해야 하는지 논증할 수 있다. 유의해야 할 중요한 점은 '당위'를 내포하는 전제가 없으면, 우리는 무엇을 할 것인가를 우리에게 가르쳐 주는 결론을 끌어낼 수 없다는 것이다.

이제 분명히 윤리적 요구는 갑이란 인간과 을이란 인간이 서로 다를 수도 있고, 이와 같은 문제에 대해서 사람들의 의견이 서로 어긋나는 일이 많은 것도 사실이다. 그래서 어느 정도 보편 타당성을 가진 윤리적 원리를 발견할 수 있는가 없는가 하는 문제가 생긴다. 어쨌든 그 윤리적인 요구가 자기의 수용성 때문에 그 요구를 주장하는 사람에 의해 좌우되어서는 안 된다는 것이다. 우리는 이와 같은 사실에서 포괄적인 범위의 윤리적 원리가 있다면, 그것을 일반적인 인간 사회에 적용해야 한다는 결론을 내리게 된다. 이것은 만인이 모든 점에서 평등하다고 말하는 것과는 다르다. 실제로 사실 인간은 동등하지 않기 때문에 모든 사람이 동등하다고 주장하는 것은 어리석은 일일 것이다. 사람들은 시야나 능력이 다르고, 다른 많은 면에서도 다르다. 그러나 윤리적 판단이 내려지는 한, 이것을 특수한 집단에 한정하는 것은 좋지 않다. 예를 들어, 정직하게 행동해야 한다고 주장한다고 할 때, 이것은 우연히 논의되고 있는 사람들의 키나 체격이나 피부의 색에 따라 변하는 것이 아니다. 이런 의미의 윤리 문제는 인간의 사해동포성 개념을 낳는다. 이것이 스토아학파의 윤리 교설에 처음으로 명시적으로 기술되어, 나중에 그리스도교로 들어온 견해이다.

문명 생활을 만드는 대부분의 유용한 원리는 윤리적 성격을 띤다. 이웃에게 잔학 행위를 하는 것이 나쁜 이유는 무엇인지, 그 과학적 이유를 말할 수는 없다. 나에게 이것은 나쁜 것처럼 보이고, 이 견해를 품고 있는 사람이 매우 많다고 나는 생각한다. 잔학한 행동이 나쁘다는 것은 왜 그런가 하는 데 대해서는, 나로서는 아무래도 충분한 이유를 들 수 없을 것 같다. 이것은 어려운 문제이며, 결말을 짓는 데 시간이 걸린다. 그러나 어쩌면 바로 해결책이 발견될지도 모른다. 그때까지는 반대 견해를 가진 사람들은 이들 문제에 대한 자신의 의견이 어쩌다가 그런 생각을 갖게 되었는가 하는 사실과 상관이 있는지, 스스로에게 물어보는 것이 좋을 듯싶다. 그때 전반적인 윤리적 원리처럼 보인 것이, 실은 한 조각의 특별한 항변에 지나지 않는 것으로 보이는 경우도 있을 것이다.

내가 앞에서도 말한 것처럼, 참다운 윤리적 원리는 특정한 사람의 편을 드는 것은 아니지만, 그렇다고 해서 모든 사람이 평등하다는 것을 뜻하지는 않는다. 유명한 차이를 보이는 한 가지 특징은 지식에 대한 것이다. 내가 말하고 있는 지식은 단순한 지식이 아니라, 확실히 구별된 지식이다. 우리가 살펴본 대로 소크라테스의 견해에서는 지식이 선과 동일시되는 경향이 있으며, 우리는 이 이론을 너무나도 합리론적이라고 비판했다. 그러나 여기에 바로 간과해서는 안 되는 중요한 점이 하나 있다. 사람이 총체적으로 알고 있는 것이 무한히 작다는 것은 소크라테스가 실로 거리낌없이 인정하는 점이다. 결국 더욱 중요한 것은 사람이 지식을 추구해야 한다는 점이다. 공정한 탐구야말로 선이다. 이것은 피타고라스에서 유래된 윤리적 원리이다. 추구자와는 관계없다고 생각되는 진리의 추구야말로 탈레스 시대부터 과학 운동의 배후에 있는 윤리적 원동력이었다. 분명히 발명의 가능한 이용과 남용에서 생기는 윤리 문제는 여기서 언급되어 있지 않다. 그러나 우리는 이 문제를 정면으로 맞서야 하지만, 우리가 이를 혼동한다면, 그것은 우리가 이들 문제를 이해하는 데 도움을 주지 못할 것이다.

이와 같이 탐구자는 이중의 과제에 직면하고 있다. 한편에서는 자기 연구의 독립된 대상을 될 수 있는 대로 추구하는 것이 연구자가 할 일이다. 자기가 발견한 것이 마음을 안정시켜 주든 교란하든 상관 말고 탐구해야 한다. 마치 윤리적 원리에 사람들이 관여하지 않는 것처럼, 탐구의 결과는 우리의 감정에 관여해서는 안 된다. 한편, 윤리적인 의미에서, 발견을 활용한다는 문제가 있다.

남은 문제는 진리의 추구가 좋은 일이라는 이 윤리적 원리를, 우리가 어떻게 취해야 하는가이다. 분명히 우리 모두가 반드시 과학적 탐구에 종사할 능력을 가진 것이 아니기 때문이다. 게다가 모든 경우에 판단을 중지할 수도 없다. 사람들은 생각하는 것과 마찬가지로, 행동하지 않으면 안 된다. 그러나 모든 사람이 할 수 있는 일이 하나 있는데, 이것은 자기가 이의를 제기하고 싶지 않은 문제에 대해서 다른 사람에게 판단을 보류시키는 자유를 주는 일이다. 그런데 이것은 우연히 공정한 탐구가 또 하나의 선으로 여겨지는 자유와 어떻게 연결되어 있는지를 보여준다. 관용은 탐구가 왕성하게 되는 사회에서는 하나의 전제 조건이다. 언론과 사상의 자유는 탐구자를 진리가 이끄는 대로 가게 하는, 자유로운 사회의 위대한 추진자이다. 이 정도까지라면 누구나 여기서 문제가 되어 있는 선에 공헌할 수 있다. 그렇다고 해서 우리 모두가 모든 일에 대해서 같은 의견을 갖는다는 것을 의미하지는 않지만, 어디를 가든지 우리는 억지로 조성된 비평이 가로막고 있지 않다는 것을 보증받을 수 있다. 인간에게 성찰하지 않는 삶은 정말로 살 만한 가치가 없다.

러셀 캐리커쳐

# 러셀, 그 지혜의 등불을 찾아서

## 20세기 대표 지성, 러셀

"인간은 매우 드문 정신을 가진 사람밖에는 자기 이상을 기원하기 위한 전당으로 들어가기 전에 어두운 동굴을 지나가지 않으면 안 된다. 그러나 거기에서 나오면 희망의 문이 있고, 거기를 빠져 나가면 다시 지혜의 등불을 만날 수 있다. 그리고 그 빛으로 새로운 통찰과 새로운 희열, 그리고 새로운 다정함이 빛을 발한다." 20세기를 대표하는 천재이자 지성인으로 손꼽히는 버트런드 러셀의 인생관은 이처럼 인간애와 측은한 정으로 넘쳐흘렀다.

러셀은 1872년 5월 18일 할아버지 존 러셀 경이 영국 수상을 역임한 귀족가문에서 태어났다. 러셀 집안은 몇 세기 전 튜더 왕조가 세워지며 권력을 얻어 영국의 자유주의적인 휘그당을 세운 가문이었으며, 영국 정치사의 중요한 사건인 1536~1540년 수도원 해체, 1688~1689년 명예혁명과 1832년 영국선거법개정(Great reform act)에 참여하기도 했다. 러셀은 평생 여러 부분에서 자유주의자, 사회주의자, 평화주의자 순으로 자기의 이상을 생각해 왔으나, 자신이 이 가운데 어느 쪽도 되지 않았다고 회고하기도 했다.

그는 1900년대 초반 '관념론 반대운동(revolt against idealism)'을 일으켰으며, 당대의 지성답게 수많은 거물들과 교류했다. 러셀은 그의 선배 프레게, 제자 루트비히 비트겐슈타인과 함께 분석철학의 창시자 중 하나로 꼽히며, 20세기의 선두 논리학자로 자리매김했다. 그 가운데서도 각별한 사이였던 화이트헤드와 함께 《수학의 원리》를 저술했으며, 이는 수학을 이용해 논리학의 기틀을 닦고자 한 시도이다. 그의 저술은 논리학, 수학, 집합론, 언어학, 철학 중에서도 언어철학, 인식론, 형이상학에 영향을 주었다.

러셀은, 화이트헤드와 함께 만들어 낸 역작 《수학의 원리》로 수학기초론 및 기호논리학 분야에서 획기적인 업적을 이룩해냈다. 이 저작의 기본이상은 뒷날 논리실증주의 및 비판적 합리주의 관점을 취한 사상가로 이어져 과학적으로 엄밀한 수법으로써, 전통적인 인식론의 과제를 철학자의 개인적 이데올로기와는 독립된 객관적 수법으로 해결할 수 있는 근거가 되었다.

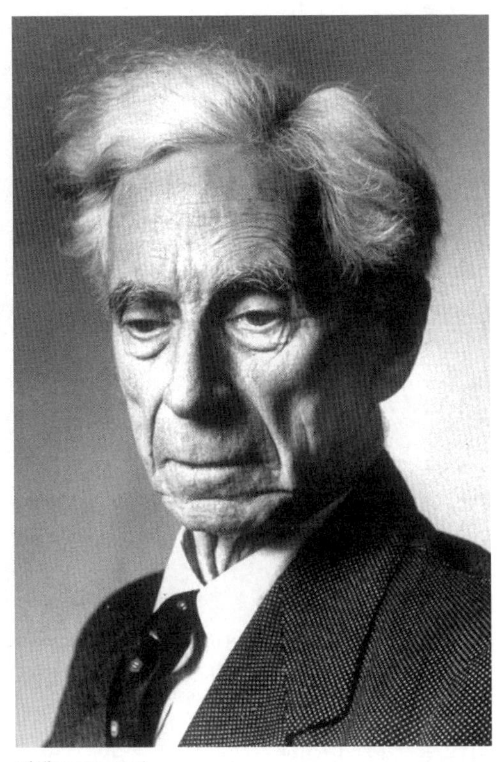
러셀(1872~1970)

철학 및 수학자로서의 업적뿐만 아니라 그의 삶에서 빼놓을 수 없는 것으로 영국 사회민주주의 전통으로 사회운동가, 반전주의 운동 및 문명비판가로서의 활동을 들지 않을 수 없다. 이 분야 러셀의 저작 중에는 오늘날에도 신선함을 잃지 않는 것들이 여럿 존재한다. 유려한 문장과 빼어난 통찰력을 지닌 인생론이나 에세이도 높은 평가를 받아 1950년 러셀은 "인본주의와 양심의 자유를 대표하는 다양하고 중요한 저술을 한 공로"를 인정받아 노벨 문학상을 받기도 했다.

### 새로운 철학의 물결, 언어철학

분석철학은 언어철학이라고도 하는데, 언어와 언어로 표현된 개념분석에 중점을 둔 철학 흐름이다. 철학 연구에서 언어분석의 방법이나 기호논리의 활용이 없어서는 안 된다고 믿는 이들의 철학을 총칭한 것이다. 분석철학자들은 언어에 대한 철학적 탐구의 목적도 서로 다르게 제시했다. 러셀과 비트겐슈타인은 언어 구조가 세계의 구조를 드러내주며, 철학자는 언어분석을 통해 실재의 진상을 파악할 수 있다고 생각했다.

논리적 언어에 대한 발상은 최소한 라이프니츠까지 거슬러 올라간다. 영어

**영국 국회의사당** 세계 최초 의회 민주주의를 발달시킨 영국의 상징이다. 본디는 웨스트민스터 궁전이었으나 1834년 대화재로 거의 사라지고 의사당으로 새로 지어졌다. 복도의 길이가 3.2km, 방이 1천여 개나 된다.

와 같은 자연 언어에서 단어들은 문법 규칙에 따라 문장으로 이루어진다. 라이프니츠는 상형문자를 이용해 기본 개념을 나타내고, 논리 규칙에 따라 구성되는 인공 언어를 꿈꿨다. 그와 같은 언어를 쓰는 사람들은 자신의 불완전한 판단에 의존할 필요가 없었다. 그들은 대수방정식의 답을 구하듯 그저 계산을 통해 사실을 빠르게 만들어 낼 수 있었다. 모든 종류의 연역법과 귀납법 등 모든 과학적·수학적 연산 작업은 더할 나위 없이 명확하게 표현되고 논리적으로 일관성을 갖추게 되었다. 프레게가 수학을 논리학으로 바꾸려고 했을 때, 일정 부분 라이프니츠의 합리론적 꿈에서 영감을 받았지만, 정작 그를 애먹인 것은 보통 사람들의 열등한 수학적 이해력이었다.

특히, 그는 수학자들이 수학의 근본이 되는 대상인 숫자를 전혀 이해하지 못하는 점을 걱정했다. 숫자가 무엇인가? 우리는 숫자를 발견한 것인가? 그저 상상으로 만들어낸 게 아닐까? 무엇이 수학의 공리를 사실로 만들어주는가?

그의 사명은 다름 아닌 순수 논리만으로 튼튼한 수학의 기초를 세우는 것이었다. 이 과정에서 그는 수학이 사실은 논리학의 일부라는 견해인 이른바

**펨브로크 로지 저택** 런던 왕립공원 가운데 하나인 리치몬드 공원 안에 있다. 대영제국의 수상이었던 존 러셀 경의 저택이었으며 뒤에 손자인 버트런드 러셀이 살았던 곳이다.

'논리주의'를 채택했다. 이는 곧 모든 수학 용어를 오직 논리학적으로만 정의할 수 있고, 수학으로 나타낼 수 있는 모든 진리를 논리학의 공리에서 구할 수 있다는 뜻이었다. 논리학을 심리학과 연관 있는 것, 다시 말해 오류가 있을 수 있는 인간의 추론을 형식화한 것으로 생각하는 사람들에게는 이와 같은 접근법의 기초가 매우 불안해 보였으리라. 그러나 프레게는 논리학을 객관적인 것으로 여겼다. 논리학은 우리가 실상을 추론하는 방법이 아니라, 우리가 마땅히 따라야 하는 추론 방식이었던 셈이다.

이와 같은 거창한 기획의 길을 닦는 차원에서 프레게는 《개념표기법 *Begriffsschrift*》이라는 책을 썼다. 'Begriffsschrift'에 딱 들어맞는 영어 단어가 없지만, '개념 서체' 또는 '개념 표기' 등으로 다양하게 번역된다. 어쨌든, 이 책은 근대 논리학의 기초가 된 논리적 연산 체계를 선보였다. 프레게의 업적 가운데 변항과 관련된 수량화 작업에서 논리학의 역할을 공식화했다는 점도 빼놓을 수 없다. 우리가 모든 장미에는 가시가 있다거나 대부분의 외계인은 밤에 온다거나, 당신들 가운데 몇몇은 심각한 곤경에 빠졌다거나, "섬처럼 고립된 사람은 아무도 없다."라고 말할 때, 우리는 논의 중인 사안의 범위를 한정하기 위해 '모든', '대부분', '몇몇', 그리고 '아무'와 같은 수량사를 쓴다. 이런 식으로 담론의 영역을 제한하는 것에 따라 결정되는 추론들을 기호로 나타내고 자세히 조사할 수 있게 만든 이는 프레게가 처음이었다.

프레게는 논리학과 언어 그리고 대상과 사고의 관계를 주제로 많은 논문을 썼다. 그 가운데 가장 유명한 것이 《의미와 지시》이다. 그는 몇 쪽에 걸쳐 '댓 that'으로 시작하는 종속절, 목적을 나타내는 부사절, '후 who'로 시작하는 종속절, 언어학적인 명확한 위치 지정, 그리고 '비록~일지라도 although'로 시작하는 종속절 같은 것들을 꼼꼼하게 다뤘다. 프레게는 이를 통해 언어의 감춰진 논리적 구조이자, 문법의 이면에 감춰진 사고의 연관성을 밝혀내려 애썼다. 이러한 연구 방식은 뒷날 러셀과 비트겐슈타인에게 많은 영향을 끼쳤다.

프레게 이전의 철학자들은 단어의 의미를 집중적으로 다뤘지만, 그는 단어의 의미와 그 단어가 지시하는 것을 구별했다. 단어의 의미는 '표상의 양식'으로 우리가 그 단어를 통해 해당 대상을 파악한 내용이다. 지시는 단어가 가리키는 바로 그것이다. 이러한 구별로써 동일성 명제가 때때로 정보를 쓸모 있게 전달할 수 있는데 반해 동어 반복은 전혀 그렇지 못한 이유가 설명된다. 두 단어가 같은 대상을 가리킬 수는 있지만, 이 단어들에 서로 다른 의미가 담겨 있다면 동일성 명제가 매우 중요할 수 있다. 두 문장 모두 어떤 대상은 그것 자체와 같다는 뜻임에도 '슈퍼맨은 클라크 켄트다.'가 '슈퍼맨은 슈퍼맨이다.'보다 더 흥미로운 알 거리인 이유도 바로 이 때문이다.

논리학으로 수학의 기초를 세우려 한 프레게의 커다란 기획은 어느 정도 이와 같은 동일성의 이해에 달려 있지만, 훨씬 더 많은 비중을 차지한 것은 논리적 모음체 또는 집합체라는 집합론이었다. 그는 동일한 수학적 대상을 공집합과 같은 논리적 대상으로 규정하는 방법을 찾아냈다. 프레게는 자신의 걸작 중 하권의 편집을 마쳤을 무렵 케임브리지 대학에서 수학자이자, 철학자인 화이트헤드와 함께 비슷한 연구를 진행하던 젊은 러셀로부터 짧은 한 통의 편지를 받았다. 러셀은 프레게의 천재성을 알아본 몇 안 되는 사람들 가운데 한 사람이었지만, 이 편지에서는 프레게의 집합이론의 핵심에 모순이 있음을 지적했다. 프레게는 어떻게든 바로잡아보려고 했지만, '러셀의 역설'로 알려진 이 모순 때문에 결국 논리학으로 수학의 기초를 세우려했던 그의 소망은 여기서 멈추고 말았다.

**케임브리지 대학 트리니티 칼리지**
러셀은 1890년 이 대학에 장학생으로 입학하여 화이트헤드의 영향을 받는다.

### 아리스토텔레스 이론을 뒤흔들다

러셀은 아주 어린 시절 고아가 되었다. 1874년 어머니가 디프테리아로 죽었고, 1876년에는 아버지마저 우울증에 시달리다가 세상을 떠났다. 러셀은 유년기의 대부분을 할머니인 러셀 백작 부인의 돌봄을 받았다. 러셀의 사춘기는 매우 고독했으며, 그는 몇 차례 자살 충동을 느꼈다고 회고한다. 러셀은 회고록에서 그 무렵 자신의 주된 관심사는 종교와 수학이었으며, 수학을 조금이라도 더 알고 싶은 마음에 자살하지 않았다고 쓰기도 했다. 그는 집에서 몇 사람의 가정교사에게 교육받았고 나중에는 그 유명한 케임브리지대학교 트리니티 칼리지에 입학, 엘리트주의라 불리는 교육을 받았다. 그러나 러셀의 말에 따르면, 그가 그곳에서 경험한 것은 '깊은 불안의 큰 바다에서 펼쳐지는 자의적인 경쟁이었으며 그것은 나를 절망하기까지 몰아세웠다.' 이 극한의 경험 때문에 그는 아리스토텔레스 뒤에 논리학이 따르던 확신의 원리를 뒤흔들게 된다. 사실, 이 그리스 철학자가 온갖 확증의 기초로 세운 것은 자동률(모든 사물은 그 자체일 수밖에 없다), 모순율(어떤 것에도 그것에 어긋나는 것이 속할 수 없으며, 또한 서로 어긋나는 성질이 함께 어떤 것에 속할 수 없다), 배중률(어떤 명제는 참인가 거짓인가 둘 중 하나이다)이다. 이 기초에 바탕을 둠으로써, '삼단논법'이라는 추론을 구성할 수 있었다. 이렇게 단언해도 좋을 것이다. '만일 모든 인간은 반드시 죽게 되어 있으며 소크라테스가 인간이라면 그 또한 죽을 수밖에 없다.' 보다 좋은 예는 손이 닿지 않는 곳의 현실이 문제인 경우이다. '만일 그 자체로 빛나는 모든 것은 먼 곳에서도 지각되며 별이 빛나는 것이라면 별은 우리로부터 멀리 떨어져 있을 것이다.' 그 자체로 빛나는 게 아닌, 지구의 그늘 아래 들어갔을 뿐인데도 흐려져 버리는 혹성이나 달과는 다르게 말이다.

여기서 얻어진 결론은 절대적으로 필연적이며 어떤 논리적 확신에 이르게 된다. 그 결과를 의심할 수는 없다. 이는 이론의 여지가 없는 관계를 통해 만들어졌기 때문이다. 소크라테스가 죽을 수밖에 없는 인물인가 아닌가를 알기 위해, 나는 소크라테스가 실제로 죽음에 이를 때까지 기다릴 필요가 없다. 다만 보다 복잡한 이상의 예측이 가능할 만한 추론의 기초에 바탕을 두고, 그 사실을 새로이 알 수가 있는 것이다. 단순한 추론으로, 나는 아무리 둘이 같은 범주 위에 있다 하더라도 직녀성이 금성보다 우리로부터 한없이 멀리 떨어진 별임을 알고 있다. 올바르게 이어진 두 명제로부터 제3의 완전히 다른 명제를 연역하는 것인데, 이는 아리스토텔레스가 발견한 뒤 줄곧 과학에 부과한 규칙이 지켜지고 있다.

연역추론은 논리원리에 따라서 행해지며 여기에는 어떤 균열도 없다. 그러나 이 불굴의 논리 속 어떤 균열을, 러셀은 하나의 모순으로 열게 된다. 아리스토텔레스가 서양이성의 기초에 둔 원리를 이용해서는, 이미 풀어낼 수 없는 모순인 것이다. 러셀의 모순은 단순한 실수나 주의가 부족하여 생긴 이성의 고장으로 이해될 수는 없다. 이는, 엄청난 집중력으로도 해결할 수 없는 것이다. 이 모순은 이성에 내적인 방법으로 속하는 약점으로써, 이성 그 자체로부터 구성된다. 이를 이성으로부터 없애버릴 수는 없다. 때문에 오류 없는 증명의 모델은 존재할 수 없다.

러셀이 발견해낸 모순은, 이성 그 자체의 병이며 진실을 만들어내려는 이성의 방식으로 길러지는 바이러스라 할 수 있다. 이를 이해하기 위해서는, 자동률에 거슬러 올라가 생각해 봐야 한다. 여기에 온갖 증명의 기원이 있다. 아리스토텔레스 논리학에 따르면, 한 무리의 대상이 모두 비슷한 성질을 가지는 경우에, 공통의 종류, 등급, 범주에 들어갈 수가 있다. 조류, 포유류, 또는 수가 저마다 하나의 무리로 정리된 것은, 그것들이 같은 경우이다. 즉 '소크라테스는 하나의 인간이다.' 이리하여 그가 언젠가는 죽음에 이를 존재임을 결론짓는 추론의 출발점으로서 쓰일 최초의 공리가 성립된다. 그러나 '인간'이라는 범주 또는 종류라는 집합마저도 자명한 독립된 위치를 구성하는지, 그 경계는 다른 어떤 것과도 통하지 않는지, 확실하게 말할 수 있는가. 예를 들어 커피 숟가락의 종류라는 무척 단순한 사례에서조차, 이는 분명치 않다. 이 경우, 또 하나의 커피 숟가락이 형성될 수는 없기 때문이다. 마찬가지로 납골당은 뼈가 아니다. 여기서 범주는 사물과는 다르다. 즉 그 범주에 속한 요소와 똑같은 성질을 가지지 않는 것이다. 숟가락을 써서 만든 집합은, 숟가락이 그 자체가 아니라 숟가락을 모은 것이다.

**앨프리드 화이트헤드**(1861~1947)
러셀과 《수학의 원리》를 공저로 저술하였다.

그러나 범주 그 자체가 범주의 일부이며 스스로 속해있는 대상이라는 범주도 있다. 이 종이 위에 인쇄된 문자의 집합은, 그 자체가 이 페이지에 인쇄되어 있다. 만일 목차가 책속의 모든 것을 포함한다면 그 목차에는 목차 또한 포함되며 목차표의 마지막 목차가 모습을 드러내리라. 목차는 그 내용과 같으며 자동률 덕분에 목차가 구성하는 집합의 일부가 된다. 러셀은 긴 시간, 숟가락의 예와 같은, 그 자신의 멤버가 아닌 범주를 고찰했다. 그는 그러한 범주를 나타내기 위해 NM이라 표기했다. 즉 그 범주는, 스스로가 자신의 멤버일지라도 온갖 목차나 이 페이지에 인쇄된 문자와는 다르게, 그 자신의 '멤버가 아님'을 나타낸다.

좀 더 자세히 알아보자. 구두의 집합은, 분명하게 구두가 아니라고 말할 수 있다. 자전거의 집합은 자전거가 아니다. 이들 NM의 범주는 수없이 많다. 여기서 러셀은 NM의 범주를 모아 상위집합을 이루어낼 수 있으리라 생각했다. NM의 집합, 좀 더 정확하게 말하자면 자신의 요소가 될 수 없는 범주를 모두 모은 집합이다. 이들 NM의 모든 범주가 서로 같으며 공통점을 나누어 가진다는 이유에서, 보다 큰 하나의 집합을 이룬다. 그렇다면 이 상위집합 그 자체는 NM이라고 말할 수 있을까. 이 집합 또한, 자기 자신을 포함하지 않는 집합이라 할 수 있을까. 만일 그렇게 말한다면 자기 모든 요소와 닮았다고 할 수 있으니, 자신을 스스로의 요소로서 포함하게 되지 않을까. 이렇게 되면 그 정의를 거스르게 된다.

자신의 멤버가 아닌 집합의 집합은, 만일 그 자신이 자기 멤버가 아니라면, 곧바로 자신의 멤버와 같은 성질을 가지게 되며 NM의 범주 일부가 되어 갑자기 자신의 멤버가 되어버린다. 이는 어떤 이성을 가지고 있어도 해결하기 어려운 일이다. 어찌 되었든 거기에 자동률의 모순이 있다. 아리스토텔레스에 의해 더욱 뚜렷해진 자동률이지만, 너무도 강력한 착오이며 러셀이 말하기를, '내가 그 무렵 계속 논리학과 관계를 맺고 있던 이 밀월에 마침표를 찍은' 것이다. 여기에서 '깊은 불안의 큰 바다'를 찾아볼 수 있다. 러셀은 그 산 증인이어야만 했다. 이론이 그 자체로 모순으로서 만들어 낸 것을 논리의 도움을 빌려 바로잡기란 불가능함을 알게 된 것이다. 진리를 믿는 일은 이 사실에 따라서 그 기초로부터 불가능하게 된다. 진리의 신앙에 널리 퍼진 바이러스는 이를 없애기 위한 무기 그 자체로 말미암아 길러지는 것이다. 어떤 의미로는 악순환이라 할 수 있으리라. 이 의미에서 러셀은 사고의 중심에서 하나의 아찔함을 발견한 것이다. 이로부터 그는 현대라는 시대의 고민하는 인물상이 되었다. 온갖 확신의 붕괴 속에서 우리는 고뇌의 감각을 경험하게 되는 것이다.

### 러셀의 역설 탄생

프레게가 논리학으로 수학적 진리의 기초를 세우려 한 데에는 집합(무엇인가 명확한 정의를 통해 선택되거나 결정된 논리적 대상)론이 결정적인 역할을 했다. 프레게는 모든 개념을 집합을 한정한다고 주장했다. 예를 들어, '개'라는 개념은 모든 개들의 집합, 즉 모든 개들로 이루어진 집합을 한정한다. 이름이

'L'자로 시작하는 모든 도시들의 집합체는 'London', 'Lisbon', 'Lynchburg' 등이 포함된다. 물론 몇몇 집합은 둥근 사각형의 집합이나 결혼한 독신남들의 집합처럼 공집합이지만 프레게가 정식화한 대로라면 어떤 조건이라도 집합을 만들어 내게 된다.

그러나 러셀은 모든 조건에 그에 맞아떨어지는 집합이 있는 것은 아님을 입증하는 모순을 찾아냈다. 연구의 성패가 개념과 집합의 연관성에 달려 있던 프레게에게 이는 참으로 나쁜 소식이었다. 러셀은 가장 먼저 그 자신이 원소인 집합도 있고, 그렇지 않은 집합도 있다는 사실을 밝혀냈다. 모든 사물들의 집합은 그 자체가 하나의 사물이므로, 그 자신의 원소가 된다. 그리고 모든 집합들의 집합은 하나의 집합이므로 그 자신의 원소가 된다. 모든 고양이들의 집합은 하나의 고양이가 아니므로 그 자신의 원소가 아니다. 그렇다면 그 자신의 원소가 아닌 모든 집합들의 집합은 어떨까? 그게 바로 집합을 한정한다는 개념이지만, 결국 역설로 끝나고 만다. 그 집합은 그 자신의 원소인가? 만일 그 집합이 그 자신의 원소가 아니라면 그 집합은 그 자신의 원소이고, 만일 그 집합이 그 자신의 원소이면 그 집합은 그 자신의 원소가 아니라는 모순에 이르고 만다. 따라서 개념이 집합을 선택하는 게 아니라 개념을 한정하는 그 어떤 것도 선택하지 않는다.

**루트비히 비트겐슈타인**(1889~1951)
러셀의 《수학의 원리》를 읽고 크게 감명받은 비트겐슈타인은 케임브리지를 찾아가 러셀의 제자가 되었다. 러셀은 나중에 "비트겐슈타인을 알게 된 것은 나의 삶에서 가장 흥미진진한 모험이었다"고 회상했다.

그 자신의 원소가 되는 집합이라는 이야기가 이상하게 들리는 사람에게는 작은 마을의 이발사 이야기를 들려주면 쉽게 이해할 수 있을 것이다. 한 이발사가 그 마을에서 제 손으로 면도하지 않는 모든 사람들을 면도해준다는 이야기를 들었다고 가정해보자. 언뜻 좋은 예처럼 들릴 것이다. 하지만 정작 그 이발사는 제 손으로 면도를 할 것인지 생각해보자. 만일 그가 제 손으로 면도를 한다면 그는 자신이 면도를 해주는 사람들에게 속하지 않는 것이며, 만약 그가 제 손으로 면도를 하지 않는다면 그는 자신이 면도를 해주는 사람들의 집합에 속하게 되는 것이다.

### 세상의 본질 밝히는 논리학

러셀의 논리주의는 마침내 기념비적인 책 《수학의 원리》로 정점을 찍었다. 러셀과 화이트헤드는 이 책에서 새로운 이론(유형이론)을 이용해 러셀이 프레게의 저작에서 발견한 역설을 극복했다. 기하학의 기초를 내용으로 4권을 낼 계획이었으나, 러셀과 화이트헤드는 둘 모두 피로에 싸여 작업에 들어갈 수 없었다. 결국 4권은 쓰지 못했다.

러셀은 초기 수리철학 분야에서 업적을 남겼을 뿐만 아니라 철학의 중심 문제에 논리적 분석 기법을 도입한 인물로도 기억된다. 그의 활동은 학계 바깥으로까지 이어져 러셀의 철학 저작들은 큰 인기를 끌었고, 아직까지도 널리 읽히는데 그중에서도 《서양철학사》와 《철학의 문제들》이 유명하다. 또한 앞서 이야기했듯이 평생을 반전 운동과 민권 수호, 핵무장 철폐에 헌신한 그는 아흔이다 된 나이에도 이런저런 시위에 몸소 참가했다.

러셀은 그보다 나이가 아래였던 동료 무어가 케임브리지에서 공부할 무렵에는 영국의 관념론이 철학적 대세를 이루었다. 러셀과 무어도 철학계에 입문한 초창기에는 잠깐이나마 신헤겔주의에 관심을 가졌다. 이런 유형의 견해에 따르면, 실재는 우리에게 보이는 것과 전혀 다르며, 이 세상과 같은 것들도 과학이 설명해준 내용과 전혀 다르다. 영국의 관념론자들은 온갖 종류의 집합체나 다름없었지만, 대다수 표상과 실재는 큰 차이가 있으며 이성이 우리에게 겉으로 보이는 세상은 모순으로 가득 차 있다는 사실을 입증해준다고 생각했다. 따라서 실재는 완전히 다른 것, 헤겔의 절대자와 비슷한 것, 역사를 통해 그리고 우리를 통해 그 정체를 드러내는 우주적이고, 영적이며, 의식적인 통일체여야만 한다고 봤다. 상식과 과학이 말해주는 세상, 즉 서로 다른 대상들이 우리의 정신과 상관없이 존재하는 세상은 환상인 셈이다. 탁자와 의자는 기계론적 세상에서 비활성 물질이 아니라 일정 정도 목적의 지배를 받는 정신의 항목들이다. 우리가 어느 것이든 이해하려면, 그것과 상호 연관된 것들을 모두 이해해야만 한다. 러셀과 무어는 해당 견해 가운데 바로 이 부분을 뒤집어엎으면서 철학의 발전은 오직 실체를 분해하고, 우리가 쓰는 언어의 구조와 단어를 분석해야만 이룰 수 있다고 주장했다. 이와 관련해 러셀은 이렇게 썼다. "우리는 감옥에서 탈출하는 기분으로 스스로 잔디는 초록색이고, 태양과 별은 알아보는 이가 아무도 없어도 존재할 것이라고 생각할 수 있어야 한다."

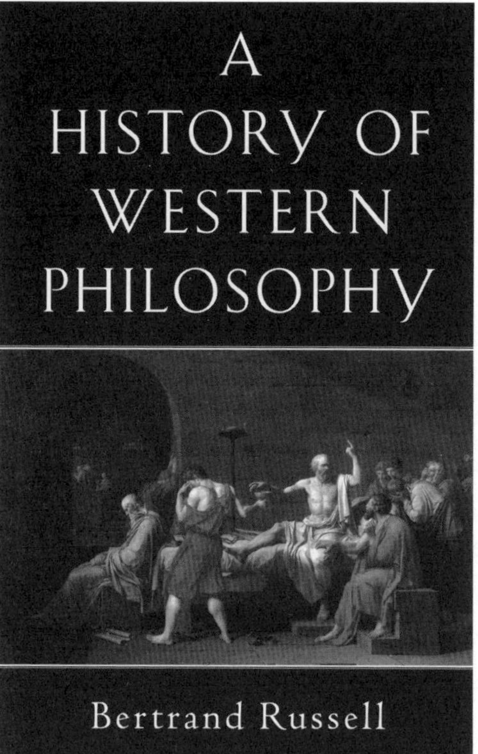

《서양철학사》(1946) 표지

무어는 《관념론 논박》에서 존재하는 것은 인식되는 것이라는 관념론자 버클리의 주장을 신중하게 분석했다. 무어의 이 논문은 비록 중간 중간 그의 주제는 '꽤 흥미롭다'는 주장을 되풀이하는 게 흠이지만, 실제로 무척 재미있다. 여기서 '존재한다'는 것은 무슨 뜻일까? '인식된다'는 것은 무슨 뜻일까? 이 문장에서 '~이다'는 어떤 기능을 하는 것일까? '~이다'는 동일성을 나타내는 걸까? 존재는 인식되는 것과 같다는 주장일까? 그럼 '~이'는 술어로서 인식되는 것이 존재의 속성이라는 주장일까? 그렇다면 우리는 전체 문장을 어떻게 이해해야 할까?

무어는 이런저런 가능성들을 꼼꼼히 따져본 뒤 이치에 맞지 않거나 관념론과 어긋나는 것들을 없애고 관념론자들이 의미하는 것들만 분석에 들어갔다.

그리고 그들의 이론에 중요한 뜻이 조금이라도 포함되어 있다면 결국 모순에 빠지고 만다고 주장했다.

그는 또 다른 질문으로 넘어갔다. 그러고는 관념론의 주장에서 더욱 더 모호한 점을 찾아냈다. 그의 논문을 읽다 보면 마치 눈앞에서 장인이 복잡한 낡은 시계를 엄청난 속도로 해체하면서 그 시계가 고장 난 이유를 우리에게 알려주는 듯한 기분이 든다. 그는 실재를 완전히 정신적인 것으로 여기는 견해는 인식의 행위와 대상을 구별하지 못한 데서 비롯된 것이라는 결론에 이르렀다. 그는 다음과 같은 말로 마무리했다. "내 주장이 타당하다면 관념론을 논박하게 될 것이다." 분석철학이 새로운 시작을 알린 셈이다.

러셀 또한 관념론과 정면으로 맞붙었지만, 그의 대응은 주로 간접적으로 진행됐다. 그는 관념론자들의 주장을 한 줄 한 줄 물고 늘어지기보다는 그의 이른바 '논리적 분석 방식'을 이용해 철학의 문제들에 대한 탐구 방식이 어떻게 향상될 수 있는지 보여줬을 뿐이다.

헤겔학파는 서로 관련돼 있는 두 개의 다른 사물들의 일반 개념을 모순된다고 주장했다. 신비스러운 관념론적 내부 관계론에 따르면, '그 고양이는 돗자리 위에 있다'와 같은 일반 주장은 엄격히 말해 참이 아니다. 일반 관계가 모순적이면 어떤 것이든 관련된 게 전혀 없게 된다. 그 어떤 것도 그 밖에 다른 어떤 것보다 더 뜨겁거나 차갑지 않고, 더 크거나 더 작지 않으며, 왼쪽이나 오른쪽이 되지 않는다. 그러니까 파르메니데스와 모든 것은 하나라는 견해로 다시 돌아가는 셈이다. 그러나 러셀은 관계에 대한 말을 정제된 논리적 형태로 고침으로써 두 개의 다른 사물들 사이에 실제로 유지되는 관계를 말하는 것은 모두 괜찮은 것이 될 수 있고, 관념론자들은 논리적 통사의 혼동에 기초한 파르메니데스로 회귀하는 것임을 보여줬다. 그는《서양철학사》의 마지막 장에서 다음과 같이 말했다.

"철학의 많은 부분이 이른바 '통사론'이란 것으로 축소될 수 있다는 게 차츰 뚜렷해졌다. ……카르납으로 대표되는 몇몇 사람들이 모든 철학의 문제들을 실제 논리적 통사와 관련 있어 통사론적 오류를 피하면 철학적 문제가 풀리거나, 풀 수 없다는 게 드러나게 된다는 이론을 주장했다. 카르납도 지금 인정하듯 나는 이것이 과장된 이론이라고 생각하지만, 전통적 문제에는 철학적 통사론이 분명 아주 유용할 수 있다고 본다."

이러한 것이 어떻게 작동하는 걸까? 우리가 존재하지 않는 게 분명한 것들에 대해 어떤 주장을 하고 있는 게 된다. 하지만 이와 같은 주장을 함으로써 우리는 현재의 프랑스 국왕에게 어떤 현존성을 부여해주는 셈이다. 우리는 무언가에 대해 이야기를 하고 있는 게 맞지 않은가? 우리가 이야기하고 있는 그 대상이 존재하지 않는다면, 이게 어떻게 가능하단 말인가? 몇몇 철학자들은 이와 같이 어떤 뜻이 담긴 표현들을 실제로 무언가를 언급해야 하므로 현존하지 않는 프랑스 왕은 이상하고 관념적인 세계에서 하나의 개념적 현존 상태에 있다고 생각했다. 다른 철학자들은 이와 같은 문장은 아무 의미가 없다고 생각했다. 그러나 충분히 이해할 수 있는 문장이기 때문에 그렇게 생각하는 것 또한 올바르지 않은 것 같았다. 사실 우리는 현존하지 않는 사람들에 대해 온갖 의미 있는 말들을 하는 데다 그 가운데 일부는 진짜처럼 들릴 때도 있다. 셜록 홈스는 틀림없이 파이프 담배를 피울 것 같지 않은가.

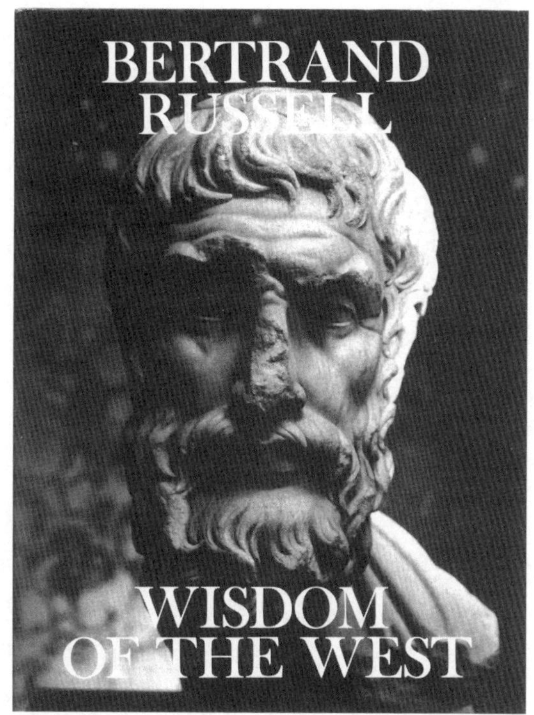

《서양의 지혜》(1960) 표지

러셀은 '한 사람, 어떤 사람, 어느 사람이든, 모든 사람, 누구든, 현재의 영국 왕, 현재의 프랑스 왕, 20세기가 시작되는 순간의 태양계의 무게중심, 태양 주위를 도는 지구의 공전, 지구 주위를 도는 태양의 공전' 같은 특정 문구들을 규명하는 것으로 포문을 열었다. 러셀은 이런 유형의 문구가 들어간 문장들을 그런 문구가 없이도 논리적으로 명확한 문장, 다시 말해 현존하지 않을지 모르는 것들의 현존에서 더 이상 몰두하지 않아도 되는 문장으로 바꿨다. 즉 현존성은 어떤 것을 설명하든, 그렇지 않든 둘 중의 하나인 완벽한 기술을 통해서만 단언된다는 뜻이다. '현재의 프랑스 왕', '황금산'과 같이 마음에 걸리는 문구들을 완전히 빼버렸다. 예컨대, '월터 스콧은 《웨이벌리 *Waverly*》의 저자다'라는 문구는 '유명한 사람이 웨이벌리를 썼는데, 그 사람이 바로 스콧이다'로 바뀐다. 이와 관련해 러셀은 다음과 같이 말했다. '황금산은 존재하지 않는다'라는 말의 뜻은 이렇다. 'x는 황금이면서 산이다'가 x는 실재물 c일 때는 참이지만, x가 c가 아닐 때는 참이 아닌 그런 실재물 c는 없다.

이와 같은 정의를 내리면 우리가 "황금산은 존재하지 않는다"라고 말할 때 그 의미와 관련된 혼란은 사라지게 된다. 깔끔한 조치다. 하지만 그래서 뭐가 어떻다는 것이지 궁금할 것이다. 이에 러셀은 첫 번째로 'x는 존재한다'는 말은 그냥 문법이 틀렸을 뿐이라고 주장했다. 문법적으로 틀린 표현은 논리적 분석을 통해 논리적으로 명확한 표현을 바꿀 수 있으므로, 어느 부분이 참이고, 거짓인지 찾아낼 수 있다고 했다. 그러나 정작 더 흥미로운 점은 우리가 이제 심오한 철학의 문제 같은 것들을 풀어서 그것들이 그저 논리적 혼동에 지나지 않는 것으로 여김으로써 그런 문제들을 피할 수 있다는 것이다. 파르메니데스라면 "어떻게 '무(無)'가 사고의 대상이 될 수 있을까?" 라며 의아해할지도 모른다. 이에 러셀이 그를 위해 답변을 준비했다. 러셀은 우리의 언어를 논리적으로 명확한 구조를 바꾸면 "2000년간 '현존'을 둘러싸고 골머리를 앓았던 게 말끔히 사라질 것"이라고 말했다. 자연 언어의 문법이 우리를 철학적 곤경에 빠뜨렸으므로, 논리학이 거기서 우리를 벗어나게 해줄 수 있다는 말이었다.

러셀은 여기서 그치지 않았다. 그의 견해는 '논리 원자론'으로 불리게 되었는데, 이 논리 원자론의 뿌리는 그가 "자신의 친구이자 제자였던 비트겐슈타인에게서 배웠다"라고 말한 사상이었다. 그는 자신이 생각하는 다음과 같은 두 가지 공리로 시작했다. "세상에는 우리가 그것들을 어떻게 생각하기로 하던 본질이 변하지 않는 사실들이 있다. ……또한 사실들과 관계가 있으며, 그 사실 관계에 따라 참이거나 아니면 거짓인 믿음들도 있다." 그러나 러셀 특유의 방식에 따라 이와 같이 단순한 두 가지 주장에서 많은 결론들이 나온다. 언어를 논리적으로 분석하면, 감추진 의미와 참과 거짓의 진짜 위치가 드러날 뿐만 아니라, 훨씬 더 많은 것들이 밝혀진다. 왜냐하면 논리학이 사실들의 구조, 즉 세상의 본질을 밝혀주기 때문이다.

# 러셀 연보

1872년　5월 18일, 버트란드 러셀은 영국 웨일스의 와이 강 기슭 트렐렉에서 태어났다. 조상은 영국의 대표적인 귀족 베드퍼드 공작, 할아버지는 빅토리아 왕조의 총리를 두 번이나 지낸 존 러셀 백작이다. 아버지는 앰벌리 자작, 어머니는 앨더리의 스탠리 남작 2세의 딸 캐서린임.

1874년(2세)　어머니와 누나 레이첼이 죽음.

1876년(4세)　아버지가 죽고, 형 프랭크와 함께 조부모 밑에 들어감.

1878년(6세)　할아버지 죽고, 형 프랭크가 제2대 백작에 오름.

1883년(11세)　처음으로 유클리드 기하학 배움.

1888년(16세)　크라마(속성학원)에서 공부하다.

1890년(18세)　케임브리지 대학 트리니티 칼리지에 입학, 수학을 전공함.

1894년(22세)　대학을 졸업, 파리 주재 영국대사관 명예직원으로 부임. 앨리스 피어솔 스미스와 첫 연애 끝에 결혼.

1895년(23세)　두 차례 독일 방문. 3개월간 베를린 대학에서 정치, 경제학을 연구. 논문 〈G. 하이만의 과학적 사고 법칙과 원리에 관한 비평〉 발표.

1896년(24세)　처녀작 《독일 사회민주주의》 출간. 〈기하학의 아프리오리〉 〈기하학의 논리〉 〈수와 양에 대하여〉 발표. 런던정치경제대학의 수석강사에 취임, 3개월 간 미국 방문.

1897년(25세)　〈기하학의 토대에 관한 소론〉 제목의 박사학위 논문으로 트리니티 칼리지 펠로가 됨.

1898년(26세)　헤겔주의에서 벗어나기 시작함. 〈유클리드 특유의 공리는 경험적인가〉를 파리에서 간행되던 잡지 〈형이상학과 도덕〉 제6호에 발표.

1899년(27세) 〈기하학의 공리〉 발표. 케임브리지 대학 강사가 되어 라이프니츠 철학을 강의.

1900년(28세) 《라이프니츠 철학의 비판적 해설》 출간. 《수학의 원리》의 저작에 착수.

1901년(29세) 전년 파리에서 열렸던 '국제철학회의'에서 발표한 논문 〈질서 관념과 시간 및 공간의 절대적 위치〉 발간.

1902년(30세) 에세이집 《자유인의 신앙》 《러셀의 이율 배반》 출간.

1903년(31세) 《수학의 원리 *The Principles of Mathematics*》 상권 출간(하권은 내지 못함).

1905년(33세) 〈지시에 대하여〉 〈푸앵카레의 '과학과 가설'에 관한 비평〉 발표.

1906년(34세) 〈논리학의 모순〉 발표.

1907년(35세) 하원의원에 입후보했으나 낙선됨.

1908년(36세) 〈계형이론에 근거한 수리논리학〉과 〈조건과 함의〉 발표. 영국학사원 회원에 선출됨.

1910년(38세) 케임브리지 대학 트리니티 칼리지에서 논리학과 수학기초론의 강의를 시작. 화이트헤드와의 공저 《프린키피어 마티마티커 *Principia Mathematica*》(수학 원리) 제1권, 《철학평론집》 출간.

1911년(39세) 부인 앨리스와 별거 시작. 〈기초논리학의 철학적 중요성〉 발표.

1912년(40세) 제1권에 이어 《프린키피어 마티마티커》 제2권 출간. 또 그의 단독 저서인 《철학의 모든 문제》 출간. 〈보편적인 것과 개별적인 것의 관계에 대하여〉 발표.

1913년(41세) 《프린키피어 마티마티커》 제3권 출간.

1914년(42세) 미국으로 건너가 하버드 대학과 보스턴 대학에서 강의함. 제1차 세계대전의 발발과 함께 반전운동을 전개함. 《외계의 인식》 《철학에서의 과학적 방법》 출간하고 〈숙지(熟知)의 성질〉 발표.

1916년(44세) 반전운동과 징병 반대운동으로 벌금형을 받고, 케임브리지 대학에서 해고됨. 《전쟁 중의 정의》 《사회재건의 원리》 출간. 〈전쟁, 공포의 소산〉 발표.

1917년(45세) 《정치의 이상》 출간.

1918년(46세) 주간지 〈트리뷰널〉에 게재한 논문 〈독일의 평화제의〉에 미군을 비방한 내용이 있다고 하여 재판 끝에 유죄를 선고받고 6개월 동안 투옥됨. 옥중에서 《수리철학 서설》과 《정신분석》 집필. 〈논리적 원자론의 철학〉 발표. 《자유에의 길》 출간.

1919년(47세) 《수리철학 서설》 출간. 케임브리지 대학으로 다시 돌아옴.

1920년(48세) 소련 방문. 그러나 그곳에서 증오와 독재 권력에 바탕을 둔 철학을 발견하고 실망과 환멸을 맛봄. 고국으로 돌아오는 길에 중국에 들러 베이징 대학에서 강연. 《볼셰비즘의 이론과 실천》 출간.

1921년(49세) 중국에서 유럽으로 돌아오는 도중 일본을 방문, 미국을 경유해서 귀국한 다음 앨리스 부인과 이혼하고, 도라 블랙과 재혼. 큰아들 존 출생. 《정신분석》 출간.

1922년(50세) 《자유사상과 관료적 선전》 출간. 〈미개국의 사회주의〉 〈물리학과 지각〉 발표. 《중국의 문제》 출간. 총선거 때 노동당 후보로 입후보했으나 낙선.

1923년(51세) 《산업문명의 장래》 《원자의 ABC》 출간. 두 번째 노동당 후보로 입후보했으나 낙선됨. 큰딸 케이트 출생.

1924년(52세) 방미 강연여행 중 형식 민주주의와 금권정치의 인상을 강하게 받음. 《볼셰비즘과 서양》 《어떻게 자유로워지고 행복해지는가》 《과학의 미래와 문명 파괴의 위협》 출간. 〈민주주의와 자본주의〉 발표.

1925년(53세) 《상대성의 ABC》 《나의 신념》 출간.

1926년(54세) 《교육론》 출간.

1927년(55세) 비컨힐스쿨을 창설함. 자유와 훈련의 적합한 조화를 이념으로 교육에 전념하나 재정난을 겪음. 《물질분석》 《철학개론》 《러셀선집》 출간.

1928년(56세) 《회의(懷疑)평론집》 출간. 〈물리학과 형이상학〉 〈나의 결혼관〉 〈미국의 새 철학〉 〈과학과 교육〉 〈회의주의 가치〉 발표.

1929년(57세) 《결혼과 도덕》 출간.

1930년(58세) 《행복의 정복》 출간. 〈마음의 건강과 학교〉 〈현대 결혼에의 의문〉 〈머리와 꼬리〉 〈남자는 자식을 원하는가〉 〈지금부터 40년〉 〈종교와 행복〉 발표.

1931년(59세) 《과학적 전망》 출간. 〈나의 신조〉 〈유년기의 자유토론〉 발표. 형 프랭크 사망으로 제3대 러셀백작이 됨.

1932년(60세) 《교육과 사회질서》 출간. 〈마음의 변혁〉 발표.

1934년(62세) 《자유와 조직》 출간. 〈왜 나는 공산주의자가 아닌가〉 〈결혼과 자식〉 발표. 러셀은 비컨힐스쿨에서 손을 뗌.

1935년(63세) 도라와 이혼. 《종교와 과학》 《게으름 예찬론》 출간.

1936년(64세) 퍼트리샤 스펜스와 세 번째 결혼. 《평화에의 길》 출간.

1937년(65세) 〈민주주의의 장래〉 〈검증에 대해〉 발표. 작위계승에 대한 최초의 원내 강의. 둘째아들 콘래드 출생.

1938년(66세) 시카고 대학에서 철학교수로 초빙됨. 《권력론—새 사회분석》 출간. 〈과학과 사회제도〉 〈교육의 목적〉 〈심리학과 논리학의 관련〉 발표.

1939년(67세) 미국 캘리포니아 대학에서 철학강의 시작. 〈행복이란 무엇인가〉 〈근대 세계에 있어서의 지성의 역할〉 〈민주주의를 위한 교육〉 발표.

1940년(68세) 뉴욕시립대학의 철학교수에 임명되나 영국국교회의 윌리엄 머닝의 종교적·도덕적 비난으로 발단된 재판사건으로 교수임명이 결국 취소되다. 하버드 대학에서의 강의에도 공작이 있었으나 화이트헤드를 중심으로 대학 교수진의 강력한 지지로 기념강의를 하게 됨. 《의미와 진리의 연구》 출간. 〈자유와 정부〉 〈산타야나의 철학〉 〈바이런과 근대 세계〉 발표.

1941년(69세) 펜실베이니아 주의 반즈 재단에서 철학사 강의 시작. 〈헤겔의 역사철학〉 발표.

1942년(70세) 〈국제대학의 제안〉 〈인도의 실정〉 발표.

1944년(72세) 케임브리지 대학으로 돌아오다. 〈전후 아시아에서의 서양의 지도권〉 〈영국과 미국은 우호국이 될 수 있는가〉 〈국제적 시야의 교육〉 발표.

1945년(73세) 《서양철학사》 출간. 〈영미의 국가주의〉 〈어떻게 하면 원폭 전쟁을 피할 수 있는가〉 발표. 이 논문에서 그는 평화유지를 위해서는 미국이 소련보다 우세한 병력을 가져야 한다고 강조함. 트리니티 칼리지의 강사겸 펠로로 임명됨.

1948년(76세) BBC 방송에서 〈권위와 개인〉을 강연하면서, 정부는 지방자치단체에 최대한의 자유를 주어야 한다고 강조함. 《인간의 지식, 그 범위와 한계》 출간. 퍼트리샤와 이혼.

1949년(77세) 영국 최고의 영예인 메리트훈장(Order of Merit)을 수여받음. 《권위와 개인》 출간.

1950년(78세) 노벨문학상 수상. 강연여행차 호주와 미국 방문. 《반속(反俗)평론집》 출간.

1952년(80세) 〈과학의 사회적 영향〉 〈변화하는 세계의 새 희망〉 발표. 에디스 핀치와 네 번째 결혼.

1953년(81세) 단편소설집 《교외의 악마》 출간.

1954년(82세) 《윤리와 정치에서의 인간사회》 출간. 원자·수소폭탄 금지를 방송으로 세계에 호소함. 두 번째 단편소설집 《저명인의 악몽》 출간.

1955년(83세) 세계 각국의 과학자들에게 원자·수소폭탄 금지 공동성명을 호소함.

1956년(84세) 《자전적 회상》 출간.

1957년(85세) 국제연합에서 '과학상' 수상. 〈역사의 이해〉 〈토요평론 명작집〉 〈나는 왜 그리스도 교인이 아닌가〉 발표. 앨런 우드의 러셀 평전인 《정열의 회의자》 출간.

1958년(86세) 《버트란드 러셀의 베스트》 《회의의 의지》 《러셀, 흐루시초프·덜레스의 중요 서간집》 출간.

1959년(87세) 《나의 철학의 발전》 《상식과 핵전쟁》 《위기의 철학》 《신사와 학자와 악당》 출간.

1960년(88세) 덴마크로부터 '서닝상' 수상. 《서양의 지혜》 《버트란드 러셀, 본심을 말한다》 출간.

1961년(89세) 2월 18일, 5천 명의 평화행진의 선두에 서서 국방성 현관 앞에 핵무기 반대 연좌데모하다가 체포됨. 8월 6일, 정부의 금지령에도 불구하고 히로시마데이의 기념집회를 개최. 9월 12일 러셀 두 번째로 체포, 투옥됨. 12월 9일, 영국 전역의 핵기지와 미군기지에 대한 연좌 항의데모를 지도함. 《사실과 허구》 《인류에게 미래는 있는가》 출간.

1963년(91세) '대서양평화재단'을 조직, 베트남 전쟁 반전운동 전개. 《인생의 여러 문제》《정치의 이상》《무기 없는 승리》 출간.

1964년(92세) 《베트남에서의 전쟁과 잔학행위》 출간.

1967년(95세) 《자서전》 제1권, 《베트남 전쟁범죄》《러셀 기념 논문집》《버트란드 러셀의 보존기록 문서류집》 출간.

1968년(96세) 《자서전》 제2권, 《침묵의 죄에 항거하여》《베트남전쟁 범죄재판의 전기록》《윌슨 씨, 두려움 없이 베트남문제를 러셀에게 말하다》 출간. 보존기록문서를 캐나다 맥마스터 대학에 판매함.

1969년(97세) 《자서전》 제3권, 《삼가 버트란드 러셀님에게》 출간.

1970년(98세) 2월 2일, 영국 북웨일스의 펜린듀드래스의 플라스펜린 산중턱에 있는 산장에서 1세기에 가까운 생애를 마침. 〈중근동의 위기〉에 관한 러셀의 성명이 2월 3일 이집트 카이로에서 개최된 '국회관계자 세계회의'에서 대독됨.

정광섭
경남거창 출생. 경북대학교 문리대 철학과 서양철학 전공. 《청색시대 시인을 위하여》 외 4편으로 〈자유문학〉 신인문학상 시부문 수상. 지은책 시집 《빛의 우울과 고독》 옮긴책 H.P. 러브크래프트 《러브크래프트전집》 애거서 크리스티 《검찰측 증인》 등이 있다.

세계사상전집098
Bertrand Arthur William Russell
WISDOM OF THE WEST
서양의 지혜
B.A.W. 러셀/정광섭 옮김
**동서문화사창업60주년특별출판**
1판 1쇄 발행/1989. 10. 10
2판 1쇄 발행/2007. 9. 20
3판 1쇄 발행/2017. 2. 20
3판 2쇄 발행/2023. 4. 1
발행인 고윤주
발행처 동서문화사
창업 1956. 12. 12. 등록 16-3799
서울 중구 마른내로 144(쌍림동)
☎ 546-0331~2 Fax. 545-0331
www.dongsuhbook.com
*

사업자등록번호 211-87-75330
ISBN 978-89-497-1613-8 04080
ISBN 978-89-497-1514-8 (세트)